ISMS-P

인증심사원 자격검정

실전모의고사

다락원

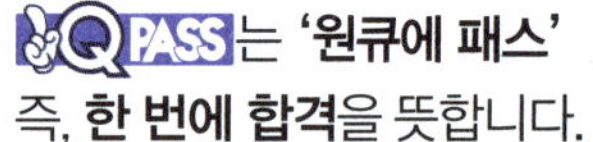는 '원큐에 패스'
즉, **한 번에 합격**을 뜻합니다.

ISMS-P 인증심사원 자격검정
실전모의고사

지은이 김창중 · 한종빈 · 오명선 · 오세현 · 권승만 · 서은정 · 배민준
　　　　 정종현 · 이승욱 · 김성완 · 강희재 · 정재경 · 박동만 · 유광재 · 서영락 공저
펴낸이 정규도
펴낸곳 (주)다락원

1판 1쇄 발행 2022년 4월 15일
5판 1쇄 발행 2026년 4월 15일

기획 권혁주, 김태광
편집 이후춘, 한채윤, 윤성미

디자인 정현석, 김희정

다락원 경기도 파주시 문발로 211
내용문의: (02)736-2031 내선 296
구입문의: (02)736-2031 내선 250~252
Fax: (02)732-2037
출판등록 1977년 9월 16일 제406-2008-000007호

ISBN 978-89-277-7582-9 13000

● 원큐패스 카페(http://cafe.naver.com/1qpass)를 방문하시면 각종 시험에 관한 최신 정보와
　자료를 얻을 수 있습니다.

⊗ 머리말

안녕하세요. [ISMS-P 인증심사원 자격검정 실전모의고사] 저자 김창중입니다.

필자는 2019년에 ISMS-P 교재를 처음 집필하고, 매년 모의고사 문제집을 출간하게 되었습니다. 이번에 모의고사 문제집을 출간하는 목적은 어려운 ISMS-P 시험에 효과적으로 대응하기 위함입니다.
ISMS-P 심사원이 되고 싶은 간절함이 있으나, 시험의 본질에 대한 이해가 부족하여 실전에서 제 기량을 발휘하지 못하고, 아쉽게 탈락하는 분을 보면 가슴이 아픕니다.
ISMS-P 문제는 답이 100% 명확하지 않은 문제가 상당수입니다. 더군다나 기출문제가 제공되지 않기 때문에 본인의 답이 정답인지 오답인지 확인할 수 없어 답답하다는 하소연을 듣곤 합니다.
ISMS-P 시험에 합격하기 위해서는 먼저 시험의 본질을 살펴보아야 합니다.

ISMS-P 시험의 본질은 ISMS-P 심사원이 인증심사를 효과적으로 하기에 적합한지 판단하는 시험입니다. 특히 극악의 난이도인 필기시험에서 어떠한 능력이 요구되는지 살펴보아야 합니다.

첫째, 방대한 지문양에서 필요한 정보를 뽑아내는 역량입니다.
실제 인증심사를 수행할 때에도 신청기관의 정보보호 관련 법규, 내규, 증적의 양이 상당합니다. 이를 모두 읽고 심사할 수는 없습니다. 업무 경험에 기반하여 핵심을 뽑아낼 수 있는 기본기가 요구됩니다.

둘째, 기준을 정확히 이해하고, 합리적으로 판단할 수 있는 역량입니다.
법령과 인증기준을 정확히 이해하고 암기하고 있어야 합니다. 심사원이 잘못된 기준으로 신청기관을 심사한다면 안 될 것입니다. 감사 관점에서 합리적인 시각이 요구됩니다.

셋째, 객관식 시험의 함정에서 탈출할 수 있는 역량입니다.
응시생이 많은 가운데 객관식 시험을 치르다보니 변별력을 높이고자 여러 함정이 도사리고 있습니다. 제시된 명제를 꼼꼼히 읽고, 여러 가지 함정을 알아차리고 벗어나야 합니다. 날카로운 비판적 시각이 요구됩니다.

고기도 먹어본 사람이 먹는다고, 실전 문제 유형을 접하는 것만으로도 본인의 수준을 인지하고, 가시적인 학습 방향을 설정할 수 있습니다.
기본서로 지식을 이해하고, 암기하고, 모의고사로 본인의 부족한 부분을 찾아서 체계적으로 대응한다면, 합격의 지름길로 갈 수 있으리라 확신합니다.

김창중 ISMS-P 심사원

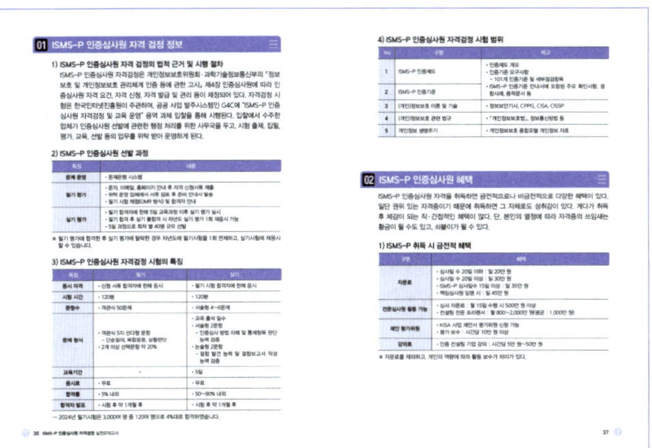

1 2026년 ISMS-P 합격 핵심 정보

시험 합격에 필요한 핵심 정보를 요약 정리했습니다. 사전에 미리 알아보고 시험에 응시합니다.

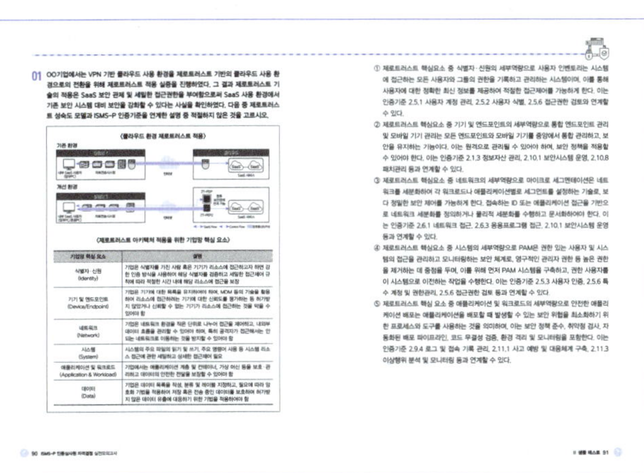

2 샘플 테스트

맛보기 문제로 충분히 연습을 하고 친절한 해설과 함께 문제를 완벽히 익힙니다.

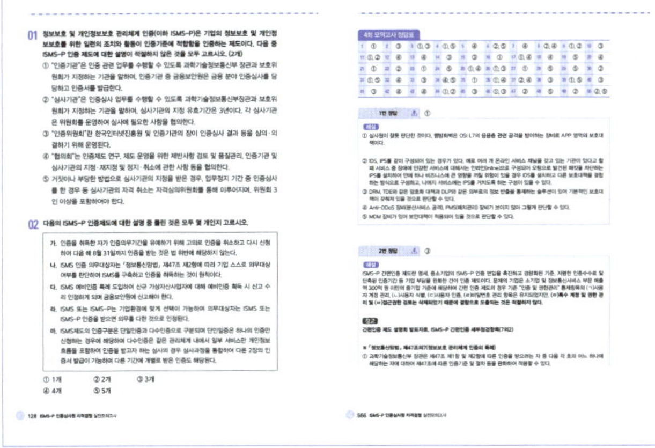

3 실전모의고사

기출문제를 완벽히 반영한 실전 문제를 풀어보면서 실전 감각을 익히고, 틀린 문제는 다시 한 번 점검합니다.

1 프레첼 합격자

17년 보안 솔루션 개발자로 일하면서 어느 순간부터 '기술만 잘하는 개발자'로는 더 성장하기 어렵다는 생각이 들었습니다. 정보보안기사를 먼저 취득하고 나의 다음 커리어 확장을 고민한 끝에 ISMS-P 인증심사원에 도전하게 되었습니다.

처음 교재를 펼쳤을 때 가장 크게 느꼈던 점은 법령 기반의 통합 사고방식의 낯섦이었습니다. 개발자는 요구사항 → 설계 → 구현 → 테스트 흐름에 익숙하지만, 심사원은 법령·고시 → 심사기준 → 증적확인 → 예외사항 → 결함 및 개선도출 이라는 다른 구조로 사고해야 했습니다. CPPG부터 취득해야겠다 생각을 하고 공부한 결과 그말이 그말 같은 상황 속에서 개인정보보호법, 시행령, 안전성 확보조치 기준, 고시까지 이어지는 계층적 구조를 초반에 이해하는데 시간이 꽤 걸렸습니다. 또한 인증기준 항목에서 요구하는 것은 무엇이고 주요확인사항 그리고 결함도출까지 통합적 사고판단을 명확히 해야한다는 것도 깨닫는데 시간이 걸렸습니다. 하지만 법 체계를 이해하고 인증기준 전체 프레임을 묶어놓고 보니 각 내용이 서로 이어지고, 요구되는 조치의 이유도 자연스럽게 이해되기 시작했습니다.

공부기간은 약 3년이었습니다. 첫해 2023년 1월 WIN필기 종합반을 등록하고 2~3개월 CPPG 취득에 힘쓰고, 그 후 모의고사를 열심히 풀다가 필기를 불합한 뒤 클라우드 지식이 부족하구나 깨닫고 AWS를 공부했습니다. 2024년 여러 법과 인증기준을 다시 공부한 끝에 필기를 합격하고 실기를 불합하였습니다. 2025년 상반기 소규모 스터디 모임을 가졌고 필기를 프리패스하여 하반기 또다른 소규모 스터디 모임을 가지고 실기스터디를 하였습니다. 시험범위가 광범위하고 내용변화가 큰 시험일 수록 혼자보다는 스터디가 정말 큰 도움이 되었습니다. 각자의 실무 경험을 사례로 가져오면서 같은 인증기준이라도 적용 방식이 다르게 보였고, 한 인증기준을 다양한 시나리오로 해석하는 능력이 빠르게 향상되었습니다.

가장 어려웠던 부분은 '암기'가 아니라 '판단'이었습니다. 요구사항이 어떤 근거에서 나왔고, 어떤 위험을 예방하기 위한 조치인지 논리적으로 설명할 수 있어야 합니다. 예를 들어 안전성 확보조치 기준에서 접근통제·접근권한·접속기록은 하나의 흐름이지만, 각 조치가 다루는 위험과 목적은 다릅니다. 이런 차이를 구분할 줄 알아야 시험에서도, 실제 심사를 하는 경우에도 정확도와 신뢰도를 높일 수 있습니다.

필기 2번, 실기 2번 시험을 치르고 가장 먼저 든 감정은 '드디어 길이 열렸다'는 안도감이었습니다. 실무에서도 그냥 '보안 기능'으로 보이던 것들이 실제로 왜 필요하고 어떤 요구사항과 법적의무를 충족하기 위한 조치인지 보이는 순간도 많아졌습니다.

앞으로는 실제 ISMS-P 심사 참여 경험을 쌓는 것을 목표로 하고 있습니다. 후배 수험생들에게 꼭 이야기하고 싶은 것은 ISMS-P는 절대 단순 암기시험이 아니라 법령의 구조를 이해하고, 각 조치가 왜 필요한지 사고하는 능력, 그리고 실무 시나리오를 해석하는 감각능력을 키우는 것이 핵심입니다.

이번 도전은 개발자의 언어와 심사원의 언어를 모두 이해하는 계기가 되었고, 앞으로 더 넓은 시야를 가지고 성장하는 사람이 될 것이라 확신합니다.

2 ismsp합격자

안녕하세요. 이번에 운 좋게 ISMS-P 심사원 자격을 취득하게 되어 부끄럽지만 후기 남겨봅니다.

사실 거창한 공부 비법이 있는 건 아니고 저처럼 현업에서 컨설팅이나 운영 업무 병행하면서 준비하시는 분들께 조금이나마 용기가 되었으면 해서 몇 자 적어봅니다.

1. 왜 땄냐구요?

기존에 ISMS-P 컨설팅이랑 개인정보보호 컨설팅, 내부 감사 등 관련 업무를 계속 해오긴 했는데요. 그냥 기준서 설명해 주는 역할을 넘어서, 심사원님들이 어떤 관점에서 이 증적을 보고 판단하시는지 그 '심사원의 눈'을 갖고 싶다는 욕심이 생기더라고요. 그래서 도전하게 됐습니다.

2. 역시 '실무' 경험이 최고네요.

솔직히 말씀드리면, 각 잡고 공부한 시간보다 실무 경험이 정말 큰 도움이 됐습니다. 업무 특성상 평소에 기준서나 개보법, 신용정보법 같은 법령들을 끼고 살아야 했거든요. 또한, 고객사 마다 AI, 클라우드 등 최신 기술을 직접 눈으로 확인하고 컨설팅을 수행하다 보니 자연스럽게 관련 문서를 열람하고 공부를 하게 되더라고요. 공부한 걸 고객사나 조직 환경에 어떻게 녹일지 매일 고민했던 게 자연스럽게 지식으로 체득 된 것 같아요.

특히, 실제 심사 결과 보고서 받아서 조치하고 재발방지 대책 세우던 업무들…… 당시엔 힘들었지만, 덕분에 '아, 심사원님이 이래서 결함으로 잡았구나', '이게 부족하면 안 되는구나' 하는 감을 잡는 데 결정적이었습니다.

3. 준비 기간은 딱 2달

(필기 1달 + 실기 1달) 길게 끌면 지칠 것 같아서 필기랑 실기 각각 한 달 정도 잡고 집중했습니다. 새로운 걸 달달 외우기보다는, 이미 알고 있는 기준들을 '내가 심사원이라면 이걸 어떻게 볼까?' 하는 관점으로 리마인드하는 데 주력했어요.

문제 풀 때도 답만 맞추는 게 아니라, "이 상황에선 A보단 B가 리스크가 크니까 이게 정답이겠네" 하면서 스스로 납득하는 과정을 거쳤던 게 유효했습니다.

4. 시험장 느낌

[필기]

다들 아시겠지만, 필기에서는 진짜 다양한 범위에서 문제가 나오고 체감상 AI가 다수 나왔어요. '모두 고르기'는 진짜 다 정답이라고 골랐는데 결국 간신히 턱걸이로 통과했네요. 결국 많은 내용을 인증 기준 관점에서 이해하고 경험이 있으면 풀수 있는 문제들이었습니다. 저 같은 경우는 바로 앞 프로젝트에서 AI와 클라우드 내용을 인터뷰하고 엔지니어에게 설명을 들었던 부분이 가장 큰 합격의 원인이 아니었나 싶습니다.

[실기]

실기 시험에서는 오랜만에 손으로 직접 작성해서 글씨가 초등학생보다 못했지만, 한 달간의 연습과 시험전 교육을 통해서 많이 개선되었고 만점으로 여유롭게 통과했습니다. 컨설팅 경험이 있으면, 글씨 쓰는거 제외하고는 걱정안하셔도 될것 같아요.

5. 마치며

시험 직전에 벼락치기한 내용보다, 평소 업무하면서 문서 검토하고 고민했던 시간들이 합격의 일등 공신이 아니었나 싶습니다.

보안이나 개인정보보호 실무 경험 있으신 분들이라면, 너무 겁먹지 마시고 충분히 도전해 보실 만하다고 말씀드리고 싶어요.

준비하시는 분들 모두 좋은 결과 있으시길 응원합니다!

▣ 정종현 합격자

합격 후기 작성에 앞서, ISMS-P WIN 김창중 기술사님과
한멘토님 등 관계자 분들께 우선 감사의 말씀드립니다.
시행착오는 있었으나, 양질의 강의와 자료 덕분에 최종 합격이라는 열매를 맺었습니다.

1. 응시 배경
보안담당자로 근무하며 역량강화에 대한 의지 + ISMS 인증 실무 총괄하며 대응 능력 제고
- ISMS-P 인증심사원 시험은 단순한 인증심사에 대한 전문성 강화와 더불어 보안담당자로
알아야 할 법적, 기술적, 제도적 사항 들을 종합적으로 학습할 수 있는 유일 무이한 시험으
로 생각하여 응시하였고 꼭 취득하고 싶었습니다.

2. 응시 횟수 및 성적
필기 3회(2023~2025), 실기 1회(2025)
- 필기 : 48점(2023), 54점(2024), 62점(2025)
- 실기 : 100점(2025)
응시 첫 해(2023)에는 강의 수강도, 문제풀이도 절반도 채 하지 못한 채 응시하였고,
두 번째 해(2024)에는 회사 ISMS-P 인증심사 일정과 시험이 겹쳐 시험만 보게 되었습니다.
올해(2025) 마지막이라는 생각으로 모의고사 전체와 구글클래스룸 2/3 이상 풀며
세 번째 시험에 어느정도 자신있게 응시하였고,
공개/비공개 모의고사에서 안정적으로 취득했던 점수와 비슷하게 최종 결과를 받았습니다.

3. 전체 학습 기간
약 12주(필기 8주, 실기4주) 매일 1시간 이상

4. 학습 도구
ISMS-P WIN 종합반 자료(개념서 및 문제풀이), 인증기준 관련 별도 키워드 정리 엑셀파일 등

5. 학습 방법

철저한 문제풀이 중심의 학습법

– 필기/실기 모두 철저히 문제풀이와 해설지를 통해 정답에 가까운 답을 고를 수 있도록 심사
  원 관점의 체화 작업 수행

6. 시험 관련

시간관리의 중요성 + 최대한 오답을 가려내자

– 필기 : 인증심사 외 보안 전체 도메인에 대해 폭넓게 준비가 필요합니다.
  ISMS-P WIN에서는 해당하는 것들을 종합적으로 모두 다루고 있기 때문에
  시간적, 금전적 낭비 없이 ISMS-P WIN 과정을 성실히 따르는 것을 강력 추천합니다.
  필기 시험은 특히나 애매한(?), 모두 고르시오 등 문제가 많아서
  오답을 가려내는 것이, 가장 답에 근접한 것을 찾는 훈련이 중요하다고 생각합니다.

– 실기 : 2025년에는 실기 5일 수업 후 다음날에 바로 시험을 봤습니다.
  실기시험 출제 경향, 방식 등 정보를 확인할 수 없던 제게,
  ISMS-P WIN 실기과정은 유일한 대안이 되었습니다.
  올해는 특히 1번의 실기시험 기회만 주어져서 100% 합격을 하고 싶었고,
  필사, 모의고사 등 단 1번의 실기과정 누락없이 참여한 결과
  실기시험은 100점으로 마무리 하였습니다.

7. 마치며

ISMS-P WIN을 믿고 따라가자.

– 개인별 업무 도메인, 학습 배경, 환경 등은 다양하지만,
  ISMS-P 인증심사원 시험에 가장 많은 사람들이 듣고, 보고, 참여하는 과정은
  단연 ISMS-P WIN이 유일합니다.
  ISMS-P 인증심사원 자격 취득을 희망하시는 분들께
  ISMS-P WIN이 든든한 길잡이 역할이 될 것이라 믿어 의심치 않습니다.

감사합니다.

④ 이O욱 합격자

ISMS-P 인증심사원을 취득하시고자 하시는 수험생 분들에게 조금이나마 도움드리고자 후기를 작성합니다.

ISMS-P 시험을 수년간 보면서 매번 시험에 낙방하며 많은 좌절과 포기를 하고 싶을 때가 많았지만, 끝까지 도전하면서 단순히 시험 합격의 목표와 더불어 나의 업무 역량, 지식 함양을 키우는 것으로 위안을 삼았습니다. 절대 포기하지 마시고 꾸준히 자신을 믿고 ISMS-P WIN 수강과 더불어 스터디와 같은 활동을 하시면 좋을 거 같습니다.

[학습 방법]

1. ISMSP WIN 수강

여러 ISMS-P 관련 학원, 강의들을 수강하면서 커리큘럼과 체계적인 학습 방법(셀프 테스트, 자료 등)을 제공하는 데는 ISMS-P WIN 카페만한 곳이 없는 것 같습니다. 물론 중요한 것은 좋은 자료가 있더라도 자신의 의지와 노력이 수반되어야겠지요.

ISMS-P 강의는 단순 인증기준 안내서를 학습하기 보다는 실제 경험들을 예시로 설명해 주셔서 많은 도움을 받았습니다.

2. 스터디 활동

ISMS-P 시험을 독학으로 하셔서 합격하시는 분들도 계시지만 시험 관련 자료(서브노트 등)나 공부 방향을 잡기가 어려울 수 있습니다.

즉, 독학으로 혼자 공부하기보다는 마음에 맞는 주변 분들 또는 ISMS-P WIN 카페에서 스터디원을 만나셔서 함께 공부하시는 것을 추천 드립니다.

혼자 공부하다 보면 제한된 경험과 지식으로 잘못된 방향으로 인증기준 해석이나 문제 풀이를 할 수 있기 때문입니다.

서로 의견을 주고 받으면서 공부할 수 있는 스터디 활동을 하시면 좋을 것 같습니다.

이는 추후에 합격하게 된다면, 심사원으로 심사 참여시 자신의 결함 도출한 것을 논리적으로 말할 수 있는 능력 배양에도 많은 도움이 됩니다.

3. 인증기준 안내서 정독(기본에 충실)

제일 중요한 부분은 ISMS-P 시험 문제들은 인증기준 안내서의 내용을 기반으로 시나리오 문제가 출제되기 때문에, 안내서 정독은 최소 3회 이상은 필독하시는 것을 추천 드립니다.

시험 50문제 중 과반수 이상이 인증기준을 선택하는 문제이며, 저와 같은 경우 인증기준 문제는 무조건 맞아야겠다는 마음으로 정독을 5회 정도 하였습니다.

(시험장 가기 전까지도 문제 풀이 보다는 인증기준 안내서를 한번 더 보았습니다.)

제가 했던 정독 방법을 공유해봅니다.

1회차	빠르게 정독하면서 내용만 이해 (처음부터 꼼꼼하게 이해하면서 정독하시면 중간에 포기할 수 있음)
2회차	중요 키워드 부분을 형광펜으로 표시하면서 정독
3회차	인증기준별 상세설명 위주로 중요한 포인트를 형광펜으로 표시하면서 정독
4회차	주요 확인사항 및 사례 위주로 중요한 포인트를 형광펜으로 표시하면서 정독
5회차	전체 다시 꼼꼼히 정독

4. 법 관련 학습

우선, 제일 중요한 개인정보보호법, 정보통신망법, 신용정보보호법을 중심으로 보았고, 특히 인증기준별로 해당 법령이 명시된 부분은 원문을 반드시 읽어 보았습니다.

그 외 법으로는 전자감독규정, 위치정보보호법, KISA 가이드 등을 서브로 중요한 부분만 요약하면서 보았으며, 신기술과 같은 경우에는 뎁스있게 보진 않고 정의, 개념, 시험문제에 나올만한 내용들 위주로 학습하였습니다.(자신만의 서브노트를 만드시는 것을 추천 드립니다.)

5. 문제 푸는 방법

ISMS-P 시험은 5지 선다로서 100% 하나의 답을 찾기보다는 5개중에 제일 답으로 근접한 것을 찾는 것입니다.

즉, 시나리오를 보고 문제의 답을 선택하시려고 보면 보통 5개 중에서 2개 내지 3개의 답이 보이실 겁니다. 정답을 선택하실 때에는 해당 인증기준의 점검항목, 결함사례 등에 비추어 볼 때 가장 적합 또는 확실한 답을 고르시는 연습을 충분히 하시면 좋을 거 같습니다.

결론적으로 말씀드리고 싶은 것은 시험 기간에 짧게 준비하여 공부하시기 보다는 끝까지 포기하지 않고, 평상시 꾸준히 공부하시면 반드시 합격하실 수 있는 시험입니다.

다음 시험에는 합격하시어 심사장에서 함께 심사 할 수 있는 날이 오기를 기대합니다.

감사합니다.

5 배민준 합격자

[배경]

ISMS-P에 도전하게 된 계기는 회사에서 개인정보 가명처리 업무를 직접 수행하면서부터였습니다.

데이터를 다루는 실무를 하다 보니 "이 처리가 법적으로 문제는 없을까?"라는 고민이 자연스럽게 생겼고, 그 과정에서 개인정보보호법이라는 명확한 기준이 존재하며, 우리는 반드시 법을 기반으로 데이터를 처리해야 한다는 사실을 인식하게 되었습니다.

처음에는 단순히 법 조항을 참고하는 수준이었지만, 점점 법을 이해하고 해석하는 전문성이 필요하다고 느끼게 되었습니다.

특히 '누군가의 의견'이 아니라 법과 제도에 근거해 설명할 수 있는 사람이 되고 싶었고, 이러한 전문지식 관점에서 스스로를 증명하고 조직 내에서도 인정받고 싶다는 욕구가 생겼습니다. 그 결과 처음 도전하게 된 것이 CPPG(개인정보관리사) 자격증이었습니다.

유튜브 검색을 통해 여러 강의를 비교하던 중, 샘플 강의를 보고 체계적이라고 느꼈던 CPPG WIN 온라인 강좌를 선택해 수강했고, 이를 통해 CPPG 자격증을 취득할 수 있었습니다.

CPPG 강의를 수강하던 중, 개인정보 보호를 넘어 정보보호 관리체계 전반을 다루는 ISMS-P 인증 시험을 알게 되었고, 자연스럽게 다음 목표로 ISMS-P에 도전하게 되었습니다.

[학습 진행]

공부는 12월 말에 시작했지만, 실제로는 설 연휴가 지난 이후부터 본격적으로 진행했습니다. ISMS-P 온라인 강좌의 분량이 상당했기 때문에, 평일에는 하루 평균 2시간을 꾸준히 투자했고, 주말에는 8시간 이상을 확보해 강의 복습과 내용 정리에 집중했습니다. 특히 시험 두 달 전부터는 전략을 조금 바꿨습니다.

실제 시험 시간과 동일한 주말 오후 시간대에 2시간 동안 모의고사를 풀면서, 문제 풀이 경험뿐만 아니라 시간대에 따른 집중력과 체력 관리까지 함께 훈련하려고 노력했습니다.
이 과정이 실전에서 생각보다 큰 도움이 되었습니다.

[가장 어려웠던 점]

ISMS-P를 공부하면서 가장 어려웠던 점은, 단순히 하나의 인증결함을 찾는 문제가 아니라 1·2 영역이 결합된 문제, 또는 2·3 영역이 복합적으로 얽힌 문제에서 '근본 원인'을 찾아가는 과정이었습니다. 처음에는 어느 영역의 문제인지조차 헷갈리는 경우가 많았지만, ISMS-P WIN 강좌에서 제공하는 전체 인증결함 간 관계도와 흐름 중심의 설명이 큰 도움이 되었습니다.

이를 통해 "왜 이 결함이 발생했는지", "앞단 관리체계와 어떻게 연결되는지"를 이해할 수 있었고, 문제를 단편적으로가 아니라 구조적으로 바라보는 시각을 갖게 되었습니다.

[소회]

CPPG 취득과 ISMS-P를 준비하면서 스스로에게 느끼는 가장 크게 느낀 변화는, 정보보안 관련 이슈를 두고 여러 개발자분들과 협의할 때 제 의견의 설득력이 확실히 달라졌다는 점입니다.

이전에는 '보안이 중요하다'는 수준의 설명에 그쳤다면, 이제는 법·제도·인증 기준을 근거로 한 설명이 가능해졌고 제 스스로도 기준에 맞게 업무를 처리하고자 하는 사고의 전환이 많이 이루어진 것을 느꼈습니다. 이 부분이 ISMS-P 취득에 있어서 가장 큰 실무적 가치라고 느끼고 있습니다.

제가 ISMS-P를 준비하시는 분들께 드리고 싶은 말씀은 최근 ISMS-P 시험은 최신 기술 트렌드나 시나리오 기반 문제가 많아 처음 준비하시는 분들께는 상당히 어렵게 느껴질 수 있다고 생각합니다.
하지만 결국 가장 중요한 것은 인증결함을 정확히 찾아내는 기본기와 법·제도·운영 체계에 대한 명확한 이해라고 생각합니다.
이 기본을 가장 체계적으로 정리해 준 교재와 강좌가 개인적으로는 ISMS-P WIN이라고 느꼈고, 해당 교재를 단순 암기가 아니라 완벽히 이해하고 연결해서 설명할 수 있는 수준까지 마스터한다면, 자격증 취득에는 전혀 문제가 없다고 생각합니다.

이미 목표를 정하셨다면, 먼저 그 길을 걸어간 분들의 발자취를 따라가며 효율적으로 취득하시고, 그 이후에는 또 다른 누군가를 위해 본인의 발자취를 남길 수 있을 만큼 더 성장하시길 바랍니다.
ISMS-P는 끝이 아니라, 보안과 데이터, 그리고 법을 기반으로 한 전문가로 성장하기 위한 하나의 중요한 이정표라고 생각합니다.

6 KJ 합격자

23년도에 첫 시험을 치루고 낙방하였고 24년도는 미응시, 25년도에 합격하였습니다.
23년도의 경우 단순이해, 암기, 많은 량의 모의고사 풀기로 접근했었습니다. 그러다 보니 정보보호 관리체계의 본질과 취지에 대한 이해가 다소 부족했었습니다. 25년 시험준비과정에서는 이러한 부분을 보완하여 본질과 취지를 이해할수 있도록 맥락과 개념을 해석하고 내재화하려고 노력했습니다. 이를 통해 개념과 취지가 좀더 명확하게 머릿속에 자리 잡게 되었습니다.

기술영역의 경우는 시험과 관련된 개인정보보호 및 정보기술 자격증 공부 병행하였습니다. (CPPG,리눅스마스터, AWS SAA) 23년에 실패했던 내용을 분석하고 보완하여 재학습하였고, 좋은 결과로 이어졌다고 생각합니다. 사람마다 공부방법은 다르겠지만, 제가 했던 학습방법도 참고하시라고 정리해 보았습니다.

[필기]
1) 출제범위 확인하기
ISMS-P 인증심사원 자격 검증 세부안내서의 출제범위 확인

2) 인증기준/제도 및 주요 법령 이해하기
ISMS-P 인증제도 안내서, 인증기준 안내서, 정보통신망법 및 하위규정, 개인정보보호법 및 하위규정 정독하기
지속하여 정독하다보면 내용이 익숙해지기 시작하고, 회독을 거듭할 수록 개념과 취지에 대한 이해의 폭이 넓어지는 것이 느껴짐.
나머지 법령은 중요도를 선별하여 (개인)정보보호관련 내용만 정리해서 공부하기 (중요도는 ISMS-P WIN카페 게시물 참고)

3) 암기하기
전체적인 맥락을 이해했다면 법령 핵심사항 암기하기
101개 인증기준의 경우 주요 확인사항과 결함사례를 인증기준과 매핑하는 연습하기

4) 단권화 및 반복하기

이해와 암기가 어느정도 되었다면 관련 법령 과 인증기준을 요약,두음화,연결고리 찾기를 통해 정리집(단권화) 만들기

정독 및 암기를 주기적으로 진행하여 기본기 갖추기, 새롭게 깨닫게 된 내용이 있다면 정리집에 반영하여 보완하기

5) 모의고사를 활용

원큐패스ISMS-P 인증심사원 자격검정 실전모의고사를 활용하여 실제시험과 동일한 시간으로 연습하고, 시험유형 파악 및 모의고사를 통해 부족한 부분 보완하기

6) 시험전일 정리집으로 최종복습 및 컨디션 관리하기

[실기]

ISMS-P WIN 실기 스터디에 참여하였습니다.

스터디에서 제공하는 필사과제, 결함보고서 작성과제 등을 통해 실기시험에 대비한 결함보고서 작성 방법을 학습했습니다. 체계적인 코칭과 연습을 통해 실기 시험에 무난히 합격할 수 있었습니다.

2025년 마지막을 인증심사원 합격으로 마무리할 수 있어서 뿌듯합니다. 시험을 준비하시는 분들 모두 개인에게 맞는 공부 방법, 전략을 찾으셔서 좋은 결과 있으시길 바라겠습니다.

7 infocert 합격자

정보보안 업무를 하면서 항상 심사원 자격을 취득해야겠다는 꿈만 가지고 있었고, 처음 응시에 운이 좋게 64점으로 합격하게 되었습니다. 심사원을 준비하면서 가장 중요하게 생각한 것은 효율적인 시간 배분이었습니다.

하루에 앉아서 공부하는 시간을 전부 순 공부 시간으로 만들기 위해서 공부하는 시간만큼은 휴대전화와 멀리하며 공부하였고, 휴대전화를 쓰더라도 모르는 지식을 찾아보는 것으로 최대한 시간을 효율적으로 쓰기 위해 노력했습니다.

1. 공부 시간

25년 1월부터 공부를 시작하여 6개월 정도 하였고, 순 공부 시간은 약 500시간 정도 될 것으로 판단 됩니다. 하루도 빠짐없이 공부하였습니다.

2. 공부 방법

노트필기를 항상 하면서 공부하는 습관이 있어서 인증 기준이나 책에 적혀있는 내용을 제가 이해한 내용으로 노트에 정리하면서 공부했습니다. 매일 노트에 정리한 내용을 한 번씩 정독하며 복습을 했고, 시험 응시하기 한 달 전 정도부터는 정리한 내용을 정독하는 것만 한 시간 정도 걸릴 정도의 양이 되었습니다.

3. 노하우

(1) 인증 기준별 주요 확인 사항, 결함 사항을(금융권, 가상자산, 간편인증 등) 전부 엑셀로 정리하며 무작위로 매일 100개씩 출력하여 문제를 풀었고, 기초를 쌓는 데 엄청나게 도움이 되고 암기에도 도움이 많이 되었습니다.

(2) 인증기준 별 증거자료를 많이들 안 보시는 것 같은데, 증거자료는 해당 인증기준이 어떤 것을 평가하기 위한 것인지 이해하는데 엄청 크게 도움 되었습니다. 꼭 놓치지 말고 함께 보시길 바랍니다.

(3) 스터디는 공부에 지칠 때 많이 의지가 되었습니다. 매주 문제출제를 가볍게라도 하면서 끝까지 감을 놓치 않았고 공부를 해야 하는 방향을 잡는 것에 큰 도움이 되었습니다.

4. 실기시험

실기시험은 96점을 받았고, ISMS-P WIN 교육을 들으니 쉽게 합격 할 수 있었습니다.

마지막으로, 심사원 자격검정이 정말 어렵고 공부하면서도 합격에 대한 불안감이 있었는데, 우직하게 하루도 안쉬고 공부를 했던 경험은 그 어떤 것과도 바꿀 수 없는 자존감과 자신감이 되었습니다. 공부를 잘하는 사람도 머리가 좋은 사람도 아니였습니다. 모두 할 수 있습니다.

8 pdm합격자

안녕하세요.

먼저 합격에 큰 도움을 주신 ISMS-P 실기스터디 기술사님과 강사님, 그리고 끝까지 함께하고 합격하신 스터디원 분들께 축하와 감사 인사드립니다.

저는 2023년부터 3년간 시험에 응시했고, 이번에 최종 합격할 수 있었습니다. 이 글이 누군가에게 작은 참고가 되길 바라며 간단히 후기를 남깁니다.

공부는 기본서와 기출 중심으로 반복했습니다. 시험 한 달 전쯤부터 평일에는 퇴근 후 독서실에서 공부했고, 주말에도 독서실에서 기본서와 모의고사를 꾸준히 돌려봤습니다. 돌이켜보면 2023~2025년 원큐패스 기본서와 기출·모의고사 책이 총 6권 모였는데, 이를 여러 번 읽고 풀면서 자연스럽게 익숙해진 것이 가장 큰 도움이 된 것 같습니다.

필기시험은 지문과 정보량이 많아 시간이 촉박하게 느껴졌습니다. 지문이 정말 많고 범위도 넓어서 전반적인 흐름을 폭넓게 알고 있으면 문제를 푸는 데 도움이 되지 않을까 싶습니다.

필기 합격 후 2025년도에는 실기 응시 기회가 한 번뿐이라 준비 방식을 고민하다가 ISMS-P WIN 실기 스터디에 참여했습니다. 필기와 실기 사이 공백이 있으면 인증기준의 흐름이나 결함 판단 감각이 쉽게 떨어질 수 있는데, 스터디를 통해 텐션을 유지할 수 있어 실기 준비에 큰 도움이 됐습니다.

후기를 쓰다 보니 시험을 꾸준히 놓지 않고 교재와 기출문제를 반복한 것, 그리고 실기에서는 스터디를 통해 흐름을 놓치지 않은 것이 좋은 결과로 이어진 것 같습니다.

다들 좋은 결과로 이어지시길 진심으로 바랍니다.

9 강희재 합격자

우선 지극히 개인적인 합격 후기를 공유드립니다.

저는 학습 과정에서 목차의 구조를 이해하고 체화하는 것을 가장 중요하게 생각했습니다. 이에 ISMS-P WIN 카페에서 제공하는 인증기준 1줄 요약 엑셀 파일을 다운로드하여, 이를 기반으로 빈 A4 용지에 직접 작성하는 방식으로 학습을 진행하였습니다. 단순히 읽는 것만으로는 이해가 되는 듯 보였으나, 실제로 빈 용지에 작성하려고 하면 처음에는 잘 떠오르지 않는 경우가 많았고, 시간이 지나면 자연스럽게 잊히는 느낌도 있었습니다.

그래서 일주일에 한 번씩 자료를 보지 않고 빈 용지에 전부 작성하는 방식으로 반복 학습을 하였고, 한 번이라도 틀리면 처음부터 다시 작성하는 방법을 사용했습니다. 초반에는 시간이 다소 소요되었지만, 이후에는 약 40분 이내로 마무리할 수 있었습니다. 또한 인증기준을 제 목소리로 직접 녹음하여 출퇴근 시간에 반복 청취하는 학습 방법도 병행하였습니다. 눈으로 읽고 손으로 작성하는 방식과는 또 다른 형태로 기준 내용을 상기할 수 있어, 이동 시간에도 부담 없이 학습을 이어가는 데 도움이 되었습니다. 아울러 결함 사례를 접했을 때 즉시 해당 인증기준이 연상될 수 있도록 연습하였으며, 이 역시 ISMS-P WIN 카페 자료를 참고하여 Quizlet 앱을 활용해 출퇴근 시간을 중심으로 반복 학습했습니다.

추가로, 법령과 같은 경우 저는 정보통신망법과 개인정보보호법은 업무와 연계된 부분이 있어 관련 내용을 그때그때 자주 찾아보았으나 전체적으로 숙지하기 위해, 두 법령의 경우는 시행령·시행규칙·고시까지 포함하여 정독으로 약 3회독 정도 학습하였습니다. 이 외에도 KISA 및 개인정보보호포털에서 제공하는 주요 안내 자료들은 거의 다 읽어보았습니다.

이와 같은 방식으로 기본 학습을 마친 이후에는, 결국 실제 시험 자체가 가장 큰 관건이었다고 느꼈습니다. 시험 시간이 매우 부족하다는 후기가 많았기 때문에, 실제 시험에서는 최대한 집중하여 빠르게 읽되, 고민이 길어질 것 같은 문제는 과감히 넘어가고 이후 다시 돌아올 수 있도록 별도로 체크하며 시간 관리를 했습니다. 제 기준에서 방화벽과 같은 유형의 문제는 상·하위 정책 및 보기를 반복적으로 확인해야 하는 특성상 시간이 많이 소요된다고 판단하여, 해당 문제는 표시만 해두고 다음 문항으로 넘어가기로 마음 먹었으고, 전체적인 시간 분배에 매우 신경을 많이 썼습니다.

혹시라도 이 후기가 다른 분들께 조금이나마 도움이 되기를 바라며 글을 남깁니다.

저 또한 ISMS-P 인증심사원 자격증을 하나의 출발점으로 삼아, 앞으로 더 다양한 분야에 도전해 볼 계획입니다. 최근 합격률이 점점 낮아지고 있는 만큼 부담을 느끼실 수도 있겠지만, 하나의 베이스캠프 정도로 생각하시고 마음을 편히 가지신다면 좋은 결과가 있으리라 생각합니다.

끝으로 모든 수험생 분들께 좋은 결과가 있기를 진심으로 기원드립니다.

감사합니다.

I

2026년 ISMS-P
합격 핵심 정보

1) ISMS-P 인증심사원 자격 검정의 법적 근거 및 시행 절차

ISMS-P 인증심사원 자격검정은 개인정보보호위원회·과학기술정보통신부의 『정보 보호 및 개인정보보호 관리체계 인증 등에 관한 고시』 제4장 인증심사원에 따라 인증심사원 자격 요건, 자격 신청, 자격 발급 및 관리 등이 제정되어 있다. 자격검정 시험은 한국인터넷진흥원이 주관하며, 공공 사업 발주시스템인 G4C에 "ISMS-P 인증심사원 자격검정 및 교육 운영" 용역 과제 입찰을 통해 시행된다. 입찰에서 수주한 업체가 인증심사원 선발에 관련한 행정 처리를 위한 사무국을 두고, 시험 출제, 집필, 평가, 교육, 선발 등의 업무를 위탁 받아 운영하게 된다.

2) ISMS-P 인증심사원 선발 과정

특징	내용
문제 운영	• 문제은행 시스템
필기 평가	• 문자, 이메일, 홈페이지 안내 후 자격 신청서류 제출 • 위탁 운영 업체에서 서류 검토 후 준비 안내서 발송 • 필기 시험 채점(OMR 방식) 및 합격자 안내
실기 평가	• 필기 합격자에 한해 5일 교육과정 이후 실기 평가 실시 • 필기 합격 후 실기 불합격 시 차년도 실기 평가 1회 재응시 가능 • 5일 과정으로 회차 별 40명 규모 선발

※ 필기 평가에 합격한 후 실기 평가에 탈락한 경우 차년도에 필기시험을 1회 면제하고, 실기시험에 재응시할 수 있습니다.

3) ISMS-P 인증심사원 자격검정 시험의 특징

특징	필기	실기
응시 자격	• 신청 서류 합격자에 한해 응시	• 필기 시험 합격자에 한해 응시
시험 시간	• 120분	• 120분
문항수	• 객관식 50문제	• 서술형 4~6문제
문제 형식	• 객관식 5지 선다형 문항 　– 단순질의, 복합응용, 상황판단 • 2개 이상 선택문항 약 20%	• 교육 출석 일수 • 서술형 2문항 　– 인증심사 방법 이해 및 통제항목 판단 능력 검증 • 논술형 2문항 　– 결함 발견 능력 및 결함보고서 작성 능력 검증
교육기간	–	• 5일
응시료	• 무료	• 무료
합격률	• 5% 내외	• 50~90% 내외
합격자 발표	• 시험 후 약 1개월 후	• 시험 후 약 1개월 후

→ 2025년 필기시험은 2,000여 명 중 100여 명으로 5%대로 합격하였습니다.

4) ISMS-P 인증심사원 자격검정 시험 범위

No	구분	비고
1	ISMS-P 인증제도	• 인증제도 개요 • 인증기준 요구사항 – 101개 인증기준 및 세부점검항목
2	ISMS-P 인증기준	• ISMS-P 인증기준 안내서에 포함된 주요 확인사항, 결함사례, 증적문서 등
3	(개인)정보보호 이론 및 기술	• 정보보안기사, CPPG, CISA, CISSP
4	(개인)정보보호 관련 법규	• 「개인정보보호법」, 정보통신망법 등
5	개인정보 생명주기	• 개인정보보호 종합포털 개인정보 자료

02 ISMS-P 인증심사원 혜택

ISMS-P 인증심사원 자격을 취득하면 금전적으로나 비금전적으로 다양한 혜택이 있다. 일단 권위 있는 자격증이기 때문에 취득하면 그 자체로도 성취감이 있다. 게다가 취득 후 체감이 되는 직·간접적인 혜택이 많다. 단, 본인의 열정에 따라 자격증의 쓰임새는 황금이 될 수도 있고, 쇠붙이가 될 수 있다.

1) ISMS-P 취득 시 금전적 혜택

구분	혜택
자문료	• 심사일 수 20일 이하 : 일 20만 원 • 심사일 수 20일 이상 : 일 30만 원 • ISMS-P 심사일수 15일 이상 : 일 35만 원 • 책임심사원 임명 시 : 일 45만 원
전문심사원 활동 가능	• 심사 자문료 : 월 15일 수행 시 500만 원 이상 • 컨설팅 전문 프리랜서 : 월 800~2,000만 원(평균 : 1,000만 원)
제안 평가위원	• KISA 사업 제안서 평가위원 신청 가능 • 평가 보수 : 시간당 10만 원 이상
강의료	• 인증 컨설팅 기업 강의 : 시간당 5만 원~50만 원

※ 자문료를 제외하고, 개인의 역량에 따라 활동 보수가 차이가 있다.

2) ISMS-P 취득 시 비금전적 혜택

구분	ISMS
자격증 위상	• 정보보호 업계에서 인정해주는 최고 권위 자격증
업무 기회	• 신청기관 ISMS-P 인증 컨설팅 PM 기회 • 컨설팅 ISMS-P 인증 컨설팅 PM 기회 • 정보보호 프로젝트 투입 기회
보안 커뮤니티	• ISMS-P 인증심사원풀에 등록되어 심사원과 협력 가능 • KISA, TTA 기관 담당자, 보안컨설팅 기업과 보안 관련 사업, 교육, 강의 등 활동
보안전문가	• 보안전문가로서의 한단계 도약하는 지름길 • 기술사, 석사, 박사 등의 전문가로서의 도약
이직 시 혜택	• 보안 업무 담당 회사 이직 시 1순위 우대 자격증

※ 본인의 의지, 열정, 역량, 친화도에 따라 혜택의 수준이 좌우된다.

03 ISMS-P 인증심사원 자격검정 Q&A

Question	Answer
ISMS-P 인증심사원 자격검정을 치셔야 하는 이유	대한민국 최고의 국가 공인 정보보호 자격증입니다. 1년에 1회 시행되는 시험이기 때문에 자격증의 희소성이 매우 높습니다. 응시 비용이 없기 때문에 금전적인 부담이 없습니다. ISMS-P 자격검정 수험서 여러 책을 비교해 보시고, 최고의 책을 선택하여 도전하시기 바랍니다. 좋은 책을 선택하시고, 열심히 학습하시면 누구든지 합격하실 수 있습니다.
필기, 실기 어느 시험이 중요한가요?	ISMS-P 인증심사원 시험은 필기, 실기 모두 어렵습니다. 하지만 합격의 당락은 사실상 필기시험에서 판가름됩니다. 필기시험의 난이도는 매우 높기 때문에 심화 학습이 필요합니다. 실기 시험은 합격자수 제한이 없기 때문에 일정 기준을 넘어서면 절대 평가로 합격자 수가 정해집니다. 일단, 실기 시험을 걱정하기보다는 필기 시험에 집중하시기를 바랍니다.
시험 범위가 매우 넓은데, 어떡하죠?	다락원 ISMS-P 인증심사원 기본서에 ISMS-P 시험범위 1~5까지의 내용을 1권에 수록하였습니다. 이러한 방대한 시험범위를 커버하기 위해 실제 시험에서 출제된 지식을 역분석하여 서적 10권, 가이드 50개 이상을 핵심 내용만 선별하여 최소한의 분량으로 집필하였습니다.
CPPG도 없는데 도전해 봤자 떨어지지 않을까요?	ISMS-P 인증심사원 시험은 CPPG나 정보보안기사가 있으면 이해도 측면에서 수월할 수는 있습니다. 하지만 큰 도움이 되지 않습니다. 저 또한 어떠한 보안 자격증도 없이 도전하여 취득하였습니다. 기존 자격증이 많은 것이 중요한 게 아니라 얼마나 좋은 자료를 보느냐, 깊게 이해하느냐, 핵심을 암기하느냐가 가장 중요합니다.
보안 업무를 하고 있지만 개발자 출신이라, 법을 잘 모르는데 괜찮을까요?	개발자 출신이시면 컴플라이언스를 어렵게 생각하실 수 있습니다. 하지만 단연코, 법을 모르시는 건 아닙니다. 현재 우리가 생활하는 IT환경(홈페이지, 스마트폰 앱, 종이 서류)에 이미 법이 반영되어 있습니다. 마음을 여시고, 자료를 자주 보시면 이해가 되고, 암기도 하실 수 있습니다.
학습하다가 모르는 부분이 있으면 어떡하죠?	저자가 운영하는 ISMS-P 인증심사원 합격 네이버 카페에 방문하여 글을 남겨주세요. 언제든지, 어떠한 질문이든지 환영합니다. 신속하게 답을 드리겠습니다. https://cafe.naver.com/ismspwin

ISMS-P 인증심사원은 2018년과 2019년 전환시험에서 상당수가 불합격하고 신규 인증심사원 공급도 제한적인 상황에서, ISMS-P 인증 수요는 의무대상자 증가와 개인정보 보호 중요성 강화로 지속적으로 증가하고 있어, 향후 인증심사원이 되면 심사 기회가 풍부하게 주어질 것이며 정부의 정보보호 정책 강화와 함께 전문성을 인정받는 안정적인 경력 기회로 자리매김할 전망이다.

1) ISMS-P 인증 심사 예상 수요

ISMS-P 연도별 인증서 발급 유지 현황

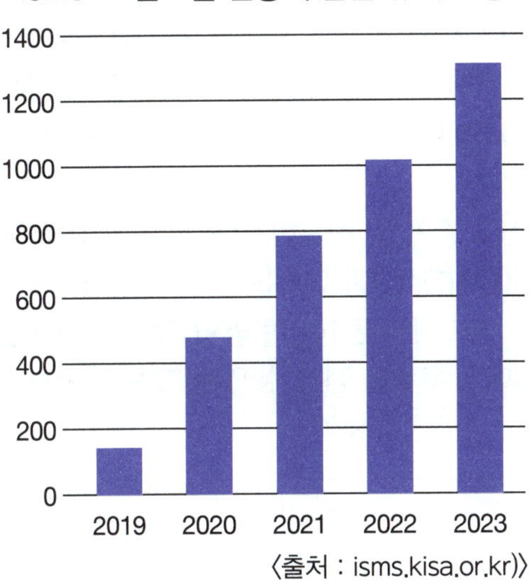

〈출처 : isms.kisa.or.kr〉

2019년 5월 이후로 구 ISMS(PIMS) 인증기준은 사후심사를 제외하고 더 이상 적용되지 않는다. ISMS 의무대상자인 신청기관도 개인정보 보호를 위해 기존보다 적은 수수료로 ISMS-P를 취득하는 경우가 늘고 있다. 따라서 신규 ISMS-P 인증 심사는 지속적으로 증가할 예정이다.

2) ISMS-P 심사원 공급 예측

ISMS 심사원, PIMS 전환시험 합격자 수가 다소 낮고, 매년 배출되는 심사원 수도 낮아서 수요에 대한 공급이 부족한 상황이다. 기존 ISMS, PIMS 심사원의 ISMS-P 전환시험 기회를 다시 제공하는 것도 이에 기인한다. 2025년 신규 ISMS-P 심사원 합격자 수도 예년보다 다소 늘어날 것으로 예상된다. 당분간 인증심사원의 낮은 공급으로 ISMS-P 자격증의 위상은 날로 높아질 것으로 예상된다.

설문 조사는 저자의 카페에서 투표로 진행되었다.

1) 2025년 ISMS-P 필기시험 난이도는?

2015년 이후 ISMS-P 시험은 단순 암기를 넘어 고도화된 실무적 판단력을 요구하며 매년 최고 난이도를 경신해 왔다. 특히 110여 명의 합격자를 배출했던 예년과 달리, 2026년부터는 자격검정 제도가 대폭 개편됨에 따라 수험생들이 체감하는 압박감과 시험의 난이도는 그 어느 때보다 높아졌다.

가장 치명적인 변화는 평가 방식의 전환과 엄격한 인원 제한이다. 기존에는 서류 전형에 인원 제한이 없었고 필기 역시 60점 이상만 넘기면 되는 절대평가 방식이었으나, 2026년부터는 서류 접수부터 선착순 2,000명으로 응시가 제한된다. 무엇보다 필기전형 합격 기준이 상대평가(60점 이상 득점자 중 상위 득점순)로 변경되어, 2026년 최종 합격자 수는 최대 100명 이내로 절반 이상 대폭 축소될 예정이다.

이러한 제도의 변화는 지문의 복잡도 증가 및 정교한 함정 문제 출제 경향과 맞물려 필기시험의 문턱을 극한으로 끌어올리고 있다. 이제는 단순히 합격 기준점인 60점을 넘기는 것을 목표로 해서는 안 되고 한정된 100여 명의 합격선 안에 안정적으로 진입하기 위해서는 상대평가 경쟁에서 우위를 점할 수 있는 '고득점 확보'와, 이를 위한 '철저한 실전 모의고사 훈련'이 필수적인 시점이다.

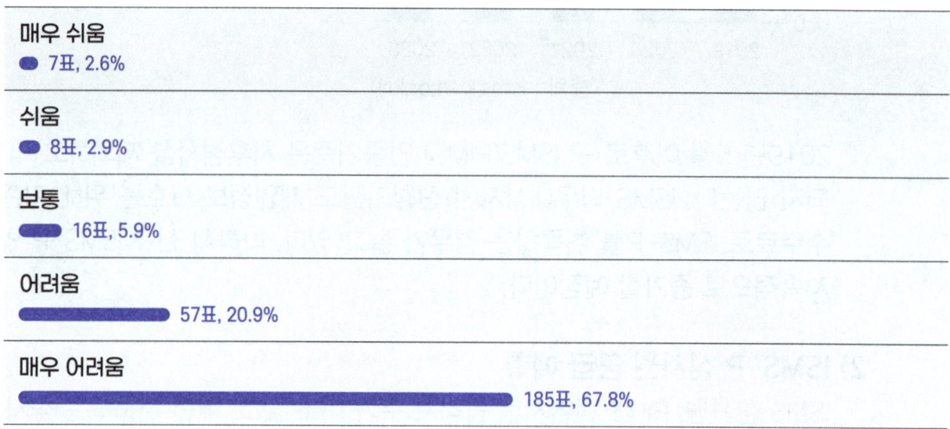

2) 금년도 ISMS-P 본인 예상 점수는?

실제 합격자수는 약100~110명정도로 최종 선발되었고 특히, 필기시험 난이도는
매우올라 대부분 낮은점수대에 분포할 것으로 예상이 되었고 실제 결과도 그렇게 나
왔다.

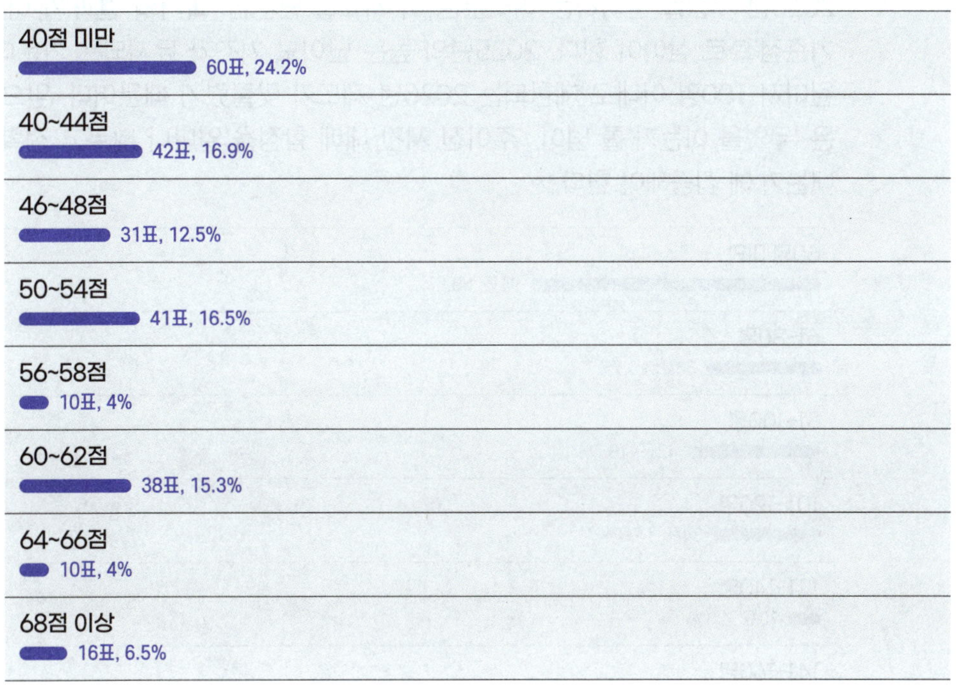

3) 2025년 필기시험 합격자 수 예상

2025년 필기시험이 수험생들에게 얼마나 변별력 높고 까다롭게 느껴졌는지를 방증하는 지표이다. 단순 암기형 문제를 탈피하고 복합적인 실무 판단을 요구하는 문항이 쏟아지면서, 대다수의 수험생들이 합격자 수의 대폭 감소를 직감했다. 다가오는 2026년 시험을 준비하는 여러분은 이 지표를 단순한 '과거의 결과'가 아닌 '올해의 기준점'으로 삼아야 한다. 2025년의 높은 난이도 기조가 유지되는 가운데, 합격 인원마저 100명 이내로 제한되는 2026년 제도가 맞물렸기 때문이다. 앞으로의 학습은 '무엇을 아는가'를 넘어, '주어진 시간 내에 함정을 얼마나 빠르고 정확하게 솎아내는가'에 집중해야 한다.

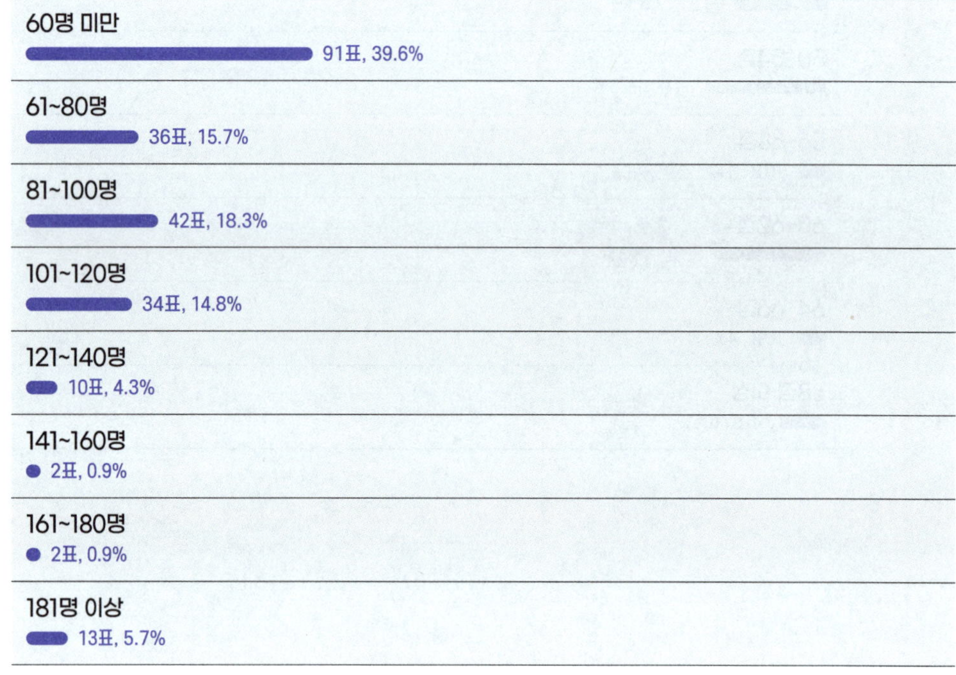

4) 금년 시험 가장 어려운 과목 2개

전반적으로 인증기준과 법규를 융합한 복합 문항이 다수 출제되었다. 특히 '모두 고르시오(2개)'와 같은 다중 선택 문제와 '맞는/틀린 것은 모두 몇 개인가?'를 묻는 개수 산정형 문제가 상당수 배치되어 수험생들의 체감 난이도를 한층 끌어올렸으며, 개인정보 및 보안 기술을 아우르는 신기술 보안 토픽도 비중 있게 다뤄졌다.

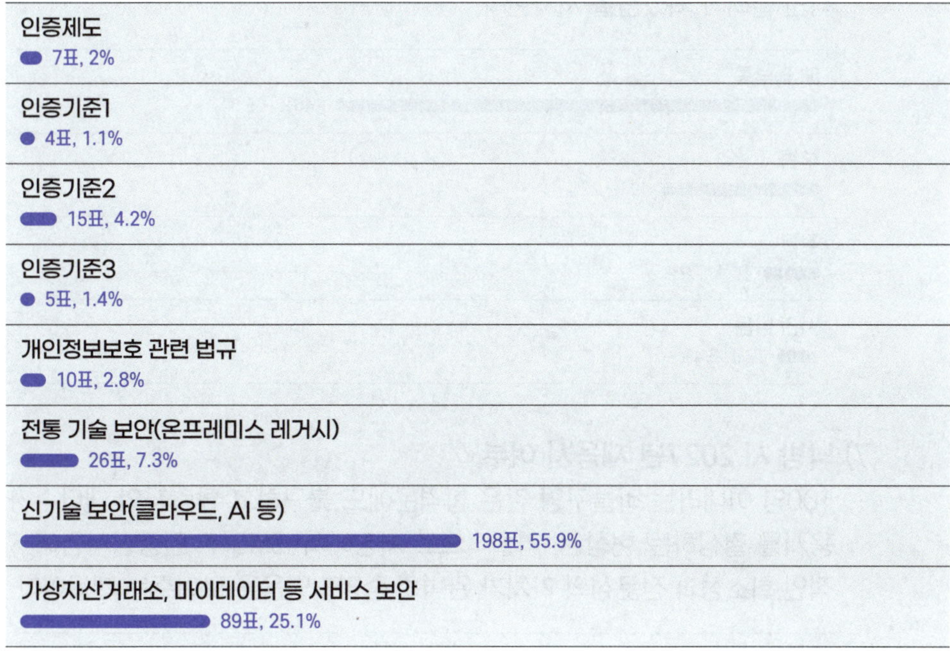

5) 어쩔 수 없이 찍은 문제 수

응시자들이 정확히 풀지 못하고 찍은 문제 수가 평균 11개 이상으로 집계되어 기본 합격선인 60점을 확보하는 데 상당한 어려움이 있었을 것으로 분석된다.

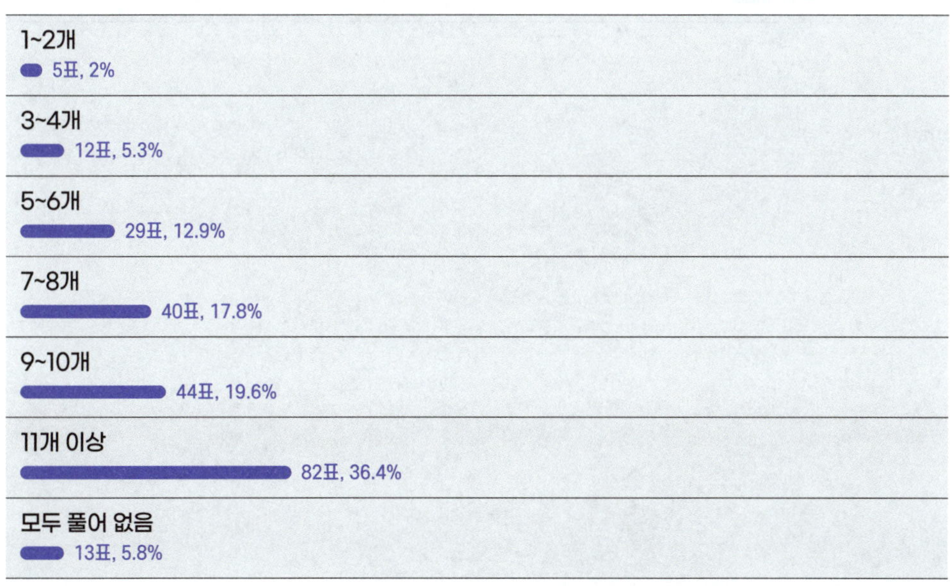

6) 시간적 여유

문제의 지문이 갈수록 길어지고 복잡해짐에 따라, 실전에서의 극심한 시간 압박은 이제 ISMS-P 시험의 기본 상수가 되었다. 이는 2026년 시험을 준비하는 수험생들에게 단순한 관리적 보안 지식을 넘어 보안 기술, 법규, 최신 클라우드 환경에 대한 깊은 이해는 물론, 주어진 상황의 핵심을 단숨에 꿰뚫는 '빠른 문해력'이 합격의 절대적인 열쇠가 되었음을 시사한다.

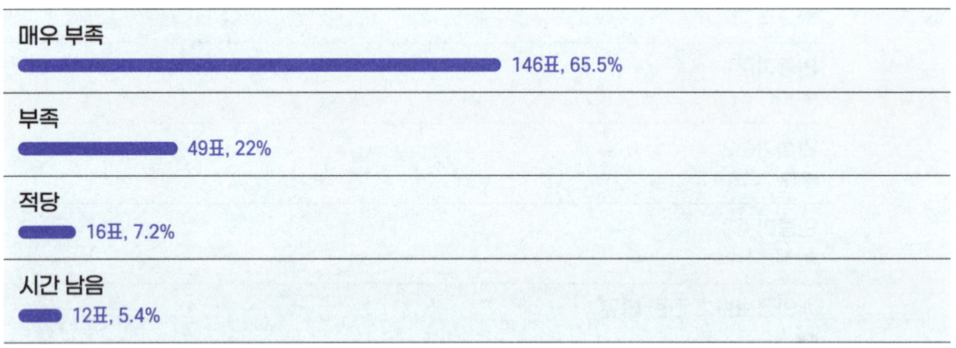

7) 낙방 시 2027년 재응시 여부

100명 이내라는 바늘구멍 같은 합격문에도 불구하고 탈락자의 대다수가 기꺼이 재응시를 결심하는 현상은, 역설적으로 시장에서 ISMS-P 인증심사원이 지니는 독보적인 희소성과 전문성의 가치가 완벽히 증명되었음을 보여주는 대목이다.

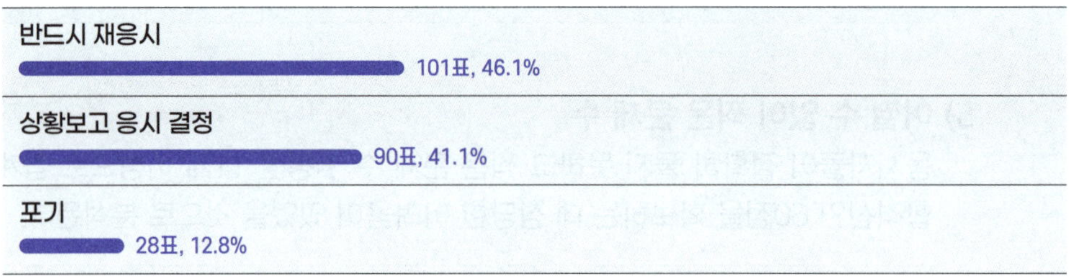

8) 시험준비 관련 본인에게 아쉬웠던 점

방대한 시험 범위로 인해 '학습량 부족(양적 측면)'과 '학습 방향성 상실(질적 측면)'
에 대한 아쉬움을 꼽은 응답이 전체의 약 33.7%를 차지했다. 이는 난이도가 급상승
한 최근 출제 경향을 고려할 때, 다가오는 2026년 시험 대비에 있어서 압도적인 학
습량을 확보하는 것과 동시에 출제 의도에 맞춘 정확한 방향 설정이 합격을 가르는
가장 핵심적인 요소임을 시사한다.

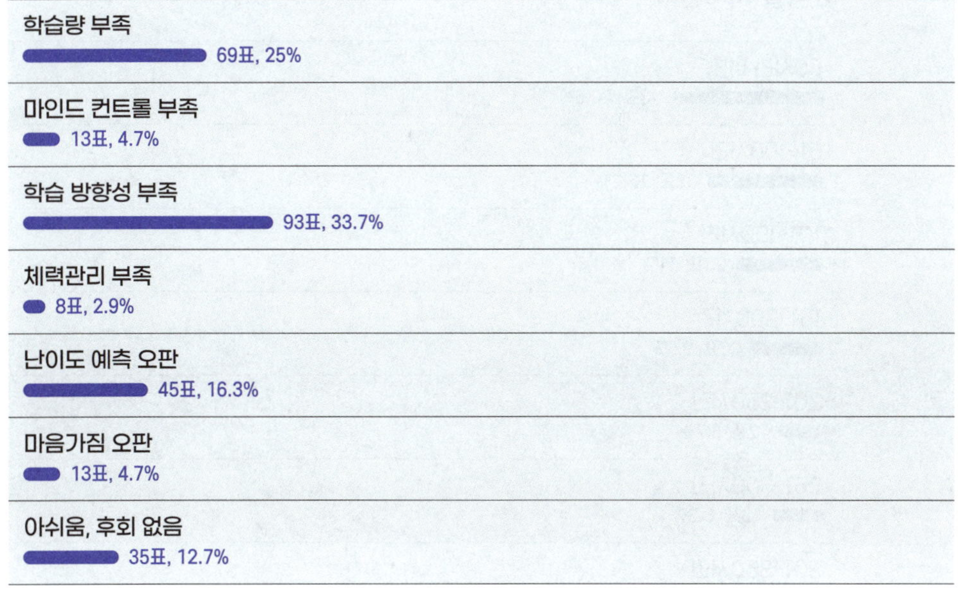

9) 금년 시험 대비 총 학습량

통계에 따르면 수험생들의 절대적인 학습 시간이 크게 양극화되는 현상이 나타나고 있다. ISMS-P 시험은 단순 이론을 넘어 실무적 판단, 관리적 보안, 최신 법령까지 아우르는 방대한 스펙트럼을 요구한다. 특히 한정된 인원 안에서 경쟁해야 하는 2026년 시험에서는, 수험생 개개인의 가용 시간 확보 능력과 이를 효율적으로 활용하는 학습 전략의 차이가 결국 합격과 불합격을 가르는 가장 치명적인 변수로 작용하고 있음을 시사한다.

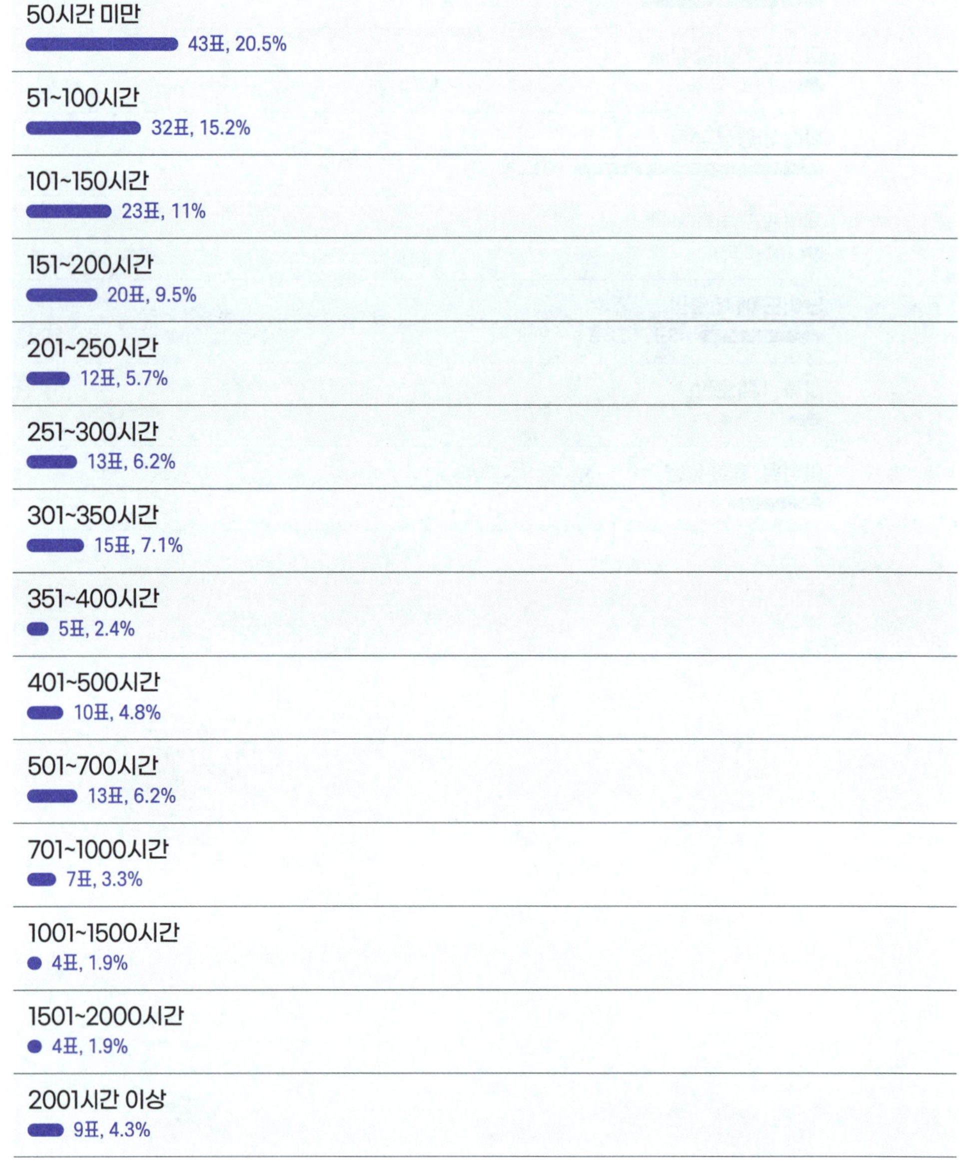

ISMS-P 시험은 관리적 보안의 다른 자격증과 범위가 상당수 겹친다. 예를 들어 PIA(개인정보 영향평가) 자격증을 취득하면 ISMS-P의 법규, 인증기준3의 시험범위를 커버한다고 볼 수 있다. 따라서 PIA 자격증 보유자는 ISMS-P의 시험범위 상의 개념 이해도가 높다고 볼 수 있고, ISMS-P 학습 및 암기가 수월함을 느낄 것이다. 하지만 자격증을 언제 취득했느냐와 얼마나 암기하고 있느냐가 관건이다.

아래 자격증을 모두 취득한 응시생도 ISMS-P 자격증 취득에 빈번히 실패하곤 한다. 과거의 자격증 취득 이력으로 '나는 쉽게 합격할 수 있어' 라는 오만한 생각은 도리어 자격증이 없느니만 못하는 결과를 낳을 수 있다. 필자는 ISMS-P 시험을 취득하기 전에 다른 자격증 시험에 응시하여 기초를 단단히 다지는 것을 추천한다. 물론 자격증이 없더라도 열정적인 노력과 탁월한 문제풀이 감각으로 합격할 수 있다. 1년에 합격자 200명 중 100명 정도는 유사 자격증 취득 없이 심사원으로 배출된다.

1) ISMS-P 제도

Level 5	ISMS-P					
	인증제도	인증기준1	인증기준2	보안기술	법규	인증기준3
Level 4					PIA	
Level 3			정보보안기사			
			CISSP			
Level 2		ISO 27001			CPPG	
Level 1		CISA				

ISMS-P 시험은 대개 7월에 치러진다. 현재 어느 정도 시간이 있다면 체계적인 학습계획 수립을 추천한다. 사실 역량에 따라 책 1권으로 합격할 수도 있지만, 대개는 다다익선 학습 전략을 통해 합격자가 배출된다. 저자 또한 KISA 가이드를 전체를 출력하여 한 장씩 밑줄을 그으며 학습했던 기억이 있다.

물론 모든 KISA 가이드를 읽고, 대다수의 보안 자격증을 취득하여도 반드시 합격한다고 볼 수 없다. 하지만 합격 가능성이 매우 높아지고, 더불어 정보보호 업무 역량도 비약적으로 상승할 것이다.

자격증이 없는 분들은 아래 2025년 응시일정을 참고하여 각 자격증 2026년 시험일정을 모니터링하여 신청한다. 이미 자격증이 있는 분들은 기존 자격증 학습내용을 복습하고 KISA 가이드를 출력하여 학습하는 것을 추천한다.

본인의 의지가 약한 분은 사내 또는 사외 스터디를 구성하여 요약 과제를 할당하고 발표하는 방법으로 진행하면 좋다. 스터디는 열정과 의지가 강한 리더를 선출하고, 반드시 회비와 출석 벌금제를 운영하여 나태함을 방지해야 한다.

1) ISMS-P 제도

구분	1월	2월	3월	4월	5월	6월	7월	8월	9월	10월	11월	12월
ISMS-P				ISMS-P 필기				ISMS-P 실기				
KISA Guide		기술보안 가이드										
		관리보안 가이드										
관리보안			CPPG	PIA								
			CISA									
기술보안	보안기사필기		보안기사실기									
		CISSP										
감리사										감리사 시작		
										기술사 시작		

집필진들이 학습한 경험을 바탕으로 ISMS-P 시험 범위를 구분하고, 주요 토픽과 중요도를 산정하였다. 중요도는 별 1개인 것도 모두 보아야 하나, 별 3개인 것은 집중적으로 암기하고 준비하여야 한다.

1) ISMS-P 제도

대구분	소구분	토픽	중요도
1. **ISMS-P** **개요**	ISMS-P와 ISMS 비교	ISMS-P, PIMS 개념, 대상, 선택기준, 범위	★★★
	정보보호 관리체계	ISMS 필요성, 기대효과	★
	인증제도 추진 연혁	ISMS, PIMS, PIPL 통합	★
	인증심사 종류	최초심사, 사후심사, 갱신심사	★★★
	ISMS-P 법적 근거	법률 근거, 고시 통합 이유	★★
	ISMS-P 인증 체계	정책기관, 인증기관, 심사기관	★★
	ISMS-P 인증제도 질문과 답변	인증기준 선택, 인증 범위	★★★
	인증 관련 위원회	인증위원회, 개인정보 분쟁조정위원회, 개인정보보호위원회	★
2. **ISMS-P** **인증 절차**	인증 절차 단계별 소요기간	준비, 심사, 인증, 보완조치 기간	★★★
	인증 심사 단계별 주요 내용	신청, 계약, 심사, 인증	★★
	심사 방법	문서심사, 인터뷰, 시스템 실사	★★
3. **ISMS-P** **인증 대상자**	인증 대상자 종류	임의신청자(자율신청자), 의무대상자	★★★
	ISMS 인증 의무대상자 정의	전기통신사업자, 기간통신사업자(ISP), 집적정보통신시설사업자(IDC), 정보통신서비스 제공자, 상급종합병원, 고등교육법상 학교	★★★
	ISMS 인증 의무대상자 기준	ISP, IDC, 매출액 또는 세입, 이용자수	★★★
4. **ISMS-P** **인증 심사원**	인증심사원 등급별 자격 요건	심사원보, 심사원, 선임심사원, 책임심사원	★★
	인증심사원자격 신청요건	정보보호 경력, 개인정보보호 경력, 정보기술 경력	★★
	심사원 자격 유지 요건	교육 시간 이수	★★
	심사원 자격 취소 요건	부정, 교육 미이수, 불공정 심사, 비밀 누설, 부당 이익수수	★

2) ISMS-P 인증기준

대구분	소구분	토픽	중요도
개요	ISMS-P 인증기준 통합	ISMS, PIMS, ISMS-P 인증기준 비교	★★★
	국내 ISMS 근간 국제 표준	BS7799-2, ISO/IEC 27001	★
	인증기준 필수, 선택 구분	(필수)1.관리체계수립 및 운영 (선택)2.보호대책요구사항 (선택)3.개인정보처리단계별 요구사항	★
	정보보호 요건 수준 이해	법규, 내규, 인증기준, 위험평가	★★★
1.1. 관리체계 기반 마련	1.1.1 경영진의 참여	경영진 참여 위한 책임 및 역할 문서화	★
		경영진 참여 위한 의사소통 절차 수립·이행	★
	1.1.2 최고책임자의 지정	최고경영자는 CISO, CPO를 공식적 지정	★
		임원급 지정 및 법령 자격 요건 충족	★
		CPO 지정 요건(민간, 공공)	★★★
		CISO 지정 및 과기정통부장관 신고 기준	★★★
	1.1.3 조직 구성	ISMS-P 구축·운영 위한 실무 조직 구성	★★★
		정보보호 관련 사항 의사결정 위한 정보보호 위원회 구성	★★
		정보보호 담당자 및 부서별 담당자로 구성된 실무 협의체 구성	★★
	1.1.4 범위설정	핵심 서비스, 자산을 포함하도록 ISMS-P 범위 설정	★★★
		범위 내 예외사항은 사유 및 책임자 승인 등 관련 근거 기록·관리	★
		ISMS-P 범위 확인을 위해 문서화 관리	★
	1.1.5 정책 수립	정보보호 정책 수립 시 포함사항	★
		정보보호 사항을 시행하기 위한 하위 실행 문서 수립	★
		정책·시행문서 제·개정 시 최고경영자 승인	★
		정책·시행문서의 제·개정 시 최신본을 임직원에게 제공	★
		정책, 지침, 표준, 절차, 기준 개념	★★★
		내부관리계획 포함사항	★★★
	1.1.6 자원 할당	정보보호 활동을 수행하기 위한 전문성 갖춘 인력 확보	★★★
		ISMS-P 구현과 운영에 필요한 예산 및 인력 지원	★
		연도별 정보보호 업무 세부추진계획 수립·시행·분석·평가	★

대구분	소구분	토픽	중요도
1.2. 위험 관리	**1.2.1 정보자산 식별**	정보자산 분류기준을 수립하고 ISMS-P 범위 내 자산 식별 및 목록화	★★★
		정보자산 중요도 평가 및 보안등급 부여	★★★
		정기적 정보자산목록 최신 유지	★
	1.2.2 현황 및 흐름분석	현황 및 흐름분석의 의의	★★
		정보서비스 현황 식별 및 업무 절차와 흐름을 문서화	★
		개인정보 흐름도, 흐름표 문서화	★
		업무 절차 및 개인정보 흐름 주기적 검토 및 최신성 유지	★
	1.2.3 위험 평가	위험 식별 및 평가 방법을 정의하고 문서화	★★★
		위험관리 방법 및 절차 등 위험관리계획 수립	★★★
		연1회 이상 수행	★
		수용 가능한 수준 초과 위험 식별	★★★
		위험 식별 및 평가 결과 경영진 보고	★
	1.2.4 보호대책 선정	식별된 위험에 대해 위험처리 전략 수립 및 보호대책 선정	★★★
		정보보호 대책의 이행계획 수립 및 경영진 보고	★
1.3. 관리체계 운영	**1.3.1 보호대책 구현**	보호대책 구현 및 이행결과를 경영진에 보고하여 효과성 확인	★
		보호대책 구현 및 운영현황을 기록한 운영명세서 작성	★★
	1.3.2 보호대책 공유	보호대책 운영 부서 및 담당자 파악	★
		보호대책 운영 담당자에게 관련 내용 공유 또는 교육	★
	1.3.3 운영현황 관리	(개인)정보보호 정보보호 활동을 식별하고 운영현황표 작성·관리	★★★
		운영활동을 경영진 보고 및 개선 조치	★
1.4. 관리체계 점검 및 개선	**1.4.1 법적 요구사항 준수 검토**	정보보호 및 개인정보보호 법적 요구사항 파악 최신성 유지	★
		법적 요구사항 준수 여부 연1회 정기적 검토	★★
	1.4.2 관리체계 점검	법규 및 내규에 따라 관리체계가 운영되는지 점검계획 수립 및 경영진 보고	★
		독립성, 객관성, 전문성이 확보된 인력이 점검 수행 및 문제점 경영진 보고	★
	1.4.3 관리체계 개선	식별된 관리체계상의 문제점에 대한 근본원인 분석 및 재발방지 대책 수립·이행	★
		재발방지 및 개선 결과 효과성 여부를 확인할 기준과 절차 마련	★

대구분	소구분	토픽	중요도
2.1. 정책, 조직, 자산 관리	2.1.1 정책의 유지관리	(개인)정보보호 정책 및 시행문서의 타당성 검토 절차 수립 및 필요 시 정책 제·개정	★
		법규, 조직의 정책 연계성, 조직 환경 변화 등을 반영할 수 있도록 타당성 검토 수행	★
		중대한 변화 발생 시 검토하고 필요 시 정책 제·개정	★
		제·개정 시 이해관계자와 협의·검토	★
		변경사항 이력 관리	★
	2.1.2 조직의 유지관리	정보보호 관련 책임자와 담당자의 역할 및 책임을 시행문서에 구체적으로 정의	★
		정보보호 활동 평가체계 수립	★
		정보보호 구성원 간 의사소통 체계 수립·이행	★
	2.1.3 정보자산 관리	정보자산의 보안등급에 따른 취급절차 및 보호대책 정의·이행	★★
		정보자산 책임자, 관리자 지정	★
2.2. 인적 보안	2.2.1 주요 직무자 지정 및 관리	개인정보의 취급, 주요 시스템 접근 등 주요 직무 기준 정의	★★★
		주요 직무자로 공식 지정하고 목록을 최신화하여 관리	★
		개인정보취급자 지정 및 목록 관리	★★
	2.2.2 직무 분리	직무 분리 기준 수립, 적용	★★★
		직무 분리가 불가피할 시 보완통제 마련	★★★
	2.2.3 보안 서약	신규 인력 채용 시 (개인)정보보호서약서 징구	★
		외부자에게 정보자산 접근권한 부여 시 서약서 징구	★
		임직원 퇴직 시 별도의 비밀유지 서약서 징구	★
		서약서를 안전하게 보존하고 확인 가능하도록 관리	★
	2.2.4 인식제고 및 교육훈련	연간 (개인)정보보호 교육계획 수립 후 경영진 승인	★
		모든 임직원, 외부자를 연 1회 이상 정기적 교육	★★★
		채용, 계약 시 업무 시작 전 교육 시행	★
		주요 직무자에 직무별 전문성 제고를 위한 별도 교육 시행	★★★
		교육 시행 기록 보존 및 교육 효과와 적정성 평가하여 다음 교육 계획에 반영	★
	2.2.5 퇴직 및 직무변경 관리	인사 변경 내용을 관련 부서 간 신속히 공유	★★
		퇴직 및 직무변경 시 정보자산 반납, 접근 권한 회수 등 절차 수립 이행	★★
	2.2.6 보안 위반 시 조치	법규, 내규 위반 시 처벌 규정 수립	★
		위반 적발 시 내부 절차에 따라 조치 수행	★★

대구분	소구분	토픽	중요도
2.3. 외부자 보안	**2.3.1 외부자 현황 관리**	업무 위탁, 시설, 서비스 이용 현황 식별	★
		업무 위탁 및 외부 서비스 현황 목록 작성 현행화 관리	★★
		법적 요구사항, 위험 파악 및 보호대책 마련	★
	2.3.2 외부자 계약 시 보안	외부자 선정 시 정보보호 역량 평가 절차 마련	★
		보안 요구사항 정의 및 계약 시 반영	★★★
		개발을 위탁 시 (개인)정보보호 요구사항을 계약서에 명시	★★★
	2.3.3 외부자 보안 이행 관리	외부자의 보안 요구사항 주기적 점검 또는 감사 수행	★★
		발견된 문제점에 대한 개선계획 수립·이행	★★
		수탁자가 제3자에게 재위탁 시 위탁자의 승인	★★★
	2.3.4 외부자 계약 변경 및 만료 시 보안	외부자 계약 만료 시 보안대책 수립·이행	★★★
		중요정보 및 개인정보 보유 시 회수·파기 절차 수립·이행	★
2.4. 물리 보안	**2.4.1 보호구역 지정**	물리적 보호구역 지정기준 마련	★★★
		보호구역 지정 및 보호대책 수립·이행	★
	2.4.2 출입통제	출입통제 절차 마련 및 출입 인원 현황 관리	★
		출입기록 보존, 출입기록 및 출입권한 주기적 검토	★
	2.4.3 정보시스템 보호	정보시스템 중요도를 고려하여 배치 장소 분리	★★
		물리적 위치 확인 방안 마련	★
		전력 및 통신케이블을 전기적 영향으로부터 보호	★
	2.4.4 보호설비 운영	보호구역 별 보호설비 운영절차 수립·운영	★
		IDC 위탁 운영 시 보안 요건 계약서 반영 및 운영 상태 주기적 검토	★
	2.4.5 보호구역 내 작업	보호구역 내 작업 신청 및 수행 절차 수립·이행	★★
		보호구역 내 작업 기록 주기적 검토	★
	2.4.6 반출입 기기 통제	보호구역 내 정보기기 반출입 시 통제 절차 수립·이행	★★★
		반출입 기록 관리 및 이력 주기적 점검	★
	2.4.7 업무환경 보안	공용시설 및 사무용기기 보호대책 수립·이행	★★★
		개인업무 환경 내 중요정보 유·노출 방지 보호대책 수립·이행	★★
		개인 및 공용업무 환경에서의 정보보호 준수여부 주기적 검토	★

대구분	소구분	토픽	중요도
2.5. 인증 및 권한 관리	**2.5.1 사용자 계정 관리**	사용자 계정 및 접근권한 등록·변경·삭제·해지 절차 수립·이행	★
		직무별 접근권한 분류체계에 따라 최소한의 권한만을 부여	★★★
		계정에 대한 보안책임 본인임을 인식시킴	★★
	2.5.2 사용자 식별	사용자별 유일 식별자 할당 및 추측 가능한 식별자 사용 제한	★★★
		동일한 식별자 공유 사용 시 책임자 승인	★★★
	2.5.3 사용자 인증	정보시스템에 대한 접근 시 안전한 인증절차에 의해 통제	★
		외부에서 정보시스템에 접속 시 안전한 인증수단 또는 접속수단 적용	★★★
	2.5.4 비밀번호 관리	사용자 비밀번호 관리절차 및 작성규칙 수립·이행	★★★
		정보주체(이용자) 비밀번호 작성규칙 수립·이행	★★★
	2.5.5 특수 계정 및 권한 관리	최소한의 인원에게만 부여하기 위한 공식적인 권한 신청 및 승인 절차 수립·이행	★★
		특수 계정 및 권한 식별 및 목록관리 등 통제 절차 수립·이행	★
	2.5.6 접근권한 검토	사용자 계정 및 접근권한 생성·등록·부여·이용·변경·말소 등의 이력 남김	★★★
		사용자 계정 및 접근권한의 적정성 검토 정기적 이행	★★★
		접근권한 검토 결과 문제점 발견 시 조치 절차 수립·이행	★

대구분	소구분	토픽	중요도
2.6. 접근통제	2.6.1 네트워크 접근	네트워크 경로 식별 및 네트워크 접근통제 관리절차 수립·이행	★★★
		네트워크 영역 분리 및 영역 간 접근통제 적용	★★★
		사설 IP 할당 및 외부에서 직접 접근이 불가능 하도록 설정	★★★
		물리적으로 떨어진 네트워크 연결 시 안전한 접속환경 구성	★★★
	2.6.2 정보시스템 접근	정보시스템별 OS접근이 허용되는 사용자, 접근 수단 등 정의	★★★
		장시간 미사용 시 시스템 접속 차단 조치	★★
		불필요한 서비스 또는 포트 제거 또는 차단	★★★
		주요서비스 제공서버는 독립된 서버로 운영	★★
	2.6.3 응용프로그램 접근	응용프로그램 접근권한 차등 부여	★★★
		불필요한 노출 최소화를 위한 응용프로그램 구현·운영	★★
		일정 시간 입력 없는 세션 자동 차단 및 사용자의 동시 세션수 제한	★★
		관리자 전용 응용프로그램 비인가자 접근통제 수행	★★★
		개인정보 및 중요정보 표시제한 조치(마스킹 정책)의 일관성 확보	★★
	2.6.4 데이터베이스 접근	데이터베이스 정보를 식별하고 지속적 현행화 관리	★★★
		데이터베이스 내 정보에 접근 대상 식별 및 접근 통제	★★★
	2.6.5 무선 네트워크 접근	무선 AP 및 네트워크 구간 구간을 위한 보호대책 수립·이행	★★★
		무선 네트워크 사용 신청 및 해지 절차 수립·이행	★
		비인가된 무선 네트워크에 대한 보호대책 수립·이행	★
	2.6.6 원격접근 통제	인터넷 외부 네트워크를 통한 원격운영 금지	★★★
		내부 네트워크를 통한 원격 운영 시 특정 단말에 한하여 접근 허용	★★★
		원격업무 수행 시 침해사고 예방 대책 수립·이행	★
		개인정보처리시스템에 직접 접속하는 단말기에 대한 보호조치 적용	★★
	2.6.7 인터넷 접속 통제	업무용 PC의 인터넷 접속 통제정책 수립·이행	★★★
		주요 정보시스템에서 불필요한 외부 인터넷 접속 통제	★★★
		망분리 의무 대상자를 안전한 방식으로 망분리 적용	★★★
		안전한 방식으로 망분리	★★★

대구분	소구분	토픽	중요도
2.7. **암호화 적용**	**2.7.1 암호정책 적용**	법적 요구사항을 반영한 암호정책 수립	★★★
		개인정보의 저장, 전송, 전달 시 암호화 수행	★★★
	2.7.2 암호키 관리	암호키 관리 정책 및 절차 수립	★★
		암호키를 안전한 장소에 보관하고 암호키 사용 시 접근권한을 최소화	★★
2.8. **정보 시스템** **도입 및** **개발 보안**	**2.8.1 보안 요구사항 정의**	정보시스템 도입·개발·변경 시 (개인)정보보호 타당성 검토 및 인수 절차 수립·이행	★★
		정보시스템 도입·개발 또는 변경 시 보안요구사항 정의 및 설계 단계부터 반영	★★
		시큐어코딩 표준 마련 및 적용	★★★
	2.8.2 보안 요구사항 검토 및 시험	보안요구사항 검토기준과 절차 수립 및 시험 수행	★
		정보시스템 개발 후 취약점 점검 수행	★★
		발견된 문제점 개선계획 수립, 이행점검 절차 이행	★
		공공기관 영향평가 수행 및 개선사항 이행	★★★
	2.8.3 시험과 운영 환경 분리	개발 및 시험환경을 운영환경과 분리	★★
		개발과 운영환경의 미분리 시 보완대책 마련	★★
	2.8.4 시험 데이터 보안	개발 및 시험 과정에서 실제 운영데이터 사용 제한	★★
		운영데이터를 시험환경에서 사용 시 통제 절차 수립·이행	★
	2.8.5 소스 프로그램 관리	소스 프로그램 접근 통제 절차 수립·이행	★★
		운영환경이 아닌 곳에 소스 프로그램 보관	★★
		소스 프로그램 변경이력 관리	★
	2.8.6 운영환경 이관	운영환경 이관 통제 절차 수립·이행	★
		이관 시 발생할 수 있는 문제에 대한 대응 방안 마련	★
		운영환경에는 필요한 파일만 설치	★★

대구분	소구분	토픽	중요도
2.9. 시스템 및 서비스 운영관리	2.9.1 변경관리	정보시스템 자산 변경 절차 수립·이행	★★
		정보시스템 자산 변경 수행 전 성능 및 보안 영향 분석	★
	2.9.2 성능 및 장애관리	성능 및 용량 모니터링 절차 수립·이행	★★
		임계치 초과 시 대응절차 수립·이행	★
		장애 대응 절차 수립·이행	★★
		장애 조치내역 기록 및 관리	★
		장애원인 분석 및 재발방지 대책 마련	★
	2.9.3 백업 및 복구관리	백업 및 복구절차 수립·이행	★★★
		정기적 복구 테스트 실시	★
		백업매체 소산	★
	2.9.4 로그 및 접속기록 관리	로그관리 절차 수립 및 로그 생성, 보관	★
		로그기록을 별도 저장장치를 통해 백업 및 로그기록 접근권한 최소화	★★★
		개인정보처리시스템 접속기록은 법적 요구사항 준수	★★★
	2.9.5 로그 및 접속기록 점검	로그 검토 및 모니터링 절차 수립·이행	★
		로그 검토 및 모니터링 결과 보고 및 이상징후 발견 시 대응	★
		개인정보처리시스템 접속기록 정기적 점검	★★★
	2.9.6 시간 동기화	정보시스템 표준 시간 동기화	★
		시간 동기화 주기적 점검	★
	2.9.7 정보자산의 재사용 및 폐기	정보자산의 재사용 및 폐기 절차 수립·이행	★
		재사용 및 폐기 시 중요정보가 복구되지 않는 방법으로 처리	★
		자체적 폐기 시 관리대장을 통한 이력관리	★
		외부업체 통한 폐기 시 폐기절차를 계약서에 명시 및 절차 준수 확인	★
		유지보수 과정에서 교체, 복구 발생 시 보호 대책 마련	★

대구분	소구분	토픽	중요도
2.10. 시스템 및 서비스 보안관리	2.10.1 보안시스템 운영	보안시스템 운영절차 수립·이행	★★★
		보안시스템 허용 인원 최소화 및 비인가자 접근 통제	★★★
		보안시스템 정책 변경 공식 절차 수립·이행	★
		보안시스템 예외 정책 등록 절차 관리 및 예외 정책 사용자 최소화 관리	★★★
		보안시스템 설정 정책 타당성 주기적 검토	★
		개인정보처리시스템에 대한 보안시스템 설치·운영	★★
	2.10.2 클라우드 보안	클라우드 서비스 제공자와 (개인)정보보호 책임과 역할 계약서 반영	★★★
		클라우드 서비스 이용 시 보안 통제 정책 수립·이행	★★★
		클라우드 서비스 관리자 권한 최소화 및 보호대책 적용	★★★
		클라우드 서비스 보안 운영현황 모니터링 및 정기적 검토	★★★
	2.10.3 공개서버 보안	공개서버 운영 시 보호대책 수립·이행	★★★
		공개서버는 DMZ영역에 설치 및 보안시스템을 통한 보호	★★
		공개서버 중요정보 게시 절차 수립·이행	★★
		웹사이트 중요정보 노출 차단 조치 수행	★★
	2.10.4 전자거래 및 핀테크 보안	전자거래 및 핀테크 서비스 제공 시 보호대책 수립·이행	★★
		외부시스템과 연계 시 송·수신 정보 보호 대책 수립·이행 및 안전성 점검	★★
	2.10.5 정보전송 보안	외부에 중요정보 전송 시 안전한 전송 정책 수립	★★
		조직 간 중요정보를 상호교환 시 보호대책 수립·이행	★★
	2.10.6 업무용 단말기기 보안	업무용 단말기 보안 통제 정책 수립·이행	★★★
		업무용 단말기를 통해 중요정보 유출 방지 정책 수립·이행	★★★
		업무용 모바일 기기의 중요정보 유·노출을 방지 보안 대책 적용	★★
		업무용 단말기기 접근통제 대책 적절성 점검	★★
	2.10.7 보조저장매체 관리	보조저장매체 사용 정책 및 절차 수립·이행	★★
		보조저장매체 관리현황 주기적 점검	★
		보호구역 내 보조저장매체 사용 제한	★
		보조저장매체 보호대책 마련	★★
		보조저장매체를 안전한 장소에 보관	★

대구분	소구분	토픽	중요도
2.10. 시스템 및 서비스 보안관리	2.10.8 패치관리	패치관리 정책 및 절차 수립·이행	★★★
		패치적용 현황 주기적 관리	★
		최신 패치 미적용 시 보완대책 마련	★
		주요 자산은 인터넷 접속을 통한 패치 제한	★★★
		패치관리시스템(PMS)활용 시 보호대책 마련	★★
	2.10.9 악성코드 통제	악성코드 보호대책 수립·이행	★★★
		백신을 통한 악성코드 예방·탐지 활동 수행	★★
		백신 최신 상태 유지 및 필요 시 긴급 업데이트 수행	★★★
		악성코드 감염 시 대응절차 수립·이행	★★
2.11. 사고 예방 및 대응	2.11.1 사고 예방 및 대응 체계 구축	침해사고 예방 및 대응체계 구축	★★
		외부 기관 활용 시 침해사고 대응절차 내용 계약서 반영	★
		침해사고 관련 기관과 협조체계 수립	★
	2.11.2 취약점 점검 및 조치	취약점 점검 절차 수립 및 정기적 점검 수행	★★
		발견된 취약점 조치 수행 및 책임자 보고	★
		최신 보안취약점 파악 및 영향도 분석·조치	★★
		취약점 점검 이력 기록관리	★
	2.11.3 이상행위 분석 및 모니터링	이상행위 분석 및 모니터링 수행	★★
		이상행위 판단 기준·임계치 정의 및 조치 수행	★★
	2.11.4 사고 대응 훈련 및 개선	사고 대응 훈련계획 수립 및 실시	★
		사고 대응체계 개선	★
	2.11.5 사고 대응 및 복구	사고 대응 절차에 따라 대응 및 보고	★★
		개인정보 침해사고 발생 시 신고 절차 이행	★★★
		사고 종결 후 결과 보고	★
		침해사고 대응체계 변경	★
2.12. 재해복구	2.12.1 재해, 재난 대비 안전조치	IT 재해 유형 식별 및 핵심 업무 및 시스템 식별	★★★
		복구 목표시간, 복구 목표시점 정의	★★★
		재해 복구 계획 수립·이행	★★
	2.12.2 재해 복구 시험 및 개선	재해 복구 시험계획 수립·이행	★
		복구전략 및 대책 검토·보완	★

대구분	소구분	토픽	중요도
3.1. 개인정보 수집 시 보호조치	3.1.1 개인정보 수집·이용	개인정보 수집 시 정보주체 내용 고지 후 동의	★★★
		수집매체 특성 반영 및 정보 필요 시점에 수집	★★★
		서면 동의 시 중요 내용 명확히 표시	★★
		아동 개인정보 동의 시 법정대리인 고지 및 동의	★★★
	3.1.2 개인정보 수집 제한	서비스 제공 또는 법령에 근거하여 최소한의 정보 수집	★★★
		개인정보 수집 포괄 동의의 금지	★★★
		재화, 서비스 등의 제공 거부 금지	★★★
	3.1.3 주민등록번호 처리 제한	주민등록번호의 원칙적 처리 금지	★★★
		주민등록번호 처리 근거 법조항 식별 및 입증 책임	★★★
		주민등록번호 대체 수단 제공	★★
	3.1.4 민감정보 및 고유식별정보의 처리 제한	민감정보 별도 동의 또는 법령 근거 처리	★★★
		고유식별정보 별도 동의 또는 법령 근거 처리	★★★
	3.1.5 개인정보 간접수집	간접수집 적법성 확인 및 계약 명시	★★
		공개된 매체에서 수집 시 정보주체 동의 의사 표시 명확화	★★
		서비스 계약 이행 및 제공을 위해 필요한 최소한의 개인정보 수집	★★★
		정보주체의 요구가 있을 시 정보주체 고지	★★★
	3.1.6 영상정보처리기기 설치·운영	공개된 장소에 설치·운영 시 법적 요건 검토	★★★
		공공기관은 설치·운영 시 공청회·설명회 등 의견 수렴	★★★
		정보주체가 인식할 수 있도록 안내판 설치	★★★
		영상정보처리기기 운영·관리 방침 마련	★★
		영상정보 보관기간 만료 시 지체 없이 삭제	★★
		위탁 시 위탁 계약서에 문서화	★★
	3.1.7 마케팅 목적의 개인정보 수집·이용	홍보 및 마케팅 목적 처리 시 정보주체 별도 동의	★★★
		광고 전송 시 사전 동의 및 정기적 동의 여부 확인	★★★
		영리목적의 광고성 정보 전송 중단	★★★
		영리성 광고 정보 전송 시 고지사항	★★
3.2. 개인정보 보유 및 이용 시 보호조치	3.2.1 개인정보 현황관리	개인정보 현황 관리	★★
		공공기관 개인정보파일 등록	★★
		개인정보파일 현황을 개인정보 처리방침에 공개	★★
	3.2.2 개인정보 품질보장	개인정보 안정성 및 최신성 유지	★★
		정보주체에게 정확성, 완전성, 최신성 유지 방법 제공	★★

대구분	소구분	토픽	중요도
3.2. 개인정보 보유 및 이용 시 보호조치	3.2.3 이용자 단말기 접근 보호	이동통신단말장치 접근 권한에 대한 정보주체 동의	★★★
		선택접근 권한 미동의라도 서비스 제공 거부 금지	★★★
		접근권한 동의 및 철회방법 마련	★★
	3.2.4 개인정보 목적 외 이용 및 제공	동의 목적 또는 법령 범위 내 이용·제공	★★★
		목적 외 또는 범위 초과 시 별도 동의 또는 법령 근거 하여 제한	★★★
		목적외 용도로 제3자 제공 시 이용 제한 또는 안전성 확보조치 요청	★★★
		공공기관 목적 외 이용 또는 제3자 제공 시 관보 또는 인터넷 홈페이지 게재	★★★
		개인정보 목적 외 이용 및 제3자 제공대장 기록·관리	★★★
	3.2.5 가명정보 처리	가명처리 방법 및 기준, 적정성 검토, 재식별 금지 등	★★★
		가명정보의 안전성 확보에 필요한 기술적·관리적· 물리적 조치	★★★
		다른 개인정보 처리자와의 가명정보 결합	★★
3.3. 개인정보 제공 시 보호조치	3.3.1 개인정보 제3자 제공	제3자 제공 시 정보주체 고지 후 동의	★★★
		제3자 제공 동의 별도 동의 및 서비스 제공 거부 금지	★★★
		제3자 제공 시 최소한의 개인정보 항목 제한	★★★
		제3자 제공 시 안전한 절차와 방법으로 제공 및 제공 내역 기록·보관	★★
		제3자에게 개인정보 접근 허용 시 보호절차에 따라 통제	★★
	3.3.2 개인정보 처리 업무 위탁	위탁 업무 및 수탁자 현행화 공개	★★★
		개인정보 처리 위탁 동의	★★★
		홍보, 마케팅 업무 위탁 시 정보주체 통지	★★★
		수탁자 또는 위탁 업무 변경 시 고지	★★★
		제3자 재위탁 시 위탁자의 사전 동의	★★★
	3.3.3 영업의 양도 등에 따 른 개인정보 이전	영업 양도 등에 따라 개인정보 이전 시 정보주체 통지	★★★
		개인정보 이전받은 사실 정보주체 통지	★★★
		본래 목적으로만 이용 및 제공	★★
	3.3.4 개인정보 국외이전	국외 제3자 제공 시 동의	★★★
		국외 처리위탁 또는 보관 고지로 동의절차 생략	★★★
		국외 이전에 관한 계약 체결	★★★
		국외 이전 시 개인정보 보호 조치 이행	★★

대구분	소구분	토픽	중요도
3.4. 개인정보 파기 시 보호조치	3.4.1 개인정보 파기	개인정보 파기 정책 수립	★★★
		불필요하게 될 시 개인정보 파기	★★★
		안전한 방법으로 파기	★★★
		파기 기록 남기고 관리	★★
	3.4.2 처리목적 달성 후 보유 시 조치	개인정보 보존 시 보존·관리	★★★
		분리 DB를 물리적 또는 논리적으로 분리	★★★
		분리 보관 개인정보 목적 외 활용 금지	★★
		분리 보관 개인정보 접근권한 최소화	★★
3.5. 정보주체 권리보호	3.5.1 개인정보처리방침 공개	개인정보 처리방침 공개	★★★
		법령 요건 포함 개인정보 처리방침 작성	★★★
		개인정보 처리방침이 변경 시 공지	★★
	3.5.2 정보주체 권리보장	정보주체 권리 행사 방법 및 절차 마련	★★★
		열람 요구 시 조치	★★
		정정·삭제 요구 시 조치	★★
		처리정지 요구 시 정지	★★
		이의 제기 절차 마련	★★
		동의 철회 시 조치	★★
		요구 및 처리 결과 기록 남김	★★
		타인 권리 침해 시 처리 절차 마련	★★★
	3.5.3 정보주체에 대한 통지	개인정보 이용내역 통지 및 기록 유지	★★★
		통지항목 내 법적 요건 포함	★★★

3) (개인)정보보호 법규

대구분	소구분	토픽	중요도
1. 개인정보 보호 관련 법제	개인정보 보호 관련 법제	헌법, 법률, 시행령, 시행규칙, 고시, 지침, 가이드라인	★★
	법 적용의 원칙	상위법 우선, 특별법 우선, 신법 우선	★★★
2. 개인정보 보호 개요	개인정보 의의	신분정보, 사회의 구성 유지 발전 필수 요소, 수익 창출 자산적 가치	★★
	개인정보 보호 법령 상의 개인정보 정의 특징	살아 있는 개인에 관한 정보, 개인에 관한 정보, 정보의 내용·형태 등은 제한 없음, 개인을 알아볼 수 있는 정보, 다른 정보와 쉽게 결합하여 개인을 알아볼 수 있는 정보	★★★
	개인정보 유형	신분관계, 내면의 비밀, 심신의 상태, 사회 경력, 경제관계, 새로운 유형	★★
	개인정보보호 법제 비교	「개인정보보호법」 내에 처리하는 개인정보의 유형에 따른 규제기관, 정의, 목적, 적용대상, 보호대상, 대상자	★★★
3. 개인정보 보호 법률 개요	OECD 프라이버시 8원칙	수집제한, 정보정확성, 목적명확, 이용제한, 안전성확보, 처리방침 공개, 정보주체 참여, 책임의 원칙	★★
	개인정보 피해구제 제도	개인정보 침해 신고상담, 개인정보 분쟁조정	★
	개인정보 손해배상제도	징벌적 손해배상제도, 법적 손해배상제도	★
	개인정보 처리단계별 보호조치 비교	「개인정보보호법」, 「정보통신망법」별 개인정보 처리 조항 비교	★

대구분	소구분	토픽	중요도
4. 개인정보 보호법과 정보통신망 법 비교	1) 수집 및 이용	개인정보보호법(2024.03.15) 제15조	★★★
	2) 만14세 미만 법정대리인 동의	개인정보보호법(2024.03.15) 제22조의 2	★★★
	3) 동의를 받는 방법	개인정보보호법(2024.03.15) 제22조	★★★
	4) 최소한의 개인정보 수집	개인정보보호법(2024.03.15) 제16조	★★★
	5) 민감정보 처리제한	개인정보보호법(2024.03.15) 제23조	★★★
	6) 고유식별정보 처리제한	개인정보보호법(2024.03.15) 제24조	★★★
	7) 주민등록번호 처리제한	개인정보보호법(2024.03.15) 제24조의2 정보통신망법(2020.12.10) 제23조의2	★★★
	8) 간접 수집 보호조치	개인정보보호법(2024.03.15) 제20조	★★
	9) 영상정보처리기기의 설치·운영 제한 설치 운영 제한	개인정보보호법(2024.03.15) 제25조	★★★
	10) 목적 외 이용 및 제공 제한	개인정보보호법(2024.03.15) 제18조	★★★
	11) 제3자 제공 – 국외 제공 및 이전 제한	개인정보보호법(2024.03.15) 제17조	★★★
	12) 처리 위탁	개인정보보호법(2024.03.15) 제26조	★★★
	13) 영업 양도양수	개인정보보호법(2024.03.15) 제27조	★★
	14) 개인정보의 안전 조치 의무	개인정보보호법(2024.03.15) 제29조	★★★
	15) 가명정보 처리	개인정보보호법(2024.03.15) 제28조의 2~7	★★★
	16) 개인정보 처리방침	개인정보보호법(2024.03.15) 제30조	★★★
	17) 개인정보 보호책임자	개인정보보호법(2024.03.15) 제31조	★★
	18) 개인정보 유출 등의 통지 및 신고	개인정보보호법(2024.03.15) 제34조	★★★
	19) 개인정보파일 등록 및 공개신고	개인정보보호법(2024.03.15) 제32조	★★
	20) 개인정보 파기	개인정보보호법(2024.03.15) 제21조	★★★
	21) 개인정보의 열람	개인정보보호법(2024.03.15) 제35조	★★
	22) 개인정보의 정정·삭제	개인정보보호법(2024.03.15) 제36조	★★
	23) 개인정보의 처리정지 등	개인정보보호법(2024.03.15.) 제37조	★★
	24) 자동화된 결정에 대한 정보주체의 권리	개인정보보호법(2024.03.15.) 제37조의2	★★★
	25) 이용·제공 내역의 통지	개인정보보호법(2024.03.15.) 제20조의2	★★★
	26) 손해배상의 보장	개인정보보호법(2024.03.15.) 제39조의7	★★★
	27) 영리목적의 광고성 정보 전송 제한	정보통신망법(2020.12.10) 제50조	★★★

대구분	소구분	토픽	중요도
5. 개인정보보호 보호관련 고시	개인정보 보호조치 관련 고시 비교	규제기관, 대상자, 고시근거, 처벌규정	★★★
	개인정보 보호 조치 기준	법률, 시행령, 고시	★★★
	1) 목적	안전성 확보조치 기준(2023.09.22) 제1조	★★
	2) 정의	안전성 확보조치 기준(2023.09.22) 제2조	★★★
	3) 안전조치의 적용 원칙	안전성 확보조치 기준(2023.09.22) 제3조	★★
	4) 내부 관리계획의 수립·시행 및 점검	안전성 확보조치 기준(2023.09.22) 제4조	★★★
	5) 접근 권한의 관리	안전성 확보조치 기준(2023.09.22) 제5조	★★★
	6) 접근통제	안전성 확보조치 기준(2023.09.22) 제6조	★★★
	7) 개인정보의 암호화	안전성 확보조치 기준(2023.09.22) 제7조	★★★
	8) 접속기록 관리	안전성 확보조치 기준(2023.09.22) 제8조	★★★
	9) 악성프로그램 등 방지	안전성 확보조치 기준(2023.09.22) 제9조	★★★
	10) 물리적 안전조치	안전성 확보조치 기준(2023.09.22) 제10조	★★
	11) 재해·재난 대비 안전조치	안전성 확보조치 기준(2023.09.22) 제11조	★★★
	12) 출력·복사 시 보호조치	안전성 확보조치 기준(2023.09.22) 제12조	★★★
	13) 개인정보의 파기	안전성 확보조치 기준(2023.09.22) 제13조	★★★
	14) 공공시스템 운영기관의 안전조치 기준 적용	안전성 확보조치 기준(2023.09.22) 제14조	★★
	15) 공공시스템 운영기관의 내부 관리계획의 수립·시행	안전성 확보조치 기준(2023.09.22) 제15조	★★
	16) 공공시스템 운영기관의 접근 권한의 관리	안전성 확보조치 기준(2023.09.22) 제16조	★★
	17) 공공시스템 운영기관의 접속기록의 보관 및 점검	안전성 확보조치 기준(2023.09.22) 제17조	★★
	18) 재검토 기한	안전성 확보조치 기준(2023.09.22) 제14조	–

4) 보안 이론 및 기술

대구분	소구분	토픽	중요도
1. 네트워크 보안	OSI 7 Layer	계층별 특징, 프로토콜, 대상 장비	★
	네트워크 보안 장비 개념, 특징	방화벽, IPS, Anti–DDos, 웹방화벽, UTM	★★★
	네트워크 보안 장비 배치	방화벽, IPS, Anti–DDos, 웹방화벽, UTM	★★★
	네트워크 구성도 심사	통제지점, 통제지점 장비, 정보시스템 위치, 망구성, 네트워크 경로 등	★★★
	방화벽, ACL, VPN	방화벽 룰셋, 스위치 ACL, 원격 두지점 VPN 구성	★★★
	주요 포트 서비스	FTP, Telnet, SMTP, DNS, TFTP, HTTP, POP3, RPC, NetBIOS, IMAP, SNMP 등	★★
	Snort	Snort Rule 형식, 분석	★
	서브넷 마스크	서브넷 마스크 개념, 사용법	★
	SSL / TLS	SSL / TLS 개념, 취약점(DROWN, POODLE, FREAK, BEAST, Heartbleed), SSL/TLS 연결방식	★★
	Datalink Layer 네트워크 공격	Switch Jamming, ARP Spoofing	★
	Network Layer 네트워크 공격	DNS Cache Poisoning(DNS Spoofing), Land Attack, Tear Drop, Ping of Death, Smurf, SYN Flooding	★
	Application Layer 네트워크 공격	Slowloris, Slowread	★
	기타	Port Scan, Brute force, 피싱(스캠, 피싱, 파밍, 스미싱), MITM 공격, 허니팟	★★
	무선 네트워크 보안	WEP, WPA, WPA2, TKIP, CCMP	★★★

대구분	소구분	토픽	중요도
2. 시스템 보안 (리눅스)	리눅스 시스템 로그	utmp, wtmp, btmp, lastlog, secure, dmesg, messages, syslog, sulog, pacct, history	★★★
	리눅스 주요 파일	/etc/passwd, /etc/shadow	★★★
	UID, GID	/etc/passwd, /etc/group 확인	★
	파일권한 보기/변경	rwxrwxrwx(파일), drwxrwxrwx(디렉토리) chmod(권한변경), chown(소유주변경), chgrp(파일그룹변경)	★★★
	파일 소유자권한 실행	SETUID, SETGID, Sticky bit(공용 디렉토리)	★★★
	umask	파일 생성 시 설정 권한, umask 022 → file 755	★★★
	리눅스 시스템 파일 검색	find 파일 검색 옵션	★
	리눅스 시스템 암호정책	PASS_MAX_DAYS, PASS_MIN_DAYS, PASS_MIN_LEN	★
	Root 계정의 SSH 원격 접속 제한	/etc/ssh/sshd_config #PermitRootLoginyes → PermitRootLoginno	★
	세션 타임아웃 설정	/etc/profile TIMEOUT=600설정	★★★
	로그인 실패 시 계정 잠금 설정	/etc/pam.d/system-auth	★★
	crontab	*(분) *(시) *(일) *(월) *(요일, 0이 일요일, 1이 월요일이다.) 수행할 명령어	★★★
	IP Tables	Iptables -A [방향] -s [소스 IP] -p [프로토콜] -dport [목적포트] -j [대응]	★★
	TCP Wrapper	hosts.allow, hosts.deny	★★★
2. 시스템 보안 (윈도우)	로컬 보안 정책 설정	암호 복잡성, 최근 암호 기억, 계정 잠금 정책 설정	★★★
	레지스트리	레지스트리명 설명	★★
	윈도우 로그파일 확인	eventvwr.msc, 윈도우 이벤트 뷰어	★★
	공유폴더 설정	net share	★★★
	계정 관리 명령어	net user	★
	시스템 보안 위협	Race condition, Buffer overflow	★
	악성 프로그램	웜, 트로이목마, 스파이웨어, 랜섬웨어, 키로거, 백도어, 루트킷	★★★

대구분	소구분	토픽	중요도
3. 애플리케이션 보안	**FTP**	파일 관련 프로토콜, FTP 보안 위협(anonymous FTP, TFTP, Bounce attack) 및 대책	★★
	애플리케이션 공격	XSS, SQL Injection, CSRF 등	★★★
	애플리케이션 프로토콜	SNMP(GET, Trap), openssl(Heartbleed)	★
	웹서버 보안 Apache	Apache 보안 설정, 에러로그 분석(7단계)	★★★
	웹서버 보안 Tomcat	Tomcat 보안 설정	★★
	웹서버 보안 IIS	Window ISS 보안설정	★★
	DNS	이메일 관련 프로토콜, 이메일 보안 기술(PEM, PGP), 스팸메일 대응 보안기술, 기타 이메일 보안 대응 기술	★★
	이메일 프로토콜	SMTP, POP3, IMAP4, MIME	★★
	이메일 보안 기술	PEM, PGP, S/MIME	★
	스팸메일 대응 보안기술	SPF, Promail, Sanitizer, Inflex, SpamAssassin	★★
	sendmail	sendmail 관련 주요파일 및 디렉토리 /etc/mail/access스팸메일방지법 /etc/mail/sendmail.cf파일설정 sendmail로그	★★★
	MS 익스플로러 보안	쿠키, 캐시, 세션, MDM	★★
	데이터보안	DRM, 워터마크, 핑거프린팅	★★

대구분	소구분	토픽	중요도
4. 인증/암호화 보안	계정/권한 관리	계정/권한 관리 솔루션 비교(SSO, EAM, IAM)	★★
	생체인증 방식	지식, 소유, 생체, 기타	★★
	AAA 구현 프로토콜	RADIUS, DIAMETER, TACACS+	★
	대칭키 암호	DES, AES, IDEA, SEED, ARIA (특징, 블록크기, 키길이, 라운드)	★★★
	블록암호모드	ECB, CBC, CFB, OFB, CTR	★
	비대칭키 암호	Diffie-Helman, RSA, Rabin, Elgamal, ECC, Hybrid	★★★
	해시함수	MD2, MD4, MD5, SHA-1, SHA2, RIPEMD	★★★
	해시함수 성질	비둘기집 원리, 약일방향성(역상저항성), 강일방향성 (제2역상저항성), 충돌회피성(충돌저항성)	★
	해시함수 공격	생일 공격, 무차별 공격, 연쇄 공격	★★
	암호분석	COA, KPA, CPA, CCA	★
	PKI 구성요소	CA, RA, Directory, User	★★
	PKI 인증서(X.509)	버전, 일련번호, 서명알고리즘 식별자, 발행자 이름, 유 효기간, 주체 이름, 주체의 공개키 정보, 서명 등	★★
	암호화 방식 비교	응용프로그램자체, DB서버, DBMS 자체, DBMS 암호 화 기능 호출, 운영체제	★★★
	암호화 관련 용어 정의	정보통신망, 비밀번호, 바이오정보, 암호화, 암호키, 해 쉬함수, 일방향 함수	★★★
	암호화 용도별 암호화 방식	정보통신망 전송 시, 보조저장매체 전달 시, 개인정보 처리시스템 저장 시, 업무용 컴퓨터 및 모바일기기 저 장 시	★★★
	암호화 알고리즘 수학적 기반 원리	대칭키, 공개키, 해쉬 각 기반원리 및 종류	★★★
	암호화 알고리즘 안전성	암호화 유형별 취약, 안전 알고리즘	★★★
	개인정보 테이블 암호화 화면	취약, 안전 판별	★★★

대구분	소구분	토픽	중요도
5. **클라우드** **보안**	**클라우드 보안 개념**	클라우드 속성, 일반보안과 클라우드 보안 차이, 책임 범위, 클라우드 보안 모델	★★★
	클라우드 보안 설계	클라우드 전환 프로세스, 클라우드 도입전략	★
	클라우드 보안 아키텍처 설계	현황분석 단계, 도입 대상 선정 단계, 클라우드 보안 위험평가 단계, 보안 아키텍처 설계 단계	★
	공통보안 서비스	클라우드 관리포털 보안, 로깅과 모니터링, 마켓플레이스 환경	★
	네트워크 보안 서비스	가상 사설 클라우드(VPC), 서브넷(Subnet), 접근제어목록(ACL), 방화벽(Security Group), 네트워크 구간 암호화(TLS), 가상 사설 네트워크(VPN), 전용선 구축(Direct Connect), 외부 침입탐지/차단(IDS/IPS), DDoS 방지서비스	★★★
	컴퓨팅 자원 및 저장소 보안 서비스	중계 서버(Bastion-host), 클라우드 서비스 자원 간 내부 게이트웨이 구성	★★
	애플리케이션 보안 서비스	웹방화벽(WAF), API 보호 서비스, 보안 감사(Security Inspector)	★★
	콘텐츠 보안 서비스	키관리 서비스(KMS), 키관리 보안모듈(Cloud HSM), 민감정보 자동검색, 분류, 보호 서비스(DLP)	★
	Managed 보안 서비스	클라우드 접근 보안 중계(CASB), 클라우드 보안 서비스(SECaaS), 보안운영 아웃소싱(MSSP)	★

기본 ISMS-P 학습 교재뿐 아니라 KISA, 개보위, 금융보안원 등의 가이드까지 보시면 합격에 더욱 가까이 갈 수 있다. 문제 지문의 상당수가 해당 가이드를 기반으로 출제된다. 가이드는 동향에 따라 계속 출간되고 있으므로 최신 가이드는 ISMS-P WIN 카페나 KISA, 개인정보보호위원회, 금융보안원 등의 홈페이지를 참고해야 한다.

No	자료 명	중요도		
		상	중	하
1	ISMS-P 인증제도 안내서(2024.07)	○		
2	ISMS-P 인증기준 안내서(2023.11)	○		
3	정보보호 및 개인정보보호 관리체계 인증수수료 산정내역서		○	
4	정보보호 및 개인정보보호 관리체계 인증신청서 양식		○	
5	MVNO(알뜰폰 사업자) ISMS 인증관련 자료		○	
6	ISMS-P 간편인증 세부점검항목(2024.7.24.)		○	
7	가상자산사업자용 ISMS 세부점검항목(23.7.11.)		○	
8	금융권에 적합한 ISMS-P 인증기준 점검항목 안내서 (2023.12.)		○	
9	금융권에 적합한 ISMS-P 인증기준 점검항목(399개) (2023.12.)		○	
10	개인정보 보호 법령 및 지침·고시 해설(25년 상반기 개정 예정)	○		
11	긴급 상황 시 개인정보 처리 안내서 / 관계부처 합동			○
12	아동·청소년 개인정보 보호 안내서		○	
13	인터넷 자기게시물 접근배제요청권 안내서			○
14	자동화된 결정에 대한 정보주체의 권리 안내서		○	
15	분야별 개인정보 보호 안내서 / 관계부처 합동		○	
16	개인정보 처리 통합 안내서(안) (25.3월 확정 예정)		○	
17	개인정보의 안전성 확보조치 기준 안내서	○		
18	개발자 대상 개인정보 보호조치 적용 안내서(25년 상반기 개정 예정)		○	
19	생체정보 보호 안내서		○	
20	고정형 영상정보처리기기 설치·운영 안내서		○	
21	이동형 영상정보처리기기 안내서		○	
22	스마트도시 개인정보 보호 안내서			○
23	합성데이터 생성·활용 안내서			○

No	자료 명	중요도		
		상	중	하
24	가명정보 처리 가이드라인		○	
25	공공분야 가명정보 제공 실무 안내서 / 부처합동(행안부)		○	
26	교육분야 가명·익명정보 처리 가이드라인 / 부처합동(교육부)		○	
27	보건의료 데이터 활용 가이드라인 / 부처합동(복지부)		○	
28	합성데이터 생성 참조모델		○	
29	AI 개발·서비스를 위한 공개된 개인정보 처리 안내서		○	
30	안전한 인공지능(AI)·데이터 활용을 위한 AI 프라이버시 리스크 관리 모델		○	
31	자율규제단체 참여사를 위한 업종별 개인정보 처리 가이드(25년 상반기 개정 예정 * 6종 통합)		○	
32	소상공인을 위한 개인정보 보호 핸드북		○	
33	개인정보 처리방침 작성 지침	○		
34	개인정보 영향평가 수행안내서		○	
35	개인정보 영향평가 대가 산정가이드		○	
36	홈페이지 개인정보 노출방지 안내서		○	
37	개인정보 유출 등 사고대응 매뉴얼	○		
38	해외사업자의 개인정보 보호법 적용 안내서		○	
39	개인정보 손해배상책임 보장제도 안내서		○	
40	마이데이터 표준화 업무 안내서		○	
41	마이데이터 전송보안 안내서		○	
42	개인정보 질의응답 모음집		○	
43	개인정보 비식별 조치 가이드라인		○	
44	개인정보 수집 최소화 가이드라인	○		
45	개인정보 수집·제공 동의서 작성 가이드라인	○		
46	개인정보 위험도 분석 기준 및 해설서		○	
47	개인정보 처리방침_작성예시(공공기관용)		○	
48	개인정보 처리방침_작성예시(민간용)		○	
49	개인정보처리방침_작성예시(소상공인용)		○	
50	개인정보보호 자율점검 가이드라인	○		
51	금융분야 개인정보보호 가이드라인		○	

No	자료 명	중요도		
		상	중	하
52	모바일 대민서비스 보안취약점 점검 가이드		○	
53	무선랜 보안 안내서		○	
54	보안서버 구축 안내서		○	
55	보조기억매체 이용 안내서		○	
56	분야별 주민등록번호 처리기준 상담사례집	○		
57	불법 스팸 방지를 위한 정보통신망법 안내서		○	
58	상용 소프트웨어에서의 암호기능 이용 안내서		○	
59	소프트웨어 개발보안 가이드			○
60	소프트웨어 보안약점 진단 가이드			○
61	스마트폰 앱 개인정보보호 가이드라인	○		
62	스마트폰 앱 접근권한 개인정보보호 안내서	○		
63	암호 알고리즘 및 키 길이 이용 안내서	○		
64	암호이용 안내서		○	
65	암호정책 수립 기준 안내서		○	
66	암호키 관리 안내서		○	
67	영상정보처리기기 운영·관리 방침 예시		○	
68	온라인 개인정보 처리 가이드라인	○		
69	웹사이트 회원탈퇴 기능구현 안내서		○	
70	패스워드 선택 및 이용 안내서	○		
71	표준 개인정보처리위탁 계약서(샘플)	○		
72	홈페이지 개발 보안 안내서		○	
73	홈페이지 개인정보 노출방지 안내서		○	
74	i-PIN 2.0 도입 안내서			○
75	주요정보통신기반시설 기술적 취약점 분석 평가 상세 가이드		○	
76	침해사고 분석절차 안내서		○	
77	침해사고대응팀(CERT) 구축/운영 안내서	○		
78	정보보호시스템 구축을 위한 실무가이드			○

10 ISMS-P 시험 합격을 위한 정보 제공 사이트

ISMS-P 시험 합격을 위해서는 정보보호 분야의 최신정보에 대한 이해가 필요하다. 아래 사이트를 수시로 둘러보며 관심을 가지다 보면, 뒤처지지 않고 최신 정보를 접할 수 있다.

1) 정보보호 및 개인정보보호 정보 제공 사이트

No	사이트 명	사이트 주소	사이트 내용
1	KISA 정보보호 및 개인정보보호관리체계 인증	isms-p.or.kr	제도소개, 인증서 발급현황, 자료실, 신청절차, 인증대상, 온라인학습
2	한국인터넷진흥원(KISA)	www.kisa.or.kr	한국인터넷진흥원 기관 소개, 인터넷 산업경쟁력 강화, 개인정보보호, 정보보호 산업 지원, 사이버침해 대응
3	개인정보보호위원회	www.pipc.go.kr	개인정보 보호 심의, 의결기관, 개인정보보호법 법령, 정책 소개, 최근 소식, 보도자료, 자료실 제공
4	개인정보분쟁조정위원회	www.kopico.go.kr	위원회 소개, 개인정보 분쟁조정 제도 소개, 개인정보 분쟁조정 절차 및 신청 안내
5	개인정보보호 종합지원 포털	www.privacy.go.kr	행정자치부 운영 개인정보보호포털, 개인정보바로알기, 민원창구, 정책참여, 사이버교육, 홍보자료 제공
6	온라인 개인정보보호포털	www.privacy.kr	방송통신위원회 제공, 개인정보보호 교육자료, 침해신고센터, 자가진단, 법제, 규정 등 안내
7	kisa 불법스팸대응센터	spam.kisa.or.kr	한국 인터넷진흥원 불법스팸대응 센터
8	KISA 인터넷 보호나라 &KrCERT	www.boho.or.kr	피싱, 스미싱 사고, 스미싱, 상담 및 신고, 맞춤형 전용백신, 사이버위협, 보안 공지
9	e프라이버시 클린서비스	www.eprivacy.go.kr	아이핀, 휴대폰 등을 통한 본인확인내역 통합조회 및 웹사이트 회원탈퇴 지원 등
10	kisa 개인정보침해 신고센터	privacy.kisa.or.kr	센터 소개, 개인정보침해 신고, 상담, 분쟁조정 신청, 법령 정보 등 수록
11	대검찰청사이버수사과	www.spo.go.kr	온라인 민원, 정보서비스, 검찰안내
12	경찰청 사이버수사국	ecrm.police.go.kr	사이버범죄 신고/상담, 사이버범죄 예방교육 신청, 인터넷 사기의심 전화, 계좌번호 조회, 사이버범죄 예방홍보물

2) 정보보호 및 개인정보보호 카페

No	카페 명	카페 주소	카페 내용
1	ISMS-P 인증심사원 합격 카페	cafe.naver.com/ismspwin	ISMS-P를 포함한 관리적 보안 자격증 정보 카페
2	CPPG 합격 카페	cafe.naver.com/cppgwin	ISMS-P WIN 카페가 운영하는 CPPG 자격증 합격 카페
3	알기사	cafe.naver.com/algisa	알기쉬운 정보보안기사 카페
4	보안프로젝트	cafe.naver.com/boanproject	보안 기술 나눔, 협업, 집필, 강의 카페
5	보안인닷컴	cafe.naver.com/nsis	전국민 보안 업데이트 커뮤니티
6	CPPG PIMS ISMS 자격정보 공유 공간	cafe.naver.com/pimskorea	CPPG, PIMS, ISMS 자격정보 공유 공간
7	바이러스 제로 시즌2	cafe.naver.com/malzero	기술적 보안 중심의 보안 카페
8	정보보안 문제 공작소	cafe.naver.com/is1000	CISA, CISSP, 기술사, 감리사, 보안기사

저자가 시험 응시생에게 당부하는 합격 전략이다. 합격의 기반은 지식 습득이지만, 완성은 전략 이행이다.

[마음 관리 전략]

★ 준비된 자세로 담대하게, 후회 없이 치른다.

1. 시험당일 경쟁자들 중 내가 승리한다고 생각하기
2. 시험 직전, 공부자료, 수기 요약자료 반복하기
3. 시험 초반, 어려운 문제를 봐도 뒷문제에 악영향 차단하기
4. 긍정적 마인드와 비판적 사고 겸비
5. 시험 중후반, 마지막 퇴실까지 최선을 다하기

[시간 관리 전략]

★ 필요한 문제에만 필요한 시간을 쓴다.

1. 인증기준 두음 암기하기
2. 정보보호 관련 자료 속독 연습하기
3. 수험용 전자 탁상 시계 준비
4. 응시 시간 사전 배분하기(120분 50문제)
   - 1문제 2분씩 총 100분
   - 검토시간 10분 안배, OMR 마킹 10분 안배
5. 정답 확률 낮은 문제는 시간 들이지 말고 대충 찍기

[시험 집중 전략]

★ 최고의 컨디션으로 최선을 다해 집중한다.

1. 며칠 전부터 시험 시간과 동일하게 바이오리듬 맞추기
2. 두뇌 활성화를 위해 전날 일찍 자기
3. 시험장소에 여유있게 도착하기
4. 시험 중 지문 내 키워드 밑줄 그으면서 읽기
5. 시험 시간에 딴 생각하면 볼 꼬집기
6. 시험시간 내 초콜릿, 젤리 등으로 당분 보강

[함정 탈출 전략]

★ 사소한 실수 방지로 5문제 더 맞춘다.

1. 먼저 출제자의 의도를 생각하기
2. 균형 잡힌 시각으로 보고 싶은 대로 보지 않도록 하기
3. 문제들이 쉽게 보여도 자만에 빠지지 말기
4. 틀린 것은, 맞는 것은, 모두 고르시오 등 문제 정확히 읽기
5. 절대로, 반드시, 할 수 있다. 해야한다. 등 유심히 보기

II
샘플 테스트

2026년도 ISMS-P(정보보호 및 개인정보보호 관리체계) 인증심사원 자격검정 필기시험 문제지 실전 모의고사 (샘플 테스트)

성명		수험번호	

[응시자 필독 사항]

1. 자신이 선택한 문제지의 유형을 확인하시오.

2. 문제지의 해당란에 성명과 수험번호를 정확히 쓰시오.

3. 답안지의 필적 확인란에 서약서 내용을 정자로 기재하고, 서명하시오.

4. 답안지의 해당란에 성명과 수험번호를 쓰고, 또 수험번호와 답을 정확히 표시하시오.

5. OMR 카드 교환은 시험 종료 10분 전까지만 가능하며, 그 이후에는 교환이 불가함.

6. 답안 수정을 위한 수정액 또는 수정 테이프는 사용할 수 없음.

7. 시험 시작 후 1시간 이전에는 퇴실할 수 없으며, 퇴실 후 입실은 불가함.

8. 부정행위 적발 시 그 시험을 무효로 하며, 향후 국가 자격 시험에 5년간 응시할 수 없음.

9. 본 문제지의 내용을 전부 또는 일부를 강의 또는 출판 등의 목적으로 인터넷 또는 SNS 등의 매체에 공개할 수 없으며, 무단 공개 시 저작권 위반 등에 대한 민·형사상의 책임을 질 수 있음.

※ 시험이 시작되기 전까지 표지를 넘기지 마시오.

ISMS-P 시험 출제 기관

※ 본 표지는 공개된 국가자격시험의 일반적인 양식을 바탕으로 임의로 작성한 것으로 실제 ISMS-P 시험과 상이할 수 있음

ISMS-P 인증기준

1. 관리체계 수립 및 운영

1.1. 관리체계 기반 마련

1.1.1	경영진의 참여	최고경영자는 정보보호 및 개인정보보호 관리체계의 수립과 운영활동 전반에 경영진의 참여가 이루어질 수 있도록 보고 및 의사결정 체계를 수립하여 운영하여야 한다.
1.1.2	최고책임자의 지정	최고경영자는 정보보호 업무를 총괄하는 정보보호 최고책임자와 개인정보보호 업무를 총괄하는 개인정보보호 책임자를 예산·인력 등 자원을 할당할 수 있는 임원급으로 지정하여야 한다.
1.1.3	조직 구성	최고경영자는 정보보호와 개인정보보호의 효과적 구현을 위한 실무조직, 조직 전반의 정보보호와 개인정보보호 관련 주요 사항을 검토 및 의결할 수 있는 위원회, 전사적 보호활동을 위한 부서별 정보보호와 개인정보보호 담당자로 구성된 협의체를 구성하여 운영하여야 한다.
1.1.4	범위 설정	조직의 핵심 서비스와 개인정보 처리 현황 등을 고려하여 관리체계 범위를 설정하고, 관련된 서비스를 비롯하여 개인정보 처리 업무와 조직, 자산, 물리적 위치 등을 문서화하여야 한다.
1.1.5	정책 수립	정보보호와 개인정보보호 정책 및 시행문서를 수립·작성하며, 이때 조직의 정보보호와 개인정보보호 방침 및 방향을 명확하게 제시하여야 한다. 또한 정책과 시행문서는 경영진 승인을 받고, 임직원 및 관련자에게 이해하기 쉬운 형태로 전달하여야 한다.
1.1.6	자원 할당	최고경영자는 정보보호와 개인정보보호 분야별 전문성을 갖춘 인력을 확보하고, 관리체계의 효과적 구현과 지속적 운영을 위한 예산 및 자원을 할당하여야 한다.

1.2. 위험 관리

1.2.1	정보자산 식별	조직의 업무특성에 따라 정보자산 분류기준을 수립하여 관리체계 범위 내 모든 정보자산을 식별·분류하고, 중요도를 산정한 후 그 목록을 최신으로 관리하여야 한다.
1.2.2	현황 및 흐름분석	관리체계 전 영역에 대한 정보서비스 및 개인정보 처리 현황을 분석하고 업무 절차와 흐름을 파악하여 문서화하며, 이를 주기적으로 검토하여 최신성을 유지하여야 한다.
1.2.3	위험 평가	조직의 대내외 환경분석을 통해 유형별 위협정보를 수집하고 조직에 적합한 위험평가 방법을 선정하여 관리체계 전 영역에 대하여 연 1회 이상 위험을 평가하며, 수용할 수 있는 위험은 경영진의 승인을 받아 관리하여야 한다.
1.2.4	보호대책 선정	위험 평가 결과에 따라 식별된 위험을 처리하기 위하여 조직에 적합한 보호대책을 선정하고, 보호대책의 우선순위와 일정·담당자·예산 등을 포함한 이행계획을 수립하여 경영진의 승인을 받아야 한다.

1.3.	관리체계 운영	
1.3.1	보호대책 구현	선정한 보호대책은 이행계획에 따라 효과적으로 구현하고, 경영진은 이행결과의 정확성과 효과성 여부를 확인하여야 한다.
1.3.2	보호대책 공유	보호대책의 실제 운영 또는 시행할 부서 및 담당자를 파악하여 관련 내용을 공유하고 교육하여 지속적으로 운영되도록 하여야 한다.
1.3.3	운영현황 관리	조직이 수립한 관리체계에 따라 상시적 또는 주기적으로 수행하여야 하는 운영활동 및 수행 내역은 식별 및 추적이 가능하도록 기록하여 관리하고, 경영진은 주기적으로 운영활동의 효과성을 확인하여 관리하여야 한다.
1.4.	관리체계 점검 및 개선	
1.4.1	법적 요구사항 준수 검토	조직이 준수하여야 할 정보보호 및 개인정보보호 관련 법적 요구사항을 주기적으로 파악하여 규정에 반영하고, 준수 여부를 지속적으로 검토하여야 한다.
1.4.2	관리체계 점검	관리체계가 내부 정책 및 법적 요구사항에 따라 효과적으로 운영되고 있는지 독립성과 전문성이 확보된 인력을 구성하여 연 1회 이상 점검하고, 발견된 문제점을 경영진에게 보고하여야 한다.
1.4.3	관리체계 개선	법적 요구사항 준수검토 및 관리체계 점검을 통해 식별된 관리체계상의 문제점에 대한 원인을 분석하고 재발방지 대책을 수립·이행하여야 하며, 경영진은 개선 결과의 정확성과 효과성 여부를 확인하여야 한다.

2. 보호대책 요구사항

2.1.	정책, 조직, 자산 관리	
2.1.1	정책의 유지관리	정보보호 및 개인정보보호 관련 정책과 시행문서는 법령 및 규제, 상위 조직 및 관련 기관 정책과의 연계성, 조직의 대내외 환경변화 등에 따라 주기적으로 검토하여 필요한 경우 제·개정하고 그 내역을 이력관리하여야 한다.
2.1.2	조직의 유지관리	조직의 각 구성원에게 정보보호와 개인정보보호 관련 역할 및 책임을 할당하고, 그 활동을 평가할 수 있는 체계와 조직 및 조직의 구성원 간 상호 의사소통할 수 있는 체계를 수립하여 운영하여야 한다.
2.1.3	정보자산 관리	정보자산의 용도와 중요도에 따른 취급 절차 및 보호대책을 수립·이행하고, 자산별 책임소재를 명확히 정의하여 관리하여야 한다.

2.2.	인적 보안	
2.2.1	주요 직무자 지정 및 관리	개인정보 및 중요정보의 취급이나 주요 시스템 접근 등 주요 직무의 기준과 관리방안을 수립하고, 주요 직무자를 최소한으로 지정하여 그 목록을 최신으로 관리하여야 한다.
2.2.2	직무 분리	권한 오·남용 등으로 인한 잠재적인 피해 예방을 위하여 직무 분리 기준을 수립하고 적용하여야 한다. 다만, 불가피하게 직무 분리가 어려운 경우 별도의 보완대책을 마련하여 이행하여야 한다.
2.2.3	보안 서약	정보자산을 취급하거나 접근권한이 부여된 임직원·임시직원·외부자 등이 내부 정책 및 관련 법규, 비밀유지 의무 등 준수사항을 명확히 인지할 수 있도록 업무 특성에 따른 정보보호 서약을 받아야 한다.
2.2.4	인식제고 및 교육훈련	임직원 및 관련 외부자가 조직의 관리체계와 정책을 이해하고 직무별 전문성을 확보할 수 있도록 연간 인식제고 활동 및 교육훈련 계획을 수립·운영하고, 그 결과에 따른 효과성을 평가하여 다음 계획에 반영하여야 한다.
2.2.5	퇴직 및 직무변경 관리	퇴직 및 직무변경 시 인사·정보보호·개인정보보호·IT 등 관련 부서별 이행하여야 할 자산반납, 계정 및 접근권한 회수·조정, 결과확인 등의 절차를 수립·관리하여야 한다.
2.2.6	보안 위반 시 조치	임직원 및 관련 외부자가 법령, 규제 및 내부정책을 위반한 경우 이에 따른 조치 절차를 수립·이행하여야 한다.
2.3.	외부자 보안	
2.3.1	외부자 현황 관리	업무의 일부(개인정보취급, 정보보호, 정보시스템 운영 또는 개발 등)를 외부에 위탁하거나 외부의 시설 또는 서비스(집적정보통신시설, 클라우드 서비스, 애플리케이션 서비스 등)를 이용하는 경우 그 현황을 식별하고 법적 요구사항 및 외부 조직·서비스로부터 발생되는 위험을 파악하여 적절한 보호대책을 마련하여야 한다.
2.3.2	외부자 계약 시 보안	외부 서비스를 이용하거나 외부자에게 업무를 위탁하는 경우 이에 따른 정보보호 및 개인정보보호 요구사항을 식별하고, 관련 내용을 계약서 또는 협정서 등에 명시하여야 한다.
2.3.3	외부자 보안 이행 관리	계약서, 협정서, 내부정책에 명시된 정보보호 및 개인정보보호 요구사항에 따라 외부자의 보호대책 이행 여부를 주기적인 점검 또는 감사 등 관리·감독하여야 한다.
2.3.4	외부자 계약 변경 및 만료 시 보안	외부자 계약만료, 업무종료, 담당자 변경 시에는 제공한 정보자산 반납, 정보시스템 접근계정 삭제, 중요정보 파기, 업무 수행 중 취득정보의 비밀유지 확약서 징구 등의 보호대책을 이행하여야 한다.
2.4.	물리 보안	
2.4.1	보호구역 지정	물리적·환경적 위협으로부터 개인정보 및 중요정보, 문서, 저장매체, 주요 설비 및 시스템 등을 보호하기 위하여 통제구역·제한구역·접견구역 등 물리적 보호구역을 지정하고 각 구역별 보호대책을 수립·이행하여야 한다.

2.4.2	출입통제	보호구역은 인가된 사람만이 출입하도록 통제하고 책임추적성을 확보할 수 있도록 출입 및 접근 이력을 주기적으로 검토하여야 한다.
2.4.3	정보시스템 보호	정보시스템은 환경적 위협과 유해요소, 비인가 접근 가능성을 감소시킬 수 있도록 중요도와 특성을 고려하여 배치하고, 통신 및 전력 케이블이 손상을 입지 않도록 보호하여야 한다.
2.4.4	보호설비 운영	보호구역에 위치한 정보시스템의 중요도 및 특성에 따라 온도·습도 조절, 화재감지, 소화설비, 누수감지, UPS, 비상발전기, 이중전원선 등의 보호설비를 갖추고 운영절차를 수립·운영하여야 한다.
2.4.5	보호구역 내 작업	보호구역 내에서의 비인가행위 및 권한 오·남용 등을 방지하기 위한 작업 절차를 수립·이행하고, 작업 기록을 주기적으로 검토하여야 한다.
2.4.6	반출입 기기 통제	보호구역 내 정보시스템, 모바일 기기, 저장매체 등에 대한 반출입 통제절차를 수립·이행하고 주기적으로 검토하여야 한다.
2.4.7	업무환경 보안	공용으로 사용하는 사무용 기기(문서고, 공용 PC, 복합기, 파일서버 등) 및 개인 업무환경(업무용 PC, 책상 등)을 통해 개인정보 및 중요정보가 비인가자에게 노출 또는 유출되지 않도록 클린데스크, 정기점검 등 업무환경 보호대책을 수립·이행하여야 한다.
2.5.	**인증 및 권한관리**	
2.5.1	사용자 계정 관리	정보시스템과 개인정보 및 중요정보에 대한 비인가 접근을 통제하고 업무 목적에 따른 접근권한을 최소한으로 부여할 수 있도록 사용자 등록·해지 및 접근권한 부여·변경·말소 절차를 수립·이행하고, 사용자 등록 및 권한부여 시 사용자에게 보안책임이 있음을 규정화하고 인식시켜야 한다.
2.5.2	사용자 식별	사용자 계정은 사용자별로 유일하게 구분할 수 있도록 식별자를 할당하고 추측 가능한 식별자 사용을 제한하여야 하며, 동일한 식별자를 공유하여 사용하는 경우 그 사유와 타당성을 검토하여 책임자의 승인 및 책임추적성 확보 등 보완대책을 수립·이행하여야 한다.
2.5.3	사용자 인증	정보시스템과 개인정보 및 중요정보에 대한 사용자의 접근은 안전한 인증절차와 필요에 따라 강화된 인증방식을 적용하여야 한다. 또한 로그인 횟수 제한, 불법 로그인 시도 경고 등 비인가자 접근 통제방안을 수립·이행하여야 한다.
2.5.4	비밀번호 관리	법적 요구사항, 외부 위협요인 등을 고려하여 정보시스템 사용자 및 고객, 회원 등 정보주체(이용자)가 사용하는 비밀번호 관리절차를 수립·이행하여야 한다.
2.5.5	특수 계정 및 권한 관리	정보시스템 관리, 개인정보 및 중요정보 관리 등 특수 목적을 위하여 사용하는 계정 및 권한은 최소한으로 부여하고 별도로 식별하여 통제하여야 한다.
2.5.6	접근권한 검토	정보시스템과 개인정보 및 중요정보에 접근하는 사용자 계정의 등록·이용·삭제 및 접근권한의 부여·변경·삭제 이력을 남기고 주기적으로 검토하여 적정성 여부를 점검하여야 한다.

2.6.	접근통제	
2.6.1	네트워크 접근	네트워크에 대한 비인가 접근을 통제하기 위하여 IP관리, 단말인증 등 관리절차를 수립·이행하고, 업무목적 및 중요도에 따라 네트워크 분리(DMZ, 서버팜, DB존, 개발존 등)와 접근통제를 적용하여야 한다.
2.6.2	정보시스템 접근	서버, 네트워크시스템 등 정보시스템에 접근을 허용하는 사용자, 접근제한 방식, 안전한 접근수단 등을 정의하여 통제하여야 한다.
2.6.3	응용프로그램 접근	사용자별 업무 및 접근 정보의 중요도 등에 따라 응용프로그램 접근권한을 제한하고, 불필요한 정보 또는 중요정보 노출을 최소화할 수 있도록 기준을 수립하여 적용하여야 한다.
2.6.4	데이터베이스 접근	테이블 목록 등 데이터베이스 내에서 저장·관리되고 있는 정보를 식별하고, 정보의 중요도와 응용프로그램 및 사용자 유형 등에 따른 접근통제 정책을 수립·이행하여야 한다.
2.6.5	무선 네트워크 접근	무선 네트워크를 사용하는 경우 사용자 인증, 송수신 데이터 암호화, AP 통제 등 무선 네트워크 보호대책을 적용하여야 한다. 또한 AD Hoc 접속, 비인가 AP 사용 등 비인가 무선 네트워크 접속으로부터 보호대책을 수립·이행하여야 한다.
2.6.6	원격접근 통제	보호구역 이외 장소에서의 정보시스템 관리 및 개인정보 처리는 원칙적으로 금지하고, 재택근무·장애대응·원격협업 등 불가피한 사유로 원격접근을 허용하는 경우 책임자 승인, 접근 단말 지정, 접근 허용범위 및 기간 설정, 강화된 인증, 구간 암호화, 접속단말 보안(백신, 패치 등) 등 보호대책을 수립·이행하여야 한다.
2.6.7	인터넷 접속 통제	인터넷을 통한 정보 유출, 악성코드 감염, 내부망 침투 등을 예방하기 위하여 주요 정보시스템, 주요 직무 수행 및 개인정보 취급 단말기 등에 대한 인터넷 접속 또는 서비스(P2P, 웹하드, 메신저 등)를 제한하는 등 인터넷 접속 통제 정책을 수립·이행하여야 한다.
2.7.	암호화 적용	
2.7.1	암호정책 적용	개인정보 및 주요정보 보호를 위하여 법적 요구사항을 반영한 암호화 대상, 암호 강도, 암호 사용 정책을 수립하고 개인정보 및 주요정보의 저장·전송·전달 시 암호화를 적용하여야 한다.
2.7.2	암호키 관리	암호키의 안전한 생성·이용·보관·배포·파기를 위한 관리 절차를 수립·이행하고, 필요 시 복구방안을 마련하여야 한다.

2.8.	정보시스템 도입 및 개발 보안	
2.8.1	보안 요구사항 정의	정보시스템의 도입·개발·변경 시 정보보호 및 개인정보보호 관련 법적 요구사항, 최신 보안취약점, 안전한 코딩방법 등 보안 요구사항을 정의하고 적용하여야 한다.
2.8.2	보안 요구사항 검토 및 시험	사전 정의된 보안 요구사항에 따라 정보시스템이 도입 또는 구현되었는지를 검토하기 위하여 법적 요구사항 준수, 최신 보안취약점 점검, 안전한 코딩 구현, 개인정보 영향평가 등의 검토 기준과 절차를 수립·이행하고, 발견된 문제점에 대한 개선조치를 수행하여야 한다.
2.8.3	시험과 운영 환경 분리	개발 및 시험 시스템은 운영시스템에 대한 비인가 접근 및 변경의 위험을 감소시키기 위하여 원칙적으로 분리하여야 한다.
2.8.4	시험 데이터 보안	시스템 시험 과정에서 운영데이터의 유출을 예방하기 위하여 시험 데이터의 생성과 이용 및 관리, 파기, 기술적 보호조치에 관한 절차를 수립·이행하여야 한다.
2.8.5	소스 프로그램 관리	소스 프로그램은 인가된 사용자만이 접근할 수 있도록 관리하고, 운영환경에 보관하지 않는 것을 원칙으로 하여야 한다.
2.8.6	운영환경 이관	신규 도입·개발 또는 변경된 시스템을 운영환경으로 이관할 때는 통제된 절차를 따라야 하고, 실행코드는 시험 및 사용자 인수 절차에 따라 실행되어야 한다.
2.9.	시스템 및 서비스 운영관리	
2.9.1	변경관리	정보시스템 관련 자산의 모든 변경내역을 관리할 수 있도록 절차를 수립·이행하고, 변경 전 시스템의 성능 및 보안에 미치는 영향을 분석하여야 한다.
2.9.2	성능 및 장애관리	정보시스템의 가용성 보장을 위하여 성능 및 용량 요구사항을 정의하고 현황을 지속적으로 모니터링하여야 하며, 장애 발생 시 효과적으로 대응하기 위한 탐지, 기록, 분석, 복구, 보고 등의 절차를 수립·관리하여야 한다.
2.9.3	백업 및 복구관리	정보시스템의 가용성과 데이터 무결성을 유지하기 위하여 백업 대상, 주기, 방법, 보관장소, 보관기간, 소산 등의 절차를 수립·이행하여야 한다. 아울러 사고 발생 시 적시에 복구할 수 있도록 관리하여야 한다.
2.9.4	로그 및 접속기록 관리	서버, 응용프로그램, 보안시스템, 네트워크시스템 등 정보시스템에 대한 사용자 접속기록, 시스템로그, 권한부여 내역 등의 로그유형, 보존기간, 보존방법 등을 정하고 위·변조, 도난, 분실 되지 않도록 안전하게 보존·관리하여야 한다.
2.9.5	로그 및 접속기록 점검	정보시스템의 정상적인 사용을 보장하고 사용자 오·남용(비인가접속, 과다조회 등)을 방지하기 위하여 접근 및 사용에 대한 로그 검토기준을 수립하여 주기적으로 점검하며, 문제 발생 시 사후조치를 적시에 수행하여야 한다.
2.9.6	시간 동기화	로그 및 접속기록의 정확성을 보장하고 신뢰성 있는 로그분석을 위하여 관련 정보시스템의 시각을 표준시각으로 동기화하고 주기적으로 관리하여야 한다.
2.9.7	정보자산의 재사용 및 폐기	정보자산의 재사용과 폐기 과정에서 개인정보 및 중요정보가 복구·재생되지 않도록 안전한 재사용 및 폐기 절차를 수립·이행하여야 한다.

2.10.	시스템 및 서비스 보안관리	
2.10.1	보안시스템 운영	보안시스템 유형별로 관리자 지정, 최신 정책 업데이트, 룰셋 변경, 이벤트 모니터링 등의 운영절차를 수립·이행하고 보안시스템별 정책적용 현황을 관리하여야 한다.
2.10.2	클라우드 보안	클라우드 서비스 이용 시 서비스 유형(SaaS, PaaS, IaaS 등)에 따른 비인가 접근, 설정 오류 등에 따라 중요정보와 개인정보가 유·노출되지 않도록 관리자 접근 및 보안 설정 등에 대한 보호대책을 수립·이행하여야 한다.
2.10.3	공개서버 보안	외부 네트워크에 공개되는 서버의 경우 내부 네트워크와 분리하고 취약점 점검, 접근통제, 인증, 정보 수집·저장·공개 절차 등 강화된 보호대책을 수립·이행하여야 한다.
2.10.4	전자거래 및 핀테크 보안	전자거래 및 핀테크 서비스 제공 시 정보유출이나 데이터 조작·사기 등의 침해사고 예방을 위해 인증·암호화 등의 보호대책을 수립하고, 결제시스템 등 외부 시스템과 연계할 경우 안전성을 점검하여야 한다.
2.10.5	정보전송 보안	타 조직에 개인정보 및 중요정보를 전송할 경우 안전한 전송 정책을 수립하고 조직 간 합의를 통해 관리 책임, 전송방법, 개인정보 및 중요정보 보호를 위한 기술적 보호조치 등을 협약하고 이행하여야 한다.
2.10.6	업무용 단말기기 보안	PC, 모바일 기기 등 단말기기를 업무 목적으로 네트워크에 연결할 경우 기기 인증 및 승인, 접근 범위, 기기 보안설정 등의 접근통제 대책을 수립하고 주기적으로 점검하여야 한다.
2.10.7	보조저장매체 관리	보조저장매체를 통하여 개인정보 또는 중요정보의 유출이 발생하거나 악성코드가 감염되지 않도록 관리 절차를 수립·이행하고, 개인정보 또는 중요정보가 포함된 보조저장매체는 안전한 장소에 보관하여야 한다.
2.10.8	패치관리	소프트웨어, 운영체제, 보안시스템 등의 취약점으로 인한 침해사고를 예방하기 위하여 최신 패치를 적용하여야 한다. 다만 서비스 영향을 검토하여 최신 패치 적용이 어려울 경우 별도의 보완대책을 마련하여 이행하여야 한다.
2.10.9	악성코드 통제	바이러스·웜·트로이목마·랜섬웨어 등의 악성코드로부터 개인정보 및 중요정보, 정보시스템 및 업무용 단말기 등을 보호하기 위하여 악성코드 예방·탐지·대응 등의 보호대책을 수립·이행하여야 한다.

2.11.	사고 예방 및 대응	
2.11.1	사고 예방 및 대응 체계 구축	침해사고 및 개인정보 유출 등을 예방하고 사고 발생 시 신속하고 효과적으로 대응할 수 있도록 내·외부 침해시도의 탐지·대응·분석 및 공유를 위한 체계와 절차를 수립하고, 관련 외부기관 및 전문가들과 협조체계를 구축하여야 한다.
2.11.2	취약점 점검 및 조치	정보시스템의 취약점이 노출되어 있는지를 확인하기 위하여 정기적으로 취약점 점검을 수행하고 발견된 취약점에 대해서는 신속하게 조치하여야 한다. 또한 최신 보안취약점의 발생 여부를 지속적으로 파악하고 정보시스템에 미치는 영향을 분석하여 조치하여야 한다.
2.11.3	이상행위 분석 및 모니터링	내·외부에 의한 침해시도, 개인정보유출 시도, 부정행위 등을 신속하게 탐지·대응할 수 있도록 네트워크 및 데이터 흐름 등을 수집하여 분석하며, 모니터링 및 점검 결과에 따른 사후조치는 적시에 이루어져야 한다.
2.11.4	사고 대응 훈련 및 개선	침해사고 및 개인정보 유출사고 대응 절차를 임직원과 이해관계자가 숙지하도록 시나리오에 따른 모의훈련을 연 1회 이상 실시하고 훈련결과를 반영하여 대응체계를 개선하여야 한다.
2.11.5	사고 대응 및 복구	침해사고 및 개인정보 유출 징후나 발생을 인지한 때에는 법적 통지 및 신고 의무를 준수하여야 하며, 절차에 따라 신속하게 대응 및 복구하고 사고분석 후 재발방지 대책을 수립하여 대응체계에 반영하여야 한다.
2.12.	재해복구	
2.12.1	재해, 재난 대비 안전조치	자연재해, 통신·전력 장애, 해킹 등 조직의 핵심 서비스 및 시스템의 운영 연속성을 위협할 수 있는 재해 유형을 식별하고 유형별 예상 피해규모 및 영향을 분석하여야 한다. 또한 복구 목표시간, 복구 목표시점을 정의하고 복구 전략 및 대책, 비상시 복구 조직, 비상연락체계, 복구 절차 등 재해 복구체계를 구축하여야 한다.
2.12.2	재해 복구 시험 및 개선	재해 복구 전략 및 대책의 적정성을 정기적으로 시험하여 시험결과, 정보시스템 환경변화, 법규 등에 따른 변화를 반영하여 복구전략 및 대책을 보완하여야 한다.

3. 개인정보 처리단계별 요구사항

3.1.	개인정보 수집 시 보호조치	
3.1.1	개인정보 수집·이용	개인정보는 적법하고 정당하게 수집·이용하여야 하며, 정보주체의 동의를 근거로 수집하는 경우에는 적법한 방법으로 정보주체의 동의를 받아야 한다. 또한, 만 14세 미만 아동의 개인정보를 수집하는 경우에는 그 법정대리인의 동의를 받아야 하며 법정대리인이 동의하였는지를 확인하여야 한다.

3.1.2	개인정보 수집 제한	개인정보를 수집하는 경우 처리 목적에 필요한 최소한의 개인정보만을 수집하여야 하며, 정보주체가 선택적으로 동의할 수 있는 사항 등에 동의하지 아니한다는 이유로 정보주체에게 재화 또는 서비스의 제공을 거부하지 않아야 한다.
3.1.3	주민등록번호 처리 제한	주민등록번호는 법적 근거가 있는 경우를 제외하고는 수집·이용 등 처리할 수 없으며, 주민등록번호의 처리가 허용된 경우라 하더라도 인터넷 홈페이지 등에서 대체수단을 제공하여야 한다.
3.1.4	민감정보 및 고유식별정보의 처리 제한	민감정보와 고유식별정보(주민등록번호 제외)를 처리하기 위해서는 법령에서 구체적으로 처리를 요구하거나 허용하는 경우를 제외하고는 정보주체의 별도 동의를 받아야 한다.
3.1.5	개인정보 간접수집	정보주체 이외로부터 개인정보를 수집하거나 제3자로부터 제공받는 경우에는 업무에 필요한 최소한의 개인정보를 수집하거나 제공받아야 하며, 법령에 근거하거나 정보주체의 요구가 있으면 개인정보의 수집 출처, 처리목적, 처리정지의 요구권리를 알려야 한다.
3.1.6	영상정보처리기기 설치·운영	고정형 영상정보처리기기를 공개된 장소에 설치·운영하거나 이동형 영상정보처리기기를 공개된 장소에서 업무를 목적으로 운영하는 경우 설치 목적 및 위치에 따라 법적 요구사항을 준수하고, 적절한 보호대책을 수립·이행하여야 한다.
3.1.7	마케팅 목적의 개인정보 수집·이용	재화나 서비스의 홍보, 판매 권유, 광고성 정보전송 등 마케팅 목적으로 개인정보를 수집·이용하는 경우 그 목적을 정보주체가 명확하게 인지할 수 있도록 고지하고 동의를 받아야 한다.
3.2.	**개인정보 보유 및 이용 시 보호조치**	
3.2.1	개인정보 현황관리	수집·보유하는 개인정보의 항목, 보유량, 처리 목적 및 방법, 보유기간 등 현황을 정기적으로 관리하여야 하며, 공공기관의 경우 이를 법률에서 정한 관계기관의 장에게 등록하여야 한다.
3.2.2	개인정보 품질보장	수집된 개인정보는 처리 목적에 필요한 범위에서 개인정보의 정확성·완전성·최신성이 보장되도록 정보주체에게 관리절차를 제공하여야 한다.
3.2.3	이용자 단말기 접근 보호	정보주체(이용자)의 이동통신단말장치 내에 저장되어 있는 정보 및 이동통신단말장치에 설치된 기능에 접근이 필요한 경우 이를 명확하게 인지할 수 있도록 알리고 정보주체(이용자)의 동의를 받아야 한다.
3.2.4	개인정보 목적 외 이용 및 제공	개인정보는 수집 시의 정보주체에게 고지·동의를 받은 목적 또는 법령에 근거한 범위 내에서만 이용 또는 제공하여야 하며, 이를 초과하여 이용·제공하려는 때에는 정보주체의 추가 동의를 받거나 관계 법령에 따른 적법한 경우인지 확인하고 적절한 보호대책을 수립·이행하여야 한다.
3.2.5	가명정보 처리	가명정보를 처리하는 경우 목적제한, 결합제한, 안전조치, 금지의무 등 법적 요건을 준수하고 적정 수준의 가명처리를 보장할 수 있도록 가명처리 절차를 수립·이행하여야 한다.

3.3.	개인정보 제공 시 보호조치	
3.3.1	개인정보 제3자 제공	개인정보를 제3자에게 제공하는 경우 법적 근거에 의하거나 정보주체의 동의를 받아야 하며, 제3자에게 개인정보의 접근을 허용하는 등 제공 과정에서 개인정보를 안전하게 보호하기 위한 보호대책을 수립·이행하여야 한다.
3.3.2	개인정보 처리업무 위탁	개인정보 처리업무를 제3자에게 위탁하는 경우 위탁하는 업무의 내용과 수탁자 등 관련사항을 공개하여야 한다. 또한 재화 또는 서비스를 홍보하거나 판매를 권유하는 업무를 위탁하는 경우 위탁하는 업무의 내용과 수탁자를 정보주체에게 알려야 한다.
3.3.3	영업의 양도 등에 따른 개인정보 이전	영업의 양도·합병 등으로 개인정보를 이전하거나 이전받는 경우 정보주체 통지 등 적절한 보호조치를 수립·이행하여야 한다.
3.3.4	개인정보 국외 이전	개인정보를 국외로 이전하는 경우 국외 이전에 대한 동의, 관련 사항에 대한 공개 등 적절한 보호조치를 수립·이행하여야 한다.
3.4.	개인정보 파기 시 보호조치	
3.4.1	개인정보파기	개인정보의 보유기간 및 파기 관련 내부 정책을 수립하고 개인정보의 보유기간 경과, 처리목적 달성 등 파기 시점이 도달한 때에는 파기의 안전성 및 완전성이 보장될 수 있는 방법으로 지체 없이 파기하여야 한다.
3.4.2	처리목적 달성 후 보유 시 조치	개인정보의 보유기간 경과 또는 처리목적 달성 후에도 관련 법령 등에 따라 파기하지 아니하고 보존하는 경우에는 해당 목적에 필요한 최소한의 항목으로 제한하고 다른 개인정보와 분리하여 저장·관리하여야 한다.
3.5.	정보주체 권리보호	
3.5.1	개인정보 처리방침 공개	개인정보의 처리 목적 등 필요한 사항을 모두 포함하여 정보주체가 알기 쉽도록 개인정보 처리방침을수립하고, 이를 정보주체가 언제든지 쉽게 확인할 수 있도록 적절한 방법에 따라 공개하고 지속적으로 현행화하여야 한다.
3.5.2	정보주체 권리보장	정보주체가 개인정보의 열람, 정정·삭제, 처리정지, 이의제기, 동의철회 등 요구를 수집 방법·절차보다 쉽게 할 수 있도록 권리행사 방법 및 절차를 수립·이행하고, 정보주체의 요구를 받은 경우 지체 없이 처리하고 관련 기록을 남겨야 한다. 또한, 정보주체의 사생활 침해, 명예훼손 등 타인의 권리를 침해하는 정보가 유통되지 않도록 삭제 요청, 임시조치 등의 기준을 수립·이행하여야 한다.
3.5.3	정보주체에 대한 통지	개인정보의 이용·제공 내역 등 정보주체에게 통지하여야 할 사항을 파악하여 그 내용을 주기적으로 통지하여야 한다.

01 정보통신서비스 부문 매출액 300억원 미만인 중기업(A)과 매출액 300억 이상이면서 정보통신설비를 보유하지 않은 중기업(B)이 ISMS 간편인증을 신청할 때, 인증기준 적용에 대한 설명 중 적절한 것을 모두 고르시오. (2개)

① A와 B 모두 ISMS-P 인증이 아닌 정보보호 관리체계(ISMS) 간편인증만을 취득하고자 하는 경우, 개인정보의 수집, 이용, 제공, 파기 단계를 다루는 3영역(개인정보 처리 단계별 요구사항) 21개 항목 전체를 공통으로 제외할 수 있다.

② A와 B 모두 1.1 '관리체계 기반 마련'에서 기업 규모를 고려한 인증 부담 완화 정책에 따라, 1.1.5 정책 수립은 필수 심사 대상에서 공통적으로 제외된다.

③ 2.4 물리 보안에서 A와 B 모두 2.4.4 보호설비 운영, 2.4.5 보호구역 내 작업은 인증 세부 항목에서 제외 된다.

④ B의 경우 정보통신설비를 보유하지 않으므로, 정보시스템의 가용성을 보장하기 위한 2.11.1 사고 예방 및 대응체계 구축 또한 논리적 백업 여부와 관계없이 심사 범위에서 완전히 제외된다.

⑤ 매출액 기준이 300억원 미만인 가상자산사업자가 ISMS 간편인증을 신청 할 경우는 중기업(A)에 해당하는 간편 인증 기준을 적용한다.

02 다음은 2026년 ㈜프레시구독의 ISMS-P 최초심사 중 클라우드 인프라 접근 통제 실태에 대한 심사원과 인프라 운영 담당자의 인터뷰 및 확인된 증적이다. 심사원 관점에서 가장 핵심적인 결함을 고르시오.

[클라우드 인프라 Security Group(SG) 설정 현황]

SG ID	Rule Type	Protocol	Port Range	Source (IP/CIDR)	Description
sg-0a1b2	Inbound	TCP	80, 443	0.0.0.0/0	
sg-0a1b2	Inbound	TCP	3306	0.0.0.0/0	
sg-0a1b2	Inbound	TCP	22	10.10.1.50/32	

■ **심사원** : 클라우드 환경에서 서버 접속(Inbound) 및 외부 통신(Outbound) 통제는 어떻게 관리하고 있습니까?

○ **담당자** : 기본적으로 Security Group(SG)을 통해 화이트리스트 기반으로 관리하며, 허용되지 않은 모든 포트는 차단(Deny All) 처리하고 있습니다.

■ **심사원** : (기술 점검 중) 운영 중인 개발 서버와 일부 DB 서버의 SG 설정을 보니 0.0.0.0/0 으로 설정된 항목들이 다수 발견됩니다. 사유가 무엇입니까?

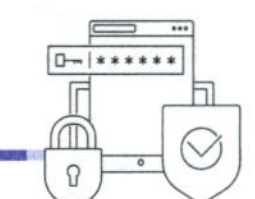

> ○ **담당자** : 외부 파트너사와 API 연동 테스트를 할 때 상대측 IP가 유동적이라 접속 장애가 발생하곤 합니다. 원활한 개발 진행을 위해 예외 신청서를 작성하여 한시적으로 개방한 것입니다.
>
> ■ **심사원** : 예외 승인 이력을 보니, 6개월 전 승인된 항목이 현재까지 그대로 유지되고 있네요. 예외 종료는 어떻게 확인합니까?
>
> ○ **담당자** : 아... 연동 테스트가 끝났다는 별도의 노티가 없어서 그대로 둔 것 같습니다. 보통은 담당자가 작업 종료 후 '회수 요청'을 해야 저희가 닫습니다.
>
> ■ **심사원** : 주기적인 SG 설정 전수 점검이나 미사용 규칙에 대한 정리 절차는 없나요?
>
> ○ **담당자** : 매달 보안팀에 SG 리스트를 제출하긴 하지만, 보안팀에서도 현업 부서의 업무 필요성을 고려하여 이미 승인받은 예외 항목에 대해서는 별다른 조정을 요구하지 않습니다.

① 클라우드 DB 서버의 특정 포트가 외부 전체로 개방된 것은 기술적 보호조치 미이행에 해당한다.

② 보안팀이 월간 점검 시 예외 항목을 점검 범위에서 제외한 것은 점검 절차상의 단순 실수이다.

③ 예외 적용 후 '작업 종료 시 회수'라는 절차가 사용자의 자율적 판단에 의존하고 있으며, 만료된 예외 권한에 대한 자동화된 회수나 보안팀의 실질적인 검증 체계가 부재한 상태가 지속된 것이 문제이다.

④ 심사원은 인터뷰 이후 추가로 '방화벽 로그 상시 모니터링'을 대체 통제로 설정하고 있음을 확인하였으나 이에 대한 이력이 없어 2.10.3 공개서버 보안위반으로 볼 수 있다.

⑤ 외부 파트너사의 IP가 유동적인 환경에서는 Any Open 설정 외에 실무적인 대안이 없으므로 위험 수용이 가능하다.

03 다음은 다배달(주)의 인공지능 기반 '자동 배차 및 배달 최적화 시스템'에 대한 ISMS-P 인증 심사 인터뷰이다. 인공지능기본법 및 인증기준에 비추어 볼 때 결함으로 판단되는 항목으로 알맞게 짝지어 진 것을 고르시오.

(ㄱ)

- ■ **심사원** : 이번에 도입한 'AI 자동 배차 시스템'은 배달원의 수입과 직결되는 중요한 의사 결정을 수행하는데, 고영향(고위험) AI에 해당한다고 판단하셨나요?

- ○ **담당자** : 네, 고영향 AI임을 인지하고 있습니다. 하지만 아직 정부의 공식 적합성 평가 기준이 나오지 않아, 기존에 수행하던 일반 앱 서비스 위험 평가 항목을 그대로 적용하여 위험을 수용했습니다.

(ㄴ)

- ■ **심사원** : 생성형 AI 챗봇 서비스를 통해 고객 상담을 진행하고 있는데, 답변이 AI에 의해 생성되었다는 사실을 이용자가 알 수 있도록 조치했나요?

- ○ **담당자** : 상담 효율성을 위해 최대한 상담원과 유사하게 프로필을 설정했으며, 이용자가 거부감을 느낄 수 있어 AI 생성물이라는 고지 문구는 제외했습니다.

(ㄷ)

- ■ **심사원** : 서비스를 제공하는 경우 고영향 인공지능의 안전성·신뢰성을 확보하기 위하여 위험관리방안의 수립·운영 등을 하고 있나요?

- ○ **담당자** : 학습 데이터의 보안성은 유지하고 있지만, 다른 부분은 개발사(외부 업체)의 영업 비밀이라 이와 관련하여 요청하지 않았고 외주로 운영되어 별도로 수립하지 않았습니다.

(ㄹ)

- ■ **심사원** : 인공지능기본법 시행에 따라 'AI 거버넌스 체계'를 구축하고 관련 규정을 정보 보호 정책서에 반영하셨나요?

- ○ **담당자** : 네, AI 윤리 원칙과 안전성 확보를 위한 내부 지침을 새롭게 수립하고 CISO의 승인을 받아 전사 배포를 완료했습니다.

---

① ㄱ, ㄴ　　　　② ㄱ, ㄹ　　　　③ ㄱ, ㄴ, ㄷ

④ ㄴ, ㄷ, ㄹ　　　　⑤ ㄱ, ㄴ, ㄷ, ㄹ

04 ISMS-P 인증심사를 수행 중, 다음과 같은 상황에서 심사를 중단하고 철수할 수 있는 심사 상황으로 가장 적절하지 않은 것을 고르시오.

(가) 신청기관 담당자가 인증심사 인터뷰에 응하지 않고 반복적으로 정당하게 요청한 자료를 제출하지 않아 심사를 지속하기 어렵다고 판단하는 상황

(나) 2개월 이상 관리체계를 운영했다는 증적을 확인하기 어렵고 위험평가가 적절하게 이루어지지 않아 관리체계를 수립하였다고 보기 어려운 상황

(다) 중요 정보시스템에 대한 대다수 인증범위 설정 누락 및 위험평가가 적절하게 이루어지지 않아 인증심사를 지속하기 어렵다고 판단하는 상황

(라) 인증심사에 투입한 인력과 신청기관 대응 담당자가 서로 친밀한 지인 관계를 가져서 공정한 심사를 하기에 어려움이 있다고 판단하는 상황

(마) 인증심사 신청서와 운영명세서 등 인증심사 제출서류가 거짓으로 작성되어 심사의 객관성, 타당성 확보가 어려워 심사를 지속하기 어려운 상황

① (가)　　　② (나)　　　③ (다)　　　④ (라)　　　⑤ (마)

05 심사원은 정보통신서비스를 제공하고 있는 A기업에서 ISMS-P 인증심사를 수행하고 있다. 다음의 상황에서 심사원이 결함으로 판단할 수 있는 가장 적절한 인증기준을 고르시오.

■ **심사원** : 홈페이지 회원가입 페이지의 개인정보처리방침을 보니, 귀사는 정보주체의 동의를 기반으로 서비스를 제공한다고 명시되어 있습니다. 혹시 회원가입 시 연령 제한이 있습니까?

○ **담당자** : 저희 서비스는 원칙적으로 전 연령대가 이용 가능합니다. 다만, 마케팅 활용이나 특정 서비스 이용을 위해 회원가입 시 생년월일 정보를 필수적으로 수집하고 있습니다.

■ **심사원** : 그렇다면 회원가입 과정에서 만 14세 미만 아동이 가입을 시도할 경우, 이를 식별하고 법정대리인의 동의를 받는 절차가 시스템적으로 구현되어 있습니까?

○ **담당자** : 음... 현재 회원가입 폼에서 생년월일을 입력받고는 있습니다만, 입력된 생년월일이 만 14세 미만인지 실시간으로 체크해서 가입을 차단하거나 부모님 동의를 받는 별도의 프로세스는 아직 적용되지 않은 상태입니다.

■ **심사원** : 개인정보 보호법에 따르면 만 14세 미만 아동의 개인정보를 수집할 때는 반드시 법정대리인의 동의를 받아야 합니다. 현재 시스템상으로는 이 부분이 통제되지 않고 있다는 말씀이시군요. 그렇다면 실제 DB에 만 14세 미만으로 추정되는 가입자가 존재할 가능성이 있겠네요?

○ **담당자** : 아... 네, 심사원님 말씀대로 현재 회원 DB를 생년월일 기준으로 조회해보니, 올해 기준으로 만 14세가 되지 않은 아동의 계정이 다수 확인되고 있습니다.

> ■ **심사원** : 이것은 법적 요구사항 준수 측면에서 중대한 결함 사항입니다. 만 14세 미만 아동의 가입을 원천 차단하거나, 가입을 허용하려면 반드시 법정대리인 본인인증 및 동의 절차를 시스템에 즉시 도입해야 합니다. 기 가입된 아동 회원에 대해서도 즉각적인 조치가 필요합니다.
>
> ○ **담당자** : 네, 문제의 심각성을 인지했습니다. 즉시 개발팀과 논의하여 법정대리인 동의 프로세스를 탑재하고, 기존 14세 미만의 아동 회원에 대한 처리 방안을 수립하겠습니다.

① 3.1.1 개인정보 수집ㆍ이용

② 3.1.2 개인정보 수집 제한

③ 3.1.5 개인정보 간접 수집

④ 3.2.1 개인정보 현황 관리

⑤ 3.5.2 정보주체 권리 보장

06 심사원은 OO 커머스의 ISMS-P 인증심사를 수행하고 있다. 다음의 증적자료와 인터뷰를 보고 심사원이 판단한 내용 중 올바른 내용은 몇 개인지 고르시오.

☰ 개인정보보호 지침 (일부 발췌) ● ● ●

개인정보보호 지침 (일부 발췌)

제8조 접속기록 보관

1. 개인정보처리시스템에 개인정보취급자의 접속기록은 위ㆍ변조 및 도난, 분실되지 않도록 안전하게 보관해야 하며, 법적 근거에 따른 보관 기간을 준수해야 한다.

2. 개인정보취급자가 개인정보처리시스템에 접속한 기록은 최소 1년 이상 안전하게 보관해야 한다. 단, 5만명 이상의 정보주체에 관한 개인정보를 처리, 고유식별정보 또는 민감정보를 처리, 기간통신사업자에 해당하는 경우에는 최소 2년 이상 안전하게 보관해야 한다.

3. 접속기록 생성 시 필수 기록 항목으로 다음의 항목을 반드시 포함하여 전자적으로 기록해야 한다.
   - 식별자: 접속한 개인정보취급자의 아이디 등 식별 정보
   - 접속일시: 시스템에 접속한 날짜 및 시각
   - 접속지 정보: 접속한 기기의 IP 주소 등 위치 정보
   - 처리한 정보주체 정보: 조회ㆍ수정한 대상(정보주체)을 식별할 수 있는 정보
   - 수행업무: 조회, 수정, 삭제, 출력 등 구체적인 행위 내역

4. 접속기록의 위ㆍ변조 방지를 위해 임의로 조작되지 않도록 별도의 백업 저장소에 보관하거나 위ㆍ변조 방지 기술을 적용해야 한다.

제9조 접속기록 점검

1. 보관된 접속기록이 실제 업무 목적에 부합하게 사용되었는지 확인하기 위한 정기적인 점검 절차를 이행해야 한다.
2. 개인정보 보호책임자는 접속기록에 대하여 반기 1회 이상 정기적으로 점검을 실시해야 한다.
3. 점검 대상 및 방법은 대량의 개인정보 조회자, 휴일/야간 접속자, 오남용 의심 패턴 등을 위주로 업무 목적 부합 여부를 확인해야 한다.
4. 소명 및 증거자료 확인은 권한 내에서 발생한 행위여도, 대량 조회 등 특이사항이 발견된 경우 반드시 업무 목적 부합 여부를 확인하고 소명 자료를 징구해야 한다. 단순히 권한이 있다는 이유만으로 확인 절차를 생략해서는 안 된다.

침해사고 대응 지침 (일부 발췌)

제5조 이상행위 분석 및 모니터링

1. 실시간 대응력을 높이기 위해 기술적인 이상행위 탐지 체계를 운영해야 한다.
2. 개인정보처리시스템의 로그를 통합로그관리시스템(SIEM) 등과 연동하여 실시간으로 분석할 수 있는 체계를 구축 마련해야 한다.
3. 침입 차단 및 권한 내 오남용 탐지하기 위한 구체적인 임계치 설정 및 탐지 시나리오를 수립해야 한다.
4. 이상행위가 탐지되었을 때 실시간 알람이 전송되도록 설정하고, 즉시 사실 확인 및 필요한 조치(계정 잠금 등)를 취할 수 있는 대응 절차를 수립해야 한다.

- **심사원** : 개인정보취급자의 오남용을 방지하기 위해 접속기록을 어떻게 관리하고 계신지, 특히 점검 프로세스에 대해 상세히 설명해 주십시오.

- **담당자** : 저희는 모든 DB 접속 로그와 개인정보처리시스템 접속 기록을 통합로그관리시스템(SIEM)으로 실시간 전송합니다. 관리자나 취급자가 DB에 직접 쿼리를 수행하거나 웹 운영 콘솔에 로그인하는 모든 행위는 법적 근거에 따라 1년간 보관되며, 접속기록에는 식별자, 접속일시, 처리한 정보주체 정보, 수행업무를 포함하여 전자적으로 기록하고 있습니다. 보관과 관련해서도 위변조 방지를 위해 별도의 백업 스토리지에 이중화하고 있습니다.

- **심사원** : 로그를 보관하는 것 외에, 보관된 로그를 통해 부적절한 행위가 있었는지 확인하는 '점검'은 어떻게 이루어지나요?

○ **담당자** : 내부 지침에 따라 매 분기마다 '개인정보 접속기록 점검 보고서'를 작성합니다. 이때 과다 조회자나 휴일 접속자 위주로 샘플링하여 확인하고 있습니다. 실제로 지난달에도 마케팅팀 A대리가 이벤트 대상자 추출을 위해 고객 5만 명의 연락처를 조회한 내역을 확인했습니다.

■ **심사원** : A대리의 5만 건 조회가 당시 업무 목적에 부합했는지 정기적으로 접속기록을 점검하시는 것은 확인했습니다. 혹시 이런 행위들에 대해 실시간으로 탐지할 수 있는 체계는 마련되어 있나요?

○ **담당자** : A대리의 5만 건 조회는 당시 점검 보고서를 작성할 때 사후적으로 확인한 것인데요. 현재 A대리는 마케팅 권한이 있는 직원이기 때문에 시스템 상에서 '비인가 접근'으로 분류되지는 않았습니다. 저희 시스템은 ID/PW 오류나 비인가 IP 접속 같은 '침입 차단' 중심의 알람은 설정되어 있지만, 권한 내에서의 '대량 조회'나 '평소와 다른 패턴'을 자동으로 탐지하여 경고를 보내는 시나리오는 아직 구현되지 않은 상태입니다.

■ **심사원** : 그렇다면 5만 건이라는 대량 조회가 발생했을 때, 보안팀이나 상급자가 실시간으로 인지할 방법은 전혀 없었다는 말씀이신가요?

○ **담당자** : 네, 현재로서는 매월 수행하는 사후 점검을 통해 확인하는 것이 최선입니다. 향후 SIEM에 임계치 설정 등을 검토 중이긴 하지만, 아직 구체적인 탐지 기준(시나리오)이 수립되어 시스템에 반영되지는 않았습니다.

(가) 심사원 : 접속기록의 점검은 법적 근거에 따라 월 1회 이상 점검을 하셔야 합니다.

(나) 심사원 : 접속기록의 보관은 법적근거에 따라 1년간 보관이 아닌 2년 이상 보관하셔야 합니다.

(다) 심사원 : A대리의 5만 건 조회 사례처럼 권한 내에서 발생한 행위는 업무 목적 부합 여부와 관계없이 사후 점검 시 별도의 소명이나 증거자료 확인 절차를 생략할 수 있습니다.

(라) 심사원 : 개인정보 처리시스템의 접속기록은 법적 근거에 따라 식별자, 접속일시, 접속지 정보, 처리한 정보주체 정보, 수행업무를 포함하여 반드시 전자적으로 기록되어야 합니다.

(마) 심사원 : 시스템의 이상행위 판단을 위해 시스템의 로그를 수집 후 SIEM에 연동한 후 임계치 설정 및 탐지 기준(시나리오)를 수립하여 실시간 분석하는 체계를 마련하여야 합니다.

① 1개 ② 2개 ③ 3개 ④ 4개 ⑤ 5개

07 ISMS-P 인증기준 "2.7.1 암호정책 적용" 및 "개인정보의 안전성 확보조치 기준"에 대한 설명 중 가장 적절한 것을 고르시오.

① 개인정보처리시스템의 노후화 및 구형 브라우저를 사용하는 이용자의 하위 호환성 보장을 위해, 외부망 전송 구간에서 취약점이 확인된 TLS 1.0 또는 1.1 프로토콜을 상시 허용하도록 설정하는 것은 안전한 암호화 전송 조치로 인정된다.

② 주민등록번호, 비밀번호 등 중요 개인정보를 내부 업무망 내에서 전송하는 경우에는 외부망(인터넷망)과 달리 물리적으로 분리된 안전한 구간이므로, 전송 구간 암호화(TLS 등) 조치를 생략할 수 있다.

③ 생체인식정보(지문, 안면, 홍채 등)를 정보통신망을 통해 전송하거나, 본인확인 등을 위해 외부 인증기관과 주고받는 경우에는 해당 정보의 민감성을 고려하여 반드시 안전한 암호 알고리즘을 사용하여 암호화하여야 한다.

④ 이용자에게 개인정보가 포함된 안내 이메일을 발송하는 경우, 수신측 메일 서버의 암호화 지원 여부를 확신할 수 없으므로 전송 구간 암호화(SMTP/STARTTLS) 적용은 권장 사항일 뿐 미적용 시에도 결함으로 보지 않는다.

⑤ 고유식별정보를 정보통신망을 통해 송신하는 경우, 내부 위험도 분석 결과에 따라 유출 가능성이 낮다고 판단된다면 별도의 암호화 기술(VPN, SSL 등)을 적용하지 않고 평문으로 전송할 수 있다.

08 ISMS-P 인증기준 1.3.1 보호대책 구현의 결함사례에 해당하지 않는 것을 모두 고르시오. (2개)

① 보호대책 이행계획에 따라 위험 조치가 완료되었으며, 이행 결과를 정보보호 최고책임자 및 개인정보보호 책임자에 보고하였으나, 일부 조치에 대한 효과성 검토는 차년도 정기 위험평가 시 수행하기로 하였다.

② 위험조치 이행결과보고서에는 '조치 완료'로 기재되어 있으나, 해당 위험에 대한 잔여 위험 분석 결과는 별도로 작성·보관하고 있지 않다.

③ 전년도 이행계획에 따라 중·장기 과제로 분류된 보호대책 중 일부가 일정 지연되었으나, 지연 사유를 분석하여 이행계획을 수정하고 경영진의 승인 후 재이행 일정을 수립하였다.

④ 운영명세서에 보호대책 운영 현황을 상세히 기술하였으나, 일부 항목에 대해 관련 정책 문서 번호만 기재되어 있고 회의록이나 결재 문서는 작성되지 않았다.

⑤ 보호대책 이행결과를 정보보호 최고책임자 및 개인정보보호책임자에게 정기적으로 보고하였으며, 미이행 항목에 대해서는 사유 분석 및 후속 조치를 수행하고 그 결과를 추가 보고하였다.

09 25년 12월 신용정보회사인 ◇◇신용정보원의 ISMS-P 심사를 수행하고 있다. 자료와 인터뷰 내용을 확인하고 결함으로 가장 적절한 것을 고르시오.

〈인터뷰 내용〉

- **심사원** : 안녕하세요. 신용정보회사다 보니 일반 정보통신서비스 기업과는 개인정보 처리시 차이가 있을거 같습니다. 개인신용정보 수집은 어떻게 하고 계신지 설명 한번 부탁 드립니다.

- **담당자** : 네, 안녕하세요. 심사원님께서 말씀하신대로 개인정보보호법에서의 내용과 일치하는 부분이 많지만 조금 차이가 있습니다. 예를 들어 수집·이용 동의 시 고지사항으로 간략하게 목적, 항목, 보유 및 이용기간, 동의거부권과 더불어 녹취 시에는 녹취사실과 금융거래 등 상거래관계가 종료된 날에 관한 사항도 함께 고지하고 있습니다. 그렇지만 몇가지 사항을 제외하고는 개인정보 보호법에서 요구하는 준수사항과 동일합니다.

- **심사원** : 네, 알겠습니다. 제출해주신 자료를 보다보니 OO평가원에서 개인신용정보를 제공받으신 기록이 있네요?

- **담당자** : 네, 맞습니다. OO평가원은 개인신용정보평가회사이고 개인신용정보를 제공받아서 저희 ◇◇신용정보원에서 활용합니다.

- **심사원** : OO평가원로부터 제공받거나 제공시 신용정보주체로부터 동의를 받으시나요?

- **담당자** : 아닙니다. 신용정보회사등 서로 집중관리·활용하기 위해서 제공시에는 신용정보주체의 동의 없이 제공하고 수집하여 활용하고 있습니다.

- **심사원** : 네, 알겠습니다. 신용정보 수집·이용한 기록은 어떻게 관리하고 계신가요?

- **담당자** : 사내 데이터베이스에 별도 보관하여 관리하고 있습니다. 사내 정보보안지침에 의거 날짜, 정보의 항목, 사유와 근거 등을 기입하여 2년간 보관하고 있습니다.

- **심사원** : 네, 확인 해볼 수 있을까요?

- **담당자** : 잠시만요

〈개인신용정보 수집·이용 기록〉

구분	날짜	항목	사유 및 근거
수집	2023/12/31 10:01:06	신용평가점수	신용정보 집중관리·활용을 위함
수집	2023/12/31 10:01:17	신용평가점수	신용정보 집중관리·활용을 위함
처리(이용)	2023/12/31 10:51:23	신용평가점수	신용정보조회 서비스
수집	중략		

① 3.1.1 개인정보 수집·이용
② 3.2.1 개인정보 현황관리
③ 3.3.1 개인정보 제3자 제공
④ 3.4.1 개인정보의 파기
⑤ 3.4.2 처리목적 달성 후 보유 시 조치

10 다음 수집 보유중인 개인정보가 AI/ML 학습, 모델에 활용되는 경우로 가장 적절한 것을 고르시오.

(가) 정보주체의 별도 동의가 없어도 기존 보유 중인 모바일 메신저 상의 대화내용을 당초 수집한 목적을 벗어나 생성형 AI 모델 또는 신규 서비스 개발에 이용할 수 있다.

(나) 정보주체의 별도 동의가 없어도 자유 발화를 통해 수집한 음성정보를 저장한 후, AI 음성인식기술 기반 목소리 인증 서비스에 활용할 수 있다

(다) 개인정보처리자의 정당한 이익이 있고 정보주체의 권리 침해 가능성을 최소화 한 경우 온라인 플랫폼 사업자가 자사 플랫폼을 이용하는 사업자의 부정행위 방지 및 정상적인 이용자의 이익 보호를 위하여 기존 보유 이용기록 등을 AI 기술을 도입한 부정행위탐지시스템(FDS) 운영에 이용할 수 있다.

(라) 지방자치단체가 법령상 운영할 수 있는 교통정보의 수집·분석 등을 위하여 CCTV를 설치하고 해당 영상정보를 AI 기반 스마트교차로, 감응신호시스템에 이용할 수 있다

(마) 당초 수집 목적과 합리적으로 관련된 범위에서 예측 가능하고, 정보주체의 이익을 부당하게 침해하지 않으며 안전성 확보에 필요한 조치를 한 경우 LLM 성능 개선을 위해 이용자가 프롬프트에 입력한 내용을 AI 학습데이터로 활용할 수 있다.

(바) 당초 수집 목적과 합리적으로 관련된 범위에서 예측 가능하고, 정보주체의 이익을 부당하게 침해하지 않으며 안전성 확보에 필요한 조치를 한 경우 당초 쇼핑몰 서비스 이용계약을 체결한 회원을 대상으로 보유하고 있던 기존의 서비스 이용정보를 AI 챗봇 기능 개선 및 상담에 이용할 수 있다

① 0개
② 1개
③ 2개
④ 3개
⑤ 4개 이상

1	①, ③	2	③	3	③	4	④	5	①	6	③	7	③	8	③, ⑤	9	②	10	⑤

1번 정답 ①, ③

해설

① (정답) : ISMS 간편인증은 '정보보호' 체계에 집중한 모델로 개인정보 관련 항목인 3영역은 ISMS-P 인증 시에만 추가되므로, ISMS 간편인증에서는 A와 B 모두 공통 제외 대상이다.

③ (정답) : B는 '정보통신설비 미보유'가 전제이므로, 서버실/전산실 등 보호구역과 관련된 물리 보안(2.4) 항목 중 2.4.2 출입통제, 2.4.7 업무환경 보안 외에 나머지 항목은 제외되며 A는 2.4.2 출입통제, 2.4.4. 보호설비 운영, 2.4.5 보호구역 내 작업이 제외 되므로 공통으로 제외 되는 항목은 2.4.4 보호설비 운영, 2.4.5 보호구역 내 작업이며 출입통제 인증항목은 제외되었으나 기존 출입통제 인증항목의 세부점검항목은 보호구역 지정에서 그대로 유지된다.

② (오답): 1영역의 1.1.5 정책 수립은 일부 완화는 되나 제외는 되지 않는 항목이다.

④ (오답): 물리적 설비가 없어도 클라우드 상의 데이터 백업 및 서비스 연속성을 위한 재해 복구 체계는 이루어져야 한다. (2.9.3 백업 및 복구 관리에 해당) 2.11.1 사고 예방 및 대응체계 구축은 완화는 되지만 완전히 제외되지 않는다.

⑤ (오답): ISP, IDC, 상급종합병원, 대학교, 금융회사, 가상자산사업자는 간편인증을 신청할 수 없다.

2번 정답 ③

해설

① (부분적 사실): 현상적으로는 맞으나, '핵심 결함'을 묻는 질문에서는 이를 방치하게 만든 프로세스적 원인(3번)이 더 근본적인 지적 사항이다.

② (오답): 단순 실수가 아니라, 예외 관리 프로세스 자체에 대한 검증 로직이 빠진 시스템적 결함이다.

④ (오답): 2.9.5 로그 및 접속 기록 점검에 해당한다.

⑤ (오답): 유동 IP라 하더라도 VPN 도입, 특정 접속 시점에만 액세스 승인 혹은 특정 대역(ISP 대역) 제한 등 기술적 대안이 존재하므로 위험 수용 사유가 될 수 없다.

3번 정답 ③

해설

1. ㄱ (1.2.3 위험 평가)
   근거 : 위험 평가는 자산의 '기술적 특성'을 반영해야 합니다. 고영향 AI는 일반 앱과 달리 알고리즘의 편향성, 오작동으로 인한 사회적 피해 등 특화된 위험이 존재한다. 정부 기준이 없더라도 조직은 자체적으로 고위험 AI에 맞는 평가 항목을 개발하여 위험을 식별해야 한다.

2. ㄴ (인공지능기본법 제31조)
   근거 : 인공지능기본법에 따르면 생성형 AI를 활용할 경우 이용자가 AI임을 인지할 수 있도록 '투명성 고지'를 해야 한다. 서비스 경험을 이유로 이를 의도적으로 숨기는 것은 이용자의 알 권리를 침해하는 법적 준거성 위반이자 결함 사항이다.

3. ㄷ (인공지능기본법 제34조, 시행령 제27조)
   근거 : 고영향 인공지능과 관련한 사업자의 책무로 안전성 · 신뢰성을 확보하기 위하여 위험관리방안의 수립 · 운영을 하여야 한다. 이를 수립하기 위해서 인공지능이용사업자는 필요한 자료를 요청할 수 있고 인공지능개발사업자는 이에 협력하도록 노력해야 한다.

ㄹ은 정책을 수립하고 최고책임자(CISO)의 승인을 받아 배포까지 완료했으므 매우 적절하게 운영되고 있는 정상 사례이다.

[인공지능 발전과 신뢰 기반 조성 등에 관한 기본법(약칭: 인공지능기본법)]

제31조(인공지능 투명성 확보 의무) ① 인공지능사업자는 고영향 인공지능이나 생성형 인공지능을 이용한 제품 또는 서비스를 제공하려는 경우 제품 또는 서비스가 해당 인공지능에 기반하여 운용된다는 사실을 이용자에게 사전에 고지하여야 한다.

② 인공지능사업자는 생성형 인공지능 또는 이를 이용한 제품 또는 서비스를 제공하는 경우 그 결과물이 생성형 인공지능에 의하여 생성되었다는 사실을 표시하여야 한다.

③ 인공지능사업자는 인공지능시스템을 이용하여 실제와 구분하기 어려운 가상의 음향, 이미지 또는 영상 등의 결과물을 제공하는 경우 해당 결과물이 인공지능시스템에 의하여 생성되었다는 사실을 이용자가 명확하게 인식할 수 있는 방식으로 고지 또는 표시하여야 한다. 이 경우 해당 결과물이 예술적 · 창의적 표현물에 해당하거나 그 일부를 구성하는 경우에는 전시 또는 향유 등을 저해하지 아니하는 방식으로 고지 또는 표시할 수 있다.

④ 그 밖에 제1항에 따른 사전고지, 제2항에 따른 표시, 제3항에 따른 고지 또는 표시의 방법 및 그 예외 등에 관하여 필요한 사항은 대통령령으로 정한다.

제34조(고영향 인공지능과 관련한 사업자의 책무) ① 인공지능사업자는 고영향 인공지능 또는 이를 이용한 제품 · 서비스를 제공하는 경우 고영향 인공지능의 안전성 · 신뢰성을 확보하기 위하여 다음 각 호의 내용을 포함하는 조치를 대통령령으로 정하는 바에 따라 이행하여야 한다.

　1. 위험관리방안의 수립 · 운영

　2. 기술적으로 가능한 범위에서의 인공지능이 도출한 최종결과, 인공지능의 최종결과 도출에 활용된 주요 기준, 인공지능의 개발 · 활용에 사용된 학습용데이터의 개요 등에 대한 설명 방안의 수립 · 시행

　3. 이용자 보호 방안의 수립 · 운영

　4. 고영향 인공지능에 대한 사람의 관리 · 감독

　5. 안전성 · 신뢰성 확보를 위한 조치의 내용을 확인할 수 있는 문서의 작성과 보관

　6. 그 밖에 고영향 인공지능의 안전성 · 신뢰성 확보를 위하여 위원회에서 심의 · 의결된 사항

② 과학기술정보통신부장관은 제1항 각 호에 따른 조치의 구체적인 사항을 정하여 고시하고, 인공지능사업자에게 이를 준수하도록 권고할 수 있다.

③ 인공지능사업자가 다른 법령에 따라 제1항 각 호에 준하는 조치를 대통령령으로 정하는 바에 따라 이행한 경우에는 제1항에 따른 조치를 이행한 것으로 본다.

([시행 2026. 1. 22.] [법률 제20676호, 2025. 1. 21., 제정])

[인공지능 발전과 신뢰 기반 조성 등에 관한 기본법 시행령 (약칭: 인공지능기본법 시행령)]

제27조(고영향 인공지능과 관련한 사업자의 책무) ① 인공지능사업자는 법 제34조제1항 각 호의 조치 중에서 다음 각 호에 해당하는 내용을 인공지능사업자의 사무소 · 사업장 또는 인터넷 홈페이지 등에 게시해야 한다. 다만, 「부정경쟁방지 및 영업비밀보호에 관한 법률」 제2조제2호에 따른 영업비밀에 해당하는 사항은 제외할 수 있다.

　1. 위험관리정책 및 조직체계 등 법 제34조제1항제1호에 따른 위험관리방안의 주요 내용

　2. 법 제34조제1항제2호에 따른 설명 방안의 주요 내용

　3. 법 제34조제1항제3호에 따른 이용자 보호 방안

　4. 법 제34조제1항제4호에 따른 해당 고영향 인공지능을 관리 · 감독하는 사람의 성명 및 연락처

② 인공지능사업자는 법 제34조제1항 각 호의 조치를 이행하고 그 근거를 문서로 5년간 보관(전자적 방법을 통한 보관을 포함한다)해야 한다.

③ 법 제34조제1항제1호부터 제3호까지의 조치를 모두 또는 일부 이행한 인공지능사업자로부터 인공지능시스템을 제공받은 인공지능이용사업자가 해당 인공지능시스템의 본래 목적이나 용도를 현저하게 변경하는 등 중대한 기능 변경을 하지 않은 경우에는 법 제34조제1항제1호부터 제3호까지의 조치를 모두 또는 일부 이행한 것으로 본다.

④ 인공지능이용사업자는 인공지능개발사업자에게 법 제34조제1항에 따른 책무를 이행하기 위하여 필요한 자료의 제공을 요청할 수 있고, 인공지능개발사업자는 이에 협력하도록 노력해야 한다.

⑤ 법 제34조제3항에 따라 인공지능사업자가 같은 조 제1항에 따른 조치를 이행한 것으로 보는 경우는 별표 1과 같다.

[시행 2026. 1. 22.] [대통령령 제36053호, 2026. 1. 21., 제정]

해설

④ 인증심사원과 신청기관 담당자 등이 상호 아는 사이여도 인증심사는 가능하다.
① 심사를 지속하기 어려운 상황으로 심사 중단 및 철수가 가능하다.
② 관리체계 미수립으로 판단하여 심사 중단 및 철수가 가능하다.
③ 인증 취득하고자 하는 정보시스템에 대한 대다수 인증범위에 누락되어 있으며 위험평가 또한 미이행 된 경우 심사 중단 및 철수가 가능하다.
⑤ 거짓, 그밖의 부정한 방법으로 인증심사를 신청하였다고 판단하여 심사 중단 및 철수가 가능하다.

해설

① 3.1.1 개인정보 수집·이용
 – 만 14세 미만의 아동의 가입 여부를 확인하는 절차가 없으며, 실제 만 14세 미만 아동도 가입한 내역이 있으며, 만 14세 미만의 가입 시 법정대리인의 동의를 받지 않아 3.1.1 개인정보 수집·이용에 대한 결함이 가장 적절하다
② 3.1.2 개인정보 수집 제한
 – 개인정보 수집에 대한 제한 사항(최소한의 개인정보 수집 등)이 적절하게 반영되지 않았다고 보기 어렵다.
③ 3.1.5 개인정보 간접 수집
 – 개인정보 간접수집 결함과 무관한 상황이다.
④ 3.2.1 개인정보 현황 관리
 – 개인정보 현황관리에 대한 사항은 제시문에서 확인할 수 없다.

해설

(나) A대리가 개인정보처리시스템에서 이벤트 대상자 추출을 위해 5만건을 조회한 것은 해당 DB에 정보주체의 개인정보가 5만건 있으므로, 접속기록을 2년 이상 보관하여야 하므로 심사원의 판단이 맞다.

(라) 개인정보 처리시스템의 접속기록은 법적 근거에 따라 5가지 항목을 전자적으로 기록하여야 하므로 심사원의 판단이 맞다.

(마) 내부 지침인 침해사고 대응 지침 제5조에 따라 시스템의 이상행위 판단을 위해 시스템의 로그를 수집 후 SIEM에 연동한 후 임계치 설정 및 탐지 기준(시나리오)를 수립하여 실시간 분석하는 체계를 마련해야 하므로 심사원의 판단이 맞다.

(가) 변경된 개인정보의 안전성 확보조치 기준(2025.10.31.)의 제8조 제2항에 따라 내부 관리계획으로 정하는 데로 하여야 하며, 개인정보보호 지침 제9조 제2항에 따라 접속기록을 반기 1회 이상 정기적으로 점검하여야 하므로 심사원의 판단은 틀리다.

(다) 변경된 개인정보의 안전성 확보조치 기준(2025.10.31.)의 제8조 제2항에 따라 내부 관리계획으로 정하는 데로 하여야 하며, 개인정보보호 지침 제9조 제4항에 따라 권한 내에서 발생한 행위에 대해서도 업무 목적 부합 여부를 확인하고 소명 자료를 징구해야 하므로 심사원의 판단은 틀리다.

※ 안전성 확보조치 기준 제8조 제2항 ('25.10.31)
② 개인정보처리자는 개인정보의 오·남용, 분실·도난·유출·위조·변조 또는 훼손 등에 대응하기 위하여 개인정보취급자의 개인정보처리시스템에 대한 접속기록 및 개인정보 다운로드 상황을 확인하고 점검하는 주기·방법·사후조치절차 등을 내부 관리계획으로 정하고 이행하여야 한다.

7번 정답 ③

해설

① 취약점이 확인된 TLS 1.0·1.1을 상시 허용하는 것은 안전한 암호화 전송으로 인정되지 않는다. 하위 호환성보다 보안성이 우선시되므로 최소 TLS 1.2 이상을 적용해야 한다.

② 내부 업무망이라 하더라도 비밀번호, 생체인식정보 등 인증정보는 전송 시 암호화가 필수이다.

③ 생체인식정보를 정보통신망으로 전송하거나 외부 인증기관과 연계하는 경우 반드시 안전한 암호 알고리즘을 적용해야 한다.

④ 개인정보가 포함된 이메일 전송 시 전송 구간 암호화 또는 이에 준하는 보호조치를 적용하지 않으면 결함에 해당한다.

⑤ 고유식별정보를 정보통신망을 통해 송신하는 경우, 위험도 분석 결과와 관계없이 암호화하여야 한다. 위험도 분석은 이용자가 아닌 정보주체의 개인정보에 대해 '내부망 저장' 시 주민번호 외의 고유식별정보에 한해 적용되는 기준이며, '전송' 시에는 해당하지 않는다.

8번 정답 ③, ⑤

해설

① 보호대책 구현 결과에 대한 효과성·정확성 검토를 수행하지 않아 결함 사례에 해당한다.

② 조치 완료로 표시했음에도 잔여위험 및 효과성 확인 근거가 없어 결함 사례에 해당한다.

③ 이행 지연이 발생했으나 사유 분석 후 이행계획을 변경하고 경영진의 승인 및 확인을 거쳤으므로 결함 사례에 해당 하지 않는다.

④ 운영명세서에 실제 운영을 입증할 수 있는 증거자료가 존재하지 않아 결함 사례에 해당한다.

⑤ 보호대책 이행결과를 경영진에게 보고하고 미이행 건에 대한 사유 분석 및 후속 조치를 수행하여 결함 사례에 해당하지 않는다.

9번 정답 ②

해설

「**신용정보법」 제20조(신용정보 관리책임의 명확화 및 업무처리기록의 보존)** ②항에 의거 신용정보회사등은 개인신용정보를 수집·이용한 경우 기록을 3년간 보존하여야 하며, 인증기준 점검항목 안내서의 3.2.1 개인정보 현황관리의 주요확인사항 임

※ 「금융권에 적합한 ISMS-P 인증기준 점검항목 안내서(2023.12)」 – 3.2.1 개인정보 현황관리

> ◆ 신용정보회사는 개인신용정보를 수집·이용한 경우 관련 기록을 3년간 보존하고 있는가?
> 신용정보법 제20조(신용정보 관리책임의 명확화 및 업무처리기록의 보존) 제2항제1호

해설

(가) 당초 수집 목적을 벗어난 생성형 AI 모델 또는 신규 서비스 개발을 위한 이용으로 볼 소지가 크며, 별도 동의 또는 추가적 이용 요건 충족 전제가 제시되지 않아 부적절하다.

(나) 목소리 인증은 개인 식별을 위한 생체특징정보로 새로운 목적이며 별도의 동의나 명확한 법적 근거가 필요하므로 부적절하다.

(다). 개인정보처리자의 정당한 이익(부정행위 방지, 서비스의 안전성 보장 등)이 존재하고 정보주체의 권리 침해 가능성을 최소화한 경우 적법처리근거별 평가 후 이용할 수 있다.

(라) 지방자치단체는 교통정보의 수집, 분석 등 법령상 허용되는 목적 범위 내에서 CCTV를 설치, 운영하고, 해당 영상정보를 스마트교차로, 감응신호 등 교통관리 목적에 활용할 수 있다.

(마~바) 시행령 제14조의2의 추가적 이용 판단 기준에 따라 ① 당초 수집 목적과 합리적으로 관련된 범위에서 ② 예측 가능하고 ③정보주체의 이익을 부당하게 침해하지 않으며 ④안전성 확보에 필요한 조치를 한 경우 정보주체의 동의 없이 추가적 이용 가능하다.

참고

개인정보처리 통합안내서(2025.7) (P.100) 서비스 이용자의 개인정보 이용 범위 판단기준
1. 수집 목적 내 이용 : "당초 수집한 목적의 범위 안에 있는가?"
    – 동의, 계약 이행, 정당한 이익 등을 근거로 적법하게 수집한 개인정보는 '당초 수집한 목적 범위 내'에서 이용 가능 → 적법처리근거별 평가 후 이용
2. 추가적인 이용 : "당초 수집한 목적과 합리적으로 관련된 범위 안에 있는가?"
    – 당초 수집 목적과 ①합리적으로 관련된 범위에서 ②예측 가능하고 ③정보주체의 이익을 부당하게 침해하지 않으며 ④안전성 확보에 필요한 조치를 한 경우 정보주체의 동의 없이 추가적 이용 가능
3. 수집 목적 외 이용 : "가명·익명 처리를 통해 목적 외 이용이 가능한가?"
    – 당초 수집 목적과 합리적으로 관련된 범위를 벗어난 경우에는 ①가명처리를 통한 과학적 연구 등 목적 이용, ②익명처리를 통한 이용, ③법 제18조에 따른 목적 외 이용을 검토
4. 특수한 개인정보의 처리 : "별도의 적법처리근거가 필요한 개인정보인가?"
    – 민감정보, 고유식별정보를 처리하는 경우에는 별도의 동의 또는 법적 근거가 있는 경우에 한하여 처리 가능

III

실전모의고사

2026년도 ISMS-P(정보보호 및 개인정보보호 관리체계) 인증심사원 자격검정 필기시험 문제지 실전 모의고사 (1회)

성명		수험번호	

[응시자 필독 사항]

1. 자신이 선택한 문제지의 유형을 확인하시오.

2. 문제지의 해당란에 성명과 수험번호를 정확히 쓰시오.

3. 답안지의 필적 확인란에 서약서 내용을 정자로 기재하고, 서명하시오.

4. 답안지의 해당란에 성명과 수험번호를 쓰고, 또 수험번호와 답을 정확히 표시하시오.

5. OMR 카드 교환은 시험 종료 10분 전까지만 가능하며, 그 이후에는 교환이 불가함.

6. 답안 수정을 위한 수정액 또는 수정 테이프는 사용할 수 없음.

7. 시험 시작 후 1시간 이전에는 퇴실할 수 없으며, 퇴실 후 입실은 불가함.

8. 부정행위 적발 시 그 시험을 무효로 하며, 향후 국가 자격 시험에 5년간 응시할 수 없음.

9. 본 문제지의 내용을 전부 또는 일부를 강의 또는 출판 등의 목적으로 인터넷 또는 SNS 등의 매체에 공개할 수 없으며, 무단 공개 시 저작권 위반 등에 대한 민·형사상의 책임을 질 수 있음.

※ 시험이 시작되기 전까지 표지를 넘기지 마시오.

ISMS-P 시험 출제 기관

※ 본 표지는 공개된 국가자격시험의 일반적인 양식을 바탕으로 임의로 작성한 것으로 실제 ISMS-P 시험과 상이할 수 있음

ISMS-P 인증기준

1.1. 관리체계 기반 마련

1.1.1	경영진의 참여	최고경영자는 정보보호 및 개인정보보호 관리체계의 수립과 운영활동 전반에 경영진의 참여가 이루어질 수 있도록 보고 및 의사결정 체계를 수립하여 운영하여야 한다.
1.1.2	최고책임자의 지정	최고경영자는 정보보호 업무를 총괄하는 정보보호 최고책임자와 개인정보보호 업무를 총괄하는 개인정보보호 책임자를 예산·인력 등 자원을 할당할 수 있는 임원급으로 지정하여야 한다.
1.1.3	조직 구성	최고경영자는 정보보호와 개인정보보호의 효과적 구현을 위한 실무조직, 조직 전반의 정보보호와 개인정보보호 관련 주요 사항을 검토 및 의결할 수 있는 위원회, 전사적 보호활동을 위한 부서별 정보보호와 개인정보보호 담당자로 구성된 협의체를 구성하여 운영하여야 한다.
1.1.4	범위 설정	조직의 핵심 서비스와 개인정보 처리 현황 등을 고려하여 관리체계 범위를 설정하고, 관련된 서비스를 비롯하여 개인정보 처리 업무와 조직, 자산, 물리적 위치 등을 문서화하여야 한다.
1.1.5	정책 수립	정보보호와 개인정보보호 정책 및 시행문서를 수립·작성하며, 이때 조직의 정보보호와 개인정보보호 방침 및 방향을 명확하게 제시하여야 한다. 또한 정책과 시행문서는 경영진 승인을 받고, 임직원 및 관련자에게 이해하기 쉬운 형태로 전달하여야 한다.
1.1.6	자원 할당	최고경영자는 정보보호와 개인정보보호 분야별 전문성을 갖춘 인력을 확보하고, 관리체계의 효과적 구현과 지속적 운영을 위한 예산 및 자원을 할당하여야 한다.

1.2. 위험 관리

1.2.1	정보자산 식별	조직의 업무특성에 따라 정보자산 분류기준을 수립하여 관리체계 범위 내 모든 정보자산을 식별·분류하고, 중요도를 산정한 후 그 목록을 최신으로 관리하여야 한다.
1.2.2	현황 및 흐름분석	관리체계 전 영역에 대한 정보서비스 및 개인정보 처리 현황을 분석하고 업무 절차와 흐름을 파악하여 문서화하며, 이를 주기적으로 검토하여 최신성을 유지하여야 한다.
1.2.3	위험 평가	조직의 대내외 환경분석을 통해 유형별 위협정보를 수집하고 조직에 적합한 위험평가 방법을 선정하여 관리체계 전 영역에 대하여 연 1회 이상 위험을 평가하며, 수용할 수 있는 위험은 경영진의 승인을 받아 관리하여야 한다.
1.2.4	보호대책 선정	위험 평가 결과에 따라 식별된 위험을 처리하기 위하여 조직에 적합한 보호대책을 선정하고, 보호대책의 우선순위와 일정·담당자·예산 등을 포함한 이행계획을 수립하여 경영진의 승인을 받아야 한다.

1.3.	관리체계 운영	
1.3.1	보호대책 구현	선정한 보호대책은 이행계획에 따라 효과적으로 구현하고, 경영진은 이행결과의 정확성과 효과성 여부를 확인하여야 한다.
1.3.2	보호대책 공유	보호대책의 실제 운영 또는 시행할 부서 및 담당자를 파악하여 관련 내용을 공유하고 교육하여 지속적으로 운영되도록 하여야 한다.
1.3.3	운영현황 관리	조직이 수립한 관리체계에 따라 상시적 또는 주기적으로 수행하여야 하는 운영활동 및 수행 내역은 식별 및 추적이 가능하도록 기록하여 관리하고, 경영진은 주기적으로 운영활동의 효과성을 확인하여 관리하여야 한다.
1.4.	관리체계 점검 및 개선	
1.4.1	법적 요구사항 준수 검토	조직이 준수하여야 할 정보보호 및 개인정보보호 관련 법적 요구사항을 주기적으로 파악하여 규정에 반영하고, 준수 여부를 지속적으로 검토하여야 한다.
1.4.2	관리체계 점검	관리체계가 내부 정책 및 법적 요구사항에 따라 효과적으로 운영되고 있는지 독립성과 전문성이 확보된 인력을 구성하여 연 1회 이상 점검하고, 발견된 문제점을 경영진에게 보고하여야 한다.
1.4.3	관리체계 개선	법적 요구사항 준수검토 및 관리체계 점검을 통해 식별된 관리체계상의 문제점에 대한 원인을 분석하고 재발방지 대책을 수립·이행하여야 하며, 경영진은 개선 결과의 정확성과 효과성 여부를 확인하여야 한다.

2. 보호대책 요구사항

2.1.	정책, 조직, 자산 관리	
2.1.1	정책의 유지관리	정보보호 및 개인정보보호 관련 정책과 시행문서는 법령 및 규제, 상위 조직 및 관련 기관 정책과의 연계성, 조직의 대내외 환경변화 등에 따라 주기적으로 검토하여 필요한 경우 제·개정하고 그 내역을 이력관리하여야 한다.
2.1.2	조직의 유지관리	조직의 각 구성원에게 정보보호와 개인정보보호 관련 역할 및 책임을 할당하고, 그 활동을 평가할 수 있는 체계와 조직 및 조직의 구성원 간 상호 의사소통할 수 있는 체계를 수립하여 운영하여야 한다.
2.1.3	정보자산 관리	정보자산의 용도와 중요도에 따른 취급 절차 및 보호대책을 수립·이행하고, 자산별 책임소재를 명확히 정의하여 관리하여야 한다.

2.2.	인적 보안	
2.2.1	주요 직무자 지정 및 관리	개인정보 및 중요정보의 취급이나 주요 시스템 접근 등 주요 직무의 기준과 관리방안을 수립하고, 주요 직무자를 최소한으로 지정하여 그 목록을 최신으로 관리하여야 한다.
2.2.2	직무 분리	권한 오·남용 등으로 인한 잠재적인 피해 예방을 위하여 직무 분리 기준을 수립하고 적용하여야 한다. 다만, 불가피하게 직무 분리가 어려운 경우 별도의 보완대책을 마련하여 이행하여야 한다.
2.2.3	보안 서약	정보자산을 취급하거나 접근권한이 부여된 임직원·임시직원·외부자 등이 내부 정책 및 관련 법규, 비밀유지 의무 등 준수사항을 명확히 인지할 수 있도록 업무 특성에 따른 정보보호 서약을 받아야 한다.
2.2.4	인식제고 및 교육훈련	임직원 및 관련 외부자가 조직의 관리체계와 정책을 이해하고 직무별 전문성을 확보할 수 있도록 연간 인식제고 활동 및 교육훈련 계획을 수립·운영하고, 그 결과에 따른 효과성을 평가하여 다음 계획에 반영하여야 한다.
2.2.5	퇴직 및 직무변경 관리	퇴직 및 직무변경 시 인사·정보보호·개인정보보호·IT 등 관련 부서별 이행하여야 할 자산반납, 계정 및 접근권한 회수·조정, 결과확인 등의 절차를 수립·관리하여야 한다.
2.2.6	보안 위반 시 조치	임직원 및 관련 외부자가 법령, 규제 및 내부정책을 위반한 경우 이에 따른 조치 절차를 수립·이행하여야 한다.
2.3.	외부자 보안	
2.3.1	외부자 현황 관리	업무의 일부(개인정보취급, 정보보호, 정보시스템 운영 또는 개발 등)를 외부에 위탁하거나 외부의 시설 또는 서비스(집적정보통신시설, 클라우드 서비스, 애플리케이션 서비스 등)를 이용하는 경우 그 현황을 식별하고 법적 요구사항 및 외부 조직·서비스로부터 발생되는 위험을 파악하여 적절한 보호대책을 마련하여야 한다.
2.3.2	외부자 계약 시 보안	외부 서비스를 이용하거나 외부자에게 업무를 위탁하는 경우 이에 따른 정보보호 및 개인정보보호 요구사항을 식별하고, 관련 내용을 계약서 또는 협정서 등에 명시하여야 한다.
2.3.3	외부자 보안 이행 관리	계약서, 협정서, 내부정책에 명시된 정보보호 및 개인정보보호 요구사항에 따라 외부자의 보호대책 이행 여부를 주기적인 점검 또는 감사 등 관리·감독하여야 한다.
2.3.4	외부자 계약 변경 및 만료 시 보안	외부자 계약만료, 업무종료, 담당자 변경 시에는 제공한 정보자산 반납, 정보시스템 접근계정 삭제, 중요정보 파기, 업무 수행 중 취득정보의 비밀유지 확약서 징구 등의 보호대책을 이행하여야 한다.
2.4.	물리 보안	
2.4.1	보호구역 지정	물리적·환경적 위협으로부터 개인정보 및 중요정보, 문서, 저장매체, 주요 설비 및 시스템 등을 보호하기 위하여 통제구역·제한구역·접견구역 등 물리적 보호구역을 지정하고 각 구역별 보호대책을 수립·이행하여야 한다.

2.4.2	출입통제	보호구역은 인가된 사람만이 출입하도록 통제하고 책임추적성을 확보할 수 있도록 출입 및 접근 이력을 주기적으로 검토하여야 한다.
2.4.3	정보시스템 보호	정보시스템은 환경적 위협과 유해요소, 비인가 접근 가능성을 감소시킬 수 있도록 중요도와 특성을 고려하여 배치하고, 통신 및 전력 케이블이 손상을 입지 않도록 보호하여야 한다.
2.4.4	보호설비 운영	보호구역에 위치한 정보시스템의 중요도 및 특성에 따라 온도·습도 조절, 화재감지, 소화설비, 누수감지, UPS, 비상발전기, 이중전원선 등의 보호설비를 갖추고 운영절차를 수립·운영하여야 한다.
2.4.5	보호구역 내 작업	보호구역 내에서의 비인가행위 및 권한 오·남용 등을 방지하기 위한 작업 절차를 수립·이행하고, 작업 기록을 주기적으로 검토하여야 한다.
2.4.6	반출입 기기 통제	보호구역 내 정보시스템, 모바일 기기, 저장매체 등에 대한 반출입 통제절차를 수립·이행하고 주기적으로 검토하여야 한다.
2.4.7	업무환경 보안	공용으로 사용하는 사무용 기기(문서고, 공용 PC, 복합기, 파일서버 등) 및 개인 업무환경(업무용 PC, 책상 등)을 통해 개인정보 및 중요정보가 비인가자에게 노출 또는 유출되지 않도록 클린데스크, 정기점검 등 업무환경 보호대책을 수립·이행하여야 한다.
2.5.	**인증 및 권한관리**	
2.5.1	사용자 계정 관리	정보시스템과 개인정보 및 중요정보에 대한 비인가 접근을 통제하고 업무 목적에 따른 접근권한을 최소한으로 부여할 수 있도록 사용자 등록·해지 및 접근권한 부여·변경·말소 절차를 수립·이행하고, 사용자 등록 및 권한부여 시 사용자에게 보안책임이 있음을 규정화하고 인식시켜야 한다.
2.5.2	사용자 식별	사용자 계정은 사용자별로 유일하게 구분할 수 있도록 식별자를 할당하고 추측 가능한 식별자 사용을 제한하여야 하며, 동일한 식별자를 공유하여 사용하는 경우 그 사유와 타당성을 검토하여 책임자의 승인 및 책임추적성 확보 등 보완대책을 수립·이행하여야 한다.
2.5.3	사용자 인증	정보시스템과 개인정보 및 중요정보에 대한 사용자의 접근은 안전한 인증절차와 필요에 따라 강화된 인증방식을 적용하여야 한다. 또한 로그인 횟수 제한, 불법 로그인 시도 경고 등 비인가자 접근 통제방안을 수립·이행하여야 한다.
2.5.4	비밀번호 관리	법적 요구사항, 외부 위협요인 등을 고려하여 정보시스템 사용자 및 고객, 회원 등 정보주체(이용자)가 사용하는 비밀번호 관리절차를 수립·이행하여야 한다.
2.5.5	특수 계정 및 권한 관리	정보시스템 관리, 개인정보 및 중요정보 관리 등 특수 목적을 위하여 사용하는 계정 및 권한은 최소한으로 부여하고 별도로 식별하여 통제하여야 한다.
2.5.6	접근권한 검토	정보시스템과 개인정보 및 중요정보에 접근하는 사용자 계정의 등록·이용·삭제 및 접근권한의 부여·변경·삭제 이력을 남기고 주기적으로 검토하여 적정성 여부를 점검하여야 한다.

2.6.	접근통제	
2.6.1	네트워크 접근	네트워크에 대한 비인가 접근을 통제하기 위하여 IP관리, 단말인증 등 관리절차를 수립·이행하고, 업무목적 및 중요도에 따라 네트워크 분리(DMZ, 서버팜, DB존, 개발존 등)와 접근통제를 적용하여야 한다.
2.6.2	정보시스템 접근	서버, 네트워크시스템 등 정보시스템에 접근을 허용하는 사용자, 접근제한 방식, 안전한 접근수단 등을 정의하여 통제하여야 한다.
2.6.3	응용프로그램 접근	사용자별 업무 및 접근 정보의 중요도 등에 따라 응용프로그램 접근권한을 제한하고, 불필요한 정보 또는 중요정보 노출을 최소화할 수 있도록 기준을 수립하여 적용하여야 한다.
2.6.4	데이터베이스 접근	테이블 목록 등 데이터베이스 내에서 저장·관리되고 있는 정보를 식별하고, 정보의 중요도와 응용프로그램 및 사용자 유형 등에 따른 접근통제 정책을 수립·이행하여야 한다.
2.6.5	무선 네트워크 접근	무선 네트워크를 사용하는 경우 사용자 인증, 송수신 데이터 암호화, AP 통제 등 무선 네트워크 보호대책을 적용하여야 한다. 또한 AD Hoc 접속, 비인가 AP 사용 등 비인가 무선 네트워크 접속으로부터 보호대책을 수립·이행하여야 한다.
2.6.6	원격접근 통제	보호구역 이외 장소에서의 정보시스템 관리 및 개인정보 처리는 원칙적으로 금지하고, 재택근무·장애대응·원격협업 등 불가피한 사유로 원격접근을 허용하는 경우 책임자 승인, 접근 단말 지정, 접근 허용범위 및 기간 설정, 강화된 인증, 구간 암호화, 접속단말 보안(백신, 패치 등) 등 보호대책을 수립·이행하여야 한다.
2.6.7	인터넷 접속 통제	인터넷을 통한 정보 유출, 악성코드 감염, 내부망 침투 등을 예방하기 위하여 주요 정보시스템, 주요 직무 수행 및 개인정보 취급 단말기 등에 대한 인터넷 접속 또는 서비스(P2P, 웹하드, 메신저 등)를 제한하는 등 인터넷 접속 통제 정책을 수립·이행하여야 한다.
2.7.	암호화 적용	
2.7.1	암호정책 적용	개인정보 및 주요정보 보호를 위하여 법적 요구사항을 반영한 암호화 대상, 암호 강도, 암호 사용 정책을 수립하고 개인정보 및 주요정보의 저장·전송·전달 시 암호화를 적용하여야 한다.
2.7.2	암호키 관리	암호키의 안전한 생성·이용·보관·배포·파기를 위한 관리 절차를 수립·이행하고, 필요 시 복구방안을 마련하여야 한다.

2.8.	정보시스템 도입 및 개발 보안	
2.8.1	보안 요구사항 정의	정보시스템의 도입·개발·변경 시 정보보호 및 개인정보보호 관련 법적 요구사항, 최신 보안취약점, 안전한 코딩방법 등 보안 요구사항을 정의하고 적용하여야 한다.
2.8.2	보안 요구사항 검토 및 시험	사전 정의된 보안 요구사항에 따라 정보시스템이 도입 또는 구현되었는지를 검토하기 위하여 법적 요구사항 준수, 최신 보안취약점 점검, 안전한 코딩 구현, 개인정보 영향평가 등의 검토 기준과 절차를 수립·이행하고, 발견된 문제점에 대한 개선조치를 수행하여야 한다.
2.8.3	시험과 운영 환경 분리	개발 및 시험 시스템은 운영시스템에 대한 비인가 접근 및 변경의 위험을 감소시키기 위하여 원칙적으로 분리하여야 한다.
2.8.4	시험 데이터 보안	시스템 시험 과정에서 운영데이터의 유출을 예방하기 위하여 시험 데이터의 생성과 이용 및 관리, 파기, 기술적 보호조치에 관한 절차를 수립·이행하여야 한다.
2.8.5	소스 프로그램 관리	소스 프로그램은 인가된 사용자만이 접근할 수 있도록 관리하고, 운영환경에 보관하지 않는 것을 원칙으로 하여야 한다.
2.8.6	운영환경 이관	신규 도입·개발 또는 변경된 시스템을 운영환경으로 이관할 때는 통제된 절차를 따라야 하고, 실행코드는 시험 및 사용자 인수 절차에 따라 실행되어야 한다.
2.9.	시스템 및 서비스 운영관리	
2.9.1	변경관리	정보시스템 관련 자산의 모든 변경내역을 관리할 수 있도록 절차를 수립·이행하고, 변경 전 시스템의 성능 및 보안에 미치는 영향을 분석하여야 한다.
2.9.2	성능 및 장애관리	정보시스템의 가용성 보장을 위하여 성능 및 용량 요구사항을 정의하고 현황을 지속적으로 모니터링하여야 하며, 장애 발생 시 효과적으로 대응하기 위한 탐지, 기록, 분석, 복구, 보고 등의 절차를 수립·관리하여야 한다.
2.9.3	백업 및 복구관리	정보시스템의 가용성과 데이터 무결성을 유지하기 위하여 백업 대상, 주기, 방법, 보관장소, 보관기간, 소산 등의 절차를 수립·이행하여야 한다. 아울러 사고 발생 시 적시에 복구할 수 있도록 관리하여야 한다.
2.9.4	로그 및 접속기록 관리	서버, 응용프로그램, 보안시스템, 네트워크시스템 등 정보시스템에 대한 사용자 접속기록, 시스템로그, 권한부여 내역 등의 로그유형, 보존기간, 보존방법 등을 정하고 위·변조, 도난, 분실 되지 않도록 안전하게 보존·관리하여야 한다.
2.9.5	로그 및 접속기록 점검	정보시스템의 정상적인 사용을 보장하고 사용자 오·남용(비인가접속, 과다조회 등)을 방지하기 위하여 접근 및 사용에 대한 로그 검토기준을 수립하여 주기적으로 점검하며, 문제 발생 시 사후조치를 적시에 수행하여야 한다.
2.9.6	시간 동기화	로그 및 접속기록의 정확성을 보장하고 신뢰성 있는 로그분석을 위하여 관련 정보시스템의 시각을 표준시각으로 동기화하고 주기적으로 관리하여야 한다.

2.9.7	**정보자산의 재사용 및 폐기**	정보자산의 재사용과 폐기 과정에서 개인정보 및 중요정보가 복구·재생되지 않도록 안전한 재사용 및 폐기 절차를 수립·이행하여야 한다.
2.10.	**시스템 및 서비스 보안관리**	
2.10.1	**보안시스템 운영**	보안시스템 유형별로 관리자 지정, 최신 정책 업데이트, 룰셋 변경, 이벤트 모니터링 등의 운영절차를 수립·이행하고 보안시스템별 정책적용 현황을 관리하여야 한다.
2.10.2	**클라우드 보안**	클라우드 서비스 이용 시 서비스 유형(SaaS, PaaS, IaaS 등)에 따른 비인가 접근, 설정 오류 등에 따라 중요정보와 개인정보가 유·노출되지 않도록 관리자 접근 및 보안 설정 등에 대한 보호대책을 수립·이행하여야 한다.
2.10.3	**공개서버 보안**	외부 네트워크에 공개되는 서버의 경우 내부 네트워크와 분리하고 취약점 점검, 접근통제, 인증, 정보 수집·저장·공개 절차 등 강화된 보호대책을 수립·이행하여야 한다.
2.10.4	**전자거래 및 핀테크 보안**	전자거래 및 핀테크 서비스 제공 시 정보유출이나 데이터 조작·사기 등의 침해사고 예방을 위해 인증·암호화 등의 보호대책을 수립하고, 결제시스템 등 외부 시스템과 연계할 경우 안전성을 점검하여야 한다.
2.10.5	**정보전송 보안**	타 조직에 개인정보 및 중요정보를 전송할 경우 안전한 전송 정책을 수립하고 조직 간 합의를 통해 관리 책임, 전송방법, 개인정보 및 중요정보 보호를 위한 기술적 보호조치 등을 협약하고 이행하여야 한다.
2.10.6	**업무용 단말기기 보안**	PC, 모바일 기기 등 단말기기를 업무 목적으로 네트워크에 연결할 경우 기기 인증 및 승인, 접근 범위, 기기 보안설정 등의 접근통제 대책을 수립하고 주기적으로 점검하여야 한다.
2.10.7	**보조저장매체 관리**	보조저장매체를 통하여 개인정보 또는 중요정보의 유출이 발생하거나 악성코드가 감염되지 않도록 관리 절차를 수립·이행하고, 개인정보 또는 중요정보가 포함된 보조저장매체는 안전한 장소에 보관하여야 한다.
2.10.8	**패치관리**	소프트웨어, 운영체제, 보안시스템 등의 취약점으로 인한 침해사고를 예방하기 위하여 최신 패치를 적용하여야 한다. 다만 서비스 영향을 검토하여 최신 패치 적용이 어려울 경우 별도의 보완대책을 마련하여 이행하여야 한다.
2.10.9	**악성코드 통제**	바이러스·웜·트로이목마·랜섬웨어 등의 악성코드로부터 개인정보 및 중요정보, 정보시스템 및 업무용 단말기 등을 보호하기 위하여 악성코드 예방·탐지·대응 등의 보호대책을 수립·이행하여야 한다.

2.11.	사고 예방 및 대응	
2.11.1	사고 예방 및 대응 체계 구축	침해사고 및 개인정보 유출 등을 예방하고 사고 발생 시 신속하고 효과적으로 대응할 수 있도록 내·외부 침해시도의 탐지·대응·분석 및 공유를 위한 체계와 절차를 수립하고, 관련 외부기관 및 전문가들과 협조체계를 구축하여야 한다.
2.11.2	취약점 점검 및 조치	정보시스템의 취약점이 노출되어 있는지를 확인하기 위하여 정기적으로 취약점 점검을 수행하고 발견된 취약점에 대해서는 신속하게 조치하여야 한다. 또한 최신 보안취약점의 발생 여부를 지속적으로 파악하고 정보시스템에 미치는 영향을 분석하여 조치하여야 한다.
2.11.3	이상행위 분석 및 모니터링	내·외부에 의한 침해시도, 개인정보유출 시도, 부정행위 등을 신속하게 탐지·대응할 수 있도록 네트워크 및 데이터 흐름 등을 수집하여 분석하며, 모니터링 및 점검 결과에 따른 사후조치는 적시에 이루어져야 한다.
2.11.4	사고 대응 훈련 및 개선	침해사고 및 개인정보 유출사고 대응 절차를 임직원과 이해관계자가 숙지하도록 시나리오에 따른 모의훈련을 연 1회 이상 실시하고 훈련결과를 반영하여 대응체계를 개선하여야 한다.
2.11.5	사고 대응 및 복구	침해사고 및 개인정보 유출 징후나 발생을 인지한 때에는 법적 통지 및 신고 의무를 준수하여야 하며, 절차에 따라 신속하게 대응 및 복구하고 사고분석 후 재발방지 대책을 수립하여 대응체계에 반영하여야 한다.
2.12.	재해복구	
2.12.1	재해, 재난 대비 안전조치	자연재해, 통신·전력 장애, 해킹 등 조직의 핵심 서비스 및 시스템의 운영 연속성을 위협할 수 있는 재해 유형을 식별하고 유형별 예상 피해규모 및 영향을 분석하여야 한다. 또한 복구 목표시간, 복구 목표시점을 정의하고 복구 전략 및 대책, 비상시 복구 조직, 비상연락체계, 복구 절차 등 재해 복구체계를 구축하여야 한다.
2.12.2	재해 복구 시험 및 개선	재해 복구 전략 및 대책의 적정성을 정기적으로 시험하여 시험결과, 정보시스템 환경변화, 법규 등에 따른 변화를 반영하여 복구전략 및 대책을 보완하여야 한다.

3. 개인정보 처리단계별 요구사항

3.1.	개인정보 수집 시 보호조치	
3.1.1	개인정보 수집·이용	개인정보는 적법하고 정당하게 수집·이용하여야 하며, 정보주체의 동의를 근거로 수집하는 경우에는 적법한 방법으로 정보주체의 동의를 받아야 한다. 또한, 만 14세 미만 아동의 개인정보를 수집하는 경우에는 그 법정대리인의 동의를 받아야 하며 법정대리인이 동의하였는지를 확인하여야 한다.

3.1.2	개인정보 수집 제한	개인정보를 수집하는 경우 처리 목적에 필요한 최소한의 개인정보만을 수집하여야 하며, 정보주체가 선택적으로 동의할 수 있는 사항 등에 동의하지 아니한다는 이유로 정보주체에게 재화 또는 서비스의 제공을 거부하지 않아야 한다.
3.1.3	주민등록번호 처리 제한	주민등록번호는 법적 근거가 있는 경우를 제외하고는 수집·이용 등 처리할 수 없으며, 주민등록번호의 처리가 허용된 경우라 하더라도 인터넷 홈페이지 등에서 대체수단을 제공하여야 한다.
3.1.4	민감정보 및 고유식별정보의 처리 제한	민감정보와 고유식별정보(주민등록번호 제외)를 처리하기 위해서는 법령에서 구체적으로 처리를 요구하거나 허용하는 경우를 제외하고는 정보주체의 별도 동의를 받아야 한다.
3.1.5	개인정보 간접수집	정보주체 이외로부터 개인정보를 수집하거나 제3자로부터 제공받는 경우에는 업무에 필요한 최소한의 개인정보를 수집하거나 제공받아야 하며, 법령에 근거하거나 정보주체의 요구가 있으면 개인정보의 수집 출처, 처리목적, 처리정지의 요구권리를 알려야 한다.
3.1.6	영상정보처리기기 설치·운영	고정형 영상정보처리기기를 공개된 장소에 설치·운영하거나 이동형 영상정보처리기기를 공개된 장소에서 업무를 목적으로 운영하는 경우 설치 목적 및 위치에 따라 법적 요구사항을 준수하고, 적절한 보호대책을 수립·이행하여야 한다.
3.1.7	마케팅 목적의 개인정보 수집·이용	재화나 서비스의 홍보, 판매 권유, 광고성 정보전송 등 마케팅 목적으로 개인정보를 수집·이용하는 경우 그 목적을 정보주체가 명확하게 인지할 수 있도록 고지하고 동의를 받아야 한다.
3.2.	**개인정보 보유 및 이용 시 보호조치**	
3.2.1	개인정보 현황관리	수집·보유하는 개인정보의 항목, 보유량, 처리 목적 및 방법, 보유기간 등 현황을 정기적으로 관리하여야 하며, 공공기관의 경우 이를 법률에서 정한 관계기관의 장에게 등록하여야 한다.
3.2.2	개인정보 품질보장	수집된 개인정보는 처리 목적에 필요한 범위에서 개인정보의 정확성·완전성·최신성이 보장되도록 정보주체에게 관리절차를 제공하여야 한다.
3.2.3	이용자 단말기 접근 보호	정보주체(이용자)의 이동통신단말장치 내에 저장되어 있는 정보 및 이동통신단말장치에 설치된 기능에 접근이 필요한 경우 이를 명확하게 인지할 수 있도록 알리고 정보주체(이용자)의 동의를 받아야 한다.
3.2.4	개인정보 목적 외 이용 및 제공	개인정보는 수집 시의 정보주체에게 고지·동의를 받은 목적 또는 법령에 근거한 범위 내에서만 이용 또는 제공하여야 하며, 이를 초과하여 이용·제공하려는 때에는 정보주체의 추가 동의를 받거나 관계 법령에 따른 적법한 경우인지 확인하고 적절한 보호대책을 수립·이행하여야 한다.
3.2.5	가명정보 처리	가명정보를 처리하는 경우 목적제한, 결합제한, 안전조치, 금지의무 등 법적 요건을 준수하고 적정 수준의 가명처리를 보장할 수 있도록 가명처리 절차를 수립·이행하여야 한다.

3.3.	개인정보 제공 시 보호조치	
3.3.1	개인정보 제3자 제공	개인정보를 제3자에게 제공하는 경우 법적 근거에 의하거나 정보주체의 동의를 받아야 하며, 제3자에게 개인정보의 접근을 허용하는 등 제공 과정에서 개인정보를 안전하게 보호하기 위한 보호대책을 수립·이행하여야 한다.
3.3.2	개인정보 처리업무 위탁	개인정보 처리업무를 제3자에게 위탁하는 경우 위탁하는 업무의 내용과 수탁자 등 관련사항을 공개하여야 한다. 또한 재화 또는 서비스를 홍보하거나 판매를 권유하는 업무를 위탁하는 경우 위탁하는 업무의 내용과 수탁자를 정보주체에게 알려야 한다.
3.3.3	영업의 양도 등에 따른 개인정보 이전	영업의 양도·합병 등으로 개인정보를 이전하거나 이전받는 경우 정보주체 통지 등 적절한 보호조치를 수립·이행하여야 한다.
3.3.4	개인정보 국외 이전	개인정보를 국외로 이전하는 경우 국외 이전에 대한 동의, 관련 사항에 대한 공개 등 적절한 보호조치를 수립·이행하여야 한다.
3.4.	개인정보 파기 시 보호조치	
3.4.1	개인정보파기	개인정보의 보유기간 및 파기 관련 내부 정책을 수립하고 개인정보의 보유기간 경과, 처리목적 달성 등 파기 시점이 도달한 때에는 파기의 안전성 및 완전성이 보장될 수 있는 방법으로 지체 없이 파기하여야 한다.
3.4.2	처리목적 달성 후 보유 시 조치	개인정보의 보유기간 경과 또는 처리목적 달성 후에도 관련 법령 등에 따라 파기하지 아니하고 보존하는 경우에는 해당 목적에 필요한 최소한의 항목으로 제한하고 다른 개인정보와 분리하여 저장·관리하여야 한다.
3.5.	정보주체 권리보호	
3.5.1	개인정보 처리방침 공개	개인정보의 처리 목적 등 필요한 사항을 모두 포함하여 정보주체가 알기 쉽도록 개인정보 처리방침을 수립하고, 이를 정보주체가 언제든지 쉽게 확인할 수 있도록 적절한 방법에 따라 공개하고 지속적으로 현행화하여야 한다.
3.5.2	정보주체 권리보장	정보주체가 개인정보의 열람, 정정·삭제, 처리정지, 이의제기, 동의철회 등 요구를 수집 방법·절차보다 쉽게 할 수 있도록 권리행사 방법 및 절차를 수립·이행하고, 정보주체의 요구를 받은 경우 지체 없이 처리하고 관련 기록을 남겨야 한다. 또한, 정보주체의 사생활 침해, 명예훼손 등 타인의 권리를 침해하는 정보가 유통되지 않도록 삭제 요청, 임시조치 등의 기준을 수립·이행하여야 한다.
3.5.3	정보주체에 대한 통지	개인정보의 이용·제공 내역 등 정보주체에게 통지하여야 할 사항을 파악하여 그 내용을 주기적으로 통지하여야 한다.

01 정보통신망법 및 시행령이 개정되어 정보보호 관리체계 인증의 특례 규정(간편인증)이 신설되었다. 다음 중 간편인증에 관한 내용 중 적절한 것은 모두 몇 개인지 고르시오.

> **가.** 정보통신 부문 전년도 매출액이 300억 원 이상이더라도 중소기업법에 따른 소기업이면 특례 규정(간편인증)대상이 된다.
>
> **나.** 정보통신 서비스 부문 매출액이 300억 원 이상이더라도 클라우드 서비스를 이용하고 별도 서버로 AWS의 EC2 등의 서버를 사용하고 있을 경우 특례 규정(간편인증)대상이 된다.
>
> **다.** 정보통신부문 전년도 매출액이 300억 원 미만이고 중기업의 경우 특례 규정(간편인증) 대상이 된다.
>
> **라.** ISP, IDC, 상급종합병원, 대학교, 금융회사, 가상자산사업자의 경우 특례 규정(간편인증) 에 해당되지 않는다.
>
> **마.** 특례 대상에 해당되는 기업의 간편인증 세부점검 항목은 동일한 세부항목을 적용한다.

① 1개　　　　② 2개　　　　③ 3개　　　　④ 4개　　　　⑤ 5개

02 다음은 (주)가나다 회사의 ISMS–P인증 심사를 진행하면서 확인된 내용으로 심사원과 담당자와의 인터뷰, 증적자료를 바탕으로 심사원이 판단한 내용 중 적절한 것은 모두 몇 개인지 고르시오.

개인정보 관리 지침 

개인정보 관리 지침 (일부 발췌)

2020.10.1. 제정
2025.2.20. 개정

제18조(개인정보의 암호화)

① 개인정보보호책임자는 비밀번호, 생체인식정보 등 인증정보를 저장 또는 정보통신망을 통하여 송·수신하는 경우에 이를 안전한 암호 알고리즘으로 암호화하여야 한다. 다만, 비밀번호를 저장하는 경우에는 복호화되지 아니하도록 일방향 암호화하여 저장하여야 한다.〈개정 2025.2.20.〉

② 개인정보보호책임자는 다음 각 호의 해당하는 이용자의 개인정보에 대해서는 안전한 알고리즘으로 암호화하여 저장하여야 한다. 〈개정 2025.2.20.〉

　1) 주민등록번호　　　　　2) 여권번호
　3) 운전면허번호　　　　　4) 외국인등록번호
　5) 신용카드번호　　　　　6) 계좌번호
　7) 생체인식정보

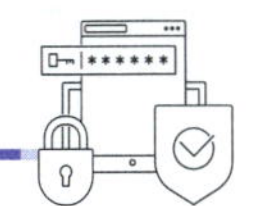

〈인터뷰 시 발견된 결함내용〉

㉠ 심사원은 주민등록번호를 암호화하였으나 주민등록번호의 뒷자리 6자리만 암호화하고 앞자리 7자리는 암호화하지 않은 것을 발견하여 "2.7.1 암호정책 적용" 결함을 주었다.

㉡ A 회사의 출입관리 시스템을 확인해 본 결과 임직원의 지문을 수집하고 있는 것을 확인하였다. 다만, 지문정보는 암호화하지 않아 문의해보니 해당 지문정보는 특정 개인임을 확인하기 위하여 이용자가 입력한 생체정보를 기기 등에 저장된 정보와 대조하여 본인 여부를 확인하는 것으로 암호화 대상이 아니라고 주장하였다. 이에 심사원은 "2.7.1 암호정책 적용"으로 결함을 주었다.

㉢ 콜센터 운영사항을 확인하고 콜센터 시스템 내의 스토리지에 상당수의 음성데이터가 있는 것을 발견하였다. 이는 단순 상담 시 녹음된 음성 데이터로 암호화가 필수가 아니라고 주장하였으며, 주민등록번호가 포함되어 있는지 확인한 결과 일부 음성에 주민등록번호가 포함되어 있었다. 심사원은 음성정보의 경우 암호화해야 한다고 판단하여 "2.7.1 암호정책 적용"으로 결함을 주었다.

㉣ 업무용 PC의 상용 프로그램인 한글, 엑셀 등에서 운전면허번호와 주민등록번호가 들어간 개인정보를 사용하고 있었다. 해당 임직원은 별도의 암호화 프로그램을 사용하지 않고 한글 및 엑셀에서 제공하는 비밀번호 설정 기능을 사용하여 암호화를 적용하고 있었고 심사원은 안전한 암호화를 했다고 판단하고 별도의 결함은 주지 않았다.

㉤ A 사가 개인정보처리시스템을 위탁하여 클라우드 서비스를 이용하는 경우 암호화 수행을 해야 하나 클라우드 내 서비스라 A 사에서 암호화를 할 수 없고 클라우드 서비스 상에서 해야 된다고 책임을 수탁사의 범위라고 주장하였다. 이에 심사원은 "2.7.1 암호정책 적용"으로 결함을 주었다.

① 0개   ② 1개   ③ 2개   ④ 3개   ⑤ 4개

03 정보보호 및 개인정보보호 관리체계 인증(ISMS-P) 제도에 대한 설명으로 바르게 짝지어 진 것을 고르시오.

> **(가)** 심사원의 자격 취소 적합 여부를 심의·의결하기 위하여 인터넷진흥원의 장은 인증위원 회 위원 3인 이상을 포함하여 구성한 자격심의위원회를 개최하여야 한다.
>
> **(나)** ISMS-P 인증심사 일부 생략 신청을 하는 경우 수수료 20% 감면이 가능하다.
>
> **(다)** 심사원은 보수교육을 받아야 하고, 자격 유효기간은 3년이다.
>
> **(라)** 신청인이 개인정보 처리 업무를 위탁받아 처리하는 수탁자가 인증받은 경우 인증 범위 의 현장심사와 서면심사는 생략이 가능하다.
>
> **(마)** ISMS 인증 특례 대상에 ISP, IDC, 상급종합병원, 대학교, 금융회사, 가상자산사업자는 대상에 해당하지 않는다.
>
> **(바)** 인증기관과 심사기관은 정당한 사유 없이 인증 절차, 인증기준 등의 일부를 생략하는 행 위가 발생되지 않도록 노력하여 인증심사의 공정성 및 독립성 확보를 하여야 한다.

① (가) (나) (바)
② (가) (다) (라) (마)
③ (가) (나) (다) (마) (바)
④ (나) (다) (라) (마) (바)
⑤ (나) (라) (마) (바)

04 정보주체는 완전히 자동화된 시스템으로 개인정보를 처리하여 이루어지는 결정이 자신 의 권리 또는 의무에 중대한 영향을 미치는 경우에는 해당 개인정보처리자에 대하여 해 당 결정을 거부할 수 있는 권리를 가진다. 다음 중 자동화된 결정에 대해 거부할 수 없는 경우로 적절한 것을 모두 고르시오. (2개)

① 정보주체의 동의를 받은 경우
② 법률에 특별한 규정이 있거나 법령상 의무를 준수하기 위하여 불가피한 경우
③ 공공기관이 법령 등에서 정하는 소관 업무의 수행을 위하여 불가피한 경우
④ 정보주체와 체결한 계약을 이행하거나 계약을 체결하는 과정에서 정보주체의 요청에 따른 조치를 이행하기 위하여 필요한 경우
⑤ 개인정보처리자의 정당한 이익을 달성하기 위하여 필요한 경우로서 명백하게 정보주 체의 권리보다 우선하는 경우. 이 경우 개인정보처리자의 정당한 이익과 상당한 관련 이 있고 합리적인 범위를 초과하지 아니하는 경우에 한한다.

05 다음 인증 신청에 관한 내용 중 적절한 것은 모두 몇 개인지 고르시오.

> **(가)** OO 대학교는 2024학년도 3월 기준 재학생 수가 1만 명이나 2024학년도 2학기에 자퇴한 학생이 다수 발생하여, 2024년 12월 31일 기준 9,500명이 되었다. OO 대학교는 2025년 ISMS 인증 의무 대상기관이다.
>
> **(나)** △△ 대학교는 2024학년도 12월 31일 기준 재학생 수가 1만 2천 명으로 2025년 ISMS-P 인증을 취득하였으므로, 추가로 ISMS 인증을 취득하여야 한다.
>
> **(다)** 한국OO사이버대학교는 2024학년도 12월 31일 기준 재학생 수가 5천 명으로 2025년 ISMS 인증 의무 대상 기관이다.
>
> **(라)** 2024년 일일 평균 이용자 수 100만 명 이상인 새마을금고는 ISMS 인증 의무 대상 기관이다.
>
> **(마)** 2024년 매출액이 2,500억 원인 OO 대학병원은 ISMS 인증 의무 대상 기관이다.
>
> **(바)** 2024년 매출액이 150억 원인 공O쇼핑몰은 공공기관에서 운영하므로 ISMS 인증 의무 대상 기관이 아니다.

① 0개　　　② 1개　　　③ 2개　　　④ 5개　　　⑤ 6개

06 ABC 쇼핑몰의 ISMS-P 인증심사를 진행하고 있다. 다음은 심사원이 2.6.1 네트워크 접근에 대해 판단한 내용 중 적절하지 않은 것은 모두 몇 개인지 고르시오.

(ㄱ)	외부 개발자, 유지보수 업체 직원 등 외부자가 이용하는 네트워크 망이 내부 업무망과 분리되어 있지 않으며, 적절한 접근 통제가 이루어지지 않아 결함으로 판단하였다.
(ㄴ)	서버존이 별도로 구성되어 있으며 네트워크 접근통제 현황을 확인한 결과 중요 서버의 네트워크 접근제어 설정이 이루어지지 않아 접근 권한이 필요 없는 임직원이 서버존으로의 접근이 과도하게 허용되어 있어 결함으로 판단하였다.
(ㄷ)	서버존 내 서버 간 접근제어가 이루어지지 않아 특정 임직원이 권한이 부여된 서버에 접근 후 경유하여 접근권한이 허용되지 않은 서버에 접근이 가능하여 결함으로 판단하였다.
(ㄹ)	내부 규정에는 개인정보취급자의 PC는 MAC 주소 인증, 보안 프로그램 설치 등의 보호대책을 적용하라고 명시되어 있지만, 일부 개인정보취급자의 PC가 별도 통제 없이 유선 네트워크 케이블을 연결하여 사용하고 있어 결함으로 판단하였다.
(ㅁ)	내부 규정에는 중요 서버에 대해 사설 IP로 설정하라고 명시되어 있지만, 내부망에 위치한 데이터베이스 서버 등 중요 서버 중 일부의 IP 주소가 공인 IP로 설정되어 있으며 접근이 차단되지 않아 결함으로 판단하였다.

① 1개　　　② 2개　　　③ 3개　　　④ 4개　　　⑤ 5개

07 다음 서울시청의 ISMS-P 심사 상황이다. 심사원과 담당자의 인터뷰를 바탕으로 심사원이 판단한 내용 중 가장 적절한 것을 고르시오.

- 인증대상 : 민원발급 서비스
- 정보주체의 개인정보 보유 : 5만 건
- 민감정보 보유 : 2만 건

○ **담당자** : 민원 발급 서비스를 위한 주요 시스템은 WEB/WAS 서버와 DB 서버 그리고 무인민원발급기가 있습니다.

■ **심사원** : 개발존은 별도로 구성되어 있나요?

○ **담당자** : 운영서버와 개발서버가 서버존에 함께 구성되어 있습니다. 작년에 취약점으로 확인되어서 올해 6월까지 분리하도록 계획했었습니다.

■ **심사원** : 예정 완료일보다 3개월 정도 지연되고 있는데 후속조치는 어떻게 하고 있나요?

○ **담당자** : CISO님께 지연 사유를 보고드렸고 올해 말까지 완료하는 것으로 일정을 연기하였습니다.

■ **심사원** : 일주일이면 가능한 작업 같은데 지연된 상황이 이해가 안 가네요.

○ **담당자** : 담당자분들이 비슷한 시기에 퇴사를 하셔서요. 시스템 파악이 미흡한 상태에서 신규 담당자들에게 작업을 맡기기는 장애위험이 있어서 우선순위를 조금 미루게 되었습니다.

■ **심사원** : 그렇군요. 여기 백신관리 서버가 보이는데요. 대시보드를 보면 대부분의 운영서버의 보안업데이트 날짜가 한 달 전이 마지막이네요. ISMS 인증기준에서 패치는 자동 업그레이드 혹은 일 1회 이상 업그레이드하도록 되어 있습니다. 악성코드로 인해 개인정보 유출 이슈가 많이 발생하고 있는데 관리가 미흡한 것 같습니다.

○ **담당자** : 실시간 자동 업그레이드 방식으로 운영해오다가 작년에 서비스 장애가 발생한 이후로 지금은 개발서버에서 2~3주간 side impact가 없는지 충분한 검증을 수행하고 적용하는 방식으로 운영하고 있고 가급적이면 한 달 이내에는 적용하도록 하고 있습니다.

■ **심사원** : 위원회를 통해서 충분한 협의를 거쳐서 결정된 사항인가요?

○ **담당자** : 그렇지는 않지만 CISO님께 보고드리고 승인받은 증적이 있습니다.

■ **심사원** : 자산목록을 보면 백신관리서버 책임자가 홍길동 과장님으로 되어있는데요. 서버에 붙어있는 자산 스티커에는 전우치 대리님으로 되어있네요. 자산 스티커 현행화는 어떻게 수행하고 있나요?

○ **담당자** : 반기 1회 현행화가 안 된 부분이 있는지 점검 및 조치하고 있어서 일부 현행화가 안 된 장비들이 좀 있습니다.

■ **심사원** : 그렇군요. 정보자산관리지침 증적 준비해주세요. 내부 정책 및 시행문서는 어떻게 관리하고 계신가요?

○ **담당자** : 최소 1년에 한 번은 개정하여 그룹웨어 게시판에 공유하고 있습니다. 여기 보시면 개정 이력을 확인하실 수 있습니다.

■ **심사원** : 정책서 개정시 위원회 의결을 거쳐서 CISO 및 CPO 승인을 받고 계시나요?

○ **담당자** : 대부분의 주요 정책서는 위원회 의결을 거쳐서 수행하지만 일부 정책서에 대해서는 위원회 의결 없이 CISO 및 CPO 승인을 근거로 개정하고 있습니다.

정보자산관리지침 v.3.0 (발췌)

제정일자 : 2020-11-06 / 개정일자 : 2024-11-02

제7조(정보자산 중요도 평가)

① 정보자산 중요도는 기밀성, 무결성, 가용성 측면에서 각 정보자산이 보안 위험에 노출되었을 경우에 미치는 잠재적 손실 규모를 반영하여 평가한다.

  1. 기밀성 (Confidentiality) : 정보자산이 허가받지 않은 자에게 노출되지 않도록 하는 것

  2. 무결성 (Integrity) : 허가받지 않은 자에 의해 정보자산이 변경되지 않도록 하는 것

  3. 가용성 (Availability) : 정당한 사용자가 정보자산을 이용하고자 할 때 해당 정보자산을 이용 가능하도록 하는 것

제9조(정보자산의 취급)

① 각 정보자산은 관리책임자, 관리자, 사용자가 명확히 분류되어야 한다.

② 하드웨어 자산은 자산관리 스티커를 부착하여 자산의 관리책임자 및 관리자를 명확히 한다.

③ 자산 변경사항이 발생하면 즉각 현행화하고 분기 1회 이상 점검하여 미비점을 보완하도록 한다.

---

① 심사원은 보안 업데이트가 실시간으로 적용되지 않아 2.10.9 악성코드 통제 결함으로 판단하였다.

② 심사원은 정보자산 관리에 미흡한 상황을 확인하고 2.1.3 정보자산 관리 결함이라고 판단하였다.

③ 관리체계의 지속적 운영을 위하여 필요한 인력 지원이 부족하다고 판단하여 1.1.6 자원할당 결함으로 판단하였다.

④ 심사원은 개발존과 운영환경이 분리되어 있지 않은 것을 확인하고 2.8.3 시험과 운영환경 분리 결함으로 판단하였다.

⑤ 심사원은 이행계획에 따라 보호대책이 구현되지 않은 것을 확인하고 1.3.1 보호대책 구현 결함으로 판단하였다.

08 다음 클라우드에 설정한 Security Group에 대한 인터뷰 내용이다. 심사원이 판단한 내용 중 가장 적절한 것을 고르시오.

- **심사원** : Cloud IAM 서비스 계정(API용, im***3, ob***pi, s***ser)에 Admin 권한이 부여되어 있습니다. API용 계정에는 Admin 권한이 필요한가요?

- **담당자** : 계정 생성 시 권한을 동일하게 부여하였습니다.

- **심사원** : IAM 계정에 대해 권한을 세부적으로 부여할 수 있는 기능이 있습니다.

- **담당자** : 오, 그런가요? 찾아보고 변경하겠습니다.

- **심사원** : IAM 계정을 접속할 수 있는 IP를 확인해 보니, 용도가 확인되지 않는 IP 2개(125.*.30, 211.*.227)가 존재합니다. 사용하시는 IP인가요?

- **담당자** : MSP사가 회사 이전을 하면서 기존에 사용하던 IP를 그대로 두었네요. 삭제하겠습니다.

- **심사원** : SECURITY GROUP 설정은 어떻게 관리하고 있나요? 정기적으로 검토하시나요?

- **담당자** : 네, SECURITY GROUP 설정은 매월 정기적으로 검토하고 있습니다. 또한, 새로운 서비스나 시스템이 추가될 때마다 규칙을 업데이트하여 항상 최신 상태를 유지하고 있습니다.

- **심사원** : SECURITY GROUP 설정에서 허용하는 포트와 프로토콜은 어떤 기준으로 설정하셨나요?

- **담당자** : 허용하는 포트와 프로토콜은 서비스의 필요에 따라 설정했습니다. 예를 들어, 웹 서비스는 HTTP(80)와 HTTPS(443) 포트를 허용하고, SSH(22) 포트는 특정 IP에서만 접근할 수 있도록 제한했습니다.

- **심사원** : SECURITY GROUP 설정 로그는 어떻게 관리하고 있나요? 로그 분석은 정기적으로 이루어지나요?

- **담당자** : SECURITY GROUP 설정 로그는 관리콘솔에 자동 저장되며, 매주 로그 분석을 통해 비정상적인 접근 시도를 모니터링하고 있습니다. 또한 이상 징후가 발견되면 즉시 대응할 수 있도록 절차를 마련해 두었습니다.

- **심사원** : SECURITY GROUP 설정 변경 시 어떤 절차를 따르나요?

- **담당자** : SECURITY GROUP 설정 변경 요청은 시스템 관리 부서에서 전화로 요청합니다. 변경 후에는 테스트를 통해 정상 작동을 확인한 후 적용합니다.

- **심사원** : SECURITY GROUP 설정 변경 시 승인 절차가 있나요?

- **담당자** : 없습니다.

- **심사원** : 감사합니다. SECURITY GROUP 설정에 대한 설명이 매우 유익했습니다. 추가 질문이 있을 경우 다시 연락드리겠습니다.

- **담당자** : 감사합니다. 언제든지 질문해 주시면 성실히 답변하겠습니다.

번호	SG 이름	방향	IP 프로토콜	포트 범위	SIP	DIP	CIDR
7	G-DEV	수신	TCP	22 (SSH)	100.2.2.27/32 (CIDR)	100.2.2.27/32	32
12	SERVER1	송신	TCP	3306 (MY SQL)	192.168.78.0/24 (CIDR)	192.168.78.0/24	24
16	SERVER2-WEB	수신	TCP	443 (HTTPS)	0.0.0.0/0 (CIDR)	0.0.0.0/0	0
13	HOMEPAGE-DB	수신	TCP	22 (SSH)	0.0.0.0/0	0.0.0.0/0	32

① HOMEPAGE-DB의 22번 포트가 열려 있어 2.6.1 네트워크 접근 결함으로 판단하였다.

② SECURITY GROUP 설정 변경 시 승인 절차가 없어 2.10.1 보안시스템 운영 결함으로 판단하였다.

③ SERVER1은 송신하는 대역대가 열려 있어 2.10.5 정보전송 보안 결함으로 판단하였다.

④ SERVER2-WEB은 수신하는 대역대가 열려 있어 2.10.3 공개서버 보안 결함으로 판단하였다.

⑤ 클라우드 환경에서 IAM계정 관리, 네트워크 접근, 승인받지 않은 환경설정 및 보안 설정이 적절하지 않아 2.10.2 클라우드 보안 결함으로 판단하였다.

09 다음 인터뷰와 자료를 보고 결함으로 적절한 것을 고르시오.

정보보호기술지침 v.3.0
제33장 암호 통제

제14조(암호화 대상)

① 비밀정보는 국내 및 국제 표준 암호 알고리즘을 이용하여 암호화하며 암호 대상은 다음과 같다.

  1. 일방향 암호화 : 비밀번호 (이용자 및 정보시스템 등)

  2. 대칭키 암호 알고리즘

    1) 주민등록번호

    2) 여권번호

    3) 운전면허번호

    4) 외국인 등록번호

    5) 신용카드번호

    6) 계좌번호

    7) 생체인식정보 생체정보 중 특정 개인을 인증 또는 식별할 목적으로 일정한 기술적 수단을 통해 처리되는 정보

    8) 기타 관련 법령 및 정보보호관리자가 정하는 비밀정보

제15조(암호 정책 및 사용 기준)

① 암호 알고리즘의 적용 시, 암호 적용을 구현한 대상을 명시하고, 사용된 암호알고리즘에 대해 정의하도록 한다.

② 암호 알고리즘 선정 시 첨부4) 안전한 암호 알고리즘을 참고한다.

제34장 사용자 계정 및 비밀번호

제16조(비밀번호 관리)

① 정보시스템은 비밀번호 인증을 통해서만 시스템을 사용할 수 있게 하여야 한다.

  1. 영문/숫자/특수문자 조합 8자 이상 또는 영문/숫자 조합 10자 이상

  2. 계정과 동일하거나 추측이 가능한 비밀번호 금지(예: admin)

  3. 간단한 문자나 숫자의 3자 이상 연속사용 금지(예: 123, abc, qwe 등)

  4. 비밀번호 분실 시 본인확인 절차 적용

  5. 비밀번호 화면 마스킹 및 보관 시 일방향 암호화 보관

  6. 비밀번호는 반기별 1회 이상 변경되도록 시스템에 적용

  7. 비밀번호 입력 일정 횟수 이상 실패 시 일정 시간 동안 접속을 차단

보안강도	NIST(미국)	CRYPTREC(일본)	ECRYPT(유럽)	국내	안전성 유지기간(년도)
112비트 이상	SHA-224/256/384/5122	SHA-256/384/512	SHA-224/256/384/512Whirlpool	SHA-256/384/512	2011년부터 2030년까지 (최대 20년)
128비트 이상	SHA-256/384/512	SHA-256/384/512	SHA-256/384/512Whirlpool	SHA-256/384/512	2030년 이후 (최대 30년)
192비트 이상	SHA-384/512	SHA-384/512	SHA-384/512Whirlpool	SHA-384/512	
256비트 이상	SHA-512	SHA-512	SHA-512	SHA-512	

- **심사원** : HH 쇼핑몰은 총 3개의 사이트를 운영하고 있는 것을 확인했습니다. 대고객 홈페이지 2개의 이용자 비밀번호를 AES256Util.java 소스의 encrypt() 함수에서 단방향 암호 시 MD5 알고리즘을 사용하고 있었습니다. 또한 셀러들이 사용하는 셀러사이트의 협력사 비밀번호와 API 인증키는 암호화가 되어있지 않았습니다.

- **담당자** : 저희 회사가 온라인 쇼핑몰 사업을 시작한 지 올해로 16년이 되었습니다. 그러다 보니 오래전에 가입한 이용자의 경우 비밀번호를 MD5로 암호화하고 있었습니다. 5년 전부터 새로 가입하는 고객들의 비밀번호는 SHA-256으로 암호화 알고리즘을 변경하여 저장하고 있습니다. 그리고 기존 MD5로 암호화한 비밀번호는 SHA-256 알고리즘으로 한 번 더 감싸서 암호화하는 방법을 사용하고 있습니다.

- **심사원** : 셀러사이트의 비밀번호에 대해서는요?

- **담당자** : 셀러사이트 비밀번호도 암호화 대상인지 파악하지 못하고 있다가 올해 위험평가에서 식별되었습니다. 그래서 올해 보호대책으로 구현하기 위한 계획이 되어 있는 상태입니다. 자사 개발인력이 넉넉한 상황이 아니라 현재 진행 중인 프로젝트 마무리되면 그 후에 협력사 비밀번호 암호화 적용을 하기 위한 계획을 가지고 있습니다. 해당 내용은 위험평가도 완료하고, CISO 승인을 받아 올해 안에 처리하는 것으로 보고 되어있는 상태입니다.

- **심사원** : 보호대책 구현에 관한 증적은 확인했습니다. CISO 얘기가 나와서 한 가지 더 확인하자면 클라우드에 접속하는 IAM 계정 중 AdminFullAccess 권한을 보유한 관리자가 2명으로 확인되었습니다. tmc**이 계정이 CISO 계정이라고 하던데요? CISO가 클라우드 전체 접근권한을 보유할 필요가 있나요?

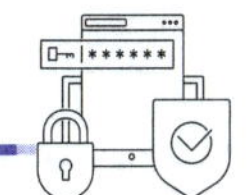

> ○ **담당자 :** 해당 계정은 백업용 계정입니다. 원래 담당자의 백업 권한을 백엔드개발 팀장님이 가지고 계셨는데 지난달 백엔드개발 팀장님이 퇴사하시면서 CISO를 맡고 계신 이사님께서 백엔드개발 팀장님 자리를 겸직하고 계십니다.

① 1.2.1 정보자산 식별
② 2.5.4 비밀번호 관리
③ 2.5.5 특수 계정 및 권한관리
④ 2.7.1 암호정책 적용
⑤ 2.10.2 클라우드 보안

10 MVNO사업자인 풋 모바일텔레콤에 대하여 ISMS 심사 중이다. 다음 보기에 대해 심사원이 판단한 내용 중 적절하지 않은 것은 모두 몇 개인지 고르시오.

| (가) | 심사원은 이용자 본인 확인을 위한 신분증 및 구비서류 등이 저장되고 있는 NAS서버가 자산목록에 포함되어 있지 않은 것을 확인하여 1.2.1 정보자산 식별 결함으로 판단하였다. |

| (나) | 신청기관은 MVNO 사업자에 특화된 ISMS 인증항목을 적용하지 않고, 일반 정보통신서비스 제공자들에게 적용되는 ISMS 인증기준을 적용하여 정보보호 및 개인정보보호 정책의 시행을 위하여 필요한 세부적인 방법, 절차, 주기 등을 규정한 지침, 절차, 매뉴얼 등을 수립하고 있어 2.1.1 정책의 유지관리 결함으로 판단하였다. |

| (다) | MVNO 서비스의 안전성 확보 및 이용자 보호를 위한 전략 및 계획의 수립을 위하여 위원회를 개최하여 주요 의결 사항을 의결하였으나, 실제 주요 참여자인 경영진, CISO, CPO 등이 참여하지 않고 실무조직의 협의체로만 운영하고 있어 1.1.1 경영진의 참여 결함으로 판단하였다. |

| (라) | 심사원은 이용자의 신분증 사본, 가족관계증명서 등을 저장하기 위해 사용되는 신분증 스캐너, 평판 스캐너, 웹 팩스 등을 본사 개인정보보호팀에서 사용하고 있으나 식별되지 않고 있어 2.4.7 업무환경 보안 결함으로 판단하였다. |

| (마) | 신청기관에서 수행하는 개통업무가 처리되는 프로세스가 문서화되어 있지 않고, 개통팀 자체에서 업무가 이루어지는 것을 확인하여 1.2.2 현황 및 흐름분석 결함으로 판단하였다. |

| (바) | 일반 정보통신사업자의 ISMS 인증항목을 적용하여 연 1회 이상 위험평가를 수행하고 있으나 본인인증 과정 등에서 발생할 수 있는 위험평가를 별도로 수행하지 않고 있어 1.2.3 위험평가 결함으로 판단하였다. |

| (사) | MVNO 서비스에서 개인정보 및 중요정보를 취급하는 직무자 현황을 파악하여 주요 직무자를 지정하고 있으나 주요 직무자에 대한 전문화된 교육계획이 존재하지 않고, 주요 직무자로 지정 시 자산반납, 중요정보 처리 업무내용, 주요 직무자에 대한 감사로그를 관리하는 프로세스가 존재하지 않아 1.1.5 정책 수립 결함으로 판단하였다. |

<table>
<tr><td>(아)</td><td>신청기관의 전산실에 상시 출입구가 두 군데로 이루어져 있으나, 두 곳 모두 상시 출입은 업무와 직접 관련이 있는 사전 등록자에 한해 허용되고 있었다. 그 밖의 출입자에 대해 책임자의 승인을 받아 출입하고 있으며 출입자 관리기록부를 기록·보관하고 있어 2.4.2 출입 통제 결함으로 판단하였다.</td></tr>
</table>

① 2개 ② 4개 ③ 5개 ④ 6개 ⑤ 7개

11 다음은 데이팅 앱을 서비스하는 A사의 정보보호팀이 앱에 대한 보안점검 진행 후 발견된 몇 가지 사항을 나타낸 것이다. 다음 설명 중 적절한 것을 모두 고르시오. (2개)

[데이팅 앱의 간편로그인 점검 후 발견한 사항]

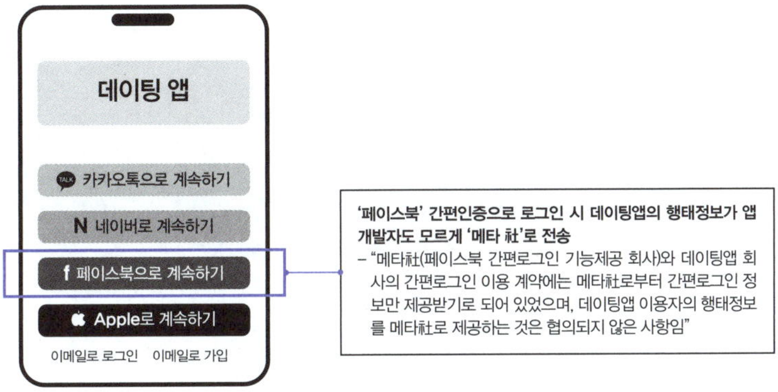

'페이스북' 간편인증으로 로그인 시 데이팅앱의 행태정보가 앱 개발자도 모르게 '메타 社'로 전송
– "메타社(페이스북 간편로그인 기능제공 회사)와 데이팅앱 회사의 간편로그인 이용 계약에는 메타社로부터 간편로그인 정보만 제공받기로 되어 있었으며, 데이팅앱 이용자의 행태정보를 메타社로 제공하는 것은 협의되지 않은 사항임"

[데이팅 앱의 필수 접근권한]

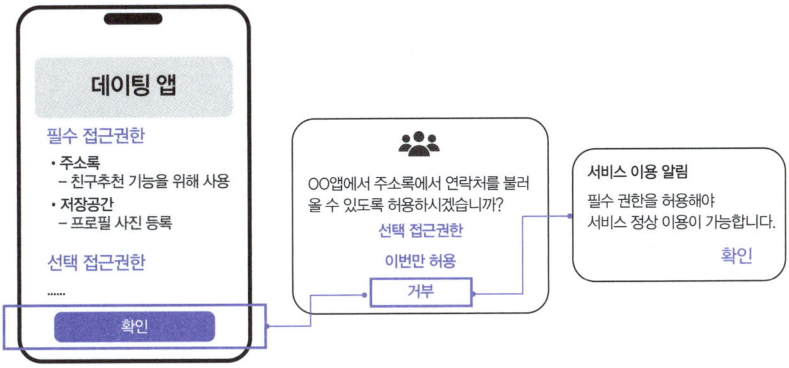

· 개인정보처리방침에 앱 서비스의 필수적 수집항목으로 '전화번호' 정보가 있으며, 수집목적으로는 "매칭된 상대방과 전화 연결"을 위해 수집한다고 기재되어 있음

① 간편로그인 실행 시 앱의 행태정보가 간편로그인 기능 제공사에 별도 계약이나 고지 없이 전달되는 것은 A사의 3.1.5 개인정보 간접수집 결함이다.

② 간편로그인 실행 시 앱의 행태정보가 간편로그인 기능 제공사에 별도 계약이나 고지 없이 전달되는 것은 A사의 3.3.1 개인정보 제3자제공 결함이다.

③ 간편로그인 실행 시 앱의 행태정보가 간편로그인 기능 제공사에 별도 계약이나 고지 없이 전달되는 것은 간편로그인 제공사의 3.1.5 개인정보 간접수집 결함이다.

④ 이용자의 주소록에 있는 연락처를 수집하도록 필수 접근권한이 구현되어 있는 것은 불필요한 연락처 정보 수집을 유발하므로 3.1.2 개인정보 수집제한 결함이다.

⑤ 이용자의 주소록에 있는 연락처를 수집하도록 필수 접근권한이 구현되어 있는 것은 반드시 필요한 정보가 아님에도 불구하고 반드시 접근토록 구현을 하여 권한을 과도하게 요구한 경우라고 볼 수 있어 3.2.3 이용자 단말기 접근 보호 결함이다.

12 다음은 A사의 데이팅 앱 화면에서 일어나고 있는 사항을 기재한 것이다. 보기 중 결함사항으로 적절하지 않은 것을 고르시오.

- 데이팅 앱 내 회원정보창에서 이용자 본인의 흡연, 음주여부, 성적취향을 등록할 수 있으며, 등록된 정보는 기본 설정이 공개로 설정되어 있고, 설정 전에 별도의 공개 가능성 및 비공개 설정을 선택하는 방법은 공지하지 않았다.

- 데이팅 앱에서 이용자는 상대 이성 프로필을 보고 '좋아요'를 누를 수 있으며, 이에 대한 정보는 제휴업체인 결혼정보회사에 제공된다. A사와 결혼정보회사는 정보를 제공하는 것에 대해서는 위수탁 계약 체결을 통해서 이루어지고 있다.

- A사는 이용자의 상대 이성 프로필의 '좋아요' 및 '아이템 구매' 등 행태정보를 수집 및 분석하고 있으나 행태정보의 수집·이용·제공 및 거부 등에 관한 사항을 홈페이지 등에 고지하지 않았다.

- 데이팅 앱에서는 상대 이성과 매칭될 경우 채팅을 할 수 있으며, 채팅 대화 기록도 수집하여 저장하고 있다. 저장된 채팅 내용에는 상당히 많은 양의 정치 이슈, 선호하는 정당에 대한 내용이 많이 있었는데, A사는 이와 관련하여 '정치적 견해' 정보에 대해서는 별도로 수집 동의를 받진 않았다.

---

① 프로필의 '좋아요' 및 '아이템 구매' 등 행태정보를 수집 및 분석하는 것에 대해 홈페이지에 고지하지 않은 것은 '3.5.1 개인정보 처리방침 공개' 인증기준 결함 사항이다.

② A사가 결혼정보 회사에 정보를 제공하는 것은 업무 제휴적인 성격으로써 위수탁이 아닌 제3자 제공 계약으로 이루어진 후 제공되어야 한다.

③ 데이팅 앱은 민감정보 공개 가능성 및 비공개 선택방법을 공지하지 않았으므로 '3.1.4 민감정보 및 고유식별정보의 처리 제한' 인증기준 결함으로 판단된다.

④ 데이팅 앱은 민감정보 공개 가능성 및 비공개 선택방법을 공지하지 않았으므로 '3.5.1 개인정보 처리방침 공개' 인증기준 결함으로 판단된다.

⑤ 채팅 대화 기록에서 수집된 정치적 견해에 대해서는 민감정보 수집에 대한 별도 동의를 받지 않았다고 해서 '3.1.4 민감정보 및 고유식별정보의 처리 제한' 인증기준 결함을 줄 수는 없다.

13 ISMS-P 심사를 받고 있는 ㈜BB SOFT 담당자의 2.6.5 무선 네트워크 접근 운영 설명 중 적절하지 않은 것은 모두 몇 개인지 고르시오.

≡ 정보보호 지침 ● ● ●

정보보호 지침

제정일자 : 2020-11-01 / 개정일자 : 2024-10-01

(일부 생략)

제40조(무선랜 관리)

① 회사의 사전 승인없이 운영되는 무선랜의 운영을 원칙적으로 금지한다.

② 회사가 승인한 무선랜 이외의 사용이 필요한 자는 신청내역서를 작성하여 정보보안부서의 승인을 받아야 한다.

③ 무선랜의 비인가 접근을 방지하기 위해 관리적·물리적 보안대책을 운영한다.

    1. 비인가 단말기의 무선랜 접속 차단 및 무선랜 이용 단말기를 식별하기 위한 IP주소 할당을 기록

    2. 무선랜 장비 계정 및 패스워드 기본설정값을 변경하고 사용자 현황 유지

    3. 무선랜 AP 등의 용도 및 사용 범위를 지정하고 이에 맞게 출력 조절

    4. 무선랜 정보 송·수신 시 암호화(WPA2 256비트 이상 보안 수준으로 암호화)

    5. 무선랜 SSID 숨김(브로드캐스팅 중지) 기능 설정

    6. 비인가장비 탐지를 위한 무선침입방지시스템 설치 등 침입차단대책

④ 회사를 방문하는 외부인에게 제공하는 무선랜은 내부 네트워크와 별도로 운영하여야 한다.

⑤ 정보보안담당자는 제2항·제3항 및 제4항에 따른 보안대책의 적절성을 수시로 점검·보완하여야 한다.

○ **담당자** : 당사의 무선 네트워크 운영 현황을 설명드리겠습니다. (가) 먼저 SSID Broadcasting을 활성화하여 무선 네트워크 영역과 유선 네트워크 영역을 분리하여 운영하고 있습니다. (나) 회의실 같은 경우는 외부자의 출입이 발생하는 영역이라 SSID를 분리하여 사용하기 위하여 별도의 GUEST망을 구축하고 (다) 내부 직원들이 쉽게 기억할 수 있는 SSID를 사용하고 있습니다. (라) RADIUS 서버를 이용하는 WPA2-EAP 인증보다 안전한 WPA2-PSK 인증을 채택하여 사용하고 있습니다.그 외에도 무선 네트워크를 통한 침입을 방지하기 위하여 WIPS를 함께 운영하고 있습니다. (마) 일반 AP를 WIPS 센서로 활용하는 단독형 구조이며, (바) Rogue AP, Honeypot AP, Ad-Hoc 접속 등을 차단하는 기능을 수행하고 있습니다.

① 1개   ② 2개   ③ 3개   ④ 4개   ⑤ 5개

14 과일나라 쇼핑몰시스템에 대해 ISMS-P 심사를 수행하고 있다. 심사원과 담당자와의 인터뷰를 바탕으로 심사원이 판단한 내용 중 가장 적절한 것을 고르시오.

- **심사원** : 변경 관리는 어떻게 관리하고 있는지 설명 부탁드립니다.

○ 담당자 : 변경 작업이 필요한 경우 변경관리시스템에서 티켓을 발행합니다. 그리고 작업 인원을 구성하고 변경 작업 계획서와 절차서를 작성하여 영향도 분석 및 타당성 검토 회의를 진행합니다.

■ 심사원 : 변경관리 시스템에서 최근 수행된 작업 목록을 볼 수 있을까요?

○ 담당자 : 네. 여기 목록을 보시면 작업 일정, 작업 내용, 담당자를 볼 수 있고 첨부파일 클릭하시면 작업 계획서와 절차서 확인이 가능합니다.

■ 심사원 : 최근에 QoS 시스템 교체 작업을 수행하셨네요.

○ 담당자 : 네. EoS된 장비를 2년 넘게 사용하다가 교체 작업을 수행하였습니다. 처음에는 장애가 발생해서 롤백을 수행하여 원복하였고, 원인을 파악하고 두 번째 작업에서 정상적으로 교체 완료하였습니다.

■ 심사원 : 첫 번째 작업에 등록된 작업 계획서를 보면 계획서에 롤백에 대한 내용이 전혀 없네요?

○ 담당자 : 네. 협력사에서 단순한 장비 교체 작업이라고 해서 별도로 절차서 검토는 하지 않았습니다.

■ 심사원 : 작업을 직접 수행하지 않더라도 절차서에 문제는 없는지 검토하셔야죠. 그리고 복구 방안을 사전에 고려하는 건 변경관리에서 기본이라 생각합니다.

○ 담당자 : 협력사 담당자 분들이 저보다 경험도 더 많고 전문가라서 의견을 존중해드리고 있습니다. 제가 3년 동안 근무 중인데 그동안 장비 교체하면서 문제가 발생한 적이 한 번도 없었거든요.

■ 심사원 : 절차서에서 보면 QoS 장비의 IP가 변경된 것 같은데 방화벽 rule을 좀 볼 수 있을까요?

○ 담당자 : 네. 여기 rule을 보시면 신규 QoS IP(new)에 대한 정책이 추가되어 있습니다.

■ 심사원 : 교체된 QoS IP(old)로 검색해 보시겠어요?

○ 담당자 : 아, 예전 rule이 그대로 나오네요. 삭제되어야 할 rule인데 삭제를 안 한 것 같습니다. 일부 작업이 누락된 것 같은데 보안에 문제 되는 상황은 아닙니다. 3개월마다 rule 타당성 검토를 하고 있어서 삭제나 수정이 필요한 rule은 주기적으로 현행화하고 있습니다.

■ 심사원 : 장비가 교체되고 IP가 변경되는데 방화벽 등 보안시스템 정책 변경의 필요성, 정책 변경 시 문제점 및 영향도 등에 대한 사전 분석이 안 되고 있는 것 같습니다. 그러면 주요 시스템에 대한 백업 및 복구 절차는 마련되어 있나요?

○ 담당자 : 백업 계획서에서 분류한 등급에 따라 백업을 수행하고 있고 정기적으로 1등급 장비에 대해서 복구 test를 수행하고 있습니다.

■ 심사원 : QoS는 1등급으로 되어있네요. 복구 테스트 결과 보고서를 보니 OS config file을 삭제하여 장애 상황을 만드시는군요. 앞단에 탭스위치를 구성하여 언제든 bypass되도록 되어 있어서 이런 test도 할 수 있고 좋네요.

○ 담당자 : 네. 장애가 발생하면 담당자가 bypass로 선 조치 작업을 하고 복구 작업을 수행합니다.

■ 심사원 : 시스템 로그 검토는 하고 있나요?

○ 담당자 : 네. 여기 보시면 장비 자체에 저장하고 분기 1회 검토하고 있습니다.

■ 심사원 : 시간이 현재 시간과 안 맞는 거 같은데요?

○ 담당자 : 네. 사용 중인 장비가 외산 장비인데 제조사에서 변경하지 말라고 해서요. 타임존 변경 시 문제가 생길 수 있다고 해서 변경하지 않고 운영 가이드에 관련 내용을 기록해두고 담당자들에게 주기적으로 숙지시키고 있습니다.

① 심사원은 복구 테스트 절차가 미흡하다 판단하여 2.9.3 백업 및 복구관리 결함으로 판단하였다.

② 심사원은 자산 변경작업 절차가 미흡하다 판단하여 2.9.1 변경관리 결함으로 판단하였다.

③ 심사원은 장비 도입시 보안요구사항 검토가 부족하다 판단하여 2.8.2 보안요구사항 검토 및 시험 결함으로 판단하였다.

④ 심사원은 장애 대응 절차에 대한 준비가 미흡하다 판단하여 2.9.2 성능 및 장애관리 결함으로 판단하였다.

⑤ 심사원은 장비의 시간이 한국시간과 일치하지 않아 2.9.6 시간동기화 결함으로 판단하였다.

15 다음은 [온라인 쇼핑몰 서비스]를 인증 범위로 ISMS-P 인증 심사를 받고 있는 ABC 쇼핑몰의 내부 지침과 자산 목록 대장이다. 심사원과 담당자의 인터뷰, 그리고 제시된 자료를 바탕으로 도출할 수 있는 결함 사유와 인증 기준으로 가장 적절한 것을 모두 고르시오. (2개)

위험 평가 관리 지침 (일부 발췌)

2014.02.06. 제정
2024.03.20. 개정

다. 자산 분류

– 서버, 네트워크 데이터베이스, 정보보호시스템 등 9개의 자산으로 분류함

자산 분류	설명
서버	대외, 대내 서비스를 위해 사용하는 서버 장비
네트워크	라우터, 스위치 등 장비 간 네트워크 연결을 위해 사용하는 장비
데이터베이스	대외, 대내 서비스를 위해 사용한 데이터베이스 장비
정보보호 시스템	정보시스템을 외부로부터 보호하는 방화벽, IPS, VPN 등의 보안 시스템
응용 시스템	대외, 대내 서비스/업무를 목적으로 개발 또는 구축한 시스템
소프트웨어	서비스 운영 또는 개인 업무를 위한 소프트웨어/프로그램/유틸리티 등
PC	업무를 위한 PC, 노트북, 이동형 단말기 등
문서	표준 양식으로 지속 업데이트 관리하는 문서(정책/지침/절차 등)
개인 정보	서비스를 이용하는 이용자 정보와 임직원 정보

라. 자산 평가

– 서비스, 업무에 미치는 영향도를 기준으로 기밀성, 무결성, 가용성에 대해 자산을 평가함
기밀성(C), 무결성(I), 가용성(A) : 상(3점), 중(2점), 하(1점)
– 자산의 가치는 기밀성, 무결성, 가용성의 합으로 한다.
– 위험 평가 활용을 위해 자산의 가치를 H, M, L 등급으로 나눈다.

자산 중요도 지수	자산 가치 등급	자산 중요도 등급
7~9	H	3
4~6	M	2
1~3	L	1

정보 자산 관리 지침 (일부 발췌)

2014.02.06. 제정
2024.03.20. 개정

제8조(자산 등록)

① 각 부서의 자산은 부서의 자산 담당자가 식별하고 분류, 관리한다.

② 자산 담당자는 신규 자산 식별 시, 중요도 평가를 진행하여 등급 부여 후, 정보보호 담당자에게 통보한다.

제9조(자산 중요도 평가)

① 정보보호 담당자는 자산이 보안 위험에 노출되었을 경우, 회사에 미치는 잠재적 손실 규모를 고려하여 자산의 기밀성, 무결성, 가용성 측면에서 자산 중요도 평가 기준을 수립한다.

② 자산 담당자는 정보보호 담당자가 제공하는 "[첨부 3] 자산 중요도 평가 기준"을 활용하여 중요도를 평가한다.

[첨부 3] 자산 중요도 평가 기준

자산 중요도의 합은 기밀성, 무결성, 가용성의 보안 요구사항 척도 수준의 합이며, 자산 중요도 등급은 아래와 같이 자산 중요도의 합의 분포에 따라 결정한다.

중요도 등급	자산 중요도 지수 범위
1등급	8~9
2등급	6~7
3등급	3~5

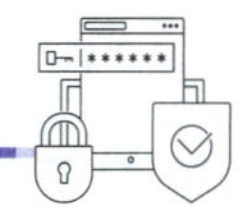

자산 관리 대장 (2024.07.06.)

자산 분류	자산 코드	자산명	목적	OS	기밀성	무결성	가용성	합계	자산 등급	비고
서버	SV-01	web01	쇼핑몰 WEB	Rocky 9	2	3	3	8	1	
서버	SV-02	web02	쇼핑몰 WEB	Rocky 9	2	3	3	8	1	
서버	SV-03	was01	쇼핑몰 WAS	Rocky 9	3	3	2	8	1	
서버	SV-04	was02	쇼핑몰 WAS	Rocky 9	3	3	2	8	1	
서버	SV-05	testweb01	테스트 WEB	CentOS 5	2	2	2	6	2	
서버	SV-06	testwas01	테스트 WAS	CentOS 5	2	2	2	6	2	
서버	...	...	...	...	...	...	...	...	...	
네트워크	NT-01	dmz_L2	DMZ L2	Cisco 16.09	2	3	2	7	2	
네트워크	NT-02	trust_L3	Trust L3	Cisco 16.09	3	3	2	8	1	
네트워크	NT-03	db_L2	DB L2	Cisco 16.09	3	3	3	9	1	
네트워크	...	...	...	...	...	...	...	...	...	
데이터베이스	DB-01	db01	쇼핑몰 DB	Oracle 19.7	3	3	3	9	1	
데이터베이스	DB-02	db02	쇼핑몰 DB	Oracle 19.7	3	3	3	9	1	
데이터베이스	DB-03	testdb01	테스트 DB	Oracle 19.7	3	3	3	9	1	미사용
데이터베이스	...	...	...	...	...	...	...	...	...	
클라우드	CL-01	aws01	이미지 서버	Rocky 9	2	2	2	6	2	
클라우드	CL-02	aws02	이미지 서버	Rocky 9	2	2	2	6	2	
정보보호시스템	SS-01	drm	문서보안	Windows Svr 2022	2	2	2	6	2	
정보보호시스템	SS-02	mdm	자료전송	Rocky 9	2	2	2	6	2	

■ **심사원** : 안녕하세요. 금년도 위험 평가는 언제 수행하셨나요?

○ **담당자** : 올해 상반기에 정보보호 전문서비스 기업과 계약을 하고 컨설팅을 받았습니다. 이 기간 동안에 전체 자산을 대상으로 위험 평가를 수행하였습니다. 정보보호 관리체계 진단과 함께 IT 인프라 취약점 진단, 모의해킹, 내부 보안 감사도 같이 수행하였습니다.

■ **심사원** : 위험 평가 결과에 대해서는 어떻게 관리하고 계신가요?

○ **담당자** : 위험 평가 수행 후 취약 항목에 대해 담당자들과 인터뷰 및 단기, 중기, 장기 일정으로 보호 대책 구현, 조치 계획을 수립하고, CISO, CEO까지 보고를 올립니다. 승인을 득한 후에 조치 계획에 따라 조치를 수행하고 있습니다. 현재 단기 조치로 계획했던 취약점들을 조치 중입니다.

■ **심사원** : 자산 목록 대장을 보니 인증 범위 내 자산들을 잘 관리하고 계신 것 같네요. 자산 등급은 어떻게 부여되나요?

○ **담당자** : 정보 자산 관리 지침 기준에 따라 기밀성, 무결성, 가용성 합계로 1, 2, 3 등급으로 부여하여 관리하고 있습니다. 위험 평가도 해당 자산 등급을 기준으로 수행하고 있습니다.

■ **심사원** : 네, 감사합니다.

① 자산 관리 대장에서 CentOS 5 등 EOS된 자산들이 있는 것을 확인하고 2.10.8 패치 관리 결함으로 판단하였다.

② 자산 관리 대장에 테스트 DB 자산이 미사용으로 표기된 것을 확인하고 2.9.7 정보자산의 재사용 및 폐기 결함으로 판단하였다.

③ 위험 평가 관리 지침과 정보 자산 관리 지침 내 자산 평가 기준이 상이한 것을 확인하고 2.1.1 정책의 유지 관리 결함으로 판단하였다.

④ 위험 평가 수행 후, 심사 전까지 조치를 완료하지 않은 것을 확인하고 1.2.3 위험 평가 결함으로 판단하였다.

⑤ 자산 관리 대장에서 클라우드 자산이 있는 것을 확인하였으나, 위험 평가 관리 지침 내 자산 분류에 클라우드 자산이 없는 것을 확인하고 1.2.3 위험평가 결함으로 판단하였다.

16 다음은 A 기관의 개인정보처리시스템 시스템 운영 보안지침 일부이다. 인터뷰 결과 요약 내용을 보고 적절한 것을 모두 고르시오. (2개)

시스템 운영 보안지침

제5조(계정의 생성 및 변경) 정보시스템관리자는 계정을 생성·변경하는 경우 다음 각 호를 준수해야 한다.

1. 계정을 생성·변경하는 경우 『계정등록(변경·삭제) 신청서』를 작성하여, 소속부서장의 승인을 득한 후 정보시스템관리자에게 요청하여야 한다.
2. 계정을 생성하는 즉시 『계정관리대장』에 기록하고 변경사항 등이 발생하는 경우 지속적으로 갱신하고 관리하여 최신 상태를 유지하여야 한다.

제6조(계정의 삭제) 정보시스템관리자는 계정을 소유한 자가 퇴직이나 인사이동으로 업무에 변화가 발생한 경우 즉시 계정을 삭제 조치해야 한다.

1. 계정을 삭제하는 경우 『계정등록(변경·삭제) 신청서』를 작성하여, 소속부서장의 승인을 득한 후 정보시스템관리자에게 통보하여야 한다.
2. 업무 인수인계 등으로 인해 즉시 삭제가 곤란한 경우, 정보시스템관리자의 승인을 받아 해당 계정의 비밀번호를 강제로 변경하여 관리하여야 한다.

제7조(비밀번호 관리) 정보시스템관리자는 계정의 보호를 위하여 비밀번호는 다음 각 호를 준수하여야 한다.

1. 비밀번호는 문자, 숫자, 특수문자 중 3종 이상으로 구성된 9자리 이상의 문자열로 한다.
2. 비밀번호에 사용되는 문자열은 계정명과 동일하거나 쉽게 연상 가능하지 않는 것을 사용하여야 한다.
3. 비밀번호는 정보시스템별로 각각 설정되어야 하고, 타인과 공유하여서는 안 된다.
4. 비밀번호는 최대 3개월 이내에 한 번 이상 변경하여야 한다.
5. 계정을 최초 수령하는 경우 즉시 비밀번호를 변경하여야 한다.

제8조(특수 권한 관리) 정보시스템관리자는 특수 권한의 안전한 관리를 위하여 다음 각 호를 준수하여야 한다.

1. 특수 권한을 생성하는 경우 관리 대장을 작성하고, 봉인하여 안전한 장소에 보관하여야 하며, 지속적으로 최신 상태를 유지하도록 관리하여야 한다.
2. 특수 권한을 수행하는 단말기는 계정별로 별도 지정하여 운영하여야 하며, 이를 위해 수행할 단말기의 IP 주소와 MAC을 별도 등록하여 관리하여야 한다.

제9조(계정의 사용기한) 정보시스템관리자는 모든 계정의 생성 시에는 사용 기한을 정하여야 하며, 기간을 영구적으로 하여서는 안 된다. 특히 외부자에게 계정을 발급하는 경우에는 재사용을 허용하지 않고, 목적이 달성되면 즉시 삭제하여야 한다.

제10조(계정제한) 정보시스템관리자는 계정 관리에 다음 각 호의 경우 소유자의 동의 없이 계정 잠금 처리, 계정 삭제 등을 할 수 있다. 계정이 잠금 처리된 경우 제5조에 정한 변경 절차에 따라서 계정 변경 신청하여 재사용을 허가받아야 한다.

1. 1개월 이상 접속 기록이 없는 경우
2. 접속기록 검토 결과 비정상적인 행위가 발견된 경우
3. 정상적인 퇴직 절차를 밟지 않고 퇴직한 경우
4. 1개월 이상 장기 출장이나 파견을 명령받은 경우

제11조(보안시스템 운영 관리)

1. 보안시스템 변경 및 업그레이드는 공식 절차에 따라 변경에 따른 영향을 최소화할 수 있도록 영향을 분석하고 정보 보안 책임자의 승인을 받아야 한다.
2. 보안시스템 가용성 보장을 위하여 성능 및 용량을 지속적으로 모니터링하여야 한다.
3. 각 보안시스템에서 발생하는 로그는 3개월 이상 보관하여야 한다.
4. 정보보안 담당자는 보안시스템 로그를 월별, 분기별로 분석하여 특이사항 여부를 확인하여야 한다.
5. 정보보안 담당자는 보안시스템 주 1회 이상 백업을 관리하여야 한다.

인터뷰 결과 요약

- 관리자는 super관리자/부서별 관리자/운영자가 있음
- DBMS super관리자 권한을 DBA 담당자 포함 20명에게 부여함
- 영업부서 인원들은 고객의 개인정보로 업무를 수행하기 때문에 입사 시 고객DB 접근권한을 자동으로 부여함
- 직원 A는 영업부서 인원 명부에는 있으나 DB 접근 가능 계정 목록에는 없음
- 직원 D는 DB 접근 가능 계정 목록에는 있으나 영업부서 인원 명부에는 없음
- 유지 보수용 계정을 별도의 승인 절차 없이 공유하여 사용하고 있음
- 3개월 이상 비밀번호가 변경되지 않은 계정이 있음
- 1개월 이상 접속하지 않은 사용자가 있음
- 퇴사 시 권한과 계정을 같이 삭제하고 있음

① 1개월 이상 장기 미접속자가 존재하여 2.5.6 접근 권한 검토 결함이다.

② 유지 보수용 계정을 공유하여 사용하고 있어 2.5.2 사용자 식별 결함이다.

③ 직원 A에게 DB 접근 권한을 부여하지 않고, 직원 D에게는 DB 접근 권한을 부여하여 2.5.1 사용자 계정 관리 결함이다.

④ DBMS super관리자 권한을 DBA 담당자 포함 20명에게 부여한 것은 2.5.5 특수 계정 및 권한 관리 결함이다.

⑤ 비밀번호를 3개월 이상 변경하지 않은 계정이 있어 2.5.4 비밀번호 관리 결함이다.

17 심사원은 2025년 1월 6일부터 5일간 ABC 기업에 대해 ISMS-P 인증심사를 수행하고 있다. 다음 계정 현황 증적 확인 후 판단할 수 있는 결함으로 가장 적절한 것을 고르시오.

〈외부자 인력 현황〉

업체명	성명	직무	계정 부여일	계정 활성화 여부
A 네트워크시스템	ㄱ 대리	네트워크 유지보수	2024.10.11	O
B 시스템	ㄴ 과장	서버 유지보수	2023.4.28	X
B 시스템	ㄷ 차장	서버 유지보수	2024.6.10	O
D 데이터시스템	ㄹ 사원	DBMS 유지보수	2024.11.19	O

〈내부 임직원 현황〉

업체명	성명	부서	직무
ABC 기업	A 부장	인프라팀	WEB/WAS 서버 관리
ABC 기업	B 차장	인프라팀	네트워크 서버 관리
ABC 기업	C 과장	데이터팀	DBMS 서버 관리

〈정보시스템 계정 현황〉

정보시스템	계정명	접근 IP	사용자	마지막 접근이력	계정 활성화 여부
WEB/WAS 서버	admin	192.168.1.10	A 부장	2024.12.28	O
WEB/WAS 서버	admin	192.168.1.10	ㄴ 과장	2023.4.28	O
WEB/WAS 서버	admin	192.168.1.10	ㄷ 차장	2024.12.23	O
네트워크 서버	root	192.168.1.11	B 차장	2024.11.27	O
네트워크 서버	root	192.168.1.11	ㄱ 대리	2024.11.27	O
DB 서버	admin1	192.168.1.12	C 과장	2024.12.10	O
DB 서버	admin1	192.168.1.12	ㄹ 사원	2024.12.20	O

① 심사원은 계정을 공용으로 사용하고 있으나 이에 대해 타당성 검토 및 책임자의 승인 절차 없이 사용 중인 것을 확인하고 2.5.1 사용자 계정 관리 결함으로 판단하였다.

② 심사원은 서버의 계정을 변경할 수 있는 것을 확인하였으나, admin, root와 같이 변경하지 않고 사용하고 있어서 2.5.1 사용자 계정 관리 결함으로 판단하였다.

③ 심사원은 계정을 공용으로 사용하는 것에 대해 책임추적성 확보가 되지 않는 것을 확인하고 2.5.2 사용자 식별 결함으로 판단하였다.

④ 정보시스템의 서버에 접근이 허용되는 사용자 및 접근 가능 위치를 네트워크 대역으로 구분하고 있어 2.6.6 원격접근 통제 결함으로 판단하였다.

⑤ 정보시스템 계정 및 권한에 대해 주기적으로 검토하고 있으나 장기 미사용 계정이 활성화되어 있는 것을 확인하고 2.9.5 로그 및 접속기록 점검 결함으로 판단하였다.

18 다음은 ABC 기업의 신규 시스템에 대한 시큐어 코딩 점검 결과와 소스코드 현황이다. 소
스코드를 보고 시큐어 코딩이 적절히 이루어지지 않은 항목으로 짝지어진 것을 고르시오.

<시큐어코딩 점검 결과>

구분	설명	결과
적절한 인증 없는 중요기능 허용	클라이언트의 보안검사를 우회하여 서버에 접근하지 못하도록 설계하고 중요한 정보가 있는 페이지는 재인증을 적용하도록 설계하였는가?	양호
부적절한 인가	응용프로그램이 제공하는 정보와 기능을 역할에 따라 배분하여 공격자에 대한 노출면을 최소화하고 사용자의 권한에 따른 ACL을 관리할 수 있도록 설계하였는가?	양호
중요한 자원에 대한 잘못된 권한 설정	설정파일, 실행파일, 라이브러리 등은 SW 관리자에 의해서만 읽고 쓰기가 가능하도록 설정하고, 허가 받지 않은 사용자가 중요한 자원에 접근 가능한지 검사할 수 있도록 설계하였는가?	양호
취약한 암호화 알고리즘 사용	안전한 암호화 알고리즘이 적용되도록 설계되었는가?	양호
암호화되지 않은 중요정보	중요정보에 대해서는 암호화 저장하고 필요시 SSL 등 암호 채널을 사용하도록 설계하였는가?	양호
하드코드된 중요정보	패스워드는 별도 파일에 저장하여 사용하도록 하고, 소스코드 내부에 상수 형태의 암호화 키를 저장하여 사용하지 않도록 설계하였는가?	양호
충분하지 않은 키 길이 사용	RSA 알고리즘은 2,048 비트 이상, 대칭암호화 알고리즘은 128비트 이상을 사용하도록 설계되었는가?	양호
적절하지 않은 난수값 사용	매번 동일한 난수값이 발생하지 않아야 하며 예측 불가능하게 암호학적으로 보호된 클래스를 사용할 수 있도록 설계되었는가?	양호
취약한 비밀번호 허용	비밀번호 생성 시 숫자, 영문자, 특수문자 등을 혼합하여 정해진 자릿수를 사용하여 생성되도록 설계되었는가?	양호
부적절한 전자서명 확인	전자서명 파일의 출처 등을 확인하여 신뢰할 수 없는 곳에서 생성된 파일을 사용하지 않도록 설계하였는가?	양호

(생 략)

<소스 코드1>

```
file file = new File("/home/setup/system.ini");
file.setExecutable(true, false);
file.setReadable(true, false);
file.setWritable(true, false)
```

〈소스 코드2〉

```java
public class MemberDAO {
    private static final String DRIVER = "oracle.jdbc.driver.OracleDriver";
    private static final String URL = "jdbc:oracle:thin:@192.168.0.3:1521:OR
CL";
    private static final String USER = "SCOTT"; // DB ID;
    private static final String PASS = "SCOTT"; // DB PW;
    ......
    public Connection getConn() {
        Connection con = null;
        try {
            Class.forName(DRIVER);
            con = DriverManager.getConnection(URL, USER, PASS)
    ......
```

① 소스 코드1 = 적절한 인증 없는 중요 기능 허용

　소스 코드2 = 적절하지 않은 난수값 사용

② 소스 코드1 = 부적절한 인가

　소스 코드2 = 취약한 비밀번호 허용

③ 소스 코드1 = 하드코드된 중요정보

　소스 코드2 = 취약한 암호화 알고리즘 사용

④ 소스 코드1 = 충분하지 않은 키길이 사용

　소스 코드2 = 부적절한 전자서명 확인

⑤ 소스 코드1 = 중요한 자원에 대한 잘못된 권한 설정

　소스 코드2 = 하드코드된 중요정보

19 최근 개인정보 보호를 위해 다양한 기술이 등장하고 있다. 그중에서도 프라이버시 강화 기술(PET)은 개인 데이터의 보안과 프라이버시를 보호하기 위해 개발된 기술과 방법론을 총칭하며, 이 기술은 보안과 개인정보 보호를 유지하면서도 데이터 공유와 처리를 가능하게 해주고 있어 개인정보 및 중요 정보의 불필요한 노출(조회, 화면 표시, 인쇄, 다운로드 등)을 최소화할 수 있도록 응용프로그램을 구현하여 운영하는 것에 도움을 주고 있다. 다음 보기 중 개인정보 보호 강화 기술(PET)의 주요 유형과 특징으로 적절하지 않은 것을 고르시오.

① 재현 데이터(Synthetic Data) : 실제 데이터로부터의 엄격한 샘플링, 의미적 접근, 시뮬레이션 시나리오 등 다양한 방법론을 통해 인공적으로 생성된 데이터를 의미하는 것으로 합성데이터라고도 한다.

② 동형 암호(Homomorphic encryption) : 기존 암호화 방식과 달리 암호화 상태에서 데이터를 결합하고 연산·분석 등이 가능한 차세대 수학 기법으로, 다양한 계산이 가능하고 양자 내성 암호 안정성 확보하는 것으로 개인정보보호를 위해 암호화된 상태에서 연산 가능한 동형 암호를 이용할 수 있다.

③ 차분 프라이버시(Differential privacy) : 데이터셋의 개인 정보에 대한 특정 정보를 유보 및 왜곡하여 제공하는 시스템으로 노이즈 및 매개변수를 추가하는 정확한 수학적 알고리즘을 사용하며 대규모 데이터에서 개별 주체들의 개인정보 노출을 최소화하는 동시에 개인정보를 활용할 수 있는 방법으로 차등 개인정보보호를 이용할 수 있다.

④ 연합 학습(Federated Learning) : 데이터 샘플을 교환하지 않고 로컬 노드에 있는 다중 데이터셋으로 기계학습 알고리즘을 훈련할 수 있게 하는 기술로 데이더 전송 병목 현상을 해결할 수 있다.

⑤ 영지식증명(Zero-knowledge proof) : 하드웨어 기반 TEE(Trusted-Execution Environment)를 실행하기 위한 보안 매커니즘으로 호스트 시스템으로부터 코드와 데이터를 격리 및 보호하여 코드 무결성 및 증명을 제공되며 한 당사자(Prover: 증명자)가 다른 당사자(Verifier: 검증자)에게 비밀 자체에 대한 정보를 공개하지 않고 비밀을 소유하고 있음을 증명할 때 사용한다.

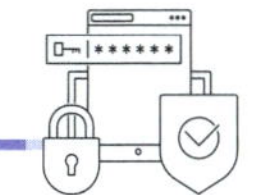

20 심사원은 2024년 11월 공공기관인 △△정보원의 ISMS-P 인증심사를 수행하고 있다. 인터뷰 내용을 확인하고 심사원이 판단한 내용 중 적절하지 않은 것을 고르시오.

■ **심사원** : 안녕하세요 △△정보원에서 수집하는 개인정보는 어떤 것들이 있을까요?

○ **담당자** : 네. 저희는 사회취약계층을 지원하기 위해 공공기관 업무를 수행하고 있는데요, 기초생활보장급여나 의료급여, 긴급복지지원 등 보건복지부에서 할당해 주는 업무들을 저희 개인정보처리시스템에서 처리하고 있습니다. 주로 수집되는 개인정보는 이름, 주민등록번호, 전산관리번호, 계좌번호, 주소, 전화번호, 장애인 등록정보, 기초수급정보 등이 있습니다.

■ **심사원** : 어떤 근거로 주민등록번호나 민감정보 등을 수집하고 있나요?

○ **담당자** : 의료법이라던가 여러 가지 법령에 주민등록번호, 민감정보 수집에 대한 근거가 있습니다. 자세한 내용은 심사 시 제공해 드린 저희 증적을 통해 확인할 수 있습니다.

■ **심사원** : 네. 공공기관이라 관련 법령 등의 근거가 잘 관리되고 있는 것으로 보이네요. 그런데 전산관리번호는 어떤 것인가요?

○ **담당자** : 최근에 저희 사회보장급여법이 개정되면서 주민등록번호가 없는 무연고자나 출생미신고, 개인정보 보호가 필요하거나 위기 임산부 등 주민등록번호 대신에 전산관리번호를 생성하여 여러 가지 복지혜택을 수급할 수 있게 되었습니다. 그래서 해당 개인정보처리시스템에 개인정보 수집 시에 전산관리번호가 생성됩니다. 주민등록번호를 수집을 못하면 예전에는 복지혜택을 전혀 제공할 수 없게 되었었는데 법이 개정되면서 혜택을 제공할 수 있게 되었습니다.

■ **심사원** : 그러면 주민등록번호는 더 이상 필요하지 않은 것 아닌가요?

○ **담당자** : 그렇지는 않습니다. 주민등록번호를 기본적으로 수집해야 조회를 통해 수급자인지 아닌지 판단이 가능하고 주민등록번호가 없는 경우 무연고나 출생미신고 등 특별한 경우에만 전산관리번호를 통해서 수급권 혜택을 받을 수 있게 개선이 된 겁니다.

■ **심사원** : 아 그렇군요. 알겠습니다. 그러면 개인정보처리시스템의 구성과 암호화는 어떻게 하고 계신가요?

○ **담당자** : 기본적으로 DMZ영역의 웹서버 영역을 제외하곤 내부망은 인터넷 망이 차단되어 있습니다. 내부망의 DB서버에 개인정보들이 저장됩니다. 암호화는 비밀번호를 제외하고 모두 HIGHT알고리즘을 사용하고 있고 비밀번호의 경우 HAS-160으로 일방향 암호화하고 있습니다.

■ **심사원** : HIGHT하고 HAS-160이요? 이것들을 전부 옛날 암호화 방식들인데 계속 사용하시는 이유가 있을까요?

> ○ **담당자** : 시스템이 워낙 오래되고 관리하는 정보주체수도 너무 많아서 차세대 시스템으로 전환하기에는 아직 어렵다는 판단입니다. 그래도 아직까지는 안전한 암호 알고리즘으로 알고 있고 2030년까지는 사용 가능한 것으로 알고 있습니다. 암호 알고리즘 및 키 길이 이용 안내서에서도 사용 가능한 것으로 나와 있던데요?
>
> ■ **심사원** : 알겠습니다. 정보주체가 해당 시스템에 로그인할 때는 어떻게 암호화가 되고 있나요?
>
> ○ **담당자** : 요즘엔 컴퓨터보다 모바일앱을 많이 쓰고 있어서 프론트엔드 쪽에서는 기본적으로 SSL/TLS에 안전한 암호 알고리즘을 적용해서 사용하고 있습니다. 백엔드와의 통신은 자체 암호키를 이용해서 암호화 전송으로 호출해서 사용하고 있습니다.
>
> ■ **심사원** : 네, 실제 확인해 보니 그렇게 적용되어 있네요. 감사합니다.

① 심사원은 정보주체의 주민등록번호를 포함한 개인정보 암호화가 HIGHT 알고리즘으로 되어 있어 2.7.1 암호정책 적용 결함으로 판단하였다.

② 심사원은 외부통신 구간인 정보주체와 프론트엔드와의 통신구간에 SSL/TLS가 적용된 것은 결함이 아니라고 판단하였다.

③ 심사원은 내부통신 구간인 프론트엔드와 백엔드 구간에 자체 암호키를 이용해 암호화 전송을 하고 있는 것은 결함이 아니라고 판단하였다.

④ 심사원은 해당 시스템에 대해 정보주체의 개인정보를 적절하게 수집하고 있다고 판단하여 3.1.2 개인정보 수집 제한 결함이 아니라고 판단하였다.

⑤ 심사원은 비밀번호가 HAS-160으로 해쉬 암호화되고 있어 2.7.1 암호정책 적용 결함으로 판단하였다.

21 다음은 초개인화 고객분석모델과 생체인식 결제 관련 자료이다. ISMS-P 인증기준을 점검하는 사항으로 적절하지 않은 것을 모두 고르시오. (2개)

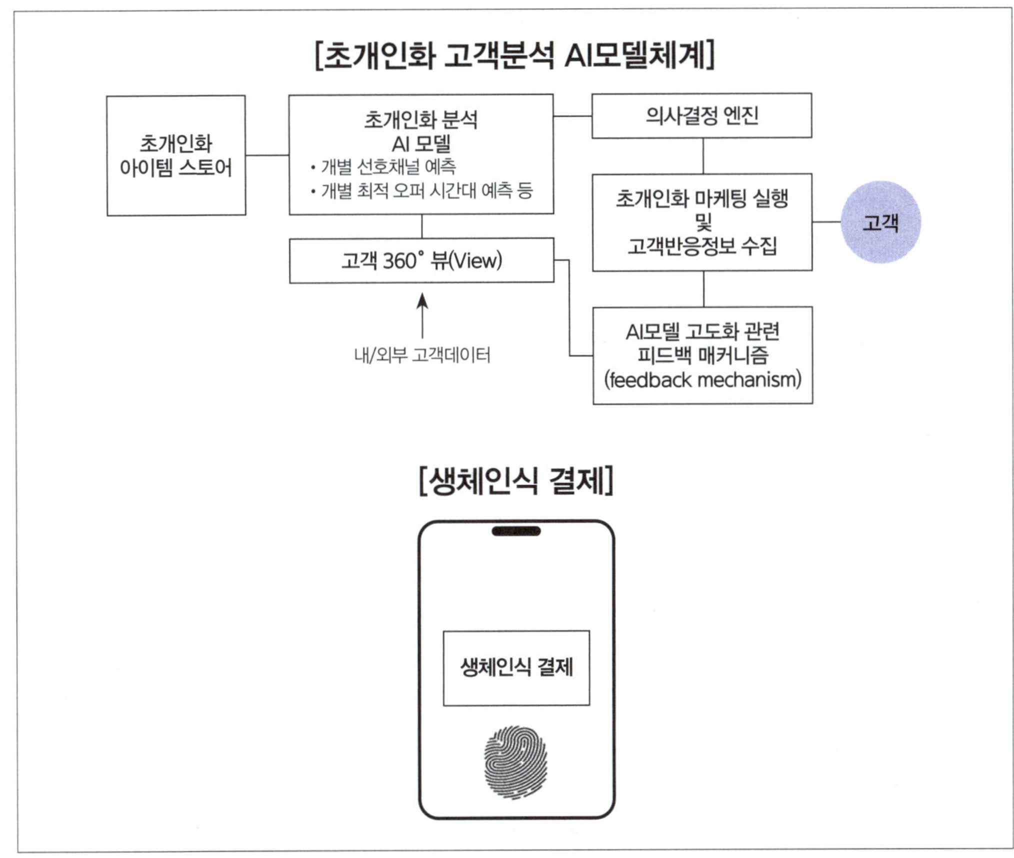

① 초개인화 고객분석 모델 점검 시 외부로부터의 고객데이터 수집에 대한 적정성 점검을 위해 '3.1.5 개인정보 간접수집' 인증기준을 점검한다.

② 초개인화 고객분석 모델에서 학습 데이터의 전처리 시 위변조 방지여부 기능이 적절하게 구현되어 있는지 확인 하기 위해 '2.11.3 이상행위 분석 및 모니터링' 인증기준을 점검한다.

③ 생체인식 결제 시스템에서 안전한 결제가 이루어지도록 적절한 정보보호 대책이 수립되었는지 확인하기 위해 '2.10.4 전자거래 및 핀테크 보안' 인증기준을 점검한다

④ 생체인식정보가 적절하게 암호화되어있는지 확인하기 위해 '2.7.1 암호정책 적용' 인증기준을 점검한다.

⑤ FIDO로 방식으로 구현된 생체인증기능에서 생체인식정보를 모바일 디바이스에 저장 시 자체적으로 안전성을 검증한 서비스 앱 내 SW영역에 저장여부를 점검하였는지 확인하기 위해 '2.8.2 보안 요구사항 검토 및 시험' 인증기준을 점검한다.

22 심사원은 다팔아 쇼핑몰의 ISMS-P 인증심사를 수행하고 있다. 다음 인터뷰 내용을 보고 심사원의 판단 중 가장 적절한 것을 고르시오.

- **심사원** : 안녕하세요. 시스템 및 서비스 운영관리 영역의 심사를 담당하고 있는 나열심입니다.

- **담당자** : 네, 안녕하세요. 정보보호 담당자 강보안입니다.

- **심사원** : 쇼핑몰 운영에 필요한 네트워크 장비 운영은 어떻게 하고 계신가요?

- **담당자** : 네. 저희는 네트워크 장비 운영 효율화를 위해 자체 개발한 솔루션을 활용하고 있습니다.

- **심사원** : 아. 그러시군요. 말씀하신 솔루션은 어떤 기능을 하는 건가요?

- **담당자** : 네. 장애관리, 구성관리, 계정관리, 성능관리, 보안관리 등 NMS가 가진 기본적인 기능을 모두 포함하고 추가적인 관리 기능도 구현하였습니다. 사실 그동안 이기종 네트워크 장비 관리에 어려움이 많았었는데 이를 보완하기 위해 자체 솔루션을 개발하여 활용하고 있는 것입니다.

- **심사원** : 그럼 이 솔루션을 통해 각 네트워크 장비의 설정도 변경할 수 있다는 말씀이군요.

- **담당자** : 네. 맞습니다. 네트워크 장비 설정값 변경도 가능함에 따라 이 솔루션을 사용할 수 있는 사용자의 계정 관리에도 각별한 신경을 쓰고 있습니다. 즉, ID/PW뿐만 아니라 OKTA를 활용한 인증 강화를 구현하였고, 네트워크 장비에 대한 직접 접속은 불가능하도록 해당 장비에 기본계정 및 사용자 계정은 삭제하고 이 솔루션을 통해서만 접속할 수 있도록 하였습니다. 접근통제 솔루션 역할도 할 수 있도록 개발한 것입니다.

- **심사원** : 네. 그럼, 해당 솔루션에 로그인 한 번 해주시기 바랍니다. (로그인 후) 그럼 이번엔 다른 PC에서 해당 솔루션에 동일한 계정으로 로그인해주시기 바랍니다. (다른 PC에서 로그인 후) 어? 같은 계정으로 로그인했는데 두 PC에서 동시에 사용 가능하네요? 어떻게 된 건가요?

- **담당자** : 네. 솔루션 구현 과정에서 기술적으로 동시접속 차단 기능 구현에 문제가 있었습니다.

- **심사원** : 그럼 이에 대한 위험평가는 수행하신 적이 있나요?

- **담당자** : 공식적인 위험평가는 수행하지 않았습니다. 다만, 두 번째 기기에서 접속했을 때 두 번째 기기의 MAC/IP 정보를 기록하고 처음 접속한 기기에 알림이 가도록 보완조치를 하였으며, 동시접속이 가능하다는 것에 대해 정보보호 최고책임자께 보고를 드리고 내년 사업계획에 이에 대한 보완 조치를 할 수 있도록 예산을 배정 받은 상태입니다.

---

① 동시접속 가능한 상황에 대해 공식적인 위험평가를 수행하지 않아 1.2.3 위험 평가 결함이라고 판단하였다.

② 동시접속이 가능함에 따라 여러 사용자가 하나의 계정을 공유하여 사용할 수 있어서 2.5.2 사용자 식별 결함이라고 판단하였다.

③ OKTA를 사용하여 안전한 인증을 구현하였으나 동시접속이 가능함에 따라 2.5.3 사용자 인증 결함에 해당한다고 판단하였다.

④ 동시접속 가능한 상황은 네트워크 관리자들의 특수계정 관리가 미흡함에 따라 2.5.5 특수 계정 및 권한관리 결함이라고 판단하였다.

⑤ 동시접속에 대한 보완대책 적용 및 경영층 보고 등이 없었다면, 2.6.3 응용프로그램 접근 결함이 될 수 있다고 판단하였다.

23 다음은 ISMS 심사 기간 중 심사원과 담당자가 원격 접속 솔루션에 대해 인터뷰한 내용이다. 심사원과 담당자의 인터뷰 내용을 바탕으로 심사원이 도출할 수 있는 결함으로 가장 적절한 것을 고르시오.

- **심사원** : 안녕하세요. 원격 접속 솔루션 운영 관리에 대해 설명 부탁드립니다.

- **담당자** : 네, 코로나 이후 원격 접속 근무를 위한 원격 접속 솔루션을 도입하여 운영하고 있습니다. 주로 장애 대응을 위한 비상 시 원격 접속용으로 사용하고 있습니다.

- **심사원** : 원격 접속하는 방식을 설명 부탁드립니다.

- **담당자** : 사용자가 처음 SSL VPN으로 인증 후 VPN 연결이 되면 다른 인터넷은 차단되고 원격 접속 솔루션만 접근이 가능합니다. 원격 접속 솔루션을 접속할 때에는 ID와 비밀번호로 2차 인증을 합니다. 이때 추가로 OTP 인증으로 3차 인증까지 받은 후에 사용자별 업무 PC로 원격 접속을 할 수 있습니다.

- **심사원** : 알겠습니다. 사용자 계정 현황을 볼 수 있을까요?

- **담당자** : 여기 화면에서 사용자 계정 현황을 볼 수 있습니다. 개인별로 1인 1계정을 사용하고 있습니다.

- **심사원** : 관리자 계정은 admin을 사용하고 계시네요.

- **담당자** : 관리자는 저 혼자라서 제가 admin 계정을 사용하고 있습니다. 문제가 있을까요?

- **심사원** : admin 계정은 기본 관리자 계정이라 추측 가능하기 때문에 관리자나 특수 계정들은 변경하거나 새로 생성해서 사용하시는 것이 좋습니다. 변경이 가능하지 않나요?

- **담당자** : 제조사 측에 한 번 확인해 보겠습니다.

- **심사원** : 네, 관리자 계정을 제외하고 총 55명의 계정이 활성화 상태라고 보면 될까요?

- **담당자** : 네, 맞습니다.

- **심사원** : 오전에 SSL VPN 담당자분과의 인터뷰 시에 SSL VPN 계정은 관리자 제외하고 57개였는데 계정에 차이가 있네요.
- **담당자** : 아 그런가요? SSL VPN은 원격 접속 솔루션 접속 목적으로만 이용하고 있어서 사용자 기준으로 계정 수가 동일해야 맞습니다.
- **심사원** : 잠시 SSL VPN 담당자와 추가 확인해 보겠습니다. shlee, yjkim 계정이 SSL VPN에는 존재하는데 원격 접속 솔루션에는 없는 것 같네요.
- **담당자** : 두 계정의 사용자가 지난주에 퇴사를 했기 때문에 계정 삭제 신청서를 근거로 삭제했습니다.
- **심사원** : SSL VPN 담당자분은 해당 계정 사용자분들이 퇴사했는지 모르고 계시던데요.
- **담당자** : 그런가요, 저한테는 계정 삭제 신청서가 공유되었기 때문에 삭제 처리했습니다.
- **심사원** : 그렇군요. 로그인 이력을 보니 마지막 로그인이 1년 전 날짜인 계정도 있는 것 같네요.
- **담당자** : 네, 원격 접속 솔루션 도입 시에 비상 대응을 위해서 사용자 계정을 모두 생성해 놓았습니다. 그 후에 바로 정부지침도 있고 코로나도 끝나는 분위기여서 회사에서도 재택근무가 공식적으로 없어졌습니다. 그래서 접속 안 하시는 분들이 있습니다.
- **심사원** : 네, 그분들 계정은 계속 활성화 상태인가요?
- **담당자** : 아닙니다. 3개월 미사용 시 잠금 정책을 적용해 놓았기 때문에 3개월 이상 미사용인 사용자가 로그인 시도해도 비활성화되어 접속 불가합니다.

① 2.2.5 퇴직 및 직무 변경 관리
② 2.5.1 사용자 계정 관리
③ 2.5.2 사용자 식별
④ 2.5.3 사용자 인증
⑤ 2.6.1 네트워크 접근

24 ISMS-P 심사를 받고 있는 AA 온라인 쇼핑몰에 대해 심사원이 확인한 내용이다. 다음 중 심사원이 판단한 내용 중 적절한 것을 모두 고르시오. (2개)

- ■ **심사원** : 물류창고 출고 프로세스에 대해 설명 부탁드립니다.

- ○ **담당자** : 우선 온라인 쇼핑몰 통해 주문이 들어오면 매일 12시까지 들어온 주문에 대해 당일 출고가 이루어집니다. WMS에 들어온 출고 정보가 DAS까지 연동되어 있어서 피킹리스트가 출력되고요. 상품을 피킹하여 포장한 후 송장출력시스템을 통해 출력된 송장을 붙여서 발송하게 됩니다. 매일 오후 4시에 택배사에서 당일 출고분을 수거해 가고 있습니다.

- ■ **심사원** : 쇼핑몰의 개인정보 처리방침에 택배사가 C*택배로 기재되어 있는 것을 확인했습니다. 송장출력시스템의 운송장은 D*택배사로 되어있네요?

- ○ **담당자** : 자사 택배사를 두달 전에 D* 택배로 변경하였습니다. 택배사 변경하면서 연동된 시스템에 테스트로 넣어둔 운송장 번호가 변경되지 않는 바람에 이틀 동안 출고도 못 나가고, 운송장을 다시 출력해서 붙이느라 정말 애먹었습니다. 연말이라 출고 물량도 엄청 많았거든요.이제는 안정화가 되어 개인정보 처리방침 변경 작업도 지난주에야 겨우 Jira에 등록했습니다. 착수는 되었는데 퍼블리셔가 며칠 병가를 쓰느라 작업이 좀 지연되고 있습니다. 아마 다음 주에는 변경된 택배사 기준으로 게시될 것 같습니다.

- ■ **심사원** : 출고정보가 내려오는 화면을 볼 수 있을까요?

- ○ **담당자** : 네, 잠시만요. 이 화면이 WMS 출고지시 리스트입니다.

order mem no	order date	recipient	phone	address	zipcode
hb2020000111	2025-01-31 13:01	장원영	010-1234-1111	서울 강남구 삼성로 146길 4-5	06070
hb2023000100	2025-01-31 14:30	카리나	010-2345-2222	서울 성동구 왕십리로 83-21	04769
hb2024000111	2025-01-31 18:01	설윤아	010-3456-3333	서울 강동구 강동대로 205	05407
hb2024000112	2025-01-31 18:11	김원터	010-4567-4444	서울 성동구 왕십리로 83-21	04769
hb2021000999	2025-02-01 9:12	김민지	010-5678-5555	서울 용산구 한강대로 42	04389

delivery message	order number	product number	product name
경비실에 맡겨주세요.	2025001310501	24856P	19TH ANNIVERSARY LUCKY CARD SET
	2025001310502	05826S	BADGE [MIC ver.]
	2025001310503	24564P	FANLIGHT DOLL KEY RING
문 앞에 부탁드립니다.	2025001310504	00456N	OFFICIAL FANLIGHT VER.2.0
	2025001310505	00998N	2025 SEASON'S GREETINGS

> ■ **심사원** : 출고정보가 개인정보인데 마스킹이 하나도 되어있지 않네요?
>
> ○ **담당자** : 출고지시 화면을 기준으로 택배사에 배송정보가 연동되고 있어서 마스킹을 적용할 수 없다고 알고 있습니다. 대신 송장출력시스템에서 운송장 정보의 수취인 이름과 연락처를 마스킹하고 있습니다.
>
> ■ **심사원** : 출고지시 메뉴에 접근할 수 있는 권한을 가진 사람은 누구인가요?
>
> ○ **담당자** : 접근권한이요? 글쎄요? 물류센터에서 출고를 담당하는 파트는 모두 가능하지 않을까요?
>
> ■ **심사원** : 택배사 변경하시면서 위탁계약서는 작성하셨나요?
>
> ○ **담당자** : 택배사가 모든 업체들과 계약서를 작성하는 것은 무리라고 하여 협약서 형태로 간단하게 작성했습니다. 사무실에 복귀해서 협약서를 제출하겠습니다.

① 출고지시 화면의 개인정보가 비식별조치 되지 않은 것에 대해 '2.6.3 응용프로그램 접근' 결함이 아니라고 판단하였다.

② 운송장에 주소가 비식별조치 되지 않은 것에 대해 '2.6.3 응용프로그램 접근' 결함이라고 판단하였다.

③ 물류창고 출고파트의 모든 인원에게 출고지시 메뉴 접근권한이 부여된 것에 대해 '2.5.1 사용자 계정 관리' 결함이라고 판단하였다.

④ 개인정보처리방침 내 변경된 택배사가 반영이 다소 늦어진 것은 결함이 아니라고 판단하였다.

⑤ 택배사와 위탁계약을 협약서 형태로 작성한 것에 대해 '2.3.2 외부자 계약 시 보안' 결함이 아니라고 판단하였다.

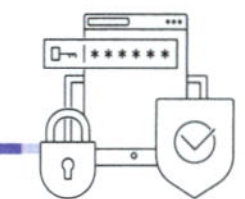

[25~26] 신청기관인 같이놀자는 ISMS 임의 신청자로서 ISMS-P 사후 심사를 진행 중에 있다.

■ **심사원** : 안녕하세요. 서버접근제어 시스템 운영 현황 심사를 맡은 왕동국입니다.

○ **담당자** : 안녕하세요. 서버접근제어 시스템 운영을 담당하고 있는 나건국입니다.

■ **심사원** : 서버접근제어 시스템 관리자 로그인을 부탁드리겠습니다.

○ **담당자** : 네, 제 업무용 PC에서 서버접근제어 관리자 페이지에 접근이 가능하며, 로그인 하기 위해서는 ID/PW와 함께 핸드폰으로 전송되는 코드를 입력해야 합니다. 무엇부터 보여드릴까요?

■ **심사원** : 서버접근제어 솔루션에서 통제하고 있는 시스템 목록 조회를 부탁드립니다.

○ **담당자** : 네, 현재 통제하고 있는 시스템 목록입니다.

■ **심사원** : 네트워크 구성도에서 개인정보 처리시스템, 데이터베이스 시스템, PC 통합보안 솔루션 등을 확인했는데, 모든 시스템이 서버접근제어 시스템을 통하여 접근 가능한가 요?

○ **담당자** : 네, 맞습니다. 모든 시스템에 접근을 하기 위해서는 서버접근제어 시스템을 통 하여 접근하도록 하고 있습니다. 또한, 시스템에 접근이 가능한 모든 사용자는 ID/PW뿐 만 아니라 핸드폰으로 전송되는 일회용 코드를 입력하도록 되어있습니다.

■ **심사원** : 시스템별 사용자 관리 절차는 어떻게 될까요?

○ **담당자** : 모든 시스템에 대한 사용자 관리 절차는 동일하게 진행됩니다. 각 시스템 담당 부서에서 사용자 등록 또는 해제를 위해 신청서를 작성하고 담당 부서장이 승인하면 저 에게 메일로 신청서를 보냅니다. 신청서를 근거로 사용자 등록 또는 해제를 진행하게 됩 니다.

■ **심사원** : 사용자에 대한 접근권한에 대한 내용도 신청서 제출 시 함께 전달되나요?

○ **담당자** : 아니요. 신청서에는 담당자 업무와 사용자 계정 등록/해제 여부에 관한 정보만 있으며, 제가 사용자 계정 등록 시 신청자 담당 업무에 따라 권한을 부여하고 있습니다.

■ **심사원** : 그럼, 사용자 권한 부여는 담당자님께서 판단하여 권한을 부여하시는 걸까요?

○ **담당자** : 네, 맞습니다. 모든 시스템에 대한 사용자 계정과 접근권한 관리를 제가 하고 있 기 때문에 제가 각 시스템에 맞는 권한을 판단하여 적절하게 부여하고 있습니다.

■ **심사원** : 그럼, 권한의 등록·변경·삭제 등에 대한 기록은 어떻게 하시나요?

○ **담당자** : 계정 신청서 접수에 따라 계정 및 권한을 등록 후, 계정 신청 결과와 부여된 권 한에 대해서 메일로 회신하고, 계정과 권한에 대한 관리 내용은 별도로 엑셀파일로 정리 해 두고 있습니다.

■ **심사원** : 네, 업무시간 외 시스템 장애 발생 시 대응은 어떻게 하나요?

○ **담당자** : 외부에 있는 장애 발생 대응 인력에게 연락을 하면 해당 담당자가 원격으로 내부의 지정된 장비에 접근하도록 되어있습니다. 그 지정된 장비에서 서버접근제어 시스템을 통하여 장애 시스템에 접속합니다.

■ **심사원** : 아, 그럼 외부에 있는 단말을 통해 내부망에 접근하게 되겠네요. 그럼 장애 대응 시, 사용하는 외부에 있는 단말기에 대한 보안 통제는 되어있는 건가요?

○ **담당자** : 외부에서 담당자가 언제든지 대응할 수 있도록 개인 소유의 장비를 이용할 수 있으며, 보안 통제가 되어있는 지정된 장비로 접근한 이후에 서버접근제어 시스템을 통해 장애 시스템으로 접근하기 때문에 문제없습니다.

■ **심사원** : 그렇다 하더라도, 외부에서 지정된 장비로 접근하는 과정에서 보안 통제가 되어 있지 않은 것은 내부망에 보안 위협을 줄 수 있을 것으로 판단됩니다.

○ **담당자** : 음. 그런가요? 보안통제가 된 지정된 장비에서만 내부망에 접근할 수 있기 때문에 저희는 문제가 없을 것으로 판단하고 있습니다.

■ **심사원** : 네, 해당 부분은 검토가 필요해 보입니다. 서버접근제어 솔루션 인터뷰는 여기까지 하겠습니다. PC 통합보안 솔루션에 대해 추가 인터뷰 진행하겠습니다.

○ **담당자** : 네, 이쪽으로 오십시오. 안내해 드리겠습니다.

(PC 통합보안 솔루션 담당자가 있는 자리로 이동)

■ **심사원** : 안녕하세요. PC 통합보안 솔루션 운영 현황과 관련하여 잠시 인터뷰 요청드리겠습니다.

◇ **담당자** : 네, 안녕하세요. PC 통합보안 솔루션 운영을 담당하고 있는 홍경희입니다. PC 통합보안 솔루션에 접속 가능한 PC는 제 자리에 없어서요. 이쪽으로 오시죠.

■ **심사원** : PC 통합보안 솔루션에 로그인 부탁드립니다.

(심사원은 담당자의 옆자리에 별도로 놓여있는 PC 통합보안 솔루션 관리용 PC의 모니터를 켤 때 PC 시간을 확인했고, 시간이 현재 시간보다 3분 정도 빠른 것을 확인했다.)

◇ **담당자** : 네, PC 통합보안 솔루션의 관리자 페이지에 로그인하였습니다.

■ **심사원** : 관리용 PC에 대한 잠금처리는 안 되어있는 것 같네요. 또한 PC 통합보안 솔루션 관리자 페이지에 로그인하실 때는 ID/PW 이외의 추가 인증은 사용하지 않고 계신가요?

◇ **담당자** : 네, 해당 PC 사용을 저만 하고 있어서 추가적인 인증은 하고 있지 않습니다. 그리고, 최근에 새로운 기능을 도입하면서 PC 사용이 좀 잦아서요. 잠시 PC 잠금 기능을 꺼놓았습니다.

■ **심사원** : 그리고 사용하시는 관리자용 PC의 시각이 표준시각과 동기화가 되어있지 않던데요. PC 통합보안 솔루션 시스템에서 관리되는 로그와 접속기록의 시간 정보는 정확하게 기록되고 있을까요?

◇ **담당자** : 네, 해당 PC는 PC 통합보안 솔루션이 설치된 시스템에 접근하기 위한 관리용 PC이기 때문에 해당 PC의 시간동기화는 PC 통합보안 솔루션의 시간과는 별개입니다. 현재 저장되고 있는 로그를 보여드리겠습니다. 보시는 것처럼 PC 통합보안 솔루션의 시각은 표준시각과 동기화가 되어있고, 접근기록과 사용기록 모두 표준시각으로 저장되고 있습니다.

■ **심사원** : 네, 알겠습니다. PC 통합보안 솔루션에서는 PC의 어떤 기능들을 통제하고 있나요?

◇ **담당자** : 네, 저희가 사용하는 제품은 바이러스 백신, 중요 파일 보호, 랜섬웨어 방어, 소프트웨어 및 OS 취약점 관리, 외부 디바이스인 USB, 외장하드, 블루투스 등을 제어합니다.

■ **심사원** : 개인정보 유출 방지를 위한 기능도 있을까요?

◇ **담당자** : 네, 그 기능은 최근에 저희가 도입해서요. 개인정보보호 관련 기능은 담당자가 따로 있습니다. 담당자를 데리고 오겠습니다.

▷ **담당자** : 안녕하세요. PC 통합보안 솔루션의 개인정보보호 기능을 맡고 있는 김중앙입니다.

■ **심사원** : PC 통합보안 솔루션의 개인정보보호 기능에 대해서 설명 부탁드리겠습니다.

▷ **담당자** : 네, 최근에 저희 회사에서 개인정보 보호 강화를 위해서 PC 보안에 개인정보보호 기능을 도입하고자 기능을 검토했는데, 마침 기존 PC 통합보안 솔루션에서 개인정보보호 기능을 추가할 수 있어서 해당 기능을 적용하였습니다.

■ **심사원** : 조금 전 PC 통합보안 솔루션 관리자분이 1명이라고 들었는데, 김중앙님도 PC 통합보안 솔루션에 접근 가능하신가요?

▷ **담당자** : 네, 맞습니다. 최근에 업무가 부여되면서 저도 PC 통합보안 솔루션에 접근이 가능한데, 아직은 기능을 테스트 중이라 필요할 때 기존 담당자에게 잠시 로그인을 부탁드려 사용하고 있습니다.

■ **심사원** : 그럼, PC 통합보안 솔루션에 접근하는 계정을 따로 부여받지는 않으신 건가요?

▷ **담당자** : 네, 아직 따로 부여받지는 않았지만, PC 통합보안 솔루션에서 개인정보보호 기능 시험이 완료되는 대로 공식적으로 계정을 신청하여 부여받을 예정입니다.

■ **심사원** : 네, 알겠습니다. 시간 내어 인터뷰에 응해주셔서 감사합니다.

25 서버접근제어 시스템 인터뷰를 통해 판단한 내용 중 적절한 것을 모두 고르시오. (2개)

① 서버접근제어 시스템 관리자 페이지 로그인 시 ID/PW 이외에 2-Factor 인증으로 핸드폰 문자 코드를 사용하는 것은 안전한 인증 방식이다.

② 서버접근 사용자 계정 신청·해제 절차를 전자결제시스템이 아닌 메일로 수신하고 그 결과를 메일로 회신 후 사용자 계정 및 접근권한 기록을 엑셀 파일로 관리하는 방법은 결함이 아니다.

③ 서버접근제어 시스템에 사용자 계정 등록·해제 시, 각 시스템 담당 부서장의 승인을 확인 후 사용자의 접근 권한을 담당자가 판단하여 부여, 변경, 말소하는 것은 접근권한에 대한 부여절차와 적정성 검토가 미흡하므로 '2.5.6 접근권한 검토' 결함이다.

④ 장애 발생 시 외부에서 장애 대응 인력이 자신의 PC를 이용하여 보안 통제가 되어있는 지정된 장비를 통하여서만 내부망으로 접근이 가능하므로 이는 문제가 없다.

⑤ 장애 발생 시 외부에서 장애 대응인력이 보안 통제가 미흡한 PC를 이용하여 지정된 장비에 접근하는 과정은 업무용 단말기에 대한 통제가 미흡한 것이므로 '2.10.6 업무용 단말기기 보안' 결함이다.

26 PC 통합보안 솔루션 인터뷰를 통해 판단한 내용 중 적절한 것을 모두 고르시오. (2개)

① PC 통합보안 솔루션이 운영되는 시스템은 표준시각과 동기화되어 있어 기록되는 로그에는 시간 정보가 정확하게 기록되고 있으므로, 관리용 PC의 시간이 표준시각과 동기화되고 있지 않은 것은 문제가 없다.

② PC 통합보안 솔루션의 관리자 페이지를 로그인할 때 안전한 인증수단을 적용하지 않아 '2.5.3 사용자 인증' 결함이다.

③ PC 통합보안 솔루션의 관리용 PC에 대해 잠금이 해제되어 있어 접근통제가 미흡하여 '2.10.6 업무용 단말기 보안' 결함이다.

④ PC 통합보안 솔루션의 개인정보보호 담당자가 별도로 지정되었으나 임시로 관리자 계정을 공동으로 사용하고 있는 것은 '2.5.2 사용자 식별' 결함이다.

⑤ PC 통합보안 솔루션에 개인정보보호 기능의 추가 도입에 따른 담당자를 추가 할당하였으나 계정을 임시로 공유하여 사용하였으므로 자산 변경에 따른 영향이 고려되지 않아 '2.9.1 변경관리' 결함이다.

27 ABC 쇼핑몰은 쇼핑몰 서비스를 인증 범위로 ISMS-P 인증 심사를 받고 있다. 심사원은 심사 3일차에 인적 보안과 외부자 보안에 대해 제시된 증적을 확인하고 담당자와 인터뷰를 진행하였다. 다음 심사원과 담당자의 인터뷰 내용, 증적을 바탕으로 심사원이 도출할 수 있는 결함으로 가장 적절한 것을 고르시오.

정보보호 교육 결과 보고서

보고서		결재선	정보보안팀 김보안 사원	정보보안팀 박관리 팀장	CISO 장임원 실장
			2024.05.08	2024.05.08	2024.05.09

기안	정보보안팀	기안일	2024.05.08	문서번호	2024-정보보안팀-0075
기안자	김보안	보존년한	5년	비밀등급	2

1. 관련 근거

　– 2024년 정보보호 교육 계획 보고의 건

2. 교육 결과

구분	교육 대상	일자	교육 내용	참석자
1	내부 임직원	24.5.4 ~ 7	주요 보안 사고 사례, 개인정보 개념	65
2	외주 업체 (상주)	24.5.4 ~ 7	개인정보보호법 개정 주요 내용	25

3. 설문 결과

구분	설문 항목	매우 그렇다	그렇다	보통	아니다	전혀 아니다
1	내용 만족도	59	24	7	0	0
2	업무 응용도	50	25	15	0	0

4. 특이 사항

　– 정보보호 서약서 2024년 갱신 서약서 징구 완료

5. 향후 계획

　– 교육 내용 개선

　　• 자세한 보안 이슈 사례, 이해하기 쉬운 그림 추가 등

첨부 1. 2024년 정보보호 교육 참석자 확인서

인적 보안 관리 지침 (일부 발췌)

2014.03.14. 제정
2024.02.20. 개정

제25조(정보보호 교육 계획 수립)

① 정보보호 교육 주관 부서는 매년 정보보호 교육 계획을 수립하여야 한다.

제26조(정보보호 교육 대상)

① 정보보호 교육 대상은 다음 각 호에 해당하는 자로 한다.

    1. 회사 업무를 수행하는 정규, 계약 등 전체 임직원

    2. 회사 업무와 관련한 외부 협력업체 직원

제27조(정보보호 교육 실시)

① 정보보호 교육은 정보보호 교육 계획에 따라 연 1회 이상 실시하여야 한다.

② 정보보호 교육은 자체, 외부 위탁, 온라인, 내부 자료 전파 등 다양한 방법을 사용할 수 있다.

제28조(정보보호 교육 평가)

① 정보보호 교육 주관 부서는 정보보호 교육 실시 후, 정보보호 교육 설문서를 통하여 정보보호 교육 만족도에 대한 평가를 받고 차후 정보보호 교육 계획 수립 시 개선사항을 반영하여야 한다.

② 정보보호 교육 주관 부서는 정보보호 교육 실시 후, 교육 참석자를 대상으로 교육 내용에 대한 이해도를 측정할 수 있는 평가를 실시하여야 한다.

■ **심사원** : 정보보호 교육은 어떻게 하고 계신가요?

○ **담당자** : 저희는 매년 초에 정보보호 계획에 정보보호 교육 항목을 포함하여 수립하고 있습니다. 해당 정보보호 계획은 CISO 포함, CEO까지 보고 올리고 있습니다. 또 교육 실시 전에 교육 계획 보고를 별도로 올리고 있습니다.

■ **심사원** : 네, 24년 교육 계획은 증적으로 확인했습니다. 교육 결과도 따로 보고하신 것이 있을까요?

○ **담당자** : 여기 24년 정보보호 교육 결과 보고서입니다.

■ **심사원** : 교육 기간 내에 내부 임직원과 외주 업체 인원들이 모두 참석했나요? 별도 참석하지 못한 인원들이 발생하는 경우 어떻게 하시나요?

○ **담당자** : 교육 계획에 따라 교육 일정을 잡으면 사전에 각 부서와 외부 업체 인원들에게 교육 일정을 안내하고, 교육 기간 동안에는 거의 매시간 단위로 시간표를 짜서 교육을 진행하기 때문에 대부분 참석합니다. 일부 본인의 교육 일정에 듣지 못하는 경우에는 다른 교육 시간에 참석할 수 있게 하여 미참석자 없이 모든 인원이 교육을 받을 수 있게 합니다.

- **■ 심사원 :** 교육하실 때 정보보호 서약서도 같이 받으신 것 같네요?
- **○ 담당자 :** 네, 저희는 입사 시에 정보보호 서약서를 최초로 받고, 매년 정보보호 교육 시에 인식 제고 개념으로 정보보호 서약서를 새로 받고 있습니다.
- **■ 심사원 :** 서약서 관리는 어떻게 하시나요?
- **○ 담당자 :** 정보보호 교육 시, 서약서를 저희가 일괄 징구해서 취합하고, 스캔한 후에 원본은 인사팀으로 전달합니다. 인사팀에서는 문서고에 연도별로 보관하고 있는 것으로 알고 있습니다.
- **■ 심사원 :** 어제 심사 중에 최근 계정 삭제 신청서들을 확인하니 외부 인력 중에 정보보호 교육 기간에 업무 종료로 철수한 인력이 있었던 것 같습니다. 해당 외부 인력도 정보보호 교육을 받았나요?
- **○ 담당자 :** 해당 인력은 외부 인력 정보보호 교육일에 연차였기 때문에 교육을 하진 않았습니다. 다만 외부인력 업무 종료 절차에 따라 철수에 따른 보안 서약서를 징구하고, 누설 금지, 위반 행위 등에 대한 안내를 진행 후 철수하였습니다.
- **■ 심사원 :** 인적 보안 관리 지침에 보니 정보보호 교육 이해도 측정 평가도 수행하시는 것 같은데 평가는 어떻게 하고 계신가요?
- **○ 담당자 :** 지침에 그런 내용이 있나요? 교육 수행 후에 설문을 통해 교육 만족도만 확인하고 있습니다. 따로 평가를 수행하지는 않았습니다.
- **■ 심사원 :** 네 알겠습니다.

① 2.2.2 직무 분리
② 2.2.3 보안 서약
③ 2.2.4 인식제고 및 교육훈련
④ 2.3.1 외부자 현황 관리
⑤ 2.3.3 외부자 보안 이행 관리

 다음 ○○여행사에 대한 ISMS-P 심사 상황이다. 심사원과 담당자의 인터뷰와 증적자료를 바탕으로 심사원이 판단한 내용 중 적절하지 않은 것을 모두 고르시오. (2개)

■ **심사원** : 클라우드 서비스를 사용 중이시네요?

○ **담당자** : 네 ESF(Email Service Facter) 솔루션을 클라우드 서비스로 이용하고 있습니다. 통계처리 및 report 기능 등 여러 기능이 추가된 메일 서비스입니다.

■ **심사원** : ESF 서비스를 이용하시면서 개인정보를 위탁보관하는 형태로 보이네요.

○ **담당자** : 네 맞습니다. 개인정보가 싱가폴에 구축되어 있는 IDC의 storage 시스템에 저장됩니다.

■ **심사원** : 주로 어떤 정보들을 주고받나요?

○ **담당자** : 항공 및 호텔 예약 관련된 정보들을 메일로 주고받습니다.

■ **심사원** : 한번 볼 수 있을까요?

○ **담당자** : 네. 발신 메일 하나 열어보겠습니다.

■ **심사원** : 마스킹 정책이 잘되어 있네요. 내부 정책에 마스킹 정책이 수립되어 있나요?

○ **담당자** : 네. 정책에 따라 마스킹을 적용하고 있습니다.

■ **심사원** : 물리적 보호에 필요한 요구사항을 계약서에 반영하고 주기적으로 검토하고 있나요?

○ **담당자** : 아니요. 서비스 라이선스를 구매하여 이용하는 형태라서요. 그런 내용은 포함되어 있지 않은데요.

■ **심사원** : 그러면 업체에서 정보보호 관련 법규를 잘 준수하고 있는지, 화재·전력 이상 등 재해·재난 대비가 되어있는지, 출입통제가 되고 있는지 검토하시나요?

○ **담당자** : 글로벌 기업인데 잘 되고 있지 않을까요? 따로 확인하고 있지는 않습니다.

■ **심사원** : 알겠습니다. 미성년자 회원도 있나요?

○ **담당자** : 네. 전체 회원의 10% 정도 되는 것 같습니다.

■ **심사원** : 미성년자로부터 받은 개인정보 수집·이용 동의서와 메일로 주고받은 예약 정보 볼 수 있을까요? 그리고 개인정보처리방침도 보여주세요.

○ **담당자** : 네 여기 '김민수'님에 대한 예약 메일 내용과 동의서입니다.

■ **심사원** : 개인정보처리방침에 국외 이전 내용이 없네요?

○ **담당자** : 개인정보처리방침에는 아직 반영하지 않았고 정보주체에게 메일로 고지하고 있습니다.

■ **심사원** : 국외 이전에 대한 동의서는 받고 있나요?

○ **담당자** : 아니요. 고지만 하고 있습니다.

■ **심사원** : 네. 알겠습니다. 파기는 어떻게 수행하고 있나요?

○ **담당자** : 대부분 호텔 및 항공 예약 정보로서 5년간 보존하도록 되어 있습니다. 저희는 매년 연말에 5년이 지난 개인정보에 대해서 일괄 파기하고 있습니다.

■ **심사원** : 네 알겠습니다.

—— 메일 내용 일부 발췌 ——

2. 승객정보

* 탑승객정보는 여권앞면 COPY(스캔·사진)로 대체 가능합니다.

* 항공사 마일리지 적립은 탑승자 본인 앞으로 각각 적립하셔야 합니다. (미성년자 동일)

> 여권 사본 앞면 혹은 영문 성함 / 여권번호 / 생년월일 / 만료일

> 탑승객 휴대전화 및 이메일 주소

성명	영문명	성별	여권번호	생년월일	여권만료일	휴대전화	이메일
김영희	KIM * HEE	여	M269Q9349	1978.**.**	2033.05.30	010-****-7496	
김민수	KIM * SU	남	M626Z6531	2014.**.**	2033.07.01	010-****-5632	

☰ 개인정보 수집·이용 동의서

미성년자용 개인정보 수집·이용 동의서입니다.

자사는 귀하의 개인정보 보호를 매우 중요시하며, 「정보통신망 이용촉진 및 정보보호 등에 관한 법률」 및 「개인정보보호법」을 준수하고 있습니다. 적법한 절차와 법적 기준에 의거하여 고객의 개인정보를 수집하고 있으며, 고객의 서비스 이용에 필요한 최소한의 정보만을 수집하고 있습니다.

구 분	보유 및 이용기간	동의 여부
1. 수집이용 목적 : 예약 및 출국 가능 여부 파악 2. 수집항목 : 여권번호	– 일반 개인정보 : 여행출발일로부터 5년 후 파기 또는 관계법령에 따른 보존기간까지	■예 □아니오
1. 수집이용 목적 : 대금결제 / 정산 2. 수집항목 : 성명, 신용카드 번호, 유효기간	– 고유식별정보 : 여행종료일로부터 1개월 후 파기 또는 관계 법령에 따른 보존기간까지	■예 □아니오
1. 수집이용 목적 : 여행상품 예약 및 상담, 항공 지연 안내 2. 수집항목 : 예약자 성명, 생년월일, 연락처, 이메일, 주소	– 미결제 취소 정보 : 예약 취소일로부터 3개월	■예 □아니오

평가귀하는 개인정보 제공 동의를 거부할 권리가 있으며, 동의 거부 시 프로그램 참여에 제한이 있을 수 있습니다.

「개인정보 보호법」 등 관련 법규에 의거 상기 본인은 위와 같이 개인정보 수집 및 활용에 동의합니다.

2024년 12월 14일

신청자 김 민 수 (인/ 서명)

① 심사원은 개인정보처리방침에 국외이전 고지를 하지 않은 사항을 확인하고 3.3.4 개인정보 국외이전 결함으로 판단하였다.

② 심사원은 여권번호에 마스킹 적용에 문제가 있다고 판단하여 2.6.3 응용프로그램 접근 결함으로 판단하였다.

③ 심사원은 14세 미만 아동의 개인정보 수집 시 법정대리인의 동의를 받고 있지 않아 3.1.1 개인정보 수집·이용 결함으로 판단하였다.

④ 심사원은 물리적 보호에 미흡한 사항을 확인하고 2.3.2 외부자 계약 시 보안 결함으로 판단하였다.

⑤ 심사원은 파기 절차가 잘못된 것으로 판단하여 3.4.1 개인정보의 파기 결함으로 판단하였다.

29 ○○카쉐어링 서비스에 대한 ISMS-P 심사를 수행하고 있다. 심사원과 담당자의 인터뷰로 확인할 수 있는 결함으로 적절하지 않은 것을 모두 고르시오. (2개)

- 서비스 : 카쉐어링 서비스
- 전년도 정보통신서비스 부문 매출액 : 100억
- 이용자 개인정보 보유 : 50만건
- 민감정보 보유 : 1만건

[인터뷰 1]

■ **심사원** : 민감정보 수집은 어떻게 하시나요?

○ **담당자** : 민감정보 수집·이용 동의서를 통해 동의받고 수집·이용하고 있습니다.

■ **심사원** : 개인정보처리시스템에 접속하는 개인정보 취급자들은 주요 직무 관리자로 지정하여 관리하고 있나요?

○ **담당자** : 네. 그렇게 하고 있습니다.

■ **심사원** : 개인정보처리시스템 접속 로그는 어떻게 관리하고 있나요?

○ **담당자** : DB서버에 3달간 보관하고 있고 매월 백업서버로 복사하여 2년간 보관하고 있습니다.

[인터뷰 2]

○ **담당자** : 네, 회원관리 시스템에 일반 사용자 계정으로 접속하였습니다.

■ **심사원** : 다운로드 버튼이 보이네요? 누르면 동작하나요?

○ **담당자** : 네, 클릭하면 엑셀파일 형태로 사용자 PC에 저장됩니다.

- ■ **심사원** : 다운로드가 발생하면 다운로드 사유를 검토하도록 내부관리계획에서 정하고 있나요?
- ○ **담당자** : 로그 및 접속기록 관리지침에서 세부사항을 정하고 있고 내부관리계획에는 관련 내용이 없습니다.

[인터뷰 3]

- ■ **심사원** : 탈퇴회원 정보에 대한 파기는 어떻게 수행하고 있나요?
- ○ **담당자** : 배치프로세스를 통해 매주 금요일 18시에 자동으로 삭제하도록 되어있습니다.
- ■ **심사원** : 흐름도를 보면 콜센터에서 수집되는 민원처리 관련 정보도 파기하도록 되어 있네요?
- ○ **담당자** : 네, 전자상거래법을 근거로 3년간 보존하게 되어 있어서 매년 연말에 3년이 지난 data를 확인하여 일괄 삭제하고 있습니다.

[인터뷰 4]

- ■ **심사원** : 개인정보처리 시스템에 일정 횟수 이상 인증이 실패했을 경우 접근을 제한하도록 하는 설정이 안 되어 있네요?
- ○ **담당자** : 정보통신서비스 제공자로서 기술적·관리적 보호조치에 따라 내부정책을 마련하여 운영하고 있는데 인증실패 시 접근제한은 필수 사항이 아닙니다.
- ■ **심사원** : 기술적·관리적 보호조치가 개인정보 안전성 확보조치에 통합되었습니다. 정보통신서비스 제공자도 통합된 개인정보 안전성 확보조치 기준을 준수해야 하는데 정책에 반영하지 않으신 것 같습니다.
- ○ **담당자** : 그런가요? 한번 확인해 보겠습니다.

[인터뷰 5]

- ■ **심사원** : 개인정보처리시스템에서 개인정보를 다운로드 또는 파기할 수 있거나 개인정보처리시스템에 대한 접근 권한을 설정할 수 있는 개인정보 취급자의 수가 얼마나 되나요?
- ○ **담당자** : 대략 3~40명 정도 됩니다.
- ■ **심사원** : 해당 PC 몇 대 확인해 봤는데 네이버, 구글 등등 접속이 가능하네요?
- ○ **담당자** : 네. 하지만 P2P, 웹하드, 특정 메신저 등은 제한하고 있습니다.

① 2.1.1 정책의 유지관리
② 2.5.3 사용자 인증
③ 2.6.7 인터넷 접속 통제
④ 2.9.4 로그 및 접속기록 관리
⑤ 3.4.1 개인정보의 파기

30 다음은 ISMS 인증 의무 대상기관인 요리박사의 ISMS-P 최초심사 내용이다. 다음 심사 내용을 통해 가장 적절하게 판단한 것을 고르시오.

> **가.** 신청기관은 정보통신서비스 부문 전년도 자산총액이 3,000억 원, 매출액이 100억 원, 일일평균 정보통신서비스 이용자 수가 100만 명 이상이 되면서 ISMS 의무 대상자가 되었다.
>
> **나.** 정보보호부서장이 정보보호 최고책임자를 맡고 있었으며 개인정보보호책임자를 겸직하고 있다.
>
> **다.** 정보보호 최고책임자는 정보기술 분야 국내 석사학위를 취득하였으나 정보기술, 정보보호, 개인정보보호 분야의 경력은 없었다.
>
> **라.** 신청기관은 회원가입 시 개인정보 수집·이용을 위해서 ID, 비밀번호, 이름, 전화번호를 필수정보로서 이용자 동의 없이 수집하고 있었다.
>
> **마.** 신청기관은 주문하는 음식에 대한 알러지 발생 여부를 방지하고자 회원 가입 시 음식 알러지 여부 및 알러지 음식 종류를 이용자 동의 없이 필수정보로서 수집하고 있었다.
>
> **바.** 신청기관은 음식 배송 주문 시 배송지 정보 또한 이용자 동의 없이 필수정보로 수집하고 있었다.

① 신청기관은 겸직 금지 대상 기업이지만 정보보호 최고 책임자와 개인정보보호책임자를 겸직하고 있는 것은 결함이 아니라고 판단하였다.

② 정보보호 최고책임자의 정보기술, 정보보호 또는 개인정보보호 분야 경력이 없는 것은 정보보호 최고책임자의 자격요건에 부합하지 않기 때문에 1.1.2 최고책임자의 지정 결함으로 판단하였다.

③ 회원 가입 시 계약 이행 등을 위해 필요한 ID, 비밀번호, 이름, 전화번호를 동의 없이 수집하는 것은 3.1.1 개인정보 수집·이용 결함으로 판단하였다.

④ 회원 가입 시 계약 이행 등을 위해 필요한 음식 알러지 여부 및 알러지 음식 종류를 동의 없이 수집하는 것은 3.1.4 민감정보 및 고유식별정보의 처리 제한 결함으로 판단하였다.

⑤ 음식 배송 주문 시 배송지 정보를 이용자 동의 없이 수집하고 있는 것은 3.1.1 개인정보 수집·이용 결함으로 판단하였다.

31 심사원은 퍼블릭 클라우드 서비스의 인프라를 이용하는 기관의 ISMS-P 인증심사를 수행하고 있으며, 보안 담당자를 만나 실사를 진행하였다. 다음의 실사 결과에서 취약하다고 판단하기 적절한 것은 모두 몇 개인지 고르시오.

> **가.** EC2 인스턴스에 접근하기 위해 Key Pair(PEM)를 사용하고 있음
>
> **나.** Key Pair(PEM) File의 보관을 EC2 "Admin Console(/)" 디렉토리에 보관하고 있음
>
> **다.** Admin Console 계정을 서비스 용도로 사용하고 있지 않음
>
> **라.** Admin Console 계정에 Access Key가 존재하지 않음
>
> **마.** IAM 사용자 계정 로그인 시 MFA가 활성화 되어 있고, SSO 인증을 통해서 로그인을 하고 있음
>
> **바.** VPC는 Public, Private, DB Subnet으로 3계층 네트워크로 구성하여 운영하고 있음
>
> **사.** 보안 그룹(Security Group)에서 아웃바운드 포트(Outbound Port)의 정책이 Any로 허용되어 있음
>
> **아.** MySQL RDS DB가 DB Subnet에 포함되어 있고, RDS의 Public Accessibility가 Yes로 설정되어 있음
>
> **자.** RDS가 위치한 서브넷 그룹 내 불필요한 가용 영역이 존재함
>
> **차.** RDS 암호화가 활성화 되어 있고, 담당자는 암호화 알고리즘을 알지 못함
>
> **카.** 쿠버네티스 시크릿(Kubernetes Secret)을 외부 암호 저장소인 Vault로 자동 교체 되게 하고 있음

① 2개　　　　② 4개　　　　③ 6개　　　　④ 8개　　　　⑤ 10개

32 중고거래 플랫폼인 DD 사에서 ISMS-P 심사 중인 심사원이 확인하고 회의 시간에 공유한 내용이다. 다음 중 결함으로 적절한 것을 고르시오.

■ **심사원** : 회원가입 절차와 개인정보처리방침을 점검한 결과 아래와 같은 사항을 확인하였습니다. 먼저 회원가입 단계에서는 필수정보로 아이디와 이름 휴대폰 번호를 입력하고, 본인인증을 필수로 수행하고 있었습니다. 회원가입 단계에서 본인인증이 필수인지 담당자 인터뷰 때 문의했는데 타사들도 가입 단계에 다 수집하고 있는데 문제가 되느냐고 답하였습니다.

또한 회원가입 시 쇼핑적립금 2,000원을 준다고 되어있었는데, 선택정보인 성별과 생년월일을 입력해야만 쇼핑적립금을 수령할 수 있도록 되어있었습니다.

다음으로 회원가입 절차에서 입력받는 정보에 대해 개인정보수집·이용에 관한 사항을 알리면서 '동의합니다'가 아닌 '확인하였습니다'로 받고 있었는데요. 해당 메시지에 체크를 하지 않으면 다음 페이지로 진행이 되지 않도록 구현되어 있는 것을 확인했습니다.

개인정보처리방침의 국외위탁은 2개 업체가 기재되어 있었습니다. 고객 행태정보 수집 및 분석하는 CRM 솔루션 b*****과 추천서비스 제공을 위한 솔루션 G*****사가 데이터를 보관을 위해 해외 클라우드를 이용한다고 합니다.

신청기관인 DD 사 역시 AWS를 사용하는 것으로 알고 있는데 국외위탁이 아닌 위탁으로만 기재하고 있었습니다.

제3자 제공의 경우 이용자 동의에 기반한 제공과 수집 목적과 합리적 관련성에 기반한 제공으로 리스트를 나누어 게시하고 있었습니다. 해당 플랫폼에 입점되어 있는 판매업체들을 수집 목적과 합리적 관련성에 기반한 제공 쪽에 포함하고 있었는데요. 해당 업체의 수가 많다는 이유로 모두 나열하지 않고 별도의 리스트 형태로 제공하고 있었습니다.

개인정보처리방침 일부발췌

다. 개인정보 제3자제공

(1) 이용자 동의에 기반한 제공(근거 : 개인정보보호법 제17조(개인정보의 제공) 제1항제1호)

제공받는 자	제공 항목	제공받는 자의 이용 목적	제공받는 자의 보유 및 이용 기간
서*보증보험 ㈜	구매자 성명, 구매자 생년월일, 구매자 성별, 구매자 연락처, 구매자 이메일 주소, 주문번호, 배송 주소, 주문금액	쇼핑몰보증보험 가입 및 보험가입 제반 사항	서비스 제공기간

(2) 수집 목적과 합리적 관련성에 기반한 제공(근거 : 개인정보보호법 제17조(개인정보의 제공) 제4항)

제공받는 자	제공 항목	제공받는 자의 이용 목적	제공받는 자의 보유 및 이용 기간
㈜DD중고거래 입점판매업체 업체 확인	성명, 전화번호, 휴대폰 번호, 상품 구매정보, 배송 주소	주문확인, 배송, 상담, 교환 및 반품 처리	회원 탈퇴 시, 이용 목적 달성 후 지체 없이 파기 또는 법정 의무 보유 기간
㈜카**페이	결제고유번호, 회원번호, 상품명, 상품수량, 결제 및 환불 금액	주문 상품 결제, 환불	이용 목적 달성 후 지체 없이 파기 또는 법정 의무 보유 기간
네**파이낸셜 ㈜	결제고유번호, 회원번호, 상품명, 상품수량, 결제 및 환불 금액	주문 상품 결제, 환불	이용 목적 달성 후 지체 없이 파기 또는 법정 의무 보유 기간

라. 개인정보 위탁

수탁업체	위탁 업무내용
㈜메**CS	고객 상담 및 각종 민원 처리 업무, 녹취시스템 운영
N***평가정보㈜	계좌 인증 서비스
한***인증㈜	휴대폰 본인확인 서비스
C**택배(주)	배송 물품 위치 확인 및 반품 수거 서비스
Amazon Web Services, Inc.	데이터 보관 및 인프라 관리

회사는 개인정보 보호법 제28조의8(개인정보의 국외 이전) 제1항 제3호 정보주체와의 계약의 체결 및 이행을 위하여 개인정보의 처리위탁·보관이 필요한 경우에 근거해 국외에 일부 개인정보처리 업무를 위탁하고 있습니다.

수탁업체	이전 국가	이전 항목	이전 받는 목적 및 기간	이전 거부 방법
G***** Inc (g*****support @g*****.com)	미국 (서비스 이용 시점에 네트워크로 전송)	성별, 나이, 서비스 방문이력, 클릭이력, 관심이력, 검색이력, 성별, 나이	상품 추천 서비스 지원을 위해 개인정보를 보관하며 수탁업체는 자신을 위한 목적으로 개인정보를 이용하지 않음 보유 및 이용 기간 : 회원 탈퇴 시 또는 위탁 종료 시까지	회원 탈퇴를 통해 개인정보 이전을 거부
b***** Inc. (privacy @b*****. com)	미국 (서비스 이용 시점에 네트워크로 전송)	성별, 나이, 서비스 방문이력, 클릭이력, 관심이력, 검색이력, 성별, 나이	고객 CRM 서비스 지원을 위해 개인정보를 보관하며 수탁업체는 자신을 위한 목적으로 개인정보를 이용하지 않음 보유 및 이용 기간 : 회원 탈퇴 시 또는 위탁 종료 시까지	회원 탈퇴를 통해 개인정보 이전을 거부

① 3.1.1 개인정보 수집·이용

② 3.1.2 개인정보 수집 제한

③ 3.3.1 개인정보 제3자 제공

④ 3.3.2 개인정보 처리 업무 위탁

⑤ 3.3.4 개인정보 국외이전

33 심사원은 ABC 기업의 ISMS-P 인증심사를 진행하고 있다. 다음은 담당자 인터뷰 및 ABC 기업에서 운영하고 있는 개인정보처리시스템 현황에 대해 확인 후 심사원이 판단한 내용 중 적절하지 않은 것을 모두 고르시오. (2개)

응용프로그램 보안지침

제4장 응용프로그램 보안관리

제11조(접근통제)

① 업무용 응용프로그램은 각 사용자의 업무상 필요성에 따라 화면 단위로 최소한의 접근 권한을 부여하여야 한다.

② 내부에서 사용하는 응용프로그램을 명확하게 식별하여야 한다.

③ 응용프로그램은 일정 시간 입력이 없는 경우 세션을 자동 차단하고, 동일 사용자의 동시 세션 수를 제한해야 한다.

④ 개인정보취급자가 정보통신망을 통해 외부에서 개인정보처리시스템에 접속이 필요한 경우에는 인증서(PKI, Public Key Infrastructure), 보안토큰, 일회용 비밀번호(OTP 등) 등 안전한 인증 수단을 적용하여야 한다. 또한, 보안성 강화를 위하여 가상사설망(VPN), 전용선 등 안전한 접속수단의 적용을 고려하여야 한다.

제12조(입출력 관리)

① 개인정보취급자가 데이터를 입력할 경우 입력한 데이터의 처리 결과를 화면상으로 제공할 수 있도록 하여야 한다.

② 화면 또는 출력 데이터 중 사용자의 개인정보(휴대폰 번호, 계좌번호 등)는 일부 또는 전부가 마스킹하여 출력되도록 한다. 단, 사용자 확인, 거래정보 확인 등 업무 필요성이 인정되는 경우 예외로 한다.

③ 개인정보 조회 시 LIKE 검색 등 과도한 검색이 되지 않도록 적용해야 한다.

(이하 생략)

■ **심사원** : ABC기업은 A, B, C 3개의 서비스에 대한 관리자 페이지를 운영하고 있는 것으로 확인하였고, 각 관리자페이지에서는 모두 회원의 개인정보를 처리하는 것으로 확인하였습니다. 그 중 A 서비스 관리자페이지의 URL 정보를 바탕으로 접속을 시도해 보니 외부망에서 접근이 가능했습니다. A 서비스 관리자페이지가 외부에 오픈된 사유가 있을까요?

○ **담당자** : 네, A 관리자페이지의 경우 계열사 직원의 접근이 필요하여 외부로 오픈하여 관리하고 있습니다. 전용선의 경우 비용이 너무 많이 들어 SSL VPN 접속수단을 통해 권한이 있는 인력만 접근할 수 있도록 관리하고 있습니다.

■ **심사원** : SSL VPN에 로그인할 때 OTP와 같은 추가 인증수단은 적용되어 있나요?

○ **담당자** : SSL VPN과 같이 안전한 접속수단을 적용했기 때문에 2 Factor 인증은 적용하지 않았습니다.

■ **심사원** : 알겠습니다. 각 관리자페이지에 세션타임아웃 시간은 설정되어 있나요?

○ **담당자** : A, B 관리자페이지는 각각 15분, 30분으로 설정되어 있습니다. C 관리자페이지 같은 경우 내부 임직원 절반 이상이 접근하는 시스템인데, 세션타임아웃 설정으로 세션이 종료될 경우 막대한 영향이 있기 때문에 CISO 승인을 통해 예외처리하여 관리하고 있습니다.

■ **심사원** : 네, 알겠습니다. A 관리자페이지 화면을 보며 계속 진행하겠습니다. 회원관리 메뉴에서 '이' 글자를 검색해보시겠습니까?

○ **담당자** : 네, 입력하였습니다.

■ **심사원** : 네, 확인 좀 하겠습니다. 잠시만요.

〈A 관리자페이지 회원 관리 화면〉

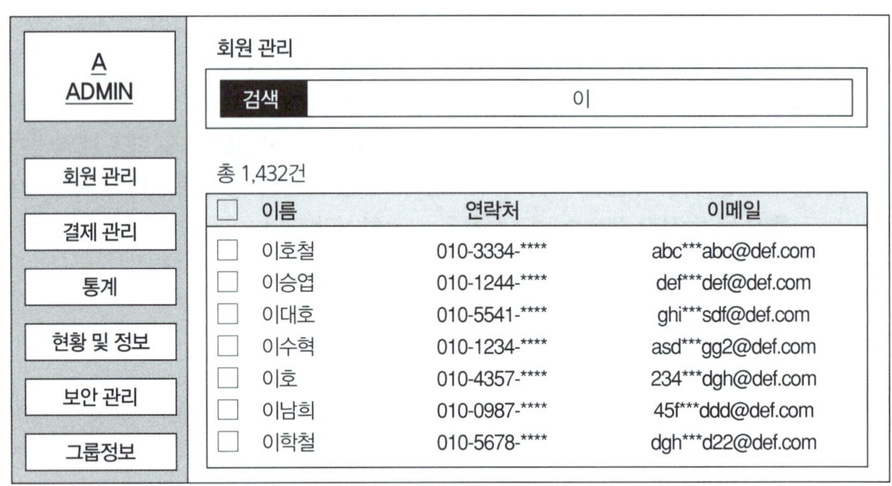

■ **심사원** : 성명은 따로 마스킹이 적용되어 있지 않네요? 또 LIKE 검색 제한이 적용되어 있지 않은 것 같은데요.

○ **담당자** : 네, 맞습니다. 성명의 경우 리스트 상에서 마스킹할 경우 업무가 되지 않아 마스킹을 해제하였습니다. LIKE 검색 또한 리스트 형식으로 화면에서 조회가 되어야 회원 확인 및 통계관리를 할 수 있어서 제한해 두지 않았습니다. 해당 부분은 CISO 승인을 통해 처리하고 있습니다.

■ **심사원** : 알겠습니다. 그럼 현재 페이지에서 소스보기 페이지를 확인 부탁드립니다.

○ **담당자** : 네, 소스보기 페이지입니다.

■ **심사원** : 음.. 화면상 마스킹 처리된 개인정보가 소스보기 페이지에서 전부 노출되어 조회되네요.

○ **담당자** : 이 부분은 확인이 필요할 것 같습니다. 다만, A 관리자페이지의 경우 권한이 부여된 직원만 접근할 수 있으며, 직원 대부분이 소스보기 화면을 잘 모르기 때문에 큰 문제는 되지 않을 것 같습니다.

■ **심사원** : 네, 알겠습니다. 마지막으로 B 관리자페이지, C 관리자페이지의 회원 관리 화면에서 동일하게 조회 화면을 확인하고 마무리하면 될 것 같습니다.

〈B 관리자페이지 회원 관리 화면〉

<u>B</u>
ADMIN

- 회원 관리
- 결제 관리
- 통계
- 현황 및 정보
- 보안 관리
- 그룹정보

회원 관리

검색 　이

총 19,233건

☐	이름	연락처	이메일
☐	이길동	010-0000-****	123***abc@def.com
☐	이감찬	010-1234-****	456***def@def.com
☐	이순신	010-5671-****	789***sdf@def.com
☐	이기대	010-2345-****	111***gg2@def.com
☐	이루리	010-4567-****	222***dgh@def.com
☐	이창민	010-5678-****	333***ddd@def.com
☐	이준철	010-7890-****	444***d22@def.com

〈C 관리자페이지 회원 관리 화면〉

<u>C</u>
ADMIN

- 회원 관리
- 결제 관리
- 통계
- 현황 및 정보
- 보안 관리
- 그룹정보

회원 관리

검색 　이

총 1,432건

☐	이름	연락처	이메일
☐	이미자	010-****-1234	123abc***@def.com
☐	이가나	010-****-2345	234def***@def.com
☐	이철희	010-****-3456	345ghi***@def.com
☐	이혁수	010-****-4567	456asd***@def.com
☐	이환철	010-****-5678	567234***@def.com
☐	이동민	010-****-6789	67845f***@def.com
☐	이우현	010-****-7890	789dgh***@def.com

① 외부에서 접근이 가능한 A 관리자페이지는 접속수단이 적용되어 있지만 안전한 인증 수단이 적용되지 않아 2.5.3 사용자 인증 결함으로 판단하였다.

② A, B, C 관리자페이지의 세션타임아웃 시간이 시스템마다 상이하여 2.6.3 응용프로그램 접근 결함으로 판단하였다.

③ A, B, C 관리자페이지의 LIKE 검색이 가능하여 2.6.3 응용프로그램 접근 결함으로 판단하였다.

④ A 관리자페이지는 화면상에서 개인정보가 마스킹 처리되어 있으나 소스보기를 통해 마스킹되지 않은 채로 조회가 가능하여 2.6.3 응용프로그램 접근 결함으로 판단하였다.

⑤ A, B, C 관리자페이지의 마스킹 적용 기준이 시스템마다 상이하여 2.6.3 응용프로그램 접근 결함으로 판단하였다.

[34~35] OO 대학교 학사서비스를 대상을 ISMS-P심사를 수행하고 있다. 제공된 증적과 인터뷰를 바탕으로 물음에 답하시오.

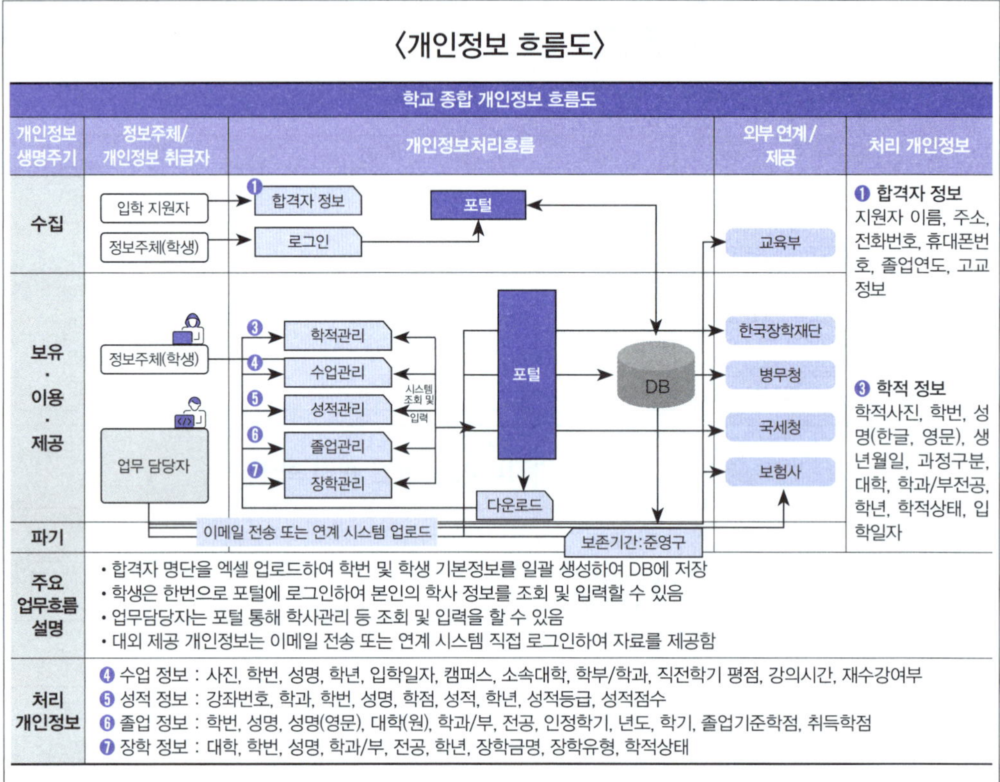

■ **심사원** : 학사시스템의 개인정보 흐름도를 간략히 설명해 주시겠습니까?

○ **담당자** : 전체적인 개인정보 흐름에 대해 설명드리겠습니다. 부분별 자세한 사항은 필요 시 각 담당자가 보충 설명해 드리도록 하겠습니다.
지원시스템에서 합격자 정보를 파일로 다운로드 한 후 포털에 업로드 합니다.

■ **심사원** : 지원시스템에서 파일로 다운로드 하는 것은 기록에 남기고 있나요?

○ **담당자** : 지원시스템은 다운로드 사유를 입력하도록 되어있고, 기록에 남기고 있습니다.

■ **심사원** : 종합 개인정보 흐름도에서 어떤 방법을 통해 합격자 정보가 업로드되는지와 기본정보가 DB에 저장되는 흐름을 누락하고 있습니다.

○ **담당자** : 가장 기본적인 수집 부분을 일부 누락하였습니다. 수정하도록 하겠습니다.

〈인터넷증명 발급 흐름도〉

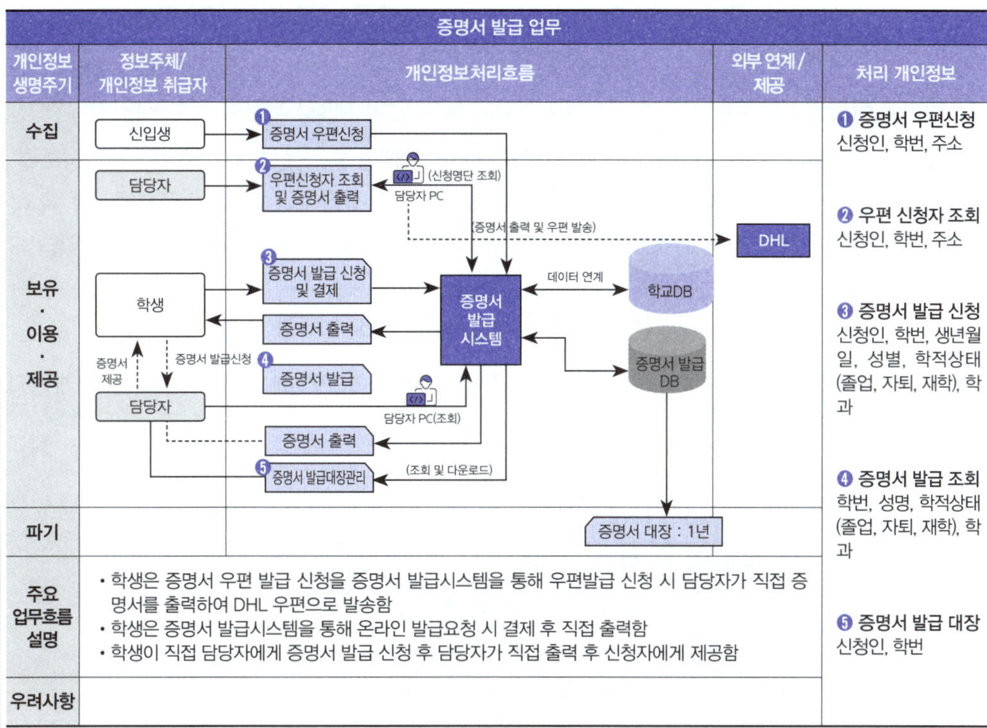

■ **심사원** : 인터넷증명 발급 흐름도 설명 부탁드리겠습니다.

○ **담당자** : 증명서 우편 신청 시 담당자가 직접 증명서를 출력하여 DHL 우편으로 발송합니다. 학생은 증명서 발급 시스템에서 직접 신청 발급할 수 있습니다. 또한 학교 담당자를 찾아가 발급 신청할 경우 담당자가 증명서를 발급하여 출력한 후 신청자에게 전달합니다. 증명서 발급대장은 1년간 보관 후 파기하고 있습니다.

■ **심사원** : 인터넷 증명발급신청 시 본인확인 절차가 있습니까?

○ **담당자** : 네. 본인확인 절차를 거친 후 증명발급 신청을 할 수 있습니다.

■ **심사원** : 흐름도에는 본인확인 절차가 없네요.

○ **담당자** : 아...그렇네요. 흐름도에 본인확인 절차를 추가하겠습니다.

■ **심사원** : 최근에는 학생들이 꼬끼오챗을 통하여 학생인증 이벤트도 하고, 증명서 발급도 하고 있어 편리한 것 같습니다. 제가 학교 다닐 때는 학교에 위치한 발급 기기에서만 발급이 가능했는데, 지금은 모바일 기기로도 발급이 가능하여 좋습니다.

○ **담당자** : 증명서 발급은 정부 전자 문서 지갑을 이용하여 꼬끼오챗에서 서비스하는 것으로 알고 있습니다.

■ **심사원** : 학생증 발급도 꼬끼오챗에서 편리하게 해주고 있어서 저희 아이도 유용하게 사용하고 있습니다.

○ **담당자** : 꼬끼오챗에서 개인정보 수집 및 이용 동의를 받고 있습니다만, 학교에서는 꼬끼오챗과 연동하여 제공하고 있지 않습니다. 증명발급 업체인 (주)OO인증에서 위탁업체인 학교에 알리지 않고 (주)꼬끼오챗에 제공하는 서비스로 알고 있습니다.

■ **심사원** : 증명발급업체에서 정보주체의 동의 없이 제3자 제공을 하는 것인가요?

○ **담당자** : 정보주체(학생)가 꼬끼오챗에서 톡 학생증 발급 신청 시, 입력한 개인정보를 증명서 발급업체((주)OO인증)에서 확인 후 발급해주는 것입니다. (주)꼬끼오챗에서는 톡 학생증 발급 신청 시점에 (주)OO인증에서 제공하는 개인정보 제3자 제공 동의를 받고 있습니다.

(주)OO인증 개인정보 제3자 제공 동의

(주)OO인증은 아래의 목적으로 개인정보를 (주)꼬끼오챗에 제공하며, 회원의 개인정보를 안전하게 처리하는데 최선을 다합니다.

[필수]개인정보 제3자 제공동의

제공받는자	(주) 꼬끼오챗
목적	학생정보확인용 증명서발급
항목	학생정보 확인용 증명서
보유기간	카드 발급 시 지체없이 파기

위 동의는 (주)OO인증을 통해 톡학생증 발급 자격 증빙에 필요한 졸업 및 재학, 재적 증명서를 발급하는 내용을 포함하고 있습니다.
위 동의를 거부할 권리가 있으며, 동의를 거부하실 경우 서비스 이용이 제한됩니다.

반갑습니다.
톡학생증 발급을 진행할게요!

학교	V
학위	V
학번	

☐ [필수] (주)꼬끼오챗 개인정보 수집 및 이용 동의　　　　　　　　　　　보기
☐ [필수] (주)꼬끼오챗 개인정보 제3자 제공 동의　　　　　　　　　　　보기
☐ [필수] (주)OO인증 개인정보 제3자 제공 동의　　　　　　　　　　　보기
☐ [선택] 디지털카드 맞춤형 서비스를 위한 개인정보 이용 동의　　　　보기
☐ [선택] 톡디지털카드 채널의 광고와 마케팅 메시지를 꼬끼오챗으로 받습니다.　보기

인증 후 발급하기

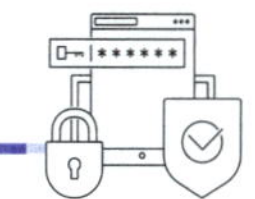

- **심사원** : 증명서 발급업체와는 위수탁 계약을 맺고 있나요?

○ **담당자** : 네. 계약 시 표준개인정보처리 위수탁 계약서를 사용하여 계약서를 작성·보관하고 있습니다.

- **심사원** : 위수탁 계약서에 위탁 업무 목적을 확인해 보셨나요?

○ **담당자** : "증명서 발급을 위한 유지 보수 업무"가 목적임을 확인하였습니다.

- **심사원** : 학교는 증명서 발급업체인 (주)OO인증에 개인정보를 위탁하고 있고, (주)OO인증은 (주)꼬끼오챗에 개인정보 제3자 제공을 하고 있군요. 개인정보처리방침에는 증명서 발급 위탁 내용을 표기하고 있습니까?

○ **담당자** : 개인정보처리방침에 표기해야 합니까? 20년동안 기재한 적이 없는 내용입니다. 왜 개인정보처리방침에 기재해야 하나요?

- **심사원** : …

34 담당자와 인터뷰 및 확인한 증거자료를 통해 심사원이 판단한 내용 중 적절한 것을 고르시오.

① 심사원은 종합 개인정보 흐름도에서 파일 업로드 부분을 누락한 이유로 1.2.2 현황 및 흐름 분석 결함으로 판단하였다.

② 심사원은 지원시스템에서 다운로드 사유가 기록된 것을 확인한 후 2.9.4 로그 및 접속기록 관리 결함으로 판단하였다.

③ 심사원은 흐름도에서 지원시스템을 표기하지 않은 이유를 들어 1.2.3 위험평가 결함으로 판단하였다.

④ 심사원은 본인확인 절차를 인터넷발급 증명 흐름도에서 누락한 부분을 확인하여, 3.2.2 개인정보 품질보장 결함으로 판단하였다.

⑤ 심사원은 (주)OO인증이 (주)꼬끼오챗에 개인정보 제3자 제공을 동의 없이하여 3.3.1 개인정보 제3자 제공 결함으로 판단하였다.

35 증명서 발급업체인 (주)OO인증은 (주)꼬끼오챗에 개인정보를 제공하고 있다. 다음 사항 중 적절한 것을 모두 고르시오. (2개)

① (주)꼬끼오챗은 학교에서 정보확인을 하지 않고 증명서 발급업체인 (주)OO인증을 통하여 학생 정보를 확인하여 3.2.2 개인정보 품질보장 결함으로 판단하였다.

② 증명서 발급업체 (주)OO인증은 개인정보 제3자 제공 동의를 받고 있으나 제공 항목을 명확하게 표시하지 않아, 3.1.1 개인정보 수집·이용 결함으로 판단하였다.

③ 개인정보처리 수탁사가 위탁자로부터 제증명서 발급을 위한 유지보수 업무를 목적으로 위탁받은 개인정보를 정보주체의 동의없이 제3자 제공하여, 3.3.1 개인정보 제3자 제공 결함으로 판단하였다.

④ 개인정보처리방침에 증명서 발급업무의 위수탁 내용을 기재하지 않아 3.3.2 개인정보 처리 업무 위탁 결함으로 판단하였다.

⑤ 증명서 발급업체 (주)OO인증은 학교로부터 증명서 발급을 위한 유지 보수 업무를 위탁받았으므로, 증명서 발급업체는 수탁사가 된다.

36 공공기관인 OO 연구소는 홈페이지를 포함한 OO 서비스를 대상으로 ISMS-P 인증 심사를 받고 있다. 다음은 인증 범위에 포함된 홈페이지의 채용 공고 및 개인정보 수집·활용 동의 화면이다. 해당 문서를 검토한 결과 결함으로 판단되는 항목을 모두 고르시오. (2개)

채용공고 

채용공고

2024년도 신규 연구원 임용요청서 양식을 다음과 같이 안내드립니다.
– 제출 기한 : ~2024년 12월 31일
– 제출서류

신규임용	재임용	비고
연구원 임용요청서 1부 연구원 임용 관련 이행 확약서 1부 개인정보 수집 및 활용동의서 1부 이력서 1부 최종학위증명서 1부 주민등록등본 1부 계좌사본 1부	연구원 임용요청서 1부 연구원 임용 관련 이행 확약서 1부 개인정보 수집 및 활용동의서 1부	참여과제가 2개 이상일 경우, 각각 임용요청

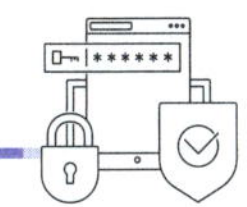

개인정보 수집 및 활용동의서

OO 연구소는 외부연구에 참여하는 계약직 연구원의 임용 및 관리를 위해 다음의 개인정보를 수집 및 활용하고 있으며, 이 외의 다른 목적으로 사용하지 않습니다.

1. 수집항목 및 수집/활용 목적

구분	수집항목	수집/이용 목적
필수사항	성명(한글/영문), 주민등록번호(생년월일)	본인 확인 및 식별 등
	학력, 성적, 경력사항	임용 적합성 판단 (연구과제 참여 적합성 여부 판단을 위한 학력 조회 등)
	전화번호(자택/휴대폰), 이메일, 현주소	임용 관련 고지사항 전달 및 결과 안내 등 의사소통 경로 확보
	통장사본	급여 지급에 활용

2. 보유 및 이용기간

구분	기간	보유근거
임용자 및 임용 예정자	영구보관	채용심사 과정을 증명하는 자료 (성명, 생년월일, 연락처, 학력/경력사항, 성적 등)에 한하여 준영구 보관
임용 포기자	폐기	
최종 전형 합격자 외	폐기	

3. 개인정보 수집 및 이용 동의 거부의 권리

지원자는 개인정보 제공 및 활용에 동의하지 않을 권리가 있습니다.

다만, 상기 개인정보를 제공하지 않으실 경우 공정한 채용을 진행할 수 없기 때문에, 지원에 제한이 있을 수 있음을 알려드립니다.

위와 같이 개인정보를 처리하는데 동의하십니까?   □ 동의 □ 미동의

지원자   (인)

OO 연구소 귀하

임용 요청서

1. 인적사항

대상자 성명		임용 구분	신규 임용
휴대폰 번호		연구자번호	
최종학위		최종학위 취득년월	
이메일주소		주민등록번호	

2. 참여연구과제 정보

연구과제번호		연구책임자	
지원기관		과제담당자	
과제명			
당해년도 연구기간			

① 3.1.1 개인정보 수집·이용

② 3.1.2 개인정보 수집 제한

③ 3.1.3 주민등록번호 처리 제한

④ 3.1.4 민감정보 및 고유식별정보의 처리 제한

⑤ 3.3.1 개인정보 제3자 제공

[37~38] 스타트업인 SS 여행사는 '온라인 여행 상품 중계 서비스'를 대상으로 ISMS-P 간편 인증 심사를 수행하고 있다. 심사는 2025년 3월 3일부터 수행되고 있으며, 다음은 제공된 정책 및 증적, 담당자와의 인터뷰 내용이다.

서버 보안 관리 지침 (일부 발췌)

제6조(서버 도입 관리) ① 서버를 도입하고자 하는 부서의 관리자는 운용 전 취약점 점검을 수행하여야 하며, 취약점 점검 결과에 따른 모든 취약점이 제거된 후로 서버를 운용할 수 있다.

② 외부에 공개되는 서버는 DMZ망에서만 위치하고 운용되어야 한다.

③ 모든 서버는 서버 접근제어 솔루션을 통해 접근을 할 수 있으며, 접근통제에 관한 절차는 별도의 서버접근통제 매뉴얼 지침에 의해 운영된다.

④ 모든 서버는 자산 도입 시점에 자산관리대장에 등록·관리되어야 한다.

네트워크 운영 지침 (일부 발췌)

제3조(IP 정책 관리) ① 외부에서 접근하기 위한 용도의 IP를 제외하고 모든 IP는 사설IP대역을 사용하여야 하며, 대역구분은 별표4를 따른다.

② 2개 이상 동일한 용도의 서버를 구축하는 경우 대표IP(VIP)를 지정하여야 한다.

③ 서버 간 통신 이외의 정책은 시행일을 제외하고 최대 1년을 초과할 수 없다.

④ 용역사 직원 등 제3자가 이용하는 정책은 시행일을 제외하고 최대 3개월을 초과할 수 없다.

⑤ IP대역 중 내부 직원 및 서버 등 내부 자산은 C클래스를 100 이하로 할당하여, 자회사 및 용역사 등이 이용하는 자산과 구분하여야 한다.

⑥ 관리를 위한 서비스 포트는 알려진 포트를 이용할 수 없다.

〈별표4〉 사설IP대역 구분

구분	시작	종료	비고
사용자 대역	10.0.0.0	10.255.255.255	10/8 prefix
DMZ 대역	172.16.0.0	172.31.255.255	172.16/12 prefix
서버망 대역	192.168.0.0	192.168.255.255	192.168/16 prefix

보안장비 운영 지침 (일부 발췌)

제4조 (방화벽 정책 관리) ① 기본 관리자 계정이거나 관리자임을 유추할 수 있는 단어가 포함된 계정명은 사용을 금한다.

② 사용자·DMZ·서버 망별로 방화벽을 구성하여 네트워크 대역 간 통신을 통제하여야 한다.

③ 서버 간 통신 이외의 정책은 시행일을 제외하고 최대 1년을 초과할 수 없다.

④ 용역사 직원 등 제3자가 이용하는 정책은 시행일을 제외하고 최대 3개월을 초과할 수 없다.

⑤ 관리를 위한 서비스 포트는 알려진 포트를 이용할 수 없다.

⑥ 최소 분기별 1회 이상 정기적으로 보안 장비의 적합성 여부를 점검하여 위반한 사항은 즉시 비활성화 시키고, 활성화 사유가 발생 되지 않는 경우 다음 점검 시 비활성화 정책을 삭제하여야 한다.

〈서버망 방화벽 정책 현황 일부〉

번호	Source	Destination	Protocol	Service	Reg.Date	Action	Limit.Date
1	10.1.10.11	192.168.15.16	TCP	38081, 22	20250211	Allow	20250228
2	10.1.10.12	192.168.15.15	TCP	3022, 8081	20250201	Allow	20250328
3	10.1.100.15	192.168.15.15	TCP	3021, 8089	20250210	Allow	20251231
4	10.1.200.16	192.168.12.13	TCP	43221	20250201	Allow	20250730
5	172.17.12.13	192.168.15.11	TCP	8089	20250102	Allow	ANY
6	172.17.12.14	192.168.15.11	TCP	8089	20250102	Allow	ANY
7	10.1.17.16	172.17.12.15	TCP	40123	20241115	Allow	20251131
8	...	...	...	...	...	...	...
1610	ALL	ALL	ALL	ALL	20211103	Deny	ANY

37 심사원은 여러 담당자를 만나 실사와 인터뷰를 진행하였다. 심사원이 판단한 내용 중 가장 적절한 것을 고르시오.

① 네트워크 운영 지침의 내용 확인 결과 사설IP 대역에 공인IP 대역이 일부 포함되어 있어서 정책의 수정이 필요하다고 판단하였고, 실제 사설IP 대역이 잘못 사용되고 있는지 일부 IP 할당 현황을 확인하였다.

② 방화벽 정책 확인 결과 이중화 되어 있는 WAS서버의 대표 IP가 부여되어 있음에도 불구하고 대표 IP가 아닌 개별 IP별로 정책이 각각 생성·부여되어 있는 것이 문제라고 판단하였다.

③ 방화벽 관리자 사이트 로그인 시 입력한 "admin01"이라는 아이디는 적절하지 않은 아이디로 판단하고 전체 방화벽의 관리자 계정 리스트 확인을 요청하였다.

④ 방화벽 정책 확인 결과 최대 62일 동안 HitCount가 0인 정책들이 발견되어 보안장비 정책의 정기적인 점검 여부를 확인하였고, 정기적으로 타당성 점검이 수행되었으나 그 효과성이 미흡하다고 판단하였다.

⑤ 자산관리대장 확인 결과, 도입 진행 중인 보안 어플라이언스 장비에 대해 아직 자산 등록이 되어 있지 않은 부분을 확인하고, 네트워크에 연결되어 있는 장비가 취약점 점검이 아직도 실시되지 않은 부분은 문제라고 판단하였다.

38 심사원이 확인한 서버망 방화벽 정책에서 심사기관의 정보보안 관리체계 측면으로 추가 인터뷰 및 실사 등을 통해 정책의 적절성을 확인할 필요가 있는 정책들을 식별하였다. 심사 기관의 정보보호 관리체계를 고려하여 적절성에 문제가 가장 적은 서버망 방화벽 정책 번호를 모두 고르시오. (2개)

① 1번 정책

② 3번 정책

③ 4번 정책

④ 6번 정책

⑤ 7번 정책

39 다음 중 결함으로 판단한 내용 중 적절하지 않은 것은 모두 몇 개인지 고르시오.

(가) 위험관리 계획에 따라 정보보호 및 개인정보보호 관리체계 범위 전 영역에 대한 위험평가를 베이스라인 접근법만을 적용하여 위험평가를 실시하여 1.2.3 위험 평가 결함으로 판단하였다.

(나) 외부 집적정보 통신시설(IDC)에 위탁 운영하는 경우 물리적 보호에 필요한 요구사항(정보보호 관련 법규 준수, 화재, 전력 이상 등 재해·재난 대비, 출입통제, 자산 반출입 통제, 영상감시 등 물리적 보안 통제 적용 및 사고 발생 시 손해 배상에 관한 사항 등)을 계약서에 반영하지 않아 2.4.4 보호설비 운영 결함으로 판단하였다.

(다) ISMS 인증 의무 대상자이면서 전년도 말 기준 자산총액이 5천억 원을 초과한 정보통신서비스 제공자이고 지주회사로서 자회사의 경영관리 업무와 그에 부수하는 업무 외에 영리를 목적으로 하는 다른 업무를 영위하지 않는 자로서 정보보호 최고책임자가 CIO를 겸직하고 있어 1.1.2 최고책임자의 지정 결함으로 판단하였다.

(라) 침해 사고 발생 또는 비밀번호의 노출 징후가 의심되었으나 지체 없이 비밀번호 변경하지 않아 2.5.4 비밀번호 관리 결함으로 판단하였다.

(마) 클라우드컴퓨팅 서비스 중 SaaS를 제공하는 사업자로서 정보보호 공시를 이행하지 않아 1.4.1 법적 요구사항 준수 검토 결함으로 판단하였다.

(바) 업무망의 경우 업무의 특성, 중요도에 따라 네트워크 대역 분리 기준을 수립하여 운영하지 않아 2.6.1 네트워크 접근 결함으로 판단하였다.

(사) 운영환경에는 승인되지 않은 개발도구(편집기 등), 소스 프로그램 및 백업본, 업무 문서 등 서비스 실행에 불필요한 파일이 존재하지 않도록 관리하여야 하나 승인되지 않은 엑셀이 설치되어 있어 2.8.6 운영환경 이관 결함으로 판단하였다.

(아) 전자거래 및 핀테크 보호대책 수립 시 전자금융거래법, 전자상거래 등에서의 소비자 보호에 관한 법률 등을 고려하지 않고 수립하여 2.10.4 전자거래 및 핀테크 보안 결함으로 판단하였다.

(자) 개인정보 및 중요 정보 표시 제한 마스킹 적용이 화면별로 상이하나 이를 결합하여도 특정인이 식별이 되지 않도록 수준을 정하여 운영되고 있어 2.6.3 응용프로그램 접근 결함으로 판단하였다.

(차) 업무용 모바일 기기 분실·도난 대책으로 비밀번호만을 사용하여 화면 잠금 설정하여 2.10.6 업무용 단말기기 보안 결함으로 판단하였다.

① 2개 ② 3개 ③ 4개 ④ 5개 ⑤ 6개

40 다음은 (주)가나다 병원이 ISMS-P인증 심사를 진행하면서 확인된 내용이다. 심사원과 담당자의 질의응답 및 증적자료를 바탕으로 심사원이 판단한 내용 중 적절하지 않은 것은 모두 몇 개인지 고르시오.

전자의무기록의 관리·보존에 필요한 시설과 장비에 관한 기준
[시행 2023. 12. 14.]

제2장 전자의무기록 관리·보존 시설과 장비기준

제3조(전자의무기록의 생성·저장 장비 등) 전자의무기록 관리자는 전자의무기록의 안전성과 신뢰성 확보를 위하여 전자의무기록의 생성·저장과 전자서명을 검증할 수 있는 장비를 갖추어야 한다.

제4조(전자의무기록의 이력관리를 위하여 필요한 장비) 전자의무기록 관리자는 전자서명이 있은 후 전자의무기록의 추가 기재·수정 사항과 변경 여부를 확인할 수 있게 하는 등 전자의무기록의 이력관리를 위하여 필요한 장비를 갖추어야 한다.

제5조(전자의무기록의 백업 저장장비) 전자의무기록 관리자는 전자의무기록의 분실·도난·유출·위조·변조 또는 훼손 등의 사고를 대비할 수 있도록 다음 각 호의 구분에 따른 장비와 장소를 확보하여야 한다.
1. 전자의무기록을 주기적으로 안전하게 백업할 수 있는 기능을 갖춘 백업 저장장비
2. 백업 저장장비에 대한 잠금장치가 구비된 보관장소

㉠ **CCTV관련 질의A**

○ **담당자A** : 진료실에서 폭행사고를 대비하여 CCTV 설치가 필요한데 개인 동의를 받고 할 수 없는 상황일 때는 어떻게 해야 하나요? 예를 들어 폭행사고는 예측이 되기도 하지만 (상습적인 환자) 예측 불가능하게 발생하는 경우가 많습니다. 꼭 동의를 받아야 하나요?

■ **심사원A** : 진료실은 의료인과 환자만이 출입할 수 있으므로 불특정 다수가 출입할 수 있는 공개된 장소가 아닙니다. 그러므로 CCTV 등 영상정보처리기기를 설치하여 촬영하기 위해서는 진료실에 출입하는 모든 사람의 동의를 받아야만 녹화할 수 있습니다. 동의를 받은 경우에도 개인의 사생활 침해가 최소화 되도록 녹화만 할 수 있을 뿐 녹음은 할 수 없습니다.

ⓛ **CCTV관련 질의B**

○ **담당자B** : 응급실 내 음주 환자, 조직폭력배 등이 진료 중 의료인에게 폭언이나 폭행, 응급실의 각종 장비의 파손 사례가 있어서 CCTV를 설치하려고 합니다. CCTV를 설치하여 운영할 수 있나요?

■ **심사원B** : 병원, 응급실 내의 접수창구, 대기실, 복도 등은 환자 및 보호자가 비교적 제약 없이 출입할 수 있는 장소이므로 「개인정보 보호법」에 따른 '공개된 장소'에 해당합니다. 따라서 범죄예방 및 수사, 시설 안전 및 화재 예방 등의 목적으로 CCTV를 설치할 수 있습니다. 그렇지만 응급실 내의 진료실, 치료실 등은 비공개 장소에 해당하므로 이러한 장소에는 촬영 대상 정보주체(환자 및 보호자)의 동의를 받아 CCTV를 운영할 수 있습니다.

ⓒ **보존기간 관련 질의C**

○ **담당자C** : 저희가 진료정보를 보존하고 있는데요. 언제까지 보존해야 할까요?

■ **심사원C** : 환자의 진료정보는 법정 보존기간이 경과하여 처리 목적을 달성한 경우에는 지체 없이 파기하는 것이 원칙이며 다만, 의료기관은 진료목적상 필요한 경우, 법정 보존 기간이 경과한 진료정보에 대하여 1회에 한정하여 그 기간을 연장하여 보존할 수 있습니다.

ⓔ **보존기간 관련 질의D**

○ **담당자D** : 민간의료기관의 경우에도 공공의료기관에 준하는 절차로 예를 들어, 의무기록 심의회와 같은 내부 심의를 거친다면, 진료정보의 보존기간을 연장할 수 있을까요?

■ **심사원D** : 원칙상으로 개인정보를 파기할 때에는 개인정보가 복구 또는 재생되지 않도록 조치하여야 하므로 보존기간은 임의의 원칙으로 연장할 수 없습니다.

ⓜ **개인정보의 제3자 제공 현황의 열람청구 관련 질의E**

○ **담당자E** : 다른 의료기관 또는 검사기관에 검사를 의뢰하여 검사를 하는 경우 정보주체의 동의를 받아야 하나요?

■ **심사원E** : 환자의 개인정보는 환자 본인이 수집 및 이용 목적·항목, 제공받는 자 등을 직접 결정할 수 있는 '개인정보 자기결정권'이 있습니다. 그러므로 원칙적으로 환자 이외의 사람에게 환자의 건강 상태 등 환자 진료 정보를 제공하여서는 안 됩니다, 그렇지만, 「의료법」 제21조의 열람 또는 사본의 교부 등 허용 사유 가운데 어느 하나에 해당하는 경우에는 환자에 관한 기록을 열람하거나 그 사본을 교부받는 등 내용을 확인할 수 있습니다.

① 0개　　　② 1개　　　③ 2개　　　④ 3개　　　⑤ 4개

41 ABC 교육 업체는 온라인 교육 컨텐츠 제공 서비스에 대한 ISMS-P 인증심사를 수행하고 있다. 다음 심사원과 담당자의 인터뷰 및 증적 자료를 보고 심사원이 판단한 내용 중 가장 적절한 것을 고르시오.

■ **심사원** : 안녕하세요. 담당자님 소개와 ABC 교육 업체에서 제공하는 서비스에 대해 간단하게 설명 부탁드리겠습니다.

○ **담당자** : 네, 저는 ABC 교육 업체의 정보보안팀 홍길동이라고 합니다. 저는 팀 내에서 개인정보 보호 업무를 수행하고 있습니다. 저희 업체는 고객의 회원가입을 통해 교육 컨텐츠를 제공하고 있으며, 교육 대상은 초등학생, 중학생, 고등학생과 성인을 위한 컨텐츠 등 다양한 교육을 제공하고 있습니다.

■ **심사원** : 교육 서비스는 온라인으로만 제공되나요?

○ **담당자** : 네, 맞습니다. 회원가입부터 서비스 제공까지 전부 온라인으로 제공되고 있습니다.

■ **심사원** : 네, 알겠습니다. 교육 대상 중에 초등학생이 있으면 만 14세 미만의 아동의 회원도 있을 것 같은데요. 14세 미만 아동에 대한 개인정보는 어떻게 관리되고 있을까요?

○ **담당자** : 여기 보시는 것과 같이 홈페이지에서 회원가입 페이지를 보시면 만 14세 미만 아동에 대해서는 보호자의 동의를 별도로 받아 관리하고 있습니다.

■ **심사원** : 음.. 보호자의 동의 방법이 휴대폰 인증과 아이핀 인증 방법 두 가지로만 구현되어 있네요?

○ **담당자** : 네, 저희는 두 가지 방법으로 보호자의 동의를 받고 있습니다.

■ **심사원** : 일반적으로 고객의 편의를 위해서는 다양한 방법을 제공해야 하는데요. 제가 알기로는 카드 정보를 입력하는 방법, 전자우편을 입력하는 방법, 팩스를 통해 서명 날인하는 방법 등 여러 가지가 있는 것으로 알고 있는데 이 같은 방법으로도 제공해야 하지 않을까요?

○ **담당자** : 휴대폰 인증과 아이핀 인증으로도 충분하다고 생각했는데, 다른 방법은 고려해보도록 하겠습니다.

■ **심사원** : 네, 알겠습니다. 그럼 실제로 14세 미만 아동의 보호자에게 받은 동의 내역 관리 현황을 볼까요?

○ **담당자** : 네, 일단 관리 현황을 설명드리자면 아동의 개인정보와 함께 보호자의 동의 내역을 DB에 별도로 보관하고 있습니다. 여기 화면을 보시는 것과 같이 아동의 동의 내역, 보호자의 동의 내역입니다.

■ **심사원** : 주 회원이 초등학생이다 보니 만 14세 미만 아동의 개인정보 동의 내역이 정말 많네요. 가장 오래된 동의 내역 현황을 좀 볼 수 있을까요?

○ **담당자** : 네, 잠시만요. 여기 보시는 것이 가장 오래된 동의 내역입니다.

〈14세 미만 아동 보호자 동의 내역〉

동의 일시	회원 성명	동의 항목	보호자 성명	동의 방법	보호자 연락처	동의 여부
2013.01.13	박**	성명, 생년월일	김**	휴대폰	010-1111-6666	O
2013.01.14	김**	성명, 생년월일	최**	휴대폰	010-2222-5555	O
2013.01.14	최**	성명, 생년월일	박**	–	010-3333-4444	X
2013.02.15	이**	성명, 생년월일	김**	IPIN	010-4444-3333	O
2013.02.24	조**	성명, 생년월일	이**	휴대폰	010-5555-2222	O
2013.03.02	김**	성명, 생년월일	김**	–	010-6666-1111	X
2013.03.04	나**	성명, 생년월일	오**	휴대폰	010-7777-0000	O
중략						

① 심사원은 동의 방법이 다양하지 않고 휴대폰 및 아이핀 인증으로 제한적이라 결함으로 판단하였다.

② 심사원은 법정대리인이 동의를 거부한 개인정보를 파기하지 않고 장기간 보관하고 있어서 결함으로 판단하였다.

③ 심사원은 법정대리인의 연락처가 저장되어 있는 것을 확인한 후 과도한 개인정보 수집으로 결함이라 판단하였다.

④ 심사원은 14세 미만 아동의 개인정보와 법정대리인 동의 기록이 5년 이상 장기간 보관하고 있어서 결함으로 판단하였다.

⑤ 심사원은 데이터베이스 내 법정대리인의 생년월일이 존재하지 않아 나이 차이 등 진위 여부 확인을 할 수 없어서 결함으로 판단하였다.

42 빅데이터와 인공지능 등 다양한 융·복합 산업에서의 데이터 이용 수요가 급증하는 가운데 가명정보 등 안전한 데이터 활용을 위한 차세대 개인정보보호 강화 기술이 주목받고 있다. 이 중 아래의 기술은 대규모 데이터세트에서 개별 주체들의 개인정보 노출 위험을 간소화하면서 데이터를 활용할 수 있도록 하는 개인정보 보호 기술이다. 아래의 설명 중 적절한 기법을 고르시오.

- 개인 데이터를 다른 사람의 수많은 데이터와 조합함으로써 개인정보를 침해하지 않으면서도 통계적으로 유의미한 자료를 얻을 수 있고, 해당 개인정보를 재식별할 수 없도록 한 것이 특징이다.
- 특정 개인에 대한 사전지식이 있는 상태에서 데이터베이스 질의에 대한 응답 값으로 개인을 알 수 없도록 응답값에 임의의 숫자 노이즈를 추가하여 특정 개인의 존재 여부를 할 수 없도록 하는 기법이다.
- 일반적으로 노이즈를 추가하는 방식에 따라 로컬 개인정보보호와 글로벌 개인정보보호 두 가지로 구분된다.
- Google, Microsoft, Facebook에서 통계적·이론적 접근방식을 개발자들이 애플리케이션 개발에 활용할 수 있도록 관련 플랫폼에서 오픈소스를 제공한다.
- 해당 기법으로 제어된 데이터는 노이즈로 인해 상대적으로 정확성이나 유용성이 떨어지는 경향이 있다는 단점에 유의하여야 한다.

〈노이즈 주입 주체와 주입 시점에 따른 두 가지 방식〉

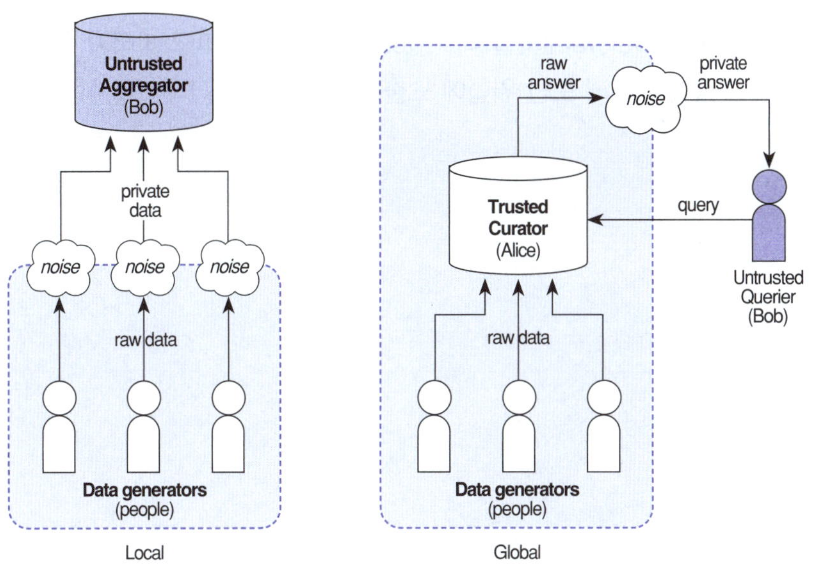

[출처 : Accessnow.org]

① 표본추출(Sampling) 　② 해부화(Anatomization)

③ 재현데이터(Synthetic data) 　④ 동형비밀분산(Homomorphic secret sharing)

⑤ 차분 프라이버시(Differential privacy)

43 쿠버네티스는 컨테이너화된 애플리케이션을 관리하고 운영하기 위한 오픈소스 플랫폼이다. 쿠버네티스 보안설정에 대한 설명 중 적절하지 않은 것을 고르시오.

① API Server 비인증 접근 차단이 허용될 경우 익명 요청이 활성화되며 비인가자가 서버에 접근하여 Kubernetes 시스템 환경에 영향을 줄 수 있으므로 Master Node에서 /etc/kubernetes/manifests/kube-apiserver.yaml 파일 내 아래의 파라미터에서 —anonymous-auth=false로 설정하고 —service-account-lookup=false로 설정하여 실제 인증 토큰이 etcd에 존재하는지 확인한다.

② kube-apiserver.yaml파일 내 --authorization-mode=AlwaysAllow로 설정되어 있을 경우 인증되지 않은 사용자가 API 서버에 접근할 수 있으므로 --authorization-mode=RBAC으로 설정하면 세분화된 권한 관리가 가능하다.

③ 클러스터의 공격을 최소화하기 위해 /etc/kubernetes/manifests/kube-controller-manager.yaml 내의 --bind-address 파라미터를 로컬호스트 인터페이스(127.0.0.1)에만 바인딩 설정을 해야 한다.

④ /etc/kubernetes/manifests/kube-apiserver.yaml 파일 내 --tls-cipher-suites=TLS_ECDSA_WITH_AED_128_GCM_SHA256,TLS_ECDHE_RSA_WITH_AES_128_GCM_SHA256 파라미터를 추가하여 안전한 SSL/TLS버전을 사용할 수 있도록 설정한다.

⑤ kube-apiserver.yaml파일 내 --token-auth-file 파라미터가 존재할 경우 자격 증명이 노출되고 여러 보안 위협에 노출되므로 해당 파라미터를 삭제하여야 한다.

44 「개인정보보호법」및 시행령 2차 개정사항(2024.03.15시행) 중 공공기관 개인정보 보호수준 평가 대상은 중앙행정기관 및 그 소속기관, 지방자치단체, 그 밖에 대통령령으로 정하는 기관이다. 다음 중 대통령령에 정하는 내용 중 "그 밖에 보호위 고시기준에 해당하는 것"은 모두 몇 개인지 고르시오.

(가)	연간 매출액 등이 1,500억 원 이상인 자로서 100만 명 이상의 정보주체에 관하여 개인정보를 처리하는 자

(나)	5만 명 이상의 정보주체에 관한 법 제23조에 따른 민감정보 또는 법 제24조제1항에 따른 고유식별 정보를 처리하는 경우

(다)	100만 명 이상의 정보주체에 관한 개인정보를 처리하는 경우

(라)	최근 3년간 개인정보 유출 등 개인정보 침해사고가 2회 이상 발생하였거나, 보호위원회로부터 과징금 또는 과태료 처분 등을 1회 이상 받은 경우

(마)	그 밖에 개인정보 처리 및 관리에 있어서 개인정보 침해 우려가 크다고 판단되는 경우

① 0개
② 1개
③ 2개
④ 3개
⑤ 4개

45 다음 개인정보 수집·이용 동의서 예시에 대해 보기 중 적절한 것을 고르시오.

[개인정보 수집·이용 동의서 예시]

구분	동의서 내용
예시1	1. **수집·이용 목적** : 유치원 학습 상담 관리 2. **수집 항목** : [필수] 성명, 전화번호, 보호자 성명 및 전화번호 　　　　　　　　　[선택] 관심분야 등 3. **보유 및 이용 기간** : 1년 4. 개인정보 수집·이용에 대한 동의를 거부할 수 있습니다. 동의를 거부할 경우 원생 신상파악이 미흡하여 학습지도에 어려움이 있을 수 있습니다. [필수] 개인정보 수집·이용에 ☐ 동의합니다. ☐ 동의하지 않습니다. [선택] 개인정보 수집·이용에 ☐ 동의합니다. ☐ 동의하지 않습니다. 1. **수집·이용 목적** : 원생 생활 관리 2. **수집 항목** : **건강정보** 3. **보유 및 이용 기간** : **1년** 4. 개인정보 수집·이용에 대한 동의를 거부할 수 있습니다. 동의를 거부할 경우 원생생활 관리에 제한을 받을 수 있습니다. 개인정보 수집·이용에 ☐ 동의합니다. ☐ 동의하지 않습니다.
예시2	1. **수집·이용 목적** : 결함상품 리콜의무 이행 2. **수집 항목** : 성명, ID, 비밀번호, 이메일 주소 3. **보유 및 이용 기간** : 3년 4. 법령상 의무 준수를 위해 상기 개인정보를 수집합니다. 개인정보 수집·이용에 ☐ 동의합니다. ☐ 동의하지 않습니다.

① 예시 1에서 두 개의 동의서로 구성되어 동의 체크 항목이 세 개로 되어있는데, 한 개의 동의서로 합쳐서 두 개의 체크 항목으로 구성해도 무방하다.

② 예시 1의 동의서는 적절하게 구성되어 있다.

③ 예시 2의 동의서는 수집 항목이 필수 항목으로만 구성되어 있는데 서비스 이용 등 계약과 관련하여 필요한 개인정보라는 것을 개인정보처리자가 입증할 수 있는 것이라면 동의 체크 항목은 제외해도 무방하다.

④ 예시 2의 동의서는 적절하게 구성되어 있다.

⑤ 예시 2의 동의서가 적절하게 구성된 게 아니라면 "동의를 거부할 권리가 있다는 사실 및 동의 거부에 따른 불이익이 있는 경우 그 불이익의 내용"의 대한 내용이 고지 되지 않았기 때문이다.

46 개인정보보호위원회에서는 2024년 12월 31일 "개인정보 처리 통합 안내서(안)"을 공개하였다. 개인정보 처리 체계가 전면 개편되어 개인정보 처리와 관련한 개편내용에 대하여 현장에서 이해하기 쉽도록 "개인정보 보호 법령 및 지침·고시 해설(2020.12.)"과 "개인정보 보호법 및 시행령 개정사항 안내"(2023.12.)를 중심으로 개인정보 처리의 전반적인 내용을 담은 것이다. 다음 그림은 이 통합 안내서에 게재된 개인정보 처리 체계도의 일부분이다. 이를 보고 판단한 것 중 적절하지 못한 것을 모두 고르시오. (2개)

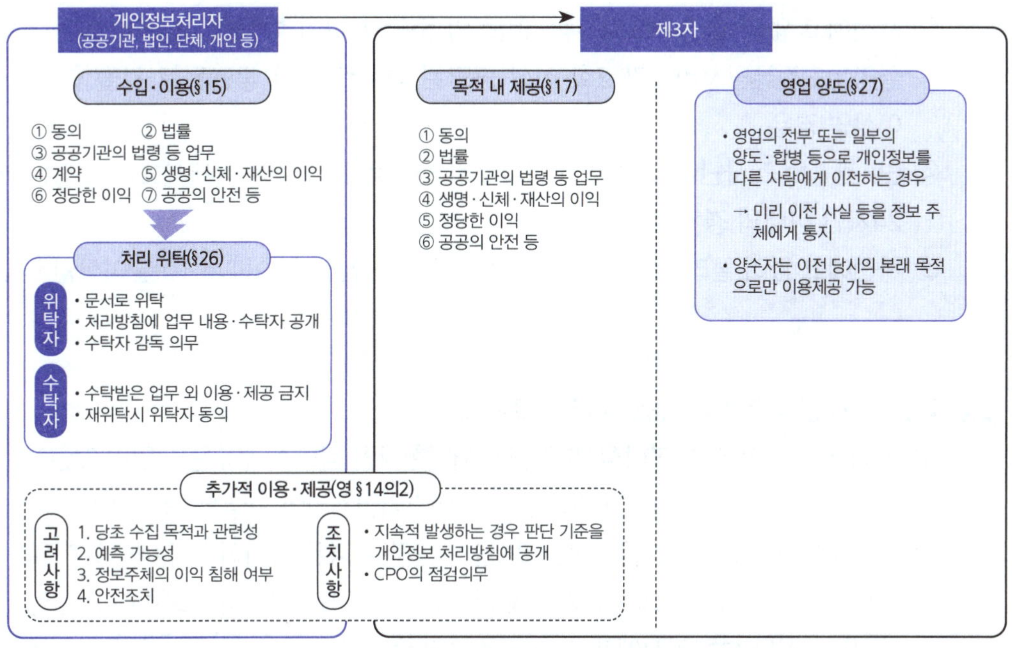

① 「개인정보보호법」 제15조에 해당하는 경우 개인정보를 수집·이용할 수 있다.

② 정보통신서비스 제공자의 경우 종전 법 제39조의3에 따라 의무적으로 수집·이용 동의를 받아 왔으나 해당 규정이 삭제되었으므로 개인정보보호법 제15조를 적용하여야 한다.

③ 「개인정보보호법」 제15조에 따른 수집·이용 중인 경우, 시행령 제14조의2에 의한 고려사항에 부합하고 조치 사항을 충족하는 경우 민감정보도 당초 수집 목적 내에서 추가적 이용·제공이 가능하다.

④ 목적 외 이용·제공에 대한 사항은 이 체계도에 나타나 있지 않고, 다른 조항에 의하지만 개인정보처리자와 공공기관에 적용 가능한 조건은 동일하다.

⑤ 정보주체와 체결한 계약을 이행하거나 계약을 체결하는 과정에서 정보주체의 요청에 따른 조치를 이행하기 위하여 필요한 경우, 종전과 달리 "불가피한 경우"에 한정하지 않고 계약과 관련하여 서로 예상할 수 있는 합리적인 범위 내에서는 상호 신뢰에 기반하여 별도의 동의 없이도 개인정보를 수집하여 이용할 수 있다.

47 다음 중 「클라우드컴퓨팅 발전 및 이용자 보호에 관한 법률」 제25조(침해사고 등의 통지 등)에 따라 지체없이 이용자에게 알려야 할 상황으로 적절하지 않은 것을 고르시오.

① 해킹, 컴퓨터바이러스 논리폭탄, 메일폭탄, 서비스 거부 또는 고출력 전자기파 등의 방법으로 정보통신망 또는 이와 관련된 정보시스템을 공격하는 행위를 하며 발생한 사태가 발생한 때

② 클라우드를 통해 서비스되는 이용자 정보가 유출된 때

③ 사전예고 없이 클라우드컴퓨팅서비스의 중단 사고가 발생한 때부터 24시간 이내에 클라우드컴퓨팅서비스가 2회 이상 중단된 경우로서 그 중단된 기간을 합하여 15분 이상인 경우

④ 민·관 합동조사단이 발생한 침해사고의 원인을 분석하여 침해사고가 결정된 때부터 24시간 이내의 경우

⑤ 사전예고 없이 클라우드컴퓨팅서비스의 중단 기간이 연속해서 10분 이상인 경우

48 다음 보기 중 적절하지 않은 것을 고르시오.

① AI 개발 및 서비스가 과학적 연구 등에 해당한다면 정보주체의 동의 없이 개인정보를 처리할 수 있으며, 익명처리가 가능한 경우에도 익명처리와 가명처리를 선택할 수 있다.

② 해외에서 한국인의 공개된 개인정보를 수집하는 경우 국외이전에 해당하지 않는다.

③ 보호위원회는 개인정보 처리방침에 관하여 평가 결과 개선이 필요하다고 인정하는 경우에는 개인정보처리자에게 개선을 권고할 수 있다.

④ 경찰이나 검찰에서 수사목적으로 CCTV 자료를 요청하는 경우에도 최소한의 범위로 열람 또는 제공시켜주는 것이 바람직하다.

⑤ 개인정보를 동의를 받아 국외로 제3자 제공을 하는 경우, 국외 이전 동의와 제3자 동의를 별도로 구분하여 둘 다 받아야 한다.

49 개인정보보호위원회는 2024년 2월 기존 「가명정보 처리 가이드라인」을 대폭 개정하여 새로운 기준을 제시하였다. 이미지, 영상, 음성, 텍스트 등 인공지능 시대 기술개발의 핵심 재료인 비정형데이터에 대한 가명처리 기준을 새롭게 마련한 것이다. 심사원은 3.2.5 가명정보 처리 결함 존재여부를 확인하는 과정에서 아래와 같은 판단을 하였다. 다음 중 적절하지 않은 것을 고르시오.

① 대학병원이 보유한 유방암 환자 CT사진(영상·이미지)을 가명처리하여 유방암 및 골밀도 감소 여부 진단 AI 개발을 위한 내부 연구에 활용할 경우, DICOM 헤더정보는 블랙마스킹 처리하여야 한다.

② 눈·코·입을 알아볼 수 없는 거리·각도에서 찍힌 CCTV 영상·사진은 개인을 식별할 수 없는 비정형 데이터에 해당하므로 가명처리 없이 활용하여도 된다.

③ 연구목적 달성에 필수적인 정보항목을 남기는 경우에는 그 외 정보에 대한 가명처리 수준을 높이거나 접근권한 통제, 식별에 악용될 수 있는 소프트웨어(SW) 반입제한, 보안서약서 징구 등 조치를 시행하는 것이 바람직하다.

④ 식별위험을 사전에 진단하고, 위험을 낮추기 위한 관리적·환경적 통제방안을 마련하기 위하여 가이드라인에 제시한 개인식별 위험성 검토 체크리스트는 데이터의 식별성, 특이정보, 재식별 시 영향도, 처리환경의 안전성 등을 점검하기 위한 항목이 포함되어 있다.

⑤ 새로운 기술이나 서비스를 개발하는 과정에서 데이터의 개인식별 위험성을 낮추기 위한 가명처리 절차 및 방법, 관리적· 환경적 통제방안 등이 「개인정보 보호법」을 준수하는 것인지에 대한 「사전적정성 검토」는 가명처리 관련 사고가 발생하더라도 행정처분을 하지 않는 제도다.

50 다음 개인정보의 안전성 확보 조치사항에 대한 준수 여부를 점검한 결과 중 결함으로 적절한 것은 모두 몇 개인지 고르시오.

(가) 정보통신망을 통한 불법적인 접근 및 침해 사고 방지를 위해 개인정보처리시스템에 대한 접속 권한을 IP 주소 등으로 제한하였으나 접속한 IP 주소 등을 분석하여 개인정보 유출 시도 탐지 및 대응 조치를 하지 않아 2.11.3 이상행위 분석 및 모니터링 결함으로 판단하였다.

(나) 민감정보 및 고유식별정보는 보유하지 않고, 5만 명 미만의 정보주체에 관한 개인정보를 처리하는 개인정보처리자가 개인정보처리시스템에 개인정보취급자 접속 시 식별자, 접속 일시, 접속지 정보, 처리한 정보주체 정보, 수행업무를 전자적으로 기록하고 1년 이상 보관하고 있어 2.9.4 로그 및 접속기록 관리 결함으로 판단하였다.

(다) 이용자가 아닌 정보주체의 개인정보를 처리하는 개인정보처리시스템에 개인정보취급자가 외부에서 가상사설망(VPN)을 통해 ID와 PW로 접속하면서 안전한 인증수단을 적용하지 않아 2.5.3 사용자 인증 결함으로 판단하였다.

(라) 일 평균 이용자 수 100만 명 이상인 개인정보처리자가 개인정보처리시스템에서 고객 정보를 조회하여 업무를 수행하고 있는 고객센터 직원의 업무용 컴퓨터에 대해 인터넷 망 차단 조치를 하지 않아 2.6.7 인터넷 접속 통제 결함으로 판단하였다.

(마) 중요 시스템의 OS에 대한 보안패치를 정당한 사유가 없이 15일 이상 업데이트 하지 않아 2.10.8 패치관리 결함으로 판단하였다.

(바) 10만 명 이상의 정보주체에 관한 개인정보 처리하는 중소기업이 화재, 홍수, 단전 등의 재해·재난 발생 시 개인정보처리시스템 보호를 위한 백업 및 복구를 위한 계획을 마련하지 않아 2.9.3 백업 및 복구 관리 결함으로 판단하였다.

(사) 개인정보처리시스템을 구축·운영하지 않고 업무용 컴퓨터와 모바일 기기를 이용하여 개인정보를 처리하는 개인정보처리자가 보조저장매체의 반출입 통제 보안대책을 마련하지 않아 2.10.7 보조저장매체 관리 결함으로 판단하였다.

(아) 1만 명 미만의 정보주체에 관하여 개인정보를 처리하는 단체가 내부 관리계획을 수립하지 않아 1.1.5 정책 수립 결함으로 판단하였다.

(자) 개인정보취급자 로그인 인증 실패 횟수 제한 조치를 하고 있으나, 정보주체 로그인 인증 실패 시 별도의 제한 조치가 없어 2.5.3 사용자 인증 결함으로 판단하였다.

① 0개
② 1개
③ 2개
④ 3개
⑤ 5개

2026년도 ISMS-P(정보보호 및 개인정보보호 관리체계) 인증심사원 자격검정 필기시험 문제지 실전 모의고사 (2회)

성명		수험번호	

응시자 필독 사항

1. 자신이 선택한 문제지의 유형을 확인하시오.

2. 문제지의 해당란에 성명과 수험번호를 정확히 쓰시오.

3. 답안지의 필적 확인란에 서약서 내용을 정자로 기재하고, 서명하시오.

4. 답안지의 해당란에 성명과 수험번호를 쓰고, 또 수험번호와 답을 정확히 표시하시오.

5. OMR 카드 교환은 시험 종료 10분 전까지만 가능하며, 그 이후에는 교환이 불가함.

6. 답안 수정을 위한 수정액 또는 수정 테이프는 사용할 수 없음.

7. 시험 시작 후 1시간 이전에는 퇴실할 수 없으며, 퇴실 후 입실은 불가함.

8. 부정행위 적발 시 그 시험을 무효로 하며, 향후 국가 자격 시험에 5년간 응시할 수 없음.

9. 본 문제지의 내용을 전부 또는 일부를 강의 또는 출판 등의 목적으로 인터넷 또는 SNS 등의 매체에 공개할 수 없으며, 무단 공개 시 저작권 위반 등에 대한 민·형사상의 책임을 질 수 있음.

※ 시험이 시작되기 전까지 표지를 넘기지 마시오.

ISMS-P 시험 출제 기관

※ 본 표지는 공개된 국가자격시험의 일반적인 양식을 바탕으로 임의로 작성한 것으로 실제 ISMS-P 시험과 상이할 수 있음

1. 관리체계 수립 및 운영

1.1. 관리체계 기반 마련

1.1.1	경영진의 참여	최고경영자는 정보보호 및 개인정보보호 관리체계의 수립과 운영활동 전반에 경영진의 참여가 이루어질 수 있도록 보고 및 의사결정 체계를 수립하여 운영하여야 한다.
1.1.2	최고책임자의 지정	최고경영자는 정보보호 업무를 총괄하는 정보보호 최고책임자와 개인정보보호 업무를 총괄하는 개인정보보호 책임자를 예산·인력 등 자원을 할당할 수 있는 임원급으로 지정하여야 한다.
1.1.3	조직 구성	최고경영자는 정보보호와 개인정보보호의 효과적 구현을 위한 실무조직, 조직 전반의 정보보호와 개인정보보호 관련 주요 사항을 검토 및 의결할 수 있는 위원회, 전사적 보호활동을 위한 부서별 정보보호와 개인정보보호 담당자로 구성된 협의체를 구성하여 운영하여야 한다.
1.1.4	범위 설정	조직의 핵심 서비스와 개인정보 처리 현황 등을 고려하여 관리체계 범위를 설정하고, 관련된 서비스를 비롯하여 개인정보 처리 업무와 조직, 자산, 물리적 위치 등을 문서화하여야 한다.
1.1.5	정책 수립	정보보호와 개인정보보호 정책 및 시행문서를 수립·작성하며, 이때 조직의 정보보호와 개인정보보호 방침 및 방향을 명확하게 제시하여야 한다. 또한 정책과 시행문서는 경영진 승인을 받고, 임직원 및 관련자에게 이해하기 쉬운 형태로 전달하여야 한다.
1.1.6	자원 할당	최고경영자는 정보보호와 개인정보보호 분야별 전문성을 갖춘 인력을 확보하고, 관리체계의 효과적 구현과 지속적 운영을 위한 예산 및 자원을 할당하여야 한다.

1.2. 위험 관리

1.2.1	정보자산 식별	조직의 업무특성에 따라 정보자산 분류기준을 수립하여 관리체계 범위 내 모든 정보자산을 식별·분류하고, 중요도를 산정한 후 그 목록을 최신으로 관리하여야 한다.
1.2.2	현황 및 흐름분석	관리체계 전 영역에 대한 정보서비스 및 개인정보 처리 현황을 분석하고 업무 절차와 흐름을 파악하여 문서화하며, 이를 주기적으로 검토하여 최신성을 유지하여야 한다.
1.2.3	위험 평가	조직의 대내외 환경분석을 통해 유형별 위협정보를 수집하고 조직에 적합한 위험 평가 방법을 선정하여 관리체계 전 영역에 대하여 연 1회 이상 위험을 평가하며, 수용할 수 있는 위험은 경영진의 승인을 받아 관리하여야 한다.
1.2.4	보호대책 선정	위험 평가 결과에 따라 식별된 위험을 처리하기 위하여 조직에 적합한 보호대책을 선정하고, 보호대책의 우선순위와 일정·담당자·예산 등을 포함한 이행계획을 수립하여 경영진의 승인을 받아야 한다.

1.3.	관리체계 운영	
1.3.1	보호대책 구현	선정한 보호대책은 이행계획에 따라 효과적으로 구현하고, 경영진은 이행결과의 정확성과 효과성 여부를 확인하여야 한다.
1.3.2	보호대책 공유	보호대책의 실제 운영 또는 시행할 부서 및 담당자를 파악하여 관련 내용을 공유하고 교육하여 지속적으로 운영되도록 하여야 한다.
1.3.3	운영현황 관리	조직이 수립한 관리체계에 따라 상시적 또는 주기적으로 수행하여야 하는 운영활동 및 수행 내역은 식별 및 추적이 가능하도록 기록하여 관리하고, 경영진은 주기적으로 운영활동의 효과성을 확인하여 관리하여야 한다.
1.4.	관리체계 점검 및 개선	
1.4.1	법적 요구사항 준수 검토	조직이 준수하여야 할 정보보호 및 개인정보보호 관련 법적 요구사항을 주기적으로 파악하여 규정에 반영하고, 준수 여부를 지속적으로 검토하여야 한다.
1.4.2	관리체계 점검	관리체계가 내부 정책 및 법적 요구사항에 따라 효과적으로 운영되고 있는지 독립성과 전문성이 확보된 인력을 구성하여 연 1회 이상 점검하고, 발견된 문제점을 경영진에게 보고하여야 한다.
1.4.3	관리체계 개선	법적 요구사항 준수검토 및 관리체계 점검을 통해 식별된 관리체계상의 문제점에 대한 원인을 분석하고 재발방지 대책을 수립·이행하여야 하며, 경영진은 개선 결과의 정확성과 효과성 여부를 확인하여야 한다.

2. 보호대책 요구사항

2.1.	정책, 조직, 자산 관리	
2.1.1	정책의 유지관리	정보보호 및 개인정보보호 관련 정책과 시행문서는 법령 및 규제, 상위 조직 및 관련 기관 정책과의 연계성, 조직의 대내외 환경변화 등에 따라 주기적으로 검토하여 필요한 경우 제·개정하고 그 내역을 이력관리하여야 한다.
2.1.2	조직의 유지관리	조직의 각 구성원에게 정보보호와 개인정보보호 관련 역할 및 책임을 할당하고, 그 활동을 평가할 수 있는 체계와 조직 및 조직의 구성원 간 상호 의사소통할 수 있는 체계를 수립하여 운영하여야 한다.
2.1.3	정보자산 관리	정보자산의 용도와 중요도에 따른 취급 절차 및 보호대책을 수립·이행하고, 자산별 책임소재를 명확히 정의하여 관리하여야 한다.

2.2.	인적 보안	
2.2.1	주요 직무자 지정 및 관리	개인정보 및 중요정보의 취급이나 주요 시스템 접근 등 주요 직무의 기준과 관리방안을 수립하고, 주요 직무자를 최소한으로 지정하여 그 목록을 최신으로 관리하여야 한다.
2.2.2	직무 분리	권한 오·남용 등으로 인한 잠재적인 피해 예방을 위하여 직무 분리 기준을 수립하고 적용하여야 한다. 다만, 불가피하게 직무 분리가 어려운 경우 별도의 보완대책을 마련하여 이행하여야 한다.
2.2.3	보안 서약	정보자산을 취급하거나 접근권한이 부여된 임직원·임시직원·외부자 등이 내부 정책 및 관련 법규, 비밀유지 의무 등 준수사항을 명확히 인지할 수 있도록 업무 특성에 따른 정보보호 서약을 받아야 한다.
2.2.4	인식제고 및 교육훈련	임직원 및 관련 외부자가 조직의 관리체계와 정책을 이해하고 직무별 전문성을 확보할 수 있도록 연간 인식제고 활동 및 교육훈련 계획을 수립·운영하고, 그 결과에 따른 효과성을 평가하여 다음 계획에 반영하여야 한다.
2.2.5	퇴직 및 직무변경 관리	퇴직 및 직무변경 시 인사·정보보호·개인정보보호·IT 등 관련 부서별 이행하여야 할 자산반납, 계정 및 접근권한 회수·조정, 결과확인 등의 절차를 수립·관리하여야 한다.
2.2.6	보안 위반 시 조치	임직원 및 관련 외부자가 법령, 규제 및 내부정책을 위반한 경우 이에 따른 조치 절차를 수립·이행하여야 한다.
2.3.	외부자 보안	
2.3.1	외부자 현황 관리	업무의 일부(개인정보취급, 정보보호, 정보시스템 운영 또는 개발 등)를 외부에 위탁하거나 외부의 시설 또는 서비스(집적정보통신시설, 클라우드 서비스, 애플리케이션 서비스 등)를 이용하는 경우 그 현황을 식별하고 법적 요구사항 및 외부 조직·서비스로부터 발생되는 위험을 파악하여 적절한 보호대책을 마련하여야 한다.
2.3.2	외부자 계약 시 보안	외부 서비스를 이용하거나 외부자에게 업무를 위탁하는 경우 이에 따른 정보보호 및 개인정보보호 요구사항을 식별하고, 관련 내용을 계약서 또는 협정서 등에 명시하여야 한다.
2.3.3	외부자 보안 이행 관리	계약서, 협정서, 내부정책에 명시된 정보보호 및 개인정보보호 요구사항에 따라 외부자의 보호대책 이행 여부를 주기적인 점검 또는 감사 등 관리·감독하여야 한다.
2.3.4	외부자 계약 변경 및 만료 시 보안	외부자 계약만료, 업무종료, 담당자 변경 시에는 제공한 정보자산 반납, 정보시스템 접근계정 삭제, 중요정보 파기, 업무 수행 중 취득정보의 비밀유지 확약서 징구 등의 보호대책을 이행하여야 한다.
2.4.	물리 보안	
2.4.1	보호구역 지정	물리적·환경적 위협으로부터 개인정보 및 중요정보, 문서, 저장매체, 주요 설비 및 시스템 등을 보호하기 위하여 통제구역·제한구역·접견구역 등 물리적 보호구역을 지정하고 각 구역별 보호대책을 수립·이행하여야 한다.

2.4.2	출입통제	보호구역은 인가된 사람만이 출입하도록 통제하고 책임추적성을 확보할 수 있도록 출입 및 접근 이력을 주기적으로 검토하여야 한다.
2.4.3	정보시스템 보호	정보시스템은 환경적 위협과 유해요소, 비인가 접근 가능성을 감소시킬 수 있도록 중요도와 특성을 고려하여 배치하고, 통신 및 전력 케이블이 손상을 입지 않도록 보호하여야 한다.
2.4.4	보호설비 운영	보호구역에 위치한 정보시스템의 중요도 및 특성에 따라 온도·습도 조절, 화재감지, 소화설비, 누수감지, UPS, 비상발전기, 이중전원선 등의 보호설비를 갖추고 운영절차를 수립·운영하여야 한다.
2.4.5	보호구역 내 작업	보호구역 내에서의 비인가행위 및 권한 오·남용 등을 방지하기 위한 작업 절차를 수립·이행하고, 작업 기록을 주기적으로 검토하여야 한다.
2.4.6	반출입 기기 통제	보호구역 내 정보시스템, 모바일 기기, 저장매체 등에 대한 반출입 통제절차를 수립·이행하고 주기적으로 검토하여야 한다.
2.4.7	업무환경 보안	공용으로 사용하는 사무용 기기(문서고, 공용 PC, 복합기, 파일서버 등) 및 개인 업무환경(업무용 PC, 책상 등)을 통해 개인정보 및 중요정보가 비인가자에게 노출 또는 유출되지 않도록 클린데스크, 정기점검 등 업무환경 보호대책을 수립·이행하여야 한다.
2.5.	**인증 및 권한관리**	
2.5.1	사용자 계정 관리	정보시스템과 개인정보 및 중요정보에 대한 비인가 접근을 통제하고 업무 목적에 따른 접근권한을 최소한으로 부여할 수 있도록 사용자 등록·해지 및 접근권한 부여·변경·말소 절차를 수립·이행하고, 사용자 등록 및 권한부여 시 사용자에게 보안책임이 있음을 규정화하고 인식시켜야 한다.
2.5.2	사용자 식별	사용자 계정은 사용자별로 유일하게 구분할 수 있도록 식별자를 할당하고 추측 가능한 식별자 사용을 제한하여야 하며, 동일한 식별자를 공유하여 사용하는 경우 그 사유와 타당성을 검토하여 책임자의 승인 및 책임추적성 확보 등 보완대책을 수립·이행하여야 한다.
2.5.3	사용자 인증	정보시스템과 개인정보 및 중요정보에 대한 사용자의 접근은 안전한 인증절차와 필요에 따라 강화된 인증방식을 적용하여야 한다. 또한 로그인 횟수 제한, 불법 로그인 시도 경고 등 비인가자 접근 통제방안을 수립·이행하여야 한다.
2.5.4	비밀번호 관리	법적 요구사항, 외부 위협요인 등을 고려하여 정보시스템 사용자 및 고객, 회원 등 정보주체(이용자)가 사용하는 비밀번호 관리절차를 수립·이행하여야 한다.
2.5.5	특수 계정 및 권한 관리	정보시스템 관리, 개인정보 및 중요정보 관리 등 특수 목적을 위하여 사용하는 계정 및 권한은 최소한으로 부여하고 별도로 식별하여 통제하여야 한다.
2.5.6	접근권한 검토	정보시스템과 개인정보 및 중요정보에 접근하는 사용자 계정의 등록·이용·삭제 및 접근권한의 부여·변경·삭제 이력을 남기고 주기적으로 검토하여 적정성 여부를 점검하여야 한다.

2.6.	접근통제	
2.6.1	네트워크 접근	네트워크에 대한 비인가 접근을 통제하기 위하여 IP관리, 단말인증 등 관리절차를 수립·이행하고, 업무목적 및 중요도에 따라 네트워크 분리(DMZ, 서버팜, DB존, 개발존 등)와 접근통제를 적용하여야 한다.
2.6.2	정보시스템 접근	서버, 네트워크시스템 등 정보시스템에 접근을 허용하는 사용자, 접근제한 방식, 안전한 접근수단 등을 정의하여 통제하여야 한다.
2.6.3	응용프로그램 접근	사용자별 업무 및 접근 정보의 중요도 등에 따라 응용프로그램 접근권한을 제한하고, 불필요한 정보 또는 중요정보 노출을 최소화할 수 있도록 기준을 수립하여 적용하여야 한다.
2.6.4	데이터베이스 접근	테이블 목록 등 데이터베이스 내에서 저장·관리되고 있는 정보를 식별하고, 정보의 중요도와 응용프로그램 및 사용자 유형 등에 따른 접근통제 정책을 수립·이행하여야 한다.
2.6.5	무선 네트워크 접근	무선 네트워크를 사용하는 경우 사용자 인증, 송수신 데이터 암호화, AP 통제 등 무선 네트워크 보호대책을 적용하여야 한다. 또한 AD Hoc 접속, 비인가 AP 사용 등 비인가 무선 네트워크 접속으로부터 보호대책을 수립·이행하여야 한다.
2.6.6	원격접근 통제	보호구역 이외 장소에서의 정보시스템 관리 및 개인정보 처리는 원칙적으로 금지하고, 재택근무·장애대응·원격협업 등 불가피한 사유로 원격접근을 허용하는 경우 책임자 승인, 접근 단말 지정, 접근 허용범위 및 기간 설정, 강화된 인증, 구간 암호화, 접속단말 보안(백신, 패치 등) 등 보호대책을 수립·이행하여야 한다.
2.6.7	인터넷 접속 통제	인터넷을 통한 정보 유출, 악성코드 감염, 내부망 침투 등을 예방하기 위하여 주요 정보시스템, 주요 직무 수행 및 개인정보 취급 단말기 등에 대한 인터넷 접속 또는 서비스(P2P, 웹하드, 메신저 등)를 제한하는 등 인터넷 접속 통제 정책을 수립·이행하여야 한다.
2.7.	암호화 적용	
2.7.1	암호정책 적용	개인정보 및 주요정보 보호를 위하여 법적 요구사항을 반영한 암호화 대상, 암호 강도, 암호 사용 정책을 수립하고 개인정보 및 주요정보의 저장·전송·전달 시 암호화를 적용하여야 한다.
2.7.2	암호키 관리	암호키의 안전한 생성·이용·보관·배포·파기를 위한 관리 절차를 수립·이행하고, 필요 시 복구방안을 마련하여야 한다.

2.8.	정보시스템 도입 및 개발 보안	
2.8.1	보안 요구사항 정의	정보시스템의 도입·개발·변경 시 정보보호 및 개인정보보호 관련 법적 요구사항, 최신 보안취약점, 안전한 코딩방법 등 보안 요구사항을 정의하고 적용하여야 한다.
2.8.2	보안 요구사항 검토 및 시험	사전 정의된 보안 요구사항에 따라 정보시스템이 도입 또는 구현되었는지를 검토하기 위하여 법적 요구사항 준수, 최신 보안취약점 점검, 안전한 코딩 구현, 개인정보 영향평가 등의 검토 기준과 절차를 수립·이행하고, 발견된 문제점에 대한 개선조치를 수행하여야 한다.
2.8.3	시험과 운영 환경 분리	개발 및 시험 시스템은 운영시스템에 대한 비인가 접근 및 변경의 위험을 감소시키기 위하여 원칙적으로 분리하여야 한다.
2.8.4	시험 데이터 보안	시스템 시험 과정에서 운영데이터의 유출을 예방하기 위하여 시험 데이터의 생성과 이용 및 관리, 파기, 기술적 보호조치에 관한 절차를 수립·이행하여야 한다.
2.8.5	소스 프로그램 관리	소스 프로그램은 인가된 사용자만이 접근할 수 있도록 관리하고, 운영환경에 보관하지 않는 것을 원칙으로 하여야 한다.
2.8.6	운영환경 이관	신규 도입·개발 또는 변경된 시스템을 운영환경으로 이관할 때는 통제된 절차를 따라야 하고, 실행코드는 시험 및 사용자 인수 절차에 따라 실행되어야 한다.
2.9.	시스템 및 서비스 운영관리	
2.9.1	변경관리	정보시스템 관련 자산의 모든 변경내역을 관리할 수 있도록 절차를 수립·이행하고, 변경 전 시스템의 성능 및 보안에 미치는 영향을 분석하여야 한다.
2.9.2	성능 및 장애관리	정보시스템의 가용성 보장을 위하여 성능 및 용량 요구사항을 정의하고 현황을 지속적으로 모니터링하여야 하며, 장애 발생 시 효과적으로 대응하기 위한 탐지, 기록, 분석, 복구, 보고 등의 절차를 수립·관리하여야 한다.
2.9.3	백업 및 복구관리	정보시스템의 가용성과 데이터 무결성을 유지하기 위하여 백업 대상, 주기, 방법, 보관장소, 보관기간, 소산 등의 절차를 수립·이행하여야 한다. 아울러 사고 발생 시 적시에 복구할 수 있도록 관리하여야 한다.
2.9.4	로그 및 접속기록 관리	서버, 응용프로그램, 보안시스템, 네트워크시스템 등 정보시스템에 대한 사용자 접속기록, 시스템로그, 권한부여 내역 등의 로그유형, 보존기간, 보존방법 등을 정하고 위·변조, 도난, 분실 되지 않도록 안전하게 보존·관리하여야 한다.
2.9.5	로그 및 접속기록 점검	정보시스템의 정상적인 사용을 보장하고 사용자 오·남용(비인가접속, 과다조회 등)을 방지하기 위하여 접근 및 사용에 대한 로그 검토기준을 수립하여 주기적으로 점검하며, 문제 발생 시 사후조치를 적시에 수행하여야 한다.
2.9.6	시간 동기화	로그 및 접속기록의 정확성을 보장하고 신뢰성 있는 로그분석을 위하여 관련 정보시스템의 시각을 표준시각으로 동기화하고 주기적으로 관리하여야 한다.

2.9.7	정보자산의 재사용 및 폐기	정보자산의 재사용과 폐기 과정에서 개인정보 및 중요정보가 복구·재생되지 않도록 안전한 재사용 및 폐기 절차를 수립·이행하여야 한다.
2.10.	**시스템 및 서비스 보안관리**	
2.10.1	보안시스템 운영	보안시스템 유형별로 관리자 지정, 최신 정책 업데이트, 룰셋 변경, 이벤트 모니터링 등의 운영절차를 수립·이행하고 보안시스템별 정책적용 현황을 관리하여야 한다.
2.10.2	클라우드 보안	클라우드 서비스 이용 시 서비스 유형(SaaS, PaaS, IaaS 등)에 따른 비인가 접근, 설정 오류 등에 따라 중요정보와 개인정보가 유·노출되지 않도록 관리자 접근 및 보안 설정 등에 대한 보호대책을 수립·이행하여야 한다.
2.10.3	공개서버 보안	외부 네트워크에 공개되는 서버의 경우 내부 네트워크와 분리하고 취약점 점검, 접근통제, 인증, 정보 수집·저장·공개 절차 등 강화된 보호대책을 수립·이행하여야 한다.
2.10.4	전자거래 및 핀테크 보안	전자거래 및 핀테크 서비스 제공 시 정보유출이나 데이터 조작·사기 등의 침해사고 예방을 위해 인증·암호화 등의 보호대책을 수립하고, 결제시스템 등 외부 시스템과 연계할 경우 안전성을 점검하여야 한다.
2.10.5	정보전송 보안	타 조직에 개인정보 및 중요정보를 전송할 경우 안전한 전송 정책을 수립하고 조직 간 합의를 통해 관리 책임, 전송방법, 개인정보 및 중요정보 보호를 위한 기술적 보호조치 등을 협약하고 이행하여야 한다.
2.10.6	업무용 단말기기 보안	PC, 모바일 기기 등 단말기기를 업무 목적으로 네트워크에 연결할 경우 기기 인증 및 승인, 접근 범위, 기기 보안설정 등의 접근통제 대책을 수립하고 주기적으로 점검하여야 한다.
2.10.7	보조저장매체 관리	보조저장매체를 통하여 개인정보 또는 중요정보의 유출이 발생하거나 악성코드가 감염되지 않도록 관리 절차를 수립·이행하고, 개인정보 또는 중요정보가 포함된 보조저장매체는 안전한 장소에 보관하여야 한다.
2.10.8	패치관리	소프트웨어, 운영체제, 보안시스템 등의 취약점으로 인한 침해사고를 예방하기 위하여 최신 패치를 적용하여야 한다. 다만 서비스 영향을 검토하여 최신 패치 적용이 어려울 경우 별도의 보완대책을 마련하여 이행하여야 한다.
2.10.9	악성코드 통제	바이러스·웜·트로이목마·랜섬웨어 등의 악성코드로부터 개인정보 및 중요정보, 정보시스템 및 업무용 단말기 등을 보호하기 위하여 악성코드 예방·탐지·대응 등의 보호대책을 수립·이행하여야 한다.

2.11.	사고 예방 및 대응	
2.11.1	사고 예방 및 대응 체계 구축	침해사고 및 개인정보 유출 등을 예방하고 사고 발생 시 신속하고 효과적으로 대응할 수 있도록 내·외부 침해시도의 탐지·대응·분석 및 공유를 위한 체계와 절차를 수립하고, 관련 외부기관 및 전문가들과 협조체계를 구축하여야 한다.
2.11.2	취약점 점검 및 조치	정보시스템의 취약점이 노출되어 있는지를 확인하기 위하여 정기적으로 취약점 점검을 수행하고 발견된 취약점에 대해서는 신속하게 조치하여야 한다. 또한 최신 보안취약점의 발생 여부를 지속적으로 파악하고 정보시스템에 미치는 영향을 분석하여 조치하여야 한다.
2.11.3	이상행위 분석 및 모니터링	내·외부에 의한 침해시도, 개인정보유출 시도, 부정행위 등을 신속하게 탐지·대응할 수 있도록 네트워크 및 데이터 흐름 등을 수집하여 분석하며, 모니터링 및 점검 결과에 따른 사후조치는 적시에 이루어져야 한다.
2.11.4	사고 대응 훈련 및 개선	침해사고 및 개인정보 유출사고 대응 절차를 임직원과 이해관계자가 숙지하도록 시나리오에 따른 모의훈련을 연 1회 이상 실시하고 훈련결과를 반영하여 대응체계를 개선하여야 한다.
2.11.5	사고 대응 및 복구	침해사고 및 개인정보 유출 징후나 발생을 인지한 때에는 법적 통지 및 신고 의무를 준수하여야 하며, 절차에 따라 신속하게 대응 및 복구하고 사고분석 후 재발방지 대책을 수립하여 대응체계에 반영하여야 한다.
2.12.	재해복구	
2.12.1	재해, 재난 대비 안전조치	자연재해, 통신·전력 장애, 해킹 등 조직의 핵심 서비스 및 시스템의 운영 연속성을 위협할 수 있는 재해 유형을 식별하고 유형별 예상 피해규모 및 영향을 분석하여야 한다. 또한 복구 목표시간, 복구 목표시점을 정의하고 복구 전략 및 대책, 비상시 복구 조직, 비상연락체계, 복구 절차 등 재해 복구체계를 구축하여야 한다.
2.12.2	재해 복구 시험 및 개선	재해 복구 전략 및 대책의 적정성을 정기적으로 시험하여 시험결과, 정보시스템 환경변화, 법규 등에 따른 변화를 반영하여 복구전략 및 대책을 보완하여야 한다.

3. 개인정보 처리단계별 요구사항

3.1.	개인정보 수집 시 보호조치	
3.1.1	개인정보 수집·이용	개인정보는 적법하고 정당하게 수집·이용하여야 하며, 정보주체의 동의를 근거로 수집하는 경우에는 적법한 방법으로 정보주체의 동의를 받아야 한다. 또한, 만 14세 미만 아동의 개인정보를 수집하는 경우에는 그 법정대리인의 동의를 받아야 하며 법정대리인이 동의하였는지를 확인하여야 한다.

3.1.2	개인정보 수집 제한	개인정보를 수집하는 경우 처리 목적에 필요한 최소한의 개인정보만을 수집하여야 하며, 정보주체가 선택적으로 동의할 수 있는 사항 등에 동의하지 아니한다는 이유로 정보주체에게 재화 또는 서비스의 제공을 거부하지 않아야 한다.
3.1.3	주민등록번호 처리 제한	주민등록번호는 법적 근거가 있는 경우를 제외하고는 수집·이용 등 처리할 수 없으며, 주민등록번호의 처리가 허용된 경우라 하더라도 인터넷 홈페이지 등에서 대체수단을 제공하여야 한다.
3.1.4	민감정보 및 고유식별정보의 처리 제한	민감정보와 고유식별정보(주민등록번호 제외)를 처리하기 위해서는 법령에서 구체적으로 처리를 요구하거나 허용하는 경우를 제외하고는 정보주체의 별도 동의를 받아야 한다.
3.1.5	개인정보 간접수집	정보주체 이외로부터 개인정보를 수집하거나 제3자로부터 제공받는 경우에는 업무에 필요한 최소한의 개인정보를 수집하거나 제공받아야 하며, 법령에 근거하거나 정보주체의 요구가 있으면 개인정보의 수집 출처, 처리목적, 처리정지의 요구권리를 알려야 한다.
3.1.6	영상정보처리기기 설치·운영	고정형 영상정보처리기기를 공개된 장소에 설치·운영하거나 이동형 영상정보처리기기를 공개된 장소에서 업무를 목적으로 운영하는 경우 설치 목적 및 위치에 따라 법적 요구사항을 준수하고, 적절한 보호대책을 수립·이행하여야 한다.
3.1.7	마케팅 목적의 개인정보 수집·이용	재화나 서비스의 홍보, 판매 권유, 광고성 정보전송 등 마케팅 목적으로 개인정보를 수집·이용하는 경우 그 목적을 정보주체가 명확하게 인지할 수 있도록 고지하고 동의를 받아야 한다.
3.2.	**개인정보 보유 및 이용 시 보호조치**	
3.2.1	개인정보 현황관리	수집·보유하는 개인정보의 항목, 보유량, 처리 목적 및 방법, 보유기간 등 현황을 정기적으로 관리하여야 하며, 공공기관의 경우 이를 법률에서 정한 관계기관의 장에게 등록하여야 한다.
3.2.2	개인정보 품질보장	수집된 개인정보는 처리 목적에 필요한 범위에서 개인정보의 정확성·완전성·최신성이 보장되도록 정보주체에게 관리절차를 제공하여야 한다.
3.2.3	이용자 단말기 접근 보호	정보주체(이용자)의 이동통신단말장치 내에 저장되어 있는 정보 및 이동통신단말장치에 설치된 기능에 접근이 필요한 경우 이를 명확하게 인지할 수 있도록 알리고 정보주체(이용자)의 동의를 받아야 한다.
3.2.4	개인정보 목적 외 이용 및 제공	개인정보는 수집 시의 정보주체에게 고지·동의를 받은 목적 또는 법령에 근거한 범위 내에서만 이용 또는 제공하여야 하며, 이를 초과하여 이용·제공하려는 때에는 정보주체의 추가 동의를 받거나 관계 법령에 따른 적법한 경우인지 확인하고 적절한 보호대책을 수립·이행하여야 한다.
3.2.5	가명정보 처리	가명정보를 처리하는 경우 목적제한, 결합제한, 안전조치, 금지의무 등 법적 요건을 준수하고 적정 수준의 가명처리를 보장할 수 있도록 가명처리 절차를 수립·이행하여야 한다.

3.3.	**개인정보 제공 시 보호조치**	
3.3.1	**개인정보 제3자 제공**	개인정보를 제3자에게 제공하는 경우 법적 근거에 의하거나 정보주체의 동의를 받아야 하며, 제3자에게 개인정보의 접근을 허용하는 등 제공 과정에서 개인정보를 안전하게 보호하기 위한 보호대책을 수립·이행하여야 한다.
3.3.2	**개인정보 처리업무 위탁**	개인정보 처리업무를 제3자에게 위탁하는 경우 위탁하는 업무의 내용과 수탁자 등 관련사항을 공개하여야 한다. 또한 재화 또는 서비스를 홍보하거나 판매를 권유하는 업무를 위탁하는 경우 위탁하는 업무의 내용과 수탁자를 정보주체에게 알려야 한다.
3.3.3	**영업의 양도 등에 따른 개인정보 이전**	영업의 양도·합병 등으로 개인정보를 이전하거나 이전받는 경우 정보주체 통지 등 적절한 보호조치를 수립·이행하여야 한다.
3.3.4	**개인정보 국외 이전**	개인정보를 국외로 이전하는 경우 국외 이전에 대한 동의, 관련 사항에 대한 공개 등 적절한 보호조치를 수립·이행하여야 한다.
3.4.	**개인정보 파기 시 보호조치**	
3.4.1	**개인정보파기**	개인정보의 보유기간 및 파기 관련 내부 정책을 수립하고 개인정보의 보유기간 경과, 처리목적 달성 등 파기 시점이 도달한 때에는 파기의 안전성 및 완전성이 보장될 수 있는 방법으로 지체 없이 파기하여야 한다.
3.4.2	**처리목적 달성 후 보유 시 조치**	개인정보의 보유기간 경과 또는 처리목적 달성 후에도 관련 법령 등에 따라 파기하지 아니하고 보존하는 경우에는 해당 목적에 필요한 최소한의 항목으로 제한하고 다른 개인정보와 분리하여 저장·관리하여야 한다.
3.5.	**정보주체 권리보호**	
3.5.1	**개인정보 처리방침 공개**	개인정보의 처리 목적 등 필요한 사항을 모두 포함하여 정보주체가 알기 쉽도록 개인정보 처리방침을수립하고, 이를 정보주체가 언제든지 쉽게 확인할 수 있도록 적절한 방법에 따라 공개하고 지속적으로 현행화하여야 한다.
3.5.2	**정보주체 권리보장**	정보주체가 개인정보의 열람, 정정·삭제, 처리정지, 이의제기, 동의철회 등 요구를 수집 방법·절차보다 쉽게 할 수 있도록 권리행사 방법 및 절차를 수립·이행하고, 정보주체의 요구를 받은 경우 지체 없이 처리하고 관련 기록을 남겨야 한다. 또한, 정보주체의 사생활 침해, 명예훼손 등 타인의 권리를 침해하는 정보가 유통되지 않도록 삭제 요청, 임시조치 등의 기준을 수립·이행하여야 한다.
3.5.3	**정보주체에 대한 통지**	개인정보의 이용·제공 내역 등 정보주체에게 통지하여야 할 사항을 파악하여 그 내용을 주기적으로 통지하여야 한다.

01 다음은 어느 인증심사 신청기관의 정보보호 구성현황이다. 심사원이 구성현황을 보고 판단한 것 중 적절하지 않은 것을 고르시오.

[정보보호 구성현황]

영역		기술적 대책				
		업무자료 보호	접근통제	악성코드 대응	해킹방지	보안관리
영역	시스템		계정관리, 추가 인증, 기기인증	이메일 보안		
	PC 단말기	DLP	DLP	EDR, 백신		디바이스 관리
	모바일			백신		MDM
	DB	TDE	DB접근통제			
	데이터	DRM, 문서중앙화, 비식별화				
	APP				웹방화벽	시큐어코딩
	네트워크	DLP	방화벽, SSL, VPN	APT	IDS, IPS	

① 심사원은 네트워크 영역의 보호대책으로 구성되어야 할 웹방화벽이 APP 영역으로 구성된 것을 보고 잘못 운영하고 있을 것으로 판단하였다.

② 네트워크 영역의 해킹방지대책을 위해 IDS, IPS가 있는데 네트워크 구성 및 기관의 서비스 상황에 따라 IDS, IPS가 각각 설치되어 있을 수 있다고 판단하였다.

③ 정보보호 구성현황을 봤을 때 해당 기관은 업무자료 유출에 대한 보호대책을 갖추고 있는 것으로 판단할 수 있다.

④ 분산 서비스거부 공격과 패치관리 대응에 대한 부분을 확인할 수 없어 좀 더 조사가 필요하다고 판단할 수 있다.

⑤ 모바일 오피스 업무환경이 구성되어 있을 경우 모바일 단말기에 대한 보안대책이 적용되어 있을 것으로 판단할 수 있다.

02 심사원은 정보통신서비스 부문 매출액 300억 원 미만의 중기업인 ABC 쇼핑몰을 대상으로 ISMS-P 간편 인증 심사를 수행하고 있다. 다음 중 심사원이 인증 및 권한관리에 대해 도출한 결함 중 적절하지 않은 것은 몇 개인지 고르시오.

(ㄱ)	심사원은 ABC 쇼핑몰의 회원관리를 위한 개인정보처리시스템의 계정 및 권한을 승인 절차 없이 구두로 처리하여 증적 확인이 되지 않아 2.5.1 사용자 계정 관리 결함으로 판단하였다.
(ㄴ)	심사원은 일부 직원들이 계정을 공용으로 사용하고 있으나, 이에 대한 타당성 검토 및 책임자 승인 등이 확인되지 않아 2.5.2 사용자 식별 결함으로 판단하였다.
(ㄷ)	심사원은 회원관리 개인정보처리시스템 로그인 실패 시 ID 또는 비밀번호가 틀렸다는 것을 표시해 주는 것을 확인하여 2.5.3 사용자 인증 결함으로 판단하였다.
(ㄹ)	심사원은 내부 지침에 명시된 비밀번호 작성규칙과 실제 개인정보처리시스템에 적용된 작성규칙이 상이하여 2.5.4 비밀번호 관리 결함으로 판단하였다.
(ㅁ)	심사원은 일부 직원의 관리자 권한 업무가 변경되었음에도 불구하고 관리자 권한을 계속 보유하고 있어 2.5.5 특수 계정 및 권한 관리 결함으로 판단하였다.
(ㅂ)	심사원은 개인정보처리시스템의 접근권한 검토 시 권한 오·남용의 의심 사례가 다수 발생하였으나, 이에 대한 내부 보고 등 후속조치가 이루어지지 않아 2.5.6 접근권한 검토 결함으로 판단하였다.

① 0개   ② 1개   ③ 2개   ④ 4개   ⑤ 6개

03 정보보호 및 개인정보보호 관리체계 인증(ISMS-P)은 정보보호 및 개인정보보호를 위한 일련의 조치와 활동이 인증기준에 적합함을 인증하는 제도이다. 다음 중 ISMS-P 인증 제도에 대한 설명으로 적절하지 않은 것을 모두 고르시오. (2개)

① 인증기관은 인증위원회 운영, 인증심사원 양성 및 자격관리, 인증 제도 및 기준 개선 등 ISMS-P 인증 제도 전반에 걸친 업무를 수행한다.

② 심사 수행기관은 인증위원회 심의 결과에 따라 인증위원회 종료 다음 날부터 30일 이내에 신청인에게 추가 보완조치를 요구할 수 있다.

③ 신청기관은 인증심사 계약이 완료되면 계약에 따라 확정된 심사 수수료를 인증심사 완료 후 1개월 이내로 납부하여야 한다.

④ 인증 협의회는 인증 제도 연구 및 개선, 정책 결정, 인증기관 빛 심사기관 지정 등의 업무를 수행한다.

⑤ 인증위원회는 인증심사 결과가 인증기준에 적합한지 등을 심의·의결하기 위하여 설치·운영하는 기구이다.

04 최고경영자는 정보보호 업무를 총괄하는 정보보호 최고책임자와 개인정보보호 업무를 총괄하는 개인정보보호 책임자를 예산·인력 등 자원을 할당할 수 있는 임원급으로 지정해야 한다. [1.1.2 최고책임자의 지정] 다음의 항목 중에서 정보보호 최고책임자 선정함에 있어 위반사례에 해당하는 것을 모두 고르시오. (2개)

㉠ A사는 정보보호 관리체계(ISMS) 인증의무 대상자이며 직전 사업연도 말 기준 자산총액이 5천억 원이다. 센터장의 호칭을 부여하고 있으나 임원이 아닌 일반 직원에게 부여되는 호칭을 사용하고 있다. (단, 실질적 집행권한이 있다고 판단하기는 어려움)

㉡ B사는 직전 사업연도 말 기준 자산총액이 5조 원 이상이 되고 있으며, 본부장을 대내외적으로 인정될 만한 이사급으로 하여 정보보호 최고책임자로 임명하고 있다.

㉢ C사는 정보보호 관리체계(ISMS) 인증의무 대상자이며, 직전 사업연도 말 기준 자산총액이 6천억 원인 정보통신서비스 제공자이다. 최고위 임원인 상무이사가 아니라 그 이하의 임원인 전무이사를 최고책임자로 지정하고 있다.

㉣ D사는 직전 사업연도 말 기준 자산총액이 5조 원 이상이며 자회사의 지배·관리 업무만 수행하는 순수 지주회사이다. 다만, 디지털(데이터) 전략기획 등의 겸직을 동시에 하고 있다.

㉤ E사는 정보보호 관리체계(ISMS) 인증의무 대상자이고 직전 사업연도 말 기준 자산총액이 5천억 원 이상인 정보통신서비스 제공자이다. 정보보호 공시에 관한 업무와 경영기획·운영 업무도 함께 하고 있다.

① ㉠　　　　② ㉡　　　　③ ㉢　　　　④ ㉣　　　　⑤ ㉤

05 심사원은 심사기관의 리눅스 서버에 대한 로그 기록 방식을 확인하고 있다. 로그 파일의 확인 방법과 그 목적이 가장 적절하지 않은 것을 고르시오.

① su 시도에 관한 로그 확인을 위해 /var/log/secure 파일을 확인하였다.

② 반복적인 로그인 실패 이력 확인을 위해 /var/log/btmp 파일을 lastb 명령어로 확인하였다.

③ 로그인 거부 메시지에 관한 로그 확인을 위해 /var/log/messages 파일을 확인하였다.

④ 성공한 로그인 기록을 확인하기 위해 /var/log/wtmp에 기록된 로그를 lastw 명령어를 사용하여 확인하였다.

⑤ 현재 로그인 사용자 상태를 확인하기 위해 /var/run/utmp 파일을 finger 명령어를 사용하여 확인하였다.

06 다음은 보험사와 GA(General Agency, 법인보험 대리점)간 업무에 대해 설명한 것이다. 보기 중 적절하지 않은 것을 모두 고르시오. (2개)

[보험사와 GA 설명]

1. **보험사 주요 업무**

    가. 상품 개발

    – 고객의 니즈에 맞는 보험 상품을 개발하여 GA에 공급

    나. 교육 및 지원

    – GA 소속 설계사들에게 상품 교육, 영업 자료 및 기술 지원을 제공

    다. 위험 관리

    – 보험사는 GA를 통해 들어온 계약을 평가하고 관리하며, 보험 위험을 분석

    라. 상품 판매

    – 자사 보험상품을 소비자에게 소개하고 판매

2. **GA의 주요 업무**

    가. 상품 판매

    – 생명보험, 손해보험 등 다양한 보험 상품을 소비자에게 소개하고 판매

    나. 고객 상담

    – 보험설계사(FP, Financial Planner)를 통해 고객의 재정 상태와 요구를 분석하고 적합한 상품을 추천

    다. 사후 관리

    – 고객과 계약을 체결한 이후에도 지속적인 계약 유지관리와 관련 서비스를 제공

3. **보험설계사**

    – GA 소속 보험설계사는 실제로 고객과 만나 상품을 판매하고 계약을 체결하는 실행자

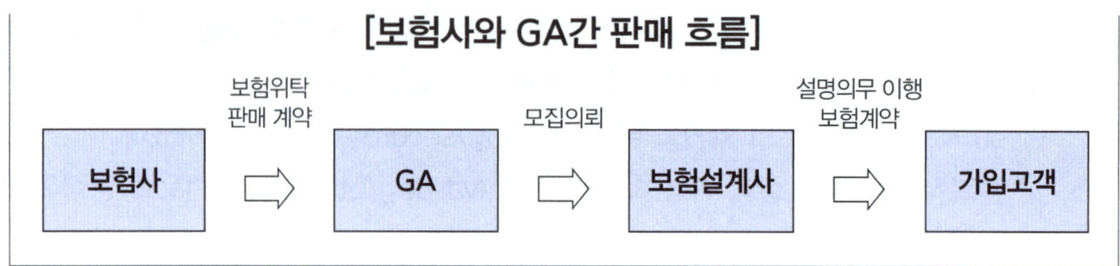

① 보험사와 GA는 개인정보처리 업무 위수탁 관계이다.

② 보험사에 GA 자회사가 있을 경우 해당 GA 자회사에게는 이용자의 별도 동의 없이 고객 DB 조회권한을 부여할 수 있다.

③ 보험사에 CPO가 있더라도 GA도 CPO를 지정해야 한다.

④ 보험사는 GA에게 보험사 고객정보처리에 대한 정보보호 적정성을 점검하기 위해 GA사의 개인정보 처리 단말기, 시스템에 대해 점검할 수 있다.

⑤ GA는 태블릿을 통해 보험계약 체결을 할 경우 해당 태블릿은 반드시 인터넷망 차단 조치가 적용되어야 한다.

07 OO쇼핑몰에서 ISMS-P 심사를 수행하고 있다. 심사원과 담당자의 인터뷰를 바탕으로 심사원이 판단한 내용 중 적절하지 않은 것을 고르시오.

> ■ **심사원** : 전반기에 개인정보 유출 사고가 있었네요? 간단한 설명 부탁드립니다.
>
> ○ **담당자** : 테스트 목적으로 생성한 Buildkite 프로그램의 소스코드 내에 개인정보처리시스템에 접근할 수 있는 AWS 루트 Access Key를 저장해두었는데 크리덴셜 스터핑 공격으로 AWS 루트 Access Key가 탈취되었습니다. 루트 Access Key를 통해 데이터베이스에 무단 접속이 가능하였고 이용자들의 개인정보 15만 건이 유출되었습니다.
>
> ■ **심사원** : 취약점 점검 절차가 어떻게 되나요?
>
> ○ **담당자** : 협력사를 통해서 기본적으로 연 1회 수행하고 있고 특별한 이벤트가 있는 경우에는 추가로 수행합니다. 취약점 점검에서는 관련 내용이 발견되지는 않았었습니다.
>
> ■ **심사원** : 유출 일시는 어떻게 되나요?
>
> ○ **담당자** : 9월 4일 오전 09시에 유출되었습니다.
>
> ■ **심사원** : 신고는 언제 하셨나요?
>
> ○ **담당자** : 9월 4일 오후 1시경에 유출사고를 인지하였고 9월 5일 오후 5시경 퇴근 전에 한국인터넷진흥원에 신고하였으며 9월 6일 오전에 이용자에게 유출 통지하였습니다.
>
> ■ **심사원** : 유출 통지는 어떤 방식으로 수행하였나요?
>
> ○ **담당자** : 저장된 이메일 정보를 이용하여 개별 통지하였고 이메일 정보가 없는 경우에는 통지가 불가하여 홈페이지에서 확인할 수 있도록 30일 이상 게시하였습니다.
>
> ■ **심사원** : 클라우드 서비스 접속 시 2차 인증을 수행하고 있나요?
>
> ○ **담당자** : 모든 계정에 대해서 ID/PW 외 추가적으로 S/W OTP 인증을 하도록 되어 있습니다. 그런데 Buildkite API로 접속하는 경우 2차 인증을 우회할 수 있는 우회경로가 있었습니다.
>
> ■ **심사원** : 해당 시스템에 로그인 횟수 제한 설정이 되어있지 않았나요?
>
> ○ **담당자** : 네 모든 계정에 대해 2차 인증을 하도록 설정된 상태라서 로그인 횟수 제한 설정은 하지 않았습니다.

① 심사원은 로그인 횟수 제한 설정이 되지 않은 것을 확인하고 2.5.3 사용자 인증 결함으로 판단하였다.

② 심사원은 루트 Access Key를 소스코드에 저장한 것에 대해 2.10.2 클라우드 결함으로 판단하였다.

③ 심사원은 개인정보 유출 대응에 문제가 있다고 판단하여 2.11.5 사고 대응 및 복구 결함으로 판단하였다.

④ 심사원은 취약점 점검이 제대로 수행되지 않았다고 판단하여 2.11.2 취약점 점검 및 조치 결함으로 판단하였다.

⑤ 심사원은 2차 인증 우회경로가 있는 것은 2.6.2 정보시스템 접근 결함에 해당한다고 판단하였다.

08 **다음 중 심사원이 판단한 내용 중 적절한 것을 모두 고르시오. (2개)**

① 정보보호 및 개인정보보호 위원회는 주요사항을 검토 및 의결할 수 있도록 위원회 구성이 되어 있음을 확인하였으나, 실무협의체를 운영하고 있지 않음을 확인하고 2.1.2 조직의 유지관리 결함으로 판단하였다.

② 정보보호 및 개인정보보호 위원회를 구성하였으나, 위원회 개최 이력을 확인할 수 없어 1.1.3 조직 구성 결함으로 판단하였다.

③ 클라우드 운영자산 목록에 클라우드 NAS와 Object storage가 누락되어 있고, 운영 DB 목록에 홈페이지 DB가 누락되어 있어 2.10.2 클라우드 보안 결함으로 판단하였다.

④ 지난 ISMS 인증 심사 시 발견하여 조치한 결함이 내부 점검을 통해 동일하게 반복되어 발생하여 1.4.3 관리체계 개선 결함으로 판단하였다.

⑤ DNS서비스 관리자 페이지가 외부에 오픈되어 있고 인증 수단이 적용되어 있지 않아 2.6.2 정보시스템 접근 결함으로 판단하였다.

09 **클라우드 환경의 K쇼핑몰에 대해 ISMS-P 심사를 수행하고 있다. 심사원과 담당자의 인터뷰와 증적자료를 바탕으로 결함이 적절하지 않은 것을 모두 고르시오. (2개)**

- 주요 시스템 : WAS, 웹서버, DB서버, S3
- 클라우드 서비스 유형 : PaaS
- 시스템 위치 : 서울 리전
- 전년도 정보통신서비스 부문 매출액 56억
- 전년도 기준으로 직전 3개월간 일평균 이용자 수 : 100만 명
- 이용자 개인정보 보유 : 200만 건
- 민감정보 보유 : 없음

■ **심사원** : 배송관리 시스템은 클라우드로 운영하고 계신데요. 접속 권한은 어떻게 허용되어 있나요?

○ **담당자** : IT관리자 김승태 책임님과 유지보수업체 담당자 2명, 그리고 배송업체 담당자 3명에 대해서 허용되어 있습니다.

■ **심사원** : 접속은 어떤 방식으로 하고 있나요?

○ **담당자** : 기본적으로 SSL VPN을 통해서만 클라우드 시스템에 login할 수 있도록 접근 제한하고 있고 S/W OTP를 이용하여 2차 인증을 수행하고 있습니다. IT관리자는 특별히 콘솔 직접 접속이 가능하도록 관리자 IP를 등록하였습니다.

■ **심사원** : 메뉴 접속 권한은 사용자별로 차등 부여되어 있나요?

○ **담당자** : 네. 차등 부여되어 있고 마스킹 정책에 따라 마스킹도 권한별로 다르게 되어있습니다.

업무적으로 사용자를 조회하여 배송 정보를 확인해야 하는 배송업체를 제외하고는 마스킹 정책에 따라 모두 마스킹 되어있습니다.

■ **심사원** : IT관리자 계정으로 회원정보 조회 화면 보여주시겠어요?

○ **담당자** : 네, 여기 있습니다.

■ **심사원** : IT관리자는 마스킹 정책이 일부 예외 처리되어 있나요?

○ **담당자** : 아니요. 배송업체를 제외하고는 모두 동일한 그룹 정책입니다.

■ **심사원** : 음 배송지 주소를 저장하고 있네요? 배송지 주소는 배송이 필요할 때만 수집·이용하고 배송이 완료되면 삭제되어야 할 것 같은데요.

○ **담당자** : 기본적으로 그렇게 처리하고 있습니다. 다만, 회원가입 시 선택정보로 배송지 정보를 수집하고 있고 이에 동의하신 분들의 정보는 저장하여 이용하고 있습니다.

■ **심사원** : 개인정보처리자에 대한 접속기록은 어떻게 저장하고 계신가요?

○ **담당자** : DB서버에 1년간 저장하고 있고 매월 S3 스토리지로 backup하여 2년간 저장하고 있습니다.

■ **심사원** : 네. 방금 IT관리자 계정으로 접속해서 회원정보 조회했던 접속 기록 한번 보여주시겠어요?

○ **담당자** : 여기 있습니다. 개인정보보호법에서 요구하는 항목 모두 저장하고 있습니다.

■ **심사원** : S3 스토리지에 저장되는 로그와 동일한 정보인가요?

○ **담당자** : 네 이 정보가 동일하게 S3 storage에 백업됩니다.

[회원정보 조회화면]

성명	생년월일	연락처	배송지 주소	직장	연소득
홍길동	1965.**.**	010-5678-****	경기도 하남시 *** …	카카*	2,000~3,000만 원
임꺽정	1945.**.**	010-6789-****	전라남도 순천시 *** …	네이*	3,000~5,000만 원
조자룡	1934.**.**	010-7890-****	경상북도 경주시 *** …	한양투*	5,000만 원~1억

[접속기록 조회화면]

화면	ID	IP	접속일시	수행업무	대상 정보주체
회원정보	admin**	192.168.1.**	2025.01.03 11:20	회원정보 조회	홍*동, 임*정, 조*룡
회원정보	admin**	192.168.1.**	2025.01.02 13:32	회원정보 조회	강*호, 서*웅, 송*섭
배송정보	partner**	192.168.2.**	2024.12.27 11:20	배송 조회	손*공

응용프로그램 보안지침

제정일자 : 2020-11-01 / 개정일자 : 2024-10-05

(일부 생략)

제15조(중요 정보노출 방지)

① 개인정보를 비롯한 중요 정보가 사용자에게 노출되지 않도록 응용프로그램 설계 시 다음 각 호의 사항을 준수하여야 한다.

　1. 권한이 없는 사용자가 개인 및 임직원 정보 등 중요 정보에 접근할 수 없도록 설계하여야 하며, 권한이 있는 경우에도 업무성격에 맞는 정보만 표시될 수 있도록 설계할 것

　2. 응용프로그램에서 사용자의 정보가 노출되지 않도록 암호화하여 처리하고 응용프로그램 화면에서는 소스 보기 기능 차단 등을 통해 사용자의 인증 정보가 노출되지 않도록 설계하여야 할 것

② 개인정보처리자는 업무처리를 목적으로 개인정보의 조회, 출력 등의 업무를 수행하는 과정에서 개인정보 보호를 위하여 화면에 표시되는 개인정보를 마스킹하여 표시 제한 조치를 취하는 경우 다음 각 호의 사항을 적용하여야 한다.

　1. 성명 중 두 번째 글자 (예시 : 김*주)

　2. 생년월일은 월, 일 모두 (예시 : 1981.**.**)

　3. 전화번호 또는 휴대폰 전화번호의 뒤에서부터 4자리

　4. 주소의 읍, 면, 동 또는 번지수

　5. 인터넷 주소(IP)의 4번째 구간

① 2.6.3 응용프로그램 접근

② 2.9.4 로그 및 접속기록 관리

③ 2.10.2 클라우드 보안

④ 3.1.1 개인정보 수집·이용

⑤ 3.1.2 개인정보 수집 제한

10 제로 트러스트(Zero Trust)는 기존의 경계 기반 보안 모델의 한계를 극복하고, 클라우드 환경과 원격 근무 등 현대적인 IT 환경에 더 적합한 보안 방식을 제공하고 있다. 다음 중 제로 트러스트에 대한 설명 중 적절하지 않은 것을 고르시오.

① 접근 주체(사용자 혹은 기기)의 식별 정보, 네트워크 접속 혹은 리소스 접근 시간, 네트워크 접속 위치, 네트워크/프로토콜 종류, 접근 대상 리소스 등에 대해 기본적으로는 접근을 거부하며, 일정 수준의 인증 과정을 거친 접근 주체에게만 제한된 수준의 리소스 접근을 허용하는 것을 원칙으로 하여야 한다.

② 제로 트러스트 모델에서는 모든 접근을 기본적으로 거부하고, 사용자/기기 신원, 시간, 위치 등을 엄격히 검증한 후 필요 최소한의 접근만을 허용하여 보안을 강화한다.

③ 리소스에 대한 접근에 대해 분산된 정책관리로 빠르게 변화하는 환경에 신속하게 대응하고 중앙 시스템에 집중되는 부하를 효율적으로 분산시켜 시스템의 성능을 향상시키고, 새로운 보안 접근 방식을 적용하여 혁신을 촉진할 수 있다.

④ 접근 주체가 특정 리소스에 접근할 때, 기존의 접근 제어 정책을 초과하여 다른 리소스에 접근하는 것을 막아야 한다. 이를 위해 소프트웨어 정의 경계를 설정하고 강력한 인증을 통해 접근을 허용하더라도, 긴 시간 동안의 접속은 허용하지 않는 것이 바람직하다.

⑤ 제로 트러스트 모델에서는 모든 상태를 모니터링하고 로그를 기록해야 한다. 이는 접근 주체, 리소스, 정책 서버의 다양한 상태를 포함한다. 시간, 위치, 보안 상태, 접속자 수, 데이터 접근 횟수, 네트워크 트래픽 등 보안성과 신뢰성을 추정할 수 있는 모든 정보가 대상이다.

11 다음의 심사원과 담당자의 대화를 보고 심사원이 판단한 것 중 적절하지 않은 것을 모두 고르시오. (2개)

정보보호 지침

개정 : 2025.2.7.

제21조(접근통제)

① 서버에 대한 접근 가능한 사용자는 필요 최소한으로 지정하여야 한다.

② 서버로의 접근이 필요한 경우 서버 접근통제 솔루션을 통해서만 가능하도록 하여야 하며 직접접속이 불가능하도록 방화벽 차단정책을 적용하여야 한다.

③ 신규서버 두입 시 최초 설치 등 불가피하게 서버 직접접속이 필요한 경우 사전에 정보보호팀 승인을 받아서 해당 작업기간 내에만 허용하고, 작업이 완료된 즉시 서버 접근통제 솔루션을 적용하여야 한다.

제22조(인터넷 통제)

① 외부에서 내부로의 연결은 명백히 필요하다고 판단되는 서비스/포트에 한하여 접속 허용해야 한다.

② 내부에서 외부로의 연결은 업무에 필요한 경우에 한하여 제한적으로 오픈하고, 불법도박, 음란 등 유해사이트에 대한 접속은 차단하여야 한다.

③ 개인정보취급자, 서버관리자 등은 인터넷이 차단된 VDI 환경에서 업무를 수행해야 한다.

④ VDI 내부 자료를 Local PC로 다운로드가 필요한 경우 망연계 솔루션을 활용하여야 하며, 망연계 솔루션 사용 신청은 각 사업팀장이 검토하여 승인한다.

⑤ 망연계 솔루션을 통해 VDI에서 내보내기한 파일은 해당 파일을 전송한 사용자만 Local PC로 내려 받을 수 있도록 통제하여야 한다.

⑥ 개발/운영을 위해 외부 API 제공 사이트 접속이 필요한 경우 정보보호팀 승인을 받아야 한다.

■ **심사원** : 안녕하세요. 심사원 나열심입니다. 간략히 회사 소개 부탁 드립니다.

○ **담당자** : 네, 안녕하세요. 정보보호 담당자 강보안입니다. 저희 회사는 정수기, 공기청정기, 비데 등 가전 제품을 임대/관리하는 서비스를 제공하는 사업을 수행하고 있으며, 현재 고객수는 200만 명이 넘은 상태입니다.

■ **심사원** : 고객 서비스를 위해 Cloud에 시스템을 구축하여 운영하고 계시는군요. 개인정보취급자에 대해서 인터넷 차단조치를 하고 계시겠죠?

○ **담당자** : 네. 개인정보취급자 중 개인정보처리시스템으로부터 개인정보를 다운로드, 파기, 접근권한 설정이 가능한 개인정보취급자의 PC에 대해서는 VDI 내에서 업무를 수행하고 있으며, 인터넷 차단 조치를 적용하고 있습니다.

■ **심사원** : 그런데 방화벽 정책을 살펴본 결과, 해당 개인정보취급자 PC에서 인터넷 접속이 허용된 것을 확인할 수 있었습니다. 어떻게 된 건가요?

○ **담당자** : 네. 개발/운영 업무를 위한 외부 API 제공 사이트가 오픈되어 있고, Cloud Console 접속이 가능하도록 해당 url이 오픈되어 있는 상황입니다.

■ **심사원** : 개인정보취급자가 개발/운영 업무도 병행하고 있는 건가요?

○ **담당자** : 네. 일부 개인정보취급자의 경우 개발/운영 업무도 병행하고 있습니다. 따라서 해당 인력의 경우 인터넷 차단조치를 적용하고 있으나 API 제공 사이트와 Cloud Console 접속은 가능하도록 방화벽 정책에 반영한 상태입니다.

■ **심사원** : 인증범위 내 시스템 목록을 보니 AI를 활용하고 계신 것 같은데, 설명 부탁드립니다.

○ **담당자** : 내부업무 생산성 제고를 위해 작년부터 AI를 활용하기 시작하였습니다. 현재는 보고서 생성을 위해 Open AI를 활용하고 있습니다. 고객정보와 가전제품 임대 정보가 워낙 방대하고 신규고객 창출을 위한 마케팅 전략수립이 쉽지 않습니다. 이를 해결하기 위해 고객 및 영업정보를 AI에 제공하고 마케팅 전략 리포트를 만들기 위하여 보고서 생성 AI를 활용하고 있는 겁니다.

■ **심사원** : AI 활용 관련하여 위험평가를 수행하셨거나 관련 가이드라인을 참고하신 적이 있으신가요? 예를 들어, 국정원에서 2023년 6월에 발간한 "ChatGPT 등 생성형 AI 활용 보안 가이드라인"이나, 개인정보 보호위원회에서 발간한 "안전한 인공지능(AI) 데이터 활용을 위한 AI 프라이버시 리스크 관리 모델" 등과 같은 안내서가 있는데요.

○ **담당자** : 아. 그런 자료가 있군요. 특별히 위험평가를 수행하지는 않았습니다. 생성형 AI 서비스 구축업체에서 잘 처리할 것으로 믿고 맡겼습니다.

■ **심사원** : 혹시 생성형 AI 활용 시 내부자료 유출 방지를 위해 별도의 Tenant로 격리된 기업용 AI를 사용하고 계신가요? 그리고 AI 활용 시 사용자가 직접 AI에 접속하지 않고 API 방식을 활용하고 계신가요?

○ **담당자** : 말씀하신 내용은 정확히 잘 모르겠습니다. 말씀드린대로 AI 서비스 구축업체에 믿고 맡겼습니다.

① 인터넷망 차단조치를 적용 중인 일부 개인정보취급자의 경우 API 제공 사이트에 접속 가능하도록 되어 있어서 2.6.7 인터넷 접속 통제 결함이라고 판단하였다.

② 인터넷 차단조치를 적용해야 하는 개인정보취급자 PC에서 Cloud Console에 접속 가능하도록 되어 있어서 2.6.7 인터넷 접속 통제 결함이라고 판단하였다.

③ 생성형 AI 활용에 따른 개인정보의 유출 위험성이 있을 수 있다고 판단하였다.

④ 클라우드컴퓨팅서비스를 개인정보처리시스템으로 이용하는 경우 해당 시스템에 대한 접근 권한을 관리 콘솔에서 부여 또는 변경할 수 있거나 관리 콘솔에서 다운로드할 수 있다면, 관리 콘솔 및 관리 콘솔에 접근하는 컴퓨터 등도 인터넷망 차단 조치의 대상이 될 수 있다.

⑤ 연 1회 이상 정기적인 위험평가를 수행하였으나, 생성형 AI 도입 등 중요한 사유가 발생하였음에도 불구하고 해당 부분에 대한 별도의 위험평가를 수행하지 않은 경우 1.2.3 위험 평가 결함으로 판단할 수 있다.

12 ABC 업체는 신규 모바일 앱 서비스를 제공하고자 개발을 위한 시큐어코딩 표준을 수립하고 있다. 안전한 개발을 위해 모바일 보안 취약점에 대한 위험을 정의한 2024년 OWASP Moblie Top 10을 참고하였다. 다음 중 OWASP Top 10 중 위협 요인에 대한 설명이 적절하지 않은 것을 고르시오.

OWASP Mobile Top 10 2024		
M1	Improper Credential Usage	부적절한 자격 증명 사용
M2	Inadequate Supply Chain Security	불충분한 공급망 보안
M3	Insecure Authentication/Authorization	안전하지 않은 인증 및 권한 부여
M4	Insufficient Input/Output Validation	불충분한 입력/출력 검증
M5	Insecure Communication	인진하지 않은 통신
M6	Inadequate Privacy Controls	불충분한 개인정보보호 제어
M7	Insufficient Binary Protections	부족한 바이너리 보호
M8	Security Misconfiguration	잘못된 보안 구성
M9	Insecure Data Storage	안전하지 않은 데이터 저장
M10	Insufficient Cryptography	불충분한 암호화

① Improper Credential Usage(부적절한 자격 증명 사용)은 모바일 애플리케이션 개발 시 민감한 정보를 코드 내 하드코딩함으로써 모든 사용자에게 노출될 수 있는 위협이다.

② Insecure Authentication/Authorization(안전하지 않은 인증 및 권한 부여)은 인증 또는 권한 체계가 잘못되거나 누락되어 공격자가 백엔드 서버에서 익명으로 모바일 기능을 실행할 수 있다. 이 경우 사용자의 신원을 확인할 수 없어서 위험이 직접적으로 노출되는 위협이다.

③ Insufficient Input/Output Validation(불충분한 입력/출력 검증)은 모바일 앱에서 사용자의 입력이나 네트워크 데이터와 같은 외부 소스의 데이터에 대한 유효성 검사를 제대로 하지 않아 SQL 인젝션, 커맨드 인젝션 및 XSS 공격 등의 공격에 취약할 수 있는 위협이다.

④ Security Misconfiguration(잘못된 보안 구성)은 네트워크나 인터넷 등을 이용해 데이터 전송 시 로컬 네트워크가 공유되거나 악성 코드가 삽입되어 계정 탈취, 사용자 사칭 및 데이터가 유출될 수 있는 위협이다.

⑤ Insecure Data Storage(안전하지 않은 데이터 저장)는 데이터가 적절하게 저장되지 않아 직접적인 추출 및 민감한 정보의 가로채기 등 해커에 의한 다양한 공격에 노출되는 위협이다.

[13~14] ○△□ 게임사는 "온라인 문어 게임 서비스"를 인증 범위로 ISMS-P 인증 심사를 수행 중이다. 심사원은 인증 심사 3일차에 개발 보안과 관련하여 심사를 진행하고 있다. 심사원은 먼저 심사 준비 자료로 제시된 증적들 중 [개발 흐름도]와 [개발 보안 지침]을 확인하고 담당자와 인터뷰를 진행하였다.

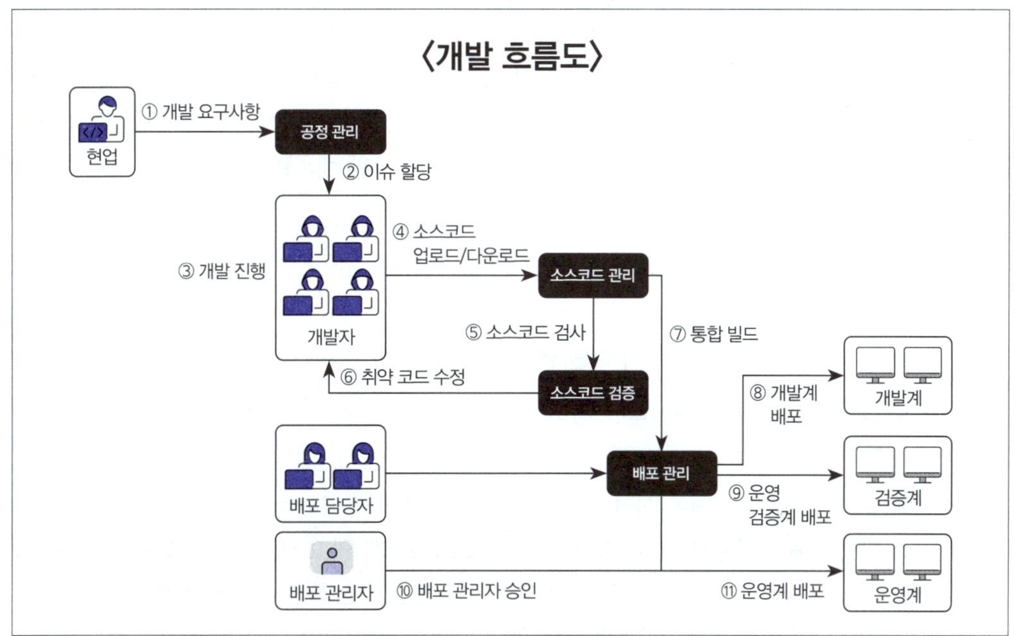

개발 보안 지침 (일부 발췌)

개발 보안 지침 (일부 발췌)

2016.03.03. 제정
2024.02.21. 개정

제20조(개발 운영 환경 분리)
① 서비스 또는 업무 관련 프로그램 개발 시, 개발 또는 테스트를 위해 사용되는 시스템은 운영 시스템과 분리된 시스템을 사용하여야 한다.
② 운영 시스템 환경에는 컴파일러 등 개발에 필요한 도구는 설치하지 않도록 한다.

제21조(소스코드 관리)
① 스코드는 인가된 개발자만 접근할 수 있어야 한다.
② 프로그램 소스코드에 IP, 비밀번호, 접속 정보 등을 포함하지 않도록 한다.

제22조(테스트 데이터 관리)
① 개발 및 테스트 시에는 운영 데이터를 사용하지 않도록 한다. 단, 운영 데이터를 테스트 데이터로 사용이 필요한 경우, [첨부 3. 테스트 데이터 이관 신청서]를 작성 후, 정보보호 최고책임자의 승인을 득해야 사용할 수 있다.

■ **심사원** : 개발 프로세스에 대해 간단히 설명 부탁드립니다.

○ **담당자 A** : 사업 담당 현업 부서에서 어떤 기능에 대해 개발이 필요하면 개발 요구사항이 포함된 개발 요청 문서를 작성합니다. 해당 문서를 내부 공정 관리 시스템에 신규 개발 건으로 생성하여 개발팀에 개발 요청을 합니다. 그럼 개발 팀장인 저희 팀장님이 개발 진행 상황들을 확인하고 각 개발자에게 개발 건을 할당하면 그때부터 개발을 시작합니다. 개발은 전산 PC에서 진행하고 각각의 소스코드는 소스코드 관리 시스템에 업로드하여 관리하고 있습니다. 개발이 완료되면 소스코드 검증 시스템을 이용해서 소스코드에 대한 검증을 수행하고 내부 기준에 맞게 조치하면 그 후에 배포를 진행합니다.

■ **심사원** : 테스트 없이 바로 배포를 수행하시나요?

○ **담당자 A** : 개발 흐름도에 보시는 것처럼 개발계, 검증계, 운영계 순서로 배포를 수행합니다.

■ **심사원** : 배포는 개발자가 아닌 별도 배포 담당자가 있는 것 같네요.

○ **담당자 A** : 네, 개발자들은 운영 서버 권한이 없어서 서버 담당자들이 배포를 진행하고 있습니다.

■ **심사원** : 개발계 배포 시나 테스트 시에 운영 데이터 사용은 안 하시나요?

○ **담당자 A** : 기본적으로는 운영 데이터를 사용하지 않고 테스트 데이터를 생성해서 사용합니다. 제가 기억하기로 작년에 고도화 작업을 수행하면서 외부 기관과 연동 테스트에 필요하여 한번 운영 데이터를 사용했던 것으로 기억합니다.

■ **심사원** : 그때 운영 데이터를 어떤 식으로 사용하셨나요?

○ **담당자 A** : 내부 기안 양식에 테스트 데이터 이관 요청서를 작성했습니다. 저희가 요청하면 시스템팀의 DBA와 정보보안팀의 승인을 받고 IT실장님까지 승인을 받은 후에 이관 받았던 것으로 압니다.

■ **심사원** : IT실장님이요? IT실장님이 CISO인가요?

○ **담당자 A** : CISO요? 그건 잘 모르겠습니다.

■ **심사원** : 알겠습니다. 그때 승인받은 이력을 보여주실 수 있을까요?

○ **담당자 A** : 네, 여기 있습니다.

		시스템팀 김관리 팀장	정보보안팀 김보안 팀장	CISO 현시소 실장
테스트 데이터 이관 요청서	**결재선**	2023.10.01	2023.10.01	2023.10.01
		개발팀 김개발 대리	개발팀 박소스 팀장	시스템팀 장디비 과장
		2023.10.01	2023.10.01	2023.10.01

기안	개발팀	기안일	2023.10.01	문서번호	2023-개발팀-00105
기안자	김개발	보존년한	5년	비밀등급	2
제목			테스트 데이터 이관 요청서		

목적		테스트를 위한 실데이터 개발계 이관 요청 – 고도화 관련 외부 기관 연동 테스트를 위해 필요함
운영계 정보		AB_DB01, 02 (10.10.40.11, 10.10.40.12)
개발계 정보		AB_TEST_DB (192.168.10.11)
요청 내용		운영 DB 내 테이블 및 데이터 개발계 이관 (테이블명 동일 생성)
테이블 정보	테이블명	TAS.CARD_DT_SVR
	조건	INS_DT BETWEEN '20230801' AND '20230930'
사용 기간		2023년 10월 1일 ~ 2023년 10월 31일

※ 테스트 완료 및 사용 기간 만료 후, [테스트 데이터 삭제 요청서] 기안 필수

- **■ 심사원** : CISO까지 승인을 받으셨네요. 사용 기간을 보니 한 달만 테스트하신 것 같네요. 사용 기간 종료 후 테스트 데이터 삭제 요청서 작성하고 운영 데이터 파기를 하셨을까요?

- **○ 담당자 A** : 파기를 직접 하지는 않아서... 너무 오래전이라 기억이 나지 않네요. 아마 작성하지 않았을까요?

- **■ 심사원** : 한번 확인해 보면 좋을 것 같습니다. AB_TEST_DB가 테스트 DB지요? TAS.CARD_DT_SVR 테이블 조회 부탁드립니다.

- **○ 담당자 A** : 네, 여기 조회했습니다.

- **■ 심사원** : 음... 카드 번호랑 유효기간, 핸드폰 번호 정보 등이 그대로 있는 것 같네요. 카드 번호는 암호화도 안 되어있는 것 같네요. 테스트 데이터 삭제 요청서도 따로 작성하지 않으신 거죠?

○ **담당자 A** : 그런 것 같습니다.

■ **심사원** : 네, 알겠습니다. 인터뷰 고생 많으셨습니다. 운영 배포 담당자분과 인터뷰를 위해 안내 부탁드립니다.

(운영 배포 담당자 자리로 이동)

■ **심사원** : 운영 배포와 서버를 담당하신다고 안내받았습니다.

○ **담당자 B** : 네, 저희 팀 서버 담당자 3명이 서버와 운영 배포를 담당하고 있습니다.

■ **심사원** : 배포 시에 배포 계정은 어떻게 관리하고 계신가요?

○ **담당자 B** : 저희 서버 담당자 3명 각자 배포 권한 계정을 생성해서 개인별로 사용하고 있습니다.

■ **심사원** : 잘 나누어서 운영하고 계시네요. 소스코드 관리 시스템에 최종 소스코드가 업로드되면 통합 빌드 컴파일 후에 배포 관리 시스템에서 배포하시는 거죠?

○ **담당자 B** : 네, 맞습니다.

■ **심사원** : 서버들이 대부분 Rocky 리눅스인 것 같은데 일부 유닉스 장비가 있네요? octo_was01 장비는 무슨 장비인가요?

○ **담당자 B** : 고도화 이전부터 사용하고 있던 운영 장비인데 외부 기관 연동 이슈로 아직 사용하고 있는 장비입니다.

■ **심사원** : 서버에 한 번 접속해서 몇 가지만 확인 가능할까요?

○ **담당자 B** : 네, 접속했습니다.

■ **심사원** : 아래 명령어 입력 부탁드립니다.

○ **담당자 B** : 네, 실행했습니다.

```
root@octo_was01:/> find /usr -name javac -ls
21524   83    -r-xr-xr-x 1 bin  bin   69401     Dec 14   2018   /usr/java14/bin/javac
25416   91    -r-xr-xr-x 1 bin  bin   74019     Dec 14   2018   /usr/java14_64/bin/javac
34242   108   -r-xr-xr-x 1 bin  bin   130491    Dec 10   2018   /usr/java5/bin/javac
39102   154   -r-xr-xr-x 1 bin  bin   159424    Dec 20   2018   /usr/java5_64/bin/javac
51032   290   -r-xr-xr-x 1 bin  bin   298470    Jul 7    2019   /usr/java6/bin/javac
63111   389   -r-xr-xr-x 1 bin  bin   358142    Jul 7    2019   /usr/java6_64/bin/javac
root@octo_was01:/>
```

13 심사원과 담당자 A의 인터뷰 내용을 바탕으로 심사원이 도출할 수 있는 결함으로 가장 적절한 인증기준을 고르시오.

① 2.6.2 정보시스템 접근

② 2.7.1 암호정책 적용

③ 2.8.3 시험과 운영 환경 분리

④ 2.8.4 시험 데이터 보안

⑤ 2.8.6 운영환경 이관

14 심사원과 담당자 B의 인터뷰 내용을 바탕으로 심사원이 도출할 수 있는 결함으로 가장 적절한 인증기준을 고르시오.

① 2.8.1 보안 요구사항 정의

② 2.8.2 보안 요구사항 검토 및 시험

③ 2.8.6 운영환경 이관

④ 2.9.1 변경관리

⑤ 2.10.1 보안시스템 운영

15 전자금융업자인 CSB 사는 올해 ISMS-P 인증 사후 1차 심사를 받기 위해 컨설팅을 받아 IT인프라 취약점 진단을 수행하였다. 서버 담당자는 주요 서비스를 운영하고 있는 Linux 서버에 대한 취약점 조치를 수행하고 있다. 다음 보기 중 IT 운영 보안 지침 기준에 따라 조치 방법이 적절하지 않은 것을 고르시오.

IT 시스템 운영 보안 지침 (일부 발췌)

IT 시스템 운영 보안 지침 (일부 발췌)

2015.02.03. 제정
2024.03.20. 개정

제13조(패스워드 생성 및 관리)

① 패스워드의 길이는 영문 대문지, 영문 소문자, 숫자, 특수문자를 이용하어 3가지 조합, 8자리 이상으로 설정하여야 한다.

② 사용자가 패스워드를 사용할 수 있는 최대 기간은 90일로 한다.

③ 패스워드는 화면상에 읽을 수 있는 형태로 표시되지 않아야 한다.

제14조(서버 접근통제)

① 사용자는 운영체제의 접근 통제 기능 또는 접근 통제 도구를 우회할 수 있는 방법을 시도해서는 안 되며 이러한 방법 사용은 엄격하게 통제되어야 한다.

② 서비스 제공 서버에 대한 특수 계정(root)으로의 직접 로그온은 서버 콘솔에서만 허용한다.

③ 시스템별로 필요한 서비스 포트를 사전에 정의하고 불필요한 서비스 포트는 모두 제거한다.

제15조(로그온 후의 접근 통제)

① 서버에 접속한 후 사용자나 다른 시스템으로부터 10분간 어떤 입력도 일어나지 않으면 자동적으로 로그 오프시키거나 세션을 중단시킨다. 단, 개발 업무나 서버 운영상 필요성이 인정되는 경우 예외로 할 수 있다.

② 연속적으로 5회 이상 패스워드를 잘못 입력할 경우 30분간 접속을 차단한다.

<table>
<tr><td>①</td><td>

```
#vi /etc/ssh/sshd_config
    PermitRootLogin No
```
</td></tr>
<tr><td>②</td><td>

```
#vi /etc/hosts.deny
    ALL:ALL
#vi /etc/host.allow
    sshd : 192.168.0.100, 192.168.0.101, 192.168.0.102
    ftpd : 192.168.0.102
```
</td></tr>
<tr><td>③</td><td>

```
#vi /etc/profile
    umask 600
    export
```
</td></tr>
<tr><td>④</td><td>

```
#vi /etc/security/pwquality.conf
    lcredit = -1 ucredit=-1 dcredit=-1 ocredit = -1 minlen=8
```
</td></tr>
<tr><td>⑤</td><td>

```
#chage -m 1 user1
#chage -M 90 user1
```
</td></tr>
</table>

16 NUGUYA 쇼핑몰은 온라인 쇼핑몰인 [NUGU 몰 서비스]를 인증범위로 하여 ISMS-P 인증심사를 받고 있다. 다음은 심사원이 정보보호 담당자와 정보보호 시스템에 대해 인터뷰한 결과이다. 이를 바탕으로 심사원이 결함으로 도출할 수 있는 가장 적절한 인증기준을 고르시오.

■ **심사원** : 안녕하세요. 정보보호 시스템에 대해 인터뷰하겠습니다. 담당하고 계신 솔루션들에 대해 설명 부탁드립니다.

○ **담당자** : 네, 안녕하세요. 정보보안팀에서 NAC, DRM, DLP 등 보안 솔루션을 운영 관리하고 있습니다.

■ **심사원** : 그렇군요. DLP 시스템을 어떻게 운영하고 계신지 설명 부탁드립니다.

○ **담당자** : 저희는 기본적으로 전 직원 업무 PC에 DLP 클라이언트를 설치하여 USB 저장매체, CD/DVD 드라이브, 외장하드 등의 읽기/쓰기를 차단하고 있습니다.

■ **심사원** : 그럼 읽기/쓰기 정책은 아예 사용하지 않는다고 이해하면 될까요?

○ **담당자** : 그건 아닙니다. 종종 외부 업체로 자료를 제출해야 한다거나 대용량의 데이터 이관이 필요한 경우 등에는 USB 또는 외장하드 사용 정책을 허용하여 사용하고 있습니다.

■ **심사원** : 정책을 사용하는 상황을 좀 더 자세히 말씀해 주실 수 있을까요?

○ **담당자** : 네, USB 저장매체 사용이 필요한 경우에는 USB 사용 신청서를 내부 기안으로 작성하고 정보보호 관리자의 승인을 받은 후에 DLP 시스템에서 허용 정책을 적용합니다. 사용 후에는 바로 정책을 회수하고 별도의 USB 관리 대장에 기록을 하고 있습니다. 실제 DLP 시스템에 남아있는 사용 로그와 수기로 작성하는 USB 관리 대장을 비교하여 사용 이력을 점검하고, 매월 CISO까지 보고하고 있습니다. 여기 USB 관리 대장이 있습니다.

■ **심사원** : 잘 알겠습니다. 지난주 목요일 오전 11시에 사용 이력이 있네요. DLP 시스템에도 로그가 남아있는지 볼 수 있을까요?

○ **담당자** : 네, 잠시만요... 여기 USB 정책 허용 로그를 보시면 목요일 오전 11시 인증 USB02번으로 사용한 로그가 있습니다. 지금은 정책을 회수했기 때문에 미사용 상태로 되어 있습니다.

■ **심사원** : 인증 USB가 아닌 다른 외장하드나 이동식 저장매체도 사용 가능한가요?

○ **담당자** : 사용 가능합니다.

■ **심사원** : 네, 확인 감사합니다. 그런데 자산 관리 대장에 DLP 시스템을 보니 OS 버전이 CentOS 6.3로 되어 있네요. IP 정보도 다른 것 같네요. EOS에 대한 조치는 어떻게 하고 계신가요?

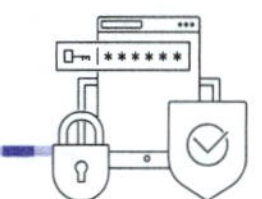

○ **담당자** : 저희가 EOS에 대한 현황을 매년 관리하고 있어 CentOS 6.3에 대해서도 미리 현황 파악을 했기 때문에 작년에 조치 계획을 세우고 예산을 확보했었습니다. 그리고 올해 상반기에 이 DLP 시스템을 소프트웨어 업그레이드 하면서 OS도 Rocky 9 버전으로 변경했습니다. 여기 서버 접속해서 보시면 Rocky 9 버전인 것을 보실 수 있습니다.

■ **심사원** : 네 알겠습니다. 감사합니다.

○ **담당자** : 감사합니다.

① 1.2.1 정보자산 식별

② 2.1.3 정보자산 관리

③ 2.9.4 로그 및 접속기록 관리

④ 2.10.7 보조저장매체 관리

⑤ 2.10.8 패치관리

17 심사원은 ABC 기업에 대해 ISMS-P 인증심사를 수행하고 있다. 다음은 클라우드 보안 담당자와의 인터뷰 및 구성도를 통해 도출한 결함으로 적절하지 않은 것을 모두 고르시오. (2개)

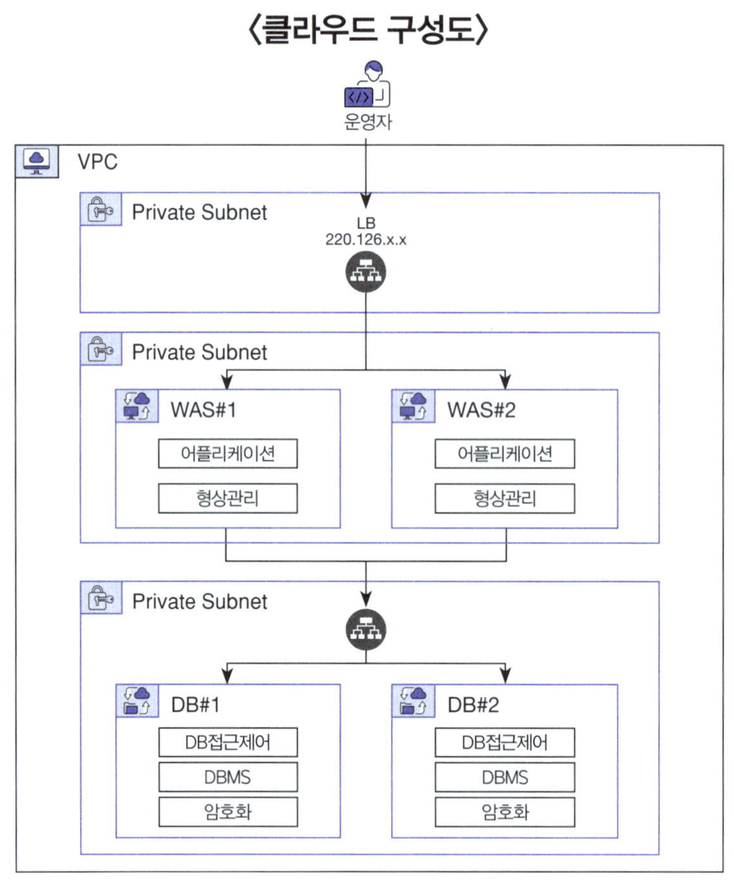

■ **심사원** : 클라우드 구성도를 보았는데요. 구성도에서는 운영자가 WAS에 접근할 때 별도 접근통제가 확인되지 않아서요.

○ **담당자** : 클라우드 구성도에서는 확인되지 않지만 CSP에서 제공하는 F/W, NACL을 적용하고 여러 보안 솔루션을 통해 지정된 IP 및 운영자가 아니면 접근할 수 없도록 구성하였습니다. 여기 화면에 보시는 게 관련 자료들입니다.

■ **심사원** : 네, 확인해보니 잘 적용되어 있네요. 구성도에도 접근통제에 대해 표기되어야 할 것 같네요.

○ **담당자** : 네, 알겠습니다.

■ **심사원** : WAS에 형상관리가 있는데 배포 절차가 어떻게 수행될까요?

○ **담당자** : 개발자가 소스코드를 수정하고 운영 담당자가 확인한 다음에 형상관리 솔루션을 통해 배포를 진행하는 것으로 알고 있습니다.

■ **심사원** : 개발을 위한 별도 망이 구성되어 있을까요?

> ○ **담당자** : 현재 클라우드 망 구성을 늘리는 과정으로 아직은 별도 개발 망은 존재하지 않고 개발자 및 운영 담당자 PC에서 소스코드 수정 및 테스트 후 배포 작업을 수행하고 있습니다. 해당 부분은 저희 팀장님께 보고되어 인지하고 있습니다.
>
> ■ **심사원** : 그럼 개발자와 운영 담당자 PC에서 소스코드 수정 및 테스트 과정에 대해서 주기적인 모니터링이나 감사 행위와 같은 보완대책이 마련되어 있을까요?
>
> ○ **담당자** : 아니오. 따로 진행하지 않습니다.
>
> ■ **심사원** : 소스코드 이력 관리도 되고 있지 않을까요?
>
> ○ **담당자** : 네, 현재는 소스코드 이력에 대해서는 로컬 PC에서 자체적으로 관리하고 있습니다.
>
> ■ **심사원** : 네, 알겠습니다. 운영 담당자와 추가적으로 인터뷰를 진행하고자 합니다.
>
> (잠시 뒤)
>
> ■ **심사원** : 안녕하세요. 개발 및 테스트 관련하여 인터뷰를 요청 드렸습니다.
>
> ◇ **담당자** : 네, 말씀하시면 답변 드리겠습니다.
>
> ■ **심사원** : 로컬 PC에서 테스트 시 사용되는 데이터는 어떻게 관리되고 있을까요?
>
> ◇ **담당자** : DB#2 서버에서 일부 데이터를 개발자와 제 PC에 이관시켜 테스트를 진행하고 있습니다.
>
> ■ **심사원** : 운영 담당자님 혼자서 소스코드 수정, 테스트 및 배포까지 업무를 하고 계신가요?
>
> ◇ **담당자** : 네, 현재 인력들의 퇴사로 제가 모든 과정을 진행하고 있습니다. 해당 부분은 내부 결재를 통해 진행되고 있는 부분이며, 현재 인력 충원 중입니다.
>
> ■ **심사원** : 그럼 배포하는 과정에서 검토 및 승인하는 절차는 있을까요?
>
> ◇ **담당자** : 아니요. 이 업무는 저만 할 수 있어서 따로 사전에 보고 드리지는 않습니다. 다만, 배포 후 진행 결과에 대해서만 보고를 드리고 있습니다.
>
> ■ **심사원** : 알겠습니다. 인터뷰 참여 감사드립니다.

① 네트워크 구성도에 정보보호시스템, 접근통제 등이 내용이 표기되지 않아 1.2.2 현황 및 흐름분석 결함으로 판단하였다.

② 개발 및 운영 환경을 분리하지 않고 운영하고 있으나 이에 대한 상호 검토 및 모니터링 등의 절차가 존재하지 않아 2.8.3 시험과 운영 환경 분리 결함으로 판단하였다.

③ 로컬 PC에서 개발 및 관리되는 소스코드에 대한 이력 관리가 이루어지지 않아 2.8.5 소스 프로그램 관리 결함으로 판단하였다.

④ 인력이 부족함으로써 정보보호 관점에서 취약점이 존재하여 2.1.2 조직의 유지관리 결함으로 판단하였다.

⑤ 소스코드 수정, 테스트 및 배포하는 과정에서 검토 및 승인하는 절차가 존재하지 않아 2.8.6 운영환경 이관 결함으로 판단하였다.

18 다음은 ABC 온라인 쇼핑몰의 내부 지침과 정보자산관리 대장 일부이다. 심사원과 담당자의 인터뷰를 바탕으로 심사원이 판단한 내용 중 가장 적절한 것을 고르시오.

정보자산 관리 지침

제5조(정보자산 식별 및 관리)

① 각 정보자산에 대한 담당자를 지정함으로써 정보자산 보호에 대한 책임성을 확보하고 정보자산에 대한 보안을 지속적으로 유지할 수 있도록 한다.

② 각 부서별 정보보안관리자는 해당 부서에서 관리하는 정보자산을 파악하고, 보호되어야 할 정보자산을 식별하여야 한다. 기존의 정보자산뿐 아니라 새로 도입되는 정보자산도 식별 및 관리하여야 한나.

③ 정보보호담당자는 각 부서에서 관리하는 정보자산을 매월 취합하여 전체 목록을 관리하여야 한다.

물리 보안 지침

제1조(보호구역의 지정)

① 물리적 보안 담당자는 업무 구역을 다음과 같이 구분하며 물리적 보안 담당자는 통제구역 및 제한구역을 각 호와 같이 설정하고 보호대책을 강구하여야 한다.

    1. 제한 구역 : 사무실, 회의실, 문서고는 일부 중요 자산이 보관되어 있는 장소로 외부인의 출입이 제한적으로 허용되는 제한구역으로 지정한다.

    2. 통제 구역 : 주 전산실, 통신실은 중요 자산이 보관되어 있는 장소로서 비인가자의 출입을 엄격히 통제하여야 하는 통제구역으로 지정한다.

② 통제구역으로 설정된 곳은 각각 출입문에 '통제구역' 임을 나타내는 표지를 부착하여야 한다.

③ 통제구역 및 제한구역 출입구에는 '출입통제 시스템'을 설치하여 등록된 인원만 출입이 가능하도록 하여야 한다.

제2조(통제구역의 보호)

① 통제구역의 출입은 원칙적으로 인가된 자만 출입이 가능하도록 하고, [서식 1] '주 전산실 출입 관리 대장(장비 반·출입 확인)'을 비치하여 출입 인원을 기록 및 관리하도록 한다.

② 통제구역은 불특정 다수인이 출입할 수 있는 장소로부터 격리시킨다.

③ 통제구역의 적절한 위치에 비상구가 설치되어야 한다.

④ 건물 로비 및 일반 안내도에는 통제구역의 위치를 표시하지 않는다.

⑤ 통제 구역의 출입문은 항상 잠금 상태를 유지하도록 한다.

⑥ 화재를 대비하여 소화기를 비치하여야 하며, 전산 설비가 있는 곳에는 소화 설비 등 보호 대책을 마련하여 적용하여야 한다.

제3조(통제구역의 기기 반출입)

① 통제구역 내에 정보시스템을 반출·입할 경우에는 해당 담당자의 입회하에 실시하여야 하며, [서식 2] '반출·입 신청서'를 작성하여 승인을 득해야 한다.

② 통제구역에 모바일 기기를 반출·입은 기본적으로 허가되지 않지만, 부득이한 경우에는 반출·입 신청서를 작성하고 모바일 기기 보안점검(백신 설치, 바이러스 검사, 최신 업데이트 수행 등)을 수행해야 한다.

③ 통제구역 내에서 모바일 기기를 이용한 촬영은 불가하며 부득이한 경우에는 정보보호 관리자의 승인을 득한 뒤에만 수행할 수 있다.

정보자산관리대장 중 일부내용

정보자산관리대장 중 일부내용

No	구분	코드	자산명	IP	호스트명	OS	물리적위치	담당자
1	서버	SVR_LX-01	WEB서버	*.*.*.*	SB_WAS	CentOS 6.6	주전산실	나여운
2		SVR_LX-02	WAS서버	*.*.*.*	SB_WEB	Ubuntu 17.01	주전산실	최유진
3		SVR_LX-03	개발서버	*.*.*.*	Dev_admin	Solaris	IT개발팀	아이유
4		SVR_LX-05	백업서버	*.*.*.*	B_admin	Solaris	DR센터	장기하
5	DB	SVR_LX-06	회원 DB	*.*.*.*	CUS_DB	Ubuntu 17.01	주전산실	고애신
6		SVR_LX-07	콜센터 DB	*.*.*.*	CALL_DB	Ubuntu 17.01	주전산실	고애신
7		SVR_LX-08	등록/구매 DB	*.*.*.*	BUY_DB	Ubuntu 17.01	주전산실	고애신
8		SVR_LX-09	배송 DB	*.*.*.*	PRF_DB	Ubuntu 17.01	주전산실	고애신
9		SVR_LX-11	사용자 DB	*.*.*.*	EMP_DB	Ubuntu 17.01	주전산실	고애신

■ **심사원** : 안녕하세요. ABC 온라인 쇼핑몰의 업무에 대해 간략히 설명해 주시겠습니까?

○ **담당자** : 네, 저희 온라인 쇼핑몰은 크게 등록/구매, 배송, 고객상담으로 업무가 구성되어 있습니다.

■ **심사원** : 해당 업무에 대한 정보자산은 어떻게 관리하고 계시나요?

○ **담당자** : 각 부서별로 매월 정보자산을 점검하고 작성된 정보자산목록을 정보보호 담당자가 월 1회 취합하여 관리하고 있습니다. 앞서 제출한 정보자산관리 대장이 전체 목록입니다.

■ **심사원** : 이번에 신청하신 인증 범위 내 정보자산이 모두 포함되어 있겠네요.

○ **담당자** : 네, 업무와 관련한 자산이 누락없이 작성되어 있는 것으로 매월 확인하고 있습니다.

■ **심사원** : 외부인이 통제구역에 출입하는 경우가 있나요?

○ **담당자** : 서버 등 유지보수나 장애 대응 시에 업체 담당자가 출입을 할 수 있는데 담당자 입회하에만 출입이 가능하도록 통제하고 있습니다.

■ **심사원** : 백업서버는 운영서버와 동일한 내용을 보유하고 있는데 DR센터는 보호구역으로 지정하지 않은 이유가 있을까요?

○ **담당자** : 백업서버는 운영 중인 서버가 아니어서 지정하지 않았습니다.

① 쇼핑몰 업무에 대한 ISMS 인증 범위가 적정하게 선정되지 않아 1.1.4 범위 설정 결함으로 판단하였다.

② 정보자산을 월 1회 점검하고 있어 1.2.1 정보자산 식별 결함으로 판단하였다.

③ 정보자산목록을 각 부서에서 점검하고 있어 2.1.3 정보자산 관리 결함으로 판단하였다.

④ 백업서버가 있는 DR센터는 통제구역으로 지정되어야 하므로 2.4.1 보호구역 지정 결함으로 판단하였다.

⑤ 인가된 임직원이 아닌 외부인이 출입하고 있어 2.4.2 출입통제 결함으로 판단하였다.

19 신청기관 A 사의 ISMS 인증심사 중에서 발생된 상황이다. 심사원이 결함이라고 판단한 내용 중 적절하지 않은 것을 고르시오.

> ㉠ **2.6.2 정보시스템 접근 결함**
> 신청기관 A 사는 서버보안솔루션으로 K 사를 사용하고 있었다. 심사원이 해당 솔루션의 관리자 권한 계정을 확인한 결과 별도의 AD계정이나 관리계정을 사용하고 있지 않고 해당 솔루션의 K사가 상시 보유하는 관리자ID를 통해 접근하고 있는 것을 확인하였다. 담당자는 해당 계정은 유지보수 및 관리를 위해 절대적으로 필요하며 월 1회 정기유지보수 계약을 하였기 때문에 해당 유지보수업체 직원만 사용한다고 했다.
> 다만, 원격제어로 들어올 수는 없고 담당자가 방화벽을 열어줘야만 들어올 수 있음을 확인하였으나 유지보수의 경우에는 방문 시기와 관계없이 상시 enable상태로 접근하고 있음을 확인하였다.
>
> ㉡ **2.6.1 네트워크 접근 결함**
> 신청기관 A 사는 심사원이 네트워크 구성도와 인터뷰를 통하여 확인한 결과, 위험평가를 통하여 핵심 업무영역의 네트워크 분리 및 영역 간 접근통제 수준을 결정하고 있으나, 외부 지점에서 사용하는 일부 정보시스템 및 개인정보처리시스템과 IDC에 위치한 서버 간 연결 시 일반 인터넷 회선을 통하여 데이터 송수신을 처리하고 있어 내부 규정에 명시된 VPN이나 전용망 등을 이용한 통신이 이루어지고 있지 않은 것을 확인하였다.
>
> ㉢ **2.6.2 정보시스템 접근 결함**
> 신청기관 A 사는 심사원이 확인한 결과 정보시스템의 사용 목적과 관련이 없거나 침해사고를 유발할 수 있는 서비스 또는 포트를 확인하여 제거 또는 차단하여야 한다고 가이드하고 있으나, 타당한 사유 또는 보완 대책 없이 안전하지 않은 접속 프로토콜(telnet, ftp 등)을 사용하여 접근하고 있으며, 불필요한 서비스 및 포트를 오픈하고 있는 경우를 확인하였다.
>
> ㉣ **2.6.3 응용프로그램 접근 결함**
> 신청기관 A 사의 내부 고객관리서비스를 확인해 본 결과 개인정보 조회화면에서 like 검색을 과도하게 허용하고 있어, 모든 사용자가 본인의 업무 범위를 초과하여 성씨만으로도 전체 고객의 정보를 조회할 수 있는 경우를 확인하였다.
>
> ㉤ **2.11.1 사고 예방 및 대응체계 구축 결함**
> 침해사고에 대비해 직원들을 대상으로 악성코드가 포함된 메일발송 훈련을 실시하였고 해당 솔루션은 외부 컨설팅업체와 진행하였다. 심사원은 단순한 악성코드 메일훈련 외에 (DDOS훈련 등) 다른 필요한 훈련을 하지 않은 것으로 확인하였다.

① ㉠   ② ㉡   ③ ㉢   ④ ㉣   ⑤ ㉤

20 심사원은 2024년 11월 대형 서점 온라인몰인 △△문고의 ISMS 인증심사를 수행하고 있다. 네트워크 구성도와 인터뷰 내용을 확인하고 심사원이 판단한 내용으로 적절한 것을 고르시오.

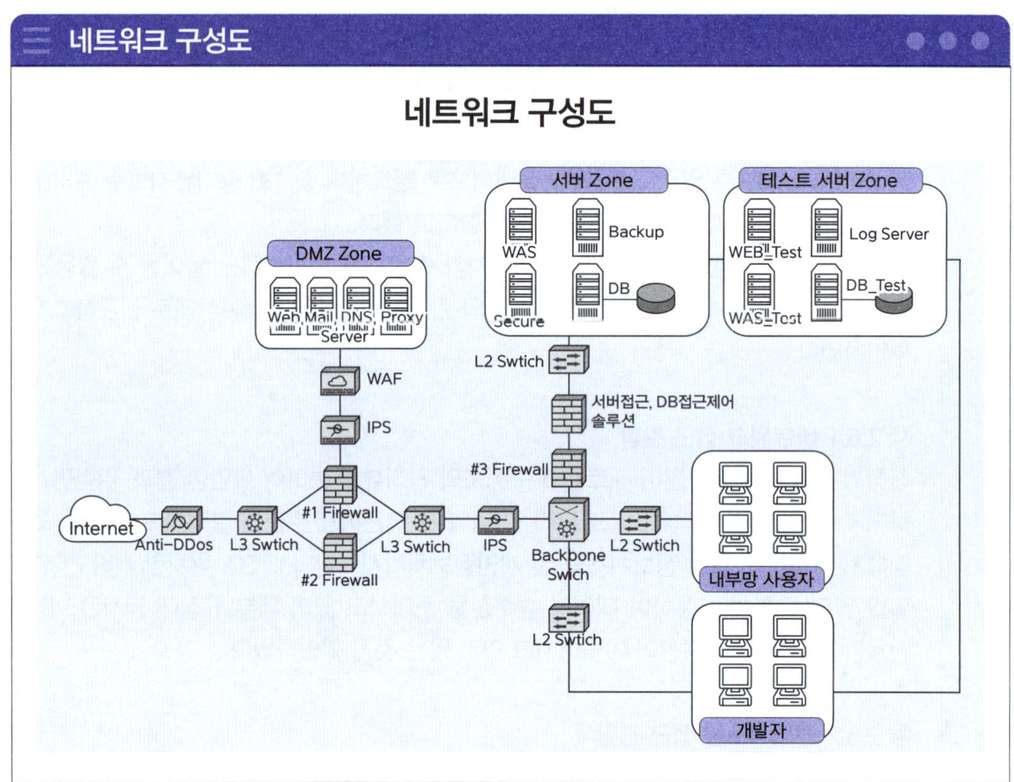

- **심사원** : 안녕하세요. 네트워크 구성도를 보니 서버 Zone에 Secure서버의 용도와 테스트 서버 Zone의 WEB_Test서버가 있는데요. 외부 인터넷이 가능한 환경인가요? 설명 좀 부탁드립니다.

○ **담당자** : 네 DMZ에서 방화벽을 통과한 내부대역의 서버Zone, 테스트 서버Zone의 경우에는 외부 인터넷이 차단되도록 설정되어 있습니다. #1, #2 Firewall이 그 역할을 수행하고 있습니다. 서버 Zone의 Secure서버에는 백신업데이트서버와 보안O/S가 설치되어 있습니다. 다른 서버들에 대해서 보안O/S 에이전트들을 설치해서 통제하는 역할을 수행하고 있습니다. 보안O/S에서 각 서버 예를 들어 WAS서버의 방화벽 기능을 부여할 수 있어서 DMZ에 있는 서버들을 포함해서 모든 서버들은 보안O/S의 통제를 받아 자체 방화벽이 서버에 구성되어 운영되고 있습니다.

- **심사원** : Secure서버에 백신 업데이트 서버의 경우에는 그럼 외부 인터넷망을 통해서 업데이트 되나요?

○ **담당자** : 네, 백신 업데이트 서버의 경우 백신회사에서 업데이트를 제공하고 있기 때문에 해당 포트만 개방되어 있고 인터넷에 연결 가능합니다. 아마 8804/TCP포트일 텐데요. 백신서버만 해당 포트로 외부 인터넷이 가능하게 정책이 설정되어 있습니다. 그리고 #1, #2 Firewall의 경우는 HA구성이라 방화벽 정책이 동일하고요. 해당 백신서버와 8804 포트만 개방해서 운영할 수 있게 구성했습니다.

■ **심사원** : #3 Firewall의 경우에는 어떤 역할을 하고 있나요?

○ **담당자** : #3 Firewall의 경우에는 기본적으로는 내부망 사용자와 개발자의 접근통제를 하는 역할을 하도록 되어있습니다만 사실 서버Zone, 테스트 서버Zone에 접속하기 위해선 서버접근, DB접근제어 솔루션을 거치게 되어있습니다. 각 서버들은 모두 보안O/S에 의해서 자체 방화벽으로 접근통제가 되어 있어서 #3 Firewall의 경우에는 딱히 필요하지가 않아서 개방상태로 운영 중입니다.

■ **심사원** : 잠시만요. '보안시스템 운영지침'을 확인해 보겠습니다.

제4장 보안시스템 운영지침

제3조(방화벽 운영지침)

① 사내 설치된 모든 방화벽은 최소권한 정책을 준수하여야 하며 기본 정책은 화이트 리스트 정책을 사용하고 필요한 트래픽만 명시적으로 허용하여야 한다.

② 방화벽 정책에 필요한 포트에 대해서 정보보호담당부서와 업무협의를 통해서 필요한 사항을 제공받는다. 업무 협의 시 "프로토콜 목록(별표 3)"을 참고하여 보안이 취약한 포트에 대한 접속을 허용하지 않도록 한다.

--이하 생략--

■ **심사원** : 지침을 확인해 보면 기본적으로 화이트 리스트 방식으로 필요한 트래픽만 허용하게 되어있는데 결국 #3 Firewall은 해당사항을 지키지 않은 것 아닌가요?

○ **담당자** : 네. 그렇기는 한데 #3 Firewall은 이번에 새로 도입되었고 방금 전 말씀드린 것처럼 서버들이 보안O/S에서 방화벽 역할을 하고 있어서 문제가 없습니다. 그리고 서버 방화벽들이 문제가 생긴다고 하더라도 결국 관문 방화벽인 #1, #2 방화벽에서 접근통제가 되어 있기 때문에 문제가 되지 않습니다.

■ **심사원** : 새로 도입되었는데 도입 시 보안성 검증이라던가 별도 절차는 있지 않나요?

○ **담당자** : 네, 있습니다. 도입 시 정보보호부서의 보안성 검증절차는 시행했고 해당 증적은 제공해 드리겠습니다. #3 Firewall의 경우엔 정상적인 절차를 밟아 도입하여 운영하고 있습니다. 다만 서버에 방화벽 정책이 잘 설정되어 있어 굳이 #3 Firewall에는 아직 정책을 설정할 필요가 없어서 제어하지 않은 상황입니다.

■ **심사원** : 알겠습니다. 서버들에 설정되어 있는 방화벽 정책들은 그래도 잘 관리가 되고 있어 일단 내부망이 외부 인터넷과 연결이 되어 통신이 되거나 하지 않는군요. 감사합니다.

① 심사원은 보안시스템 운영지침의 정책이 잘못되었다고 판단하여 2.1.1 정책의 유지 관리 결함으로 판단하였다.

② 심사원은 Secure서버의 백신 업데이트 포트인 8804/TCP포트가 외부 인터넷과 통신하고 있어 2.6.7 인터넷 접속 통제 결함으로 판단하였다.

③ 심사원은 서버 Zone과 테스트서버 Zone의 정보시스템 간 접근이 가능하다고 판단하여 2.6.2 정보시스템 접근 결함으로 판단하였다.

④ 심사원은 #1, #2 Firewall과 보안O/S, 보안솔루션을 통해 접근통제는 되고 있으나 #3 Firewall에서 모든 정책이 허용 상태로 되어있어 2.10.1 보안시스템 운영 결함으로 판단하였다.

⑤ 심사원은 네트워크 구성도에서 개발자, 내부망 사용자 영역에서 우회 경로가 존재하여 2.6.1 네트워크 접근 결함으로 판단하였다.

21 다음은 BB은행 정보보호팀의 A사원과 B팀장의 주간 모니터링 결과와 관련한 대화 및 증적을 나타낸 것이다. 이를 토대로 보기 중 가장 적절하지 않은 것을 고르시오.

■ **A사원** : 팀장님, 5월 2주차에 진행한 당행과의 모든 계약이 종료된 고객의 비중요 개인신용정보 파기 및 접근통제 주간 모니터링 결과 보고서 결재 올리겠습니다.

○ **B팀장** : A사원님, 500명 정보의 접근통제 적용이 누락되어서 차주 진행된다는 내용이 있는데 자세히 설명 부탁드립니다.

■ **A사원** : 지난 3월에 계약이 종료된 고객정보에 대해 5월 1주차에 접근통제를 적용하던 중 C저축은행 오픈뱅킹 이체 내역이 있는 500명의 이체 내역정보의 접근통제가 적용되지 않았습니다. 참고로 지난 1월 말에 C저축은행의 오픈뱅킹 오픈에 따른 대외기관 연결이 있었고, 이때부터 C저축은행으로부터 오픈뱅킹 이체 내역을 송수신 받고 있었습니다.

○ **B팀장** : C저축은행의 오픈뱅킹 연결이 있는 줄 몰랐네요. 통제가 적용되지 않은 원인은 무엇이었나요?

■ **A사원** : 접근통제 프로그램이 C저축은행 오픈뱅킹 이용고객 정보를 참조하던 중 에러가 발생하여 C저축은행 오픈뱅킹 이용내역 통제가 적용되지 않고 계속 정보가 조회되는 현상이 발생되었습니다.

○ **B팀장** : 대외채널 연계목록, API 호출내역과 저축은행 코드표 좀 보여주세요.

■ **A사원** : 여기 있습니다. 대외채널은 '어플리케이션 아키텍처 목록표'를 보시면 됩니다.

○ **B팀장** : C저축은행 코드가 2개인데 2월 API 호출 이력이 특이하네요.. 2월에는 비활성화된 코드값으로 호출이 성공했고, 현재 활성화된 코드값으로는 에러가 있었네요. 부가적으로 대외채널 연계목록표에는 오픈뱅킹 관련 사항이 없어 현황도 관리가 잘 안 되고 있는 느낌이네요…

■ **A사원** : 제가 알아본 바로는 알 수 없는 오류원인으로 기존 코드값(TP_BANK_007)으로
는 트랜잭션 처리가 되지 않아 우여곡절 끝에 다음날 임시코드값인 TP_BANK_008을 생
성하여 오픈뱅킹 트랜잭션이 처리되도록 하였고, 그 이튿날 다시 TP_BANK_007으로 트
랜잭션이 처리가 되도록 조치한 후 TP_BANK_008을 비활성화 처리했다고 합니다.

BB 은행 어플리케이션 아키텍처

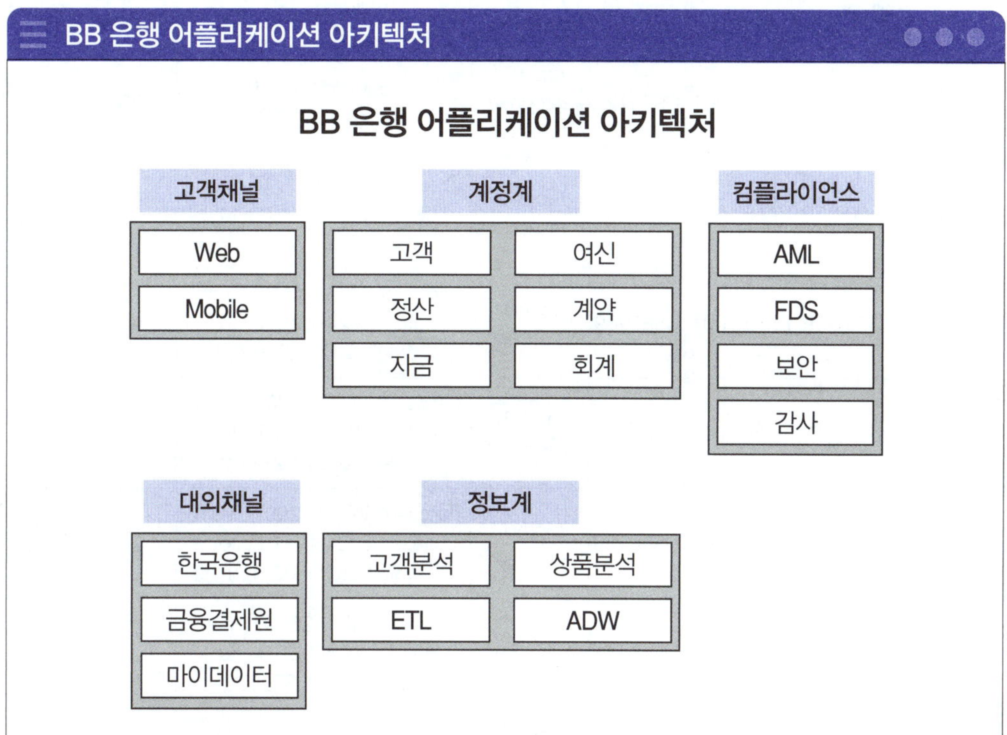

BB 은행의 오픈뱅킹의 저축은행 거래내역 관련 테이블 정보

log_id	third_bank_code	user_id	api_endpoint	request_data	response_code	called_at
LOG001	TP_BANK_001	USER123	/api/v1/accounts/balance	{"account_id": "ACC001", "bank_code": "004"}	200	2024-02-03 9:30
LOG002	TP_BANK_002	USER456	/api/v1/transactions	{"account_id": "ACC002", "from_date": "2024-02-01", "to_date": "2024-02-03"}	200	2024-02-03 10:15
LOG003	TP_BANK_007	USER789	/api/v1/transactions	{"account_id": "ACC007", "from_date": "2024-02-01", "to_date": "2024-02-17"}	400	2024-02-17 11:00
LOG004	TP_BANK_007	USER111	/api/v1/transactions	{"account_id": "ACC007", "from_date": "2024-02-01", "to_date": "2024-02-17"}	404	2024-02-17 11:45
LOG005	TP_BANK_008	USER789	/api/v1/transactions	{"account_id": "ACC007", "from_date": "2024-02-01", "to_date": "2024-02-17"}	200	2024-02-18 11:21
LOG006	TP_BANK_008	USER111	/api/v1/transactions	{"account_id": "ACC007", "from_date": "2024-02-01", "to_date": "2024-02-17"}	200	2024-02-18 15:45
LOG007	TP_BANK_001	USER123	/api/v1/accounts/balance	{"account_id": "ACC001", "bank_code": "004"}	200	2024-02-19 14:00
LOG008	TP_BANK_002	USER456	/api/v1/transactions	{"account_id": "ACC002", "from_date": "2024-02-10", "to_date": "2024-02-19"}	200	2024-02-19 14:45

BB 은행의 오픈뱅킹 저축은행 코드 관련 테이블 정보

bank_code	third_bank_code	status
TP_BANK_001	S 저축은행	활성
TP_BANK_002	O 저축은행	활성
TP_BANK_003	N 저축은행	활성
TP_BANK_004	K 저축은행	활성
TP_BANK_007	C 저축은행	활성
TP_BANK_008	C 저축은행	비활성
TP_BANK_009	Z 저축은행	활성
TP_BANK_010	V 저축은행	활성

① 3월에 거래가 종료된 고객인데 5월에 비중요 정보 파기 및 접근통제를 진행하였기 때문에 '3.4.1 개인정보 파기' 결함으로 판단된다.

② 어플리케이션 아키텍처에서 대외채널의 '오픈뱅킹'이 누락되어 있으므로 '1.2.1 정보자산 식별' 결함이 될 위험이 없는지 추가 조사해 봐야 한다.

③ 정보보호팀장이 신규 오픈뱅킹 추가기관의 연결이 있는 줄 몰랐고, 또 해당 프로그램 오류가 발생하였기에 '2.10.4 전자거래 및 핀테크 보안' 결함으로 판단될 수 있다.

④ C 저축은행의 TP_BANK_008은 임시코드이지만 '비활성화' 되어 있고, 현행화가 되어 있지 않다고 보기는 어려워 '2.6.4 데이터베이스 접근' 결함으로 판단할 순 없다.

⑤ 비중요 고객정보 파기가 된 거래종료 고객의 중요정보의 접근통제가 적용되지 않은 것은 '3.4.1 개인정보 파기' 결함으로 판단이 된다.

22 홈페이지(웹 어플리케이션) 해킹 시 공격자는 보안이 취약한 게시판을 많이 이용한다. 홈페이지 게시판과 관련된 보안 취약점은 대표적으로 파일 업로드 취약점, XSS(Cross Site Scripting), SQL 인젝션이 있으며 공격자들은 이러한 취약점을 이용해 홈페이지를 해킹한다. 다음 보기 중에서 웹 보안 강화 및 예방을 설명하는 내용으로 적절하지 않은 것을 고르시오.

㉠ 파일 업로드 취약점

[진단] 게시판에 php, jsp, asp, cgi, js, py 등과 같은 확장자가 첨부파일로 등록이 된다면 파일 업로드 취약점이 있다고 볼 수 있다.

[예방] 파일 업로드 취약점은 업로드 파일에 대한 필터링과 파일 업로드 디렉토리에 대한 "실행" 권한 제한으로 조치가 가능하다. 파일 업로드 디렉토리에서 실행 권한을 제거하는 방법은 소스코드 수정 없이 임시적으로 조치할 수 있다.

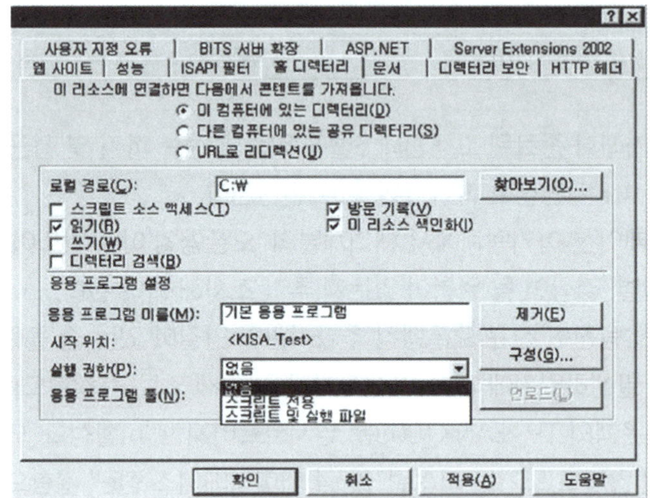

㉡ 파일 업로드 취약점

[예방] 사용자로부터 입력 받은 값이 SQL 함수 인자로 직접 전달되지 않도록 파라미터화된 쿼리를 사용하여 처리한다.

[JAVA – 업로드 제한 예시]

```java
public void ButtonClick(object sender, EventArgs e)
{
 string connect = "MyConnString";
 string userid = Request["userid"];
 string query = "SELECT * FROM user WHERE id = @userid";
 using (var conn = new SqlConnection(connect))
 {
  using (var cmd = new SqlCommand(query, conn))
  {
   cmd.Parameters.Add("@userid", SqlDbType.VarChar, 10);
   cmd.Parameters["@userid"].Value = userid;
   conn.Open();
   cmd.ExecuteReader();
  }
 }
}
```

© **파일 업로드 취약점**
[예방] 1. Apache 설정 파일(/etc/httpd/conf/httpd.conf) 수정
    – AllowOverride 지시자에 "FileInfo" 추가

```
<Directory "/usr/local/apache">
 AllowOverride FileInfo
</Directory>
```

2. 파일 업로드 디렉토리에 .htaccess 파일 생성 및 아래 내용 작성

```
<.htaccess>
<FilesMatch "\.(ph|inc|lib)">
Order allow, deny
Deny from all
</FilesMatch>
AddType text/html .html .htm .php .php3 .php4 .phtml .phps .in .cgi .pl .shtml .jsp
```

② **XSS(Cross Site Scripting)**
[진단] 게시판에 <script> </script> 태그 입력을 통해 반응이 있으면 XSS 취약점이 있다고
    볼 수 있다.
[예방] OWASP 등 공신력 있는 단체에서 제작한 XSS 필터 라이브러리를 사용해 XSS를 예
    방할 수 있다.
    – OWASP : Enterprise Security API(ESAPI)
    – 네이버 : Lucyxss filter
    – Microsoft : Anti-Cross Site Scripting Library(Anti-XSS Library)

분 류	설 명
ESAPI	• XSS 등 웹어플리케이션 시큐어 코딩을 위한 오픈소스 라이브러리 • 문자열 기반 유효성 검사 등의 기능을 기본적으로 제공
Lucyxss filter	• 자바 서블릿 기반 필터 • XML 설정만으로 손쉽게 사용할 수 있다는 장점
Anti-XSS Library	• .NET framework 기반 라이브러리

◎ **SQL 인젝션 공격**
[진단] 로그인 창에 Query 특성을 이용하여 무조건 참이 되도록 값을 입력한 후 로그인이
    우회되면 SQL 인젝션 취약점이 있다고 볼 수 있다.
[예방] 특수문자 입력 시 에러로 처리할 수 있는 검증 로직 추가

문 자	설 명
'	문자 데이터 구분 기호
;	쿼리 구분 기호
--, #	해당라인 주석 구분 기호
/* */	/* 와 */ 사이 구문 주석

① ㉠   ② ㉡   ③ ㉢   ④ ㉣   ⑤ ㉤

23 최근 많은 기업들이 비용 절감, 유연성 등의 이유로 클라우드서비스를 이용하고 있다. 전자금융업자인 A사도 주요 서비스인 전자금융 서비스를 IDC 내 온프레미스로 구축하여 운영 중이었지만 사업부서의 요구와 비용 등 여러 사항을 고려하여 AWS로 서비스 이관을 검토하고 있다. A사가 AWS로 이관 및 이용 시에 필요한 절차로 적절한 것을 모두 고르시오.

> ㄱ. 취급하는 정보의 중요도, 클라우드서비스 이용이 전자금융거래의 안전성 및 신뢰성에 미치는 영향 등을 바탕으로 업무 중요도 평가를 수행하여야 한다.
>
> ㄴ. 업무 중요도 평가에 따라 60점 이상은 중요업무, 60점 미만은 비중요업무로 구분한다.
>
> ㄷ. 클라우드서비스 제공자 선정을 위한 업체 평가 시, 건전성 평가와 안전성 평가 모두 자체 평가로 수행할 수 있다.
>
> ㄹ. 클라우드서비스 제공자 업체에 대한 안전성 평가의 경우, 침해사고대응기관인 한국인터넷진흥원의 대표 평가 결과를 활용할 수 있다.
>
> ㅁ. 클라우드서비스 제공자가 국내·외 클라우드 보안인증을 취득·유지하고 있는 경우, 업체 평가를 생략할 수 있다.
>
> ㅂ. 안전성 확보 조치 방안과 업무 연속성 계획을 수립하여야 한다.
>
> ㅅ. 중요도 평가 결과, 클라우드서비스 제공자 평가 결과, 업무 연속성 계획 및 안전성 확보 조치 방안에 대해 정보보호위원회를 개최하여 심의·의결하여야 한다.
>
> ㅇ. 클라우드서비스 이용 계약을 신규로 체결하는 경우, 6개월 이내에 금융감독원장에게 보고하여야 한다.

① ㄱ, ㄷ, ㅂ, ㅅ

② ㄱ, ㄷ, ㅁ, ㅂ, ㅅ

③ ㄱ, ㄴ, ㄷ, ㄹ, ㅂ, ㅅ

④ ㄱ, ㄴ, ㄷ, ㄹ, ㅁ, ㅂ, ㅅ

⑤ ㄱ, ㄴ, ㄷ, ㄹ, ㅁ, ㅂ, ㅅ, ㅇ

24 다음은 OO시청에 대한 ISMS-P 심사 내용이다. 심사원과 담당자의 인터뷰를 바탕으로 결함에 가장 적절한 것을 고르시오.

- 시스템 : 도서관리 시스템
- 정보주체 개인정보 보유 : 200만 건
- 민감정보 보유 : 2만 건
- 구축비용 : 120억
- 개인정보 영향평가 종료일 : 2024년 8월 30일

■ **심사원** : 시스템에 대해서 간단한 설명 부탁드립니다.

○ **담당자** : 여러 시립도서관에서 공용으로 이용하는 도서관리시스템을 구축하여 운용 중입니다.

■ **심사원** : 정보시스템 신규 도입 시 보안 요구사항을 정의하고 적용하고 있나요?

○ **담당자** : 내부 절차에 따라 법적 요구사항을 반영하고 최신 보안취약점 조치 및 설계 단계에서부터 시큐어코딩을 수행하도록 하고 있습니다.

■ **심사원** : 다른 시립 도서관에서도 이 서비스를 이용하고 있는 거죠?

○ **담당자** : 네, 맞습니다.

■ **심사원** : 접근 권한의 부여 및 변경에 대한 로그는 점검하고 계신가요?

○ **담당자** : 권한 부여 및 변경에 대한 모든 기록을 로그로 저장하고 있고 내부 정책서에 따라 반기 1회 점검하고 있습니다.

■ **심사원** : 공공시스템에 접속하는 개인정보처리자의 접속기록은요?

○ **담당자** : 개인정보처리자 접속기록은 제가 월 1회 점검하고 팀장님께 전자결재로 승인받고 있습니다. 그리고 공공시스템을 이용하는 모든 기관이 개별적으로 소관 개인정보취급자의 접속기록을 직접 점검할 수 있는 기능을 제공하고 있습니다.

■ **심사원** : 공공시스템에 대해서는 자동화된 방식으로 접속기록을 탐지하여 불법적인 개인정보 유출 및 오용, 남용 시도를 탐지하고 그 사유를 소명하도록 되어있는데요.

○ **담당자** : 네. 영향평가 결과에서 나온 항목입니다. 추가 개발이 필요하여 내년 6월까지 조치하도록 이행계획을 '장기'로 수립하여 현재 개발 진행 중에 있습니다.

■ **심사원** : 개인정보취급자 접속기록 로그는 몇 년 보관하고 있나요?

○ **담당자** : 별도 로그 서버에 2년 보유하고 있고 클라우드 소산 백업으로 1년 보유하고 있습니다.

■ **심사원** : 소산백업은 1년만 저장하고 있는 이유가 있나요?

○ **담당자** : 예전부터 그렇게 운영해오고 있습니다.

> ■ **심사원** : 관리자 화면에서 보면 회원정보 다운로드 기능이 있는데 인터넷을 사용하고 있네요. 망 차단조치는 되어있나요?
>
> ○ **담당자** : 아니요. 망차단 조치는 하고 있지 않습니다.
>
> ■ **심사원** : 그러면 망연계 시스템도 없겠네요.
>
> ○ **담당자** : 망연계 시스템이 뭔지 모르겠습니다.
>
> ■ **심사원** : 민감정보를 보유하고 계신데요. 민감정보 수집·이용 동의는 받고 있나요?
>
> ○ **담당자** : 작년까지는 동의를 받았는데요. 올해부터는 동의 받지 않고 고지 안내를 하고 있습니다. 개인정보보호법 개정 내용 중 서비스 이용을 위한 필수 정보는 고지하도록 되어있는 내용을 반영하였습니다.

① 1.3.1 보호대책 구현

② 1.4.1 법적 요구사항 준수 검토

③ 2.6.7 인터넷 접속 통제

④ 2.9.5 로그 및 접속 기록 점검

⑤ 3.1.4 민감정보 및 고유식별정보의 처리 제한

[25~26] 신청기관인 마음도서관은 ISMS 임의 신청자로서 ISMS-P 최초심사를 진행 중에 있다. 심사 첫날이며 인증심사 시작회의에서 신청기관은 ISMS-P 구축 및 운영 현황 등에 대해 설명 중이다.

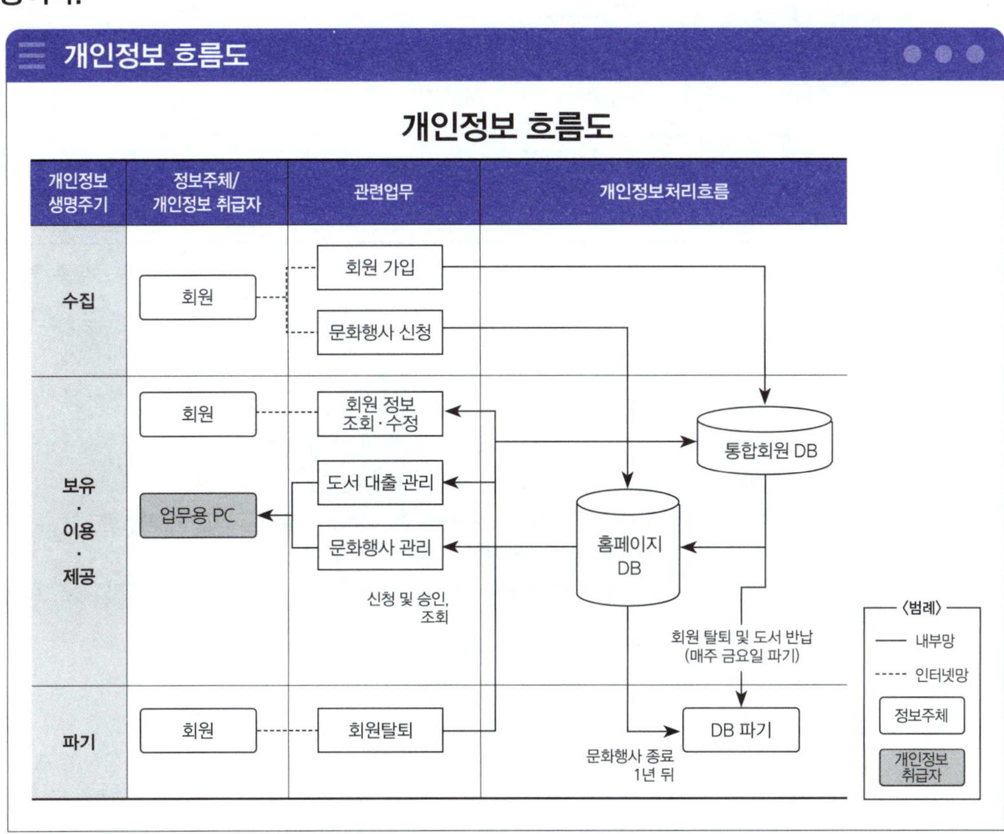

〈문화행사 온라인 신청 양식〉

문화행사 정보

도서관	마음도서관
강좌명	청소년 문화교실 개발 "또래끼리 만나"
행사일정/시간	2024.12.29.(일) / 14:00~16:00
대상	청소년 / 초등4학년~중등3학년
장소	문화교실

신청자 정보

신청자(학부모)*	성명 김영희　관계 모
연락처*	010 － 75XX － 12XX
이메일*	yh76 @ abcd.com
비고	

참석자 정보

	성명 □ 생년월일 □ 성별 □	
자녀1*	성명 [　　　] 생년월일 [　　　] 성별 [　　　]	학교 [　　　] 학년 [　　　]
자녀2	성명 [　　　] 생년월일 [　　　] 성별 [　　　]	학교 [　　　] 학년 [　　　]
자녀3	성명 [　　　] 생년월일 [　　　] 성별 [　　　]	학교 [　　　] 학년 [　　　]

*필수 정보

개인정보 수집·이용 동의서

1. 개인정보의 수집·이용 목적 : 문화행사 프로그램 운영
2. 수집하는 개인정보의 항목　[필수정보] 신청자 성명, 관계, 연락처, 이메일
　　　　　　　　　　　　　　[선택정보] 자녀 성명, 생년월일, 성별, 학교, 학년
3. 개인정보의 보유이용 기간 : 문화행사 신청일로부터 1년간
4. 동의거부 권리 및 거부할 경우 불이익 : 귀하는 위 사항에 대하여 동의를 거부할 권리가 있으며, 필수정보 동의 거부시에는 수강신청이 제한됩니다.
5. 위와 같이 개인정보를 수집·이용하는데 동의하십니까?　　ㅇ 동의　　ㅇ 동의하지 않음

문화행사 사진 영상 활용 동의서

1. 본 프로그램의 영상·교육 자료, 프로그램 참여자의 송출 영상을 캡쳐·녹화·녹음하여 제3자에게 유포하거나 인터넷에 게시하는 행위 등 저작권 및 초상권을 침해하는 행위는 일절 금지합니다.
2. 기관 내부 보고용으로 담당 직원이 수업 장면을 촬영할 수 있습니다.
3. 동의거부 권리 및 거부할 경우의 불이익
   - 귀하는 위 사항에 대하여 동의를 거부할 권리가 있으며, 동의를 거부할 경우 본 행사에 참여하실 수 없습니다.
   - 동의할 경우, 위와 같이 활용되는 자료에 귀하의 초상이 포함되어 있다는 이유로 그 활용에 이의를 제기하거나 보상을 요구할 수 없으며, 위 동의는 철회할 수 없습니다.

위 내용에 동의하십니까?　　ㅇ 동의　　ㅇ 동의하지 않음

ㅇ **담당자** : 다음으로 개인정보 흐름도에 대해서 설명드리겠습니다. 저희 도서관에서는 온라인에서 HTTPS를 이용하여 안전하게 개인정보를 수집하고 있으며, 수집된 개인정보는 통합회원 DB에 저장됩니다. DB에 저장된 개인정보는 회원이 탈퇴 및 대출 도서를 반납하는 즉시 파기하고 있습니다. 도서관에서 진행하는 문화행사가 있는 경우에는 홈페이지에서 행사 내용을 홍보하고, 회원들을 대상으로 문화행사를 신청할 수 있도록 하고 있습니다. 문화행사 신청 정보는 별도의 홈페이지 DB에서 관리하게 되며, 행사 종료일로부터 1년 동안 보유 후 파기합니다.

■ **심사원** : 문화행사 신청은 온라인으로만 가능한가요? 도서관 내에서도 관련 행사를 홍보 및 신청을 받을 거 같은데요.

○ **담당자** : 네, 맞습니다. 도서관에 방문한 이용자들에게도 행사에 참여할 수 있도록 홍보 하고 있으며, 현장에서도 문화행사 신청이 가능합니다.

■ **심사원** : 개인정보 흐름도 상에 현장에서의 문화행사 신청 흐름은 보이지 않는데요. 현장 에서 문화행사 신청은 어떤 방법으로 진행이 되나요?

○ **담당자** : 네, 문화행사에 참여하고 싶은 희망자는 현장에 있는 도서관 문화행사 담당자에 게 신청할 수 있습니다. 신청자가 신청서에 내용을 기입하여 제출하면, 담당자가 현장에 서 신청 내용을 즉시 업무 PC로 신청 내용을 기입하고 신청서 내용은 바로 파쇄하여 파 기합니다. 신청자가 작성하는 기입 내용이 온라인 신청 시 기입하는 내용과 동일하기 때 문에 흐름도 상에 별도로 작성하지 않았습니다.

■ **심사원** : 네, 알겠습니다. 현장에서 사용하는 문화행사 신청 양식을 확인해 볼 수 있을까요?

○ **담당자** : 네, 신청 양식은 내일 현장 심사 시 담당자를 통해서 확인하실 수 있도록 하겠습니다.

■ **심사원** : 문화행사 온라인 신청 양식을 확인해 봤는데요. 사진·영상 활용 동의서를 받고 계시더라구요. 사진이나 영상은 어떻게 처리하고 계신가요?

○ **담당자** : 네, 문화행사 진행 내용에 대해서 기관 내부 보고용으로 문화행사 진행 시 현장 내용을 사진이나 영상으로 촬영해야 하기 때문에 해당 사항에 대해서 이용자들에게 사전 동의를 받고 있습니다.

■ **심사원** : 그럼 행사 이용자의 사진이나 영상정보가 개인정보가 될 수 있는데, 해당 사항 도 개인정보 흐름도에 내용이 없는데, 그 부분은 왜 그런가요?

○ **담당자** : 내부 업무 보고를 위해서 촬영하는 사진이며, 행사 진행에 대한 근거로 행사 현 장을 촬영하는거라 개인을 식별하기는 어렵기 때문에 개인정보 흐름도에는 별도로 작성 하지 않았습니다.

■ **심사원** : 네, 마지막으로 한 가지만 더 질문 드리겠습니다. 통합회원 DB와 회원관리 DB 에 저장·관리되는 개인정보 중 암호화 대상은 어떻게 되나요?

○ **담당자** : 회원정보인 비밀번호만 Whirlpool을 이용하여 암호화하여 저장하고 있으며, 그 외에는 암호화하고 있지 않습니다.

■ **심사원** : 네, 감사합니다.

〈다음 날(심사 2일차), 심사원은 현장 심사를 위해 도서관에 방문하여 신청기관의 문화행사 담당자를 만났다.〉

◇ **담당자** : 안녕하세요. 현장에서 사용하는 문화행사 신청서 양식을 확인해 보고 싶다고 하 셔서 가지고 왔습니다.

■ **심사원** : 네, 안녕하세요. 음, 신청서 양식을 보니 회원 / 비회원 구분란이 있네요? 어제 관련하여 설명 들을 때는 문화행사 신청은 회원만 가능하다고 들었는데요.

◇ **담당자** : 네, 맞습니다. 회원만 신청이 가능하기 때문에 비회원인 경우에는 회원가입 먼저 진행한 후에 문화행사 신청을 등록해 주게 됩니다.

■ **심사원** : 음, 그러면 현장에서 회원 등록 절차가 진행되나요?

◇ **담당자** : 네, 맞습니다. 신청서에 비회원으로 체크되어 있는 경우 신청자에게 회원가입이 필요함을 안내하고 소지한 핸드폰이나 도서관에 비치된 방문자용 PC를 이용하여 회원가입을 먼저 진행하고 오도록 하고 있습니다.

■ **심사원** : 그럼 업무 PC로는 문화행사 신청 내용만 접수하겠군요. 업무 PC 화면을 볼 수 있을까요?

◇ **담당자** : 이쪽으로 오시죠. 제 자리에서 해당 업무를 진행하고 있습니다.

(심사원은 담당자 책상 옆 쓰레기통에 찢어져서 버려진 신청서를 보았다.)

■ **심사원** : 입력이 완료된 신청서를 찢어서 쓰레기통에 버리시는 건가요?

◇ **담당자** : 네, 신청서 내용에 대해 PC로 기입이 완료되면 즉시 찢어서 쓰레기통에 버려 파기하고 있습니다.

■ **심사원** : 개인정보가 기입된 신청서는 파쇄기를 이용하여 안전하게 파기하셔야 합니다.

◇ **담당자** : 아, 개인정보를 알아볼 수 없도록 최대한 여러 번 찢었기 때문에 괜찮을 거라고 생각했는데, 다음에는 파쇄기를 이용하도록 하겠습니다.

■ **심사원** : 네, 문화행사 신청 내용 기입하시는 화면 부탁드리겠습니다.

(담당자는 PC가 잠금이 되어있어 ID/PW를 입력하였고, 문화행사 신청 페이지를 보여주기 위해 도서관 관리자 페이지에 접속 후 ID/PW 입력과 함께 모바일 OTP를 이용하여 로그인 하였다. 그 후, 문화행사 신청 페이지를 띄워주었고, 신청 페이지에는 신청서에 작성되어 있는 내용을 기입하도록 되어있었다.)

■ **심사원** : 네, 확인하였습니다. 마지막으로, 신청서 양식에 영상 활용 동의서가 있는데요. 영상은 어떻게 관리하시나요?

◇ **담당자** : 말씀하신 사진과 영상은 문화행사 현장에서 제가 촬영하고 있습니다. 촬영 사진이나 영상은 업무용 PC에 문화행사 관리 폴더에 저장해 놓고 있습니다.

■ **심사원** : 저장되어 있는 파일 중 일부를 볼 수 있을까요?

◇ **담당자** : 네, 여기 저장되어 있는 사진과 영상 파일입니다. 행사 현장 모습을 내부 보고 시에 함께 제출해야 해서 현장 분위기를 촬영하게 됩니다.

■ **심사원** : 사진은 암호화 등 추가적인 보안조치는 하지 않으시는 거 같네요. 해당 파일들은 언제까지 보관하고 계시는 건가요?

◇ **담당자** : 네, 추가적인 보안조치는 없으며, 파일은 제가 담당하는 동안은 계속 PC에 보관하고 있습니다.

■ **심사원** : 네, 알겠습니다. 시간 내어 인터뷰에 응해주셔서 감사합니다.

25 심사원이 시작회의에서 신청기관 담당자와의 대화내용과 증적을 통해 판단한 내용 중 적절한 것을 모두 고르시오. (2개)

① 심사원은 행사 신청 시 참석자 정보를 최소 1명은 입력해야 함에도 불구하고 선택정보로 안내하고 있어 3.1.1 개인정보 수집·이용 결함으로 판단하였다.

② 심사원은 DB에 저장되어 있는 비밀번호 암호화 알고리즘으로 Whirlpool을 사용하는 것은 적절하나, 주민등록번호의 일부가 될 수 있는 생년월일과 성별이 암호화 대상이 아닌 것은 2.7.1 암호정책 적용 결함이라고 판단하였다.

③ 심사원은 신청 양식에 만 14세 미만의 아동에 대한 개인정보를 수집하면서 별도로 법정대리인 동의를 받고 있지 않아 3.1.1 개인정보 수집·이용 결함으로 판단하였다.

④ 심사원은 문화행사 현장 사진과 영상을 촬영하면서 특정 개인을 촬영하는 목적이 아닌 내부 보고를 위한 행사 현장 촬영하는 목적의 촬영이기 때문에 사진·영상 촬영은 개인정보 흐름도에 작성되지 않아도 된다고 판단하였다.

⑤ 심사원은 개인정보 수집·이용 동의서의 개인정보 보유·이용 기간이 문화행사 신청일로부터 1년이나 흐름도에는 문화행사 종료일로부터 1년으로 되어있어 1.2.2 현황 및 흐름분석 결함이라고 판단하였다.

26 심사 이틀 째 현장심사에서 심사원의 행동이나 판단 중 적절한 것을 모두 고르시오. (2개)

① 심사원은 문화행사 신청자가 비회원인 경우 회원 가입을 유도하는 것은 문제가 없는 것으로 판단하였다.

② 심사원은 온라인에서의 문화행사 신청 내용과 동일하게 도서관 현장에서 신청 내용을 받고 있으므로 개인정보 흐름도에서 도서관 현장에서의 개인정보 수집 내용을 생략하는 것은 문제가 없다고 판단하였다.

③ 심사원은 현장 문화행사 참여 사진이나 동영상이 별도의 암호화 조치나 파기절차 없이 관리되고 있는 것은 문제가 없다고 판단하였다.

④ 심사원은 현장에서의 문화행사 입력이 완료된 신청서 양식에 대해 담당자가 여러 번 찢어서 쓰레기통에 버린 것은 '2.4.7 업무환경 보안' 결함으로 판단하였다.

⑤ 심사원은 인터뷰를 마치고 화장실에 가던 중, 접근 통제구역을 발견하고 현장 심사를 위해 임시로 받은 출입증을 태그 해 보았다. 통제구역 출입문이 열리는 것을 확인한 후 '2.4.2 출입통제' 결함으로 판단하였다.

27 다음은 (주)다있조 기업의 ISMS-P 인증심사 중 심사원이 제공받은 정보서비스 흐름도 그리고 심사원과 담당자의 인터뷰 내용이다. 제시된 정보서비스 흐름도와 인터뷰 내용을 바탕으로 심사원이 도출할 수 있는 결함으로 가장 적절한 것을 고르시오.

정보서비스 흐름도 (2024.05.23)

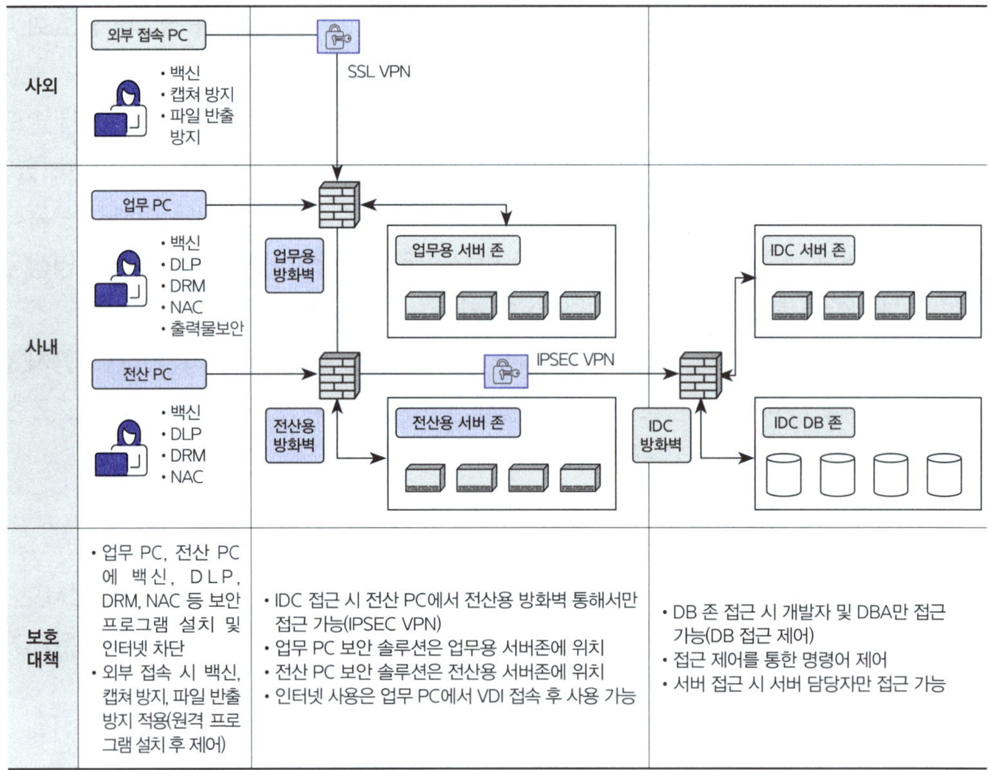

■ **심사원** : 정보서비스 흐름도에 대해 설명 부탁드립니다.

○ **담당자** : 저희는 크게 업무 PC와 전산 PC로 구분하여 업무하고 있습니다. 업무 PC는 일반 사업부서, 경영부서에서 사용하고 있고, 전산 PC는 IT 인력만 사용하고 있습니다. IDC 접근 시에는 전산 PC를 통해서만 접근 가능하고, 전산용 방화벽과 IDC 방화벽이 IPSEC VPN으로 터널링 연결되어 있습니다. 코로나 때 원격 접속 솔루션을 도입하여 운영 중이기 때문에 외부에서 접속 필요시, SSL VPN 연결 후 원격 접속하여 사내 업무 PC, 전산 PC로 접근 가능합니다.

■ **심사원** : 업무 PC와 전산 PC에도 각각 보안 솔루션이 많이 설치되어 운영 중인 것 같네요. 인터넷은 따로 사용을 안 하시나요?

○ **담당자** : 저희 인터넷망은 VDI를 사용하고 있고, 업무 PC에서만 사용 가능합니다. 업무 PC에서 VDI 접속을 하면 VDI 창이 켜지고 그 안에서만 인터넷이 가능합니다. 주로 외부 메일 발송이나 자료 검색을 목적으로 사용하고 있습니다. 정보서비스 흐름도에는 IDC와 본사 내부 시스템 등의 접근만을 표시해 놓았기 때문에 VDI는 별도로 표시하지 않았습니다.

■ **심사원** : 업무용 방화벽과 전산용 방화벽이 연결되어있는 것으로 보이는데 이유가 있을까요?

○ **담당자** : 네, 업무 PC와 전산 PC 간의 문서나 파일 이동이 필요한 경우가 있어 자료 전송 솔루션을 운영하고 있습니다. 그 연결 구간을 표시해 두었습니다.

■ **심사원** : 실제로 연결은 업무용 자료 전송 서버와 전산용 자료 전송 서버가 직접 연결되어 있는 것 같은데 이렇게 보면 방화벽 간의 연결이 되어있어 정책이 허용되어있는 것 같네요.

○ **담당자** : 아, 그렇게도 볼 수 있겠네요. 업무, 전산 각각 솔루션을 운영하고 있기 때문에 따로 연결되거나 열려 있는 정책은 없습니다.

■ **심사원** : 네, 알겠습니다. IDC에 있는 서버나 DB는 어떻게 접근하시나요?

○ **담당자** : 앞서 말씀드린 것처럼 전산 PC에서만 IDC로 접근이 가능하고요. DB 접근 시에는 DB 접근 제어 솔루션을 이용하여 개발자와 DBA만 접근하도록 통제하고 있습니다. SQL 명령어 제한도 DB 접근 제어에서 적용하고 있습니다.

■ **심사원** : 서버 접근도 말씀해주시겠어요?

○ **담당자** : 서버도 서버접근제어를 운영 중이고, 개발자 경우에 테스트서버 접근과 서비스 모니터링용 일부 운영 서버접근이 가능하고, 서버 담당자들은 접근 제어를 통해서 모든 서버에 접근 가능합니다.

■ **심사원** : 흐름도 상에는 접근 제어 표기가 안 되어 있는 것 같네요.

○ **담당자** : 아 그런가요. 작년에 서버 접근 제어 솔루션을 신규로 교체하면서 흐름도 수정을 했던 것 같은데 추가 수정을 하면서 누락이 된 것 같습니다.

■ **심사원** : 서버간 접근 통제는 어떻게 적용하고 계신가요?

○ **담당자** : 서버존별 대역은 방화벽에서 차단정책을 걸고, 필요한 정책만 허용하고 있습니다. 각 서버마다 TCPwrapper 적용하여 접근통제 적용해 놓았습니다. 전체 서버 적용하느라 서버 담당자분들이 고생 많이 하셨었습니다.

■ **심사원** : 고생 많으셨네요. 확인 감사합니다.

① 1.2.2 현황 및 흐름분석
② 1.3.1 보호대책 구현
③ 2.6.1 네트워크 접근
④ 2.6.2 정보시스템 접근
⑤ 2.6.7 인터넷 접속 통제

28 다음은 자몽나라 화장품 쇼핑몰 서비스에 대한 ISMS-P 심사 수행 상황이다. 심사원과 담당자의 인터뷰를 확인하고 결함으로 가장 적절한 것을 고르시오.

- 서비스 : 인터넷 화장품 쇼핑몰 서비스
- 이용자의 개인정보의 수 : 90만 건
- 민감정보의 수 : 6만 건

■ **심사원** : 간접수집 정보를 많이 보유하고 계시네요?

○ **담당자** : 네, 저희는 반기마다 제3자 제공으로 정보주체의 개인정보를 수집하고 있어서 간접수집 출처 통지 의무를 수행하고 있습니다.

■ **심사원** : 통지는 어떤 절차로 수행하고 계시나요?

○ **담당자** : 모든 간접수집 대상에 대하여 매년 연말에 메일로 일괄 전송하고 있습니다.

■ **심사원** : 작년에 정보주체에게 수집 출처 안내 메일을 발송한 전송 건수가 1,000건 정도 보이는데 간접수집한 회원정보는 1,500건이네요?

○ **담당자** : 통지를 거부한 분들이 500명 정도 되는데 그분들에게는 통지를 하지 않고 있습니다.

■ **심사원** : 수집 출처에 대해 알린 기록은 언제까지 보관하시나요?

○ **담당자** : 수집일로부터 3년간 보관하고 있습니다.

■ **심사원** : 여기 SSL VPN 장비가 보이네요?

○ **담당자** : 장애상황 및 재택근무 용도로 SSL VPN 장비를 사용하고 있고 OTP 2차인증을 통해 접속하도록 하고 있습니다.

■ **심사원** : 쇼핑몰 관리자 페이지에 접속해보시겠어요?

○ **담당자** : 네. 이렇게 VPN에 2차인증을 통해 접속한 후에 관리자 페이지에 ID/패스워드를 통해 접속합니다.

■ **심사원** : 개인정보처리시스템에 접속하면서 2차인증이나 강화된 보안 인증 수단을 사용하지 않으시네요?

○ **담당자** : 네, 처음에는 그렇게 운영하였는데 번거롭다는 의견이 많아서요. VPN에 접속 시 2차인증을 수행하기 때문에 개인정보처리시스템 접속은 ID/패스워드로만 접속하도록 완화하였습니다.

■ **심사원** : 원격 접근에 대한 접속 로그는 얼마나 저장하고 있나요?

○ **담당자** : 내규에 따라 6개월간 저장하고 있습니다.

■ **심사원** : 원격 접근에 대한 접속 로그는 매월 점검하고 계시나요?

○ **담당자** : 내규에 따라 분기 1회 점검하고 있습니다.

■ **심사원** : 개발존이 있다고 들었는데요. 개발 서버 접속 부탁드립니다.

○ **담당자** : 네, 여기 접속했습니다. 저희는 시험 데이터를 실제 데이터로 사용하지 않고 임의로 생성하여 임의 데이터만 사용하고 있습니다.

■ **심사원** : 시험데이터에 대한 관리 절차도 있나요?

○ **담당자** : 네 담당자가 매월 test가 종료된 시험데이터를 확인하여 삭제하고 있습니다.

■ **심사원** : 어! 여기 이 데이터는 운영데이터로 보이는데요.

○ **담당자** : 가끔 부득이한 경우에는 공식적인 절차에 따라 팀장님 승인 후 운영데이터를 이용하고 보안솔루션을 통해 유출 모니터링을 하고 있습니다. 또한 test가 종료되면 절차에 따라 즉시 폐기하도록 하고 있습니다.

① 2.6.6 원격접근 통제
② 2.8.4 시험 데이터 보안
③ 2.9.4 로그 및 접속기록 관리
④ 2.9.5 로그 및 접속기록 점검
⑤ 3.1.5 개인정보 간접수집

29 과일나라 쇼핑몰시스템에 대한 ISMS 심사 상황이다. 심사원과 담당자와의 인터뷰를 확인하고 결함으로 가장 적절한 것을 고르시오.

> - **심사원** : 이번에 개발서버를 구축하셨네요? 서버팜존과 별도로 구성하셨나요?
> - **담당자** : 네, 별도로 개발존을 구성하였고 방화벽을 통해 서버팜존과 연동되어 있습니다.
> - **심사원** : 개발서버에서는 주로 어떤 작업을 수행하나요?
> - **담당자** : 임의 데이터를 생성하여 source code 검증 test를 수행합니다.
> - **심사원** : 개발서버 구축할 때 보안 요구사항을 정의하고 적용하였나요?
> - **담당자** : 네. 법적요구사항 준수, 최신 보안취약점 점검, 시큐어코딩 구현 등 상용과 동일한 절차로 수행했습니다.
> - **심사원** : 사전에 정의한 대로 구축되었는지 검토 절차도 이행하시나요?
> - **담당자** : 네, 도출된 취약점에 대한 이행까지 모두 완료하였습니다.
> - **심사원** : 개발서버는 신규 장비인가요?
> - **담당자** : 유휴 장비를 활용하여 용도 변경하였습니다.
> - **심사원** : 기존에 사용하던 data는 모두 삭제하셨나요?
> - **담당자** : 인프라팀에서 수행한 것으로 기억하고 있습니다.
> - **심사원** : 서버에 개인정보가 포함되어 있나요?
> - **담당자** : 없습니다. 실제 개인정보가 아닌 임의의 DATA를 만들어서 사용하고 있거든요.
> - **심사원** : 바탕화면에 회원관리 프로그램이라는 아이콘이 보이는데요. test용 데모 프로그램인가요?
> - **담당자** : 유휴서버가 예전에 회원관리 프로그램으로 사용하던 서버인데요. 용도 변경하면서 프로그램 삭제가 안 된 것 같습니다.
> - **심사원** : 실행 한번 해보시겠어요?
> - **담당자** : 정상적으로 실행이 되네요. 용도 변경하면서 시스템의 IP를 변경했기 때문에 로그인이나 DB서버 연동은 안 될 것 같습니다.
> - **심사원** : 로그인 한번 해보시겠어요?
> - **담당자** : 엇. 로그인이 되네요. 최근에 test 목적으로 개발서버와 DB서버가 연동하도록 설정해서 그런지 회원관리 프로그램과 연결이 되고 있네요.
> - **심사원** : 이용자 조회 한번 눌러보세요.
> - **담당자** : 이용자 조회가 됩니다.

① 2.8.1 보안요구사항 정의   ② 2.6.3 응용프로그램 접근

③ 2.6.4 데이터베이스 접근   ④ 2.9.1 변경관리

⑤ 2.9.7 정보자산의 재사용 및 폐기

30 심사원은 ABC 기업의 ISMS-P 인증심사를 진행하고 있다. 다음 담당자와의 인터뷰를 통해 심사원이 판단한 내용으로 적절한 것을 고르시오.

정보자산목록

정보자산목록

code	호스트명	OS	용도	IP	담당자	관리자	보안등급
AMI-01	Oper-01	Ubuntu	운영	10.10.10.1	홍길동	홍길동	1
Serv-01	Oper-02	Ubuntu	운영	10.10.10.2	홍길동	홍길동	1
Serv-02	Oper-03	Ubuntu	운영	10.10.10.3	홍길동	홍길동	1
			(중략)				
AMI-02	Dev-01	Ubuntu	개발	10.10.20.1	김철수	김철수	2
Serv-03	Dev-02	Ubuntu	개발	10.10.20.2	김철수	김철수	2
Serv-04	Dev-03	Ubuntu	개발	10.10.20.3	김철수	김철수	2
Serv-05	Dev-04	Ubuntu	개발	10.10.20.4	김철수	김철수	2
			(중략)				
AMI-03	Test-01	Ubuntu	테스트	10.10.30.1	이순신	이순신	3
Serv-06	Test-02	Ubuntu	테스트	10.10.30.2	이순신	이순신	3
			(중략)				
AMI-04	Service-01	Ubuntu	서비스	10.10.40.1	강감찬	강감찬	1
			(중략)				

정보시스템 취약점 진단 결과보고서

정보시스템 취약점 진단 결과보고서

1. 개요

1.1. 목적

ABC 기업에서 운영하는 서비스에 대한 취약점 진단 실시 후 발생될 수 있는 문제점을 파악하여 개선방안을 수립함으로써, 시스템의 기밀성, 무결성 및 가용성을 확보하는 것으로 함

1.2. 진단 일정

2024.11.4.~12.6

1.3. 진단 대상

No	대상	수량	대상	비고
1	서버	4	Ubuntu	
2	DBMS	10	Mysql, PostgreSQL	
3	Network	21	Juniper, CISCO	
4	정보보호시스템	12	서버/DB접근제어, IPS, WAF 등	
5	모바일폰	7	Android, IOS	
6	클라우드 콘솔	2	AWS 콘솔	
7	WEB/WAS	4	Nginx, tomcat	

■ **심사원** : 정보자산목록과 정보시스템 취약점 진단 결과보고서를 확인했는데, 추가적으로 궁금한 부분이 있어서 인터뷰를 요청하였습니다.

○ **담당자** : 네, 말씀하세요.

■ **심사원** : ABC 기업에서 현재 운영하고 있는 서버는 수십대로 확인을 했는데요. 취약점 진단 결과보고서를 확인해 보니 서버 점검은 4대 밖에 하지 않았습니다. 이 부분 설명 좀 부탁드립니다.

○ **담당자** : 네, 저희는 AWS EC2에 서버를 두어 서비스를 운영하고 있습니다. 정보자산목록에 보시는 것과 같이 운영 성격에 따라 AMI를 생성하여 관리하고 있습니다. AMI 생성 시 서버 보안 취약점 점검 수행 후 보안 요건을 모두 충족시킨 상태에서 활용을 하고 있습니다.

■ **심사원** : 활용을 한다는 게 무슨 의미일까요?

○ **담당자** : 보안요건이 충족된 AMI를 통해 새로 서버가 필요할 경우 해당 AMI를 복사하여 서버를 구축하고 있습니다. 즉, AMI로부터 생성된 모든 서버는 동일한 보안요건을 충족하고 있다고 보시면 될 것 같습니다.

■ **심사원** : 네, 이해했습니다. 다만, 최초에는 AMI에 적용된 보안설정이라 하더라도 추후 운영 중에 보안 설정 값이 바뀔 가능성도 있을 것 같은데요.

○ **담당자** : 네, 맞습니다. 그렇기 때문에 저희는 월별로 운영 중인 서버를 대상으로 샘플링하여 보안 설정 값이 변경되었는지 점검하는 절차를 수행하고 있습니다. 여기 1년간의 점검 결과를 보시면 보안 설정 값이 변경된 이력은 단 한 차례도 존재하지 않았습니다.

■ **심사원** : 네, 알겠습니다. 근데 정보자산목록에서 담당자와 관리자가 구분되어 있지 않은 것 같습니다. 자산관리지침을 확인해보니 담당자와 관리자를 별도로 지정해야 한다고 명시되어 있던 것 같은데요.

○ **담당자** : 일부 담당자와 관리자가 구분된 자산이 있지만 저희는 팀원이 실무와 관리를 겸하고 있기 때문에 지침에는 그렇게 명시되어 있지만 별도로 구분하지 않았습니다.

■ **심사원** : 알겠습니다. 정보자산목록에 보안등급은 보이는데 자산에 대한 평가 값이 확인이 되지 않습니다.

○ **담당자** : 아 네, 정보자산 평가에 대해서는 별도 문서로 관리하고 있으며 보시는 것과 같이 정보자산목록에는 자산평가 결과에 대한 보안 등급만 표기하였습니다.

■ **심사원** : 그리고 퇴직자 명단을 확인했었는데 테스트 서버를 관리하고 있는 이순신 직원분은 퇴사를 하신 것 같은데 정보자산목록에는 현행화가 되지 않은 것 같습니다.

○ **담당자** : 네, 이 부분은 현행화 진행하도록 하겠습니다.

■ **심사원** : 마지막으로 정보자산마다 보안등급이 산정되어 있는데, 보안등급 별로 취급절차나 보안통제를 따로 진행하고 있을까요?

○ **담당자** : 아니요. 보안 등급별 취급절차에 대한 기준은 존재하지 않습니다.

■ **심사원** : 알겠습니다. 인터뷰는 여기서 마치도록 하겠습니다.

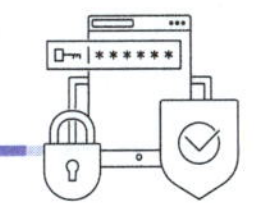

① 심사원은 전체 서버 자산에 대해 취약점 진단이 이루어지지 않아 2.11.2 취약점 점검 및 조치 결함으로 판단하였다.

② 심사원은 정보자산별 담당자 및 책임자를 구분하여 식별하지 않아 2.1.3 정보자산 관리 결함으로 판단하였다.

③ 심사원은 자산관리대장 내 자산에 대한 평가 결과를 표기하지 않아 1.2.1 정보자산 식별 결함으로 판단하였다.

④ 심사원은 자산관리대장 내 명시된 직원 중 퇴직자가 존재하나 현행화 하지 않아 1.2.1 정보자산 식별 결함으로 판단하였다.

⑤ 심사원은 보안등급에 따른 취급절차가 존재하지 않아 1.2.1 정보자산 식별 결함으로 판단하였다.

31 다음 백제대학교에서 사용하는 동의서 양식을 확인하고 결함으로 적절한 것을 모두 고르시오. (2개)

개인정보 수집·이용 및 제3자 제공 동의서

개인정보 수집·이용 및 제3자 제공 동의서

아래 내용과 같이 개인정보를 수집·이용 및 제공하는 행위에 대하여 「개인정보보호법」 제15조에 따라 개인정보 제공자의 동의를 얻고자 합니다.

[개인정보 수집·이용에 대한 동의]

개인정보 수집항목	성명, 성적, 학사정보, 연락처, Email 주소, 주소, 통장사본 등
수집 및 이용 목적	제공하신 정보는 백제대학교 대학혁신 지원사업 프로그램을 위해서 사용합니다. ① 본인 확인 및 선발 절차에 이용 ② 대학혁신 지원사업 프로그램 운영 및 참여 학생의 학점인정을 목적
보유 및 이용기간	**프로그램 지원 당시부터 종료 후 5년**

※ 귀하는 이에 대한 동의를 거부할 수 있습니다. 다만, 동의가 없을 경우 대학혁신 지원사업 프로그램에 참가가 불가능할 수도 있음을 알려드립니다.

개인정보 수집 및 이용에 동의함 □ / 개인정보 수집 및 이용에 동의하지 않음 □

[개인정보의 제3자 제공에 대한 동의]

제공 목적	**백제대학교 대학혁신 지원사업 프로그램 관련 연락 및 정보 전달용**
제공 항목	성명, 생년월일, 학사정보, 연락처
제공 받는 자	대학혁신 지원사업 프로그램 진행을 위한 해외자매대학교, 프로그램 진행을 위해 해당 정보를 전달받아야 하는 모든 주체
제공받는자의 정보보유기간	**목적 달성 시 즉시 파기**

개인정보 수집 및 이용에 동의함 □ / 개인정보 수집 및 이용에 동의하지 않음 □

※ 개인정보 제공자가 동의한 내용 외의 다른 목적으로 활용하지 않으며, 제공된 개인정보의 이용을 거부하고자 할 때에는 개인정보 관리책임자를 통해 열람, 정정, 삭제를 요구할 수 있음.
「개인정보보호법」등 관련 법규에 의거하여 상기 본인은 위와 같이 개인정보 수집 및 활용에 동의함.

이름　　　　(서명)　　　년　　　월　　　일

마케팅 및 홍보 활용 동의서

본 마케팅 활용 및 광고성 정보수신 동의 항목은 선택사항이므로 동의를 거부하는 경우에도 MBA 프로그램 참여에 지장은 없습니다.

수집·이용 목적	MBA 프로그램 관련 상품 정보 제공, 맞춤형 광고 전송, 설문 조사
제공 항목	이름, 전화번호
보유 및 이용기간	**1년 이내**

수신 방법을 선택하세요.　　　　　□ 문자　　　　　□ 이메일

위의 개인정보 수집·이용에 대한 동의를 거부할 권리가 있습니다.

다만 거부시 동의를 통해 제공 가능한 각종 혜택, 이벤트 안내를 받아보실 수 없습니다.

본 수신 동의를 철회하고자 할 경우에는 담당자를 통해 언제든 수신동의 철회를 요청하실 수 있습니다.

개인정보를 마케팅에 활용하는 것에 동의함 □ / 동의하지 않음 □

이름　　　　(서명)　　　년　　　월　　　일

① 3.1.1 개인정보 수집·이용
② 3.1.2 개인정보 수집 제한
③ 3.1.4 민감정보 및 고유식별정보의 처리 제한
④ 3.1.7 마케팅 목적의 개인정보 수집·이용
⑤ 3.3.1 개인정보 제3자 제공

32 다음 ○○여행사가 이벤트를 진행하면서 개인정보 수집·이용에 대한 동의를 받고 있는 내용 중 적절하지 않은 것을 고르시오.

이벤트 화면

○○여행사는 창립 5주년 기념으로
관심여행지를 등록한 회원님께
추첨을 통해 경품 지급 및 여행지 맞춤 추천 서비스를
진행하오니 회원분들의 많은 참여 바랍니다.

▶ 이벤트 대상 : ○○여행사 홈페이지 가입회원
▶ 이벤트 기간 : 2025.1.2.~2025.1.24
▶ 경품내역
　1등 : ○○　　항공권
　2등 : ○○　　호텔 숙박권
　3등 : ○○　　롯데타워 뷔페 이용권
▶ 응모방법 : *Click* Here!

○○여행사 이벤트 개인정보 수집·이용 동의서

○○여행사는 창립 5주년 이벤트를 위하여 다음과 같이
개인정보를 수집·이용하려고 합니다.

☐ 개인정보 수집·이용

항목	목적	기간
ID, 성명, 휴대폰번호, 이메일주소, 관심여행지(나라명)	이벤트 경품 응모를 위한 경품 추첨 및 발송 등	**이벤트 종료 후 3개월**

개인정보 수집에 대한 동의를 거부할 수 있으며, 거부할 경우 이벤트에 응모하실 수 없습니다.

개인정보 수집·이용에 동의하시겠습니까?　　　☐ 동의함　　　☐ 동의하지 않음

이벤트 응모

회원ID

성 명

이메일 주소

연락처(휴대폰번호)

관심여행지(나라명)

* 본인확인 완료 시 이벤트 응모 완료

① OO여행사는 만 14세 미만 아동에 대한 개인정보를 수집·이용하기 위해서는 법정대리인의 동의를 받아야 한다.

② 이벤트 관련한 개인정보 수집·이용 동의서의 목적을 '이벤트 경품 응모를 위한 경품 추첨 및 발송 등'으로 명확하지 않게 기재하여서는 안 된다.

③ OO여행사는 상품의 판매 권유 또는 홍보를 목적으로 개인정보 처리에 대한 동의를 받을 때는 정보주체에게 판매 권유 또는 홍보에 이용된다는 사실을 다른 동의와 구분하여 정보주체가 이를 명확히 인지할 수 있게 알린 후 별도 동의를 받아야 한다.

④ OO여행사는 동의 받을 때 개인정보의 수집 항목 및 기간과 같이 중요한 내용은 알아보기 쉽고 명확하게 표시하여야 한다.

⑤ OO여행사는 동의 내용을 게재한 인터넷 사이트에 법정대리인이 동의 여부를 표시하도록 하고 법정대리인의 신용카드·직불카드 등의 카드정보를 제공받아 법정대리인이 동의했는지 확인할 수 있다.

33 심사원은 □□온라인 교육기관에 대해 ISMS-P 인증심사를 수행하고 있다. 다음의 증적과 인터뷰 내용을 바탕으로 심사원이 판단한 내용 중 적절하지 않은 것을 고르시오.

〈자산평가기준 및 등급〉

자산중요도평가기준

기밀성 : 정보자산의 접근은 인가된 사람만이 접근 가능함을 보장해야 하는 특성(정도)를 말한다.

	등급	가치	설 명
기 밀 성	높음	3	조직 내부에서도 특별히 허가를 받은 사람들만이 볼 수 있어야 하며 조직 외부에 공개되는 경우 개인 프라이버시나 조직의 사업 진행에 치명적인 피해를 줄 수 있는 수준
	중간	2	조직 내부에서는 공개될 수 있으나 조직 외부에 공개되는 경우 개인 프라이버시나 조직의 사업 진행에 상당한 문제를 발생시킬 수 있는 수준
	낮음	1	조직 외부에 공개되는 경우 개인 프라이버시나 조직의 사업 진행에 미치는 영향이 미미한 수준

무결성 : 정보자산 내의 정보 및 처리 방법의 정확성, 완전성을 보호해야 하는 특성(정도)를 말한다.

	등급	가치	설 명
무 결 성	높음	3	고의적으로나 우연히 변경되는 경우 개인 프라이버시나 조직의 사업 진행에 치명적인 피해를 줄 수 있는 수준
	중간	2	고의적으로나 우연히 변경되는 경우 개인 프라이버시나 조직의 사업 진행에 상당한 문제를 발생시킬 수 있는 수준
	낮음	1	고의적으로나 우연히 변경되는 경우 개인 프라이버시나 조직의 사업 진행에 미치는 영향이 미미한 수준

가용성 : 인가된 사용자가 필요시 정보자산 및 관련 정보에 접근하는 것을 보장해야 하는 특성(정도)을 말한다.

	등급	가치	설 명
가 용 성	높음	3	서비스가 중단되는 경우 조직의 운영과 사업 진행에 치명적인 피해를 줄 수 있는 수준
	중간	2	서비스가 중단되는 경우 조직의 운영과 사업 진행에 상당한 문제를 발생시킬 수 있는 수준
	낮음	1	서비스가 중단되는 경우 조직의 운영과 사업 진행에 미치는 영향이 미미한 수준

자산 중요도 등급 분류 체계	
가 등급	유출 또는 손상되는 경우에 업무수행에 중대한 장애를 주거나 개인신상에 심각한 영향을 줄 수 있는 전산자료 및 시스템으로 특별히 주의하여 관리해야 할 정보자산
	기밀성, 무결성, 가용성 평가결과 3가지 중 1개 이상이 높음(3)으로 평가되는 경우 **가등급**으로 분류함
나 등급	유출 또는 손상되는 경우에 업무수행에 장애를 주거나 개인신상에 영향을 줄 수 있는 전산자료 및 시스템으로 보안관리가 반드시 필요한 정보자산여 관리해야 할 정보자산
	기밀성, 무결성, 가용성 평가결과 3가지 중 2개 이상이 중간(2)으로 평가되는 경우 **나등급**으로 분류함
다 등급	유출 또는 손상되는 경우에 업무수행 및 신뢰도에 경미한 영향을 줄 수 있는 전산자료 및 시스템으로 최소한의 보안관리가 요구되는 정보자산
	기밀성, 무결성, 가용성 평가결과 3가지 중 중간(2) 1개 이하인 경우 **다등급**으로 분류함

〈정보자산 목록 일부〉

NO	관리번호	구분	서버명	ISMS-P 인증범위	취약점 진단	설명	IP	설치 위치	담당자	책임자	기밀성	무결성	가용성	보안 등급
1	WEB-001	웹서버	채용 웹 서버	O	O		124.137.15.10	강남 사옥	홍길동	김유신	2	2	2	나 등급
2	APP-008	응용프로 그램 서버	개발 서버	O	O	콘텐츠 개발 서버	112.175.57.10	강남 사옥	홍길동	김유신	2	2	2	나 등급
						자산내역 일부임(세부내역 생략)								
7	STOR- NAS-001	NAS서버	소스 NAS	O	O	콘텐츠, 소스 저장 스토리지	112.175.57.202	강남 사옥	이순신	김정은	2	2	1	나 등급
8	STOR- NAS-002	NAS서버	콘텐츠 NAS	O	O	콘텐츠 NAS	124.137.15.110	강남 사옥	이순신	김정은	2	2	1	나 등급
9	STOR- NAS-003	NAS서버	오프라인 학원NAS		O	오프라인 학원 업무 NAS	124.137.15.222	강남 사옥	이순신	김정은	2	2	1	나 등급

- **심사원** : 자산목록에 NAS가 많이 보이는데요. 실사를 통해서 확인해 보겠습니다. 자산으로 NAS가 3대가 있는데요. 설명 좀 부탁드리겠습니다.

- **담당자** : 네, 콘텐츠, 소스 저장 스토리지(NAS-001)와 콘텐츠NAS(NAS-002)는 인증범위에 포함되어있는 자산입니다. NAS-001은 개발 시 소스코드와 업무자료들을 백업해 두고 있는 저장소이고, NAS-002는 자사 교육 홈페이지에서 고객들이 수강료 환급 이벤트나 합격인증 시 적립금을 주는 이벤트를 자주 하여서 고객들이 첨부하는 인증서류 등을 모아놓고 있는 NAS입니다. 오프라인 학원 업무 NAS(NAS-003)의 경우 실제 저희 회사에서 부천이나 부산 등에서 오프라인 학원들을 운영하고 있는데, 원장님들이 VPN으로 사내 업무시스템을 이용하는 경우가 있습니다. 그때 오프라인 학원들이 학생들의 개인정보나 수강료 납부내역, 리스트 등을 업로드 할 때 쓰는 저장소입니다.

- **심사원** : 오프라인 학원 업무 NAS의 경우에는 인증범위에서 빠져있는데요? 오프라인 학원들의 학생들 정보도 포함이 되어야 하는 것 아닌가요?

- **담당자** : 글쎄요. 학원들이 개별적으로 수강생을 관리하고 있고 저희 회사와 홈페이지에서는 따로 오프라인 학생들에 대해서 관리는 하고 있지는 않아서요. 각 학원 원장님들이 학생들을 관리하고 있고요.

- **심사원** : 법인자체는 동일 법인으로 운영되지 않나요?

- **담당자** : 네, 일종의 직영점 개념으로 생각하시면 좋을 것 같습니다.

- **심사원** : 알겠습니다. 그럼 실사 확인을 하겠습니다. 콘텐츠, 소스 저장 스토리지는 개발 서버 쪽에서 소스 디렉터리가 CIFS로 마운트 되어 있네요. 말씀하신 고객들 이벤트 인증서류 같은 것들은 웹서버랑 연동되어 있고요. 웹서버 쪽에 동일하게 CIFS로 마운트되어 있네요. 그런데 각 디렉터리들이 마운트될 때 별도로 접근제한이 되어있지는 않네요? policy의 role 설정을 보면 cifs 설정이 0.0.0.0/0으로 설정되어서 내부망에서 아무 곳에서나 마운트시켜서 접근 가능할 것 같은데요.

- **담당자** : 네. 현재는 각 서버 담당자들만 접근을 하고 있어서 운영되는 서버에서 NAS의 볼륨에 대한 CIFS 마운트에 대해선 별도로 접근제어를 하고 있지 않습니다. 하지만 보안 강화를 위해 IP 기반 접근제어를 적용하는 것을 검토하겠습니다.

- **심사원** : 수강료 환급 등의 업무를 위해서는 신분증하고 통장사본을 수집하고 계시던데요. 예를 들어서 신분증 같은 경우에는 스캔하여서 학생들이 업로드하는 거죠? 통장사본도 마찬가지고요.

- **담당자** : 네, 맞습니다. 제세공과금 등 처리와 본인확인을 위해서 수집하고 있습니다.

- **심사원** : 그러면 그 NAS에는 그림파일 형태로 저장되어 있지 않나요? 암호화는 하고 계신가요?

- **담당자** : 별도로 NAS에 대해서는 암호화를 수행하고 있지는 않은데요. 다만 저희 DLP 솔루션에서 개인정보를 자동으로 검출해서 암호화가 자동으로 수행되고 있습니다. 현재는 문서 파일(xls, hwp, doc, ppt)만 검사하고 있어서, 이미지 파일도 포함하도록 설정을 변경하겠습니다.

〈심사원은 실제 DLP솔루션에서 문서(xls, hwp, doc, ppt)확장자에 대해서는
자동으로 검사하여 암호화 작업을 수행하고 있는 것을 확인하였음〉

- **심사원** : 알겠습니다. 콘텐츠NAS(NAS-002)의 경우도 동일하게 설정되어 있나요? 제조사가 다르다 보니까 확인을 해봐야 할 듯하네요. 여기도 비슷하게 설정되어 있네요. 이쪽 NAS는 SMB로 마운트시키고 Everyone 읽기 권한이 부여되어 있네요.

- **담당자** : 네. 다만 일반사용자들은 읽기 권한만 부여되어 있고 저장은 할 수 없습니다. 서버에서 마운트되어 구동될 때 읽기, 쓰기 권한을 같이 줘서 사용할 수 있도록 해놨습니다. 하지만 보안 강화를 위해 필요한 사용자에게만 최소한의 권한을 부여하도록 설정을 변경하겠습니다.

- **심사원**: 네, 알겠습니다. 마지막으로 오프라인 학원 업무용 NAS의 경우에 인증범위에 포함되어야 할 것 같아 보이는데요. 어떤 자료가 저장되어 있는지 한번 보겠습니다. 여기 /data/사업팀/부평센터란 디렉터리가 있네요? 한번 들어가 봐 주시겠어요?

- **담당자** : 네.

- **심사원** : 디렉터리에 보니까 학생이벤트, 장학금(분기별 제출) 디렉터리에 우수 수강생(장학생) 선발결과.xls란 파일이 있네요. 열어 보시겠어요? 문서 내용이 학생들 개인정보와 주민등록번호도 있네요. 따로 암호화도 안 되어 있고요.

- **담당자** : 네. 다만 해당 파일을 다운로드 받을 경우에는 자동으로 DLP 솔루션에서 해당 문서의 컨텐츠를 검색해서 개인정보가 검출될 경우 파일 자체를 암호화시키고 있습니다.

- **심사원** : 그럼 다운로드 받아볼까요? 그래도 암호화가 안 되는 것 같은데요?

- **담당자** : 아, 이건 아마 VDI 환경에서 네트워크 드라이브 경로로 다운받아서 이런 현상이 있는 것 같은데요. VDI 환경에서도 DLP 솔루션이 정상적으로 작동하도록 설정을 조정하겠습니다.

- **심사원** : 이 NAS는 인증범위는 아니라고는 말씀하시는데 개인정보처리시스템에서 모든 취급자가 읽기 권한이 부여되어 있을 것 같은데요.

- **담당자** : 네. 여기도 동일한 설정으로 운영되고 있습니다. 인증범위는 아니지만, 개인정보가 포함되어 있으므로 인증범위에 포함시키고 적절한 보안 조치를 적용하도록 하겠습니다. 자산목록에도 명확히 식별할 수 있도록 추가하겠습니다.

① 심사원은 NAS에 저장된 개인정보(신분증, 통장사본 등)가 이미지 파일 형태로 저장되고 있으나 암호화되고 있지 않아 2.7.1 암호정책 적용 결함으로 판단하였다.

② 심사원은 오프라인 학원 업무용 NAS는 현재 인증범위에 포함되어야 하므로 1.1.4 범위설정 결함으로 판단하였다.

③ 심사원은 NAS에 대한 접근통제가 미흡하여 내부망의 모든 사용자가 접근 가능한 상태이므로 2.6.1 네트워크 접근 결함으로 판단하였다.

④ 심사원은 DLP 솔루션은 문서 파일(xls, hwp, doc, ppt)에 대해서만 자동 검사 및 암호화를 수행하고 있어, 이미지 파일에 대한 보안 대책이 필요하기 때문에 2.10.1 보안시스템 운영 결함으로 판단하였다.

⑤ 심사원은 오프라인 학원 업무 NAS의 정보자산 분류가 잘못되었기 때문에 1.2.1 정보자산 식별 결함으로 판단하였다.

34 다음은 공공기관인 ○○기관의 고정형 영상정보처리기기 운영·관리 방침 전체이다. 심사원이 판단한 내용 중 적절한 것을 모두 고르시오. (2개)

고정형 영상정보처리기기 운영·관리 방침

고정형 영상정보처리기기 운영·관리 방침

본 ○○기관(이하 본 기관이라 함)은 고정형 영상정보처리기기 운영·관리 방침을 통해 본 기관에서 처리하는 개인영상정보가 어떠한 용도와 방식으로 이용·관리되고 있는지 알려드립니다.

1. **고정형 영상정보처리기기의 설치 근거 및 설치 목적**

   본 기관은 「개인정보 보호법」 제25조제1항에 따라 다음과 같은 목적으로 고정형 영상정보처리기기를 설치·운영합니다.
   – 시설 안전 및 관리, 화재 예방
   – 고객의 안전을 위한 범죄 예방
   – 차량 도난 및 파손 방지
   ※ 주차 대수 30대를 초과하는 규모로서 「주차장법 시행규칙」 제6조제1항을 근거로 주차장에 설치·운영합니다.

2. **설치 대수, 설치 위치 및 촬영범위**

설치 대수	설치 위치 및 촬영 범위
50대	건물 출입구, 건물 로비, 주차장 출입구, 주차장 구역별

3. **관리 책임자 및 접근 권한자**

   귀하의 개인영상정보를 보호하고 개인영상정보와 관련한 불만을 처리하기 위하여 아래와 같이 개인영상정보 관리 책임자 및 접근 권한자를 두고 있습니다.

구분	이름	직위	소속	연락처
관리책임자	구준표	부장	관제팀	02-58791-1234
접근권한자	유일우	대리	관제팀	02-58791-1242

4. **개인영상정보의 촬영시간, 보관기간, 보관장소 및 처리방법**

촬영시간	보관기간	보관장소	처리방법
24시간	촬영일로부터 90일	관제실	개인영상정보의 목적 외 이용, 제3자 제공, 파기, 열람 등 요구에 관한 사항을 기록·관리하고, 보관기간 만료 시 복원이 불가능한 방법으로 영구 삭제합니다.

5. 개인영상정보의 확인 방법 및 장소에 관한 사항

– 확인 방법 : 개인영상정보 관리책임자에게 미리 연락하고 본 기관을 방문하시면 확인 가능합니다.

– 확인 장소 : 관제팀

6. 정보주체의 개인영상정보 열람 등 요구에 대한 조치

귀하는 개인영상정보에 관하여 열람 또는 존재 확인·삭제를 원하는 경우 언제든지 고정형 영상정보처리기기 운영자에게 요구하실 수 있습니다. 단, 귀하가 촬영된 개인영상정보에 한정됩니다.

본 기관은 개인영상정보에 관하여 열람 또는 존재 확인·삭제를 요구한 경우 지체없이 필요한 조치를 하겠습니다.

7. 개인영상정보의 안전성 확보 조치

본 기관에서 처리하는 개인영상정보는 암호화 조치 등을 통하여 안전하게 관리되고 있습니다. 또한 본 기관은 개인영상정보 보호를 위한 관리적 대책으로서 개인정보에 대한 접근 권한을 차등 부여하고 있고, 개인영상정보의 위·변조 방지를 위하여 개인영상정보의 생성 일시, 열람 시 열람 목적·열람자·열람 일시 등을 기록하여 관리하고 있습니다. 이 외에도 개인영상정보의 안전한 물리적 보관을 위하여 잠금장치를 설치하고 있습니다.

8. 고정형 영상정보처리기기 운영·관리방침 변경에 관한 사항

이 고정형 영상정보처리기기 운영·관리방침은 2024년 11월 20일에 제정되었으며 법령·정책 또는 보안 기술의 변경에 따라 내용의 추가·삭제 및 수정이 있을 시에는 시행하기 최소 7일 전에 본 기관 홈페이지를 통해 변경 사유 및 내용 등을 공지하도록 하겠습니다.

– 공고 일자 : 2024년 11월 20일 / 시행일자 : 2024년 11월 25일

① 개인정보 보호책임자가 고정형 영상정보처리기기 관리책임자의 업무를 수행하고 있어 결함이다.

② 고정형 영상정보처리기기 운영·관리 방침에 고정형 영상정보처리기기 설치 및 관리 등의 위탁에 관한 사항이 명시되어 있지 않아 결함이다

③ 표준 개인정보 보호지침에 영상정보 30일 보관하도록 되어있는데 90일 보관하는 것은 결함이다.

④ 영상정보처리기기에 한시적으로 녹음 기능을 부여하여 운영하는 것은 결함이다.

⑤ 고정형 영상정보처리기기 운영·관리에 관한 사항을 개인정보처리방침에 포함하지 않고 별도로 운영·관리 방침을 마련한 것은 결함이 아니다.

35 아래는 ISMS 인증 심사 중 심사원과 담당자 간의 대화이다. 이 대화에서 결함으로 판단할 수 있는 가장 적절한 것을 고르시오.

〈인터뷰 1 내용〉

- **심사원** : 안녕하세요. 오늘 ISMS 인증 심사를 진행하게 된 심사원입니다. 먼저 귀사의 정보보호 관리체계에 대해 몇 가지 질문을 드리겠습니다.

- **담당자** : 안녕하세요. 저희 회사의 ISMS 인증을 위해 최선을 다하겠습니다. 질문해 주시면 답변드리겠습니다.

- **심사원** : 감사합니다. 먼저 서버접근제어 시스템의 계정 목록과 최근 3개월 인사발령 목록을 제출해 주십시오.

- **담당자** : 여기 있습니다. 최근 3개월 동안 개발팀 oo 직원이 신규 입사하였고, 보안팀 직원 1명이 육아휴직을 갔습니다.

- **심사원** : 현재 모든 사용자 계정이 활성화되어 있는지 확인해 주실 수 있나요?

- **담당자** : 네, 현재 모든 계정이 활성화되어 있다고 생각했는데, 잠시만 확인해 보겠습니다. (잠시 후) 아, 확인해 보니 한 명의 직원이 휴직 중이라 그 계정이 비활성화되어 있습니다.

- **심사원** : 그렇군요. 휴직자 계정이 비활성화된 것은 좋은 관리 방침입니다. 그러면 이 계정에 대한 관리 절차는 어떻게 되고 있나요?

- **담당자** : 저희는 휴직자의 계정은 자동으로 비활성화되도록 설정해 두었습니다. 휴직자 계정을 비활성화하는 이유는 보안 강화를 위해서입니다. 휴직 중인 직원의 계정이 악용될 수 있는 위험을 줄이기 위해, 해당 계정을 자동으로 비활성화하고 있습니다. 복직 시에는 다시 활성화할 수 있도록 절차를 마련해 두고 있습니다.

- **심사원** : 잘 관리되고 있네요. 휴직자 계정에 대한 기록은 어떻게 보관하고 계시나요?

- **담당자** : 휴직자 계정에 대한 정보는 별도의 문서로 관리하고 있으며, 복직 시 필요한 절차와 함께 기록을 유지하고 있습니다.

- **심사원** : 좋습니다. 이러한 관리 절차가 ISMS 인증기준에 부합하는지 확인하는 데 도움이 됩니다. 추가로 다른 사용자 계정 관리 방침에 대해서도 설명해 주실 수 있나요?

- **담당자** : 네, 저희는 정기적으로 사용자 계정의 활성화 상태를 점검하고 있으며, 퇴사자 계정은 즉시 비활성화하고 있습니다. 또한, 모든 계정은 최소 권한 원칙에 따라 관리되고 있습니다.

- **심사원** : 훌륭합니다. 이러한 절차들이 잘 이행되고 있다면 인증 심사에 긍정적인 영향을 미칠 것입니다.
  그런데, uniko 계정은 마지막 접속일이 2개월 전입니다. 이후 접속을 하지 않았네요. 관련 지침을 보니 월 1회 계정 점검을 하도록 되어 있고, 30일 이상 미접속 시 비활성화되도록 한다고 되어 있습니다. uniko 계정은 2개월 전에 접속한 이후 접속 이력이 없는데 비활성화되어 있지 않네요.

- **담당자** : 보안팀 직원 계정인데, 육아휴직 중입니다.

〈인터뷰 2 내용〉

- **■ 심사원** : 6개의 서브관리자 계정의 최종 접속이 1년 이상 경과한 것으로 나타났습니다. 이 부분에 대해 설명해 주실 수 있나요?
- **○ 담당자** : 말씀하신 대로 6개의 서브관리자 계정의 최종 접속이 1년 이상 되었습니다. 이 계정들은 특정 프로젝트에 참여했던 직원들이었는데, 해당 프로젝트가 종료된 이후로는 사용되지 않고 있습니다.
- **■ 심사원** : 그렇다면, 이러한 계정에 대한 적절성 검토는 어떻게 진행되고 있나요? 왜 아직까지 비활성화되지 않았나요?
- **○ 담당자** : 저희는 정기적으로 계정 사용 현황을 검토하고 있지만, 최근 몇 달간 인력 부족으로 인해 이 부분이 소홀해졌습니다. 계정 관리 프로세스를 강화할 필요가 있음을 인지하고 있습니다.
- **■ 심사원** : 계정 관리 프로세스가 소홀해진 점은 보안에 큰 위험 요소가 될 수 있습니다. 비활성 계정이 악용될 경우, 심각한 보안 사고로 이어질 수 있습니다. 향후 어떤 조치를 취할 계획이신가요?
- **○ 담당자** : 우선, 해당 계정들을 즉시 검토하여 필요없는 계정은 비활성화할 예정입니다. 그리고 앞으로는 정기적인 계정 사용 현황 점검을 강화하고, 계정 관리 정책을 재정비하여 모든 계정이 적절하게 관리될 수 있도록 하겠습니다.
- **■ 심사원** : 좋은 계획입니다. 계정 관리 정책을 문서화하고, 모든 직원에게 교육을 실시하는 것도 중요합니다. 이를 통해 유사한 문제가 재발하지 않도록 할 수 있습니다.
- **○ 담당자** : 네, 맞습니다. 교육 프로그램을 마련하여 모든 직원이 계정 관리의 중요성을 인식하도록 하겠습니다. 또한, 정기적인 점검 일정을 수립하여 지속적으로 관리하겠습니다.
- **■ 심사원** : 감사합니다. 귀사의 계정 관리 방안이 잘 실행되기를 바랍니다. 추가적인 질문이 있을 경우 다시 말씀드리겠습니다.
- **○ 담당자** : 감사합니다. 언제든지 질문해 주세요.

〈인터뷰 3 내용〉

- **■ 심사원** : 홈페이지 관리자 페이지를 검토하던 중 24개의 계정이 동일한 권한을 부여받고 있다는 점을 발견했습니다. 이 부분에 대해 설명해 주실 수 있나요?
- **○ 담당자** : 네, 말씀하신 대로 24개의 계정이 동일한 권한을 가지고 있습니다. 이 계정들은 모두 프로젝트 팀의 일원으로 동일한 작업을 수행하기 위해 설정되었습니다.
- **■ 심사원** : 그렇다면 모든 계정에 동일한 권한을 부여하는 것이 보안 측면에서 적절한가요?
- **○ 담당자** : 프로젝트의 특성상 모든 팀원이 동일한 접근 권한이 필요하다고 판단했습니다. 다만, 향후에는 권한을 세분화하여 필요한 최소한의 권한만 부여하는 방향으로 개선할 계획입니다.
- **■ 심사원** : 권한을 세분화하는 것은 좋은 접근입니다. 하지만 현재 상태에서는 보안 위험이 크기 때문에 즉각적인 조치가 필요할 것 같습니다.

① 2.5.1 사용자 계정 관리　　② 2.5.2 사용자 식별

③ 2.5.3 사용자 인증　　④ 2.5.5 특수 계정 및 권한 관리

⑤ 2.5.6. 접근권한 검토

36 다음은 온라인 학습사이트에서 학생(미성년자) 아이디로 로그인하여 보호자가 학습 결제를 하는 화면이다. 이에 대한 검토 내용으로 가장 적절한 것을 모두 고르시오. (2개)

결제 순서 : 결제자 선택 ⇨ 보호자 본인 인증 및 결제동의 ⇨ 정보 입력 ⇨ 결제 완료

1. 미성년자 아이디로 로그인 한 후 결제자를 선택할 수 있다.

2. 보호자는 보호자 본인인증을 완료한 후 개인정보 수집 및 이용약관 동의 절차를 거친다.

3. 배송지 정보(수령인, 휴대폰 번호, 주소)를 입력하고 개인정보 수집이용 동의 절차를 거친다.

[필수] 개인정보 수집·이용 동의 화면

각종 서비스 이용을 위해 회원가입 후 결제 진행 시, 아래와 같이 개인정보 수집·이용 동의를 하고자 합니다. 내용을 자세히 읽으신 후 동의 여부를 결정하여 주시기 바랍니다.

(필수) 개인정보 수집·이용 동의

수집·이용 항목	수집·이용 목적	보유·이용 기간
회원의 성명, 주소, 생년월일, 연락처, 아이디, 디지털기기에 인식되는 필기 정보, 안면화상정보, 음성정보, 콘텐츠 정보(학습 및 평가이력), 커뮤니티 게시글 회원이 만 18세 미만일 경우 법정 대리인의 성명, 연락처	• 고객 상담 및(온오프라인) 학습 서비스 제공 • 교재 및 상품 배송	회원동의 동의 철회 시 단, 법령의 규정에 의거하거나, 법령상 의무를 준수하기 위하여 보관할 수 있습니다.
결제 대행사로부터 전송 받은 결제 정보	상품 결제 확인 및 처리	법정 의무 보유기간까지

※ 위의 개인정보 수집·이용에 대한 동의를 거부할 권리가 있습니다. 동의를 거부할 경우, 서비스 제공을 위해서 필요한 최소한의 개인정보이므로 동의를 해 주셔야 서비스를 이용하실 수 있습니다.

확인

[선택] 마케팅 활용에 대한 동의 화면

(선택) 마케팅 활용에 대한 동의

수집·이용 항목	수집·이용 목적	보유·이용 기간
회원의 성명, 생년월일, 연락처, 이메일 주소 회원이 만 18세 미만일 경우 법정대리인의 성명, 연락처	• 마케팅(재화 및 서비스 안내, 이벤트 참여, 판매권유 포함)	회원동의 동의 철회 시

※ 위의 개인정보 수집·이용에 대한 동의를 거부할 권리가 있습니다. 동의를 거부할 경우 고객상담 및 서비스 제공에 제한을 받을 수 있습니다.

확인

[선택] 재 학습 혜택을 위한 보존 및 마케팅 동의 화면

(선택) 재 학습 혜택을 위한 보존 및 마케팅 동의

수집·이용 항목	수집·이용 목적	보유·이용 기간
회원의 성명, 생년월일, 연락처, 주소, 연락처 및 서비스 이용 이력, 서비스 중단 사유 회원이 만 18세 미만일 경우 법정대리인의 성명, 연락처	• 재 학습 신청 시, 원활한 서비스 제공 및 재 학습 권유, 고객만족 설문조사	서비스 이용 중단일로부터 5년

※ 위의 개인정보 수집·이용에 대한 동의를 거부할 권리가 있습니다. 동의를 거부할 경우 고객상담 및 서비스 제공에 제한을 받을 수 있습니다.

① 심사원은 동의서에 명확히 표시하여 알아보기 쉽게 고지하여야 할 사항이 명확하게 표시되지 않아 3.1.1 개인정보 수집·이용 결함이라고 판단하였다.

② 심사원은 개인정보 수집·이용 동의 시 필수 동의와 선택 동의를 구분하지 않고 동의받도록 되어 있어 3.1.1 개인정보수집·이용 결함이라고 판단하였다.

③ 심사원은 개인정보 수집·이용 동의 시 거부할 권리가 있다는 사실 및 동의 거부에 따른 불이익의 내용을 알리고 있으나, 동의 여부를 선택할 수 없어 3.1.1 개인정보 수집·이용 결함이라고 판단하였다.

④ 심사원은 개인정보 수집·이용 동의 시 필수 동의와 선택 동의를 구분하였으나 배송지 정보(수령인, 휴대폰 번호, 주소)에 대한 동의 여부를 체크할 수 없어 3.1.1 개인정보 수집·이용 결함이라고 판단하였다.

⑤ 심사원은 개인정보 수집·이용 동의 시 마케팅 활용에 대해 다른 목적으로 수집하는 정보와 구분하지 않고 포괄 동의를 받고 있어서 3.1.2 개인정보 수집 제한 결함이라고 판단하였다.

37 ISMS 인증 신청기관 누리집의 회원가입 화면이다. 다음 중 결함으로 적절하지 않은 것을 모두 고르시오. (2개)

〈회원가입화면〉

회원구분	● 학생	아이디	아이디
비밀번호	비밀번호　　Security 매우 취약	새 비밀번호 확인	비밀번호
영문명(성)	FAMILY NAME　※ 여권상의 영문이름과 동일하게 기재.	영문명(이름)	GIVEN NAME　※ 여권상의 영문이름과 동일하게 기재.
한국이름	한국이름	성별	○ 남　　○ 여
생년월일	연도-월-일　※ 여권상의 생년월일과 동일하게 기재.	이메일	이메일
국적	Afghanistan　▼	여권번호	여권번호

〈개발자 모드 소스보기〉

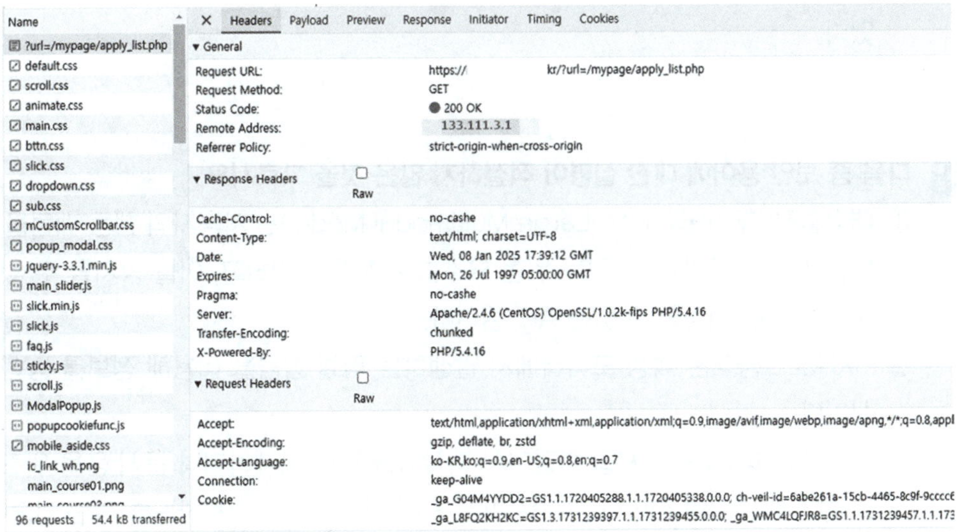

Name	✕　Headers　Payload　Preview　Response　Initiator　Timing　Cookies
?url=/mypage/apply_list.php	▼ General
default.css	Request URL:　　　　　　https://　　　　　kr/?url=/mypage/apply_list.php
scroll.css	Request Method:　　　　GET
animate.css	Status Code:　　　　　● 200 OK
main.css	Remote Address:　　　　133.111.3.1
bttn.css	Referrer Policy:　　　　strict-origin-when-cross-origin
slick.css	
dropdown.css	▼ Response Headers　　□ Raw
sub.css	
mCustomScrollbar.css	Cache-Control:　　　　no-cashe
popup_modal.css	Content-Type:　　　　text/html; charset=UTF-8
jquery-3.3.1.min.js	Date:　　　　　　　　Wed, 08 Jan 2025 17:39:12 GMT
main_slider.js	Expires:　　　　　　　Mon, 26 Jul 1997 05:00:00 GMT
slick.min.js	Pragma:　　　　　　　no-cashe
slick.js	Server:　　　　　　　Apache/2.4.6 (CentOS) OpenSSL/1.0.2k-fips PHP/5.4.16
faq.js	Transfer-Encoding:　　chunked
sticky.js	X-Powered-By:　　　　PHP/5.4.16
scroll.js	
ModalPopup.js	▼ Request Headers　　□ Raw
popupcookiefunc.js	
mobile_aside.css	Accept:　　　　　　　text/html,application/xhtml+xml,application/xml;q=0.9,image/avif,image/webp,image/apng,*/*;q=0.8,appl
ic_link_wh.png	Accept-Encoding:　　　gzip, deflate, br, zstd
main_course01.png	Accept-Language:　　　ko-KR,ko;q=0.9,en-US;q=0.8,en;q=0.7
main_course02.png	Connection:　　　　　keep-alive
	Cookie:　　　　　　　_ga_G04M4YYDD2=GS1.1.1720405288.1.1.1720405338.0.0.0; ch-veil-id=6abe261a-15cb-4465-8c9f-9cccc6
96 requests　54.4 kB transferred	_ga_L8FQ2KH2KC=GS1.3.1731239397.1.1.1731239455.0.0.0; _ga_WMC4LQFJR8=GS1.1.1731239457.1.1.173

■ **심사원** : 개인정보처리시스템의 회원가입 화면을 점검하였습니다. 교육 대상이 기본적으로 외국인이라서 고유식별정보인 여권번호를 수집하고 있다고 들었습니다. [개인정보 수집·이용 목적]은 "홍보자료, 기록자료 활용"으로 되어 있었고, [수집하는 개인정보의 항목] – 필수항목 : 이름, 소속, 나이, 성별, 학번, 학년, 연락처, 여권번호 – 선택 항목 : 결혼여부로 기재되어 있었습니다. [개인정보 보유 및 이용기간]도 적절하게 기재되어 있고, 동의거부권도 바르게 기재한 것을 확인하였습니다. 고유식별정보 수집에 관한 동의와 민감정보 수집에 관한 사항, 제3자 제공에 관한 사항이 각각 동의를 받도록 바르게 기재되어 있음을 확인하였습니다.

① 수집하는 개인정보 항목과 동의서의 개인정보 항목이 상이하여 3.1.1 개인정보 수집·이용 결함으로 판단하였다.

② 수집하는 개인정보 항목과 동의서의 개인정보 항목이 상이하여 3.1.2 개인정보 수집 제한 결함으로 판단하였다.

③ 수집하는 개인정보 항목의 필수, 선택이 구분되어 있지 않아 3.1.2 개인정보 수집 제한 결함으로 판단하였다.

④ 소스보기 화면에서 REMOTE ADDRESS가 노출되어 있어 2.6.6 원격접근통제 결함으로 판단하였다.

⑤ 소스보기 화면에서 서버정보가 노출되어 있어 2.10.3 공개서버보안 결함으로 판단하였다.

38 **다음 중 보안 용어에 대한 설명이 적절하지 않은 것을 고르시오.**

① 대형멀티모달모델(LMM-Large Multimodal Model)은 사용자의 행동 패턴을 분석해, 보안 사고를 유발할 수 있는 위험 요소를 사전에 식별하고, 이를 방지할 수 있는 교육이나 안내를 제공할 수 있는 AI모델이다.

② PIXHELL 공격은 액정 모니터에서 발생하는 픽셀 잡음을 이용해 정보를 송신하는 방식이다.

③ 스테가노그래피는 디지털 환경에서 저작물을 불법 복제하거나 문서 등을 위조하는 것을 방지하기 위해 정당한 권리를 가진 자에게만 접근을 허용하도록 하는 기술이다.

④ 핑거프린팅이란 텍스트, 오디오 및 멀티미디어 컨텐츠에 저작권 정보와 사용자 정보를 삽입해 컨텐츠 불법 배포자 추적을 위한 기술을 말한다.

⑤ 큐싱(Qshing)은 QR코드를 이용한 Phishing 공격을 말한다.

39 개인정보 파기와 관련하여 심사원들이 결함사항으로 판단한 내용이다. 이 중 결함내용이 적절하지 않은 심사원을 모두 고르시오. (2개)

① A심사원 : 실 운영 데이터를 테스트 용도로 사용한 후 테스트가 완료되었음에도 실 운영 데이터를 테스트 데이터베이스에서 삭제하지 않아 3.4.1 개인정보 파기 결함으로 판단하였다.

② B심사원 : 블록체인 등 기술적 특성으로 인하여 목적이 달성된 개인정보의 완전 파기가 어려워 완전 파기 대신 익명 처리를 하였으나, 익명 처리가 적절하게 수행되지 않아 일부 개인정보의 재식별 등 복원이 가능하여 3.4.1 개인정보 파기 결함으로 판단하였다.

③ C심사원 : 콜센터에서 수집되는 민원처리 관련 개인정보(상담 이력, 녹취 등)에 대하여 전자상거래법을 근거로 3년간 보존하고 있으나, 3년이 경과한 후에도 파기하지 않고 보관하고 있어 3.4.1 개인정보 파기 결함으로 판단하였다.

④ D심사원 : 회원 탈퇴 등 목적이 달성되거나 보유기간이 경과된 경우 회원 데이터베이스에서는 해당 개인정보를 파기하였으나, CRM·DW 등 연계된 개인정보처리시스템에 복제되어 저장되어 있는 개인정보를 파기하지 않아 3.4.1 개인정보 파기 결함으로 판단하였다.

⑤ E심사원 : 중견기업 A사는 전자상거래법에 따른 소비자 불만 및 분쟁처리에 관한 기록을 5년간 보존하고 있어 3.4.1 개인정보 파기 결함으로 판단하였다.

개인정보처리방침

제5조(개인정보의 제3자 제공)

원칙적으로 정보주체의 개인정보를 제1조에서 명시한 목적 범위 내에서 처리하며, 정보주체의 사전 동의 없이는 본래의 범위를 초과하여 처리하거나 제3자에게 제공하지 않습니다. 단, 다음의 각 호의 경우에는 정보주체 또는 제3자의 이익을 부당하게 침해할 우려가 있을 때를 제외하고는 개인정보를 목적 외의 용도로 이용하거나 이를 제3자에게 제공할 수 있습니다.

1. 정보주체로부터 별도의 동의를 받은 경우
2. 다른 법률에 특별한 규정이 있는 경우
3. 명백히 정보주체 또는 제3자의 급박한 생명, 신체, 재산의 이익을 위하여 필요하다고 인정되는 경우
4. 공중위생 등 공공의 안전과 안녕을 위하여 긴급히 필요한 경우

(제공받는 자, 제공목적, 제공항목, 보유 및 이용기간 기술되어 있음)

제6조(개인정보 국외 수집)

당사는 OO서비스 제공을 위해 개인정보를 국외에서 수집하여 처리하고 있습니다.

– 개인정보가 수집·처리되는 국가 : 미국, 영국, 독일

제7조(추가적인 이용·제공)

① 정보주체의 동의 없이 추가적인 이용·제공을 하기 위해서는 다음과 같은 사항을 고려합니다.

1. 당초 수집 목적과 관련성이 있는지 여부
2. 추가적인 이용·제공에 대한 예측 가능성이 있는지 여부
3. 개인정보의 추가적인 이용·제공이 정보주체의 이익을 부당하게 침해하는지 여부
4. 가명처리 또는 암호화 등 안전성 확보에 필요한 조치를 하였는지 여부

제8조(개인정보처리 위탁)

처리목적 달성을 위하여 개인정보의 처리를 위탁하고 있으며, 자세한 내용은 "홈페이지〉고객센터〉개인정보처리방침〉개인(신용)정보처리 위탁 및 제공 현황"에서 확인할 수 있습니다.

[상세내역보기]

① 제5조(개인정보의 제3자 제공)

② 제6조(개인정보 국외 수집)

③ 제7조(추가적인 이용·제공)

④ 제8조(개인정보처리 위탁)

⑤ 제9조(권익침해 구제방법)

41 정보보호 최고책임자(CISO)는 기업의 정보통신시스템 등에 대한 보안 및 정보의 안전한 관리 등 정보보호 업무를 총괄하는 최고책임자(CISO, Chief Information Security Officer)를 말한다. 다음은 정보보호 최고책임자와 관련하여 신청기관의 정보보호 담당자가 문의한 내용에 대한 심사원이 답변한 내용이다. 심사원의 답변 중 가장 적절하지 않은 것을 고르시오.

① ○ 담당자 : 정보보호 최고책임자가 겸직 가능한 업무에는 어떠한 것들이 있는지요?

■ 심사원 : 아래와 같은 업무는 겸직 가능한 업무에 해당합니다.
– 정보보호산업의 진흥에 관한 법률 제13조에 따른 정보보호 공시에 관한 업무
– 정보통신기반 보호법 제5조제5항에 따른 정보보호책임자의 업무
– 전자금융거래법 제21조의2제4항에 따른 정보보호최고책임자의 업무
– 개인정보 보호법 제31조제2항에 따른 개인정보 보호책임자의 업무
– 그 밖에 이 법 또는 관계법령에 따라 정보보호를 위하여 필요한 조치의 이행

② ○ 담당자 : 보안서비스 사업이 정보보호 업무에 포함되는지요?

■ 심사원 : 기업 내부의 정보보호 서비스는 정보보호 업무에 해당되나, 다른 기업에 대한 보안서비스 사업은 정보보호 업무에 해당하지 않습니다.

③ ○ 담당자 : 계열사에 대한 정보보호 지원 업무가 정보보호 업무에 포함되는지요?

■ 심사원 : 정보통신망법 제45조의3제4항 각 호의 업무를 수행하는 경우이고, 영업·판매 등 사업성이 없다고 하더라도, 계열사에 대한 정보보호 지원 업무는 다른 법인에 대한 보안서비스로 간주하여 정보보호 최고책임자의 정보보호 업무에 포함할 수 없습니다.

④ ○ 담당자 : 재난, 안전관리 및 위기대응 업무가 정보보호 업무에 포함되는지요?

■ 심사원 : 재난 및 안전관리 기본법에 따른 위기대응 업무 전체가 정보보호 최고책임자가 겸직할 수 있는 업무에 해당 될 수 있다고 보기는 어려우며, 정보보호와 관련된 위기대응 업무에 대해서만 제한적으로 인정될 수 있을 것으로 생각됩니다. 다만, 해당 위기 대응 업무가 정보보호와 관련된 업무인지 여부는 해당 법인에서 추가 소명이 필요할 것으로 보입니다.

⑤ ○ 담당자 : 인프라 운영·관리(IT 정보시스템) 업무가 정보보호 업무에 포함되는지요?

■ 심사원 : 일반적인 인프라 운영·관리 업무는 정보보호 업무에 미포함됩니다. 다만, 백신, 보안관리 서버 등 정보보호 차원에서 인프라를 운영·관리하는 업무는 정보보호 업무에 해당합니다.

42 심사원은 인증심사 과정 중 재해·재난 발생 시 서비스 및 시스템의 연속성 보장을 위한 IT재해 복구 절차서 검토 및 담당자 인터뷰를 진행하고 있다. 다음 중 결함사항으로 가장 적절한 것을 고르시오.

≡ IT재해 복구 절차서 (일부 발췌) ● ● ●

T 시스템 운영 보안 지침 (일부 발췌)

2020. 10. 1. 제정
2025. 1. 20. 개정

2.5 IT 재해 복구 조직 및 역할

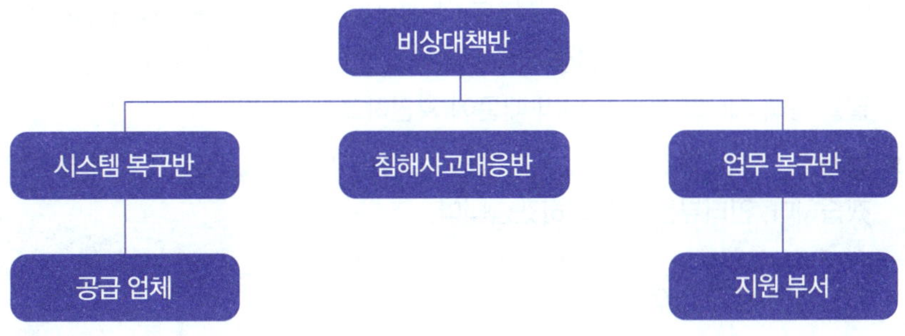

1) 비상 대책반
   ○ 재해 발생 시 장애 및 재해 현황 파악, 재해복구시스템 전환 결정, 주센터 복구 및 복귀 등 최고 의사결정 수행
      – 반장 : IT지원팀장
      – 반원 : IT지원팀
2) 시스템 복구반
   ○ 서버 및 네트워크 피해 상황 파악 및 복구 방안 마련, 주센터/재해복구시스템 전환 및 복구 수행
      – 구성 : IT지원팀, 시스템운영팀, 네트워크운영팀, 공급업체
3) 침해사고대응반
   ○ 침해사고 현황 파악 및 대응 방안 마련, 침해사고 예방 및 취약점 보완 수행, 보안시스템 운영 및 복구
      – 구성 : 정보보호팀
4) 업무 복구반
   ○ 재해의 피해 현황 파악 및 보고, 서비스 연속성 보장을 위한 방안 마련 및 지원, 부서 간 의사소통 및 대고객 서비스 지원
      – 구성 : 서비스지원팀, 총무팀, 법무팀, 홍보팀, 구매팀

■ **심사원** : IT재해복구 절차서를 잘 작성해서 유지하고 계시네요. 해당 절차에 따라서 재해 복구전환 훈련 등도 진행하고 있을까요?

○ **담당자** : 예, 매년 시나리오에 기반하여 계획을 수립하고 IT재해복구 절차에 따라 전환 훈련을 하고 있습니다. 관련 증적자료는 추가로 제출드리겠습니다.

■ **심사원** : 재해 복구 조직과 역할이 정의되어 있는데요. CISO나 CIO는 해당 조직에 명시가 안 되어 있네요. 각 사안에 대한 의사 결정이나 비상대책반을 총괄하기 위해서는 임원진 등이 조직에 포함되어야 할 텐데요.

○ **담당자** : 기본적으로 복구 조직은 실제 업무를 수행하는 실무 조직으로 구성되어 있습니다. 그래야 훈련이나 비상시 실질적인 대응이 될 수 있고요. IT지원팀장이 비상대책반장으로 있기 때문에 의사 결정에는 문제가 없습니다. 그리고 훈련 등 업무 진행 간 공유 메일을 통해 CIO를 참조에 넣기 때문에 확인하고 계십니다.

■ **심사원** : 우선 알겠습니다. 추가적인 사항은 CIO, CISO 인터뷰를 통해 확인해보도록 하겠습니다. 인터뷰는 마무리하겠습니다.

① 1.1.1 경영진의 참여
② 1.1.3 조직 구성
③ 1.4.2 관리체계 점검
④ 2.11.5 사고 대응 및 복구
⑤ 2.12.2 재해 복구 시험 및 개선

43 최근 온라인 활동 증가와 함께 이용자의 비합리적 선택을 유도하는 눈속임 설계(다크패턴)에 대한 문제가 국제적으로 제기되고 있다. 눈속임 설계는 회원가입, 이용 및 탈퇴 등 개인정보를 처리하는 모든 단계에서 일어나고 있으며, 개인정보보호위원회에서도 정보주체의 권리보호를 위하여 눈속임 설계를 통해 정보주체의 권리를 침해하는 행위에 대한 실태점검 및 제재 조치를 하고 있다. 다음 중 프라이버시 눈속임 설계에 대한 설명으로 적절한 것은 모두 몇 개인지 고르시오.

(가) 이용약관·처리방침 등을 통해 수집·이용 관련 동의를 받는 것은 부적절한 포괄 동의 또는 회원 가입 시 별도 절차 없이 동의로 간주하는 것은 부적절하다.

(나) 개인정보 공유, 맞춤형 광고 허용 등을 기본 값으로 미리 설정하는 것은 부적절한 기본 설정에 해당한다.

(다) 가입 등의 문구 대신 즐기러 가기, 계속하기, 다음 등 불명확하거나 일회성 이용처럼 보이는 문구를 사용해 개인정보 수집·이용 동의를 확보하는 것은 오해 유도문구 사용으로 부적절하다.

(라) 개인정보 수집·이용 동의서 내 정보활용 동의등급을 표시하지 않는 것은 동의 사항에 대한 정보를 제대로 알기 어렵게 하여 자유로운 동의 저해로 부적절하다.

(마) 처리 관련 정보를 제공하지 않거나, 화면상 보여지는 동의 외 숨겨진 동의가 있는 경우 정보 감추기에 해당한다.

(바) 선택 동의 사항임에도 과도하게 강조하거나 가독성을 낮게 해 부지불식간에 동의를 유도하는 것은 균형감을 잃은 표현 및 가독성 저해로 부적절하다.

---

① 2개
② 3개
③ 4개
④ 5개
⑤ 6개

44 다음 중 개인정보 국외 수집·이전 관련하여 심사원이 판단한 내용 중 적절하지 않은 것을 모두 고르시오. (2개)

① 개인정보 국외 수집·이전에 대해 개인정보 처리방침에 관련 정보를 기재해야 하나, 국외 이전에 대한 근거와 고지사항만 기재하고 있어서 3.3.4 개인정보 국외이전 결함으로 판단하였다.

② 아래 세 가지 사항을 근거로 개인정보 국외 이전을 하는 경우를 제외한 개인정보 국외 이전의 경우, 3.3.4 개인정보 국외 이전 결함으로 판단하였다.
　　– 정보주체의 별도 동의를 받은 경우
　　– 법률, 조약 등에 특별한 규정이 있는 경우
　　– 정보주체와의 계약의 체결·이행을 목적으로 하는 경우

③ 국외에서 국내 정보주체의 개인정보를 직접 수집하여 처리하는 경우, 개인정보를 처리하는 국가명만 고지하면 된다.

④ 개인정보를 국외 이전하는 경우 아래 사항을 모두 고지하여야 한다.
　　– 이전되는 개인정보 항목
　　– 개인정보가 이전되는 국가, 시기, 방법
　　– 개인정보를 이전받는 자의 성명
　　– 개인정보를 이전받는 자의 개인정보 이용 목적 및 보유·이용기간
　　– 개인정보의 이전을 거부하는 방법, 절차 및 거부의 효과

⑤ 영업양도 등을 통하여 개인정보가 국외 이전되는 경우, 개인정보보호법 제27조(영업양도 등에 따른 개인정보의 이전 제한)과 제28조의8(개인정보의 국외 이전) 모두 적용 받는다.

45 다음은 신용정보법을 적용받는 기관 간의 개인(신용)정보 제3자 제공에 관한 약정서이다. 보기에 표시된 인증기준 중 결함으로 가장 적절한 인증기준을 고르시오.

[개인(신용)정보 제3자 제공에 관한 약정서 (예시)]

갑 주식회사(이하 '갑'이라 한다)가 을 주식회사 OOO(이하 '을'이라 한다)에 업무상 제공·활용하는 개인(신용)정보에 대한 보안관리 약정을 다음과 같이 체결한다.

제1조(목적)
본 약정은 '갑'이 '을'에게 업무상 제공·활용하는 개인(신용)정보에 대한 보안관리 대책과 책임사항을 명확히 규정함으로써 개인(신용)정보 주체를 보호하고 상호신뢰 확보를 목적으로 한다.

제2조(업무목적 외 개인(신용)정보 처리 금지 등)
① '갑'이 '을'에게 제공하는 개인(신용)정보는 그 제공목적에 직접 해당하는 OOOO 업무 외에 다른 용도로 사용할 수 없으며, 제3자에게 임의 제공 또는 누설하여서는 안 된다.
② 전 항의 의무를 위반하여 '갑' 또는 '갑'의 고객에게 발생하는 모든 손해는 '을'이 책임지고 배상하여야 한다.
③ '을'이 '갑'으로부터 제공받은 개인(신용)정보는 사전에 '갑'의 승인 없이 업무 목적 외로 별도(또는 다른 매체) 저장, 출력하거나 복사 가공해서는 아니 된다.

제3조(개인(신용)정보취급자의 지정 및 업무처리 감독)
① '을'은 본건 개인(신용)정보를 처리하는 업무를 담당하는 자로서 직접 본건 개인(신용)정보에 관한 업무를 담당하는 자와 그 밖에 업무상 필요에 의해 본건 개인(신용)정보에 접근하여 처리하는 자(이하 "개인(신용)정보취급자") 및 개인(신용)정보취급자에게 허용되는 본건 개인(신용)정보의 열람 및 처리의 범위를 업무상 필요한 한도 내에서 최소한으로 제한하여야 한다.
② '을'은 개인(신용)정보 처리시스템에 대한 접근권한을 업무의 성격에 따라 당해 업무수행에 필요한 최소한의 범위로 각 개인(신용)정보취급자에게 차등 부여하고, 접근권한을 관리하기 위한 조치를 취해야 한다.
③ '을'은 개인(신용)정보취급자로 하여금 보안서약서를 제출하도록 하는 등 적절한 관리·감독을 해야 하며, 인사이동 등에 따라 개인(신용)정보취급자의 업무가 변경되는 경우에는 개인(신용)정보에 대한 접근권한을 변경 또는 말소해야 한다.
④ '을'은 개인(신용)정보 처리시스템에 접속할 수 있는 사용자 계정을 발급하는 경우, 개인(신용)정보취급자 별로 한 개의 사용자계정을 발급하여야 하며, 다른 개인(신용)정보취급자와 공유되지 않도록 하여야 한다.
⑤ '을'은 제1항의 기준에 따라 개인(신용)정보취급자 및 개인(신용)정보취급자에게 허용되는 본건 개인(신용)정보의 열람 및 처리의 범위를 정하여 그 명단과 내역을 갑에게 제공하여야 한다. 개인(신용)정보취급자 및 열람·처리의 범위가 변경된 때에는 지체 없이 수정된 명단과 내역을 제공하여야 한다.

⑥ '을'은 제2항 및 제3항에 의한 권한 부여, 변경 또는 말소에 대한 내역을 기록하고, 그 기록을 최소 3년간 보관하여야 한다.

⑦ '을'은 개인(신용)정보취급자가 개인(신용)정보 처리시스템에 접속한 기록을 최소 1년 이상 보관·관리하여야 한다.

제4조(개인(신용)정보의 암호화)

① 갑과 을은 본건 개인(신용)정보를 정보통신망을 통하여 송·수신하거나 보조 저장매체 등을 통하여 전달하는 경우에는 이를 암호화하여야 한다.

② 을은 인터넷 구간 및 인터넷 구간과 내부망의 중간 지점에 개인(신용)정보를 저장하는 경우 이를 암호화하여야 한다.

제5조(개인(신용)정보 폐기 및 반납)

① '을'은 '갑'으로부터 제공받은 개인(신용)정보에 대해 사용 또는 보관기간이 정해진 경우에는 그 기간 내에, 정해지지 않은 경우에는 제공 목적이 충족된 이후 즉시 해당 개인(신용)정보를 폐기하거나 '갑'에게 반환하여야 한다.

② 제1항의 보관기간에도 불구하고 동의 철회권을 행사하는 고객을 대신해 '갑'이 개인(신용)정보 주체의 정보를 폐기할 것을 요청하는 경우 '을'은 즉시 이를 폐기하여야 한다. (단, 전화수신거부요청을 하는 경우에는 전화마케팅을 중단하여야 한다.)

③ 제1항과 제2항에 의거 '을'이 고객 개인(신용)정보를 폐기한 경우 '갑'에게 그 결과를 통보일로부터 1개월 이내에 서면으로 통보하여야 한다.

④ '갑'은 '을'의 보안관리 상태 및 개인(신용)정보 폐기 또는 반납의 이행여부 등을 확인하기 위해 '을'의 사무실 등 실태 점검을 할 수 있으며, '을'은 이에 적극 협조한다.

제6조(책임)

'을'은 고의 또는 과실에 의해 고객의 개인(신용)정보가 유출되거나 이 약정상의 의무이행을 소홀히 함으로써 '갑'에 대해 손해가 발생하거나 법적책임이 부과될 경우 '을'은 이에 대한 모든 책임을 지며, '갑'은 제휴계약을 파기할 수 있다.

제7조(효력발생 및 유효기간)

① 이 약정은 체결일로부터 그 효력이 발생하며, '갑'과 '을' 상호 간 개인(신용)정보 제공 또는 활용과 관련한 계약이 유효한 한 이 약정도 유효한 것으로 한다.

② 이 약정의 유효기간 내에 발생한 위반행위에 따른 책임은 유효기간의 만료로 소멸되지 아니한다.

제8조(교육)

'을'은 '이용자'에 대하여 개인(신용)정보 보호에 대한 교육을 정기적으로 실시함으로써 개인(신용)정보 오·남용 발생을 예방하여야 한다.

본 약정의 내용을 증명하기 위하여 계약서 2부를 작성하고, '갑'과 '을'이 서명 또는 날인한 후 각각 1부씩 보관한다.

2025년　월　일

① 1.1.2 최고책임자의 지정
② 2.3.1 외부자 현황 관리
③ 2.3.2 외부자 계약 시 보안
④ 3.3.1 개인정보 제3자 제공
⑤ 3.3.2 개인정보 처리 업무 위탁

46 공공기관인 OO공사는 공사의 고유 업무 수행을 위해 운영하는 개인정보처리 시스템이 100만 명 이상의 정보주체에 관한 개인정보를 처리하고 있어 공공시스템에 해당된다. OO공사는 ISMS-P 최초 심사를 진행 중에 있다. 심사 과정에서 심사원이 판단한 내용 중 적절한 것을 모두 고르시오. (2개)

① 심사원은 공공시스템의 운영 및 안전성 확보에 필요한 내부관리계획을 기관 내부 관리계획 내 별지에 유형별 안전조치 방안의 형식으로 수립하고 있는 것은 공공시스템별로 내부관리계획을 수립하고 있는 것으로 판단하였다.

② 심사원은 공공시스템별로 공공시스템을 총괄하여 관리하는 부서를 두고 해당 부서의 장을 관리책임자로 지정해야 하나, 공공시스템 중 총괄하는 부서가 없이 업무 관련성이 있는 부서에서 해당 공공시스템에 대해 관리책임자를 지정하고 있는 것은 1.4.1 법적 요구사항 준수 검토 결함이라고 판단하였다.

③ 심사원은 공공시스템 운영 수탁사, 개인정보보호책임자, 이용부서 등이 참여하는 공공시스템운영협의회를 설치 운영하여야 하나 OO공사의 정보보호와 개인정보보호 담당자로 구성된 협의체에서 공공시스템의 안전성 확보 조치 이행 사항을 점검하고 있어 1.1.3 조직구성 결함이라고 판단하였다.

④ 심사원은 공공시스템의 개인정보취급자의 권한 부여, 변경 또는 말소 내역 등애 대해 반기별 1회 점검하고 있어 2.5.6 접근권한 검토 결함이라고 판단하였다.

⑤ 심사원은 OO공사의 개인정보보호 경력 2년, 정보기술경력 2년을 보유한 사람을 개인정보보호 책임자로 지정한 것은 개인정보 보호책임자로서 요건이 부족하여 1.1.2 최고책임자 지정 결함이라고 판단하였다.

47 정보통신서비스 제공자는 「정보통신망 이용촉진 및 정보보호 등에 관한 법률」 시행령의 기준에 따라 정보보호 최고책임자를 지정하고 과학기술정보통신부장관에게 신고하도록 하고 있다. 개인정보처리자는 「개인정보보호법」과 시행령 기준에 따라 개인정보 보호책임자를 지정하여야 한다. 다음 정보보호최고책임자, 개인정보 보호책임자와 관련된 내용 중 적절하지 않은 것은 모두 몇 개인지 고르시오.

> **가.** 직전 사업연도 말 기준 자산총액이 5백억 원 이상인 A 게임사 경영기획실의 홍길동은 경영기획 운영 업무를 수행하면서 정보보호 최고책임자 업무를 같이 수행하고 있다.
>
> **나.** 자본금이 1억 원인 정보통신서비스 제공자 B 업체 대표는 본인을 CISO로 지정하고 과학기술정보통신부장관에게 신고하였다.
>
> **다.** 경기도 교육청에 근무하고 있는 4급 공무원 C는 개인정보 보호책임자로 근무를 수행하고 있다.
>
> **라.** 금융회사 D의 정보보호 최고책임자는 개인정보 보호책임자를 겸직으로 담당하고 있으며 매년 개인정보 보호 계획의 수립, 개인정보 처리 실태 점검, 개인 정보보호 교육 계획 수립 및 시행 업무를 수행하고 있다.

① 0개
② 1개
③ 2개
④ 3개
⑤ 4개

48 심사원은 ISMS 의무대상인 SS정보기술협회의 ISMS 인증심사를 수행하고 있으며, 개인정보 유출 등 사고 대응 매뉴얼 내용을 검토하던 중 수정이 필요한 사항들을 다수 발견하였다. 다음 중 가장 적절하지 않은 내용을 고르시오.

① 해킹 침해사고로 추정되는 이상 징후를 알게 된 경우에는 과학기술정보통신부 또는 한국인터넷진흥원 등(이하 관계기관)에 즉시 침해신고를 해야 하고, 개인정보가 유출된 사실을 알게 된 경우에는 지체 없이 5일 이내에 해당 정보주체에게 개인정보 유출 통지를 이행하여야 한다.

② 유출된 개인정보의 수가 1,000건 이하일 경우, 별도의 유출 통지 절차를 생략할 수 있다. 단, 해킹 등 불법적인 방법으로 개인정보가 유출되었거나, 민감정보 및 고유식별 정보가 1건이라도 유출에 포함된 경우에는 해당되지 않는다.

③ 외부로부터의 불법적인 접근에 의해 개인정보가 유출된 사실을 확인 시, 경찰청에 해당 사항을 신고할 수 있으며, 수사관으로부터 수사를 위하여 유출 통지를 유보해 달라는 요청을 받을 경우 이를 이행하여야 한다.

④ 개인정보 유출 사실을 알게 된 후 유출된 정보주체를 대상으로 유출 통지를 실시해야 하며, 연락처가 없는 경우에는 홈페이지를 통해 10일 이상 게시하여야 한다. 유출 여부를 확인하는 페이지를 운영하는 경우 이름과 식별할 수 있는 추가 정보를 입력하도록 하고 전송구간 암호화 조치를 취해야 한다.

⑤ 개인정보 유출 신고 내용은 1) 유출된 개인정보의 항목, 2) 유출된 시점과 그 경위, 3) 유출로 인하여 발생할 수 있는 피해를 최소화하기 위하여 정보주체가 할 수 있는 방법 등에 관한 정보, 4) 개인정보처리자의 대응조치 및 피해 구제절차, 5) 정보주체에게 피해가 발생한 경우 신고 등을 접수할 수 있는 담당부서 및 연락처로서 서면 등의 방법으로 이를 관계기관에 제출한다. 단, 구체적인 내용이 확인되지 않는 경우 확인된 내용만을 우선 신고하고, 이후 추가 신고를 하여야 한다.

49 다음 개인정보를 처리하는 「공공기관의 운영에 관한 법률」 제4조에 따른 공공기관에서 각 기관별 의무적으로 이행하여야 하는 사항으로 바르게 짝지어진 것을 고르시오.

구분	A기관	B기관
금융기관 유무	무	무
정보통신서비스 제공자 유무	유	유
일평균 이용자 수(전년도 말 직전 3개월간)	1,000,000명	60,000명
연간 매출액(직전 사업연도)	1,520억	130억
보유 시스템 수	1개	1개
보유 정보주체 수(전년도 말 직전 3개월간)	1,123,000명	100,000명
고유식별정보 처리 유무	무	유
고유식별정보 처리 수	0건	45,000건

(가) 정보보호 공시 의무 대상

(나) 개인신용정보의 관리 및 보호 실태에 대한 상시평가 대상

(다) 개인정보의 보호수준 평가 의무 대상

(라) ISMS 인증 의무 대상

(마) 개인정보영향평가 의무 대상

(바) 개인정보처리방침 평가 대상

① A기관 – (가), (나), (다), (라)　B기관 – (가)
② A기관 – (다), (라), (마), (바)　B기관 – (다)
③ A기관 – (나), (다), (라), (바)　B기관 – (라)
④ A기관 – (가), (나), (라), (마)　B기관 – (마)
⑤ A기관 – (다), (라), (마), (바)　B기관 – (바)

50 다음 중 개인정보 유출 등 사고 발생 대응으로 적절하지 않은 것을 모두 고르시오. (2개)

① AA 쇼핑몰은 개인정보 유출을 알게 된 후 자사 홈페이지를 통해 정보주체가 자신의 개인정보가 유출되었는지를 확인하는 페이지를 운영하였다. 이때 본인확인을 위한 정보를 입력하도록 하고 전송구간 암호화 조치를 취했다.

② BB 여행사는 정보주체 3명의 이름, 여권번호, 여행 일시, 여행지가 담긴 엑셀 파일을 이메일에 첨부하여 다른 사람에게 잘못 보낸 것을 인지하고 2일 만에 개별로 유출통지를 하였으나 신고는 하지 않았다.

③ CC 게임사는 정보주체의 '아이디', '아이디+일방향 암호화된 비밀번호'가 유출된 사실을 인지하고, 별도로 분리 보관되어 있는 연락처 정보 등을 활용하여 유출 통지를 진행하였다.

④ DD 중고거래 플랫폼은 해커에 의해 개인정보가 유출된 사실을 확인한 후 경찰청에 신고하고, 수사관으로부터 해커가 검거될 때까지는 유출 통지를 유보해 달라는 구두 요청을 받았음에도 개인정보보호위원회에 유출 신고하였다.

⑤ EE 신용정보회사는 해킹으로 추정되는 이상 징후를 인지한 후, 5천 건의 개인정보 유출 사실을 확인했으나 개별로 유출통지만 하고 신고는 하지 않았다.

2026년도 ISMS-P(정보보호 및 개인정보보호 관리체계) 인증심사원 자격검정 필기시험 문제지 실전 모의고사 (3회)

성명		수험번호	

응시자 필독 사항

1. 자신이 선택한 문제지의 유형을 확인하시오.

2. 문제지의 해당란에 성명과 수험번호를 정확히 쓰시오.

3. 답안지의 필적 확인란에 서약서 내용을 정자로 기재하고, 서명하시오.

4. 답안지의 해당란에 성명과 수험번호를 쓰고, 또 수험번호와 답을 정확히 표시하시오.

5. OMR 카드 교환은 시험 종료 10분 전까지만 가능하며, 그 이후에는 교환이 불가함.

6. 답안 수정을 위한 수정액 또는 수정 테이프는 사용할 수 없음.

7. 시험 시작 후 1시간 이전에는 퇴실할 수 없으며, 퇴실 후 입실은 불가함.

8. 부정행위 적발 시 그 시험을 무효로 하며, 향후 국가 자격 시험에 5년간 응시할 수 없음.

9. 본 문제지의 내용을 전부 또는 일부를 강의 또는 출판 등의 목적으로 인터넷 또는 SNS 등의 매체에 공개할 수 없으며, 무단 공개 시 저작권 위반 등에 대한 민·형사상의 책임을 질 수 있음.

※ 시험이 시작되기 전까지 표지를 넘기지 마시오.

ISMS-P 시험 출제 기관

※ 본 표지는 공개된 국가자격시험의 일반적인 양식을 바탕으로 임의로 작성한 것으로 실제 ISMS-P 시험과 상이할 수 있음

1. 관리체계 수립 및 운영

1.1.	관리체계 기반 마련	
1.1.1	경영진의 참여	최고경영자는 정보보호 및 개인정보보호 관리체계의 수립과 운영활동 전반에 경영진의 참여가 이루어질 수 있도록 보고 및 의사결정 체계를 수립하여 운영하여야 한다.
1.1.2	최고책임자의 지정	최고경영자는 정보보호 업무를 총괄하는 정보보호 최고책임자와 개인정보보호 업무를 총괄하는 개인정보보호 책임자를 예산·인력 등 자원을 할당할 수 있는 임원급으로 지정하여야 한다.
1.1.3	조직 구성	최고경영자는 정보보호와 개인정보보호의 효과적 구현을 위한 실무조직, 조직 전반의 정보보호와 개인정보보호 관련 주요 사항을 검토 및 의결할 수 있는 위원회, 전사적 보호활동을 위한 부서별 정보보호와 개인정보보호 담당자로 구성된 협의체를 구성하여 운영하여야 한다.
1.1.4	범위 설정	조직의 핵심 서비스와 개인정보 처리 현황 등을 고려하여 관리체계 범위를 설정하고, 관련된 서비스를 비롯하여 개인정보 처리 업무와 조직, 자산, 물리적 위치 등을 문서화하여야 한다.
1.1.5	정책 수립	정보보호와 개인정보보호 정책 및 시행문서를 수립·작성하며, 이때 조직의 정보보호와 개인정보보호 방침 및 방향을 명확하게 제시하여야 한다. 또한 정책과 시행문서는 경영진 승인을 받고, 임직원 및 관련자에게 이해하기 쉬운 형태로 전달하여야 한다.
1.1.6	자원 할당	최고경영자는 정보보호와 개인정보보호 분야별 전문성을 갖춘 인력을 확보하고, 관리체계의 효과적 구현과 지속적 운영을 위한 예산 및 자원을 할당하여야 한다.
1.2.	위험 관리	
1.2.1	정보자산 식별	조직의 업무특성에 따라 정보자산 분류기준을 수립하여 관리체계 범위 내 모든 정보자산을 식별·분류하고, 중요도를 산정한 후 그 목록을 최신으로 관리하여야 한다.
1.2.2	현황 및 흐름분석	관리체계 전 영역에 대한 정보서비스 및 개인정보 처리 현황을 분석하고 업무 절차와 흐름을 파악하여 문서화하며, 이를 주기적으로 검토하여 최신성을 유지하여야 한다.
1.2.3	위험 평가	조직의 대내외 환경분석을 통해 유형별 위협정보를 수집하고 조직에 적합한 위험 평가 방법을 선정하여 관리체계 전 영역에 대하여 연 1회 이상 위험을 평가하며, 수용할 수 있는 위험은 경영진의 승인을 받아 관리하여야 한다.
1.2.4	보호대책 선정	위험 평가 결과에 따라 식별된 위험을 처리하기 위하여 조직에 적합한 보호대책을 선정하고, 보호대책의 우선순위와 일정·담당자·예산 등을 포함한 이행계획을 수립하여 경영진의 승인을 받아야 한다.

1.3.	관리체계 운영	
1.3.1	보호대책 구현	선정한 보호대책은 이행계획에 따라 효과적으로 구현하고, 경영진은 이행결과의 정확성과 효과성 여부를 확인하여야 한다.
1.3.2	보호대책 공유	보호대책의 실제 운영 또는 시행할 부서 및 담당자를 파악하여 관련 내용을 공유하고 교육하여 지속적으로 운영되도록 하여야 한다.
1.3.3	운영현황 관리	조직이 수립한 관리체계에 따라 상시적 또는 주기적으로 수행하여야 하는 운영활동 및 수행 내역은 식별 및 추적이 가능하도록 기록하여 관리하고, 경영진은 주기적으로 운영활동의 효과성을 확인하여 관리하여야 한다.
1.4.	관리체계 점검 및 개선	
1.4.1	법적 요구사항 준수 검토	조직이 준수하여야 할 정보보호 및 개인정보보호 관련 법적 요구사항을 주기적으로 파악하여 규정에 반영하고, 준수 여부를 지속적으로 검토하여야 한다.
1.4.2	관리체계 점검	관리체계가 내부 정책 및 법적 요구사항에 따라 효과적으로 운영되고 있는지 독립성과 전문성이 확보된 인력을 구성하여 연 1회 이상 점검하고, 발견된 문제점을 경영진에게 보고하여야 한다.
1.4.3	관리체계 개선	법적 요구사항 준수검토 및 관리체계 점검을 통해 식별된 관리체계상의 문제점에 대한 원인을 분석하고 재발방지 대책을 수립·이행하여야 하며, 경영진은 개선 결과의 정확성과 효과성 여부를 확인하여야 한다.

2. 보호대책 요구사항

2.1.	정책, 조직, 자산 관리	
2.1.1	정책의 유지관리	정보보호 및 개인정보보호 관련 정책과 시행문서는 법령 및 규제, 상위 조직 및 관련 기관 정책과의 연계성, 조직의 대내외 환경변화 등에 따라 주기적으로 검토하여 필요한 경우 제·개정하고 그 내역을 이력관리하여야 한다.
2.1.2	조직의 유지관리	조직의 각 구성원에게 정보보호와 개인정보보호 관련 역할 및 책임을 할당하고, 그 활동을 평가할 수 있는 체계와 조직 및 조직의 구성원 간 상호 의사소통할 수 있는 체계를 수립하여 운영하여야 한다.
2.1.3	정보자산 관리	정보자산의 용도와 중요도에 따른 취급 절차 및 보호대책을 수립·이행하고, 자산별 책임소재를 명확히 정의하여 관리하여야 한다.

2.2.	인적 보안	
2.2.1	주요 직무자 지정 및 관리	개인정보 및 중요정보의 취급이나 주요 시스템 접근 등 주요 직무의 기준과 관리방안을 수립하고, 주요 직무자를 최소한으로 지정하여 그 목록을 최신으로 관리하여야 한다.
2.2.2	직무 분리	권한 오·남용 등으로 인한 잠재적인 피해 예방을 위하여 직무 분리 기준을 수립하고 적용하여야 한다. 다만, 불가피하게 직무 분리가 어려운 경우 별도의 보완대책을 마련하여 이행하여야 한다.
2.2.3	보안 서약	정보자산을 취급하거나 접근권한이 부여된 임직원·임시직원·외부자 등이 내부 정책 및 관련 법규, 비밀유지 의무 등 준수사항을 명확히 인지할 수 있도록 업무 특성에 따른 정보보호 서약을 받아야 한다.
2.2.4	인식제고 및 교육훈련	임직원 및 관련 외부자가 조직의 관리체계와 정책을 이해하고 직무별 전문성을 확보할 수 있도록 연간 인식제고 활동 및 교육훈련 계획을 수립·운영하고, 그 결과에 따른 효과성을 평가하여 다음 계획에 반영하여야 한다.
2.2.5	퇴직 및 직무변경 관리	퇴직 및 직무변경 시 인사·정보보호·개인정보보호·IT 등 관련 부서별 이행하여야 할 자산반납, 계정 및 접근권한 회수·조정, 결과확인 등의 절차를 수립·관리하여야 한다.
2.2.6	보안 위반 시 조치	임직원 및 관련 외부자가 법령, 규제 및 내부정책을 위반한 경우 이에 따른 조치 절차를 수립·이행하여야 한다.
2.3.	외부자 보안	
2.3.1	외부자 현황 관리	업무의 일부(개인정보취급, 정보보호, 정보시스템 운영 또는 개발 등)를 외부에 위탁하거나 외부의 시설 또는 서비스(집적정보통신시설, 클라우드 서비스, 애플리케이션 서비스 등)를 이용하는 경우 그 현황을 식별하고 법적 요구사항 및 외부 조직·서비스로부터 발생되는 위험을 파악하여 적절한 보호대책을 마련하여야 한다.
2.3.2	외부자 계약 시 보안	외부 서비스를 이용하거나 외부자에게 업무를 위탁하는 경우 이에 따른 정보보호 및 개인정보보호 요구사항을 식별하고, 관련 내용을 계약서 또는 협정서 등에 명시하여야 한다.
2.3.3	외부자 보안 이행 관리	계약서, 협정서, 내부정책에 명시된 정보보호 및 개인정보보호 요구사항에 따라 외부자의 보호대책 이행 여부를 주기적인 점검 또는 감사 등 관리·감독하여야 한다.
2.3.4	외부자 계약 변경 및 만료 시 보안	외부자 계약만료, 업무종료, 담당자 변경 시에는 제공한 정보자산 반납, 정보시스템 접근계정 삭제, 중요정보 파기, 업무 수행 중 취득정보의 비밀유지 확약서 징구 등의 보호대책을 이행하여야 한다.
2.4.	물리 보안	
2.4.1	보호구역 지정	물리적·환경적 위협으로부터 개인정보 및 중요정보, 문서, 저장매체, 주요 설비 및 시스템 등을 보호하기 위하여 통제구역·제한구역·접견구역 등 물리적 보호구역을 지정하고 각 구역별 보호대책을 수립·이행하여야 한다.

2.4.2	출입통제	보호구역은 인가된 사람만이 출입하도록 통제하고 책임추적성을 확보할 수 있도록 출입 및 접근 이력을 주기적으로 검토하여야 한다.
2.4.3	정보시스템 보호	정보시스템은 환경적 위협과 유해요소, 비인가 접근 가능성을 감소시킬 수 있도록 중요도와 특성을 고려하여 배치하고, 통신 및 전력 케이블이 손상을 입지 않도록 보호하여야 한다.
2.4.4	보호설비 운영	보호구역에 위치한 정보시스템의 중요도 및 특성에 따라 온도·습도 조절, 화재감지, 소화설비, 누수감지, UPS, 비상발전기, 이중전원선 등의 보호설비를 갖추고 운영절차를 수립·운영하여야 한다.
2.4.5	보호구역 내 작업	보호구역 내에서의 비인가행위 및 권한 오·남용 등을 방지하기 위한 작업 절차를 수립·이행하고, 작업 기록을 주기적으로 검토하여야 한다.
2.4.6	반출입 기기 통제	보호구역 내 정보시스템, 모바일 기기, 저장매체 등에 대한 반출입 통제절차를 수립·이행하고 주기적으로 검토하여야 한다.
2.4.7	업무환경 보안	공용으로 사용하는 사무용 기기(문서고, 공용 PC, 복합기, 파일서버 등) 및 개인 업무환경(업무용 PC, 책상 등)을 통해 개인정보 및 중요정보가 비인가자에게 노출 또는 유출되지 않도록 클린데스크, 정기점검 등 업무환경 보호대책을 수립·이행하여야 한다.
2.5.	**인증 및 권한관리**	
2.5.1	사용자 계정 관리	정보시스템과 개인정보 및 중요정보에 대한 비인가 접근을 통제하고 업무 목적에 따른 접근권한을 최소한으로 부여할 수 있도록 사용자 등록·해지 및 접근권한 부여·변경·말소 절차를 수립·이행하고, 사용자 등록 및 권한부여 시 사용자에게 보안책임이 있음을 규정화하고 인식시켜야 한다.
2.5.2	사용자 식별	사용자 계정은 사용자별로 유일하게 구분할 수 있도록 식별자를 할당하고 추측 가능한 식별자 사용을 제한하여야 하며, 동일한 식별자를 공유하여 사용하는 경우 그 사유와 타당성을 검토하여 책임자의 승인 및 책임추적성 확보 등 보완대책을 수립·이행하여야 한다.
2.5.3	사용자 인증	정보시스템과 개인정보 및 중요정보에 대한 사용자의 접근은 안전한 인증절차와 필요에 따라 강화된 인증방식을 적용하여야 한다. 또한 로그인 횟수 제한, 불법 로그인 시도 경고 등 비인가자 접근 통제방안을 수립·이행하여야 한다.
2.5.4	비밀번호 관리	법적 요구사항, 외부 위협요인 등을 고려하여 정보시스템 사용자 및 고객, 회원 등 정보주체(이용자)가 사용하는 비밀번호 관리절차를 수립·이행하여야 한다.
2.5.5	특수 계정 및 권한 관리	정보시스템 관리, 개인정보 및 중요정보 관리 등 특수 목적을 위하여 사용하는 계정 및 권한은 최소한으로 부여하고 별도로 식별하여 통제하여야 한다.
2.5.6	접근권한 검토	정보시스템과 개인정보 및 중요정보에 접근하는 사용자 계정의 등록·이용·삭제 및 접근권한의 부여·변경·삭제 이력을 남기고 주기적으로 검토하여 적정성 여부를 점검하여야 한다.

2.6.	접근통제	
2.6.1	네트워크 접근	네트워크에 대한 비인가 접근을 통제하기 위하여 IP관리, 단말인증 등 관리절차를 수립·이행하고, 업무목적 및 중요도에 따라 네트워크 분리(DMZ, 서버팜, DB존, 개발존 등)와 접근통제를 적용하여야 한다.
2.6.2	정보시스템 접근	서버, 네트워크시스템 등 정보시스템에 접근을 허용하는 사용자, 접근제한 방식, 안전한 접근수단 등을 정의하여 통제하여야 한다.
2.6.3	응용프로그램 접근	사용자별 업무 및 접근 정보의 중요도 등에 따라 응용프로그램 접근권한을 제한하고, 불필요한 정보 또는 중요정보 노출을 최소화할 수 있도록 기준을 수립하여 적용하여야 한다.
2.6.4	데이터베이스 접근	테이블 목록 등 데이터베이스 내에서 저장·관리되고 있는 정보를 식별하고, 정보의 중요도와 응용프로그램 및 사용자 유형 등에 따른 접근통제 정책을 수립·이행하여야 한다.
2.6.5	무선 네트워크 접근	무선 네트워크를 사용하는 경우 사용자 인증, 송수신 데이터 암호화, AP 통제 등 무선 네트워크 보호대책을 적용하여야 한다. 또한 AD Hoc 접속, 비인가 AP 사용 등 비인가 무선 네트워크 접속으로부터 보호대책을 수립·이행하여야 한다.
2.6.6	원격접근 통제	보호구역 이외 장소에서의 정보시스템 관리 및 개인정보 처리는 원칙적으로 금지하고, 재택근무·장애대응·원격협업 등 불가피한 사유로 원격접근을 허용하는 경우 책임자 승인, 접근 단말 지정, 접근 허용범위 및 기간 설정, 강화된 인증, 구간 암호화, 접속단말 보안(백신, 패치 등) 등 보호대책을 수립·이행하여야 한다.
2.6.7	인터넷 접속 통제	인터넷을 통한 정보 유출, 악성코드 감염, 내부망 침투 등을 예방하기 위하여 주요 정보시스템, 주요 직무 수행 및 개인정보 취급 단말기 등에 대한 인터넷 접속 또는 서비스(P2P, 웹하드, 메신저 등)를 제한하는 등 인터넷 접속 통제 정책을 수립·이행하여야 한다.
2.7.	암호화 적용	
2.7.1	암호정책 적용	개인정보 및 주요정보 보호를 위하여 법적 요구사항을 반영한 암호화 대상, 암호 강도, 암호 사용 정책을 수립하고 개인정보 및 주요정보의 저장·전송·전달 시 암호화를 적용하여야 한다.
2.7.2	암호키 관리	암호키의 안전한 생성·이용·보관·배포·파기를 위한 관리 절차를 수립·이행하고, 필요 시 복구방안을 마련하여야 한다.

2.8.	정보시스템 도입 및 개발 보안	
2.8.1	보안 요구사항 정의	정보시스템의 도입·개발·변경 시 정보보호 및 개인정보보호 관련 법적 요구사항, 최신 보안취약점, 안전한 코딩방법 등 보안 요구사항을 정의하고 적용하여야 한다.
2.8.2	보안 요구사항 검토 및 시험	사전 정의된 보안 요구사항에 따라 정보시스템이 도입 또는 구현되었는지를 검토하기 위하여 법적 요구사항 준수, 최신 보안취약점 점검, 안전한 코딩 구현, 개인정보 영향평가 등의 검토 기준과 절차를 수립·이행하고, 발견된 문제점에 대한 개선조치를 수행하여야 한다.
2.8.3	시험과 운영 환경 분리	개발 및 시험 시스템은 운영시스템에 대한 비인가 접근 및 변경의 위험을 감소시키기 위하여 원칙적으로 분리하여야 한다.
2.8.4	시험 데이터 보안	시스템 시험 과정에서 운영데이터의 유출을 예방하기 위하여 시험 데이터의 생성과 이용 및 관리, 파기, 기술적 보호조치에 관한 절차를 수립·이행하여야 한다.
2.8.5	소스 프로그램 관리	소스 프로그램은 인가된 사용자만이 접근할 수 있도록 관리하고, 운영환경에 보관하지 않는 것을 원칙으로 하여야 한다.
2.8.6	운영환경 이관	신규 도입·개발 또는 변경된 시스템을 운영환경으로 이관할 때는 통제된 절차를 따라야 하고, 실행코드는 시험 및 사용자 인수 절차에 따라 실행되어야 한다.
2.9.	시스템 및 서비스 운영관리	
2.9.1	변경관리	정보시스템 관련 자산의 모든 변경내역을 관리할 수 있도록 절차를 수립·이행하고, 변경 전 시스템의 성능 및 보안에 미치는 영향을 분석하여야 한다.
2.9.2	성능 및 장애관리	정보시스템의 가용성 보장을 위하여 성능 및 용량 요구사항을 정의하고 현황을 지속적으로 모니터링하여야 하며, 장애 발생 시 효과적으로 대응하기 위한 탐지, 기록, 분석, 복구, 보고 등의 절차를 수립·관리하여야 한다.
2.9.3	백업 및 복구관리	정보시스템의 가용성과 데이터 무결성을 유지하기 위하여 백업 대상, 주기, 방법, 보관장소, 보관기간, 소산 등의 절차를 수립·이행하여야 한다. 아울러 사고 발생 시 적시에 복구할 수 있도록 관리하여야 한다.
2.9.4	로그 및 접속기록 관리	서버, 응용프로그램, 보안시스템, 네트워크시스템 등 정보시스템에 대한 사용자 접속기록, 시스템로그, 권한부여 내역 등의 로그유형, 보존기간, 보존방법 등을 정하고 위·변조, 도난, 분실 되지 않도록 안전하게 보존·관리하여야 한다.
2.9.5	로그 및 접속기록 점검	정보시스템의 정상적인 사용을 보장하고 사용자 오·남용(비인가접속, 과다조회 등)을 방지하기 위하여 접근 및 사용에 대한 로그 검토기준을 수립하여 주기적으로 점검하며, 문제 발생 시 사후조치를 적시에 수행하여야 한다.
2.9.6	시간 동기화	로그 및 접속기록의 정확성을 보장하고 신뢰성 있는 로그분석을 위하여 관련 정보시스템의 시각을 표준시각으로 동기화하고 주기적으로 관리하여야 한다.

2.9.7	**정보자산의 재사용 및 폐기**	정보자산의 재사용과 폐기 과정에서 개인정보 및 중요정보가 복구·재생되지 않도록 안전한 재사용 및 폐기 절차를 수립·이행하여야 한다.
2.10.	**시스템 및 서비스 보안관리**	
2.10.1	**보안시스템 운영**	보안시스템 유형별로 관리자 지정, 최신 정책 업데이트, 룰셋 변경, 이벤트 모니터링 등의 운영절차를 수립·이행하고 보안시스템별 정책적용 현황을 관리하여야 한다.
2.10.2	**클라우드 보안**	클라우드 서비스 이용 시 서비스 유형(SaaS, PaaS, IaaS 등)에 따른 비인가 접근, 설정 오류 등에 따라 중요정보와 개인정보가 유·노출되지 않도록 관리자 접근 및 보안 설정 등에 대한 보호대책을 수립·이행하여야 한다.
2.10.3	**공개서버 보안**	외부 네트워크에 공개되는 서버의 경우 내부 네트워크와 분리하고 취약점 점검, 접근통제, 인증, 정보 수집·저장·공개 절차 등 강화된 보호대책을 수립·이행하여야 한다.
2.10.4	**전자거래 및 핀테크 보안**	전자거래 및 핀테크 서비스 제공 시 정보유출이나 데이터 조작·사기 등의 침해사고 예방을 위해 인증·암호화 등의 보호대책을 수립하고, 결제시스템 등 외부 시스템과 연계할 경우 안전성을 점검하여야 한다.
2.10.5	**정보전송 보안**	타 조직에 개인정보 및 중요정보를 전송할 경우 안전한 전송 정책을 수립하고 조직 간 합의를 통해 관리 책임, 전송방법, 개인정보 및 중요정보 보호를 위한 기술적 보호조치 등을 협약하고 이행하여야 한다.
2.10.6	**업무용 단말기기 보안**	PC, 모바일 기기 등 단말기기를 업무 목적으로 네트워크에 연결할 경우 기기 인증 및 승인, 접근 범위, 기기 보안설정 등의 접근통제 대책을 수립하고 주기적으로 점검하여야 한다.
2.10.7	**보조저장매체 관리**	보조저장매체를 통하여 개인정보 또는 중요정보의 유출이 발생하거나 악성코드가 감염되지 않도록 관리 절차를 수립·이행하고, 개인정보 또는 중요정보가 포함된 보조저장매체는 안전한 장소에 보관하여야 한다.
2.10.8	**패치관리**	소프트웨어, 운영체제, 보안시스템 등의 취약점으로 인한 침해사고를 예방하기 위하여 최신 패치를 적용하여야 한다. 다만 서비스 영향을 검토하여 최신 패치 적용이 어려울 경우 별도의 보완대책을 마련하여 이행하여야 한다.
2.10.9	**악성코드 통제**	바이러스·웜·트로이목마·랜섬웨어 등의 악성코드로부터 개인정보 및 중요정보, 정보시스템 및 업무용 단말기 등을 보호하기 위하여 악성코드 예방·탐지·대응 등의 보호대책을 수립·이행하여야 한다.

2.11.	사고 예방 및 대응	
2.11.1	사고 예방 및 대응 체계 구축	침해사고 및 개인정보 유출 등을 예방하고 사고 발생 시 신속하고 효과적으로 대응할 수 있도록 내·외부 침해시도의 탐지·대응·분석 및 공유를 위한 체계와 절차를 수립하고, 관련 외부기관 및 전문가들과 협조체계를 구축하여야 한다.
2.11.2	취약점 점검 및 조치	정보시스템의 취약점이 노출되어 있는지를 확인하기 위하여 정기적으로 취약점 점검을 수행하고 발견된 취약점에 대해서는 신속하게 조치하여야 한다. 또한 최신 보안취약점의 발생 여부를 지속적으로 파악하고 정보시스템에 미치는 영향을 분석하여 조치하여야 한다.
2.11.3	이상행위 분석 및 모니터링	내·외부에 의한 침해시도, 개인정보유출 시도, 부정행위 등을 신속하게 탐지·대응할 수 있도록 네트워크 및 데이터 흐름 등을 수집하여 분석하며, 모니터링 및 점검 결과에 따른 사후조치는 적시에 이루어져야 한다.
2.11.4	사고 대응 훈련 및 개선	침해사고 및 개인정보 유출사고 대응 절차를 임직원과 이해관계자가 숙지하도록 시나리오에 따른 모의훈련을 연 1회 이상 실시하고 훈련결과를 반영하여 대응체계를 개선하여야 한다.
2.11.5	사고 대응 및 복구	침해사고 및 개인정보 유출 징후나 발생을 인지한 때에는 법적 통지 및 신고 의무를 준수하여야 하며, 절차에 따라 신속하게 대응 및 복구하고 사고분석 후 재발방지 대책을 수립하여 대응체계에 반영하여야 한다.
2.12.	재해복구	
2.12.1	재해, 재난 대비 안전조치	자연재해, 통신·전력 장애, 해킹 등 조직의 핵심 서비스 및 시스템의 운영 연속성을 위협할 수 있는 재해 유형을 식별하고 유형별 예상 피해규모 및 영향을 분석하여야 한다. 또한 복구 목표시간, 복구 목표시점을 정의하고 복구 전략 및 대책, 비상시 복구 조직, 비상연락체계, 복구 절차 등 재해 복구체계를 구축하여야 한다.
2.12.2	재해 복구 시험 및 개선	재해 복구 전략 및 대책의 적정성을 정기적으로 시험하여 시험결과, 정보시스템 환경변화, 법규 등에 따른 변화를 반영하여 복구전략 및 대책을 보완하여야 한다.

3. 개인정보 처리단계별 요구사항

3.1.	개인정보 수집 시 보호조치	
3.1.1	개인정보 수집·이용	개인정보는 적법하고 정당하게 수집·이용하여야 하며, 정보주체의 동의를 근거로 수집하는 경우에는 적법한 방법으로 정보주체의 동의를 받아야 한다. 또한, 만 14세 미만 아동의 개인정보를 수집하는 경우에는 그 법정대리인의 동의를 받아야 하며 법정대리인이 동의하였는지를 확인하여야 한다.

3.1.2	개인정보 수집 제한	개인정보를 수집하는 경우 처리 목적에 필요한 최소한의 개인정보만을 수집하여야 하며, 정보주체가 선택적으로 동의할 수 있는 사항 등에 동의하지 아니한다는 이유로 정보주체에게 재화 또는 서비스의 제공을 거부하지 않아야 한다.
3.1.3	주민등록번호 처리 제한	주민등록번호는 법적 근거가 있는 경우를 제외하고는 수집·이용 등 처리할 수 없으며, 주민등록번호의 처리가 허용된 경우라 하더라도 인터넷 홈페이지 등에서 대체수단을 제공하여야 한다.
3.1.4	민감정보 및 고유식별정보의 처리 제한	민감정보와 고유식별정보(주민등록번호 제외)를 처리하기 위해서는 법령에서 구체적으로 처리를 요구하거나 허용하는 경우를 제외하고는 정보주체의 별도 동의를 받아야 한다.
3.1.5	개인정보 간접수집	정보주체 이외로부터 개인정보를 수집하거나 제3자로부터 제공받는 경우에는 업무에 필요한 최소한의 개인정보를 수집하거나 제공받아야 하며, 법령에 근거하거나 정보주체의 요구가 있으면 개인정보의 수집 출처, 처리목적, 처리정지의 요구권리를 알려야 한다.
3.1.6	영상정보처리기기 설치·운영	고정형 영상정보처리기기를 공개된 장소에 설치·운영하거나 이동형 영상정보처리기기를 공개된 장소에서 업무를 목적으로 운영하는 경우 설치 목적 및 위치에 따라 법적 요구사항을 준수하고, 적절한 보호대책을 수립·이행하여야 한다.
3.1.7	마케팅 목적의 개인정보 수집·이용	재화나 서비스의 홍보, 판매 권유, 광고성 정보전송 등 마케팅 목적으로 개인정보를 수집·이용하는 경우 그 목적을 정보주체가 명확하게 인지할 수 있도록 고지하고 동의를 받아야 한다.
3.2.	**개인정보 보유 및 이용 시 보호조치**	
3.2.1	개인정보 현황관리	수집·보유하는 개인정보의 항목, 보유량, 처리 목적 및 방법, 보유기간 등 현황을 정기적으로 관리하여야 하며, 공공기관의 경우 이를 법률에서 정한 관계기관의 장에게 등록하여야 한다.
3.2.2	개인정보 품질보장	수집된 개인정보는 처리 목적에 필요한 범위에서 개인정보의 정확성·완전성·최신성이 보장되도록 정보주체에게 관리절차를 제공하여야 한다.
3.2.3	이용자 단말기 접근 보호	정보주체(이용자)의 이동통신단말장치 내에 저장되어 있는 정보 및 이동통신단말장치에 설치된 기능에 접근이 필요한 경우 이를 명확하게 인지할 수 있도록 알리고 정보주체(이용자)의 동의를 받아야 한다.
3.2.4	개인정보 목적 외 이용 및 제공	개인정보는 수집 시의 정보주체에게 고지·동의를 받은 목적 또는 법령에 근거한 범위 내에서만 이용 또는 제공하여야 하며, 이를 초과하여 이용·제공하려는 때에는 정보주체의 추가 동의를 받거나 관계 법령에 따른 적법한 경우인지 확인하고 적절한 보호대책을 수립·이행하여야 한다.
3.2.5	가명정보 처리	가명정보를 처리하는 경우 목적제한, 결합제한, 안전조치, 금지의무 등 법적 요건을 준수하고 적정 수준의 가명처리를 보장할 수 있도록 가명처리 절차를 수립·이행하여야 한다.

3.3.	개인정보 제공 시 보호조치	
3.3.1	개인정보 제3자 제공	개인정보를 제3자에게 제공하는 경우 법적 근거에 의하거나 정보주체의 동의를 받아야 하며, 제3자에게 개인정보의 접근을 허용하는 등 제공 과정에서 개인정보를 안전하게 보호하기 위한 보호대책을 수립·이행하여야 한다.
3.3.2	개인정보 처리업무 위탁	개인정보 처리업무를 제3자에게 위탁하는 경우 위탁하는 업무의 내용과 수탁자 등 관련사항을 공개하여야 한다. 또한 재화 또는 서비스를 홍보하거나 판매를 권유하는 업무를 위탁하는 경우 위탁하는 업무의 내용과 수탁자를 정보주체에게 알려야 한다.
3.3.3	영업의 양도 등에 따른 개인정보 이전	영업의 양도·합병 등으로 개인정보를 이전하거나 이전받는 경우 정보주체 통지 등 적절한 보호조치를 수립·이행하여야 한다.
3.3.4	개인정보 국외 이전	개인정보를 국외로 이전하는 경우 국외 이전에 대한 동의, 관련 사항에 대한 공개 등 적절한 보호조치를 수립·이행하여야 한다.
3.4.	개인정보 파기 시 보호조치	
3.4.1	개인정보파기	개인정보의 보유기간 및 파기 관련 내부 정책을 수립하고 개인정보의 보유기간 경과, 처리목적 달성 등 파기 시점이 도달한 때에는 파기의 안전성 및 완전성이 보장될 수 있는 방법으로 지체 없이 파기하여야 한다.
3.4.2	처리목적 달성 후 보유 시 조치	개인정보의 보유기간 경과 또는 처리목적 달성 후에도 관련 법령 등에 따라 파기하지 아니하고 보존하는 경우에는 해당 목적에 필요한 최소한의 항목으로 제한하고 다른 개인정보와 분리하여 저장·관리하여야 한다.
3.5.	정보주체 권리보호	
3.5.1	개인정보 처리방침 공개	개인정보의 처리 목적 등 필요한 사항을 모두 포함하여 정보주체가 알기 쉽도록 개인정보 처리방침을수립하고, 이를 정보주체가 언제든지 쉽게 확인할 수 있도록 적절한 방법에 따라 공개하고 지속적으로 현행화하여야 한다.
3.5.2	정보주체 권리보장	정보주체가 개인정보의 열람, 정정·삭제, 처리정지, 이의제기, 동의철회 등 요구를 수집 방법·절차보다 쉽게 할 수 있도록 권리행사 방법 및 절차를 수립·이행하고, 정보주체의 요구를 받은 경우 지체 없이 처리하고 관련 기록을 남겨야 한다. 또한, 정보주체의 사생활 침해, 명예훼손 등 타인의 권리를 침해하는 정보가 유통되지 않도록 삭제 요청, 임시조치 등의 기준을 수립·이행하여야 한다.
3.5.3	정보주체에 대한 통지	개인정보의 이용·제공 내역 등 정보주체에게 통지하여야 할 사항을 파악하여 그 내용을 주기적으로 통지하여야 한다.

01 가상자산사업자의 정보보호 관리체계(ISMS) 인증 및 신고 제도에 대한 설명으로 가장 적절하지 않은 것을 고르시오.

① 가상자산사업을 영위하려는 자는 정보보호 관리체계 인증을 획득한 후 금융정보분석원장에게 신고하여야 하며, 금융정보분석원장은 인증을 획득하지 못한 사업자의 신고에 대해서는 수리를 거부할 수 있다.

② 신규 가상자산사업자가 서비스를 개시하기 전 정보보호 체계를 검증받을 수 있도록 '예비인증' 제도가 운영되며, 이는 본인증 신청 요건인 '2개월 이상의 운영 실적'을 확보하기 어려운 경우 시험 운영 환경을 대상으로 부여하는 조건부 인증이다.

③ 가상자산사업자는 법적 의무로서 정보보호 관리체계 인증을 획득해야 하므로, 「정보통신망법」상 의무 대상자 기준을 적용하여 신청기관의 정보통신서비스를 모두 포함하여 인증 범위를 설정해야 한다.

④ 예비인증을 취득한 사업자는 예비인증 취득일로부터 3개월 이내에 금융정보분석원장에게 신고를 접수해야 하며, 신고가 수리된 날로부터 6개월 이내에 실제 운영 환경을 대상으로 한 본인증을 취득해야만 인증의 효력이 유지된다.

⑤ 금융회사 등이 가상자산사업자와 금융거래를 할 때에는 자금세탁행위 방지를 위한 합당한 주의로서 해당 사업자의 정보보호 관리체계 인증 획득 여부를 확인해야 하며, 이를 위해 관련 업무 지침을 작성하고 운영해야 한다.

02 '26년 01월에 ISMS-P 인증심사에 참여한 심사원 5명은 심사에 참여한 각 신청기관에서의 React2Shell 취약점에 대한 대응 체계를 점검하는 과정에서 판단한 내용으로 가장 적절한 것을 고르시오.

> 2025년 12월 03일 CVSS 10.0으로 치명적(Critical) 위험도로 평가된 CVE-2025-55182(React2Shell) 취약점이 공개되었으며, 이 취약점은 React Server Components의 안전하지 않은 역직렬화(Unsafe Deserialization)로 인해 공격자가 별도의 인증 절차 없이 단일 HTTP 요청만으로 서버에서 원격 코드 실행(RCE)이 가능한 치명적 취약점임이 확인되었다.
>
> 2025년 12월 04일 아마존 위협 인텔리전스 팀은 해당 취약점이 공개된 지 몇 시간 만에 과거 중국 국가 연계 위협 행위자들과 연관된 것으로 알려진 IP 주소 및 인프라에서 실제 공격 시도가 탐지되었다고 보고하였다.

① 심사원 A가 참여한 신청기관 ○○사는 10.0의 치명적 위험도 임에도 불구하고, 취약점 공개 직후 일부 시스템의 경우 패치 적용에 따른 영향도를 평가한 후 패치를 적용하고자 해당 시스템에는 아직 패치를 적용하지 못하고있는 상황이었다. 이에, 심사원은 임시 완화 조치로서 React Server Functions 비활성화 또는 WAF(웹 애플리케이션 방화벽) 규칙 배포를 통해 악성 요청 패턴을 차단하는 등 보완 통제가 수립되어 있는지 확인하였다. 특히 인터넷에 직접 노출된 서비스에 대해서는 긴급 변경 절차를 통해 우선적으로 패치를 적용하도록 하는 위험 기반의 우선순위 설정이 이루어지고 있는지 점검하였다.

② 심사원 B는 해당 취약점은 CVSS 10.0의 최고 위험도를 가지므로, 신청기관 ◇◇사의 모든 시스템에 대해 48시간 이내 일괄 패치를 강제하는 정책이 수립되어 있는지 확인하였다. 패치 적용 시 서비스 중단이 발생하더라도 보안이 운영보다 항상 우선해야 하므로, 변경관리 절차나 테스트 단계를 생략하고 신속하게 패치를 적용하고 있는지를 확인하였다.

③ 심사원 C는 CVE-2025-55182는 React Server Components를 사용하는 애플리케이션에만 영향을 미치므로, 신청기관 □□사의 취약점 관리 체계가 프레임워크별로 세분화된 패치 일정을 수립하고 있는지 확인하였다. React 관련 취약점은 프론트엔드 개발팀에서 자체적으로 관리하도록 책임을 위임하고, 보안팀은 별도의 관여 없이 개발팀의 패치 완료 보고만 수령하는 체계도 문제없다고 판단하였다.

④ 심사원 D는 신청기관 △△사의 보안팀에서 중국 국가 연계 위협 행위자들의 공격 시도 보고서를 보고, 해당 IP 주소로부터의 접근 로그를 분석하여 침해 여부를 확인하는 절차를 수행하였음을 확인하였다. 보안팀에서 침해 흔적이 발견되지 않은 것은, 현재의 네트워크 보안 통제(방화벽, IPS 등)가 해당 공격을 효과적으로 차단하고 있음이 판단하고 취약점 패치 일정을 정기 패치 일정 때 진행하기로 한 부분은 문제 없다고 판단하였다.

⑤ 심사원 E는 신청기관 ◇◇사가 CVE-2025-55182에 대한 WAF 규칙이 주요 클라우드 서비스 제공자(AWS, Google Cloud, Cloudflare 등)에서 이미 배포되었고, 해당 WAF 규칙을 적용하였으므로 패치 적용은 차후 정기 유지보수 일정에 맞추어 진행하도록 한 것을 확인하였다. WAF 규칙은 Reac2Shell 취약점 공격을 차단할 수 방법이므로 적절한 취약점 대응 방안이라고 판단하였다.

03 K-카드는 회원 수 1,500만 명에 달하는 국내 최대 규모의 카드사이다. 최근 공익제보자의 신고로 개인정보보호위원회가 조사에 착수한 결과, 다음과 같은 사실이 확인되었다. 아래 내용을 통해 K-카드사에서 위반한 것으로 판단되는 ISMS-P 인증기준 결함은 모두 몇 개인지 고르시오.

[유출 개요]

- 유출 기간: 2022년 3월 ~ 2025년 5월 (약 3년 2개월)
- 유출 규모: 가맹점 대표자 약 19만 2천 건
- 유출 정보: 휴대전화번호(18만 1,585건), 휴대전화번호+성명(8,120건), 휴대전화번호+성명+생년+성별(2,310건), 휴대전화번호+성명+생년월일(73건) – 총 19만2088건
- 유출 주체: 전국 5개 영업소 소속 내부 직원 12명
- 유출 방식: 가맹점 정보 조회 화면을 휴대전화로 촬영하거나 수기로 필사하여 외부 카드 모집인에게 전달
- 유출 목적: 신규 카드 모집 영업 활용 (실적 압박에 따른 일탈)

[조사 과정에서 확인된 추가 사항]

- 유출된 정보 중 마케팅 활용에 동의하지 않은 가맹점주의 정보가 포함됨
- K-카드의 내부 모니터링 시스템은 3년간 해당 행위를 탐지하지 못함
- 정보 유출 행위가 정상적인 업무 권한 내에서 이루어져 시스템상 이상 징후로 분류되지 않음
- 유출된 정보는 카드 설계사를 통해 가맹점주 대상 텔레마케팅에 사용됨

(ㄱ) 2.2.4 인식제고 및 교육훈련   (ㄴ) 2.10.6 업무용 단말기기 보안

(ㄷ) 2.9.5 로그 및 접속기록 점검   (ㄹ) 2.11.3 이상행위 분석 및 모니터링

(ㅁ) 3.1.7 마케팅 목적의 개인정보 수집·이용   (ㅂ) 3.2.4 개인정보 목적 외 이용 및 제공

(ㅅ) 3.3.1 개인정보 제3자 제공

① 2개　　② 3개　　③ 4개　　④ 5개　　⑤ 6개

04 명의 도용을 통한 대포폰의 불법 개통과 금융 자산 탈취 등 MVNO(알뜰폰)를 악용한 금융 범죄가 빈번하게 일어나고 있어 기존 ISMS 인증기준에 따른 점검항목만으로는 알뜰폰서비스에 내재된 모든 보안위협을 커버하기 어려워 알뜰폰 사업자의 특화된 ISMS인증을 시행하게 되었다. 이에 기존 ISMS 공통 세부항목과 다르게 MVNO(알뜰폰) 특화항목으로 구분된 주요확인사항이 아닌 것을 고르시오.

■ **정보통신망법 시행령** [시행 2025. 11. 4.] [대통령령 제35837호, 2025. 11. 4., 일부개정]

제36조의7(정보보호 최고책임자의 지정 및 겸직금지 등) ② 법 제45조의3제1항 단서에서 "자산총액, 매출액 등이 대통령령으로 정하는 기준에 해당하는 정보통신서비스 제공자"란 정보통신서비스 제공자로서 제1항제1호 각 목의 어느 하나에 해당하는 자를 말한다. 다만, 다음 각 호의 어느 하나에 해당하는 자는 제외한다. 〈개정 2021. 12. 7., 2025. 11. 4.〉

1. 「전기통신사업법」 제38조제1항에 따라 기간통신사업자로부터 이동통신서비스를 제공받아 재판매하는 전기통신사업자

2. 「전기통신사업법」 제22조에 따른 부가통신사업자로서 제1호에 따른 재판매를 중개하여 이동통신서비스의 가입을 대행하는 자

제49조(정보보호 관리체계 인증 대상자의 범위) ① 법 제47조제2항제1호에서 "대통령령으로 정하는 바에 따라 정보통신망서비스를 제공하는 자"란 다음 각 호의 어느 하나에 해당하는 자를 말한다. 〈개정 2025. 11. 4.〉

1. 「전기통신사업법」 제2조제3호에 따른 전기통신회선설비를 설치·보유하고 서울특별시 및 모든 광역시에서 정보통신망서비스를 제공하는 자

2. 「전기통신사업법」 제38조제1항에 따라 기간통신사업자로부터 이동통신서비스를 제공받아 재판매하는 전기통신사업자

---

① 정보보호 및 개인정보보호 정책을 수립하기 위한 MVNO서비스와 관련한 최근 동향, 가이드라인 등을 반영하고 있는가?

② 정보보호최고책임자는 정보보호점검의 날을 지정하고, 정보보호 점검항목을 수립하여 매 분기별 준수여부 점검 및 그 결과를 최고경영자에게 보고하고 있는가?

③ 전산실이 위치한 건물 출입구는 전산실 출입문을 한곳으로 지정하여 운영하고 있으며, 주요 설비시설에 대해 출입통제하고 있는가?

④ 외부 조직에 개인정보 및 중요정보를 전송할 경우 안전한 전송 정책을 수립하고 있는가?

⑤ MVNO 서비스의 업무 처리를 위해 수집되는 비정형 개인정보(신분증, 가족관계증명서 등)에 대해 저장 시 가림 처리(마스킹)하여 저장하고 있는가?

05 최근 사이버 공격은 단순히 시스템을 파괴하는 것을 넘어, 인공지능(AI)을 활용하거나 공급망의 취약점을 파고드는 등 더욱 지능화되고 있다. 다음 중 사이버 공격에 대한 설명과 그에 따른 대응방안이 옳지 않은 것을 고르시오.

① AI 기반 피싱 및 딥페이크는 인공지능을 활용하여 공격 대상을 정교하게 속이는 방식으로 챗GPT와 같은 생성형 AI로 어색함 없는 완벽한 문장의 피싱 메일을 작성하거나 딥페이크(Deepfake) 기술로 지인의 목소리나 얼굴을 흉내 내어 금전을 요구하는 공격 방식이며, 대응 방안으로는 다중 인증(MFA) 설정, 의심스러운 링크 클릭 금지 등이 있다.

② 공급망 공격은 기업이 공격자가 우회로를 찾지 않고, 타켓 시스템이나 네트워크의 취약점을 정면으로 공략하는 방식으로, 기술적·물리적 장벽인 보안 장비를 강제로 돌파하여 특정 타켓을 집중하여 공격하는 공격 방식이며, 대응방안으로는 보안장비의 취약점 관리, 보안장비 구축/비정상접근 실시간 차단, 보안장비의 2Factor 적용 등이 있다.

③ 이중/삼중 협박 랜섬웨어은 단순히 파일을 암호화하는 것을 넘어 다각도로 압박을 가하는 진화된 랜섬웨어 공격으로 파일 암호화 후 몸값 요구, 데이터를 유출 후 몸값 요구, 피해기업에 전화 또는 DDoS 공격 등으로 공격하는 방식이며, 대응방안으로는 주기적인 오프라인 백업, 엔드포인트 보안(EDR) 강화 등이 있다.

④ 서비스형 랜섬웨어는 전문 해커 그룹이 랜섬웨어 제작 도구를 비전문가에게 빌려주고 수익을 나누는 비즈니스 모델이로서 다크웹에서 랜섬웨어 제작 툴을 구독형으로 제공하며 범죄 의도만 있다면 기술이 없는 일반인도 손쉽게 대규모 공격을 감행할 수 있는 공격 방식이며, 대응방안으로는 주기적인 오프라인 백업, 엔드포인트 보안(EDR) 강화 등이 있다.

⑤ API 공격은 앱과 앱, 서버와 서버 사이의 통신 창구인 API(Application Programming Interface)의 취약점을 노리는 공격으로 클라우드 서비스 이용이 늘어나면서 API 사용이 급증하는 것을 이용하여 인증 절차가 허술한 API를 찾아 데이터를 탈취하거나 시스템 권한을 획득하는 공격 방식이며, 대응 방안으로는 API 인증 및 권한 부여 강화, 지속적인 모니터링 등이 있다.

06 심사원은 OO쇼핑몰에 관한 ISMS-P 인증심사를 수행하고 있다. 다음의 증적자료와 인터뷰를 보고 인증심사원이 판단한 내용 중 가장 적절한 것을 고르시오.

정보보호 위험 관리 지침 (일부 발췌)

정보보호 위험 관리 지침 (일부 발췌)

제3조 (위험평가의 종류 및 시기)

① 정기 위험평가: 매년 1회, 전사 정보자산을 대상으로 정기적으로 실시한다.

② 수시 위험평가: 다음 각 호에 해당하는 사유 발생 시, 해당 범위를 대상으로 즉시 실시한다.

  – 중요 정보시스템의 신규 구축 및 고도화(차세대 등)

  – 데이터센터 이전 또는 대규모 네트워크 구조 변경

  – 중대한 보안 사고 발생 또는 보안 관련 법규의 제·개정

  – 기타 정보보호 최고책임자(CISO)가 평가가 필요하다고 판단하는 경우

제4조 (위험 분석 방법론)

① 위험 분석은 자산(Asset), 위협(Threat), 취약점(Vulnerability)을 기반으로 수행한다.

② 위험 분석 범위는 다음 각 호를 모두 포함해야 한다.

  – 기술적 영역: 서버, DB, 네트워크, 보안 장비의 취약점 및 설정 적정성

  – 관리적 영역: 조직, 인적 보안, 운영 절차, 법적 준거성

  – 물리적 영역: 사무실, 전산실, 매체 보관 시설 등 물리적 통제

[차세대 시스템 및 센터 이전 위험평가 결과 보고서]

1. **개요**

  – 목적 : 차세대 뱅킹 시스템 구축 및 데이터센터 이전에 따른 신규 보안 위험 식별 및 대책 수립

  – 일시 : 2025년 04월 01일 ~ 04월 15일

  – 대상 : 차세대 시스템 자산(서버 300대, 신규 API, 망간 연계 SW, 신규 데이터센터 물리 시설 등)

2. 위험 식별 및 분석 결과 (요약)

기술적 점검뿐만 아니라 관리적, 물리적 위험을 포함하여 총 5건의 고위험 항목을 식별함

자산 그룹	위험 항목	위험 내용	위험 수준	대응 방안
데이터 연동 API	무허가 접근 및 데이터 유출	신규 도입된 대외 기관 연계 API의 인증 토큰 관리 미흡	High	API 게이트웨이 인증 강화 및 구간 암호화 적용
네트워크 (망분리)	접점 통제 무력화	망분리 환경 변경으로 인한 접점 구간의 비인가 경로 발생	High	ACL(접근제어목록) 전수 재검토 및 불필요 정책 삭제
운영 절차	직무 분리 미흡	신규 시스템 관리 권한이 특정 운영자에게 과도하게 집중됨	Medium	직무별 권한 세분화 및 승인 절차 시스템화
물리 보안	출입 통제 사각지대	신규 데이터센터 내 M사 전용 랙 구역에 대한 CCTV 모니터링 미흡	Medium	CCTV 추가 설치 및 출입 기록 월간 검토 프로세스 수립

OO쇼핑몰은 기존 노후화된 서버를 전면 교체하고, 데이터센터를 이전하면서 차세대 뱅킹 시스템을 오픈하였으며, 이 과정에서 망분리 환경의 접점이 변경되고 신규 보안 솔루션을 도입하였다.

- **심사원** : 이번 차세대 프로젝트를 통해 서버 300여 대가 교체되고 네트워크 구성도가 완전히 바뀌었다고 하는데. 교체된 자산에 대하여 정보자산 관리대장은 최신화 하셨나요?

- **담당자** : 물리적 자산은 자산관리팀에서 바코드를 부착해 전수 조사를 마쳤고, 저희 정보보안팀에서는 이를 넘겨받아 정보자산 관리대장에 반영 하였습니다. 기존 노후 장비는 폐기 처리하고 신규 장비의 정보를 모두 업데이트 하였습니다.

- **심사원** : 물리적 서버 외에, 이번에 새로 도입된 데이터 연동 API나 대외기관 연계용 전용선 소프트웨어 같은 무형의 정보자산들도 식별이 되었나요?"

- **담당자** : 그 부분은 서비스 운영팀에서 관리하는 형상 관리 항목에 포함되어 있습니다. 저희 정보보안팀에서 관리하는 정보자산 관리대장에는 하드웨어와 상용 SW 위주로 등록되어 있지만, 서비스 운영팀의 리스트와 상호 참조가 가능하므로 식별은 누락 없다고 보셔도 됩니다.

- **심사원** : 그럼 이번 장비 교체에 따른 위험 평가는 어떻게 진행하셨죠? 장비 이전 작업과 시스템 구조 변경이 상당히 많아 어려우셨을 거 같은데요.

- **담당자** : 올해 4월에 전사 정기 위험평가를 실시했습니다. 당시 차세대 프로젝트가 진행 중이었기 때문에, 신규 데이터센터 및 차세대 시스템 일체를 하나의 신규 자산 그룹으로 설정하여 포괄적인 위험 분석을 수행했습니다. 이때 도출된 위험들에 대해 보안 설정을 강화하라는 대책을 세웠고, 실제 구축 시 반영했습니다.

> ■ **심사원** : 4월이면 실제 장비가 입고되기 전이고 상세 네트워크 설정이나 방화벽 정책이 확정되기 전이었을 텐데요. 이전 후 실제 가동 단계에서 발생한 '망간 접점 취약점'이나 '권한 오설정' 같은 구체적인 위험은 어떻게 식별했습니까? 수시로 하는 위험평가 증적이 있나요?
>
> ○ **담당자** : 이전 완료 후 정보보호 점검의 날 행사를 통해 기술적 취약점 점검을 전수 실시 했습니다. 점검 결과 발견된 취약점은 모두 조치 완료했습니다. 내부 규정상 중대한 보안 사고 우려가 있을 때 수시 평가를 한다고 되어 있는데, 저희는 이미 기술적 점검으로 보완 조치를 다 했기 때문에 별도의 수시 위험 평가 보고서를 만들지는 않았습니다. 중복 작업 이라 판단했거든요.
>
> ■ **심사원** : 기술적 점검은 위험 평가의 한 수단일 뿐입니다. 인적 보안이나 물리적 보안, 변 경된 운영 절차 등 관리적/물리적 영역을 포함한 전체적인 위험 분석이 수반되지 않은 것 같은데요?
>
> ○ **담당자** : 차세대 시스템이라도 업무 성격은 동일합니다. 기존 보안관리 체계와 절차를 그 대로 적용하고 있기 때문에, 환경이 바뀌었다고 해서 새로운 관리적 위험이 발생한다고 보지는 않았습니다.

① 심사원은 무형 자산(API, 소프트웨어 등)을 보안 자산 대장에서 통합 관리하지 않고 운영팀 자료로 갈음하는 것은 자산 관리의 일관성이 결여된 것이므로 1.2.1 정보자산 식별 결함으로 판단하였다.

② 노후 장비 폐기 시 보안팀이 입회했다는 증적이 없으므로 자산 식별 및 폐기 절차 미 비로 1.2.1 정보자산 식별 결함으로 판단하였다.

③ 시스템 구조와 데이터센터 환경이 완전히 변경되었음에도 불구하고, 실제 환경이 구 축된 시점에 관리/물리/기술적 영역을 모두 포함한 수시 위험평가를 하지 않은 것으 로 판단하여 1.2.3 위험평가 결함으로 판단하였다.

④ 기술적 취약점 점검을 실시했으므로 위험 평가의 일부를 수행한 것으로 볼 수 있으나, 점검 결과를 경영진에게 보고하지 않았으므로 1.2.3 위험평가 결함으로 판단하였다.

⑤ 자산식별 시 무형 자산이 누락된 것이 원인이 되어, 위험 평가 시 해당 자산들에 대한 위험 분석이 이루어지지 않았으므로 1.2.1 정보자산 식별 결함으로 판단하였다.

07 다음은 C기업의 ISMS-P 인증심사 과정에서 확인된 인터뷰 내용이다. 심사원이 판단한 내용 중 적절한 것을 고르시오.

- **심사원** : 인프라 구성을 보니 물리 서버 위에 하이퍼바이저(ESXi 등)를 올리고 여러 VM을 운영 중이시네요. 자산 관리 대장을 좀 볼 수 있을까요?

○ **담당자** : 네, 여기 있습니다. 저희 서비스가 운영되는 웹/WAS/DB 등 모든 가상 서버(VM)에 대해서는 자산 번호를 부여하고 중요도를 산정해 두었습니다. 다만, 하이퍼바이저가 설치된 물리적 호스트 서버(Dell/HP 장비)들은 단순한 컴퓨팅 리소스 풀(Resource Pool)로만 보고 있어서 별도로 정보보호 자산 대장에 기록하거나 관리하고 있지는 않습니다.

- **심사원** : 이 VM들 중에 고객 정보를 처리하는 DB 서버도 있나요?

○ **담당자** : 네, VM_DB_01, 02 서버에서 회원 정보를 처리하고 있습니다.

- **심사원** : 그럼 해당 DB 서버(개인정보처리시스템)에 대한 접속기록은 어떻게 남기고 계신가요?

○ **담당자** : 각 DB 서버는 DB 접근제어 솔루션을 통해서만 접근하고 있고요, 쿼리 로그를 통해 법적 요구사항에 맞게 식별자, 접속일시, 접속지 정보, 처리한 정보주체 정보, 수행 업무를 기록하고 있습니다. 보관 기간은 1년으로 설정되어 있으며, 해당 내역은 별도 로그 서버(WORM 스토리지)에 실시간으로 전송하여 남기고 있습니다.

- **심사원** : 그렇다면 가상화 관리 콘솔(vCenter 또는 웹 관리 페이지)에는 어떻게 접속하시나요? 접근 통제 정책이 있나요?

○ **담당자** : 사내망에서는 웹 브라우저로 관리 페이지에 접속할 수 있게 열어두었습니다. 별도의 IP 제한은 없습니다.

- **심사원** : 관리 콘솔 로그인 계정은 어떻게 관리하시나요?

○ **담당자** : 인프라 팀원 3명이 있는데, 최상위 권한인 'root' 계정 하나를 공유해서 사용합니다. 개인별 계정을 만들면 권한 설정이 복잡해서요.

- **심사원** : 마지막으로 관리 콘솔에서 누가 언제 접속해서 어떤 VM을 껐다 켰는지 등의 감사 로그는 얼마나 보관하시나요?

○ **담당자** : 관리 콘솔 자체 로그는 1개월(30일) 보관하고 로테이션 돌리고 있습니다.

(가) OS와 애플리케이션이 구동되는 논리적 서버(VM)뿐만 아니라, 물리적 서버(Host Hardware) 또한 자산으로 식별해야 한다. 물리 서버를 누락한 것은 1.2.1 정보자산 식별 결함이다.

(나) 개인정보를 처리하는 VM(VM_DB_01 등)이 운영되는 환경이므로, 이를 관리하는 가상화 관리 시스템(하이퍼바이저 및 관리 콘솔) 또한 개인정보처리시스템에 준하는 중요 자산으로 분류하여 인증 범위에 포함하고 통제해야 하므로 1.1.4 범위 설정 결함이다.

(다) 가상화 관리 콘솔은 모든 서버를 삭제하거나 중단시킬 수 있는 치명적인 권한을 가지므로, 지정된 관리자 PC(IP)에서만 접속 가능하도록 IP 통제(ACL)를 적용해야 한다. 사내망 전체 허용은 랜섬웨어 전파 등 위험이 크므로 2.6.2 정보시스템 접근 결함이다.

(라) 가상화 관리자의 'root' 계정을 3명이 공유하는 것은 행위자 책임 추적성을 상실하게 하므로, 1인 1계정 원칙을 위배한 2.5.1 사용자 계정관리 결함이다.

(마) 관리 콘솔 로그는 단순한 시스템 로그가 아니라, 중요 정보시스템(VM)에 대한 변경 및 접속 기록을 담고 있는 보안 감사 로그에 해당하므로 2.9.4 로그 및 접속기록 관리 결함이다.

① 가, 나, 마
② 가, 다, 마
③ 가, 라, 마
④ 나, 다, 마
⑤ 다, 라, 마

08 다음은 금융분야 마이데이터 서비스와 관련하여 설명된 내용이다. 해당 내용 중 올바른 항목이 모두 몇 개인지 고르시오.

> ㄱ. 마이데이터사업자에게 전송요구하는 경우 표준 전송요구서를 변경하여 전송요구를 할 경우 고객에게 유리한 경우에 한하여 가능하며, 고객에게 유리한지 여부는 마이데이터 사업자가 증명하여야 한다.
>
> ㄴ. 표준 전송요구서를 변경하는 경우 '본인신용정보 통합조회 서비스의 이용' 목적 외 전송요구는 허용되지 않는다. (예. 마케팅 목적 전송요구)
>
> ㄷ. 정보제공자는 고객이 전송요구한 내역을 수집하고 관리하기 위하여 별도의 수집·이용 동의를 받을 필요 없다.
>
> ㄹ. 정보제공자가 전송요구에 따라 개인신용정보를 정보수신자에게 제공하는 경우 개인정보의 제3자 제공 동의는 필요하지 않다.
>
> ㅁ. 전송요구에 따라 수집한 정보를 본인신용정보 통합조회 서비스의 이용 목적 외의 다른 목적으로 이용하고자 할 경우 고객으로부터 별도의 선택 동의를 받아야 한다.
>
> ㅂ. 마이데이터 사업자는 정보주체에게 전송요구 내용을 충분히 설명하여 정보주체가 인지하더라도 개별 양식을 보여주거나 문서형태로 정보요구서를 제공할 의무가 있다.

① 1개   ② 2개   ③ 3개   ④ 5개   ⑤ 6개

09 다음은 개인정보 보호법, 정보통신망법 및 하위 고시를 근거로 개인정보처리자의 법적 의무 이행 여부를 검토하는 과정에서 정리된 설명이다. 현행법령 기준으로 해석하였을 때 옳지 않은 설명이 몇 개인지 고르시오.

> 가. 공공기관은 개인정보 파일을 운용하거나 변경하는 경우 개인정보보호위원회에 30일 이내에 등록해야한다.
>
> 나. 전년도 말 직전 3개월간 정보통신 서비스 부문 매출액이 100억 이상인 사업자는 인터넷망 차단조치 의무대상이다.
>
> 다. 민감정보를 보유한 개인정보처리자는 개인정보처리시스템 접속기록을 2년 이상 보존해야한다.
>
> 라. 민감정보 또는 고유식별정보를 처리하는 자는 개인정보 이용·제공내역 통지 법적 의무대상자에 해당한다.
>
> 마. 정보주체 또는 그 대리인으로부터 개인정보 열람을 요구받은 경우 14일 이내에 정보주체가 해당 개인정보를 열람할 수 있도록 필요한 조치를 해야한다.
>
> 바. 정보주체 이외로부터 수집하는 개인정보에 대해 정보주체의 요구가 있는 경우 정당한 사유가 없는 한 정보주체의 요구가 있은 날로부터 3일 이내에 알려야 한다.
>
> 사. 영업의 전부 또는 일부의 양도·합병 등으로 개인정보를 다른 사람에게 이전하는 경우 정보주체의 연락처를 알 수 없는 등의 이유로 인터넷 홈페이지에 게시하는 경우 15일 이상 게시해야한다.

① 2개　　　　② 3개　　　　③ 4개　　　　④ 5개　　　　⑤ 6개

10 심사원이 공공기관에 대해 ISMS-P 심사를 하고 있다. 심사원과 담당자와의 인터뷰를 바탕으로 심사원의 판단으로 가장 옳은 것을 고르시오.

- ■ **심사원** : 가명정보를 활용하고 있다고 들었습니다. 어떤 방식으로 가명처리를 수행하고 있나요?

- ○ **담당자** : 개인정보 보호를 강화하기 위해, 보유 중인 개인정보 항목을 가명처리한 후 분석에 활용하고 있습니다.

- ■ **심사원** : 민감정보도 포함되어 있나요?

- ○ **담당자** : 네. 일부 분석 과제에서는 연령대와 건강과의 상관관계를 위한 통계가 필요하여 분석 목적상 불가피한 최소 항목에 한해 민감정보를 가명처리하여 사용하고 있습니다.

- ■ **심사원** : 가명정보 처리 시 항목별 필요성 검토는 어떻게 하고 있나요?

- ○ **담당자** : 기본적으로 원본 데이터에 포함된 항목들은 일괄적으로 가명처리하여 분석에 활용하고 있습니다.

- ■ **심사원** : 주민등록번호도 가명정보에 포함되어 있네요?

- ○ **담당자** : 네. 저희 기관은 민원처리 업무를 수행하는 공공기관으로 법적으로 주민등록번호 처리가 가능한 기관입니다. 유출을 우려하여 주민등록번호 뒷자리는 모두 삭제 처리하여 가명정보로 활용하고 있습니다.

- ■ **심사원** : 해당 분석에서 주민등록번호가 반드시 필요한 항목인가요?

- ○ **담당자** : 네 연령대 분석이 필요합니다.

- ■ **심사원** : 목적이 종료되었거나 더 이상 사용하지 않는 가명정보는 어떻게 관리하고 있나요?

- ○ **담당자** : 가명정보 처리 기간을 별도로 정해두지는 않았지만 분석 목적이 달성되면 즉시 파기하도록 내부적으로 관리하고 있습니다.

- ■ **심사원** : 가명정보를 제3자에게 제공하고 있는 것으로 확인됩니다. 제공 절차에 대해 설명 부탁 드립니다.

- ○ **담당자** : 여러 병원에서 활용할 수 있도록 가명정보와 추가정보를 함께 제공하고 있고 해당 계약을 통해 연간 약 10억 원 정도의 매출이 발생하고 있습니다. 추가정보는 안전하게 관리할 수 있도록 가명 정보 처리지침을 함께 제공하고 있으며 지침에는 재제공 금지, 처리 목적 달성 후 삭제, 재식별 금지 및 재식별 발생 시 조치 사항이 포함되어 있습니다.

① 심사원은 가명정보를 상업적으로 활용하는 것은 결함에 해당한다고 판단했다.

② 심사원은 결합전문기관과 결합키관리기관을 통하지 않고 자체적으로 가명정보 결합을 수행한 것은 결함에 해당한다고 판단했다.

③ 심사원은 3자 제공하는 절차에 문제가 없다고 판단했다.

④ 심사원은 주민등록번호 가명처리에 결함이 있다고 판단했다.

⑤ 심사원은 가명정보 기록 작성 절차에 결함에 해당하는 사유가 있다고 판단했다.

11 심사원은 ABC 기업의 ISMS-P 인증심사를 진행하고 있다. 다음은 정보보호 관리체계 관련 인터뷰 내용이다. 이를 종합할 때 ISMS-P 인증기준 관점에서 결함으로 가장 적절한 것을 고르시오.

[담당자와의 인터뷰 내용]

- **심사원** : 정보보호 및 개인정보보호 정책이 최근 개정된 듯 보이는데, 언제 개정하였나요?
- **담당자** : 두 달 전에 실무 부서에서 정책 초안을 새로 작성하였습니다.
- **심사원** : 기존에 비해 많이 바뀌었네요.
- **담당자** : 네. 기존에 사용하던 정책이 있었으나, 관리체계를 전반적으로 정비하면서 새로 작성했습니다.
- **심사원** : 그럼 기존 정책도 현재 적용되고 있나요?
- **담당자** : 아니요. 기존 정책은 더 이상 사용하지 않고 있고, 현재는 새로 작성한 정책 초안을 참고하여 업무를 수행하고 있습니다.
- **심사원** : 최고 경영자 승인내역 부탁드립니다.
- **담당자** : 아직 대표이사의 최종 승인은 받지 않았고, 내부 검토 단계에 있습니다.
- **심사원** : 정책을 개정하는 경우에도 최고경영자의 승인이 필요한 것은 알고 계시죠?
- **담당자** : 네, 개정 시에도 최고경영자 승인 필요하다는 점은 인지하고 있습니다.
- **심사원** : 그렇다면 현재 정책 초안은 개정 정책으로 승인 절차를 진행 중인가요?
- **담당자** : 아직 승인 요청은 하지 않았고, 실무 부서 차원의 검토만 진행 중입니다.
- **심사원** : 전사적으로 공표되거나 구성원에게 공식적으로 안내한 이력은 있을까요?
- **담당자** : 아닙니다. 아직 공식 정책이 아니라 내부 참고용으로만 활용하고 있습니다.
- **심사원** : 정책 내용에 대한 정기적인 검토나 개정 이력 관리는 수행하고 있지요?
- **담당자** : 기존에는 수행을 했었고, 새롭게 작성한 초안은 나온지 얼마되지 않아 정기 검토나 이력 관리는 아직 수행하지 않았습니다.

---

① 정보보호 및 개인정보보호 정책 개정 시 최고경영자 승인 절차가 이행되지 않아 2.1.1 정책의 유지관리 결함으로 판단하였다.

② 최근 정책이 개정된 정책에 대한 검토가 진행 중으로, 결함을 부여하기에는 근거가 충분하지 않다고 판단하였다.

③ 정책 개정 이력 관리가 수행되지 않아 2.1.1 정책의 유지관리 결함으로 판단하였다.

④ 정보보호 및 개인정보보호 정책이 최고경영자의 승인 및 공식 공표를 거치지 않아 1.1.5 정책 수립 결함으로 판단하였다.

⑤ 정책 개정 승인 필요성을 인지하고 있으므로 승인 이전 단계는 결함으로 보기 어렵다고 판단하였다.

12 다음은 가상자산거래소인 업코인의 ISMS-P 사후심사 중 제출된 조직도와 인력 명부를 대조하며 담당자와 나눈 인터뷰 내용이다. 관련 인증기준 중 '1.1.6 자원 할당' 결함으로 가장 적절한 것을 고르시오.

[가상자산거래소 조직도 변동 현황]

[가상자산거래소 조직도 변동 현황]

> ■ **심사원** : 조직도를 보니 정보보호실의 나보호님이 퇴사하고 IT 개발팀의 김개발님이 그 자리로 이동하셨네요. 인원수는 3명으로 유지되고 있는데, 직무 변경에 따른 조치는 어떻게 되었나요?
>
> ○ **담당자** : 네, 외부 채용 예산이 승인되지 않아 올해는 채용을 진행할 수 없어 내부에서 개발 역량이 가장 뛰어난 김개발님을 보안 전담으로 발령 냈습니다.
>
> ■ **심사원** : 김개발님의 권한 이력을 보니, 정보보호실 소속임에도 불구하고 여전히 IT 개발팀의 소스코드 형상관리 서버와 DB 운영 권한을 'Master'급으로 유지하고 계시네요. 이유가 있습니까?
>
> ○ **담당자** : 개발팀에 충원 인력이 없다 보니, 김개발님이 기존에 하던 핵심 모듈 운영 업무를 당분간 병행할 수밖에 없는 상황입니다. 경영진에서도 인력 공백을 우려해 인수인계 완료 시까지 권한 유지를 승인했습니다.

① 정보보호 최고책임자(CISO)가 전담 인력이 아닌 IT 개발팀장을 겸임하고 있다.

② 인력 요구사항에도 불구하고, 예산 미배정으로 인해 비전문 인력을 배치하고 실질적인 겸직 상태를 방치하였다.

③ 조직도상 정보보호 실무 조직이 IT 운영 조직 산하에 배치되어 독립성이 훼손되었다.

④ 김개발 님이 직무이동에도 불구하고 개인정보 취급자 권한을 회수하지 않았다.

⑤ 정보보호실의 인원수가 작년보다 줄어들어 절대적인 가이드라인 수치를 충족하지 못했다.

13 데이터센터를 방문한 나정보 심사원. 오전에는 일반 직원들의 시스템 접속 방식(사용자 인증)을 점검했고, 오후에는 시스템 운영의 핵심인 서버 및 DB 관리자 계정(특수 계정)을 집중 점검하였다. 다음 중 나정보 심사원이 "2.5.5 특수 계정 및 권한관리" 기준 위반으로 판단하여 결함 보고서를 작성할 사례로 가장 적절한 것을 고르시오.

≡ 계정관리 및 운영 지침(개정 2026.01.01)　　● ● ●

계정관리 및 운영 지침(개정 2026.01.01)

제2조 (계정 생성 및 등록)

① 모든 사용자는 1인 1계정 할당을 원칙으로 하며, 다음 각 호의 절차를 준수해야 한다.

　1. 사용자는 업무 수행을 위해 계정이 필요한 경우 소속 부서장의 승인을 득하여 정보보호 담당 부서에 신청해야 한다.

　2. 정보보호 담당자는 신청 사유의 타당성을 검토한 후 시스템 관리자에게 계정 생성을 요청한다.

　3. 시스템 관리자는 고유 식별번호가 포함된 계정을 생성하고, 초기 비밀번호는 최초 접속 시 반드시 변경되도록 설정한다.

② 공용 계정(Shared Account)은 원칙적으로 금지하며, 시스템 운영상 불가피한 경우 정보보호 책임자의 사전 승인을 득한 후 예외적으로 허용할 수 있다.

제3조 (권한 부여 및 관리)

① 계정 권한 부여 시 다음 각 호의 원칙을 적용한다.

　1. 최소 권한의 원칙: 업무 수행에 반드시 필요한 최소한의 권한만을 부여한다.

　2. 직무 분리의 원칙: 승인, 실행, 감사 등 상호 견제가 필요한 직무는 동일인에게 부여하지 않는다.

② 정보시스템 관리자(Admin) 권한은 별도의 관리자 계정을 생성하여 사용해야 하며, 일반 업무용 계정에 관리자 권한을 부여해서는 안 된다.

제4조 (인증 및 비밀번호 관리)

① 사용자는 비밀번호 설정 시 다음 각 호의 복잡도 규정을 준수해야 한다.

　1. 영문 대문자, 소문자, 숫자, 특수문자 중 3종류 이상을 조합하여 9자 이상으로 구성한다.

　2. 사용자 ID와 동일하거나 추측하기 쉬운 연속된 숫자, 개인정보 등은 사용을 금지한다.

② 다음 각 호의 경우 다중 인증수단(MFA) 등 추가적인 인증 수단을 반드시 적용해야 한다.

　1. 관리자 권한으로 시스템에 접속하는 경우

　2. 외부 네트워크(재택근무 등)를 통해 내부망에 접속하는 경우

　3. 개인정보취급시스템에 접속하는 경우

제5조 (계정의 변경 및 해지)

① 인사 변동(퇴직, 전보, 휴직 등) 발생 시 다음 각 호와 같이 처리한다.

    1. 퇴직: 퇴직 처리와 동시에 해당 계정은 즉시 삭제 또는 잠금 처리한다.

    2. 전보: 인사이동 후 3일 이내에 이전 부서의 권한을 회수하고, 새로운 직무에 적합한 권한으로 재설정한다.

    3. 휴직: 휴직 기간 동안 해당 계정을 비활성화 처리한다.

② 시스템 관리자는 90일 이상 접속 기록이 없는 미사용 계정을 식별하여 매월 비활성화 또는 삭제 조치를 취해야 한다.

제6조 (정기 점검 및 감사)

① 정보보호 담당 부서는 반기 1회 이상 다음 각 호의 사항을 정기적으로 점검해야 한다.

    1. 퇴직자 및 휴직자 계정의 삭제/잠금 여부

    2. 직무 변경에 따른 권한 조정의 적정성

    3. 특수 권한(Root, Admin 등) 오남용 여부

② 점검 결과 발견된 부적합 사항에 대해서는 즉시 시정 조치하고 그 결과를 기록·관리한다.

① 재택근무자 접속 통제를 확인하던 나 심사원은 고객센터 상담원들이 재택근무 시 사용하는 VPN 접속 기록을 살펴보았다. 확인 결과, 모든 상담원은 ID/PW 입력 후 스마트폰으로 전송된 OTP 번호를 추가로 입력없이 시스템에 접속할 수 있었다.

② 비밀번호 복잡도 설정을 확인하던 나 심사원은 내부 그룹웨어의 비밀번호 설정 정책을 점검하였는데 시스템상에서 영문, 숫자, 특수문자 중 2종류 이상을 조합하고 9자리 이상 설정하지 않으면 변경 자체가 불가능하도록 강제 설정되어 있음을 확인하였다.

③ 서버 유지보수를 위해 외부 업체에 부여한 특수 권한 계정(root 등)들이 별도의 관리대장에 등재되어 있지 않았으며, 작업이 없는 평시에도 사용기간 제한 없이 상시 활성화되어 있어 비인가 접속 위험이 방치되고 있었다.

④ 세션 타임아웃 적용을 확인하던 나 심사원은 개인정보취급자의 PC를 불시에 점검하였다. 취급자가 자리를 비운 지 20분이 되어서야 개인정보처리시스템의 세션이 자동으로 종료되어 다시 로그인해야 하는 상태임을 확인하였다.

⑤ 비밀번호 오류 횟수 제한을 확인하던 나 심사원은 로그인 창에 임의의 비밀번호를 5회 연속 입력해 보았다. 5회 실패 즉시 해당 계정이 잠금 처리되었으나 관리자의 본인 확인 없이 해제되고 있는 점을 발견하였다.

14 다음은 ISMS-P 인증 심사원과 K쇼핑몰 담당자 간의 대화이다. 본 인터뷰를 통해 가장 결함에 가까운 인증기준을 고르시오.

> ■ **심사원** : 반갑습니다. 지금부터 주요 서버 및 네트워크 장비의 로그 관리 현황을 확인하겠습니다. 우선 웹 서버(WEB-01)와 DB 서버(DB-01)의 현재 시스템 시간을 각각 보여주시겠습니까?
>
> ○ **담당자** : 네, 잠시만요. (터미널 접속 후 명령어를 입력하며) 여기 화면 보시면 웹 서버는 현재 오후 2시 15분이고, DB 서버는 오후 2시 16분으로 확인됩니다.
>
> ■ **심사원** : 두 서버 간에 약 1분의 시차가 발생하고 있네요? 시차가 왜 발생하는 건가요? 혹시 내부적으로 표준 시간을 참조하도록 설정된 NTP(Network Time Protocol) 서버가 별도로 있습니까?
>
> ○ **담당자** : 네. NTP(Network Time Protocol)서버를 두고 시간 동기화를 하고 있는데, 최근에 장애가 있어 해당 서버의 OS재설치 작업하였고, NTP서버와 연결이 끊긴 것 같습니다. 현재는 각 서버의 로컬 클럭(Local Clock)으로 운영 중인 것 같네요.
>
> ■ **심사원** : 담당자님, 이 부분은 결함 사항에 해당할 수 있습니다. 모든 시스템의 시각을 표준시로 동기화해야 합니다.
>
> ○ **담당자** : 고작 1분 정도의 미세한 차이는 운영상 큰 문제가 없다고 생각하는데, 이건 결함으로 보기 어려운거 아닌가요?
>
> ■ **심사원** : ...

① 2.6.2 정보시스템 접근

② 2.9.4 로그 및 접속기록 관리

③ 2.9.6 시간 동기화

④ 2.10.3 공개서버 보안

⑤ 결함 없음

[15-16] K기업은 ISMS-P 인증심사를 받고 있다. 아래는 K기업의 교육 지침과 교육 결과서의 일부이다. 심사원은 해당 담당자와 인터뷰를 진행하였다.

정보보호 및 개인정보보호 교육 지침 (일부 발췌)

〈생략〉

제2조 (적용 범위)

본 지침은 조직의 정보자산에 직·간접적으로 접근하는 모든 임직원, 임시직원, 외주 용역업체 직원에게 적용된다.

제3조 (역할 및 책임)

1. 최고경영자는 연간 교육 계획을 검토 및 승인하고, 교육이 원활히 이행될 수 있도록 예산과 자원을 할당해야 한다.
2. 정보보호 최고책임자(CISO) 및 개인정보 보호책임자(CPO)는 연간 교육 및 모의훈련 계획을 수립하고 시행을 총괄한다.
3. 개인정보 보호 실무 조직은 교육 시행 기록을 남기고 효과성을 평가하여 차기 계획에 반영한다.

제4조 (연간 교육 계획 수립)

1. 매년 초 교육의 시기, 기간, 대상, 내용, 방법이 포함된 연간 교육 계획을 수립하여 경영진의 승인을 받아야 한다.

제5조 (교육의 종류 및 대상)

1. 정기 교육: 전 임직원 및 외부자를 대상으로 연 1회 이상 실시한다.
2. 신규 입사자 교육: 채용 시 또는 업무 시작 전에 조직의 보안 정책 및 법적 책임에 대해 교육한다.
3. 직무별 전문 교육: IT 및 정보보호 담당자 등 주요 직무자를 대상으로 외부 세미나, 전문기관 위탁 교육 등 전문성 제고 교육을 실시한다.
4. 수탁자 교육: 개인정보 처리 업무를 위탁받은 업체가 관련 법규를 준수하도록 교육 자료를 제공하거나 시행 여부를 관리·감독한다.

〈중략〉

제7조 (수행 방법 및 불참자 관리)

1. 교육은 집합 교육, 온라인 교육, 설명회 등 조직 특성에 맞는 방법을 활용한다.
2. 출장이나 휴가 등으로 정기 교육에 불참한 자를 위해 추가 교육 또는 온라인 교육 등 별도의 보완 교육을 실시한다.
3. 관련 법규나 내부 규정의 중대한 변경, 혹은 보안 사고 발생 시에는 추가 교육을 실시한다.

제8조 (기록 및 평가)

1. 교육 이행 후 교육 자료, 참석자 명단(출석부), 결과 보고서 등 증거 자료를 기록하고 보존해야 한다.
2. 설문조사나 테스트 등을 통해 교육의 효과성을 평가하고, 도출된 개선점은 다음 교육 계획에 반영한다.

정보보호 교육 결과서

정보보호 교육 결과서

1. 교육기간 : 2025.9.1 ~ 2025.9.30
2. 교육결과
   1) 교육 내용 : (온라인) 정보보호 및 개인정보보호 바르게 알기
   2) 이수 대상 : 전사 임직원(200명)
   3) 이수자 수 : 180명 (이수율 : 90%)
3. 교육 평가 결과
   1) 평가방법 : 온라인 퀴즈 진행 (이수자 평균 : 90점)
   2) 평가상세결과 : 별첨자료 참조
4. 비고
   1) IT·보안 등 주요 직무 교육은 각 팀별 자율 시행 및 관리
   2) 배송사/콜센터 대상 교육 자료(PDF) 이메일 발송 완료 (9.25)

■ **심사원** : 올해 수립된 연간 교육 계획서와 경영진 승인 문서를 확인했습니다. 내부 지침에는 전임직원 대상 정기 보안교육을 연 1회 이상 실시하게 되어 있는데, 2025년 결과 보고서 확인 가능할까요?

○ **담당자** : 네, 여기 '2025년 하반기 전사 보안교육 결과 보고서'입니다. 인원이 많아 온라인 교육으로 실시하였습니다.

■ **심사원** : 결과 보고서를 보고 교육이수율이 90% 이네요. 미이수자에 대한 관리는 어떻게 하나요?

○ **담당자** : 미이수자에게 교육 독려 메일 3차례 보냈습니다. 그리고 온라인 교육을 이수하지 않으면 그룹웨어 접속이 차단되도록 되어 있습니다.

■ **심사원** : 지침에 보면 교육의 효과성을 평가후 개선사항을 다음 교육계획에 반영하도록 되어 있는데, 올해 교육에 반영 된건가요?

○ **담당자** : 교육 후 온라인 퀴즈를 실시했고, 평균 90점이 넘어 전사적으로 이해도가 높은 것으로 평가했습니다.

■ **심사원** : 10월에 입사한 CS팀 신규 인원 3명이 현재 고객 상담 업무에 투입되어 있나요?

○ **담당자** : 네. 입사 직후 기초 직무 교육을 마치고 11월부터 실무에 투입되었습니다. 다만, 보안교육은 매 분기 말에 모아서 실시하기 때문에 12월 말에 예정되어 있습니다.

■ **심사원** : 전사 공통 보안교육은 확인했는데, 직무별 보안교육은 실시하시나요?

○ **담당자** : 직무별 보안교육은, 팀별로 내부적으로 진행하는 걸로 알고 있습니다. 저희쪽에서는 별도로 관리하진 않습니다.

■ **심사원** : 쇼핑몰 배송 위탁사와 콜센터 업체에 대한 교육은 어떻게 하셨나요?

○ **담당자** : 보안 가이드라인 교육 자료를 해당 업체에 이메일로 매달 발송하고 있습니다. 여기 업체에 발송한 이메일들 입니다.

■ **심사원** : 네. 확인하였습니다. 수탁자가 실제 교육을 했는지, 교육 내용은 숙지했는지 확인한 관리감독 증적이 있을까요?

○ **담당자** : 위탁 계약서에 교육 의무가 포함되어 있어, 업체가 자율적으로 시행하는 것으로 알고 있습니다. 별도의 확인 점검은 하지 않았습니다.

15 심사원과 담당자와의 인터뷰 및 증적자료를 바탕으로 결함으로 도출할 수 있는 가장 적절한 인증기준을 고르시오.

① 1.1.5 정책 수립

② 1.4.3 관리체계 개선

③ 2.2.1 주요 직무자 지정 및 관리

④ 2.2.4 인식제고 및 교육훈련

⑤ 2.3.3 외부자 보안 이행 관리

16 심사원이 결함으로 판단한 근거로 적절하지 않은 것을 모두 고르시오. (2개).

① 신규입사자들의 교육을 매 분기 말에 통합 실시하여 결함으로 판단하였다.

② 직무별 교육을 전사 차원에서 관리하지 않아 결함으로 판단하였다.

③ 수탁자의 실제 교육 수행여부를 확인하거나 관리·감독한 증적이 없어 결함으로 판단하였다.

④ 온라인 교육 대상에 수탁자를 포함하지 않아 결함으로 판단하였다.

⑤ 교육 효과성 평가를 위해 온라인 퀴즈를 실시하여 결함으로 판단하였다.

17 다음 중 「개인정보 보호법」 및 인증기준 3.5.2 정보주체 권리보장에 따른 '자동화된 결정에 대한 정보주체의 권리' 설명으로 적절한 것은 모두 몇 개인지 고르시오.

> (ㄱ) 정보주체는 본인에게 적용된 모든 자동화된 결정에 대하여 거부권을 행사할 수 있다.
>
> (ㄴ) 자동화된 결정이 정보주체의 동의(개보법 제15조제1항제1호)를 얻어 이루어지는 경우라도, 정보주체는 중대한 영향이 있음을 근거로 이를 거부할 수 있다.
>
> (ㄷ) 정보주체의 권리·의무에 중대한 영향을 미치지 않는 자동화된 결정이라면, 정보주체는 해당 결정에 대한 설명 및 검토를 요구할 수 없다.
>
> (ㄹ) 개인정보처리자는 자동화된 결정의 거부·설명등 요구에 대하여 조치를 하는 경우, 정당한 사유가 없는 한 요구를 받은 날부터 30일 이내에 그 결과를 알려야 한다.
>
> (ㅁ) AI 면접 시스템이 산출한 점수만을 보고 인사권자가 형식적으로 확인하여 최종 불합격 처리를 확정했다면, 이는 실질적이고 의미 있는 인적 개입이 없는 자동화된 결정에 해당한다.
>
> (ㅂ) 「행정기본법」 제20조에 따른 행정청의 자동적 처분은 개인정보 보호법상 '자동화된 결정'에 따른 정보주체의 권리 규정이 적용되지 않는다.

① 2개

② 3개

③ 4개

④ 5개

⑤ 모두 틀림

[18-19] K쇼핑몰은 정보통신서비스 부문 연매출 200억 원 이상인 정보통신서비스 제공자로 ISMS인증 최초 심사를 받고 있다. 다음은 K쇼핑몰의 네트워크 구성도이다, 심사원은 네트워크 구성도를 보고 담당자와 인터뷰를 진행하였다.

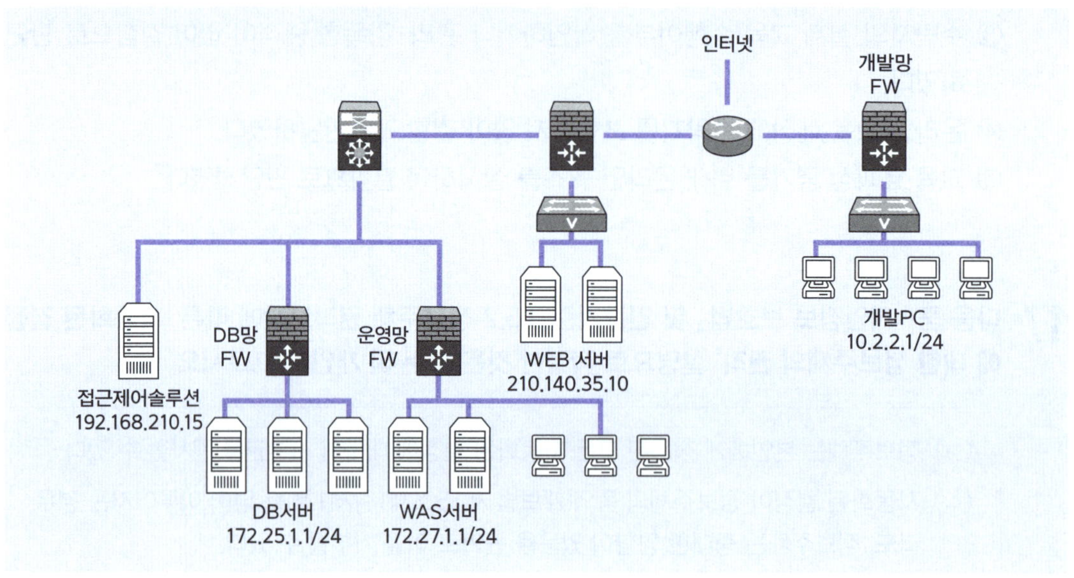

- ■ **심사원** : 안녕하세요. 본격적인 점검에 앞서 제출하신 네트워크 구성도에 대한 전반적인 설명 부탁드립니다.

- ○ **담당자A** : 네, 설명드리겠습니다. 현재 K쇼핑몰은 AA데이터센터 내에 On-Premise 형태로 자체 인프라를 구축하여 운영 중입니다. 네트워크는 크게 운영망, DB망, DMZ망(Web), 그리고 개발망으로 구분되어 있으며, 각 망의 경계에는 방화벽을 설치하여 비인가 접근을 차단하고 있습니다. DMZ망은 서비스 제공을 위해 외부 공인 IP를 직접 할당받아 사용 중이며, 나머지 내부망은 보안을 위해 사설 IP 대역으로 설정하여 외부 노출을 최소화했습니다.

- ■ **심사원** : 요즘 온라인 쇼핑몰들은 이벤트 기간 트래픽 폭주나 용량 문제로 클라우드를 많이 도입하던데, 현재 인프라 구조에서 가용성 문제는 없습니까?

- ○ **담당자A** : 현재까지는 물리 서버 사양만으로도 큰 문제는 없었습니다. 다만, 최근 가입자 수가 급증하고 있어 말씀하신 트래픽 탄력성 대응을 위해 하이브리드 클라우드 전환을 내부적으로 검토하고 있는 단계입니다.

- ■ **심사원** : 망별로 서버 접근 통제가 매우 중요해 보이는데, 운영팀에서 각 망의 서버에 접속하실 때 구체적으로 어떤 서비스를 사용하여 접속하고 있나요?

- ○ **담당자A** : 외부 접점에 있는 DMZ망 서버들은 보안을 위해 SSH를 사용하여 암호화 통신을 하고 있습니다. 하지만 내부망인 운영망(WAS)과 DB망의 경우에는 작업의 편의성과 장비 호환성을 고려하여 주로 Telnet을 통해 접속하고 있습니다. 어차피 내부망 내에서만 이루어지는 통신이라 안전하다고 판단하고 있습니다.

- **심사원** : Telnet을 통해 접속하는 서버들의 경우 SSH를 사용하는 것이 불가능한 건가요?

○ **담당자A** : 아니요. 그렇진 않습니다. 말씀드렸던 것처럼 작업의 편의성과 장비 호환성을 고려하여 Telnet을 사용하고 있고, 관리 전용 PC 대역에서만 접속되도록 방화벽 ACL설정을 해두었기 때문에 그 정도면 충분하다고 생각했습니다.

- **심사원** : 다음으로 무선네트워크 관련 설명 부탁드릴께요.

○ **담당자A** : 무선네트워크 담담은 제가 아니라, 담당자B 자리로 안내해 드리겠습니다.

– 담당자 B자리로 이동 후 –

- **심사원** : 안녕하세요. 무선 네트워크는 어디에서 사용하시나요?

○ **담당자B** : 네, 사무실 전 구역에 무선 AP를 설치하여 운영 중입니다.

- **심사원** : 무선망은 신호가 벽을 넘어 건물 밖까지 도달할 수 있어 외부인의 비인가 접속 위험이 큽니다. 이에 대해 어떤 보안 통제 정책을 적용하고 계신가요?

○ **담당자B** : 저희도 그 점을 인지하고 있어 보안을 위해 SSID(무선 식별자)를 숨김(Hidden) 처리하여 외부에서 목록이 보이지 않게 설정했습니다. 그리고 무선AP 접속 비밀번호를 분기 1회 변경하고 있습니다.

- **심사원** : 무선AP의 무선 암호화 알고리즘은 어떤 것으로 설정되어 있는지요?

○ **담당자B** : 모든 운영용 무선AP는 정책에 따라 WPA2-Enterprise 모드로 설정되어 있습니다.

- **심사원** : 인터뷰를 위해 이동하다 우연히 보게 되었는데, 무선AP 1개가 다른 제품인 것 같은데 이유가 있을까요?

○ **담당자B** : 현재 쓰고 있는 무선AP가 오래되어, 교체를 위해 테스트를 하고 있는 신규 장비입니다.

- **심사원** : 해당 테스트 장비의 설정 정보를 보여줄 수 있을까요?

○ **담당자B** : (해당 장비에 접속 후) 여기 보시는 것처럼 설정되어 있습니다.

- **심사원** : 설정 내용을 보니 이 장비는 암호화 알고리즘 설정이 WEP로 되어 있네요?

○ **담당자B** : 네. 맞습니다. 그게 문제가 되나요? 테스트 장비도 보안을 위해 SSID 숨김 처리를 하였고, 접속 비밀번호도 설정했기 때문에 보안상의 문제는 없다고 판단했습니다. 그리고 테스트 후 곧 제거할 예정입니다.

18 담당자A와 심사원의 인터뷰 내용에서 도출 가능한 결함으로 가장 적절한 인증기준을 고르시오.

① 2.6.1 네트워크 접근

② 2.6.2 정보시스템 접근

③ 2.6.6 원격접근 통제

④ 2.10.1 보안시스템 운영

⑤ 결함 없음

19 담당자B와 심사원의 인터뷰 내용에서 도출 가능한 결함으로 가장 적절한 인증기준을 고르시오.

① 2.6.1 네트워크 접근

② 2.6.2 정보시스템 접근

③ 2.6.5 무선 네트워크 접근

④ 2.7.1 암호정책 적용

⑤ 결함 없음

20 인증 의무대상인 OO쇼핑몰은 ISMS-P 인증 심사를 앞두고 ISMS-P 인증범위를 설정하였다. 다음 중 인증범위의 설정이 적절하지 않은 것은 모두 몇 개인지 고르시오.

> (가) 인터넷 쇼핑몰 메인 서비스를 제공하는 웹서버, WAS 서버, API 서버, 모바일 앱 서버는 모두 회원 로그인, 상품 조회, 주문·결제 등 핵심 기능과 직접 연계되어 있고, 회원의 개인정보 처리와도 밀접한 관련이 있어 인증범위에 포함하기로 하였다.
>
> (나) DMZ 구간에 위치한 모바일 앱 푸시 서버는 회원의 ID, 디바이스 토큰, 일부 개인정보를 받아 이벤트 알림, 배송 단계 안내, 쿠폰 발급 알림 등을 발송하며, 푸시 로그에도 관련 정보가 저장되고 있어 인증범위에 포함하기로 하였다.
>
> (다) 그룹 차원에서 별도로 운영 중인 직원 채용 전용 인터넷 사이트는 입사지원자의 인적 사항 및 이력서 정보만을 처리하고, 쇼핑몰 회원 서비스와는 네트워크·시스템이 완전히 분리되어 있어 ISMS-P 인증범위에서는 제외하기로 하였다.
>
> (라) 내부 임직원이 사용하는 백오피스(Back Office) 시스템은 회원 정보 조회·수정, 주문/취소/환불 처리, CS 응대, 쿠폰·이벤트 관리, 상품 등록·수정 등 쇼핑몰 운영 전반을 담당하고 있으며, 운영 DB 및 여러 내부 시스템과 연계되어 있다. 정보보호 담당자는 이를 쇼핑몰 운영에 필수적인 내부 관리 시스템으로 보고, 관련 서버와 연계 시스템을 모두 인증범위에 포함하였다.

(마) 경영진 의사결정과 마케팅 고도화를 위해 운영계 쇼핑몰 회원 DB를 주기적으로 복제하여 사용하는 DW(Data Warehouse) 시스템은 마케팅 및 데이터 분석 부서에서 고객 세분화, 타깃 마케팅, 이탈 예측 등에 적극 활용하고 있다. 해당 분석 결과는 다시 쇼핑몰 서비스의 프로모션·추천 기능 등에 반영되고 있음에도, 담당자는 내부업무처리가 주목적인 정보시스템이라고 판단하여 DW 시스템을 인증범위에서 제외하였다.

① 1개   ② 2개   ③ 3개   ④ 4개   ⑤ 5개

21 ISMS-P 인증심사 과정에서 신청기관이 클라우드 서비스를 활용하고 있을 경우, 인증범위 설정이 적절하게 이루어진 사례를 모두 고르시오. (2개)

① IaaS 환경에서 운영체제(OS), 미들웨어(WAS), DBMS, 응용프로그램 등을 직접 설치·운영 중이며, 이들 구성요소 모두를 인증범위에 포함하였다.

② PaaS 환경에서 제공되는 미들웨어의 접근계정과 권한 설정, 비밀번호 관리 등을 자사가 관리하고 있어 이를 인증범위에 포함하였다.

③ SaaS형 ERP를 사용 중이며, 사용자 계정 추가·삭제 기능은 포함했으나, 로그 조회, 권한 설정 등 일부 실제 관리 영역은 클라우드 제공자 책임으로 간주해 인증범위에서 제외하였다.

④ IaaS 환경에서 가상머신(VM)의 OS 설정은 클라우드 제공 이미지 그대로 사용하여 범위에서 제외하고, 방화벽 및 보안그룹 설정만 자산으로 식별하여 인증범위에 포함하였다.

⑤ PaaS 환경에서 자체 개발한 응용프로그램을 운영 중이나, 배포환경과 런타임 관리는 사업자 영역으로 보고, 코드 변경 및 배포만 인증범위에 포함하였다.

22 OO기관의 민원처리시스템에 대한 ISMS-P 인증심사를 진행중이다. 아래 상황을 보고 인증기준에 결함으로 가장 적절한 것을 고르시오.

OO기관은 민원 업무를 전자적으로 처리하기 위해 A 시스템을 운영하고 있으며, 약 51만 명의 정보주체에 대한 일반 개인정보(성명, 연락처, 주소 등)를 처리하고 있다. A 시스템은 민감정보 및 고유식별정보를 처리하지 않고, 내부·외부 다른 개인정보파일과의 연계도 없다.

A 시스템을 최초 구축할 당시(약 3년 전) 처리 규모는 약 30만 명 수준이었으며, 당시에는 민감정보 및 고유식별정보 처리, 그리고 다른 시스템과의 연계가 없어 개인정보 영향평가 대상이 아닌 것으로 판단하여 영향평가를 수행하지 않았다. 이후 민원 창구 통합, 온라인 신청 채널 확대 등으로 업무가 크게 개편되면서 A 시스템의 서비스 흐름, 화면 구성, 수집 항목, 내부 처리 절차 등이 대폭 변경되었고, 정보주체 수는 51만 명으로 증가하였다. 그럼에도 OO기관은 ISMS-P 문서상 「개인정보 처리 현황 및 흐름도」를 최초 작성본 그대로 사용하고 있으며, 신규 채널·수집 항목·내부 처리 단계 변경 등은 흐름도에 반영하지 않았다.

한편 OO기관은 이번 개편 시 신규·변경 기능에 대해 별도의 보안 요구사항 정의, 설계 반영 검토, 보안 기능 시험 절차를 운영하지 않고, 일반 기능 테스트만 수행한 뒤 운영에 반영하였다. 담당 부서는 "최초 구축 시 보안 점검을 한 번 받았으므로, 이후 개편 시에는 별도의 보안 요구사항 검토·시험을 수행하지 않아도 된다"고 판단하였다.

개인정보 영향평가와 관련해서는, A 시스템이 여전히 민감정보 및 고유식별정보를 처리하지 않고 다른 개인정보파일과 연계되지 않으며, 정보주체 수가 100만 명 미만이라는 점을 근거로, 개인정보 영향평가 법적 의무 대상은 아닌 것으로 내부적으로 재확인한 상태이다.

ㄱ. 1.1.4 범위 설정

ㄴ. 1.2.1 정보자산 식별

ㄷ. 1.2.2 현황 및 흐름분석

ㄹ. 2.8.2 보안 요구사항 검토 및 시험

① ㄱ, ㄴ

② ㄱ, ㄷ

③ ㄴ, ㄹ

④ ㄷ, ㄹ

⑤ ㄱ, ㄴ, ㄷ

23 다음 공공기관에 대하여 ISMS-P 심사를 수행하고 있다. 심사원과 담당자와의 인터뷰, 증적자료를 바탕으로 심사원이 판단하는 내용이 가장 적절한 것을 고르시오.

정보보안 지침 (일부 발췌)

2025.10.2. 개정

제7조(업무용 통신단말기 보안) ① 보안담당관은 업무용 통신단말기를 이용하여 업무자료 등 중요정보를 소통 · 관리하고자 할 경우 다음 각 호의 사항을 포함한 보안대책을 수립 · 시행하여야 한다.

1. 통신단말기에 대한 장치 및 개별사용자 인증
2. 제어신호 및 통화내용 등 데이터 암호화
3. 분실 · 탈취 · 훼손 등에 대비한 관리적 · 물리적 · 기술적 보안대책

제8조(개별사용자 보안) ① 보안담당관은 소관 정보통신망 또는 정보시스템의 사용과 관련하여 다음 각 호의 사항을 포함한 개별사용자 보안에 관한 절차 및 방법을 마련하여야 한다.

1. 직위 · 임무별 정보통신망 접근권한 부여 심사
2. 비밀 취급 시 비밀취급 인가, 보안서약서 징구 등 보안조치
3. 보직변경, 퇴직 등 변동사항 발생시 정보시스템 접근권한 조정

② 개별사용자는 본인이 PC 등 정보시스템을 사용하거나 정보통신망에 접속하는 행위와 관련하여 스스로 보안책임을 진다.

제9조(단말기 보안) ① 개별사용자는 기관에서 지급받은 PC · 노트북 · 휴대폰 · 스마트패드 · 휴대용저장매체 등 (이하 "단말기"라 한다) 사용과 관련한 일체의 보안관리 책임을 진다.

② 개별사용자는 단말기에 대하여 다음 각 호에 해당하는 보안대책을 준수하여야 한다.

1. CMOS · 로그온 · 자료 암호화 비밀번호의 정기적 변경 사용
2. 단말기 작업을 10분 이상 중단 시 비밀번호 등을 적용한 화면보호 조치
3. 최신 백신 소프트웨어 및 침입차단 · 탐지시스템 등 운용 및 수시 점검
4. 운영체제 및 응용프로그램에 대한 최신 보안패치 유지
5. 출처, 유통경로 및 제작자가 불분명한 응용프로그램의 사용 금지
6. 인터넷을 통해 자료(파일) 획득 시 신뢰할 수 있는 인터넷사이트를 활용하고 자료(파일) 다운로드 시 최신 백신 소프트웨어로 검사 후 활용
7. 인터넷 파일공유 · 메신저 · 대화방 프로그램 등 업무상 불필요한 프로그램의 설치 금지 및 공유 폴더 삭제
8. 웹브라우저를 통해 서명되지 않은 액티브-X 등이 다운로드 · 실행되지 않도록 보안 설정
9. 내부망과 기관 인터넷망이 분리된 기관의 인터넷 PC에서는 보안담당관이 정한 특별한 사유가 없는 한 문서 프로그램을 읽기 전용(專用)으로 운용

■ **심사원** : 업무용 통신단말기는 어떻게 관리되고 있나요?

○ **담당자** : 업무 목적으로 단말을 사용하는 경우 별도 요청을 받아 MDM 적용하고, 정책은 강제 적용되도록 설정하고 있습니다.

■ **심사원** : 퇴사나 인사이동 발생 시 계정이랑 단말은 어떻게 처리하나요?

○ **담당자** : 인사부서에서 통보 오면 계정 비활성화하고 단말 회수 후 초기화합니다.

■ **심사원** : 인사 연동으로는 삭제되지 않나요?

○ **담당자** : 네, 다른 시스템은 AD연동으로 익일 자동 삭제되고 있습니다. 그러나 MDM장비는 연동되지 않아 별도 명단을 받고 있습니다. 특별히 문제된 적은 없습니다.

■ **심사원** : 인사발령내역과 MDM 회수를 대조하여 확인하지는 않나요?

○ **담당자** : 정기적으로 대조하는 절차는 없습니다. 다만 단말 반납이 지연되거나 이슈가 생기면 그때그때 개별적으로 확인하고 있습니다.

■ **심사원** : 그럼 접근권한 점검 대상에는 어떻게 반영되나요?

○ **담당자** : 분기 권한점검은 AD계정이랑 주요 업무시스템 위주로 하고 있고, MDM은 대상에는 포함시키지 않고 있습니다. 인사부서 통보 오는 건만 수시로 처리하는 편입니다.

■ **심사원** : MDM 관리자 화면 최근 3개월치 조회해 볼 수 있을까요?

관리자 화면(2025.12.5.)

구분	계정/단말 ID	이름	상태(시스템)	비고
MDM	mdm1001	김OO	등록(사용)	업무용 스마트폰 등록
MDM	mdm1003	박OO	등록(사용)	단말 회수 이력 없음

인사발령내역을 추가로 요청하였다.

사번	이름	발령구분	발령일자	비고
1001	김OO	퇴직	2025-03-31	전산팀 퇴직
1002	이OO	부서이동	2025-04-15	전산팀 → A과
1003	박OO	퇴직	2025-05-10	민원과 퇴직
1004	최OO	휴직	2025-06-01	육아휴직

① 심사원은 퇴사자 계정이 삭제/비활성화되지 않아 내부 시스템 접근이 가능한 것을 확인하고, 이를 2.5.1 사용자 계정 관리 결함으로 판단하였다

② 심사원은 퇴사자 단말이 MDM 등록 해제되지 않아 기기 승인/해제 및 단말 접근통제 통제가 미흡한 점을 확인하고, 이를 2.10.6 업무용 단말기기 보안 결함으로 판단하였다.

③ 심사원은 MDM 계정/단말 회수가 지연된 점을 근거로, 단말의 OS 및 앱 최신 보안패치 유지가 어려운 상태라고 보아 2.10.8 패치관리 결함으로 판단하였다.

④ 심사원은 직무 만료자가 원격근무 포털(VPN/VDI)에 접속 가능한 상태가 유지된 것을 확인하고, 이를 2.6.6 원격접근 통제 결함으로 판단하였다.

⑤ 심사원은 다른 시스템의 권한은 지체없이 회수되었지만, MDM은 접근권한이 회수되지 않아 퇴사자의 업무용 단말이 접근 가능한 것을 확인하고 2.2.5 퇴직 및 직무변경 관리 결함으로 판단하였다.

24 「개인정보 보호법」에서 보건의료, 통신, 에너지 등 확대 시행된 개인정보 전송요구권 제도에 대한 법적 준거성 검토를 위한 분석을 수행하고 있다. 다음 중 개인정보 전송요구권 및 전문기관, 일반수신자에 관한 설명으로 옳은 내용의 개수를 고르시오.

(ㄱ)	전송요구의 대상이 되는 정보는 정보주체의 동의를 받아 처리되는 정보, 계약의 체결·이행을 위해 처리되는 정보, 그리고 공익적 목적으로 보호위원회가 심의·의결하여 지정한 정보 중 정보처리장치로 처리되는 개인정보를 포함한다.
(ㄴ)	분야 확대 시행에 따라 보건의료, 통신, 에너지 분야가 우선 전송요구 대상 산업군으로 지정되었으며, 정보주체는 본인의 정보를 자신 또는 개인정보관리 전문기관, 일반수신자에게 전송할 것을 요구할 수 있다.
(ㄷ)	개인정보관리 전문기관 중 '특수전문기관'은 보건의료정보 등 정보의 민감도나 전문성이 높은 특정 분야의 전송 업무를 전문적으로 지원하기 위해 지정되는 기관이다.
(ㄹ)	일반수신자는 등재를 위해 보호위원회가 고시하는 시설 및 기술 기준을 충족해야 할 뿐만 아니라, 「개인정보 보호법」 제29조에 따른 안전조치의무를 반드시 이행하여야 한다.
(ㅁ)	개인정보처리자는 수집한 정보를 기초로 분석·가공하여 별도로 생성한 정보나 제3자의 정당한 이익을 침해할 우려가 있는 경우 전송 요구를 거절하거나 전송을 중단할 수 있다.
(ㅂ)	에너지 및 통신 분야의 전송요구권 이행 시, 개인정보처리자는 정보주체의 본인 여부가 확인되지 않더라도 산업 활성화를 위해 우선적으로 정보를 전송한 후 사후 확인 절차를 거칠 수 있다.

① 2개　　　　② 3개　　　　③ 4개　　　　④ 5개　　　　⑤ 모두 다 맞다.

[25–26] 심사원은 온라인 맞춤형 쇼핑 서비스를 제공하는 ㈜B마켓의 ISMS–P 인증심사를 수행하고 있다. 다음은 온라인 행태정보 수집 및 마케팅 활용 현황에 대한 서비스 운영 담당자와의 인터뷰 내용이다.

- **심사원** : 웹사이트와 앱에서 이용자의 행태정보를 어떻게 수집하고 관리하는지 설명 부탁드립니다.

- **담당자** : 저희는 이용자의 방문 기록, 검색 이력 등 행태정보를 쿠키(Cookie)와 광고식별자(ADID)를 통해 수집하고 있습니다. 식별되지 않은 일반 행태정보는 개인정보와 완전히 분리된 별도의 '행태정보 로그 DB'에 저장하며, 이용자 개인을 특정하지 않도록 관리하고 있습니다. 보안을 위해 해당 행태정보는 최대 1년까지만 보관하고 즉시 파기하는 정책을 운영 중입니다.

- **심사원** : '맞춤형 마케팅' 서비스의 경우는 개인을 식별하여 혜택을 제공하는 것으로 알고 있는데, 이 과정은 어떻게 처리됩니까?

- **담당자** : 맞춤형 쿠폰 발송 등 마케팅이 필요한 경우에는 '마케팅 전용 DB'를 별도로 구축하여 운영합니다. 이 DB에는 회원의 식별정보(ID, 연락처)와 해당 회원의 행태정보를 결합하여 저장하는데요. 이는 우리 서비스 회원에게만 제공하는 내부 마케팅 활동이므로, 별도의 추가 동의 없이 기존 개인정보 처리방침에 '맞춤형 광고 안내'를 기재하여 알리고 있습니다.

- **심사원** : 외부 광고 플랫폼 사업자(제3자)에게 전달되는 데이터도 있나요?

- **담당자** : 네, 광고 효율 측정을 위해 타사 광고 플랫폼 SDK를 사용하고 있으며, 이때 ADID 정보가 실시간으로 전송됩니다. 개인을 직접 식별하는 정보가 아니라고 판단하여 별도의 고지 절차는 생략하고 있습니다.

- **심사원** : 분석결과를 보면 회원 DB에 이벤트 시 수집한 주민등록번호를 함께 보관하고 계시는데 파기는 어떻게 수행하고 계실까요?

- **담당자** : 이벤트가 주기적으로 발생하여, 제세공과금 처리를 위해 주민등록번호를 반복적으로 수집하지 않고 회원 탈퇴 시, 회원 DB에서 함께 파기하고 있습니다.

25 인터뷰 내용을 바탕으로 심사원이 판단한 결함 사항과 조치 방안이 가장 적절한 것을 고르시오.

① 행태정보를 개인정보와 분리하여 보관하고 1년의 보관 기간을 설정한 것은 개인정보 최소 수집 원칙을 위반한 것이므로 즉시 파기 주기를 6개월로 단축해야 한다.

② 개인정보와 행태정보를 결합하여 특정 개인을 식별하는 '맞춤형 마케팅'을 수행하면서 정보주체에게 별도의 동의를 받지 않은 것은 결함이므로, 명확한 고지 후 선택적 동의를 받도록 조치해야 한다.

③ 광고식별자(ADID)는 그 자체로 개인정보가 아니므로 외부 광고 사업자에게 전송할 때 고지 절차를 생략한 담당자의 판단은 적절한 조치로 볼 수 있다.

④ '마케팅 전용 DB'를 물리적으로 분리하여 운영하고 있다면 개인정보와 행태정보를 결합하더라도 개인정보 보호법상 수집 제한 의무가 면제되므로 현행 방식을 유지해도 무방하다.

⑤ 행태정보 보관 기간을 1년으로 설정한 것은 법적 근거가 없으므로 5년으로 연장하여 데이터 분석의 가용성을 확보해야 한다.

26 위 ㈜B마켓의 사례에서 언급된 온라인 행태정보 관련 용어 및 법적 설명에 대한 내용이다. 다음 설명중 옳은 것을 모두 고르시오.

(ㄱ)	쿠키(Cookie)는 웹 브라우저에 저장되는 데이터로, 이용자가 방문한 웹사이트 뿐만 아니라 타사 광고 플랫폼의 쿠키를 통해서도 행태정보 수집이 가능하다.
(ㄴ)	광고식별자(ADID/IDFA)는 모바일 단말기에서 부여하는 식별자로, 이용자가 단말기 설정에서 수시로 재설정하거나 삭제할 수 있는 기능을 제공한다.
(ㄷ)	행태정보가 개인 식별 정보와 결합되지 않고 맞춤형 광고에 활용되는 경우에는 이용자에게 사전에 동의를 받을 필요는 없으나, 이용자가 쉽게 거부할 수 있는 통제 수단을 제공해야 한다.
(ㄹ)	행태정보의 보관 기간은 서비스 목적 달성에 필요한 최소한의 기간으로 설정해야 하며, 통상적으로 6개월 정도의 보관 기간 설정을 권고하고 있다.
(ㅁ)	사업자가 자신의 플랫폼에서 타사 광고 플랫폼이 행태정보를 수집하도록 허용하는 경우, 이용자가 이를 알 수 있도록 안내하고 선택권을 보장할 책임이 있다.

① ㄱ, ㄴ, ㄷ
② ㄱ, ㄴ, ㄷ, ㄹ
③ ㄱ, ㄴ, ㄷ, ㄹ, ㅁ
④ ㄱ, ㄴ, ㄹ, ㅁ
⑤ ㄴ, ㄷ, ㄹ, ㅁ

27 심사원은 ㈜A업체의 ISMS-P 인증심사 수행중 데이터베이스 보호대책 적정성을 점검하기 위해 다음의 자료를 확보하고 담당자와 인터뷰를 실시하였다. 이를 바탕으로 도출된 심사원의 결함 내용 및 조치 의견 중 가장 적절하지 않은 것을 고르시오.

[증적 1. DB 계정 권한 및 접근 통제 정책]

계정명	용도	접속 방식	부여 권한	통제 정책	로그 기록
app_svc	WAS 접속용	Gateway	DML, DDL(Create)	IP 제한	접근제어 솔루션
dba_admin	DB 전체 관리	Direct / Gateway	All Privileges	제한 없음 (DBA)	DB 로컬 로그
dev_user	개발팀 조회	Gateway	DML(Select)	IP/계정 연동	접근제어 솔루션
audit_mgr	보안 감사용	Gateway	DML(Select)	IP 제한	접근제어 솔루션

[증적 2. DB 서버(Oracle) 방화벽 설정(ACL) 리스트]

Rule 1: Permitted | Src: 10.20.30.10(DB-Gateway) | Dest: DB-Server:1521 | Protocol: TCP
Rule 2: Permitted | Src: 10.20.30.55(DBA-Terminal) | Dest: DB-Server:1521 | Protocol: TCP
Rule 3: Deny | Src: Any | Dest: DB-Server:1521 | Protocol: TCP

■ **심사원** : 방화벽 설정을 보니 접근제어 솔루션(Gateway) IP 외에 DBA 터미널 IP가 직접 접속 가능하게 열려 있습니다. 우회 경로로 보이는데 해당 경로가 존재하는 이유가 무엇인가요?

○ **담당자** : 네, 원칙적으로는 접근제어 솔루션을 경유해야 합니다. 하지만 긴급 장애 복구나 대량의 배치(Batch) 작업 시 솔루션의 부하로 인한 성능 저하가 발생하여, DBA 전용 PC 한 대에 한해서만 DB 서버로의 직접 접속(Direct Access) 경로를 예외적으로 허용하고 있습니다.

■ **심사원** : 서비스 계정인 app_svc에 DDL(Create) 권한이 할당되어 있는데, 일반적인 애플리케이션 서비스에서 테이블 구조 변경 권한이 필요한가요?

○ **담당자** : 특정 배송 정보 처리 로직 중 임시 테이블을 동적으로 생성하고 삭제하는 과정이 포함되어 있어 예외적으로 부여했습니다. 다만, 해당 계정은 소스코드 내에서만 사용되므로 오남용 위험은 낮다고 판단합니다.

■ **심사원** : DBA가 솔루션을 우회하여 직접 접속할 때 발생하는 작업 이력은 어떻게 기록되고 검토되나요?

○ **담당자** : 직접 접속 시에는 솔루션 로그가 남지 않으므로 DB 자체 감사 로그(Audit Log)를 활성화하여 기록합니다. 다만, 로그 데이터가 너무 방대해지는 것을 방지하기 위해 DBA 계정의 로그는 일주일 단위로 덮어쓰기(Overwrite)하여 최신성만 유지하고 있습니다.

① 성능 효율성이나 장애 대응을 사유로 DBA가 접근제어 솔루션을 우회하여 DB 서버에 직접 접속할 수 있는 통로를 방화벽상에 상시 허용하고 있는 것은 2.6.4 데이터베이스 접근 위반이다.

② 서비스 계정(app_svc)에 업무상 필요한 범위를 넘어선 DDL(Create) 권한을 부여하여 데이터 구조 변경 및 삭제 위험을 초래한 것은 2.5.5 특수 계정 및 권한관리 위반이다.

③ 접근제어 솔루션을 우회하는 경로(Direct Access)가 존재할 경우, 모든 작업 이력을 중앙에서 통제하거나 실시간으로 모니터링하기 어려우므로 해당 우회 경로를 원천 차단하거나 별도의 강력한 통제 대책을 수립해야 한다.

④ DBA 직접 접속 시 발생하는 DB 로컬 로그를 용량 문제로 주기적으로 덮어쓰기 (Overwrite)하여 기록을 보존하지 못한 것은 2.9.4 로그 및 접속기록 관리 위반이다.

⑤ 서비스 계정에 DDL 권한이 부여되어 있더라도 해당 계정이 접근제어 솔루션 (Gateway)을 경유하여 IP 제한 정책의 통제를 받고 있다면, 인증기준 2.5.5 특수 계정 및 권한관리의 보호대책을 충족한 것으로 인정된다.

28 다음 심사원과 담당자와의 인터뷰를 바탕으로 심사원이 판단하는 내용 중 가장 적절한 것을 고르시오.

[인터뷰 내용]

- **심사원** : 퇴사자 발생 시 사용자 계정은 어떻게 처리하고 있습니까?

- **담당자** : 인사팀에서 퇴사자 명단을 전달하면 해당 사용자의 로그인 계정을 비활성화 처리하고 있습니다.

- **심사원** : 비활성화 이후에도 시스템 접근이 가능한가요?

- **담당자** : 로그인이 불가능하기 때문에 일반적인 업무 시스템 접근은 어렵다고 판단하고 있습니다.

- **심사원** : 그럼 비활성화된 계정은 일정기간 후 삭제가 되고 있습니까?

- **담당자** : 계정 삭제까지는 하지 않지만, 비활성화 상태라 실제 사용은 불가능하다고 보고 있습니다.

- **심사원** : 관리자 권한을 통해 해당 계정을 다시 활성화할 수는 없습니까?

- **담당자** : 관리자가 활성화할 수는 있으나, 내부적으로는 임의 사용을 금지하고 있습니다.

- **심사원** : 재활성화를 제한하거나 승인 절차로 통제하는 절차가 있습니까?

- **담당자** : 별도의 승인 절차는 없으며, 비활성화 상태이므로 보안상 문제는 크지 않다고 판단하고 있습니다.

- **심사원** : 퇴사자 계정의 비활성화 이후 삭제 여부나 재활성화 이력을 확인할 수 있습니까?

- **담당자** : 해당 이력은 관리하고 있지 않습니다.

- ◇ **제3자(인사팀)** : 퇴사자 명단은 메일로 전달하고 있으나, 계정 비활성화 이후의 삭제나 재활성화 통제 여부까지는 확인하지 않고 있습니다.

---

① 사용자 계정 생성·삭제 절차가 수립되어 있으므로 2.5.1 사용자 계정 관리 결함이 아닌것으로 판단 했다.

② 퇴사자 계정을 비활성화로 관리하고 있으므로 2.5.5 특수 계정 및 권한 관리 결함으로 판단 했다.

③ 퇴사자 계정을 비활성화 상태로만 관리하고 삭제 절차가 없으므로 2.2.5 퇴직 및 직무 변경 관리 결함으로 판단 했다.

④ 인사팀에서 퇴사자 명단을 전달하고 있으나, 퇴직 정보가 실시간으로 인사시스템과 동기화 되지않아 2.5.1 사용자 계정 관리 결함으로 판단 했다.

⑤ 퇴사자 계정이 비활성화 처리되어 있어 2.5.1 사용자 계정 관리 결함으로 판단했다.

29 다음 ㈜가나다 쇼핑몰 DB 와 인터뷰 내용을 보고 결함으로 적절한 것을 고르시오.

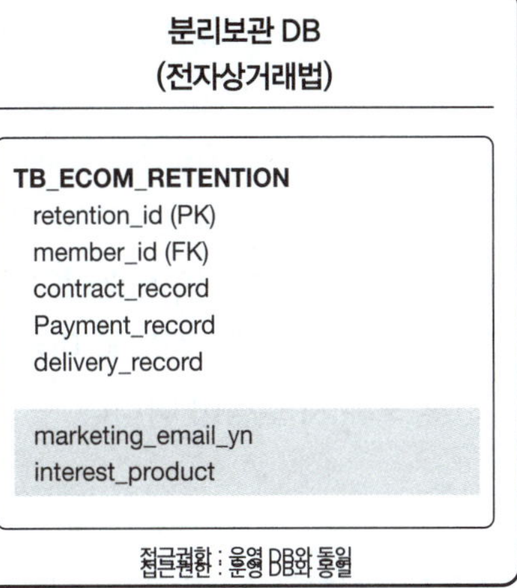

[인터뷰 내용]

- **심사원** : 지금 보시는 그림에서 TB_ECOM_RETENTION 테이블이 별도로 구성되어 있는데요. 이 테이블은 어떤 목적의 데이터베이스인지 설명해 주시겠습니까?

- **담당자** : 네. TB_ECOM_RETENTION은 회원 탈퇴 이후에도 「전자상거래 등에서의 소비자보호에 관한 법률」에 따라 일정 기간 보관이 필요한 계약, 결제, 재화 공급 관련 기록을 관리하기 위해 별도로 분리한 데이터베이스입니다. 운영 DB에서 탈퇴 처리된 회원의 필수 보관 대상 정보만 이관하여 저장하고 있습니다.

- **심사원** : 그렇다면 이 테이블에 포함된 marketing_email_yn, interest_product 항목은 어떤 데이터입니까?

- **담당자** : 해당 항목들은 회원 가입 당시 수집된 선택적 개인정보로, 이메일 수신 동의 여부와 관심 상품 정보를 의미합니다. 현재는 탈퇴 시점에 함께 이관되어 동일 테이블 내에 저장되고 있습니다.

- **심사원** : 접근권한 측면에서는 운영 DB와 차이가 있습니까?

- **담당자** : 현재는 운영 DB와 동일한 접근권한 정책이 적용되어 있습니다. 추가 검토는 하지 않았습니다.

① TB_ECOM_RETENTION 테이블에 마케팅 활용을 위한 선택 정보가 함께 보관되고 있으므로 3.4.1 개인정보 파기 결함에 해당한다.

② 분리 데이터베이스를 구성하였으므로 3.4.2 처리목적 달성 후 보유 시 조치 결함이 아니다.

③ TB_ECOM_RETENTION 테이블에 마케팅 활용을 위한 선택 정보 보관 및 접근 권한 설정 미흡으로 3.4.2 처리목적 달성 후 보유 시 조치 결함에 해당한다.

④ 탈퇴회원 정보는 파기 대상이 아니므로 3.4.2 처리목적 달성 후 보유 시 결함이 아니다.

⑤ 분리 보관된 개인정보를 마케팅 목적으로 활용하지 않았으므로 3.4.2 처리목적 달성 후 보유 시 결함이 아니다.

30 다음은 「전자금융감독규정」 제36조(자체 보안성심의)에 관한 설명이다. 다음 중 적절하지 않은 것을 고르시오.

① 금융회사 또는 전자금융업자가 정보통신망을 이용하여 이용자를 대상으로 신규 전자금융업무를 수행하고자 하는 경우, 해당 업무가 기존 업무의 단순 기능 개선에 해당하더라도 자체 보안성심의를 실시하여야 한다.

② 제36조 제1항 제1호에 따른 자체 보안성심의를 실시한 금융회사 또는 전자금융업자는, 신규 전자금융업무를 실제 제공하거나 시행한 날을 기준으로 30일 이내에 자체 보안성심의 결과보고서를 금융감독원에 제출하여야 한다.

③ 신규 전자금융업무와 관련하여 과거 1년 이내 전자금융사고가 발생하지 않은 금융회사 또는 전자금융업자라 하더라도, 금융감독원장이 정하는 기준에 해당하지 않는 경우에는 자체 보안성심의 결과보고서 제출 의무가 면제되지 않는다.

④ 금융감독원장은 제출된 자체 보안성심의 결과보고서의 보안수준이 충분하지 않다고 인정되는 경우, 해당 금융회사 또는 전자금융업자에게 개선·보완을 요구할 수 있으며, 이 경우 해당 행위의 중단을 명할 수 있다.

⑤ 「공공기관의 운영에 관한 법률」 제4조에 따른 공공기관은 제36조 제1항 제1호에 따른 자체 보안성심의 결과보고서 제출 의무에서 제외될 수 있다.

31 (주)가나다 회사의 상황에서 심사원이 판단한 할 수 있는 결함으로 적절하지 않은 것을 고르시오.

> (주)가나다 회사는 최근 조직 개편과 담당자 변경이 반복되면서, 주요직무자 및 개인정보취급자 현황이 수시로 변동되었으나 계정 관리에 대한 종합적으로 관리하는 체계가 마련되어 있지 않았다. 이에 따라 주요직무자 및 개인정보취급자의 접속기록 검토와 접근권한 적정성 검토가 일정에 따라 수행되지 못하였다.
>
> 정보보호 및 개인정보보호 관련 안건은 필요 시 개별 부서 단위로 논의되었으나, 정기적인 정보보호 및 개인정보보호 위원회 개최는 이루어지지 않았으며, 주기적인 정보보호 운영현황에 대한 문서화 및 경영진 보고가 이뤄지지 않았다. 또한, 신규 입·퇴사 및 직무 변경에 대한 현황 관리가 미흡하여 정보보호 및 개인정보보호 교육 대상자 식별이 어려워, 정기 교육이 계획대로 수행되지 못하였다.

① 1.1.3 조직 구성
② 1.3.3 운영현황 관리
③ 2.2.4 인식제고 및 교육훈련
④ 2.5.1 사용자 계정 관리
⑤ 2.9.4 로그 및 접속기록 관리

[32-33] 2025년 11월 현재 가상자산거래소 사업자인 △△뱅크의 ISMS 인증심사를 수행하고 있다. 다음은 심사원과 담당자의 2일간의 인터뷰 내용과 가상자산 거래내역을 기록한 내용이다.

[심사 1일차 담당자와의 인터뷰 내용]

■ **심사원** : 이용자가 취급업소의 서비스를 이용할 경우 인증수단이 어떻게 적용되어있는지 설명 부탁드립니다.

○ **담당자** : 로그인, 출금 등의 서비스를 이용할 경우 OTP 인증을 통한 기기인증 이후에 서비스 이용이 가능하도록 하고 있습니다.

■ **심사원** : 입금 서비스를 이용하는 경우에는 추가 인증수단이 없을까요?

○ **담당자** : 네, 입금의 경우에는 추가 인증수단이 없습니다.

■ **심사원** : 입금 서비스에 대한 추가 인증수단 또는 멀티시그의 적용 계획이나 보완대책이 있나요?

○ **담당자** : 해당 내용에 대해서는 경영진께 보고가 된 상태이지만 추가 인증수단이나 멀티시그 적용 계획은 아직 없습니다.

■ **심사원** : 네, 알겠습니다. 사용자 정보변경을 해보니 추가 인증수단 없이 변경이 가능하네요?

○ **담당자** : 네, 기존에는 사용자 정보변경시 추가 인증수단을 요구하게 하였으나, 민원이 많이 발생하여 이용자의 편의성 보장을 위해 사용자 정보변경시 추가 인증수단 없이 가능하게 변경하였습니다.

■ **심사원** : 네, 알겠습니다. 가상자산 거래내역 확인 부탁드립니다.

○ **담당자** : 거래내역 기록 보여드리겠습니다. 잠시만요.

[가상자산 거래내역]

이용자	상대방	일시	종류	코인	거래금액	주문정보	수수료	불공정거래 신고내역	이상거래 내역	가상자산주소	비고
user01	거래소	2025-01-10 14:32:11	매수	BTC	18,750,000원	ORD-20250110-12345 / 시장가	0.001 BTC (35,000원)	특이사항 없음	특이사항 없음	bc1q8v9k2l3m4n5p6q7r8s9t0u1v2w3x4y5z	-
user01	거래소	2025-01-10 15:05:44	매도	XRP	4,800,000원	ORD-20250110-12602 / 지정가	0.00025 BTC (8,750원)	특이사항 없음	특이사항 없음	rJ9n4Kp2zx6Qw8Vt1Lm3Hs7Yc5Bd2Ea9P	-
user02	거래소	2025-01-09 09:11:03	입금	USDT	$10,000.00	입금승인 / REF-DEP-88421	-	특이사항 없음	특이사항 없음	TQ9v6m2k7s4p1a8d3f5g6h7j8k9l0z1x2c	-
user02	외부 지갑	2025-01-09 10:02:19	출금	ETH	6,810,000원	TXID: 0xA1b…c0eD	0.0004 BTC (14,000원)	특이사항 없음	특이사항 없음	0x7b2C4d9E1a3F6B8c0D2e5F7A9b1C3D5E7F9A1B2C	-
user03	거래소	2025-01-08 18:25:29	매수	SOL	2,150,000원	ORD-20250108-07333 / 지정가	0.0003 BTC (10,500원)	특이사항 없음	특이사항 없음	4rP9kQ2mT7vX1aB3cD6eF8gH0jL5nS2uV9wY3z	-
user01	user 05지갑	2025-01-08 20:14:52	송금	BTC	3,500,000원	TXID: bc1q4…hg3n	0.0005 BTC (17,500원)	특이사항 없음	특이사항 없음	bc1q4x7k9m2p5n8q1r3t6v0w2y4z7a9c8d6e5f	-

- ○ **담당자** : 법적 요구사항에 맞게 거래내역을 기록하고 있으며, 또한 이용자분들도 본인의 거래내역을 확인 하실 수 있도록 기능을 구현하여 지원하고 있습니다.
- ■ **심사원** : 네, 가상자산거래 기록은 몇 년 보관하고 관리하시나요.
- ○ **담당자** : 5년간 보존하고 있습니다. 그러나 저희 회사가 설립된지 5년이 되지 않아서 5년간 보존한 거래내역은 현재 없습니다.
- ■ **심사원** : 그러면 지금 당장 확인이 어렵겠네요. 거래내역 보존기간에 대한 내용을 확인 할 수 있는 지침이나 정책서 확인이 가능할까요?
- ○ **담당자** : 네, 정보보호지침 내규에 거래내역 보존에 관한 내용이 기재되어있고, 인터뷰 끝나는 대로 제출하겠습니다.

[심사 2일차 담당자와의 인터뷰 내용]

- ■ **심사원** : 안녕하세요. 월렛의 개인키 보안은 어떻게 하고 계신가요?
- ○ **담당자** : 멀티시그를 통해 추가 인증을 적용 중이며, 자체 개발을 통해 추가적인 멀티시그 기능 구현을 위해 연구 중에 있습니다.
- ■ **심사원** : 멀티시그를 지원하지 않는 코인 및 플랫폼의 전송 경우에는 어떻게 하고 계신가요?
- ○ **담당자** : 현재 저희 취급업소내 가상자산 송신시 추가적인 인증을 통해 진행하고 있습니다. 송신측 인증을 통해 불법적인 전송과 해킹을 사전에 차단 중입니다.
- ■ **심사원** : 수신측을 확인할 수 있는 추가적인 인증이 없나요?
- ○ **담당자** : 앞서 말씀드린대로 자체 개발을 통해 멀티시그 기능을 구현하려 연구 중에 있고, 송신측 인증 만으로도 충분한 안정장치가 적용된다고 판단됩니다.
- ■ **심사원** : 네, 알겠습니다. 핫/콜드 월렛에서 사용되는 키나 패스프레이즈는 어떻게 보관하고 계신가요?
- ○ **담당자** : 핫/콜드 월렛에서 사용되는 키는 물리적으로 소산하여 관리하고 있으며, 패스프레이즈는 논리적인 망분리를 통해 저장하여 보관 중입니다.
- ■ **심사원** : 패스프레이즈는 논리적 망분리를 통해 보관하는 이유가 있을까요?
- ○ **담당자** : 아무래도 월렛에서 사용되는 키보다는 중요도가 낮고 사용하는 빈도수 자체도 많기에 논리적인 망분리를 통해 관리자만 접근할 수 있도록 통제하고 있습니다.
- ■ **심사원** : 네, 알겠습니다. 핫/콜드월렛 관련 중요한 작업 지침이나 절차서가 있나요?
- ○ **담당자** : 네, 어제 보여드린 정보보호지침서에 핫/콜드월렛 관련된 중요한 작업 지침이나 절차가 기재되어있고, 그룹웨어에 임직원들 대상으로 누구나 확인 할 수 있도록 공개 되어있습니다.
- ■ **심사원** : 관련된 임직원 외에 다른 업무를 하고 있는 임직원 분들도 볼 수 있게 되어있나요?
- ○ **담당자** : 네, 맞습니다. 정보보호 정책 및 시행문서는 항상 최신본으로 임직원들이 접근하기 쉬운 형태로 제공하고 있으며, 관련 업무를 하지 않으시는 임직원분들도 정보보안 인식제고를 위해 배포하고 있습니다.

32 1일차 인터뷰 내용과 가장자산 거래내역을 확인하고 심사원의 판단으로 적절하지 않은 내용을 모두 고르시오. (2개)

① 심사원은 추가인증수단 없이 사용자 정보변경이 가능하여, 2.10.4 전자거래 및 핀테크 보안 결함으로 판단하였다.

② 심사원은 가상자산 거래내역 보존기간에 대한 지침서 및 정책서를 확인하고, 해당 정책이 법적 요구사항을 반영하고 있는지와 실제 운영이 이를 준수하고 있는지를 추가로 검토한 후 결함 여부를 판단하여야 한다고 판단하였다.

③ 심사원은 법적 요구사항에 맞게 거래내역을 기록하고 있어, 결함이 아니라고 판단하였다.

④ 심사원은 가상자산 거래내역이 현재까지 최대 5년 미만으로 보존되고 있다는 점은 회사 설립 시점에 따른 결과로 볼 수 있으므로, 해당 사실만으로 법적 보존 기간 미준수 여부를 단정하기는 어렵다고 판단하였다.

⑤ 심사원은 추가 인증수단 없이 입금이 가능하여, 2.10.4 전자거래 및 핀테크 보안 결함으로 판단하였다.

33 2일차 인터뷰 내용을 확인하고 심사원의 판단으로 가장 적절한 내용을 고르시오.

① 심사원은 멀티시그를 지원하지 않는 가상자산 송/수신시 수신측 추가 인증 여부를 확인하여야 하며, 수신측 인증 미반영 시 2.5.3 사용자 인증 결함으로 판단하였다.

② 심사원은 키, 패스프레이즈 보관 방법이 잘못되었다고 판단하였으며, 2.5.4 비밀번호 관리 결함으로 판단하였다.

③ 심사원은 핫/콜드월렛 관련 중요한 작업 지침 및 절차서가 해당 업무와 관련 없는 임직원에게도 배포되고 있어, 1.1.5 정책수립 결함으로 판단하였다.

④ 심사원은 멀티시그를 지원하지 않는 가상자산 송신시 추가적인 인증을 통해 전송을 하고있어, 결함이 아니라고 판단하였다.

⑤ 심사원은 멀티시그를 지원하지 않는 가상자산의 경우 보호대책이 있는지 확인하여야 하며, 보호대책이 없다면 1.3.1 보호대책 구현 결함으로 판단하였다.

34 보험 추천 서비스를 제공하는 C사의 ISMS-P 심사 중 진행된 인터뷰 및 시스템 점검 내용이다. 이를 바탕으로 심사원이 판단한 내용중 적절한 것을 모두 고르시오. (2개)

[신청기관 환경]

심사일자 : 2026년 3월 2일

개인정보 보유수 : 300만건

- **심사원** : 먼저 온라인 행태정보 처리에 대해 확인하겠습니다. 홈페이지에 공개된 개인정보 처리방침을 보니 '맞춤형 광고 및 서비스 분석을 위해 수집된 행태정보는 수집일로부터 36개월(3년)간 보관한다'고 명시되어 있더군요. 통상적인 기준보다 꽤 긴 것 같은데, 이유가 있나요?

- **담당자** : 네, 맞습니다. 저희는 보험 상품의 특성상 고객의 장기적인 생애주기(Life-cycle) 분석이 필수적이라 내부 정책에 따라 3년으로 설정하여 운영하고 있습니다.

- **심사원** : 실제 DB를 점검해 보겠습니다. (DB 조회 결과 확인) 앱 데이터베이스를 보니 2014년 3월 17일에 생성된 단말기 식별정보와 검색 이력이 여전히 남아있네요. 이건 방침상 정한 3년도 훨씬 지난 데이터 아닌가요?

- **담당자** : 확인해 보니 레거시 시스템에서 이관하는 과정에서 삭제되지 않고 남아있던 데이터 같습니다. 즉시 파기 조치하겠습니다.

- **심사원** : 회원 탈퇴 시 파기 절차는 어떻게 되나요?

- **담당자** : 원칙적으로 즉시 파기하지만, '부정이용 방지 및 수사기관 협조'를 위해 탈퇴 회원의 아이디, 이름, 휴대전화번호, 그리고 CI(연계정보)를 탈퇴 후 3개월간 보관하고 있습니다. 물론 해당 DB는 운영 DB와 논리적으로 분리하여 별도 접근통제를 적용 중이고요.

- **심사원** : 마케팅 분석과 부정이용 방지를 위해 CI(연계정보)를 활용하신다고 했는데, CI값에 대한 암호화 저장은 적용되어 있나요?

- **담당자** : 주민등록번호는 암호화되어 있지만, CI값은 일방향 해시값이기도 하고 현재는 평문(해시값 자체)으로 저장 중입니다.

- **심사원** : 다음은 망분리 현황입니다. A사는 정보통신망법 등에 따른 인터넷망 차단 의무 대상 기업이 맞나요?

- **담당자** : 네, 맞습니다. 개인정보를 처리하는 내부 업무망 PC에서는 인터넷 접속이 원천 차단되어 있습니다.

- **심사원** : 그럼 개인정보 취급자의 업무용 PC 보안 설정을 확인해 보겠습니다. (CMD 창 실행) nslookup google.com 명령어를 입력해 보니, 사내 DNS 서버(192.168.x.x)를 경유하여 외부 구글의 IP 주소(142.250.x.x)를 정상적으로 받아오고 있군요.

① 「온라인 맞춤형 광고 가이드라인」 및 정책 방안에서는 행태정보의 보존 기간을 6개월 이내로 할 것을 권고하고 있다. C사가 이를 36개월(3년)로 설정한 것은 권고 기준을 과도하게 초과한 것이며, 정보주체의 권리 보장을 위한 최소 수집 원칙에 위배될 소지가 있으므로 3.1.5 개인정보 간접수집 결함이다.

② 내부 정책상 보존 기한을 36개월로 정하였음에도 불구하고, 실제 시스템에는 2014년 생성된(10년 이상 경과한) 행태정보가 파기되지 않고 남아있는 것은 3.4.1 개인정보 파기 결함이다.

③ 정보통신망법 및 개인정보 보호법에 따라 탈퇴 시 개인정보는 지체 없이 파기해야 한다. '부정이용 방지'나 '수사 협조'는 법령(상법, 전자상거래법 등)에 명시된 의무 보존 사유가 아니므로, 이를 근거로 3개월간 별도 보관하는 정책은 위법하며 3.4.1 개인정보의 파기 결함이다.

④ 연계정보(CI)는 개인을 식별할 수 있는 중요 정보이므로 안전한 알고리즘으로 암호화하여 저장해야 한다. 암호화 조치를 하지 않은 것은 개인정보의 안전성 확보 조치 위반으로 2.7.1 암호정책 적용 결함이다.

⑤ 인터넷 차단 의무 대상 기업의 내부망 PC에서 nslookup을 통해 외부 도메인의 IP를 질의하고 응답받을 수 있다는 것은, 내부 DNS가 외부 DNS와 통신을 허용하고 있음을 의미한다. 이는 DNS 터널링 등 데이터 유출 경로로 악용될 수 있어 인터넷망 차단 통제 미흡에 해당하므로 2.6.7 인터넷 접속 통제 결함이다.

35 다음은 금융 이상거래 탐지 AI 서비스를 운영 중인 D사에 대한 ISMS-P 심사 상황이다. 심사 결과로 가장 적절한 판단을 고르시오.

> D사는 예측형 AI 모델을 활용하여 금융 이상거래 탐지 서비스를 제공하는 핀테크 기업이다. 해당 서비스는 고객의 거래 패턴, 계좌 정보, 위치 정보 등 민감한 금융 데이터를 학습하여 실시간으로 이상거래 여부를 판단한다.
>
> 해당 AI 서비스는 정보보호 관리체계(ISMS-P) 범위에 포함되어 있으며, AI 모델 학습 서버, 추론 서버, 학습 데이터셋, 모델 파일은 주요 정보자산으로 식별되어 자산 목록에 등록되어 있었으며, AI 모델을 소프트웨어의 종류로 판단하고 기존 정보시스템 위험평가 방법론을 활용하여 평가하였다.
>
> 현재 AI 모델은 기획·개발·배포를 거쳐 운영 중이며, 모델 성능 저하가 감지될 경우 최신 거래 데이터를 반영하여 주기적으로 재학습을 수행하고 있다. 재학습 시 기존 모델(v1.0, v1.1 등)은 새로운 모델로 교체되며, 교체된 구버전 모델 파일은 개발 서버 내 백업 폴더에 별도의 접근통제 또는 보안 조치 없이 보관되고 있다.
>
> 추가로 확인한 결과, 교체된 구버전 AI 모델과 연결되어 있던 테스트용 API 엔드포인트가 운영 서버에 그대로 남아 있었으며, 외부 네트워크에서 접근이 가능한 상태로 유지되고 있는 것으로 확인되었다. 하지만, 신청기관에서는 해당 API는 새 버전 API 모델과 연결되지 않았기 때문에 문제가 없다고 답변하였다.

① AI 모델을 소프트웨어 유형으로 식별한 것은 「1.2.1 정보자산 식별」 결함이다.

② AI 모델 파일에 대한 이력관리를 위해 구버전 AI 모델 파일을 개발 서버 내 백업 폴더에 별도의 접근통제 또는 보안 조치 없이 보관하고 있으므로 「2.9.3 백업 및 복구관리」 결함이다.

③ AI 모델 교체 시 기존 모델을 폐기하지 않고 접근통제 조치 없이 보관하고 있는 것은 「2.9.7 정보자산의 재사용 및 폐기」 결함이다.

④ 새 버전 AI 모델로 변경 시 구버전 AI 모델과 연결된 테스트용 API의 활성화 여부를 점검하지 않은 것은 「2.9.1 변경관리」 결함이다.

⑤ AI 모델의 교체·재학습·폐기 과정에서 발생할 수 있는 보안 위협에 대한 위험 식별 및 평가 방법이 미흡하므로 「1.2.3 위험평가」 결함이다.

36 생성형 AI가 실제 업무에 통합되면서 문서 자동화, 고객 응대, 소프트웨어 개발, 내부 지식 검색 등의 분야에서 급격한 효율화가 이루어지고 있다. 이를 통해 다양한 업무가 사람 손을 거치지 않고 이루어지게 된 반면, 이전과는 전혀 다른 유형의 보안 위협에 노출되고 있다. 다음은 AI 보안 위협 유형과 그에 대한 대응 방안을 연결한 것이다. 설명이 적절한 것을 고르시오.

① 데이터 중독 공격(Data Poisoning Attack) — 공격자가 학습 데이터에 악의적인 데이터를 삽입하여 모델의 판단을 왜곡시키는 공격으로, 이에 대응하기 위해 학습 데이터의 출처를 검증하고 이상 데이터 탐지 기법을 적용하며, 데이터 무결성 검증 절차를 수립해야 한다.

② 모델 오염 공격(Model Poisoning Attack) — 공격자가 대량의 질의를 반복하여 모델의 응답 패턴을 분석하고 모델 구조를 복제하는 공격으로, 이에 대응하기 위해 API 호출 횟수를 제한하고 비정상적인 질의 패턴을 탐지·차단해야 한다.

③ 프롬프트 인젝션 공격(Prompt Injection Attack) — 공격자가 입력 데이터에 미세한 변조를 가하여 모델이 잘못된 결과를 출력하도록 유도하는 공격으로, 이에 대응하기 위해 입력 데이터에 대한 적대적 훈련(Adversarial Training)을 수행해야 한다.

④ 모델 추출 공격(Model Extraction Attack) — 공격자가 악의적인 프롬프트를 삽입하여 AI 시스템의 보안 정책을 우회하고 유해한 콘텐츠를 생성하도록 유도하는 공격으로, 이에 대응하기 위해 입력 필터링 및 출력 검증 메커니즘을 구축해야 한다.

⑤ 모델 회피 공격(Model Evasion Attack) — 공격자가 훈련 데이터를 조작하여 AI 모델이 악의적인 방향으로 학습하도록 유도하는 공격임. 주로 훈련 데이터에 악성 데이터를 삽입해 모델이 왜곡된 학습을 하게 하는 공격으로, 데이터 검증 및 정제, 데이터 필터링, 신뢰할 수 있는 데이터 소스를 사용한다.

37 (주)에이아이헬스는 최근 사내 보안 점검을 실시하였다. 다음 중 나보안 팀장이 각 사례를 검토한 결과나 조치한 내용 중 관련 법령 및 안내서의 지침에 비추어 볼 때 가장 적절하지 않은 조치를 고르시오.

내부 보안 점검 기준

내부 보안 점검 기준

1. 입사지원 양식 내 주민번호 수집 여부, 채용 지원 단계(확정 전)에서 주민등록번호를 수집하는 양식이 모두 제거되었는가? (생년월일 대체 확인) ☐

2. 민원 처리 시 정보 제공 절차 준수, "민원 해결을 목적으로 하더라도, 정보주체의 사전 동의 없이 피민원인에게 신원 정보를 제공하고 있지는 않은가?" ☐

3. 마케팅 목적 쿠키(Cookie) 동의 절차, "타깃 마케팅을 위한 행태정보 수집 시, 처리방침 명시 외에 이용자가 직접 선택할 수 있는 '동의/거부' 절차가 마련되어 있는가?" ☐

4. 법적 보존 정보 외 추가 정보 파기, "전자상거래법 등 법령에 따라 정보를 보존할 때, 보존 의무가 없는 선택 항목(관심사, 기념일 등)은 별도로 분리하여 파기하였는가?" ☐

5. 외부 IT 서비스 자산 등록 현황, "업무상 사용하는 외부 웹하드, 클라우드, SaaS 서비스가 자산 관리 대장에 누락 없이 등록되고 위험 평가를 받았는가?" ☐

6. 계정 권한 부여의 적정성, "업무 수행에 필요한 최소한의 권한(Least Privilege)만 부여되어 있으며, 퇴직자 계정은 즉시 삭제 또는 잠금 처리되는가?" ☐

7. 개인정보 노출 방지 조치, 신분증 스캔본 등 민감한 개인정보를 수취할 때 보안이 취약한 경로(외부 비인가 사이트 등)를 이용하고 있지는 않은가? ☐

① 입사 지원자가 제출하는 채용 지원서에 주민등록번호를 기재하도록 하는 관행을 발견하고, 상담 사례집의 해석에 따라 "채용지원 단계에서는 주민등록번호를 수집할 수 없으며, 채용이 확정된 후 법령 근거가 있는 경우에만 수집해야 한다"는 원칙을 확인하여 입사지원서 양식을 즉시 수정하였다.

② 민원 처리 과정에서 피민원인(상점 등)이 민원 제기자의 신원을 물어보자, 담당 직원이 정보를 알려주었고, "원활한 민원 해결을 위해 정보를 알려주었다"고 보고했다. 이에 나 팀장은 "민원인의 동의 없는 정보 제공은 민원 처리라는 목적이 있더라도 제3자 제공 원칙 위반에 해당할 수 있다"며 해당 직원에게 주의 조치를 내렸다.

③ 마케팅 부서에서 서비스 제공과 직접적인 관련이 없는 타깃 마케팅을 목적으로 쿠키(Cookie)를 통해 개인정보를 수집하고 있는 것을 확인했다. 나 팀장은 이를 "정보주체의 별도 동의 없이도 개인정보 처리방침에 웹사이트 방문자의 온라인 활동 정보를 분석한다"는 사실은 계약에 근거하고 있어 고지만하고 별도의 추가 동의 절차를 마련하지 않았다.

④ 탈퇴한 회원의 구매 기록을 「전자상거래법」에 따라 5년간 보존하고 있으나, 보존 의무가 없는 선택 항목(관심 분야, 기념일 등)까지 함께 보관 중인 사실을 발견했다. 나 팀장은 "법적 보존 의무가 있는 항목 외의 과도한 개인정보 보존은 인증 결함 사례에 해당한다"고 판단하여 선택 항목 정보를 분리하여 파기하도록 지시하였다.

⑤ MVNO(알뜰폰) 서비스 개통을 위해 신분증 스캔본을 외부 웹하드 사이트를 통해 수취하고 있으나 해당 사이트가 자산 목록에서 누락된 것을 확인했다. 나 팀장은 "외부 IT 서비스나 클라우드 기반 자산도 인증 범위 내에 있다면 반드시 식별 및 위험 평가가 이루어져야 한다"는 사례를 근거로 이를 자산 관리 대장에 즉시 반영하였다.

38 ISMS-P 인증 심사원(나심사)은 (주)에이아이클라우드의 정기 심사를 수행하던 중 보안 담당자(김보안)와 다음과 같은 대화를 하고 있다. 다음 중 인증기준 및 관련 법규에 비추어 볼 때 심사원의 판단이 적절하지 않은 것을 모두 고르시오. (2개)

①

- **나심사** : 정보보호 및 개인정보보호 실무 협의체의 회의록을 확인해 보니 참석자가 모두 실무 팀장급으로만 구성되어 있습니다. 경영진의 참여가 누락된 점은 의사결정 체계의 실효성 측면에서 문제가 있습니다.

- **김보안** : 실무적인 보안 결정은 팀장 선에서 신속히 처리하는 것이 효율적이라 판단했습니다.

- **나심사** : 최고경영자는 경영진이 참여하는 보고 및 의사결정 체계를 수립해야 합니다. 정보보호위원회에 경영진이 참여했더라도 정보보호 실무 협의체에 경영진이 불참하는 것은 인증기준 (1.1.1 경영진의 참여) 결함입니다.

②

- **나심사** : 위험 평가 결과보고서를 검토하니 서버와 DB에 대한 기술적 취약점 진단 결과만 반영되어 있습니다. 관리적·물리적 영역의 위험 식별은 왜 수행하지 않았습니까?

- **김보안** : IT 서비스 특성상 기술적 보안이 가장 핵심이라고 생각하여 전문 업체의 취약점 진단 결과로 위험 평가 전체를 갈음하였습니다.

- **나심사** : 위험 평가는 관리적·물리적·기술적 영역을 모두 포함해야 합니다. 단순히 기술 진단 결과만으로 위험 평가를 대체하는 것은 인증기준 (1.2.3 위험 평가) 결함입니다.

③

- **나심사** : 현재 운영 중인 IaaS 클라우드 서버의 게스트 운영체제(Guest OS) 보안 패치가 6개월 이상 이뤄지지 않았습니다. 보안 관리가 미흡해 보입니다.

- **김보안** : 저희는 클라우드 사업자(CSP)가 제공하는 인프라를 사용하므로, OS 패치나 하이퍼바이저 보안은 사업자가 알아서 해주는 영역이라고 판단했습니다.

- **나심사** : 책임 공유 모델에 따라 IaaS 환경에서 가상머신 내 OS 및 애플리케이션의 패치 책임은 이용 기업에 있습니다. 이를 CSP의 책임으로 방치한 것은(2.10.2 클라우드 보안) 결함입니다.

④

> ■ **나심사** : CI/CD 배포 과정에서 사용하는 Secret 값(DB 접속 정보 등)을 개발자가 별도 승인 없이 직접 등록하고 있으며, 장애 발생 시 복구 시나리오도 문서화되어 있지 않군요.
>
> ○ **김보안** : 자동화된 배포의 편의성을 위해 각 개발자가 관리하도록 했으며, 문제 발생 시에는 담당자가 기억하거나 화면 설정을 참고하여 다시 구성하고 있습니다.
>
> ■ **나심사** : CI/CD 배포 과정에서 개발 결과물 자동이관 시 책임자 승인 절차가 없고, 변경 시 관련 이력을 구체적으로 문서화되지 않은 것은 (2.8.6 운영환경 이관) 결함입니다.

⑤

> ■ **나심사** : 회원 탈퇴한 사용자의 과거 결제 내역과 선택 항목 정보가 여전히 운영 DB에 남아 있습니다. 개인정보 보호법상 목적이 달성된 정보는 즉시 파기해야 합니다.
>
> ○ **김보안** : 「전자상거래법」에 따라 결제 기록은 5년간 보존해야 하므로, 해당 정보만 분리하여 별도 테이블에서 관리 중입니다.
>
> ■ **나심사** : 개인정보 보호법이 일반법으로서 정보주체가 탈퇴했다면 관련 정보를 즉시 삭제하지 않은 것은 (3.4.1 개인정보 파기) 결함입니다.

39 다음 중 ISMS-P 인증기준 및 최신 보안 기술 지침에 비추어 볼 때 판단이 '적절하지 않은' 것은 모두 몇 개인지 고르시오.

(가) (주)에이아이솔루션은 LLM 학습을 위해 대규모 웹 스크래핑을 수행하였다. 보안 담당자는 "인터넷에 공개된 개인정보는 정보주체의 동의 없이도 '정당한 이익'에 근거하여 수집할 수 있으므로, 해당 웹사이트가 robots.txt나 캡차(CAPTCHA)를 통해 명시적인 거부 의사를 표시했더라도 이를 무시하고 수집하는 것은 법률적으로나 인증기준상 결함이 아니다"라고 판단하였다.

(나) 공공기관용 SaaS 서비스를 IaaS 기반으로 운영 중인 기업에서, 심사원이 가상머신(VM) 내 게스트 운영체제(Guest OS)의 보안 패치가 누락된 것을 지적하였다. 이에 담당자는 "IaaS 모델의 책임 공유 모델에 따라 하드웨어뿐만 아니라 가상머신 내의 운영체제 및 미들웨어 패치 책임도 클라우드 서비스 제공자(CSP)에게 있으므로 이는 우리 회사의 결함이 아니다"라고 소명하였다.

(다) 웹 애플리케이션 개발 시 발생할 수 있는 비정상적인 상황에 대비하여, 개발자는 "상세한 에러 메시지(Traceback 정보 등)를 사용자 화면에 출력해야 운영자가 장애 원인을 즉시 파악하고 대응할 수 있으므로, 시스템 내부 구조 정보가 포함된 에러 메시지를 노출하는 것이 웹서버 보안 강화 측면에서 권장된다"고 주장하였다.

(라) 데이터베이스 연결이나 파일 핸들을 사용하는 프로그램 작성 시, 예외 상황이 발생하더라도 가비지 컬렉터(Garbage Collector)가 자동으로 메모리를 회수하므로 finally 블록 등을 통한 명시적인 자원 해제 코드를 작성할 필요가 없다. 개발자는 "최신 프로그래밍 언어의 메모리 관리 효율성을 믿고 자원 해제 로직을 생략하는 것이 코드의 간결성을 유지하는 시큐어 코딩 방식이다"라고 주장하였다.

(마) 생성형 AI 챗봇의 안전성을 확보하기 위해 '프롬프트 인젝션(Prompt Injection)' 공격에 대비해야 한다. 담당자는 "입력 단계에서 부적절한 프롬프트를 필터링하는 것뿐만 아니라, AI 모델이 생성한 최종 출력물에서도 개인정보나 민감정보가 포함되지 않도록 감지·제거하는 '출력 필터(Output Filter)' 기술을 적용하는 것이 바람직하다"고 판단하였다.

(바) 국가·공공기관용 클라우드 서비스를 이용하는 관리자 계정의 보안을 위해, 아이디/패스워드 인증 외에 SMS OTP나 생체인증 등 다중 인증수단(MFA)을 적용하였다. 담당자는 "공공 클라우드 서비스 관리자 및 임직원이 접근하는 모든 인터페이스에는 패스워드 복잡도와 상관없이 강화된 인증수단을 기본 적용하는 것이 필수적이다"라고 기술하였다.

① 2개　　② 3개　　③ 4개　　④ 5개　　⑤ 6개

40 다음은 ISMS-P 인증심사원과 전자상거래 기업인 굳팡 담당자 간의 대화이다. 유출 사고에 대한 인터뷰를 진행하였다. 결함으로 가장 적절한 것을 모두 고르시오. (2개)

- **심사원** : 안녕하세요. 인증 및 권한 관리 심사를 담당하게 된 임OO 심사원입니다.
- **담당자** : 네 안녕하세요. 정보보안팀장 김OO 입니다.
- **심사원** : 사용자 계정 관리 절차에 대해 간단한 설명 부탁드립니다.
- **담당자** : 인사 시스템과 연계하여 입사 시 계정을 생성하고, 퇴직 시에는 계정을 즉시 삭제하고 있습니다.
- **심사원** : 상주 형태로 근무하는 외주 인력이 많이 보이네요.
- **담당자** : 네, 최근 개발 인력 수요가 증가하여 외주 인력이 다수 상주하고 있습니다.
- **심사원** : 외주 인력의 계정 및 권한 관리는 어떻게 이루어지고 있나요?
- **담당자** : 담당 PL이 권한 변경을 요청하면 제가 즉시 반영하고 있습니다.
- **심사원** : 퇴직자 계정이나 직무 변경 시 권한관리는 어떻게 수행하나요?
- **담당자** : 직무 변경이 발생하면 기존 부서 권한은 유지한 상태에서, 신규 업무 수행에 필요한 권한을 추가로 부여하고 있습니다.
- **심사원** : 기존 권한을 즉시 회수하지 않는 특별한 사유가 있나요?
- **담당자** : 향후 협업이나 백업 업무에 활용될 수 있다고 판단하여 일괄 회수는 하지 않고 있습니다.
- **심사원** : 외주인력 인원도 동일한 방식으로 관리하고 계신가요?
- **담당자** : 네. 그렇습니다.
- **심사원** : 주요 직무자 현황을 보면 관리자 10명, 개인정보취급자 30명으로 총 40명인데요. 개인청보를 취급하는 인원에 대해서 모두 주요 직무자로 관리하고 계신건가요?
- **담당자** : 전체 개인정보처리자는 약 70명 정도 됩니다. 다만 단순 조회 권한만 보유한 인력은 제외하고, 수정 또는 다운로드 권한이 있는 인력만 주요 직무자로 지정하여 관리하고 있습니다.
- **심사원** : 특수계정은 어떻게 관리하고 계신가요?
- **담당자** : DB 관리자 계정과 시스템 관리자 계정, 운영 관리자 계정이 있으며, 전자결재 승인을 통하여 권한을 부여하고 있습니다. 비밀번호는 분기 1회 변경을 원칙으로 하고 있지만 특수계정은 1달마다 변경하도록 하고 있습니다.
- **심사원** : 잘 관리하고 계시네요. 특수계정은 공동으로 사용하고 있나요?

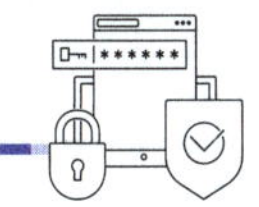

> ○ **담당자** : 공동으로 사용하지만 특수 계정으로 직접 접속하는 것은 제한하고 있으며, 개인 계정으로 로그인한 후 특수 계정으로 전환하여 사용하도록 하고 있습니다. 특수 계정으로 수행한 명령어들은 사용자의 일반계정 및 IP정보와 함께 로그에 저장되고 있어 추적관리가 가능합니다.
>
> ■ **심사원** : 사용자 접근권한에 대해 정기적으로 검토하는 절차는 마련되어 있나요?
>
> ○ **담당자** : 내부 규정에는 분기 1회 검토하도록 되어 있으나, 정확한 일정을 정해 수행하고 있지는 않습니다. 담당자가 수시로 점검하고 있습니다.
>
> ■ **심사원** : 접근권한 검토 결과에 대해 전자결재를 통한 CISO 승인 절차도 운영하고 있나요?
>
> ○ **담당자** : 아니요. 메일로 보고 드리고 있습니다.
>
> ■ **심사원** : 네, 확인 감사합니다. 이상으로 인터뷰를 마치겠습니다.

① 2.2.1 주요직무자 지정 및 관리
② 2.2.5 퇴직 및 직무변경 관리
③ 2.5.1 사용자 계정관리
④ 2.5.3 사용자 식별
⑤ 2.5.6 접근권한 검토

[41~42] 다음은 ISMS-P 인증심사원과 전자상거래 기업인 데이부 담당자 간의 대화이다. 유출 사고에 대한 인터뷰를 보고 다음 질문에 답하시오.

[정보보안팀장 인터뷰]

- **심사원** : 안녕하세요. 사고 예방 및 대응 분야 심사를 담당하게 된 강OO 심사원입니다.
- **담당자** : 네 안녕하세요. 저는 정보보안팀장 우OO입니다.
- **심사원** : 정보보호 업무는 어떠신가요? 특별히 어려운 부분은 없으신가요?
- **담당자** : 법 전공자도 아닌데 개인정보보호법과 정보통신망법, 전자금융법, 신용정보법까지 다양한 법령을 확인해야해서 어려움이 많습니다.
- **심사원** : 올해 전반기에 개인정보 유출 사고가 있었던 것으로 확인됩니다. 간단히 설명해 주시겠습니까?
- **담당자** : 외부 협력사 개발자가 테스트 목적으로 생성한 API 서버를 통해 인증되지 않은 외부 접근이 가능했던 사실이 확인되었고, 그로 인해 고객의 이름, 휴대전화번호, 예약 내역 등 개인정보 약 6천 건과 개인신용정보 2천 건이 외부로 유출되었습니다.
- **심사원** : API 침해 대응 솔루션은 구축되어 있나요?
- **담당자** : API 침해대응 장비와 API 접근통제 솔루션을 운영 중이지만 테스트 목적으로 생성된 API 서버에 대해서는 접근통제 정책이 누락되었습니다.
- **심사원** : 유출 사실은 언제 인지하셨나요?
- **담당자** : 4월 10일 오전 10시경 이상 트래픽을 확인했고 오후 3시쯤 내부 조사 결과 개인정보 및 개인 신용정보 유출 사실을 인지하였습니다.
- **심사원** : 그럼 유출 신고는 언제 하셨나요?
- **담당자** : 사고 대응 절차에 따라 개인정보 유출 건은 사고 인지 후 72시간 이내에 신고가 필요하여 4월 12일에 신고하였고 개인신용정보 유출 건은 5일 이내인 4월 14일 오전 10시경 신고 완료하였습니다.
- **심사원** : 날짜를 구분해서 신고한 이유가 있으실까요?
- **담당자** : 유출 경위 파악에 시간이 많이 소요되어 신고 기한에 맞춰 각각 신고했습니다.
- **심사원** : 신고기관은 어디인가요?
- **담당자** : 한국인터넷진흥원과 금융감독원에 모두 신고했습니다.
- **심사원** : 개인정보보호위원회에는 신고 하지 않으셨어요?
- **담당자** : 네 두 군데에만 신고하였습니다.
- **심사원** : 정보주체 유출 통지는 언제 하셨나요?
- **담당자** : 개인정보 유출 대상에게 4월 12일 저녁에 문자와 이메일로 일괄 통지한 후에 인터넷에 1달간 게시하였습니다.
- **심사원** : 신용정보 유출 대상자 통지 이력은 안보이는데요?
- **담당자** : 네 CISO 판단에 따라 개인정보 유출 대상자에게만 통지하였습니다.

- **■ 심사원** : 사고 대응 매뉴얼에는 신고 기한이 어떻게 정의되어 있나요?
- **○ 담당자** : 「신용정보의 이용 및 보호에 관한 법률」 기준으로 '유출 사실을 안 날부터 5일 이내 신고'라고 명시되어 있습니다. 사고 대응 매뉴얼은 2023년에 제정된 이후 개정하지는 않았습니다.
- **■ 심사원** : 최근 법령 개정 사항은 별도로 검토하지 않으셨나요?
- **○ 담당자** : 검토는 매년 진행합니다. 개인정보보호법에 대한 변경사항은 내부규정에 반영하였는데 신용정보법은 반영이 필요한 변경사항이 없어서 검토 이력만 추가하였습니다.
- **■ 심사원** : 네, 알겠습니다. 사고 대응 관련 증적 모두 제출 부탁드립니다.

[보안시스템 운영팀장 인터뷰]

- **■ 심사원** : 유출 사고가 발생한 API 서버는 어떤 절차를 거쳐 생성되었나요?
- **○ 담당자** : 협력사에 개발 편의를 위해 개발팀장에게 서버 생성 권한과 방화벽 설정 권한이 있는 클라우드 관리자 계정 권한을 사용하도록 허용해주었습니다. 협력사 개발팀장이 보고 절차 없이 테스트 용도의 API 임시서버를 생성하면서 방화벽 설정도 수행한 것으로 보입니다.
- **■ 심사원** : 개발팀장이 방화벽 설정 권한이 필요한 경우가 있나요?
- **○ 담당자** : 그렇지는 않습니다. 임시 서버 생성 정도의 권한만 있으면 됩니다.
- **■ 심사원** : 여기 SHA-1 알고리즘으로 설정되어 있는 건 뭔가요?
- **○ 담당자** : API 요청에 대한 메시지 위·변조 방지를 위해 HMAC-SHA1 방식으로 무결성과 송신자 인증을 수행하고 있습니다.
- **■ 심사원** : SHA1이면 안전하지 않은 알고리즘인데요.
- **○ 담당자** : 성능 향상을 위해 가벼운 알고리즘을 적용하였습니다.
- **■ 심사원** : 운영시스템과 개발/테스트 시스템의 네트워크 분리가 안되어 있나요?
- **○ 담당자** : 네. 올해 초에 수행한 취약점 점검 결과 위험으로 판단되어 중기 개선 방안으로 선정하여 6월까지 이행 예정입니다. 장애 위험이 있다보니 이행하는데 검토 기간이 많이 소요되고 있습니다.
- **■ 심사원** : 실제 고객 정보가 유출된 경위에 대해 설명 부탁 드립니다.
- **○ 담당자** : 내부 규정에 모든 테스트 데이터는 변환하여 사용하도록 되어있는데, 테스트 담당자가 담당PL 허락하에 운영 데이터를 변환없이 그대로 사용한 것으로 확인되었습니다.
- **■ 심사원** : 외부 협력사 직원들에 대한 보안 교육훈련은 하고 있나요?
- **○ 담당자** : 투입 전 일괄적으로 정보보안 교육과 시큐어 코딩 교육을 의무적으로 받도록 하고 있습니다.
- **■ 심사원** : 전체 투입 인력이 20명인데 시큐어코딩 교육 수료증은 15개밖에 없는데요?
- **○ 담당자** : 개발과 연관없는 사업관리 인력은 시큐어코딩 교육 대상에서 제외하였습니다.
- **■ 심사원** : 네 알겠습니다.

41 정보보안팀장과 심사원의 인터뷰 내용에서 심사원이 판단한 내용 중 적절한 것을 모두 고르시오. (2개)

① 심사원은 개인신용정보 유출에 대한 신고 기한을 준수하지 않은 것을 이유로 결함으로 판단하였다.

② 심사원은 개인신용정보 유출에 대한 정보주체 통지 기한을 준수하지 않은 것을 이유로 결함으로 판단하였다.

③ 심사원은 개인정보 유출에 대한 신고 및 통지 대응을 이유로 결함으로 판단하였다.

④ 심사원은 준수하여야 할 법적 요구사항이 내부사고 대응절차에 반영되지 않은 것을 확인하여 1.4.1 법적 요구사항 준수 검토 결함으로 판단하였다.

⑤ 심사원은 개인정보 유출에 따른 대응조치로 인터넷 게시 기간이 부족하다고 판단하여 결함으로 판단하였다.

42 보안시스템 운영팀장과 심사원의 인터뷰 내용에서 결함으로 적절한 것을 모두 고르시오. (2개)

① 2.3.3 외부자 보안이행 관리

② 2.5.5 특수 계정 및 권한관리

③ 2.7.1 암호 정책 적용

④ 2.8.3 시험과 운영환경 분리

⑤ 2.8.4 시험데이터 보안

43 개인정보보호위원회가 발간한 「생성형 인공지능(AI) 개발·활용을 위한 개인정보 처리 안내서」에 따르면, 개인정보처리자는 생성형 인공지능을 개발·활용하는 과정에서 개인정보 처리의 적법성·최소성·안전성을 확보하기 위한 보호조치를 이행하여야 한다. 다음 보기 중 옳지 않은 것은 모두 몇 개인지 고르시오.

(가) 생성형 인공지능 학습을 위해 수집한 개인정보는 원칙적으로 가명처리하여 사용하여야 하며, 가명처리가 불가능한 경우에는 해당 개인정보를 학습 데이터에서 제외하여야 한다.

(나) 생성형 인공지능 서비스 제공 과정에서 이용자가 입력한 개인정보가 모델의 추가 학습이나 성능 개선에 활용되는 경우, 이는 개인정보 처리에 해당하므로 이용자에게 해당 사실을 명확히 고지하여야 한다.

(다) 생성형 인공지능 개발을 위해 공개된 웹 데이터에 개인정보가 포함되어 있는 경우, 해당 정보는 공개된 정보이므로 별도의 적법성 검토 없이 수집·이용할 수 있다.

(라) 생성형 인공지능 서비스 이용 과정에서 입력된 개인정보가 일시적으로 처리되고 저장되지 않는 경우에는 개인정보 보호법상 개인정보 처리에 해당하지 않는다.

(마) 생성형 인공지능이 학습 또는 응답 생성 과정에서 특정 개인을 재식별할 수 있는 결과를 출력할 가능성이 있는 경우, 개인정보처리자는 이를 방지하기 위한 기술적·관리적 보호조치를 적용하여야 한다.

① 1개 ② 2개 ③ 3개 ④ 4개 ⑤ 5개

44 심사원은 ALKONG 기업의 ISMS-P 인증심사를 진행하고 있다. 다음 담당자와의 인터뷰 및 증적 확인을 통해 심사원이 판단한 내용 중 가장 적절한 것을 고르시오.

[담당자와의 인터뷰 내용]

- **심사원** : 최근 개인정보 처리 업무에 인공지능 기반 서비스를 도입한 것으로 확인하였습니다. 어떤 목적으로 활용하고 있나요?

- **담당자** : 고객 문의 대응을 위해 생성형 AI 기반 상담 지원 서비스를 도입하였습니다. 상담원이 답변을 작성할 때 AI가 초안을 생성해 주는 방식입니다.

- **심사원** : 해당 AI 서비스는 내부 구축입니까, 외부 서비스입니까?

- **담당자** : 외부 SaaS 형태의 AI 서비스를 이용하고 있고, 별도의 서버 구축은 하지 않았습니다.

- **심사원** : AI 서비스 제공업체와의 계약 형태는 어떻게 되어 있나요?

- **담당자** : 네. 별도 개별 계약서는 없고, 일반 이용약관에 동의하는 방식으로 사용 중입니다.

- **심사원** : 혹시 AI 서비스 이용 시 개인정보가 입력되거나 전송되는 경우가 있을까요?

- **담당자** : 물론입니다. 상담원이 고객 문의 내용을 입력하면 AI가 답변 초안을 생성합니다. 문의 내용에는 이름, 연락처, 거래 이력 등 개인정보가 포함될 수 있습니다.

- **심사원** : 그러면 AI 서비스 제공업체가 입력된 데이터를 어떻게 처리하는지 확인하나요?

- **담당자** : 음, 제공업체 홈페이지에 보면 '입력 데이터는 서비스 품질 개선에 활용될 수 있다'는 문구가 있습니다. 내부적으로 문제가 없다고 판단하고 있습니다.

- **심사원** : 개인정보 처리 위탁 여부에 대한 내부 검토나 기록은 있나요?

- **담당자** : AI 서비스는 단순 업무를 지원하는 도구입니다. 그래서 개인정보 처리 위탁 여부에 대한 별도의 검토는 하지 않습니다.

- **심사원** : AI 서비스 이용과 관련하여 개인정보 처리방침에 반영한 내용은 있을까요?

- **담당자** : 기존 개인정보 처리방침은 그대로 유지하고 있고, 말씀드렸다시피 AI 서비스는 단순 업무를 지원하는 도구라 관련 내용은 별도로 반영하지 않았습니다.

- **심사원** : 입력된 개인정보가 국외이전 되는지 여부는 확인하셨나요?

- **담당자** : 따로 확인하지는 않았는데 해외 이전은 안되는 것으로 알고 있습니다.

- **심사원** : 그렇군요. 좀 더 확인해야할 사항이 있으면 말씀드리겠습니다.

① 생성형 AI 서비스를 고객 상담 지원 용도로 활용한 점을 문제로 보아 3.2.4 개인정보 목적 외 이용 및 제공 인증기준 결함으로 판단하였다.

② AI 서비스 이용 시 개인정보가 입력되고 있음에도 개인정보 처리 위탁 여부에 대한 검토를 수행하지 않아 2.3.1 외부자 현황 관리 결함으로 판단하였다.

③ 외부 SaaS 형태의 AI 서비스를 별도 내부 서버 구축하여 취약점 점검을 하지 않고 사용한 점을 2.11.2 취약점 점검 및 조치 결함으로 판단하였다.

④ 개인정보 처리방침에 AI 서비스 관련 내용을 반영하지 않은 점을 중대한 결함으로 판단하였다.

⑤ AI 서비스 제공업체의 약관에 동의하여 서비스를 이용한 점을 2.3.2 외부자 계약 시 보안 결함으로 판단하였다.

45 심사원은 ㅁㅁ기업의 ISMS-P 인증심사를 수행하고 있다. 다음 인터뷰 및 확인된 운영 현황을 바탕으로 심사원이 내린 판단 중 가장 적절한 것을 고르시오.

[담당자와의 인터뷰 내용]

- **심사원** : CI/CD 환경은 어떻게 구성되어 있습니까?
- ○ **담당자** : 소스 코드는 내부 Git 저장소에서 관리하고 있으며, 빌드·배포는 퍼블릭 클라우드 기반 CI/CD 서비스로 자동화되어 있습니다.
- **심사원** : 운영 편의성은 상당히 높아 보이네요.
- ○ **담당자** : 네, 대부분 자동으로 처리됩니다.
- **심사원** : 배포 과정에서 사용하는 주요 설정 정보는 어떻게 관리하고 있습니까?
- ○ **담당자** : 데이터베이스 접속 정보, 외부 API 키 등은 CI/CD 서비스의 Secret 기능을 사용하고 있습니다.
- **심사원** : 그 Secret 값은 누가 등록·관리합니까?
- ○ **담당자** : 각 서비스 담당 개발자가 필요 시 직접 등록하거나 수정합니다.
- **심사원** : 변경 시 검토나 승인 절차가 있습니까?
- ○ **담당자** : 별도의 승인 절차는 없고, 배포가 정상적으로 되면 문제없는 것으로 보고 있습니다.
- **심사원** : CI/CD 파이프라인 설정이나 Secret 정보는 장애 발생 시 어떻게 복구합니까?
- ○ **담당자** : 현재 별도의 복구 시나리오는 없고, 문제가 발생하면 기존 설정을 참고하여 다시 구성하고 있습니다.
- **심사원** : '기존 설정'이라는 것은 어디에 있나요?
- ○ **담당자** : 명확히 정리된 문서는 없고, 담당자가 기억하거나 화면을 참고합니다.
- **심사원** : 그러면 파이프라인이나 Secret 설정이 유실되었는지 여부를 사전에 확인할 방법은 있습니까?
- ○ **담당자** : 정기적으로 확인하지는 않고, 배포 오류가 발생하면 그때 확인합니다.
- **심사원** : 관련 내용이 정책이나 절차로 정리되어 있습니까?
- ○ **담당자** : CI/CD 운영 원칙은 정책에 있으나, 설정 정보 관리나 복구, 점검과 관련된 세부 절차는 문서화되어 있지 않습니다.

① CI/CD Secret을 개발자가 직접 관리하고 있어 접근통제가 미흡한 2.6 접근통제 분야 결함으로 판단하였다.
② Secret 변경에 대한 승인 절차가 없어 보호대책이 구현되지 않은 1.3.1 보호대책 구현 결함으로 판단하였다.
③ CI/CD 설정 및 Secret 정보가 유실될 경우 복구 방안이 명확하지 않아 2.9.3 백업 및 복구 관리 결함으로 판단하였다.
④ Secret 사용 이력과 변경 로그에 대한 정기적인 확인이 이루어지지 않아 2.9.5 로그 및 접속기록 점검 결함으로 판단하였다.
⑤ Secret 관리 및 복구와 관련한 운영 방식이 담당자 경험에 의존하고 있어 암호키 관리가 미흡한 2.7.2 암호키 관리 결함으로 판단하였다.

46 ISMS-P 심사를 신청한 금융 마이데이터 사업자 ○○사는 개인신용정보 및 마이데이터 전송 서비스를 퍼블릭 클라우드 환경에서 운영하고 있다. 다음은 해당 서비스의 운영 현황에 대해 심사원과 담당자 간 이루어진 인터뷰 내용이다. 다음 인터뷰 내용을 종합하여, 심사원의 판단 중 적절하지 않은 것을 모두 고르시오. (2개)

[담당자와의 인터뷰 내용]

- **심사원** : 마이데이터 전송 서비스의 전체 흐름을 먼저 설명해 주시겠습니까?
- **담당자** : 이용자가 모바일 앱에서 전송요구를 하면, API 게이트웨이를 거쳐 애플리케이션 서버로 요청이 전달되고, 내부 DB에서 개인정보를 조회한 뒤 전송 대상 기관으로 데이터를 전달합니다.
- **심사원** : 네, 전형적인 마이데이터 처리 흐름이네요. 외부 이용자 단말과 API 게이트웨이 간 통신은 어떻게 보호하고 있습니까?
- **담당자** : 해당 구간은 전부 HTTPS 기반 TLS 암호화를 적용하고 있습니다.
- **심사원** : 네, 외부 구간 보호는 적절해 보입니다. 그럼 애플리케이션 서버와 내부 DB 간 통신은 어떻습니까?
- **담당자** : 동일 VPC 내 통신이라 보안 그룹과 네트워크 ACL로 접근을 제한하고 있고, 성능 문제로 암호화는 적용하지 않았습니다.
- **심사원** : 내부망이라는 점을 고려하셨군요. 그 구간을 통해 개인정보도 전달되나요?
- **담당자** : 네, 개인신용정보 조회·정정 요청이 해당 구간을 통해 처리됩니다.
- **심사원** : 네, 확인했습니다. 전송 대상 기관으로의 개인정보 전송은 어떤 방식으로 이루어집니까?
- **담당자** : 실시간 연계 기관은 TLS 기반 API를 사용하고 있고, 일부 기관은 하루 1회 배치 파일을 SFTP로 전송합니다.
- **심사원** : 네, 외부 기관 전송 구간도 암호화는 적용되어 있네요. 개인정보 전송과 관련한 로그는 어떻게 관리하고 있습니까?
- **담당자** : 전송 요청 시각과 성공·실패 여부는 기록하고 있으나, 전송된 개인정보 항목이나 수신자 정보까지는 남기지 않고 있습니다.
- **심사원** : 최소한의 이력은 관리되고 있는 상태군요. 마지막으로, 클라우드 네트워크 구성이나 전송 구조가 변경될 경우 보안 영향 검토는 수행합니까?
- **담당자** : 네트워크 변경은 인프라팀에서 관리하고 있고, 정보전송 보안이나 개인정보 보호 관점의 별도 검토 절차는 없습니다.
- **심사원** : 네, 운영 방식은 이해했습니다.

① 외부 이용자 및 전송 대상 기관과의 통신에 암호화된 전송 방식을 사용하고 있으므로 정보전송 보안은 전반적으로 적절히 확보된 것으로 판단하였다.

② 내부 시스템 간 통신에 대해 보안 그룹과 네트워크 ACL을 통해 접근통제는 적용되어 있으나, 암호화 미적용으로 인해 정보전송 보안 측면에서는 충분하다고 보기 어렵다고 판단하였다.

③ 로그는 일부 존재하나, 전송된 개인정보 항목 및 수신자 정보가 포함되어 있지 않아 로그 및 접속기록 관리가 충분하다고 보기는 어렵다고 판단하였다.

④ 클라우드 네트워크 변경은 인프라 운영 영역에 해당하므로, 정보보호 관리체계 차원에서 별도의 점검이나 개선 절차는 필요하지 않다고 판단하였다.

⑤ 전송 구조와 운영 방식이 시스템에 구현되어 있으나, 전송 보안 관련 세부 기준과 절차가 문서화되어 있지 않아 관리체계 관점에서는 미흡한 요소가 존재한다고 판단하였다.

47 심사원은 △△기업에서 ISMS 인증심사를 수행하고 있다. 다음의 인터뷰를 통해 심사원은 1.2.1 정보자산 식별 결함이 예상된다고 할 때, 결함판단을 위해 추가 확인 필요사항으로 가장 적절하지 않는 것을 고르시오.

> ■ **심사원** : 안녕하세요. 정보자산 목록서를 보았는데요, 최근 런칭하신 간편결제 서비스의 API 서버들도 여기에 모두 포함된 것이 맞나요?
>
> ○ **담당자** : 네, 맞습니다. 해당 서비스는 기존 IDC 내에 있는 웹 서버 3대와 DB 서버 1대를 할당해서 운영 중이며, 자산 목록 45번부터 48번 라인에 기재되어 있습니다.
>
> ■ **심사원** : 네트워크 구성도를 보니 외부 퍼블릭 클라우드(AWS) 구간에 '이미지 처리용 람다(Lambda)'와 '로그 수집용 S3 버킷'이 표기되어 있는데, 이 자산들은 목록에서 찾을 수가 없어서요.
>
> ○ **담당자** : 그 부분은 개발팀에서 기능 테스트 목적으로 잠깐 생성했다가 현재는 보조용으로 쓰고 있는 건데요. 물리적인 서버 형태가 아니고 종량제 서비스라 자산 대장에는 아직 등재하지 않았습니다.
>
> ■ **심사원** : 서비스 운영에 실제 관여하고 있고 기업의 중요 데이터(로그, 이미지 등)가 저장되거나 처리된다면 형태와 관계없이 정보자산으로 식별해야 합니다. 현재 이 클라우드 자산들에 대한 보안 설정(접근제어 등)은 누가 관리하시나요?
>
> ○ **담당자** : 그건 데브옵스(DevOps) 팀에서 별도 계정으로 관리하고 있어서, 정보보호팀 관리 대장에는 빠져 있는 것 같습니다. 확인해 보겠습니다.
>
> ■ **심사원** : 네, 자산 식별이 누락되면 위험평가도 진행되지 않아 취약점이 방치될 수 있습니다. 자산 목록 내 '회원정보 DB'의 자산 중요도(기밀성) 등급이 '중(2등급)'으로 책정되어 있네요. 이유가 있나요?
>
> ○ **담당자** : 해당 DB는 내부망에 위치해 있고, DB 접근제어 솔루션을 통해 인가된 인원만 접속이 가능하도록 통제하고 있기 때문에 위험도가 낮다고 판단해서 '중'으로 산정했습니다.
>
> ■ **심사원** : 고객의 금융 정보와 개인정보가 대량으로 포함된 DB라면 통제 유무와 상관없이 '상' 또는 '최상'으로 분류되어야 맞지 않을까요?
>
> ○ **담당자** : 아... 말씀하신 대로라면 영향도 기준으로는 '상'이 맞습니다. 보안 대책이 잘 되어 있다는 점을 자산 가치 산정에 혼동하여 반영한 것 같습니다.
>
> ■ **심사원** : 네, 알겠습니다.

① 인증심사 신청서

② 외주인력 조직 구성도

③ 정보보안 서약서

④ 사용자 계정 관리대장

⑤ 위험평가서

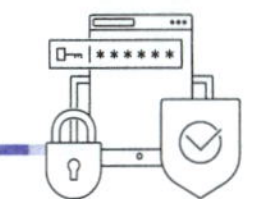

48 심사원은 OO기업에서 ISMS 인증심사를 수행하고 있다. 다음의 상황에서 심사원이 결함으로 판단할 수 있는 가장 적절한 인증기준을 고르시오.

■ **심사원** : 백업 관리 규정을 보니 중요 정보시스템과 DB에 대해 일일 증분 백업, 주간 전체 백업을 수행하도록 되어 있네요. 실제 백업 수행 이력을 확인할 수 있을까요?

○ **담당자** : 네, 여기 백업 서버의 시스템 로그와 지난달 백업 수행 결과 보고서입니다. 보시는 것처럼 스케줄러에 의해 매일 새벽 2시에 백업이 정상적으로 돌아가고 있습니다.

■ **심사원** : 네, 백업 수행 자체는 잘 되고 있는 것으로 보입니다. 그런데 귀사의 '백업 및 복구 지침서' 제7조 3항을 보면, "백업된 데이터의 신뢰성 확보를 위해 연 1회 이상 복구 모의훈련을 실시하고 그 결과를 기록해야 한다"라고 명시되어 있습니다. 작년이나 올해 실시한 복구 모의훈련 결과 보고서를 보여주시겠습니까?

○ **담당자** : 아... 복구 훈련 말씀이시죠? 사실 저희가 올해 초에 시스템 고도화 작업이 있어서 실제 데이터를 복구할 상황이나 여력이 마땅치 않았습니다. 대신 사용자 요청이 있을 때마다 개별 파일을 복구해 준 이력은 있습니다.

■ **심사원** : 개별 파일 복구 이력은 운영상의 수시 업무이고, 지침에서 정한 '모의훈련'과는 성격이 다릅니다. 지침서상의 훈련은 실제 장애 발생 시 RTO(목표 복구 시간) 내에 서비스가 정상화될 수 있는지 전체 프로세스를 검증하는 과정입니다. 그러면, 올해 계획된 정기 모의훈련은 아예 진행되지 않은 건가요?

○ **담당자** : 네, 솔직히 말씀드리면 운영 서버에 부하를 줄까 우려되기도 하고, 테스트 서버 환경이 완벽하게 갖춰지지 않아서 차일피일 미루다가 아직 실시하지 못했습니다.

■ **심사원** : 이해는 합니다만, 백업을 아무리 잘 받아두어도 실제 복구가 불가능하거나 시간이 너무 오래 걸리면 무용지물입니다. 내부 지침에 연 1회 실시를 명문화했음에도 이를 이행하지 않은 것은 결함사항이 될 수 있습니다.

○ **담당자** : 그럼 지금이라도 간단하게 테스트 서버에서 복구 테스트를 진행하고 보고서를 작성하면 보완이 될까요?

■ **심사원** : 아니요. 이미 시행하지 않은 사항을 확인하여 지금 제출하셔도 보완이 되지는 않습니다. 결함으로 판단하여 결함보고서에 작성되게 되면 보완조치를 잘 해주시면 됩니다.

○ **담당자** : 네, 알겠습니다.

---

① 1.1.5 정책 수립

② 1.4.2 관리체계 점검

③ 2.9.3 백업 및 복구 관리

④ 2.11.4 사고 대응 훈련 및 개선

⑤ 2.12.1 재해,재난 대비 안전조치

49 다음 각 상황에서 상황별 최대로 부과 가능한 과태료를 과태료 금액이 높은 순서대로 나열한 보기 중 가장 적절한 것을 고르시오.

> (A) A기관으로부터 개인정보 처리업무를 위탁받은 B기업이 빠른 업무처리를 위해 A기관의 동의를 받지 않고, C기업에 개인정보를 다시 위탁하여 처리하는 상황
>
> (B) 공공기관이 개인정보 보호수준 평가를 실시하면서 보호위원회로부터 관련 자료 제출을 요구받았으나, 우수한 평가를 받기 위해 제출한 자료 일부를 거짓으로 제출한 상황
>
> (C) 불특정 다수가 이용하는 화장실 내부에, 고객이 아닌 외부인의 화장실 사용 여부를 확인/차단하고자 고정형 영상정보처리기기(CCTV)를 설치, 운영하는 상황
>
> (D) 개인정보처리시스템에서 전체 고객의 주민등록번호를 암호화조치 하고 있지 않은 상황

① D, A, B, C
② D, A, C, B
③ D, C, B, A
④ C, D, A, B
⑤ C, D, B, A

50 심사원은 2026년 6월, 가나다 쇼핑몰에 대한 ISMS-P 인증심사를 수행하고 있다. 다음과 같이 제시된 보기를 통해 결함으로 판단되는 가장 적절한 인증기준을 고르시오.

가명정보 활용목적	• 쇼핑몰 이용자의 구매 성향 분석		
가명처리 대상 데이터 항목	• 2025년 신규 회원가입한 이용자의 구매 정보 • 사용자 기본정보(이름, 생년월일, 주소 등 20개의 컬럼), • 사용자 구매정보(이름, 생년월일, 구매품목, 구매일자 등 10개의 컬럼), • 사용자 결제정보(이름, 생년월일, 회원번호, 결제방식, 상세 결제방법 등 10개 컬럼), • 사용자 배송정보(이름, 생년월일, 배송희망일시, 실제배송일시, 배송지, 기타요청사항 등 15개 컬럼) 등 총 68개 컬럼		
데이터 식별 위험성	식별성 유무	• 이름, 생년월일은 개인 식별 정보임 • 기타 대부분의 항목은 조합했을 때 개인의 식별이 가능한 개인식별 가능정보임	
	특이정보 유무	• 구매품목은 구매성향 분석에 필요적 요소임으로 원본 데이터가 필요	
	재식별시 영향도	• 쇼핑몰 이용자 특정하여 결제, 배송 등 중요정보 노출/유출 가능	
처리 환경 식별 위험성	이용 및 제공 형태	• 쇼핑몰 내부 이용	
	처리 장소	• 쇼핑몰 회사 내 별도 분석 공간을 마련하고 전용 분석 PC에서 사용 • 분석 공간에 대해 엄격한 출입통제 실시 및 관련 출입관리대장 기록·관리 • 분석PC는 인터넷 및 추가정보, 원본정보 및 다른 정보에 접근할 수 없도록 조치하여 분석할 예정임	
	다른 정보 결합 가능성	• 가명처리 전 개인정보를 쇼핑몰 회사가 보관하고 있음	
최종 검토의견*	• 해당 연구는 내부에서 활용하는 것으로 데이터 자체 위험성과 처리환경 위험성을 고려할 때 다음과 같은 조치가 필요함 　– 회원번호는 그 자체로 또는 결합시 식별될 가능성이 매우 높으므로 반드시 필요하지 않은 경우 삭제해야 하나 품목별, 나이별 등 시계열 분석 및 추적을 위해 필요한 경우 회원번호를 그대로 사용하지 않도록 가명처리가 필요 　– 배송 요청사항은 본 연구와 상관성이 낮으므로 삭제 필요 • 그 외의 정보들은 재식별 가능성이 낮으며 목적 달성을 위해 필요하다고 판단되므로 가명처리 하지 않음		
[별첨] 식별 위험성 검토를 위한 근거 자료(검토서) 1부			

■ **심사원** : 담당자님, 신규 서비스 기획을 위해 지난달 생성한 '구매 성향 분석용 가명정보 데이터셋' 관련하여 가명정보 식별 위험성 검토 결과보고서를 보니, 고객의 주소 정보를 '시/군/구' 단위까지만 남기지 않고 '도로명 주소 및 건물 번호'까지 그대로 남겨두셨더군요.

○ **담당자** : 네, 배송 지역별로 상세한 구매 패턴을 분석해야 해서 주소를 최대한 살려두었습니다. 대신 성명은 삭제했고, 전화번호 뒤 4자리는 마스킹 처리했으니 누군지 알 수 없지 않나요?

■ **심사원** : 그렇지 않습니다. '상세 주소'와 '구매 물품 내역', '주문 일시'가 결합되면 추가 정보 없이도 특정 개인을 식별할 가능성이 매우 높습니다. 예를 들어, 특정 아파트 동/호수에 특정 날짜에 고가의 가전제품을 산 사람은 유일할 수 있기 때문이죠. 이는 개인정보 보호법 제28조의2에서 요구하는 '적정한 가명처리(식별 가능성을 낮추는 조치)'가 수행되지 않은 것으로 판단됩니다.

○ **담당자** : 아, 저희는 이름만 지우면 가명처리가 된 것으로 생각했습니다.

■ **심사원** : 혹시 다른 기관과 가명정보를 결합하신 건 없으신가요?

○ **담당자** : 아, AA로지스와 업무 제휴를 맺고 그쪽에서 보유한 배송 지연 데이터와 매칭하려고 계획중이었습니다. 아직 특별하게 가명정보가 오고가고 하진 않았습니다.

■ **심사원** : 담당자님, 개인정보 보호법 제28조의3에 따라, 서로 다른 개인정보처리자(가나다 쇼핑몰 ↔ AA로지스) 간의 가명정보 결합은 반드시 국가가 지정한 '결합전문기관(KISA, NIA 등)'을 통해서만 수행해야 합니다. 기업끼리 데이터를 직접 주고받으며 결합하는 행위 자체가 금지되어 있습니다.

○ **담당자** : 네? 기업 간에 직접 주고받으면 안 된다고요? 저희는 결합 신청 절차가 복잡해서 실무자끼리 협의해서 진행할까 했는데 법적 요구사항을 위반할 뻔 했네요.

■ **심사원** : 네, 기업 간 직접 결합은 데이터를 외부로 유출하는 것과 다름없기 때문에 엄격히 금지됩니다.

○ **담당자** : 단순히 통계 분석 목적이라 가볍게 생각했는데, 절차상 실수가 발생할 뻔 했네요. 감사합니다

① 3.1.1 개인정보 수집·이용
② 3.1.2 개인정보 수집 제한
③ 3.2.1 개인정보 현황 관리
④ 3.2.2 개인정보 품질 보장
⑤ 3.2.5 가명정보 처리

2026년도 ISMS-P(정보보호 및 개인정보보호 관리체계) 인증심사원 자격검정 필기시험 문제지 실전 모의고사 (4회)

성명		수험번호	

응시자 필독 사항

1. 자신이 선택한 문제지의 유형을 확인하시오.

2. 문제지의 해당란에 성명과 수험번호를 정확히 쓰시오.

3. 답안지의 필적 확인란에 서약서 내용을 정자로 기재하고, 서명하시오.

4. 답안지의 해당란에 성명과 수험번호를 쓰고, 또 수험번호와 답을 정확히 표시하시오.

5. OMR 카드 교환은 시험 종료 10분 전까지만 가능하며, 그 이후에는 교환이 불가함.

6. 답안 수정을 위한 수정액 또는 수정 테이프는 사용할 수 없음.

7. 시험 시작 후 1시간 이전에는 퇴실할 수 없으며, 퇴실 후 입실은 불가함.

8. 부정행위 적발 시 그 시험을 무효로 하며, 향후 국가 자격 시험에 5년간 응시할 수 없음.

9. 본 문제지의 내용을 전부 또는 일부를 강의 또는 출판 등의 목적으로 인터넷 또는 SNS 등의 매체에 공개할 수 없으며, 무단 공개 시 저작권 위반 등에 대한 민·형사상의 책임을 질 수 있음.

※ 시험이 시작되기 전까지 표지를 넘기지 마시오.

ISMS-P 시험 출제 기관

※ 본 표지는 공개된 국가자격시험의 일반적인 양식을 바탕으로 임의로 작성한 것으로 실제 ISMS-P 시험과 상이할 수 있음

ISMS-P 인증기준

1. 관리체계 수립 및 운영

1.1. 관리체계 기반 마련

1.1.1	경영진의 참여	최고경영자는 정보보호 및 개인정보보호 관리체계의 수립과 운영활동 전반에 경영진의 참여가 이루어질 수 있도록 보고 및 의사결정 체계를 수립하여 운영하여야 한다.
1.1.2	최고책임자의 지정	최고경영자는 정보보호 업무를 총괄하는 정보보호 최고책임자와 개인정보보호 업무를 총괄하는 개인정보보호 책임자를 예산·인력 등 자원을 할당할 수 있는 임원급으로 지정하여야 한다.
1.1.3	조직 구성	최고경영자는 정보보호와 개인정보보호의 효과적 구현을 위한 실무조직, 조직 전반의 정보보호와 개인정보보호 관련 주요 사항을 검토 및 의결할 수 있는 위원회, 전사적 보호활동을 위한 부서별 정보보호와 개인정보보호 담당자로 구성된 협의체를 구성하여 운영하여야 한다.
1.1.4	범위 설정	조직의 핵심 서비스와 개인정보 처리 현황 등을 고려하여 관리체계 범위를 설정하고, 관련된 서비스를 비롯하여 개인정보 처리 업무와 조직, 자산, 물리적 위치 등을 문서화하여야 한다.
1.1.5	정책 수립	정보보호와 개인정보보호 정책 및 시행문서를 수립·작성하며, 이때 조직의 정보보호와 개인정보보호 방침 및 방향을 명확하게 제시하여야 한다. 또한 정책과 시행문서는 경영진 승인을 받고, 임직원 및 관련자에게 이해하기 쉬운 형태로 전달하여야 한다.
1.1.6	자원 할당	최고경영자는 정보보호와 개인정보보호 분야별 전문성을 갖춘 인력을 확보하고, 관리체계의 효과적 구현과 지속적 운영을 위한 예산 및 자원을 할당하여야 한다.

1.2. 위험 관리

1.2.1	정보자산 식별	조직의 업무특성에 따라 정보자산 분류기준을 수립하여 관리체계 범위 내 모든 정보자산을 식별·분류하고, 중요도를 산정한 후 그 목록을 최신으로 관리하여야 한다.
1.2.2	현황 및 흐름분석	관리체계 전 영역에 대한 정보서비스 및 개인정보 처리 현황을 분석하고 업무 절차와 흐름을 파악하여 문서화하며, 이를 주기적으로 검토하여 최신성을 유지하여야 한다.
1.2.3	위험 평가	조직의 대내외 환경분석을 통해 유형별 위협정보를 수집하고 조직에 적합한 위험평가 방법을 선정하여 관리체계 전 영역에 대하여 연 1회 이상 위험을 평가하며, 수용할 수 있는 위험은 경영진의 승인을 받아 관리하여야 한다.
1.2.4	보호대책 선정	위험 평가 결과에 따라 식별된 위험을 처리하기 위하여 조직에 적합한 보호대책을 선정하고, 보호대책의 우선순위와 일정·담당자·예산 등을 포함한 이행계획을 수립하여 경영진의 승인을 받아야 한다.

1.3.	관리체계 운영	
1.3.1	보호대책 구현	선정한 보호대책은 이행계획에 따라 효과적으로 구현하고, 경영진은 이행결과의 정확성과 효과성 여부를 확인하여야 한다.
1.3.2	보호대책 공유	보호대책의 실제 운영 또는 시행할 부서 및 담당자를 파악하여 관련 내용을 공유하고 교육하여 지속적으로 운영되도록 하여야 한다.
1.3.3	운영현황 관리	조직이 수립한 관리체계에 따라 상시적 또는 주기적으로 수행하여야 하는 운영활동 및 수행 내역은 식별 및 추적이 가능하도록 기록하여 관리하고, 경영진은 주기적으로 운영활동의 효과성을 확인하여 관리하여야 한다.
1.4.	관리체계 점검 및 개선	
1.4.1	법적 요구사항 준수 검토	조직이 준수하여야 할 정보보호 및 개인정보보호 관련 법적 요구사항을 주기적으로 파악하여 규정에 반영하고, 준수 여부를 지속적으로 검토하여야 한다.
1.4.2	관리체계 점검	관리체계가 내부 정책 및 법적 요구사항에 따라 효과적으로 운영되고 있는지 독립성과 전문성이 확보된 인력을 구성하여 연 1회 이상 점검하고, 발견된 문제점을 경영진에게 보고하여야 한다.
1.4.3	관리체계 개선	법적 요구사항 준수검토 및 관리체계 점검을 통해 식별된 관리체계상의 문제점에 대한 원인을 분석하고 재발방지 대책을 수립·이행하여야 하며, 경영진은 개선 결과의 정확성과 효과성 여부를 확인하여야 한다.

2. 보호대책 요구사항

2.1.	정책, 조직, 자산 관리	
2.1.1	정책의 유지관리	정보보호 및 개인정보보호 관련 정책과 시행문서는 법령 및 규제, 상위 조직 및 관련 기관 정책과의 연계성, 조직의 대내외 환경변화 등에 따라 주기적으로 검토하여 필요한 경우 제·개정하고 그 내역을 이력관리하여야 한다.
2.1.2	조직의 유지관리	조직의 각 구성원에게 정보보호와 개인정보보호 관련 역할 및 책임을 할당하고, 그 활동을 평가할 수 있는 체계와 조직 및 조직의 구성원 간 상호 의사소통할 수 있는 체계를 수립하여 운영하여야 한다.
2.1.3	정보자산 관리	정보자산의 용도와 중요도에 따른 취급 절차 및 보호대책을 수립·이행하고, 자산별 책임소재를 명확히 정의하여 관리하여야 한다.

2.2.	인적 보안	
2.2.1	주요 직무자 지정 및 관리	개인정보 및 중요정보의 취급이나 주요 시스템 접근 등 주요 직무의 기준과 관리방안을 수립하고, 주요 직무자를 최소한으로 지정하여 그 목록을 최신으로 관리하여야 한다.
2.2.2	직무 분리	권한 오·남용 등으로 인한 잠재적인 피해 예방을 위하여 직무 분리 기준을 수립하고 적용하여야 한다. 다만, 불가피하게 직무 분리가 어려운 경우 별도의 보완대책을 마련하여 이행하여야 한다.
2.2.3	보안 서약	정보자산을 취급하거나 접근권한이 부여된 임직원·임시직원·외부자 등이 내부 정책 및 관련 법규, 비밀유지 의무 등 준수사항을 명확히 인지할 수 있도록 업무 특성에 따른 정보보호 서약을 받아야 한다.
2.2.4	인식제고 및 교육훈련	임직원 및 관련 외부자가 조직의 관리체계와 정책을 이해하고 직무별 전문성을 확보할 수 있도록 연간 인식제고 활동 및 교육훈련 계획을 수립·운영하고, 그 결과에 따른 효과성을 평가하여 다음 계획에 반영하여야 한다.
2.2.5	퇴직 및 직무변경 관리	퇴직 및 직무변경 시 인사·정보보호·개인정보보호·IT 등 관련 부서별 이행하여야 할 자산반납, 계정 및 접근권한 회수·조정, 결과확인 등의 절차를 수립·관리하여야 한다.
2.2.6	보안 위반 시 조치	임직원 및 관련 외부자가 법령, 규제 및 내부정책을 위반한 경우 이에 따른 조치 절차를 수립·이행하여야 한다.
2.3.	외부자 보안	
2.3.1	외부자 현황 관리	업무의 일부(개인정보취급, 정보보호, 정보시스템 운영 또는 개발 등)를 외부에 위탁하거나 외부의 시설 또는 서비스(집적정보통신시설, 클라우드 서비스, 애플리케이션 서비스 등)를 이용하는 경우 그 현황을 식별하고 법적 요구사항 및 외부 조직·서비스로부터 발생되는 위험을 파악하여 적절한 보호대책을 마련하여야 한다.
2.3.2	외부자 계약 시 보안	외부 서비스를 이용하거나 외부자에게 업무를 위탁하는 경우 이에 따른 정보보호 및 개인정보보호 요구사항을 식별하고, 관련 내용을 계약서 또는 협정서 등에 명시하여야 한다.
2.3.3	외부자 보안 이행 관리	계약서, 협정서, 내부정책에 명시된 정보보호 및 개인정보보호 요구사항에 따라 외부자의 보호대책 이행 여부를 주기적인 점검 또는 감사 등 관리·감독하여야 한다.
2.3.4	외부자 계약 변경 및 만료 시 보안	외부자 계약만료, 업무종료, 담당자 변경 시에는 제공한 정보자산 반납, 정보시스템 접근계정 삭제, 중요정보 파기, 업무 수행 중 취득정보의 비밀유지 확약서 징구 등의 보호대책을 이행하여야 한다.
2.4.	물리 보안	
2.4.1	보호구역 지정	물리적·환경적 위협으로부터 개인정보 및 중요정보, 문서, 저장매체, 주요 설비 및 시스템 등을 보호하기 위하여 통제구역·제한구역·접견구역 등 물리적 보호구역을 지정하고 각 구역별 보호대책을 수립·이행하여야 한다.

2.4.2	출입통제	보호구역은 인가된 사람만이 출입하도록 통제하고 책임추적성을 확보할 수 있도록 출입 및 접근 이력을 주기적으로 검토하여야 한다.
2.4.3	정보시스템 보호	정보시스템은 환경적 위협과 유해요소, 비인가 접근 가능성을 감소시킬 수 있도록 중요도와 특성을 고려하여 배치하고, 통신 및 전력 케이블이 손상을 입지 않도록 보호하여야 한다.
2.4.4	보호설비 운영	보호구역에 위치한 정보시스템의 중요도 및 특성에 따라 온도·습도 조절, 화재감지, 소화설비, 누수감지, UPS, 비상발전기, 이중전원선 등의 보호설비를 갖추고 운영절차를 수립·운영하여야 한다.
2.4.5	보호구역 내 작업	보호구역 내에서의 비인가행위 및 권한 오·남용 등을 방지하기 위한 작업 절차를 수립·이행하고, 작업 기록을 주기적으로 검토하여야 한다.
2.4.6	반출입 기기 통제	보호구역 내 정보시스템, 모바일 기기, 저장매체 등에 대한 반출입 통제절차를 수립·이행하고 주기적으로 검토하여야 한다.
2.4.7	업무환경 보안	공용으로 사용하는 사무용 기기(문서고, 공용 PC, 복합기, 파일서버 등) 및 개인 업무환경(업무용 PC, 책상 등)을 통해 개인정보 및 중요정보가 비인가자에게 노출 또는 유출되지 않도록 클린데스크, 정기점검 등 업무환경 보호대책을 수립·이행하여야 한다.
2.5.	**인증 및 권한관리**	
2.5.1	사용자 계정 관리	정보시스템과 개인정보 및 중요정보에 대한 비인가 접근을 통제하고 업무 목적에 따른 접근권한을 최소한으로 부여할 수 있도록 사용자 등록·해지 및 접근권한 부여·변경·말소 절차를 수립·이행하고, 사용자 등록 및 권한부여 시 사용자에게 보안책임이 있음을 규정화하고 인식시켜야 한다.
2.5.2	사용자 식별	사용자 계정은 사용자별로 유일하게 구분할 수 있도록 식별자를 할당하고 추측 가능한 식별자 사용을 제한하여야 하며, 동일한 식별자를 공유하여 사용하는 경우 그 사유와 타당성을 검토하여 책임자의 승인 및 책임추적성 확보 등 보완대책을 수립·이행하여야 한다.
2.5.3	사용자 인증	정보시스템과 개인정보 및 중요정보에 대한 사용자의 접근은 안전한 인증절차와 필요에 따라 강화된 인증방식을 적용하여야 한다. 또한 로그인 횟수 제한, 불법 로그인 시도 경고 등 비인가자 접근 통제방안을 수립·이행하여야 한다.
2.5.4	비밀번호 관리	법적 요구사항, 외부 위협요인 등을 고려하여 정보시스템 사용자 및 고객, 회원 등 정보주체(이용자)가 사용하는 비밀번호 관리절차를 수립·이행하여야 한다.
2.5.5	특수 계정 및 권한 관리	정보시스템 관리, 개인정보 및 중요정보 관리 등 특수 목적을 위하여 사용하는 계정 및 권한은 최소한으로 부여하고 별도로 식별하여 통제하여야 한다.
2.5.6	접근권한 검토	정보시스템과 개인정보 및 중요정보에 접근하는 사용자 계정의 등록·이용·삭제 및 접근권한의 부여·변경·삭제 이력을 남기고 주기적으로 검토하여 적정성 여부를 점검하여야 한다.

2.6.	접근통제	
2.6.1	네트워크 접근	네트워크에 대한 비인가 접근을 통제하기 위하여 IP관리, 단말인증 등 관리절차를 수립·이행하고, 업무목적 및 중요도에 따라 네트워크 분리(DMZ, 서버팜, DB존, 개발존 등)와 접근통제를 적용하여야 한다.
2.6.2	정보시스템 접근	서버, 네트워크시스템 등 정보시스템에 접근을 허용하는 사용자, 접근제한 방식, 안전한 접근수단 등을 정의하여 통제하여야 한다.
2.6.3	응용프로그램 접근	사용자별 업무 및 접근 정보의 중요도 등에 따라 응용프로그램 접근권한을 제한하고, 불필요한 정보 또는 중요정보 노출을 최소화할 수 있도록 기준을 수립하여 적용하여야 한다.
2.6.4	데이터베이스 접근	테이블 목록 등 데이터베이스 내에서 저장·관리되고 있는 정보를 식별하고, 정보의 중요도와 응용프로그램 및 사용자 유형 등에 따른 접근통제 정책을 수립·이행하여야 한다.
2.6.5	무선 네트워크 접근	무선 네트워크를 사용하는 경우 사용자 인증, 송수신 데이터 암호화, AP 통제 등 무선 네트워크 보호대책을 적용하여야 한다. 또한 AD Hoc 접속, 비인가 AP 사용 등 비인가 무선 네트워크 접속으로부터 보호대책을 수립·이행하여야 한다.
2.6.6	원격접근 통제	보호구역 이외 장소에서의 정보시스템 관리 및 개인정보 처리는 원칙적으로 금지하고, 재택근무·장애대응·원격협업 등 불가피한 사유로 원격접근을 허용하는 경우 책임자 승인, 접근 단말 지정, 접근 허용범위 및 기간 설정, 강화된 인증, 구간 암호화, 접속단말 보안(백신, 패치 등) 등 보호대책을 수립·이행하여야 한다.
2.6.7	인터넷 접속 통제	인터넷을 통한 정보 유출, 악성코드 감염, 내부망 침투 등을 예방하기 위하여 주요 정보시스템, 주요 직무 수행 및 개인정보 취급 단말기 등에 대한 인터넷 접속 또는 서비스(P2P, 웹하드, 메신저 등)를 제한하는 등 인터넷 접속 통제 정책을 수립·이행하여야 한다.
2.7.	암호화 적용	
2.7.1	암호정책 적용	개인정보 및 주요정보 보호를 위하여 법적 요구사항을 반영한 암호화 대상, 암호 강도, 암호 사용 정책을 수립하고 개인정보 및 주요정보의 저장·전송·전달 시 암호화를 적용하여야 한다.
2.7.2	암호키 관리	암호키의 안전한 생성·이용·보관·배포·파기를 위한 관리 절차를 수립·이행하고, 필요 시 복구방안을 마련하여야 한다.

2.8.	정보시스템 도입 및 개발 보안	
2.8.1	보안 요구사항 정의	정보시스템의 도입·개발·변경 시 정보보호 및 개인정보보호 관련 법적 요구사항, 최신 보안취약점, 안전한 코딩방법 등 보안 요구사항을 정의하고 적용하여야 한다.
2.8.2	보안 요구사항 검토 및 시험	사전 정의된 보안 요구사항에 따라 정보시스템이 도입 또는 구현되었는지를 검토하기 위하여 법적 요구사항 준수, 최신 보안취약점 점검, 안전한 코딩 구현, 개인정보 영향평가 등의 검토 기준과 절차를 수립·이행하고, 발견된 문제점에 대한 개선조치를 수행하여야 한다.
2.8.3	시험과 운영 환경 분리	개발 및 시험 시스템은 운영시스템에 대한 비인가 접근 및 변경의 위험을 감소시키기 위하여 원칙적으로 분리하여야 한다.
2.8.4	시험 데이터 보안	시스템 시험 과정에서 운영데이터의 유출을 예방하기 위하여 시험 데이터의 생성과 이용 및 관리, 파기, 기술적 보호조치에 관한 절차를 수립·이행하여야 한다.
2.8.5	소스 프로그램 관리	소스 프로그램은 인가된 사용자만이 접근할 수 있도록 관리하고, 운영환경에 보관하지 않는 것을 원칙으로 하여야 한다.
2.8.6	운영환경 이관	신규 도입·개발 또는 변경된 시스템을 운영환경으로 이관할 때는 통제된 절차를 따라야 하고, 실행코드는 시험 및 사용자 인수 절차에 따라 실행되어야 한다.
2.9.	시스템 및 서비스 운영관리	
2.9.1	변경관리	정보시스템 관련 자산의 모든 변경내역을 관리할 수 있도록 절차를 수립·이행하고, 변경 전 시스템의 성능 및 보안에 미치는 영향을 분석하여야 한다.
2.9.2	성능 및 장애관리	정보시스템의 가용성 보장을 위하여 성능 및 용량 요구사항을 정의하고 현황을 지속적으로 모니터링하여야 하며, 장애 발생 시 효과적으로 대응하기 위한 탐지, 기록, 분석, 복구, 보고 등의 절차를 수립·관리하여야 한다.
2.9.3	백업 및 복구관리	정보시스템의 가용성과 데이터 무결성을 유지하기 위하여 백업 대상, 주기, 방법, 보관장소, 보관기간, 소산 등의 절차를 수립·이행하여야 한다. 아울러 사고 발생 시 적시에 복구할 수 있도록 관리하여야 한다.
2.9.4	로그 및 접속기록 관리	서버, 응용프로그램, 보안시스템, 네트워크시스템 등 정보시스템에 대한 사용자 접속기록, 시스템로그, 권한부여 내역 등의 로그유형, 보존기간, 보존방법 등을 정하고 위·변조, 도난, 분실 되지 않도록 안전하게 보존·관리하여야 한다.
2.9.5	로그 및 접속기록 점검	정보시스템의 정상적인 사용을 보장하고 사용자 오·남용(비인가접속, 과다조회 등)을 방지하기 위하여 접근 및 사용에 대한 로그 검토기준을 수립하여 주기적으로 점검하며, 문제 발생 시 사후조치를 적시에 수행하여야 한다.
2.9.6	시간 동기화	로그 및 접속기록의 정확성을 보장하고 신뢰성 있는 로그분석을 위하여 관련 정보시스템의 시각을 표준시각으로 동기화하고 주기적으로 관리하여야 한다.

2.9.7	정보자산의 재사용 및 폐기	정보자산의 재사용과 폐기 과정에서 개인정보 및 중요정보가 복구·재생되지 않도록 안전한 재사용 및 폐기 절차를 수립·이행하여야 한다.
2.10.	**시스템 및 서비스 보안관리**	
2.10.1	보안시스템 운영	보안시스템 유형별로 관리자 지정, 최신 정책 업데이트, 룰셋 변경, 이벤트 모니터링 등의 운영절차를 수립·이행하고 보안시스템별 정책적용 현황을 관리하여야 한다.
2.10.2	클라우드 보안	클라우드 서비스 이용 시 서비스 유형(SaaS, PaaS, IaaS 등)에 따른 비인가 접근, 설정 오류 등에 따라 중요정보와 개인정보가 유·노출되지 않도록 관리자 접근 및 보안 설정 등에 대한 보호대책을 수립·이행하여야 한다.
2.10.3	공개서버 보안	외부 네트워크에 공개되는 서버의 경우 내부 네트워크와 분리하고 취약점 점검, 접근통제, 인증, 정보 수집·저장·공개 절차 등 강화된 보호대책을 수립·이행하여야 한다.
2.10.4	전자거래 및 핀테크 보안	전자거래 및 핀테크 서비스 제공 시 정보유출이나 데이터 조작·사기 등의 침해사고 예방을 위해 인증·암호화 등의 보호대책을 수립하고, 결제시스템 등 외부 시스템과 연계할 경우 안전성을 점검하여야 한다.
2.10.5	정보전송 보안	타 조직에 개인정보 및 중요정보를 전송할 경우 안전한 전송 정책을 수립하고 조직 간 합의를 통해 관리 책임, 전송방법, 개인정보 및 중요정보 보호를 위한 기술적 보호조치 등을 협약하고 이행하여야 한다.
2.10.6	업무용 단말기기 보안	PC, 모바일 기기 등 단말기기를 업무 목적으로 네트워크에 연결할 경우 기기 인증 및 승인, 접근 범위, 기기 보안설정 등의 접근통제 대책을 수립하고 주기적으로 점검하여야 한다.
2.10.7	보조저장매체 관리	보조저장매체를 통하여 개인정보 또는 중요정보의 유출이 발생하거나 악성코드가 감염되지 않도록 관리 절차를 수립·이행하고, 개인정보 또는 중요정보가 포함된 보조저장매체는 안전한 장소에 보관하여야 한다.
2.10.8	패치관리	소프트웨어, 운영체제, 보안시스템 등의 취약점으로 인한 침해사고를 예방하기 위하여 최신 패치를 적용하여야 한다. 다만 서비스 영향을 검토하여 최신 패치 적용이 어려울 경우 별도의 보완대책을 마련하여 이행하여야 한다.
2.10.9	악성코드 통제	바이러스·웜·트로이목마·랜섬웨어 등의 악성코드로부터 개인정보 및 중요정보, 정보시스템 및 업무용 단말기 등을 보호하기 위하여 악성코드 예방·탐지·대응 등의 보호대책을 수립·이행하여야 한다.

2.11.	사고 예방 및 대응	
2.11.1	사고 예방 및 대응 체계 구축	침해사고 및 개인정보 유출 등을 예방하고 사고 발생 시 신속하고 효과적으로 대응할 수 있도록 내·외부 침해시도의 탐지·대응·분석 및 공유를 위한 체계와 절차를 수립하고, 관련 외부기관 및 전문가들과 협조체계를 구축하여야 한다.
2.11.2	취약점 점검 및 조치	정보시스템의 취약점이 노출되어 있는지를 확인하기 위하여 정기적으로 취약점 점검을 수행하고 발견된 취약점에 대해서는 신속하게 조치하여야 한다. 또한 최신 보안취약점의 발생 여부를 지속적으로 파악하고 정보시스템에 미치는 영향을 분석하여 조치하여야 한다.
2.11.3	이상행위 분석 및 모니터링	내·외부에 의한 침해시도, 개인정보유출 시도, 부정행위 등을 신속하게 탐지·대응할 수 있도록 네트워크 및 데이터 흐름 등을 수집하여 분석하며, 모니터링 및 점검 결과에 따른 사후조치는 적시에 이루어져야 한다.
2.11.4	사고 대응 훈련 및 개선	침해사고 및 개인정보 유출사고 대응 절차를 임직원과 이해관계자가 숙지하도록 시나리오에 따른 모의훈련을 연 1회 이상 실시하고 훈련결과를 반영하여 대응체계를 개선하여야 한다.
2.11.5	사고 대응 및 복구	침해사고 및 개인정보 유출 징후나 발생을 인지한 때에는 법적 통지 및 신고 의무를 준수하여야 하며, 절차에 따라 신속하게 대응 및 복구하고 사고분석 후 재발방지 대책을 수립하여 대응체계에 반영하여야 한다.
2.12.	재해복구	
2.12.1	재해, 재난 대비 안전조치	자연재해, 통신·전력 장애, 해킹 등 조직의 핵심 서비스 및 시스템의 운영 연속성을 위협할 수 있는 재해 유형을 식별하고 유형별 예상 피해규모 및 영향을 분석하여야 한다. 또한 복구 목표시간, 복구 목표시점을 정의하고 복구 전략 및 대책, 비상시 복구 조직, 비상연락체계, 복구 절차 등 재해 복구체계를 구축하여야 한다.
2.12.2	재해 복구 시험 및 개선	재해 복구 전략 및 대책의 적정성을 정기적으로 시험하여 시험결과, 정보시스템 환경변화, 법규 등에 따른 변화를 반영하여 복구전략 및 대책을 보완하여야 한다.

3. 개인정보 처리단계별 요구사항

3.1.	개인정보 수집 시 보호조치	
3.1.1	개인정보 수집·이용	개인정보는 적법하고 정당하게 수집·이용하여야 하며, 정보주체의 동의를 근거로 수집하는 경우에는 적법한 방법으로 정보주체의 동의를 받아야 한다. 또한, 만 14세 미만 아동의 개인정보를 수집하는 경우에는 그 법정대리인의 동의를 받아야 하며 법정대리인이 동의하였는지를 확인하여야 한다.

3.1.2	개인정보 수집 제한	개인정보를 수집하는 경우 처리 목적에 필요한 최소한의 개인정보만을 수집하여야 하며, 정보주체가 선택적으로 동의할 수 있는 사항 등에 동의하지 아니한다는 이유로 정보주체에게 재화 또는 서비스의 제공을 거부하지 않아야 한다.
3.1.3	주민등록번호 처리 제한	주민등록번호는 법적 근거가 있는 경우를 제외하고는 수집·이용 등 처리할 수 없으며, 주민등록번호의 처리가 허용된 경우라 하더라도 인터넷 홈페이지 등에서 대체수단을 제공하여야 한다.
3.1.4	민감정보 및 고유식별정보의 처리 제한	민감정보와 고유식별정보(주민등록번호 제외)를 처리하기 위해서는 법령에서 구체적으로 처리를 요구하거나 허용하는 경우를 제외하고는 정보주체의 별도 동의를 받아야 한다.
3.1.5	개인정보 간접수집	정보주체 이외로부터 개인정보를 수집하거나 제3자로부터 제공받는 경우에는 업무에 필요한 최소한의 개인정보를 수집하거나 제공받아야 하며, 법령에 근거하거나 정보주체의 요구가 있으면 개인정보의 수집 출처, 처리목적, 처리정지의 요구권리를 알려야 한다.
3.1.6	영상정보처리기기 설치·운영	고정형 영상정보처리기기를 공개된 장소에 설치·운영하거나 이동형 영상정보처리기기를 공개된 장소에서 업무를 목적으로 운영하는 경우 설치 목적 및 위치에 따라 법적 요구사항을 준수하고, 적절한 보호대책을 수립·이행하여야 한다.
3.1.7	마케팅 목적의 개인정보 수집·이용	재화나 서비스의 홍보, 판매 권유, 광고성 정보전송 등 마케팅 목적으로 개인정보를 수집·이용하는 경우 그 목적을 정보주체가 명확하게 인지할 수 있도록 고지하고 동의를 받아야 한다.
3.2.	개인정보 보유 및 이용 시 보호조치	
3.2.1	개인정보 현황관리	수집·보유하는 개인정보의 항목, 보유량, 처리 목적 및 방법, 보유기간 등 현황을 정기적으로 관리하여야 하며, 공공기관의 경우 이를 법률에서 정한 관계기관의 장에게 등록하여야 한다.
3.2.2	개인정보 품질보장	수집된 개인정보는 처리 목적에 필요한 범위에서 개인정보의 정확성·완전성·최신성이 보장되도록 정보주체에게 관리절차를 제공하여야 한다.
3.2.3	이용자 단말기 접근 보호	정보주체(이용자)의 이동통신단말장치 내에 저장되어 있는 정보 및 이동통신단말장치에 설치된 기능에 접근이 필요한 경우 이를 명확하게 인지할 수 있도록 알리고 정보주체(이용자)의 동의를 받아야 한다.
3.2.4	개인정보 목적 외 이용 및 제공	개인정보는 수집 시의 정보주체에게 고지·동의를 받은 목적 또는 법령에 근거한 범위 내에서만 이용 또는 제공하여야 하며, 이를 초과하여 이용·제공하려는 때에는 정보주체의 추가 동의를 받거나 관계 법령에 따른 적법한 경우인지 확인하고 적절한 보호대책을 수립·이행하여야 한다.
3.2.5	가명정보 처리	가명정보를 처리하는 경우 목적제한, 결합제한, 안전조치, 금지의무 등 법적 요건을 준수하고 적정 수준의 가명처리를 보장할 수 있도록 가명처리 절차를 수립·이행하여야 한다.

3.3.	개인정보 제공 시 보호조치	
3.3.1	개인정보 제3자 제공	개인정보를 제3자에게 제공하는 경우 법적 근거에 의하거나 정보주체의 동의를 받아야 하며, 제3자에게 개인정보의 접근을 허용하는 등 제공 과정에서 개인정보를 안전하게 보호하기 위한 보호대책을 수립·이행하여야 한다.
3.3.2	개인정보 처리업무 위탁	개인정보 처리업무를 제3자에게 위탁하는 경우 위탁하는 업무의 내용과 수탁자 등 관련사항을 공개하여야 한다. 또한 재화 또는 서비스를 홍보하거나 판매를 권유하는 업무를 위탁하는 경우 위탁하는 업무의 내용과 수탁자를 정보주체에게 알려야 한다.
3.3.3	영업의 양도 등에 따른 개인정보 이전	영업의 양도·합병 등으로 개인정보를 이전하거나 이전받는 경우 정보주체 통지 등 적절한 보호조치를 수립·이행하여야 한다.
3.3.4	개인정보 국외 이전	개인정보를 국외로 이전하는 경우 국외 이전에 대한 동의, 관련 사항에 대한 공개 등 적절한 보호조치를 수립·이행하여야 한다.
3.4.	개인정보 파기 시 보호조치	
3.4.1	개인정보파기	개인정보의 보유기간 및 파기 관련 내부 정책을 수립하고 개인정보의 보유기간 경과, 처리목적 달성 등 파기 시점이 도달한 때에는 파기의 안전성 및 완전성이 보장될 수 있는 방법으로 지체 없이 파기하여야 한다.
3.4.2	처리목적 달성 후 보유 시 조치	개인정보의 보유기간 경과 또는 처리목적 달성 후에도 관련 법령 등에 따라 파기하지 아니하고 보존하는 경우에는 해당 목적에 필요한 최소한의 항목으로 제한하고 다른 개인정보와 분리하여 저장·관리하여야 한다.
3.5.	정보주체 권리보호	
3.5.1	개인정보 처리방침 공개	개인정보의 처리 목적 등 필요한 사항을 모두 포함하여 정보주체가 알기 쉽도록 개인정보 처리방침을수립하고, 이를 정보주체가 언제든지 쉽게 확인할 수 있도록 적절한 방법에 따라 공개하고 지속적으로 현행화하여야 한다.
3.5.2	정보주체 권리보장	정보주체가 개인정보의 열람, 정정·삭제, 처리정지, 이의제기, 동의철회 등 요구를 수집 방법·절차보다 쉽게 할 수 있도록 권리행사 방법 및 절차를 수립·이행하고, 정보주체의 요구를 받은 경우 지체 없이 처리하고 관련 기록을 남겨야 한다. 또한, 정보주체의 사생활 침해, 명예훼손 등 타인의 권리를 침해하는 정보가 유통되지 않도록 삭제 요청, 임시조치 등의 기준을 수립·이행하여야 한다.
3.5.3	정보주체에 대한 통지	개인정보의 이용·제공 내역 등 정보주체에게 통지하여야 할 사항을 파악하여 그 내용을 주기적으로 통지하여야 한다.

01 ISMS 인증기준은 80개의 인증기준과 237개의 세부점검항목으로 구성된다. MVNO (알뜰폰) ISMS 인증심사 시, 기존 ISMS 세부점검항목 외에 추가로 적용되는 '특화 세부점검항목'에 해당하는 것은 모두 몇 개인지 고르시오.

(ㄱ) 최고경영자는 임직원이 정보보호 관련법규를 위반할 경우 그 제재에 관한 세부기준 및 절차를 마련하여 운영하고 있는가?

(ㄴ) 개발 업무용 장소 및 전산설비는 내부 업무용과 분리 설치·운영되고 있는가?

(ㄷ) 비밀번호, 생체인식정보 등에 대해 조회가 불가피하게 인정되는 경우 조회사유, 내용 등을 기록 관리하고 있는가?

(ㄹ) 개인정보처리시스템의 관리, 운영, 개발, 보안 등을 목적으로 원격으로 개인정보처리시스템에 접속하는 단말기는 관리용 단말기로 지정하고 임의조작 및 목적 외 사용 금지 등 안전조치를 적용하고 있는가?

(ㅁ) 운영환경 이관 시 소스 프로그램 반출, 실행프로그램의 생성, 운영시스템 등록은 해당 프로그램 담당자 이외의 자가 수행하고 있는가?

(ㅂ) 보안시스템은 최소한의 서비스포트(port)만 허용하고, 관리자 접속주소(IP)를 제한하는 등 비인가된 접속을 차단하고 업무목적 이외 기능을 제거하고 있는가?

① 2개　　　　② 3개　　　　③ 4개　　　　④ 5개　　　　⑤ 6개

02 잘나가 쇼핑몰은 자체 쇼핑몰을 운영하여 제품을 판매하고 있으며, 해당 쇼핑몰을 통해 유료 멤버십·프리미엄 배송 등 부가 서비스를 제공하고 있다. 외부 중개 쇼핑몰에 입점하여 상품을 판매 하고 있으며, 중개 쇼핑몰은 직접 운영하지 않는다. 전년도 매출 내역을 참고하여, ISMS 인증 대상 기준에서 규정하는 인증 대상에 해당하는지에 대한 판단으로 가장 적절한 것을 고르시오.

[인터뷰 내용]

- **심사원** : 전년도 기준으로 회사의 주요 매출 구조를 확인하고자 합니다. 온라인·오프라인 채널별 매출 현황에 대해 설명해 주시겠습니까?

- **담당자** : 네, 전년도 매출은 크게 온라인과 오프라인으로 구분됩니다. 우선 자체 쇼핑몰을 통한 제품 판매 매출은 약 88억 원 수준이며, 동일한 쇼핑몰에서 운영 중인 유료 멤버십 이용료 수익은 약 17억 원입니다.

- **심사원** : 외부 플랫폼을 통한 매출도 발생하고 있나요?

- **담당자** : 네, 외부 중개 쇼핑몰을 이용한 제품 판매 매출은 약 72억 원이며, 이 경우 주문·결제 과정에서 일부 개인정보는 외부 중개업체와 연계되어 처리되고 있습니다.

- **심사원** : 오프라인 매장의 매출 비중도 확인이 필요합니다.

- **담당자** : 오프라인 매장을 통한 제품 판매 매출은 약 60억 원이며, 회원 적립 및 결제 과정에서 최소한의 개인정보만 수집·이용하고 있습니다.

- **심사원** : 말씀해 주신 매출 구조를 보면, 자체 쇼핑몰과 외부 중개 쇼핑몰을 통해 상당한 규모의 개인정보가 처리되는 것으로 보입니다. 해당 채널별 개인정보 처리 현황은 관리체계에 반영되어 있습니까?

- **담당자** : 네, 매출 채널별로 개인정보 처리 목적, 처리 항목, 보유 기간을 구분하여 관리하고 있으며, 외부 중개 쇼핑몰의 경우 위탁 여부 및 책임 범위를 명확히 하여 관리체계에 반영하고 있습니다.

---

① 정보통신서비스 부문 매출은 자체 쇼핑몰을 통한 제품 판매 매출만 포함되므로, 인증 대상이 아니다.

② 정보통신서비스 부문 매출은 자체 쇼핑몰을 통한 제품 판매 매출과 쇼핑몰 기반 유료 서비스 매출을 포함하므로, 인증 대상이다.

③ 외부 중개 쇼핑몰을 통한 판매 매출이 100억 원 미만이므로, 인증 대상이 아니다.

④ 온라인에서 발생한 모든 매출을 합산하면 100억 원을 초과하므로, 인증 대상이다.

⑤ 외부 중개 쇼핑몰을 이용한 판매 매출이 포함되므로, 인증 대상이다.

03 (주)가나다 회사는 SIEM(Security Information and Event Management)을 구축하여 서버, DB, 네트워크 장비 및 보안 솔루션의 로그를 수집하고 있으나, 최근 발생한 개인정보 유출 사고에 대해서 인지를 못하고 다크웹을 통해서 외부로부터 먼저 알게 되었다. 향후 확인 결과 경로는 DB 서버의 아웃바운드 정책으로 유출이 발생했음을 뒤늦게 확인 하였다. 심사원이 판단하는 가장 적절한 결함을 고르시오.

① 적절한 로그 수집이 이루어지지 않은 것으로 보아 2.9.4 로그 및 접속기록 관리 결함으로 판단하였다.

② 외부 유출 경로가 인터넷 아웃바운드 정책 미흡에 기인한 것으로 보아 2.10.1 보안시스템 운영 결함으로 판단하였다.

③ 외부 유출 경로가 인터넷 아웃바운드 정책 미흡에 기인한 것으로 보아 2.6.7 인터넷 접속 통제 결함으로 판단하였다.

④ 개인정보 유출 사고를 내부에서 인지하지 못한 점을 고려할 때 2.11.3 이상행위 분석 및 모니터링 결함으로 판단하였다.

⑤ 사고 인지 이후 대응이 이루어졌으므로 2.11.1 사고 예방 및 대응체계 구축 결함으로 판단하였다.

04 다음 중 ISMS-P 인증 기준 2.10.9 악성코드 통제 항목에 대한 결함 사례로 보기 어려운 것을 고르시오.

① 전사 백신 중앙관리 솔루션을 도입하여 운영 중이나, 예외 처리된 서버의 백신 미설치 사유와 통제 이력을 관리하지 않았다.

② 모바일 오피스 도입으로 임직원의 모바일 단말기가 내부망에 접속하고 있으나, 모바일용 백신 설치 여부를 검사하지 않았다.

③ 악성코드 감염 의심 이벤트가 탐지되어 EDR에서 자동 격리되어서 더이상의 조치를 하지 않았다.

④ 망분리된 폐쇄망의 외부 업데이트 서버와의 연동이 불가능하여, 내부 지침에 따라 수동으로 다운로드하여 업데이트하고 있다.

⑤ 협력업체 직원이 노트북 반입 시 백신 검사를 수행하였으나, 반입 이후 실시간 감시 활성화 여부는 점검하지 않았다.

05 ㈜가나다 회사의 네트워크 구성도와 인터뷰 내용을 보고 가장 적절한 결함을 고르시오.

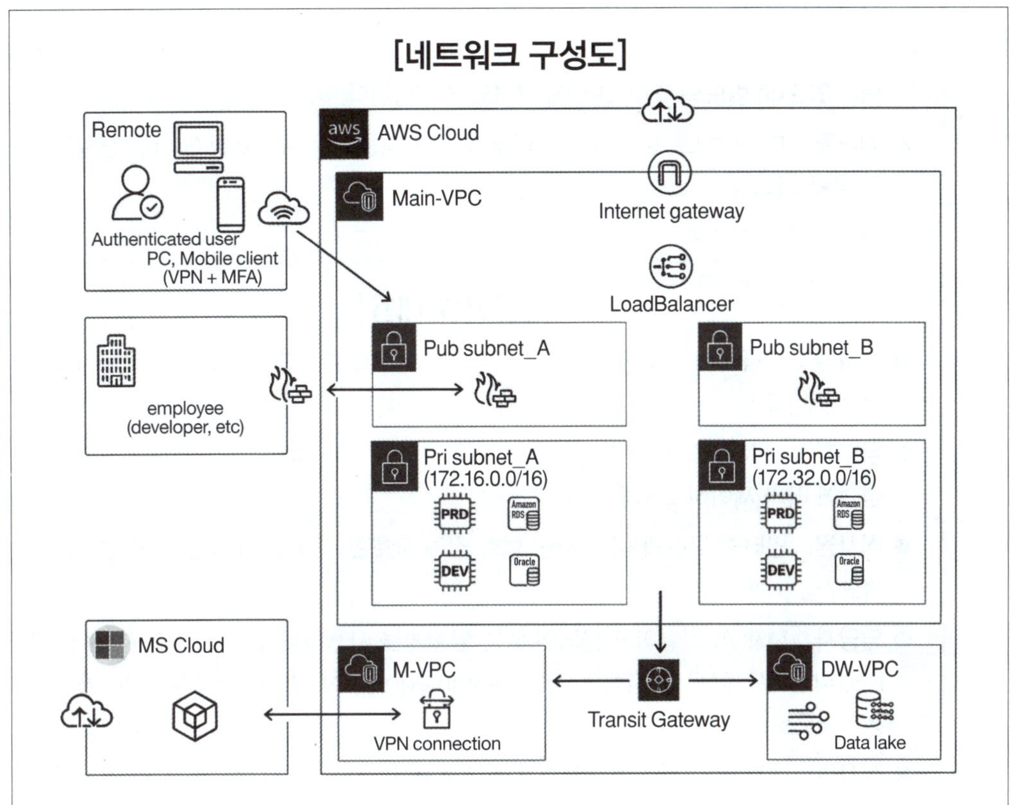

[인터뷰 내용]

- **심사원** : 원격에서 VPN 접속 이후 사용자가 접근할 수 있는 시스템 범위는 어떻게 제한하고 있나요?

- **담당자** : VPN 접속 시 내부 업무망으로 연결되며, 이후 접근 가능 범위는 공통 보안그룹 정책에 따라 제어하고 있습니다.

- **심사원** : 인터넷 구간과 내부 자산 보호 경계 모호한 것 같은데 해당 부분 설명이 가능한가요?

- **담당자** : 현재 AI 기술이 적용되어 있는 방화벽을 사용하고 있으며, 방화벽 단에서 WAF, IPS, 악성코드 탐지, 원격접속, TI(Threat Intelligence) 정보를 연계해 외부 공격에 대해 통합적으로 방어하고 있습니다.

- **심사원** : 현재 운영 시스템과 개발 시스템은 어떻게 구분하여 운영하고 있습니까?

- **담당자** : 업무 편의성을 고려하여 개발과 운영 인스턴스는 동일한 VPC 내 프라이빗 서브넷에 구성되어 있습니다.

- **심사원** : Data Lake(DW-VPC)는 어떤 데이터가 적재되고 있으며, 접근 통제는 어떻게 이뤄지고 있나요?
- **담당자** : Data Lake에는 서비스 운영 데이터와 로그 데이터, 일부 분석용 데이터가 적재되어 있으며, 별도의 DW-VPC에 구성되어 있습니다.
- **심사원** : 마지막으로 운영 시스템의 공통으로 적용되는 Security Group 현황을 증적으로 부탁드립니다.

[인터뷰 내용]

- **심사원** : 원격에서 VPN 접속 이후 사용자가 접근할 수 있는 시스템 범위는 어떻게 제한하고 있나요?
- **담당자** : VPN 접속 시 내부 업무망으로 연결되며, 이후 접근 가능 범위는 공통 보안그룹 정책에 따라 제어하고 있습니다.
- **심사원** : 인터넷 구간과 내부 자산 보호 경계 모호한 것 같은데 해당 부분 설명이 가능한가요?
- **담당자** : 현재 AI 기술이 적용되어 있는 방화벽을 사용하고 있으며, 방화벽 단에서 WAF, IPS, 악성코드 탐지, 원격접속, TI(Threat Intelligence) 정보를 연계해 외부 공격에 대해 통합적으로 방어하고 있습니다.
- **심사원** : 현재 운영 시스템과 개발 시스템은 어떻게 구분하여 운영하고 있습니까?
- **담당자** : 업무 편의성을 고려하여 개발과 운영 인스턴스는 동일한 VPC 내 프라이빗 서브넷에 구성되어 있습니다.
- **심사원** : Data Lake(DW-VPC)는 어떤 데이터가 적재되고 있으며, 접근 통제는 어떻게 이뤄지고 있나요?
- **담당자** : Data Lake에는 서비스 운영 데이터와 로그 데이터, 일부 분석용 데이터가 적재되어 있으며, 별도의 DW-VPC에 구성되어 있습니다.
- **심사원** : 마지막으로 운영 시스템의 공통으로 적용되는 Security Group 현황을 증적으로 부탁드립니다.

[추가 증적]

인바운드 규칙

보안그룹 규칙 ID	포트 범위	프로토콜	원본	보안그룹	설명
sgr-0a1b2c3d4e5f67890	전체	전체	192.168.130.0/24	sg-prod-common	VPN IP
sgr-1234567890abcdef	9999	TCP	3.32.5.2/32	sg-prod-common	PMS

아웃바운드 규칙

보안그룹 규칙 ID	포트 범위	프로토콜	원본	보안그룹	설명
sgr-0a1b2c3d4e5f67777	9999	TCP	3.32.5.2/32	sg-prod-common	PMS

① 2.6.6 원격접근 통제

② 2.8.3 시험과 운영 환경 분리

③ 2.9.4 로그 및 접속기록 관리

④ 2.9.5 로그 및 접속기록 점검

⑤ 2.10.1 보안시스템 운영

06 다음 중 AI의 기술적 특성으로 인해 정보주체의 권리 보장이 일부 제약될 수 있는 현실적 어려움에 대한 설명으로 적절하지 못한 것을 고르시오.

① AI 학습데이터셋은 비정형·비구조적 형태로 구성되는 경우가 많아, 전통적인 관계형 데이터베이스와 달리 특정 정보주체의 개인정보 항목을 식별·추출하는 데 기술적 한계가 존재할 수 있다.

② AI 학습데이터 전처리 과정에서 토큰화 및 임베딩이 수행되면, 토큰화 방식과 수준에 따라 특정 정보주체에 대한 식별 가능성이 낮아질 수 있다.

③ AI 모델의 결과값을 통해 개인정보가 유·노출되는 경우가 발생하더라도, 언러닝(unlearning) 기술이 이미 충분히 성숙하여 특정 데이터의 영향을 모델에서 완전히 제거하는 데 기술적 어려움은 거의 없다.

④ AI 모델은 학습 이후에도 특정 개인정보를 즉시 삭제·정정할 수 없는 구조적 특성을 가지므로, 정보주체의 삭제·정정 요구를 기술적으로 즉각 반영하기 어려운 경우가 존재한다.

⑤ AI 기술의 발전 단계와 구조적 특성으로 인해, 정보주체 권리 침해가 발생하더라도 원인이 된 개별 데이터의 영향을 모델에서 완전히 분리·제거하는 데에는 현실적인 제약이 있다.

07 다음은 서울에 위치한 해외법인인 데이터센터(IDC)의 ISMS-P 심사 중 확인된 내용이다. 심사원의 판단한 내용 중 적절한 것을 고르시오.

[신청기관 환경]

배경: A사는 글로벌 IT 기업의 한국 지사로, 서울에 위치한 데이터센터(IDC)를 운영 중이다. 해당 센터는 해외본사와 데이터센터는 서로 다른 법인으로 분리되어 있으며, 방문객 관리 시스템이 싱가포르 본사(HQ) 시스템과 연동되어 있으며, 통제구역 출입을 위해 지문 인식을 사용하고 있다.

■ **심사원** : 1층 안내 데스크에 CCTV 안내판은 있는데, '개인정보 처리방침' 책자나 게시물은 안 보이네요. 방문객들이 개인정보 처리 내역을 바로 확인할 수 있어야 하지 않나요?

○ **담당자** : 아, 저희는 해외본사(B사) 홈페이지의 한국어 메뉴 하단에 '개인정보 처리방침'을 공개하고 있어서 안내 데스크에 별도로 비치하지 않았습니다. 태블릿 PC에서도 해당 링크로 연결되게 해두었고요.

■ **심사원** : A사(데이터센터)의 처리방침이 아니라 해외본사의 처리방침인가요?

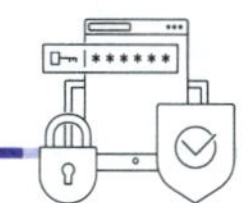

> ○ **담당자** : 네, A사는 홈페이지가 따로 없다 보니 본사 홈페이지 내 처리방침에 데이터센터 출입 및 영상정보처리기기 관련 내용을 포함하여 게시하고 있습니다. 내용은 동일합니다.
>
> ■ **심사원** : 국외 이전 내용을 보니 방문객 정보가 싱가포르(AWS)로 전송된다고 되어 있네요.
>
> ○ **담당자** : 네, VMS 시스템 특성상 입력 즉시 싱가포르 서버에 저장됩니다. 처리방침 제5조에 국가, 이전받는 자, 일시 및 방법을 상세히 고지했습니다.
>
> ■ **심사원** : 지문 정보는 어디에 저장되나요?
>
> ○ **담당자** : '매치 온 카드(Match-on-Card)' 방식이라 서버에는 저장되지 않고, 이용자 출입카드 내 보안 영역(SE)에 암호화되어 저장됩니다.
>
> ■ **심사원** : 방재실에서 CCTV 녹화 장비(NVR) 설정을 보니 현재 시간이 한국 시간보다 9시간 느린 것 같습니다. 시간 동기화(NTP)가 안 되어 있는 건가요?
>
> ○ **담당자** : 아, 동기화는 정상입니다. 다만 저희가 글로벌 지침에 따라 전사 모든 보안 장비의 시간을 협정 세계시(UTC) 기준으로 설정해 두었습니다. 사고 발생 시 로그 분석을 할 때 한국 시간(KST)으로 +9시간 하여 확인하고 있습니다.

① A사는 별도 법인인 해외본사 홈페이지에 게시한 것만으로는 적법한 공개 의무를 이행한 것으로 볼 수 없어 3.5.1 개인정보 처리방침 공개 결함이다.

② 방문객 정보가 수집과 동시에 해외(싱가포르) 서버로 이전되고 있으나, 이는 글로벌 통합 시스템 사용에 따른 절차이므로 별도로 동의받고 해외이전에 관한사실을 고지하여야 하며 개인정보 처리방침에 공개하여야 하므로 3.3.4 개인정보 국외이전 결함이다.

③ '매치 온 카드' 방식을 사용하더라도 카드 분실 시 제3자에 의한 생체정보 복호화 위험이 존재하므로, 생체정보의 원본 또는 특징 정보를 중앙 서버에 별도로 백업하여 암호화 저장하지 않은 것은 2.7.1 암호정책 적용 결함이다.

④ 개인정보 처리방침(영상정보처리기기 운영·관리 방침 포함)에 설치 목적과 장소 등을 공개하고 있고 태블릿 PC로 확인이 가능하므로, 1층 안내 데스크나 출입구에 별도의 CCTV 촬영 안내판을 부착하지 않더라도 3.1.6 영상정보처리기기 설치·운영 결함이 아니다.

⑤ CCTV 및 정보보호 시스템의 시간 설정은 침해사고 발생 시 정확한 시점 파악을 위해 운영되는 국가의 표준시(KST)를 따라야 한다. 글로벌 지침이라 하더라도 한국 내 사업장임에도 불구하고 UTC를 적용하여 직관적인 시간 확인을 어렵게 한 것은 2.9.6 시간동기화 결함이다.

08 다음은 최근 침해사고가 발생한 이용자수 30만명의 A공공기관의 ISMS-P 인증심사 과정에서 확인된 인터뷰 내용이다. 심사원이 판단한 내용 중 잘못된 것을 모두 고르시오. (2개)

■ **심사원** : DB 설계를 보니 주민등록번호와 연계정보(CI)가 저장된 방식이 궁금합니다.

○ **담당자** : 네, 그래서 저희는 물리적으로 서버를 나누지는 못했지만, 하나의 DB 인스턴스 내에서 TB_MEMBER_BASIC(주민번호) 테이블과 TB_MEMBER_CI(연계정보) 테이블로 논리적으로 분리하여 관리하고 있습니다.

■ **심사원** : 테이블 분리는 하셨군요. 그럼 각 컬럼의 암호화는 어떻게 적용되어 있나요? 특히 CI값은 그 자체로도 식별성이 있어 보호가 필요한데요.

○ **담당자** : 네, 주민번호와 비밀번호뿐만 아니라 CI값도 안전성을 위해 AES-256 알고리즘으로 암호화하여 저장하고 있습니다.

■ **심사원** : 암호화 키 관리에 대해 질문드리겠습니다. 주민번호용 키와 CI용 키, 그리고 일반 정보용 키는 분리되어 있나요?

○ **담당자** : 음... 사실 그 부분이 좀 미흡합니다. 개발 편의상 enc_key.dat라는 하나의 마스터 키 파일로 주민번호, CI, 전화번호를 모두 암호화하고 있습니다. 해당 키 파일은 웹 애플리케이션 서버의 설정 경로(/home/web/config/)에 두고 API가 호출해서 쓰고 있고요.

■ **심사원** : 하나의 키를 다 쓴다면, 최근 발생했다는 개인정보 유출 사고도 이와 관련이 있나요?

○ **담당자** : 네, 맞습니다. 얼마 전 마케팅팀에서 "고객 통계 분석을 위해 CI값만 복호화해달라"고 요청해서, 개발팀장이 마케팅 분석 서버에 enc_key.dat 파일을 복사해 주었습니다.

■ **심사원** : 마케팅 분석 서버는 주민번호 접근 권한이 없는 구간 아닌가요?

○ **담당자** : 네, 권한은 없는데 키가 복사되다 보니... 마케팅 서버가 해킹당해 키가 유출되었고, 해커가 그 키로 DB의 주민번호까지 모두 복호화해가는 사고가 발생했습니다.

① 주민등록번호(고유식별정보)와 일반 개인정보의 암호화 키를 분리하지 않고 단일 키 (enc_key.dat)를 사용함으로써, 업무상 주민번호 취급 권한이 없는 시스템(마케팅 서버)에 주민번호 복호화 권한이 부여되는 결과를 초래하였으므로 결함이다.

② 연계정보(CI)와 주민등록번호는 동시 유출 방지를 위해 분리 보관해야 한다. A사는 이를 테이블 단위로 분리하였다고 하나, 물리적으로 상이한 서버(Hardware) 또는 가상 서버(VM)로 분리해야만 하므로 결함이다.

③ 마케팅 분석 서버는 통계 분석을 위한 시스템으로 주민등록번호 처리 권한이 불필요함에도 불구하고, 주민등록번호 복호화가 가능한 키가 평문 파일 형태로 저장됨으로써 비인가자(외부 해커)가 최고 중요도 정보에 접근할 수 있게 된 원인을 제공하였으므로 결함이다.

④ 연계정보(CI)는 법적으로 '주민등록번호를 일방향 해시'한 정보이다. 이미 해시 처리되어 생성된 CI값을 DB에 저장할 때 AES-256과 같은 양방향 암호화 알고리즘을 다시 적용하는 것은 연계정보의 법적 정의(일방향 해시)를 위반한 조치이므로 결함이다.

⑤ 암호화 키 파일(enc_key.dat)을 웹서버의 소스코드 설정 경로(/home/web/config/)에 파일 형태로 저장한 것은 웹쉘 공격 등 침해사고 시 키가 손쉽게 탈취될 수 있는 취약한 구조이므로, 안전한 키 관리 미흡으로 결함이다.

09 다음은 2026년 11월 병원 CRM 및 EMR 시스템(SaaS형)을 제공하는 A사에 대한 ISMS-P 인증 심사 중 진행된 인터뷰 내용이다. 이를 바탕으로 심사원이 판단한 내용 중 옳은 것을 모두 고르시오. (2개)

[시나리오 배경]

– 수탁자(신청기관): A사 (의료 CRM/EMR 시스템 개발 및 운영, 클라우드 서비스 제공)

– 위탁자(이용기관): B병원 등 다수의 병원 (환자 및 직원 개인정보의 처리자)

– 환경: A사의 시스템에는 B병원 등의 환자 진료기록, 처방내역, 상담일지 등이 저장됨.

- **심사원** : A사 개발자나 운영자가 외부에서 시스템 유지보수를 위해 접속할 때는 어떤 인증 방식을 사용하나요?

- **담당자** : 저희 직원들은 재택근무 시 VPN을 통해 접속하며, 로그인 시 ID/PW 외에 모바일 OTP를 적용하여 2차 인증(MFA)을 하고 있습니다.

- **심사원** : 그렇다면, B병원 원무과 직원이나 의사가 병원 외부(집, 카페 등)에서 이 CRM 시스템에 접속할 때는 어떻게 인증하나요?

- **담당자** : 병원 측에서 매번 OTP 인증을 하는 것이 번거롭다는 민원이 많아, 병원 직원들은 외부에서 접속하더라도 별도의 추가 인증 없이 ID와 비밀번호만으로 접속할 수 있도록 허용하고 있습니다. 어차피 그분들은 정보주체가 아닌 시스템 이용자이고, 저희 직원이 아니니까요.

- **심사원** : 병원별 계정 관리 현황을 보니, B병원의 경우 'Desk_01', 'Nurse_A'와 같은 공용 계정을 생성하여 여러 직원이 비밀번호를 공유해 사용하고 있는 흔적이 보입니다. 1인 1계정 원칙이 지켜지지 않고 있네요.

- **담당자** : 네, 저희 시스템은 개인별 계정 생성 기능을 제공하고 있고 병원 관리자에게 개인별로 발급하라고 가이드 했습니다. 하지만 병원 현장 특성상 교대 근무가 많아 편의를 위해 자체적으로 그렇게 쓰는 것까지 저희가 기술적으로 막기는 어렵습니다.

- **심사원** : 계정 생명주기 관리도 보겠습니다. 마지막 접속일로부터 2년이 지난 병원 직원 계정들이 삭제되지 않고 활성화 상태로 남아있습니다.

- **담당자** : 저희는 병원 관리자 페이지에 '장기 미접속자 조회 및 관리' 기능을 제공하고 있습니다. 다만, 해당 데이터의 소유권은 병원에 있기 때문에 저희가 임의로 병원 직원의 계정을 삭제할 수는 없어 병원 측의 조치를 기다리고 있는 상태입니다.

- **심사원** : CRM 상담 메모 기능을 보니, 상담원들이 환자의 주민등록번호나 카드번호를 메모란(비정형 데이터)에 그대로 입력한 사례가 다수 발견됩니다. 암호화도 안 되어 있고요.

> ○ **담당자** : 네, 정형화된 필드(주민번호란 등)는 DB 암호화가 되어있습니다. 메모란의 경우 입력 창 상단에 "주민번호 등 민감정보 입력 금지"라는 경고 문구를 팝업과 텍스트로 띄워두고 있습니다. 기술적으로 모든 텍스트를 실시간 필터링하기에는 시스템 부하가 커서 입력 금지 안내 기능으로 대체하고 있습니다.
>
> ■ **심사원** : 마지막으로 병원 직원이 환자 명단을 엑셀로 다운로드할 때 보안 조치는 어떻게 되어 있나요?
>
> ○ **담당자** : 엑셀 다운로드 기능은 제공하고 있지만, 다운로드 사유를 입력받거나 파일에 암호를 설정하는 기능은 별도로 구현되어 있지 않습니다.

① 병원 직원이라 하더라도 외부에서 접속 시에는 안전한 인증수단(MFA 등)을 적용 하여야 하나, 이를 적용하지 않은 A사는 2.5.3 사용자 인증 결함이다.

② B병원에서 공용 계정을 사용하도록 방치한 것은 시스템을 운영하는 A사의 책임이다. A사는 기술적으로 동시 접속을 차단하거나 공용 ID 패턴 생성을 막지 않았으므로 2.5.2 사용자 식별 결함이다.

③ A사는 장기 미접속 계정이 존재함을 인지하고 있음에도 불구하고, 이를 직접 삭제하거나 차단하는 등의 적극적인 조치를 취하지 않고 단순히 기능만 제공한 채 방치하였으므로 2.5.1 사용자 계정 관리 결함이다.

④ CRM 메모란에 주민등록번호가 평문으로 저장되는 것은 고유식별정보의 암호화 저장 의무 위반이다. 입력 금지 경고 문구를 띄웠다 하더라도 실질적으로 저장이 차단되지 않았으므로, A사는 비정형 데이터에 대한 암호화 미적용으로 2.7.1 암호정책 적용 결함이다.

⑤ 개인정보처리자는 개인정보처리시스템에서 개인정보 다운로드 상황을 확인하고 점검하여야 한다. 신청기관은 개인정보 다운로드기능 제공시 그 사유를 기록·관리하고 다운로드한 파일에 대해 암호화 등의 안전조치를 할 수 있는 기능을 제공하여야 하므로 2.6.3 응용프로그램 접근 결함이다.

10 K유통은 ISMS 의무대상자로서, 전년도 말 기준 자산총액이 3천억원인 정보통신서비스 제공자이다. 다음은 심사원과 담당자 간의 대화이다. 대화 내역에서 도출 가능한 결함으로 가장 적절한 것을 고르시오.

> - **심사원** : 안녕하세요. 정보보호 최고책임자(CISO) 지정은 어떻게 되어 있나요?
> - **담당자** : 여기 조직도를 보시면, 현재 CIO(최고정보책임자)께서 CISO업무를 같이 수행하고 있습니다.
> - **심사원** : 그렇다면, 겸직으로 볼 수 있겠네요.
> - **담당자** : 네. 전CISO는 1달 전에 건강상의 이유로 휴직을 해서, 현재 CIO가 겸직을 하고 있습니다.
> - **심사원** : 조직도상에 정보보호 및 개인정보보호 관련 심의·의결을 위한 정보보호위원회가 구성되어 있군요. 실제 운영 현황은 어떻습니까?
> - **담당자** : 네, 정기적으로 위원회를 개최하고 있습니다. 제출해 드린 최근 1년간의 회의록을 보시면 확인이 가능합니다.
> - **심사원** : 제출해 주신 1년치 회의록을 검토해 보니 대부분의 회의에서 CISO, CIO, 경영지원 임원 등은 참석했으나 조직도상 위원으로 명시된 CPO(개인정보보호책임자)는 참석하지 않았군요. 이유가 있을까요?
> - **담당자** : CPO는 개인정보보호법 개정시 위원회에 참여를 합니다. 최근 위원회에 상정된 건들이 인프라 보안과 기술적 의사결정 사안이다 보니 CPO는 참석 대상에서 제외 되었습니다.
> - **심사원** : 7월 회의록의 '암호화 장비 교체' 건은 개인정보 보호 방식에 직접적인 영향을 주는 안건인데, CPO의 의결 없이 어떻게 처리하였나요?
> - **담당자** : 해당 건은 CISO 주도로 의결하였으며, 위원회 종료 후 이메일로 CPO에게 내용을 공유하였습니다.
> - **심사원** : 그렇군요. 자세한 설명 감사합니다.

① 1.1.1 경영진의 참여
② 1.1.2 최고책임자의 지정
③ 1.1.3 조직 구성
④ 1.1.4 범위 설정
⑤ 1.1.5 정책 수립

11 정보통신망법은 기업의 사회적 책임과 보호 체계를 강화하기 위해 규모나 업종에 따른 CISO 지정 및 신고 의무를 세부적으로 규정하고 있다. 다음 중 현행법령에 기초한 CISO의 지정·신고 제도 및 겸직 제한에 대한 설명으로 옳은 내용은 모두 몇 개인지 고르시오.

(ㄱ) 직전 사업년도 말 기준 자산총액 5조 원 이상인 기업의 CISO는 다른 직무(IT 부서장 등)를 겸직할 수 없다.

(ㄴ) 직전 연도 말 자산총액이 100억 원 미만인 MVNO(알뜰폰) 사업자는 CISO 신고 의무가 면제된다.

(ㄷ) CISO를 새롭게 지정하거나 변경한 경우, 그 사유가 발생한 날로부터 14일 이내에 신고해야 한다.

(ㄹ) 자본금 10억 원 미만인 부가통신사업자는 CISO 지정 및 신고 의무 면제 대상에 해당한다.

(ㅁ) 신고 의무를 위반하여 CISO를 신고하지 않은 경우 3천만 원 이하의 과태료가 부과된다.

(ㅂ) 정보보호 최고책임자(CISO)는 개인정보 보호책임자(CPO)의 업무를 겸직할 수 있다.

① 1개　　　② 2개　　　③ 3개　　　④ 4개　　　⑤ 5개

12 K기업은 ISMS-P 인증심사를 받고 있다. 다음 인터뷰 및 안내판을 바탕으로 심사원은 3.1.6 영상정보처리기기 설치.운영 결함으로 판단하였다. 결함 판단이 잘못 된 것을 모두 고르시오. (2개)

> ### [1층 로비 안내판]
>
> ## CCTV 설치 안내
> ◆ 설치 목적 : 범죄 예방 및 시설 안전·관리
> ◆ 촬영 범위 : 로비 출입구
> ◆ 촬영 시간 : 24시간 연속 촬영
> ◆ 관리책임자 : 시설안전팀 02-OOO-OOOO

- **심사원** : 안녕하세요. 오늘은 영상정보처리기기 설치 및 운영 현황에 대해 확인하겠습니다. 먼저, 현재 사내에 설치된 고정형 영상정보처리기기의 설치 목적은 어떻게 되나요?

- **담당자** : 네, 시설 안전 및 화재 예방, 범죄 예방을 목적으로 고정형 영상정보처리기기를 설치하여 운영하고 있습니다.

- **심사원** : 안내판은 설치하고 있나요? 그리고 안내판에 기재된 항목들은 무엇인지 말씀해 주세요.

- **담당자** : 네, 공개된 장소는 1층 로비뿐이라 로비 출입구에 안내판을 설치해 두었습니다. 안내판에는 1) 설치목적 및 장소, 2) 촬영범위 및 시간, 3) 관리책임자 연락처를 기재하고 있습니다.

> - **심사원** : 그렇군요. 혹시 사무실 내부에도 CCTV가 설치되어 있나요? 만약 설치되어 있다면, 안내판도 설치되어 있겠죠?
> - **담당자** : 네, 일부 사무실에도 설치되어 있습니다. 사무실은 원칙적으로 출입이 제한되는 비공개된 장소에 해당하기 때문에, 촬영 범위에 포함되는 모든 임직원에게 동의서를 받았습니다. 그리고 안내판은 따로 설치하진 않았습니다.
> - **심사원** : CCTV는 수탁자 없이 직접 운영하는 건가요?
> - **담당자** : 아니요. OO시큐리티에서 위탁 운영하고 있습니다.
> - **심사원** : 안내판 설치 외에 '영상정보처리기기 운영·관리 방침'도 수립하여 공개하고 있나요?
> - **담당자** : 네, 법령에 따라 '고정형 영상정보처리기기 운영·관리 방침'을 수립하였으며, 개인정보 처리방침에 포함하여 기업 홈페이지에 공개하고 있습니다.
> - **심사원** : 혹시 CCTV에 녹음 기능이 있나요?
> - **담당자** : 최근에 CCTV를 최신형으로 교체하였는데 녹음기능이 탑재되어 있어, 녹음기능을 활성화하여 운영 중에 있습니다.
> - **심사원** : 마지막으로, 영상정보의 보관 기간과 파기 절차는 어떻게 관리하고 있는지 설명 부탁드립니다.
> - **담당자** : 영상정보는 30일 동안 보관하며, 보관 기간이 만료된 영상은 재생 불가능한 방법으로 즉시 파기합니다. 이러한 처리 이력은 '개인영상정보 관리대장'에 기록하여 체계적으로 관리하고 있습니다.
> - **심사원** : 네, 답변 감사합니다. 현장 점검을 통해 실제 안내판 부착 상태를 확인하도록 하겠습니다.

① 비공개 장소인 사무실에 CCTV를 설치하면서 촬영 범위 내 임직원 전원의 동의를 받았음에도, 안내판을 별도로 설치하지 않았다는 이유로 이를 결함으로 판단하였다.

② 별도의 '영상정보처리기기 운영·관리 방침' 문서를 독립적으로 수립하지 않고, 기업의 '개인정보 처리방침'에 관련 내용을 포함하여 통합 공개하고 있다는 이유로 이를 결함으로 판단하였다.

③ CCTV 설치·운영 사무를 'OO시큐리티'에 위탁하여 운영하고 있음에도 불구하고, 1층 로비 안내판에 수탁자의 명칭 및 연락처를 기재하지 않아 이를 결함으로 판단하였다.

④ 불특정 다수가 출입하는 공개된 장소인 1층 로비에 설치된 CCTV의 녹음 기능을 활성화하여 운영하고 있어 이를 결함으로 판단하였다.

⑤ 1층 로비 안내판에 '설치장소'를 기재하지 않아 이를 결함으로 판단하였다.

13 K쇼핑몰은 정보통신서비스 부문 연매출 200억 원 이상의 ISMS 인증 의무 대상자로서, 온·오프라인 쇼핑몰 전체를 포함하여 ISMS-P 인증 심사를 받고 있다. 다음 인터뷰를 바탕으로 심사원의 답변(①~⑤)이 옳지 않은 것을 모두 고르시오. (2개)

K쇼핑몰 개인정보 처리방침 (일부 발췌)

제10조 (영상정보처리기기 설치 및 운영)

본 쇼핑몰은 「개인정보 보호법」에 따라 고정형 및 이동형 영상정보처리기기를 운영하며, 관련 내용을 다음과 같이 통합하여 안내합니다.

1. 설치 목적 및 운영 현황 쇼핑몰 내 시설 안전, 화재 및 범죄 예방, 보안요원의 보호를 위해 아래와 같이 장비를 운영합니다.
   - 고정형 CCTV: 50대 (로비, 주차장, 복도)
   - 이동형 기기: 자율주행 순찰로봇(2대), 보안요원용 바디캠(10대)
2. 촬영 범위 및 시간
   - 고정형: 쇼핑몰 전 구역 (24시간 촬영)
   - 이동형: (순찰로봇) 지정된 야간 순찰 경로 (22:00 ~ 06:00), (바디캠) 보안 업무 수행 시 현장 채증 필요 범위 내

<중략>

4. 영상정보의 보관 및 파기
   - 보관 기간: 촬영일로부터 30일
   - 파기 절차: 보관 기간이 만료된 영상정보는 복구가 불가능한 방법(자동 덮어쓰기 또는 영구 삭제)으로 지체 없이 파기합니다.
   - 파기 기록: 자동 파기 시스템 로그를 주기적으로 점검하며, 별도의 '영상정보 파기 관리 대장'을 통해 이행 여부를 관리합니다.

<생략>

- **심사원** : 안녕하세요. 오늘은 K쇼핑몰에서 운영 중인 이동형 영상정보처리기기의 관리 현황을 점검하겠습니다. 먼저, 어떤 종류의 기기를 쓰고 있는지 설명 부탁드립니다.

- **담당자** : 네, 저희는 야간 순찰을 위해 자율주행 순찰로봇 2대를 운영 중이며, 고객 접점 보안요원 10명이 현장 채증용 바디캠을 착용하고 있습니다.

- **심사원** : (관리 대장을 확인하며) 네, 확인되었습니다. 이동형 기기는 고정형 CCTV와 달리 촬영 사실을 알리는 방식이 중요합니다. ① 바디캠은 정보주체가 촬영 사실을 알 수 있도록 소리, 불빛, 혹은 '촬영 중'이라는 문구를 부착하여 운영해야 합니다.

- **담당자** : 맞습니다. 보안요원 조끼에 '촬영 중' 스티커를 부착하고 있습니다. 순찰로봇에도 상단에 LED 전광판을 통해 촬영 사실을 공지하고 있습니다.

- **심사원** : 잘하고 계시네요. 추가로 확인해 보니 운영관리방침이 보이는데, ② 이동형 영상정보처리기기 운영·관리 방침은 반드시 기존 '고정형 CCTV 방침'이나 '개인정보 처리방침'과 분리하여 별도의 독립된 문서로만 홈페이지에 공개해야 합니다.

- **담당자** : 아, 저희는 기존 개인정보 처리방침에 내용을 통합해서 공개했는데, 따로 분리해야 한다는 말씀이신가요?

- **심사원** : 네, 그 부분은 결함 사항이 될 수 있으니 확인이 필요해 보입니다. 그리고 바디캠 운영과 관련해서 하나 더 짚어드리면, ③ 바디캠은 현장에서의 돌발 상황에 대비하는 장비이므로, 개인정보 보호법 제25조의2에 따라 별도의 고지 없이 음성 녹음 기능을 상시 켜두고 운영하는 것이 가능합니다.

- **담당자** : 음성 녹음도 법적으로 영상 촬영과 똑같이 허용된다는 말씀이시죠? 알겠습니다.

- **심사원** : 촬영 범위에 대해서도 확인하겠습니다. 순찰로봇이 화장실이나 수유실 입구 근처를 지나가나요?

- **담당자** : 순찰 경로상 화장실 입구 복도를 지나가기는 합니다만, 화장실 안으로 들어가 내부를 촬영하지는 않습니다.

- **심사원** : ④ 화장실, 탈의실 등 사생활 침해 우려가 큰 장소의 내부가 촬영되지 않는다면, 그 입구 주변을 순찰하며 촬영하는 것은 시설 안전 목적상 법적으로 제한되지 않습니다.

- **담당자** : 네, 알겠습니다. 경로 설정 시 사생활 침해 구역은 철저히 제외하고 있습니다.

- **심사원** : 마지막으로, 순찰로봇이 수집한 영상의 파기 절차는 어떻게 되나요?

- **담당자** : 저희는 수집 목적이 달성된 영상은 내부 규정에 따라 30일이 지나면 지체 없이 자동 파기하고 있습니다.

- **심사원** : ⑤ 네, 적절합니다. 개인영상정보는 수집 및 이용 목적을 달성한 경우 지체 없이 파기해야 하며, 다만 다른 법령에 따라 보존해야 하는 명확한 근거가 있는 경우에만 예외적으로 보관할 수 있습니다.

14 다음은 개인정보처리시스템을 다루는 OO기업의 ISMS-P 인증심사 중, 연간 정보보호 및 개인정보보호 교육 운영의 적정성을 확인하기 위해 심사원이 확인한 사항이다. 이를 토대로 심사원의 판단으로 틀린 것을 고르시오.

> (가) OO기업은 매년 1회 이상 전 임직원을 대상으로 하는 「정보보호 및 개인정보보호 통합 교육」을 실시하고 있으며, 대표이사 승인을 득한 연간 교육계획을 수립·보관하고 있다.
>
> (나) 연간 교육은 외부 전문가를 초빙하여 2시간 분량의 집체·온라인 병행 교육으로 진행 되며, 해당 교육 1회를 이수하면 그 해 정보보호 및 개인정보보호 교육을 모두 이수한 것으로 처리하고 있다.
>
> (다) 일반 직원, 개인정보취급자, 개발자, 시스템/보안 관리자 등 직무별로 교육 대상이나 내 용을 구분하지 않고, 모든 임직원이 동일한 시간에 동일한 교육을 받도록 운영하고 있다.
>
> (라) 개인정보취급자 및 주요 정보시스템 관리자에 대해서는 별도의 심화 교육이나 직무 특 화 교육을 수행하지 않고, 연 1회의 통합 교육으로 직무자 교육을 갈음하고 있다.
>
> (마) 교육 실시 후에는 출석부와 교육자료를 보관하고 있으나, 직무별 교육 필요성에 대한 검토나 교육 효과에 대한 분석·개선 활동은 수행하지 않고 있다.

① 심사원은 OO기업의 매년 1회 이상 정보보호 및 개인정보보호 교육을 실시하고, 연간 교육계획을 수립 및 보관하고 있음을 확인하였으며 해당 측면에서는 적정하다고 판단 하였다.

② OO기업은 직무별 특성을 고려하지 않고 전 임직원에게 동일한 내용으로 교육을 실시 하고 있어, 개인정보취급자 및 주요 시스템 관리자의 직무 특성을 반영한 교육 측면에 서는 미흡한 것으로 판단하였다.

③ OO기업이 외부 전문가를 초빙하여 통합 교육을 실시하는 것은, 내용의 전문성을 확 보하는 데에는 도움이 되나, 이를 근거로 직무별 별도 교육을 전혀 수행하지 않는 것 은 미흡하다고 판단하였다.

④ OO기업이 연 1회의 통합 교육으로 개인정보취급자 및 주요 정보시스템 관리자에 대 한 교육을 모두 갈음하고 있는 것은, ISMS-P의 인식제고 및 교육훈련 요구사항을 충 분히 충족한다고 판단하였다.

⑤ OO기업이 교육 출석부 및 자료를 보관하고 있으나, 직무별 교육 필요성 검토나 교육 효과 분석이 부족한 점은, 향후 교육계획 수립 시 개선이 필요한 사항으로 판단하였다.

15 OO기업은 ISMS-P 인증심사를 진행 중에 있다. 다음 지침 및 인터뷰를 토대로 한 심사원의 판단 중 가장 적절한 것을 고르시오.

정보시스템 보안 지침

2023.10.1. 제정

제14조(서버 보안) ① 보안담당관은 서버를 도입·운용하고자 할 경우 사이버공격으로 인한 자료 절취 및 위·변조 등에 대비하여 다음 각 호의 사항을 포함한 보안대책을 수립·시행하여야 한다.

1. 서버 내 저장자료에 대하여 업무별·자료별 중요도에 따라 개별사용자의 접근권한 차등 부여
2. 개별사용자별 자료 접근범위를 서버에 등록하여 인가여부를 식별하도록 하고 인가된 범위 이외의 자료 접근통제
3. 서버 운용에 필요한 서비스 포트 이외 불필요한 서비스 포트 제거 및 관리자용 서비스와 개별 사용자용 서비스 분리·운용
4. 관리자용 서비스 접속시 특정 IP주소가 부여된 관리용 단말기 지정·운용
5. 서버 설정 정보 및 저장자료에 대한 정기적 백업 실시
6. 데이터베이스에 대하여는 개별사용자의 직접 접속 차단, 개인정보 등 중요정보 암호화 등 데이터베이스별 보안조치 실시

② 서버관리자는 제1항에 따른 보안대책의 적절성을 수시 확인하여야 하며 연1회 이상 서버 설정 정보와 저장자료의 절취 및 위·변조 가능성 등 보안취약점을 점검·보완하여야 한다.

제15조(로그기록 유지) ① 보안담당관은 정보시스템의 효율적인 통제·관리 및 사고 발생 시 추적 등을 위하여 로그기록을 유지·관리하여야 한다.

② 제1항에 따른 접속기록에는 다음 각 호의 사항이 포함되어야 한다.

1. 접속자, 정보시스템·응용프로그램 등 접속대상
2. 로그온·오프, 자료의 열람·출력 등 작업 종류 및 시간
3. 접속 성공·실패 등 작업 결과

③ 정보시스템 관리자는 접속 및 로그기록을 1년 이상 보관하여야 하며 접속 및 로그기록의 위·변조 및 외부유출 방지대책을 수립·시행하여야 한다.

■ **심사원** : 안녕하세요? 먼저 서버에 저장되는 자료 접근권한은 어떻게 부여하고 계신가요?

○ **담당자** : 업무별로 권한을 구분하고, 권한 신청은 결재로 받아 권한별 차등 부여하고 있습니다.

■ **심사원** : 서버 운영 방식이 어떻게 되죠?

○ **담당자** : 서비스 포트는 최소로 열고 정기적으로 점검합니다. 관리 접속은 별도 관리 구간에서만 가능하도록 분리해 운영합니다. 관리자 접속은 특정 IP가 부여된 관리용 단말기에서만 되도록 제한하고 예외가 필요할 땐 승인 후 임시로 열고 종료 후 복구합니다.

■ **심사원** : 서버 설정 정보와 저장자료 백업은 주기적으로 수행하시나요?

○ **담당자** : 네. 백업 정책에 따라 정기 백업하고, 복구 테스트도 주기적으로 합니다.

■ **심사원** : DB는 어떤 방식으로 관리하시나요?

○ **담당자** : 사용자 직접 접속은 제한하고, 업무시스템을 통해 접근하도록 구성했습니다. 개인정보 등 중요정보는 암호화 적용 대상에 포함되어 관리합니다.

■ **심사원** : 앞서 업무를 보면 파일로 수집하는 내용이 있던데 민감정보가 파일로도 저장되나요?

○ **담당자** : 네, 민감정보 문서가 PDF로 보관되는 경우가 있습니다. 파일암호화 솔루션 정책으로 지정 경로에 저장되는 파일은 자동 암호화되도록 운영합니다.

■ **심사원** : 확인해볼 수 있을까요?

– 심사원이 확인해 본 결과 파일은 별도 복호화 절차가 필요하며 내용을 확인할 수 없었다. –

■ **심사원** : 암호화 방식이나 알고리즘/보안강도는 어디에 근거가 남아 있나요? 내부 문서에 AES 같은 키워드가 적혀 있는 것만으로는 부족해서요.

○ **담당자** : 솔루션 설정 및 보안정책 문서에 암호화 방식과 보안강도 기준이 명시돼 있고, 콘솔 설정 화면으로도 확인 가능합니다.

○ **담당자** : 계정은 정기 점검하고 불필요 계정은 삭제합니다. 개발/시험 도구는 배포 완료 후 제거하도록 절차화되어 있습니다.

■ **심사원** : 로그는 별도 관리하시나요?

○ **담당자** : 정기 점검표에 따라 점검하고 이상 징후는 즉시 보안 운영 절차에 따라 보고합니다. 처리 내역은 기록으로 남깁니다. 그리고 로그는 1년 이상 보관하고, 접근권한 최소화와 보관 매체 보호, 필요 시 무결성 확인 절차로 SHA256을 사용하여 별도 대장으로 관리하여 위변조를 방지하고 있습니다.

■ **심사원** : 위변조 방지요? 확인해볼 수 있을까요?

– (로그 보관) 위변조 방지 대장(일부 발췌) **–**

파일명	알고리즘	해시값	생성일
access.log.2601	sha256	12329EEC788670ABACF5930409EF1D757C	260201
fail.log.2601	sha256	3DBC3F4D1DB731CB105DBB336383A14A97AE2DA025F6C4D3924E8E7E85607DEB	260201
backup.log.2601	sha256	A2B8D9EEC788670ABACF5930409EF1D757CB12DA1145B2F9AB8FBA1EACD4B794	260201

■ **심사원** : access.log.2601 파일 sha256sum 해볼 수 있을까요?

– 심사원이 확인해 본 결과 로그 보관의 해시값이 다름을 확인 할 수 있었다 –

① 심사원은 차등 권한부여는 확인하였으나, 예외 관리자 접속이 임시 허용되는점을 근거로 예외 접속 통제가 불충분하다고 보고 2.6.2 정보시스템 접근 결함으로 판단하였다.

② 심사원은 서버 설정 정보 및 저장자료에 대해 백업 정책에 따른 정기 백업과 복구 테스트가 주기적으로 수행되는 점을 확인하였으나 재해복구에 대한 백업관리가 부족하다고 판단하며 2.9.3 백업 및 복구관리 결함으로 판단하였다.

③ 심사원은 로그 위·변조 방지대책으로 SHA-256을 사용한다는 담당자의 답변과 달리, 제시된 알고리즘 대장과 해시 결과값이 일치하지 않음을 확인하고, 무결성 검증 절차를 신뢰할 수 없음으로 2.9.4 로그 및 접속기록 관리 결함으로 판단하였다.

④ 심사원은 민감정보 PDF가 지정 경로 저장 시 자동 암호화되고, 복호화 절차 없이는 열람이 불가하며, 암호화 방식, 보안강도 기준이 문서 및 솔루션 콘솔 설정으로 확인되는 점을 근거로 2.7.2 암호키 관리 결함으로 판단하였다.

⑤ 심사원은 로그 위,변조 방지 대책으로 SHA-256을 사용한 것을 근거로 암호 강도가 적정하지 않아 2.7.1 암호정책 적용 결함으로 판단하였다.

16 심사원은 OO 쇼핑몰의 ISMS-P 인증심사 중 아래 사항을 보고 결함으로 판단하였다. 가장 적절한 것을 고르시오.

정보보호 및 개인정보 위험관리 계획서(2026.01.12.)

○ 관리개요: 정보보호 대책의 효과적 구현 및 효과성 검토

○ 관리일정: 2025.1.1. ~ 2025.12.31

○ 주요내용: 전년도 이행대책 효과성 및 자산관리 검토
   – 보안 취약점 진단결과 이행 완료 : 10건중 10건 조치완료(조치 가능한 항목 기준)
   – 기술지원 종료현황 재검토
      web서버 2종 기술지원 연장, 연계서버 위험수용(2023~계속))
      ※ 연계서버 위험 수준(높음), 서비스 중단우려로 향후 교체검토 필요

– 중략 –

자산관리대장(2025.1.1.)

일련번호	분류	호스트명	모델명	용도	os	version	금액	도입일자	보안등급	관리부서	실무자	책임자
ser–01	서버	server01	h*	web	linux	7.9	2천만원	2017.12.	1	전산팀	김실무	이책임
ser–02	서버	server02	h*	web	linux	7.9	2천만원	2017.12.	1	전산팀	김실무	이책임
ser–03	서버	server03	l*	연계	windows	2012	4천만원	2016.12.	2	전산팀	김실무	이책임
– 중략 –												

- **심사원** : EOS(지원 종료) 상태인 자산이 있나요?
- **담당자** : 네, 연계서버(server03, Windows 2012)가 EOS 상태로 운영 중입니다. 웹서버(Linux 7.9)는 기술지원 연장 계약으로 지원을 유지하고 있습니다.
- **심사원** : EOS 서버도 자산관리대장에는 정상적으로 관리되고 있는 것 같네요. 보안등급이나 책임자 지정도 되어 있고요
- **담당자** : 네, 자산관리대장에는 다른 서버들과 동일하게 등록되어 있고, 보안등급도 2등급으로 분류되어 있습니다. 정기 자산 점검 대상에도 포함되어 있습니다.
- **심사원** : 해당 EOS 서버 위험평가는 결과는요?
- **담당자** : 보안패치 불가로 취약점 악용 가능성이 커서 위험수준 '높음'으로 평가됐고, 서비스 중단 우려로 '위험수용' 처리했습니다. 위험관리계획서에 '연계서버 위험수용(2023~계속)'으로 적었습니다.
- **심사원** : 위험수용의 근거(대체통제/법적 의무 여부 검토/수용 기간/추적 계획) 와 승인(경영진/CISO/CPO) 증적이 있습니까?
- **담당자** : 회의에서 '당장 어렵다'고 논의한 기록만 있고, 별도 위험수용서/승인 결재/대체통제 이행계획서는 없습니다.
- **심사원** : 위험관리계획서에 '연계서버 위험수용(2023~계속)'이라고 기재되어 있는데, 이 부분은 매년 재검토된 사항인가요?
- **담당자** : 네, 위험관리계획서 수립 시마다 기술지원 종료 현황을 재검토하고 있고, 해당 서버는 계속 동일한 사유로 위험수용 상태를 유지하고 있습니다.
- **심사원** : 그럼 위험수용을 유지하기로 한 결정에 대해, 대체 보안통제나 단계적 교체 계획 같은 것은 검토하셨나요?
- **담당자** : 내부적으로는 서버 교체 필요성은 인지하고 있고, 향후 예산 확보 시 교체를 검토할 예정입니다. 다만 현재로서는 서비스 연계 문제로 즉각적인 조치는 어렵다고 판단했습니다.

① 심사원은 자산관리대장에 EOS 서버(server03, Windows 2012)가 등록되어 있는 것을 확인하고 자산 식별이 미흡하다고 보고 1.2.1 정보자산 식별 결함으로 판단하였다.

② 심사원은 EOS 서버가 보안패치 적용이 불가하므로 최신 패치 미적용 자체를 근거로 2.10.8 패치관리 결함으로 판단하였다

③ 심사원은 위험평가에서 '높음'으로 산정했으므로 평가 결과가 부적정하다고 보아 1.2.3 위험평가 결함으로 판단하였다.

④ 심사원은 EOS 서버를 위험수용으로 처리하면서도 위험수용의 근거가 적정하지 않다고 보아 1.2.4 보호대책 선정 결함으로 판단하였다.

⑤ 심사원은 EOS 서버 운영 사실만으로 취약점 진단/점검을 수행하지 않은 것으로 보아 2.11.2 취약점 점검 및 조치 결함으로 판단하였다.

17 다음 OO쇼핑몰의 ISMS-P 인증심사중 심사원이 식별해야할 결함으로 옳은 것을 고르시오.

정보전송 보안지침(일부발췌)

정보전송 보안지침(일부발췌)

2023.10.1. 제정

제1조 (목적)

본 지침은 OO쇼핑몰의 정보 자산을 외부 또는 비인가된 내부 네트워크로 전송할 때, 안전한 암호화 및 통제 절차를 수립하여 정보 유출 및 변조를 예방함을 목적으로 한다.

제2조 (적용범위)

회사 내에서 외부(인터넷)로 전송되는 모든 전자적 데이터(이메일, 파일 전송, 메신저 등)와 분리된 내부망 간의 자료 전송에 적용한다.

제3조 (정보 전송 기본 원칙)

암호화 필수 : 비밀, 대외비 등 중요 정보는 전송 시 반드시 암호화(SSL/TLS, AES-256 등)를 적용해야 한다. 비인가 서비스 금지 : 승인하지 않은 개인 외부이메일, 개인 클라우드, 메신저, 웹하드, USB 메모리를 이용한 정보 전송을 금지한다. 최소 권한 : 업무상 필요한 인원에게만, 필요한 범위 내에서 정보를 전송한다.

제4조 (외부 전송 보안 대책)

이메일 전송 : 민감 정보(개인정보, 계약서 등)를 외부 이메일로 전송 시, 첨부파일은 암호화한다. 파일 전송 시스템 : 대용량 파일 전송 시 회사에서 제공하는 전용 보안 파일 전송 시스템(Secure File Transfer Protocol)을 사용한다. 외부망 전송 시 검토 : 중요 프로젝트 관련 기술 자료를 외부로 전송할 경우, 부서장의 사전 승인을 득한 후 전송한다.

제5조 (내부망-인터넷망 간 자료전송)

자료전송 접점 최소화 : 내부망과 인터넷망 간의 접점은 방화벽(FW) 및 침입방지시스템(IPS)을 설치하여 통제한다. 자료전송 서버 사용 : 망 분리 환경에서 자료 이동은 승인된 자료전송 서버를 통해서만 가능하며, 안티바이러스 검사 및 승인 절차를 거친다.

제6조 (모니터링 및 준수)

로그 기록 : 정보보안 담당자는 모든 외부 정보 전송 로그를 1년 이상 보관 및 모니터링한다. 위반 시 조치 : 본 지침을 위반하여 정보 유출이 발생하거나 위험을 초래한 임직원은 사규에 따라 징계할 수 있다.

- ■ **심사원** : 먼저, 외부 연계(API)로 개인정보를 전송하는 경우 전송 구간 보호는 어떻게 하고 있나요?

- ○ **담당자** : 물류사 연계 구간은 예전에 구축한 터널이라 아직도 3DES 기반 VPN 을 사용 중입니다. 보안성 검토는 별도로 한 적 없고, 변경 계획도 아직 없습니다.

- ■ **심사원** : 내부망 구간으로 보고 예외로 관리하시는 건가요?

○ **담당자** : 네. 내부 전산망은, 별도의 암호화는 강제하지 않고 있습니다.

■ **심사원** : 배송정보를 물류사에 넘길 때 이메일로 전송하는 경우도 있나요?

○ **담당자** : 시스템 장애나 긴급 상황 때는 CSV 파일을 외부 이메일로 보내는 경우가 가끔 있습니다. 그때는 첨부파일을 암호화해서 전송하고 있습니다. 부득이하긴 하지만 잘 지켜지는 편입니다.

■ **심사원** : 비인가 서비스 사용 금지 관련해서는 문제는 없나요?

○ **담당자** : 사내 메신저와 공용 클라우드 드라이브는 정해져 있지만, 급한 경우 개인 카카오톡이나 개인 구글 드라이브로 자료를 주고받는 사례가 있어 이번에 완전히 차단 조치 하였습니다.

■ **심사원** : 내부망–인터넷망 간 자료전송 서버는 어떻게 운영되고 있나요?

○ **담당자** : 망 분리 PC와 자료전송 서버는 운영 중이고, 대용량 파일이나 공식 산출물은 그 경로를 통해서만 전송하도록 하고 있습니다. 다만 소규모 문서나 스크린샷 정도는 직원들이 USB에 담아서 옮기는 경우도 간헐적으로 발생합니다. 이 부분은 보안 교육 주의사항으로 안내한 후 발생하지 않고 있습니다.

■ **심사원** : 로그는 어떻게 관리하고 있나요?

○ **담당자** : 자료전송 서버와 보안 파일전송 시스템(SFTP)에 대해서는 전송 로그를 2년 이상 보관하고, 주간 보고서 형태로 모니터링하고 있습니다. 개인 메일을 통한 전송은 로그로 관리하지 못하고 있습니다.

■ **심사원** : 정보전송 관련 위반사례가 있을까요?

○ **담당자** : 작년에 한 번, 계약서 파일을 개인 웹하드에 올려 외부와 공유한 사례가 있어 주의 조치와 재교육을 했습니다. 다만 사규상 징계까지는 하지 않았고, 재발 방지 교육을 실시했습니다.

① 심사원은 대외 물류사 연계 구간의 암호화 알고리즘과 보안성 검토 등 내용을 확인하고 2.10.5 정보전송 보안 결함으로 판단하였다.

② 심사원은 비인가서비스를 통해 내부문서를 주고받는 사례를 근거로 2.6.7 인터넷 접속 통제 결함으로 판단하였다.

③ 심사원은 보안 파일전송 시스템(SFTP) 및 자료전송 서버의 로그를 2년간 보관하고 있는 점을 확인하였으나, 개인메일 로그를 관리하지 못함을 근거로 2.9.5 로그 및 접속기록 점검 결함으로 판단하였다.

④ 심사원은 외부 연계 구간이 VPN으로 보호되고 있고, 자료전송 서버 및 SFTP를 통해 대용량 파일을 안전하게 전송하고 있는 점을 근거로, 정보전송 보안은 기술적으로 확보되어 결함이 없다고 판단하였다.

⑤ 심사원은 비인가 서비스(개인 메신저, 개인 클라우드 등) 사용에 대한 징계 조치가 미흡한 점을 근거로, 정보전송 보안보다는 임직원 보안 인식 부족에 초점을 맞추어 2.2.6 보안 위반시 조치 결함으로 판단하였다.

[18~19] 다음은 △△여행사의 ISMS-P 인증심사 중 확인한 내용이다. 아래 내용을 종합할 때, 심사원의 판단으로 가장 적절한 것을 고르시오.

개인정보 내부관리 지침(발췌)

제24조(개인정보 분리보관)

① 회사는 개인정보의 보유기간이 경과하거나 처리 목적이 달성된 경우 지체 없이 해당 개인정보를 파기하여야 한다. 다만, 관계 법령에 따라 일정 기간 보존이 필요한 개인정보는 해당 법령에서 정한 기간 동안 보관할 수 있다.

② 제1항 단서에 따라 법령에 근거하여 개인정보를 파기하지 아니하고 보존하는 경우에는, 운영 목적의 개인정보와 구분하여 물리적 또는 논리적으로 분리된 저장소에 저장, 관리하여야 한다.

③ 분리보관되는 개인정보는 다음 각 호의 기준을 충족하여 관리하여야 한다.

    1. 보존 사유 및 보존 기간이 명확히 정의되어 있을 것

    2. 법령에서 요구하는 최소한의 항목만 보관할 것

    3. 일반 업무 처리 과정에서 자동 조회되거나 함께 제공되지 않도록 시스템적으로 분리할 것

제25조(탈퇴회원 개인정보 관리)

① 회원 탈퇴 시 회사는 해당 회원의 개인정보를 원칙적으로 즉시 파기한다. 다만, 분쟁 대응, 법적 의무 이행 등을 위해 보존이 필요한 경우에는 관계 법령에 따라 일부 개인정보를 분리하여 보관할 수 있다.

② 탈퇴회원 개인정보를 분리보관하는 경우, 다음 사항을 준수하여야 한다.

    1. 분리보관 대상 정보는 분쟁 처리에 필요한 최소 항목으로 한정할 것

    2. 분리보관 DB는 운영 DB와 논리적으로 구분하여 관리할 것

    3. 탈퇴회원 정보는 일반 상담, 운영 화면에서 조회되지 않도록 접근 경로를 제한할 것

③ 탈퇴회원 개인정보에 대한 접근 권한은 업무상 필요한 관리자 등 최소 인원으로 제한하며, 상담원 등 일반 개인정보취급자는 원칙적으로 접근할 수 없다.

④ 불가피하게 탈퇴회원 정보를 조회해야 하는 경우에는,

    1. 사전 승인 절차를 거칠 것

    2. 조회 목적을 분리보관 사유 범위 내로 한정할 것

    3. 접근 및 조회 이력을 기록, 관리할 것

제26조(개인정보 접근통제 및 목적 제한)

① 개인정보처리자는 개인정보를 수집, 이용 목적 및 법령상 보관 목적 범위 내에서만 처리하여야 하며, 분리보관된 개인정보를 일반 업무 목적으로 조회, 이용하여서는 아니 된다.

② 개인정보처리자는 시스템 설계 시 다음 사항을 고려하여야 한다.

    1. 분리보관된 개인정보가 화면 로직이나 검색 기능을 통해 자동으로 노출되지 않도록 할 것

    2. 운영 편의성을 이유로 분리보관 목적을 무력화하는 설계를 하지 않을 것

③ 개인정보 보호책임자는 분리보관 DB에 대한 접근 권한, 조회 이력, 목적 적정성 등을 정기적으로 점검하여야 한다.

클라우드 로그 샘플(발췌)

로그시간	로그원본	계정ID	소스IP	이벤트유형	상세내용
2025-09-23 09:01:00	CSP_Access	cs001	10.0.11.15	SSH_LOGIN	success
2025-09-23 09:02:10	CSP_WebLog	cs001	10.0.11.15	HTTP_ACCESS	/customer/view?cust_id=efg
2025-09-23 09:06:30	CSP_DB_Audit	dbacct	10.0.21.7	QUERY	SELECT * FROM TB_CUST WHERE

- **■ 심사원** : 개인정보처리시스템은 어디에 구축되어 있나요?
- **○ 담당자** : 모두 C사 퍼블릭 클라우드 IaaS 환경에 VM 형태로 구축되어 있고, 웹/WAS/DB 서버가 동일 VPC 내에서 운영됩니다.
- **■ 심사원** : 클라우드 상 개인정보처리시스템 로그는 어떻게 수집하나요?
- **○ 담당자** : CSP 기본 로깅을 활성화해서, CSP 로그 서비스에 수집한 뒤 중앙 로그저장소로 전송하고 있습니다.
- **■ 심사원** : 개인정보 접근이력도 이 로그에 포함되나요?
- **○ 담당자** : 접속자 계정(ID), 접속일시, 접속자 IP까지는 CSP 기본 로그에 들어옵니다.
- **■ 심사원** : 그럼 실제로 처리한 정보주체와 수행업무는요?
- **○ 담당자** : 기본 로그에는 그 항목이 없어서, 현재는 남지 않습니다. 화면에서 어떤 고객을 조회했는지는 앱에서만 보이고, 로그에는 안 남습니다.
- **■ 심사원** : 누락된 항목을 남기기 위한 앱/DB 감사로그 설정이나, 별도 접근이력 로그 설계는 하셨나요?
- **○ 담당자** : 별도 설정은 없습니다. CSP 기본 로그면 접속자와 시간은 알 수 있어서, 내부적으로는 "접근이력 요건을 충족한다"고 판단해 왔습니다.
- **■ 심사원** : 탈퇴회원 정보는 어떻게 보관하시나요?
- **○ 담당자** : 회원 탈퇴 시 운영 DB에서는 즉시 삭제 처리하고, 분쟁 대응 등 보존사유가 있는 일부 탈퇴회원 정보는 별도 DB로 분리하여 보관합니다.
- **■ 심사원** : 보관 사유와 보유 항목은 어떻게 관리하나요?
- **○ 담당자** : 분쟁 대응을 위해 취소, 환불, 민원 접수 등 분쟁 이력이 있는 건에 한해서 '소비자 불만 및 분쟁처리 기록' 보존 대상으로, 고객번호, 성명, 연락처, 분쟁이력 등 최소항목으로 분리 보관하고 있습니다.
- **■ 심사원** : 별도 DB는 누가 조회할 수 있습니까?
- **○ 담당자** : 원칙적으로는 관리자만 조회하게 되어 있습니다. 다만 실제로는 상담원이 사용하는 CS 화면에서 고객번호로 조회하면 탈퇴회원도 같이 뜹니다.

■ **심사원** : 상담원이 탈퇴회원 조회 권한을 별도로 승인받나요?

○ **담당자** : 아니요. 일반 상담 권한만 있으면 같은 화면에서 가입, 탈퇴 여부 구분 없이 조회가 됩니다. 권한을 따로 나누진 않았습니다.

■ **심사원** : 화면에서는 탈퇴회원이 어떻게 보이나요?

○ **담당자** : 이름, 연락처, 과거 주문내역 요약이 그대로 보이고, 상태값에 '탈퇴'라고만 표기됩니다. 마스킹이나 별도 경고 팝업은 없습니다.

■ **심사원** : 조회는 분리보관 목적(분쟁 대응, 법령 보관) 범위에서만 제한되나요? 예를 들어, 분쟁 처리 메뉴를 통해서만 조회된다든지요.

○ **담당자** : 그런 분리는 없습니다. 일반 상담 화면에서 동일 검색 조건으로 같이 조회되고, 용도 제한도 별도로 걸려 있지 않습니다.

■ **심사원** : 별도 DB에 직접 접속할 수 있는 계정은 어떻게 관리하시나요?

○ **담당자** : DB 조회 계정은 DBA와 일부 관리자만 가지고 있고, 상담원은 직접 DB에는 접속하지 못합니다. 다만 응용프로그램 화면에서 탈퇴회원 데이터까지 같이 가져오는 구조라 화면 단에서 제한이 안 되어 있는 상태입니다.

18 개인정보 처리단계 별 요구사항에 따라 심사원의 판단으로 가장 적절한 것을 고르시오.

① 심사원은 탈퇴회원 정보를 즉시 파기하지 않았으므로 3.4.1 개인정보 파기 결함으로 판단하였다.

② 심사원은 상담원이 사용하는 응용프로그램 화면에서 탈퇴회원 정보가 일반 회원과 동일하게 조회되는 점을 들어, 화면 설계상의 접근제어 미흡으로 보고 2.6.3 응용프로그램 접근 결함으로 판단하였다.

③ 심사원은 탈퇴회원 정보를 별도 DB로 분리 보관하고 있으나, 상담원이 권한 없이 조회할 수 있는 것을 근거로 분리보관된 개인정보의 처리 범위 통제 및 접근권한 최소화가 미흡하여 3.4.2 처리목적 달성 후 보유 시 조치 결함으로 판단하였다.

④ 심사원은 탈퇴회원 정보를 분쟁 대응 목적으로 보관하면서 별도의 동의 절차를 두지 않았으므로, 동의 없는 보관 자체를 문제 삼아 3.2.4 개인정보 목적 외 이용 및 제공 결함으로 판단하였다.

⑤ 심사원은 상담원이 탈퇴회원 정보를 조회할 때 별도의 권한 승인 절차가 없다는 점을 들어, 이를 계정, 권한 관리 문제로 보아 2.5.1 사용자 계정 관리 결함으로 판단하였다.

19 개인정보 처리시스템 관점에서 심사원의 판단으로 가장 적절한 것을 고르시오.

① 심사원은 CSP 기본 로그에 접속자 계정, 접속일시, 접속지 IP 정보가 포함되어 있으므로, 개인정보 접근이력 요건을 충족한 것으로 보아 결함 없음으로 판단하였다.

② 심사원은 클라우드 환경 특성상 CSP 기본 로그만으로도 충분하다고 보고, 다만 분기 1회 로그 점검 주기가 길다고 보아 2.9.5 로그 및 접속기록 점검 결함으로 판단하였다.

③ 심사원은 클라우드 환경에서 전송구간이 모두 TLS로 암호화되어 있고, CSP 로그 자체가 안전하게 저장되므로, 로그 항목 누락보다는 2.10.5 정보전송 보안 결함으로 판단하였다.

④ 심사원은 개인정보처리시스템 접속기록에 접속자 계정, 접속일시, 접속지 IP만 있고, 실제로 처리한 정보주체 및 수행업무가 기록되지 않아 개인정보 접근이력 필수 항목을 충족하지 못하므로 2.9.4 로그 및 접속기록 관리 결함으로 판단하였다.

⑤ 심사원은 CSP 기본 로그가 개인정보 접근이력을 충분히 담지 못하는 것은 로그 설계 단계에서 보안 요구사항을 충분히 정의 못해 2.8.1 보안 요구사항 정의 결함으로 판단하였다.

20 다음은 2025년 11월에 발생한 국내 대형 이커머스 기업 A사의 개인정보 유출 사고에 관련한 내용이다. 다음 중 심사원의 판단 중 올바른 것을 고르시오.

> (가) A사에서 인증 관련 업무를 담당하던 직원 B는 2025년 상반기에 퇴사하였다. B는 재직 중 API 엑세스 토큰을 발급할 수 있는 서명키(Signing Key)를 탈취하였으며, A사는 B의 퇴사 이후에도 해당 서명키를 갱신하거나 폐기하지 않았다.
>
> (나) 퇴사 직원 B는 탈취한 서명키를 이용하여 정상 고객의 엑세스 토큰을 위조·생성한 후, 2025년 6월 24일부터 11월 8일까지 약 5개월간 해외 서버를 경유하여 A사의 고객 개인정보에 접근하였다. A사의 정보시스템은 위조된 토큰을 정당한 사용자의 접근으로 인식하여 별도의 차단 없이 접근을 허용하였다.
>
> (다) A사의 보안 모니터링 시스템은 위 기간 동안 B의 비정상적 접근을 탐지하지 못했으며, 2025년 11월 18일 고객의 민원 제보를 통해서야 침해 사실을 인지하였다.
>
> (라) 개인정보 유출에 대한 최종 확인 결과, 유출된 개인정보는 약 3,370만 건으로 이름, 이메일 주소, 전화번호, 배송 주소, 주문 이력, 공동현관 출입번호 등이 포함되었다. 또한 유출된 정보에는 이미 서비스를 탈퇴한 이용자의 개인정보도 포함되어 있었던 것으로 확인되었다.
>
> (마) A사는 11월 20일 개인정보 '노출' 사실을 정보주체에게 통지하였으나, 개인정보보호위원회는 이를 '유출'로 수정하고 유출 항목을 빠짐없이 반영하여 재통지할 것을 요구하였다.

① (가)와 관련하여, 심사원은 전보, 퇴직 등 인사이동 발생 시 지체 없이 접근권한을 변경하거나 말소해야 하며, 이는 사용자 계정뿐만 아니라 관련 자산들도 폐지 또는 변경되어야 한다. 이에, 심사원은 API 인증토큰의 서명키에 대한 관리절차를 확인한 결과 이에 대한 관리절차가 수립되어있지 않아 「2.5.4 비밀번호 관리」 결함으로 판단하였다.

② (나)와 관련하여, 심사원은 정보시스템 및 개인정보처리시스템에 대한 접근권한의 적절성 여부를 최소 분기 1회 이상 정기적으로 검토해야 하나, 약 5개월간 비인가 접근이 지속되었다는 것은 A사가 접근권한에 대한 정기 검토가 미흡하였으므로 「2.5.6 접근권한 검토」 결함으로 판단하였다.

③ (다)와 관련하여, 정보시스템에 대한 비정상적 접근, 대량의 개인정보 조회·다운로드, 비인가 접근 패턴 등 이상행위를 탐지·분석할 수 있는 체계를 구축·운영해야 한다. 약 5개월간 해외 IP를 통한 지속적인 비정상 접근을 자체적으로 탐지하지 못하고 고객 민원에 의해서야 인지한 것은 이상행위 탐지 체계가 미흡했으므로 「2.11.3 이상행위 분석 및 모니터링」 결함으로 판단하였다.

④ (라)와 관련하여, 심사원은 유출된 탈퇴 이용자 개인정보의 경우 탈퇴한지 4년된 개인정보였고, 전자상거래법 상의 대금 결제와 재화 등 공급에 관한 기록은 5년간 보유해야 한다고 규정하고 있어 보유하고 있었음을 확인하였다. 하지만, 유출된 탈퇴 개인정보는 보유 목적에 맞는 최소한의 항목으로 제한하지 않고, 활성화된 개인정보와 분리하여 보관하지 않았으므로 「3.4.1 개인정보의 파기」 결함으로 판단하였다.

⑤ (마)와 관련하여, 심사원은 개인정보 유출에 따른 개인정보 통지 과정에서 정보주체가 피해를 예방하고 권리를 행사할 수 있도록 정확한 사실을 전달하지 않고(유출을 노출이라 통지함) 유출된 개인정보 일부 항목을 누락한 것은 정보주체의 권리를 침해한 것이므로 「3.5.2 정보주체 권리 보장」 결함으로 판단하였다.

21 다음은 A사의 리눅스 서버 접근통제 현황에 대한 심사원과 보안 담당자의 인터뷰 및 시스템 설정 내용이다. 이를 분석한 결과로 가장 적절하지 않은 것을 고르시오.

[시스템 설정 현황]

[시스템 설정 현황]

- **인증 체계**: 사내 통합 계정 관리(IAM)를 위해 오픈소스인 Keycloak을 도입하여 운영
- **접근 방식**
- **일반 사용자**: SSH 접속 시 PAM 모듈을 통해 Keycloak과 연동되며, Keyboard-Interactive 방식으로 Keycloak 계정의 ID/PW와 OTP 인증을 수행
- **시스템 관리자(Root)**: SSH 접속 시 추가로 PEM 키를 사용
- /etc/ssh/sshd_config 내용

```
PubkeyAuthentication yes
ChallengeResponseAuthentication yes
PasswordAuthentication no
UsePAM yes
AuthenticationMethods keyboard-interactive
Match User root
    AuthenticationMethods publickey, keyboard-interactive
AllowUsers root@10.0.0.5 user1 user2 user3
```

> **[담당자와의 인터뷰 내용]**
>
> - ■ **심사원** : (가) 서버 설정을 보니 /etc/shadow 파일에 설정된 일반 사용자 계정들의 패스워드 만료일(Max Days)이 '99999(무기한)'로 설정되어 있네요. 비밀번호 유효기간 설정이 미흡해 보입니다.
> - ○ **담당자** : (나) 일반 사용자의 SSH 접속은 /etc/ssh/sshd_config에서 PasswordAuthentication은 no 이고 ChallengeResponseAuthentication은 yes로 설정하여, 로컬 패스워드가 아닌 Keycloak을 통한 인증(MFA 포함)만 허용하고 있습니다. 따라서 로컬 패스워드 정책은 적용되지 않아도 보안상 문제가 없습니다.
> - ■ **심사원** : (다) Root 계정의 경우 직접 접속만 가능해야 하는데, PermitRootLogin은 yes로 설정되어 있어 원격 접속이 가능합니다. 이는 정보시스템 접근 통제가 미흡해 보이는데요.
> - ○ **담당자** : (라) Root 계정은 패스워드 방식이 아닌 2048bit 이상의 PEM 키 방식을 강제하고 있으며, 접근하는 IP 또한 제한되어 있습니다. 패스워드 방식이 아니므로 문제 없다고 판단됩니다.
> - ■ **심사원** : (마) 서버 접속용 PEM 키의 생성일이 3년 전입니다. 키 기반 인증이라도 주기적인 교체가 이루어지지 않았으므로 문제가 있어 보입니다.

① 담당자 (나) 주장은 타당하다. SSH 접속 시 PasswordAuthentication을 비활성화하고 PAM 모듈을 통해 Keycloak 인증만 허용하는 구조에서는, /etc/shadow의 로컬 패스워드 만료 정책이 SSH 접속 인증 과정에 적용되지 않으므로 PasswordAuthentication no 설정을 결함으로 판단하기는 어렵다.

② 심사원의 (다) 지적에 대해, PermitRootLogin이 yes로 설정되어 있더라도 PasswordAuthentication이 no이고 root 계정의 경우 publickey, keyboard-interactive 방식으로 강화된 인증방식을 도입하고 있으며, 접근가능한 IP를 제한하고 있기 때문에 보완 통제도 적절하기 때문에 root 계정에 대한 접근 통제 방식은 적절하다고 판단하는 것이 맞다.

③ 담당자 (라)의 설명에서 관리자의 접근에 대해 PEM 키 사용에 대한 개인키(Private Key)의 안전한 관리 방안에 대한 추가적인 검토가 필요하다.

④ 심사원 (마)의 내용에서 PEM 키는 패스워드와 달리 추측이 불가능하므로 장기간 변경하지 않아도 문제가 되지 않는다. PEM 키가 암호화되어있고, 접근통제가 되어 관리되고 있다면, PEM를 교체하지 않은 것은 결함이 아니다.

⑤ 담당자 (나)의 설명에서 Keycloak과 같은 외부 IdP(Identity Provider) 연동 환경에서 SSH 인증을 처리하기 위해서는 PAM(Pluggable Authentication Module) 설정이 필요하며, PAM을 통한 키보드 대화형(Keyboard-Interactive) 인증이 활성화될 수 있도록 ChallengeResponseAuthentication을 yes로 설정한 것은 올바른 설정이다.

22 A종합병원은 연간 외래환자 50만 명, 입원환자 3만 명이 이용하는 상급종합병원으로, 전자의무기록(EMR) 시스템과 의료영상저장전송시스템(PACS)을 운영하고 있다. 최근 양자컴퓨팅 기술 발전에 따른 복호화 위협이 대두되면서, 정보보안위원회에서 양자내성 암호(PQC) 전환 계획 수립을 위한 회의를 개최하였다. 다음 회의 내용 중 잘못된 발언 내용을 포함하고 있는 참석자와 그 근거가 적절한 것을 고르시오.

정보보안팀장 (회의 주재): 오늘은 양자내성암호(PQC) 전환 계획 수립을 위한 첫 번째 회의 입니다. 각 부서별로 검토하신 내용을 말씀해 주시기 바랍니다.

참석자(가) : 저희 병원은 의료법에 따라 진료기록을 최소 10년, 일부 기록은 30년까지 보존해야 합니다. 현재 환자 진료정보는 RSA-2048과 AES-256으로 암호화하여 저장하고 있는데, 양자컴퓨터가 실용화되면 RSA 암호화는 무력화될 수 있습니다. 특히 우려되는 것은 'Harvest Now, Decrypt Later(HNDL)' 공격입니다. 공격자가 현재 암호화된 진료정보를 탈취해 두었다가 향후 양자컴퓨터로 복호화할 수 있으므로, 장기 보존 데이터에 대해서는 PQC 전환을 서둘러야 합니다.

참석자(나) : 저희 팀에서 암호화 현황을 조사해 보니, TLS 통신에 사용되는 RSA/ECDSA 기반 인증서가 약 150개, 내부 시스템 간 API 통신에 사용되는 인증서가 80개 정도 있습니다. PQC 전환 시 가장 큰 이슈는 네트워크 성능입니다. ML-KEM 이나 ML-DSA는 기존 알고리즘 대비 키 크기와 서명 크기가 크게 증가하므로, 특히 PACS처럼 대용량 의료영상을 전송하는 시스템에서는 심각한 성능 저하 가 예상됩니다. 전환 전에 충분한 성능 테스트가 필요합니다.

참석자(다) : EMR 시스템 관점에서 말씀드리면, 현재 전자서명에 RSA-2048을 사용하고 있습니다. PQC로 전환하면 기존에 RSA로 서명된 과거 진료기록의 전자서명이 모두 무효화되므로, 전환 전에 과거 10년치 진료기록 약 500만 건에 대해 새로운 PQC 알고리즘으로 재서명 작업을 완료해야 합니다. 이 작업에만 최소 6개월 이상 소요될 것으로 예상됩니다.

참석자(라) : 법적 관점에서 검토한 바로는, 현재 전자서명법과 의료법에서는 양자내성암호 에 대한 명시적 규정이 없습니다. 따라서 PQC 전환은 법적 의무사항이 아니라 권고사항으로 볼 수 있습니다. 다만, 개인정보보호법상 안전성 확보조치 의무 가 있으므로, 양자컴퓨팅 위협이 현실화되는 시점에 맞춰 전환을 준비하는 것이 바람직합니다. 또한 전환 과정에서 기존 암호화 체계와의 호환성을 유지하여 진료기록의 법적 증거력이 훼손되지 않도록 주의해야 합니다.

참석자(마) : PQC 전환 우선순위와 관련하여 의견을 드리겠습니다. 저장 데이터(Data at Rest)보다 전송 데이터(Data in Transit)의 전환을 먼저 진행해야 합니다. 왜냐 하면 저장 데이터는 이미 AES-256 대칭키로 암호화되어 있고, AES-256은 양자컴퓨터에 대해서도 128비트 수준의 보안 강도를 유지하므로 당장 위험하지 않습니다. 반면 TLS 핸드셰이크 과정의 키 교환에 사용되는 RSA/ECDH는 양자컴퓨터에 취약하므로 우선 전환 대상입니다.

---

① 참석자(가)의 발언은 잘못되었다. 'Harvest Now, Decrypt Later' 공격은 전송 중인 데이터를 가로채는 것이므로 이미 저장된 진료 정보와는 무관하다. 저장 데이터는 물리적 접근이 차단되어 있으면 양자컴퓨터 위협과 관계없이 안전하므로, 장기 보존 데이터라는 이유만으로 PQC 전환을 서두를 필요는 없다.

② 참석자(나)의 발언은 잘못되었다. ML-KEM과 ML-DSA는 격자(Lattice) 기반 알고리즘으로, 기존 RSA나 ECDSA 대비 키 크기와 서명 크기가 오히려 작아 네트워크 효율성이 향상된다. 따라서 PACS와 같은 대용량 데이터 전송 시스템에서 성능 저하를 우려할 필요가 없으며, 별도의 성능 테스트 없이 즉시 전환해도 무방하다.

③ 참석자(다)의 발언은 잘못되었다. PQC 알고리즘으로의 전환이 기존 RSA 서명의 유효성을 소급하여 무효화하는 것은 아니다. 과거 시점에 적법하게 생성된 전자서명은 해당 시점의 기술 기준에 따라 유효성이 판단되며, 새로운 암호체계 도입이 과거 기록에 대한 재서명을 법적으로 요구하지 않는다.

④ 참석자(라)의 발언은 잘못되었다. PQC 전환은 현재 시스템의 암호체계를 바꾸는 것으로 현재 사용하고 있는 암호 알고리즘의 사용 현황을 파악하고 HNDL 공격에 대비한 암호화되어 관리되는 자산의 중요도를 파악 후, 단계적인 전환 절차를 수립하는 등 그 전환 과정이 복잡하고 장기적인 로드맵이 필요하기 때문에 양자컴퓨터 위협이 현실화 되기 전에 준비해야 한다.

⑤ 참석자(마)의 발언은 잘못되었다. 저장 데이터 암호화에 사용된 AES-256 대칭키는 RSA나 ECDH 등 비대칭키 알고리즘으로 보호되어 저장되는 것이 일반적이다. 따라서 대칭키를 보호하는 비대칭키가 양자컴퓨터에 의해 무력화되면 AES 암호화도 함께 위험해지므로, 저장 데이터가 안전하다는 판단은 키 관리 체계를 고려하지 않은 것이다.

23 A사는 온라인 쇼핑몰 서비스를 제공하는 정보통신서비스 제공자이다. 전년도 정보통신서비스 부문 매출액은 120억 원이며, 일일평균 이용자 수는 50만 명이다. A사는 AWS 클라우드(IaaS)를 이용하여 서비스를 운영하고 있으며, 고객센터는 외부 전문업체 B사에 위탁 운영 중이다. 다음은 A사의 자산 및 조직 현황이다. A사가 ISMS-P 인증심사를 받고자 할 때, 다음 중 인증 범위에 반드시 포함해야 하는 항목은 모두 몇 개인지 고르시오.

(ㄱ) 온라인 쇼핑몰 웹서버, WAS서버, DB서버

(ㄴ) AWS 클라우드 데이터센터의 물리적 보안시설

(ㄷ) A사가 관리하는 AWS EC2 인스턴스의 Guest OS 및 응용프로그램

(ㄹ) 쇼핑몰 서비스와 관련 없는 A사 내부 그룹웨어 시스템

(ㅁ) 고객센터 수탁사 B사의 상담시스템 및 상담원 PC

(ㅂ) 쇼핑몰 회원 개인정보가 저장된 데이터베이스

(ㅅ) 쇼핑몰 서비스 개발을 위한 개발서버 및 테스트서버

(ㅇ) 마케팅 분석을 위해 회원 구매이력을 복제하여 구축한 DW 시스템

(ㅈ) 쇼핑몰 운영팀, 개발팀, 정보보안팀 인력

(ㅊ) A사 영업팀이 사용하는 업무용 PC (쇼핑몰 개인정보 미취급)

① 5개　　　　② 6개　　　　③ 7개　　　　④ 8개　　　　⑤ 9개

24 국내 대형 MVNO사인 'A모바일'에 ISMS 사후 심사를 나간 나정보 심사원. 그는 특히 최근 급증한 대포폰 및 명의도용 사고를 방지하기 위해 '1.2.3 위험 평가' 단계에서 MVNO 특화 위험들이 제대로 도출되었는지 집중 점검하기로 하였다. 다음 중 나정보 심사원이 '1.2.3 위험 평가' 항목을 점검하기 위해 확인하는 사항으로 적절하지 않은 것을 고르시오.

> (1.2.3 위험 평가) 조직의 대내외 환경분석을 통해 유형별 위협정보를 수집하고 조직에 적합한 위험 평가 방법을 선정하여 관리체계 전 영역에 대하여 연 1회 이상 위험을 평가하며, 수용할 수 있는 위험은 경영진의 승인을 받아 관리하여야 한다.

① 나 심사원은 개통 페이지의 소스코드를 확인 요청하고, 공격자가 스크립트를 조작해 본인인증 성공 결과값(Success)을 강제로 서버에 전달할 때 이를 검증하는 로직을 직접 조작하여 테스트하기보다는, 담당자로 하여금 실제 검증 로직이 구현된 소스코드나 설정 화면을 시연 하도록 요청하여 확인하였다.

② 나 심사원은 이용자가 '내 명의로 신규 개통을 금지'해달라고 설정했음에도 불구하고, 시스템 오류로 인해 강제 개통될 수 있는 시나리오가 위험 평가서에 반영되었는지 확인하였다.

③ 최근 타인의 유심을 몰래 재발급받아 금융 자산을 탈취하는 '심 스와핑(SIM Swapping)' 사고가 잦다. 나 심사원은 유심 교체 신청 시 기존 방식보다 강화된 인증 절차가 누락되었을 때의 위험이 평가되었는지 점검하였다.

④ 나 심사원은 A모바일의 인사 기록을 확인하며 정보기술 부문 인력이 전체의 5%가 안되는것을 확인하고 조직관리에 위험성이 있다고 판단하고 이에 대한 자료를 요청하였다.

⑤ MVNO는 통신망 빌링 시스템이나 외부 본인인증 기관(PASS, 신용평가사 등)과 복잡하게 얽혀 있다. 나 심사원은 이 연결 구간에서 인증값이 탈취될 위험이 평가에 포함되었는지 확인하였다.

25 (주)에이아이헬스는 병원이 보유한 환자의 당뇨병 관련 정형 데이터(나이, 성별, 주소, 혈당치, 투약 정보 등)를 활용해 '혈당 예측 AI 모델'을 개발하고 있다. 회사는 개인정보 보호를 위해 원본데이터 대신, 원본의 형식·구조·분포 특성을 학습해 생성한 합성데이터를 활용하기로 했다. 다음 중 합성데이터의 생성·활용을 위해 취할 조치로 가장 적절하지 않은 것을 고르시오.

합성데이터의 정의

합성데이터는 특정 목적을 위해 원본데이터의 형식과 구조 및 통계적 분포 특성과 패턴을 학습 하여 생성한 모의(simulated) 또는 가상(artificial) 데이터임

※ Synthetic data는 재현데이터로 번역되기도 함

- 합성데이터는 가상 데이터이기 때문에, 잘 생성된 합성데이터는 원본데이터의 개인 식별정보나 민감정보를 외부에 직접적으로 노출하지 않아 개인정보 이슈를 해결하는 하나의 방법이 될 수 있음
- 합성데이터는 데이터 부족 문제나 데이터를 수집·이용하기 어려운 상황 등에서 합리적인 대안이 될 수 있음

① 합성데이터 생성 전, 원본 데이터에서 주민등록번호와 같은 유일한 식별자는 삭제하고, '주소' 항목은 시·군·구 단위로 일반화하여 원본 데이터 자체의 식별 위험성을 낮춘 뒤 생성 모델에 입력하였다.

② 안전성을 보장하기 위해 원본 레코드 단위로 임의의 난수를 더해 변형하는 '잡음 추가(noise addition)' 방식만을 단독으로 사용하여 합성데이터 레코드를 생성하였으며, 이를 통해 원본과 유사한 통계적 특성을 확보하였다.

③ 생성된 합성데이터에 대해 '연결 위험도(Linkability risk)'를 측정하기 위해 CAP(Correct Attribution Probability) 지표를 활용하였으며, 준식별자 조합을 통해 원본의 민감정보가 유추될 확률이 임계값(예: 0.7) 이하임을 확인하였다.

④ 해당 합성데이터를 불특정 다수에게 공개하기 위해 내·외부 전문가로 구성된 심의위원회를 개최하였으며, 위원회의 과반수 이상을 합성데이터 생성에 관여하지 않은 외부 전문가로 구성하여 객관성을 확보하였다.

⑤ 합성데이터가 익명정보로 판정된 이후에도 기술 발전에 따른 재식별 위험에 대비하기 위해 '멤버십 추론 공격(Membership Inference Attack)' 가능성을 모니터링하고, 생성 모델의 매개변수가 유출되지 않도록 보안 조치를 강화하였다.

26 (주)에이아이모바일은 클라우드(IaaS) 환경에서 MVNO(알뜰폰) 서비스를 운영하며, 최근 고객 상담 효율화를 위해 '생성형 AI 챗봇'과 '공급망 관리 시스템'을 도입하였다. 나정보 심사원이 이 기업의 기술적 보안 현황을 점검한 결과 중, ISMS-P 인증기준 및 보안 가이드라인에 따라 '결함'으로 판정될 사례를 모두 고르시오.

> (가) (네트워크 보안) 외부 유지보수 업체가 클라우드 관리 콘솔에 접근할 때, SSL-VPN을 통해 암호화 채널을 형성하고 ID와 패스워드만으로 접속할 수 있도록 설정하였으며, 관리 효율성을 위해 해당 접속 대역에 대해 별도의 IP 제한은 두지 않았다.
>
> (나) (암호정책 적용) 이용자의 비밀번호 및 본인인증 정보(CI)를 저장할 때 SHA-256 알고리즘을 사용하여 일방향 암호화를 적용하였으나, 전송 구간에서는 호환성을 위해 TLS 1.1 프로토콜을 일부 허용하고 있는 것이 확인되었다.
>
> (다) (공급망 및 개발 보안) 외부 오픈소스 라이브러리인 'Log4j'를 사용하여 시스템을 개발하면서, 신규 취약점(CVE-2021-44228 등) 대응을 위해 SBOM(SW 구성요소 명세서)을 작성하여 목록화하고 주기적으로 취약점을 모니터링하여 패치를 적용하는 프로세스를 이행 중이다.
>
> (라) (AI 및 시스템 보안) 생성형 AI 모델의 안전성을 위해 학습 데이터의 데이터 중독 공격(Data Poisoning) 및 모델 추출 공격에 대한 방어 대책을 검토하였으나, 시스템 오류 발생 시 민감한 내부 구조 정보가 포함된 디버그 로그와 에러 메시지가 사용자 화면에 그대로 노출되는 상태로 운영되고 있다.
>
> (마) (특수 계정 관리) 시스템 운영을 위해 부여된 'root' 계정의 경우, 평시에는 비활성화 상태로 관리하다가 장애 조치나 정기 점검 등 필요한 경우에만 책임자의 승인을 얻어 한시적으로 활성화하고 작업 완료 후 즉시 정지시키고 있다.

① 가, 나
② 가, 라
③ 가, 나, 라
④ 나, 다, 마
⑤ 가, 나, 다, 라

27 (주)에이아이모바일은 클라우드 환경에서 생성형 AI를 활용한 MVNO(알뜰폰) 고객 맞춤형 요금제 추천 시스템을 개발하고 있다. 이에 나개발 팀장은 소프트웨어 개발 생명주기(SDLC)에 따라 시큐어 코딩을 적용하고 ISMS-P 인증 심사를 준비하고 있는데 다음 중 이 시스템의 개발 및 운영 현황을 점검한 결과, '결함'으로 판정될 가능성이 가장 높은 사례를 고르시오.

대부분 보안약점 항목은 웹 애플리케이션을 타겟으로 하고 있으며, 자바스크립트로 클라이언트측과 서버측 모두 개발이 가능한 점을 고려해 최대한 풀스택 상황에서의 보안 가이드를 모두 제시하는 것을 목표로 한다.

구현단계 보안약점 제거 기준 항목(49개) 중 42개에 대해 소개

유형	주요 내용(항목 수)	제외 또는 특이사항
입력데이터 검증 및 표현	SQL 삽입, 코드 삽입, 경로 조작 및 자원 삽입 등13개 항목	(4개 항목 제외) 정수형/메모리 버퍼 오버플로우, HTTP 응답분할, 포맷 스트링 삽입
보안기능	적절한 인증 없는 중요 기능 허용, 부적절한 인가 등16개 항목	–
시간 및 상태	종료되지 않는 반복문 또는 재귀함수1개 항목	(1개 항목 제외) 경쟁조건: 검사 시점과 사용 시점(TOCTOU)
에러처리	오류 메시지 정보노출, 오류상황 대응 부재 등3개 항목	–
코드오류	Null Pointer 역참조, 부적절한 자원 해제 등3개 항목	(2개 항목 제외) 해제된 자원 사용, 초기화되지 않은 변수 사용
캡슐화	잘못된 세션에 의한 데이터 정보노출 등4개 항목	–
API 오용	DNS lookup에 의한 보안결정2개 항목	–

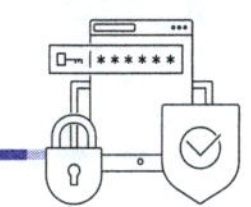

① 파이썬(Python) 기반의 백엔드 시스템에서 데이터베이스(DB) 질의문을 생성할 때, execute() 메서드의 인자로 사용자 입력값을 직접 전달하지 않고, 미리 컴파일된 쿼리 템플릿에 매개변수를 바인딩하는 '인자화된 쿼리(Parameterized Query)' 방식을 일괄 적용하였다.

② 생성형 AI 모델의 성능 개선을 위해 외부 오픈소스 라이브러리를 도입하면서, 해당 라이브러리의 보안 취약점(CVE) 여부를 NIST NVD 데이터베이스를 통해 확인하였고, 구성요소 명세서(SBOM)를 작성하여 의존성 관계와 버전 정보를 자산 목록에 포함하여 관리하고 있다.

③ 자바스크립트(Node.js)를 이용한 서버 측 코드에서 사용자가 요청한 데이터를 실행의 일부분으로 처리하기 위해 eval() 함수를 사용하였으나, 서비스의 성능 저하를 우려하여 외부 입력값에 대한 화이트리스트 기반의 알파뉴메릭(Alphanumeric) 검증 및 특수문자 필터링 로직을 운영 환경 이관 전 단계에서 일시적으로 비활성화하였다.

④ 리액트(ReactJS)를 사용한 프론트엔드 개발 시, 동적으로 생성된 HTML 콘텐츠를 렌더링하기 위해 dangerouslySetInnerHTML 속성을 사용해야 하는 구간이 발생하자, 해당 콘텐츠에 포함된 악성 스크립트 실행을 방지하기 위해 서버 측에서 HTML 엔티티(Entity) 치환 처리를 거친 후 전달하도록 설계하였다.

⑤ 시스템 오류 발생 시 사용자 화면에 노출되는 에러 메시지에 시스템 내부 구조나 파일 경로, DB 연결 정보 등 민감한 정보가 포함되지 않도록 별도의 에러 처리(Error Handling) 미들웨어를 구현하였으며, 상세한 디버그 로그는 보안 관리자만 접근 가능한 별도의 로그 서버에만 저장되도록 통제하고 있다.

28 다음 ISMS-P 인증 심사 인터뷰 상황을 보고 결함으로 판단되는 인증기준을 모두 고르시오. (2개)

- **심사원** : 서버실 운영 관리에 대해 간단히 설명 부탁 드립니다.
- **담당자** : 서버실은 본사 3층에 있고 운영장비와 개발장비로 분리하여 각각의 랙에 개인정보처리시스템이 설치되어 있습니다.
- **심사원** : 랙에 장비 넣을 때는 케이블 여장없이 딱 맞춰서 포설해야 하는데 벨크로 이용해서 케이블 정리가 필요해보입니다.
- **담당자** : 그 랙은 개발시스템이 설치되어 있는 랙입니다. 월말에 한번 케이블 정리를 합니다. 아무래도 테스트할 때 케이블을 변경하는 경우가 종종 있어서 운영시스템처럼 깔끔하게 정리되어 있지는 않은데 오늘 정리해두겠습니다.
- **심사원** : 서버실은 보호구역으로 지정되어 있나요?
- **담당자** : 네. 내부 규정에 맞추어 통제구역으로 지정하고 출입을 제한하고 있습니다.
- **심사원** : 출입구에 CCTV는 설치되어 있는데 "통제구역" 표지판이 없네요.
- **담당자** : 네. 전산실이 통제구역인지 직원 모두 알고 있고 전산실 표지판이 붙어 있어서 굳이 출입통제 표지판은 필요없다고 판단했습니다.
- **심사원** : 서버실 출입은 어떤 방식으로 통제하고 있나요?
- **담당자** : 사원증 태그 방식으로 출입하고 있고, 협력사 인력은 출입카드 발급 후 출입하고 있습니다.
- **심사원** : 협력사 인력은 어떤 절차로 출입 권한을 부여하나요?
- **담당자** : 사전에 전자결재 승인 후 운영팀에서 확인하여 출입카드를 제공합니다.
- **심사원** : 출입 이력 검토는 어떻게 하고 계신가요?
- **담당자** : 출입통제 시스템을 설치한지 6개월 밖에 안되어서요. 출입 기록은 시스템에 저장되고 있는데 아직 검토가 필요한 상황이 없어서 점검 이력은 없습니다.
- **심사원** : 그러면 협력사 인력이 언제, 어떤 목적으로 출입했는지 사후에 확인이 가능한가요?
- **담당자** : 네 모든 이력 로그를 별도로 1년간 저장하고 있어서 확인 가능합니다.
- **심사원** : 서버실 내에서 작업할 때 작업 기록을 남기고 있나요?
- **담당자** : 네. 여기 작업 기록입니다.
- **심사원** : 내부 담당자 서명이 있는데 같이 동행하여 작업하고 있나요?
- **담당자** : 특별히 바쁜 일이 없다면 그렇게 하도록 교육하고 있습니다.
- **심사원** : 서버실 내부 사진 촬영에 대한 통제는 하고 계신가요?
- **담당자** : 당사는 출입구에서 보안 스티커를 부착하고 나갈 때 훼손 흔적이 있는지 확인합니다.

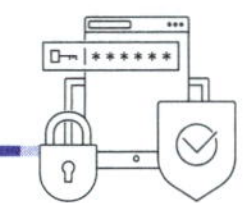

〈 물리보안지침 〉

제정일자 : 2020–11–01 / 개정일자 : 2025–04–19

〈일부 생략〉

제5조(보호구역 지정)

① 중요 정보자산을 보호하기 위한 물리적 보호구역을 통제구역, 제한구역, 접견구역으로 구분하여 지정한다.

② 보호구역별 위치 및 보호대책에 대한 구체적인 사항은 ”보호구역 지정기준“을 참조한다

제6조(정보시스템 보호)

① 통제구역에 위치한 정보시스템은 중요도, 용도, 특성 등을 고려하여 다음과 같이 분리하여 배치하여야 한다.

   1. 정보시스템의 특성에 따라 전산랙을 이용하여 정보시스템을 보호

   2. 중요도가 높은 정보시스템은 최소한의 인원만 접근 가능하도록 전산랙에 잠금장치 설치

   3. 별도의 물리적 안전장치가 있는 케이지(cage) 등에서 관리

② 정보시스템의 실제 물리적 위치는 다음과 같이 쉽게 확인할 수 있어야 한다.

   1. 물리적 배치도 또는 시설 단면도 등 관리

   2. 정보시스템 자산목록에 물리적 위치 항목을 포함하여 최신 현행화

제7조(출입 통제)

① 통제구역은 출입 인가자만 출입하도록 다음 각 호의 사항을 포함하여 통제하여야 한다.

   1. 업무 목적에 따라 필요 최소한의 인원으로 출입 인가자를 제한

   2. 출입 인가자 식별 및 출입권한 부여 현황 관리

   3. 출입통제시스템, 감시카메라(CCTV) 설치

   4. 통제구역 표지판 부착이 필요한 경우 통제구역 표지판 부착

② 외부인력 출입시 반드시 내부 담당자가 동행한다.

③ 주요직무자는 본 부서 인사발령 시 통제구역 출입권한이 차등 부여된 출입증 자동 교부 받으며, 외부자는 통제구역 출입 신청서 작성 및 승인 후 통제구역 출입을 허용한다.

④ 통제구역의 출입기록은 책임추적성을 확보할 수 있도록 1년 이상 보관하고 반기별 검토한다.

제8조(작업 통제)

① 통제구역에서의 작업은 비인가 행위 및 권한 오·남용 등을 방지하기 위해 다음 각 호의 사항을 포함하여 통제하여야 한다.

    1. 작업 신청 및 승인

    2. 작업기록 작성 및 검토

② 통제구역 작업기록은 절차 준수 여부를 확인할 수 있도록 작성하고 매월 1회 검토한다.

    1. 기록사항 : 작업자(소속/성명/연락처), 작업일시, 작업내용, 작업목적, 승인자

    2. 검토사항 : 출입기록과 작업기록의 일치 여부, 작업절차 준수 여부 등

〈 5월 작업이력 〉

소속	성명	연락처	작업 시작일시	작업 종료 일시	작업 내용	승인자
한랩	김유신	01012345678	2025.05.05. 23:00	2025.05.05. 23:35	cable 포설	유미라
드림시츠	안동근	01054239506	2025.05.15. 22:00	2025.06.15. 23:45	장애 시스템 복구	유미라
엠텔스	홍길동	01049693827	2025.05.17. 00:00	2025.05.05. 04:05	방화벽 장비 교체	유미라
테라칩스	김무식	01049569855	2025.05.19. 16:00	2025.05.05. 18:25	시스템 육안 점검	유미라
블루캡투어	강감찬	01044559900	2025.05.22. 20:00	2025.05.05. 23:35	storage disk 추가	유미라

① 2.3.3 외부자 보안 이행 관리

② 2.4.1 보호구역 지정

③ 2.4.2 출입통제

④ 2.4.3 정보시스템 보호

⑤ 2.4.5 보호구역 내 작업

29 다음 ISMS-P 인증 심사 인터뷰 상황을 보고 결함으로 판단되는 인증기준을 고르시오.

- **심사원** : 1월에 쇼핑몰 앱 신규 업데이트를 하셨네요?
- **담당자** : 네. 보안에 취약한 부분이 많아서 차세대 프로젝트로 진행하였습니다.
- **심사원** : 취약점 점검은 어떻게 하고 있는지 설명 부탁 드립니다.
- **담당자** : 인프라 취약점 점검, 소스 취약점 점검, 오픈소스 취약점 점검, API 취약점 점검을 반기 1회 정기적으로 수행하고 있고 모의해킹은 연 1회 수행하고 있습니다.
- **심사원** : 최근 오픈 소스 취약점 점검은 작년 12월에 수행했네요.
  결과를 보면 일부 GPL 라이선스를 사용중인 것으로 확인되었는데 별다른 조치 없이 조치 완료 상태로 변경된 것 같습니다.
- **담당자** : 해당 건은 외부로 배포되지 않는 내부시스템에서만 사용 중인 것으로 소스 공개 의무가 없어서 예외 승인절차를 통해 반입처리 하였습니다.
- **심사원** : 오픈소스 취약점 점검 계획서를 보면 반기 1회 하도록 되어있는데 올해 상반기에는 수행하지 않은 이유가 있나요?
- **담당자** : 작년 12월에 수행된 점검에서 모든 취약점에 대한 조치를 하였고 그 이후로 반입된 오픈소스가 없기 때문에 2차 점검은 생략하기로 했습니다. 법 조항에 최소 연 1회 하도록 되어있어서 CISO님께 설명드리고 예외 승인받았습니다.
- **심사원** : 소스 반영 절차에 대해 설명해주시겠어요?
- **담당자** : 소스 반영을 위해서는 오픈소스 관리시스템과 소스관리시스템에서 취약점 점검이 선행되어야 합니다. 운영시스템과 CI/CD 연동되어 있고 취약점이 검출된 소스는 자동으로 반입 차단되기 때문에 취약점이 있는 소스가 운영에 반영될 수 없는 구조입니다.
- **심사원** : 운영 환경으로 이관시 별도의 승인 절차 없이 자동으로 이관되나요?
- **담당자** : 아닙니다. 사전에 내부 규정대로 모든 운영 반영에 대해서는 CISO 검토/승인 이후 진행됩니다.
- **심사원** : 오픈 소스현황은 관리하고 있나요?
- **담당자** : 오픈소스 관리 시스템에서 (BOM : Bill of Materials)을 생성하고 주기적으로 검토하고 있습니다.
- **심사원** : 안전하게 잘 관리하고 계시네요.

〈 오픈소스 관리 지침 〉

제정일자 : 2020-11-08 / 개정일자 : 2025-10-15

〈일부 생략〉

제8조(오픈소스 SW 활용 단계별 보안 고려사항)

단계		보안 고려사항
도입	개발	– 오픈소스 SW 보안성 검토
	운영 전 취약점 점검 및 조치	– 취약점 진단 항목 선별, 진단 및 조치
운영	지속적 취약점 점검 및 조치	– 오픈소스 SW 별 보안 수준, 취약점 점검 및 조치 결과 이력관리 – 상반기 1회, 하반기 1회 (연 2회 수행) – 운영 반영을 위한 취약점 점검 및 조치 (수시)

① 2.8.5 소스프로그램 관리

② 2.8.6 운영환경 이관

③ 2.10.1 보안시스템 운영

④ 2.10.9 악성코드 통제

⑤ 2.11.2 취약점 점검 및 조치

30 다음은 클라우드 환경의 다내꺼 쇼핑몰에 대한 ISMS-P 인증심사 시 확인 된 내용이다. 6개의 예시 중 결함에 해당하는 예시가 모두 몇 개인지 고르시오.

> 주요 시스템 : 웹서버, WAS, DB서버(개인정보 저장), Object Storage(백업 파일 저장)
> 클라우드 서비스 유형 : PaaS
> 시스템 위치 : 싱가포르 리전
> 전년도 정보통신서비스 부문 매출액 : 350억 원
> 직전 3개월간 일평균 이용자 수 : 120만 명
> 개인정보 보유 수 : 약 300만 건

> 가. 개인정보 다운로드 권한이 있는 담당자는 업무PC를 통하여 VDI 환경을 통해서만 클라우드 관리 콘솔에 접속 가능했으며, VDI 접속 중에는 외부 인터넷 접근이 차단되어 있으나 VDI 로그아웃 후에 확인해보니 인터넷 사용이 가능했다.
>
> 나. 개인정보 접속기록을 별도의 물리적인 저장장치에 보관하지 않고 클라우드 S3 스토리지에 보관하고 있었다.
>
> 다. 수신거부 요청에 즉시 수신거부 처리하였으나 철회 사실과 처리 결과를 10일 이내에 통지하지 않은 이력이 확인 되었다.
>
> 라. 국외이전 사실을 전자우편과 문자전송을 통해 정보주체에게 모두 알리고 동의를 받았다는 이유로 개인정보 처리방침에 공개하지 않았다.
>
> > 〈 알린 항목 〉
> > – 이전되는 개인정보 항목
> > – 개인정보가 이전되는 국가, 시기 및 방법
> > – 개인정보를 이전받는 자의 성명
> > – 개인정보를 이전받는 자의 이용목적 및 보유·이용 기간
>
> 마. 회사 내부에서 보유한 가명정보 사이에 결합을 수행하면서 별도의 결합전문기관 또는 데이터전문기관을 통하지 않고 수행한 사실이 확인되었다.
>
> 바. PaaS 환경에서 운영 중인 미들웨어 보안 패치는 클라우드 서비스 제공자가 자동으로 적용하는 것으로 안내받아 조직 내부에서는 패치 적용 여부를 별도로 점검하지 않고 있었다.

① 1개 ② 2개 ③ 3개 ④ 4개 ⑤ 5개

[31~33] ISMS-P 인증심사원은 OO 대학에서 ISMS-P심사를 수행하고 있다. 인터뷰를 바탕으로 다음 질문에 답하시오.

[디지털처장과의 인터뷰]

- **심사원** : 안녕하세요. OO심사원입니다. 인터뷰 진행하겠습니다.

- **담당자** : 네, 안녕하세요. 저는 본교 정보보안 최고책임자 OOO 처장입니다.

- **심사원** : 개인정보보호 책임자에 대한 인터뷰도 진행해야 하는데, 개인정보보호 책임자는 누구이신가요?

- **담당자** : 정식으로 개인정보보호 책임자로 임명된 인원은 없고, 제가 약 6개월 전부터 정보보안 업무와 함께 개인정보보호 책임자 역할을 겸해서 수행하고 있습니다.

- **심사원** : 개인정보보호 관련 학위가 있으신가요?

- **담당자** : 아니요. 개인정보보호는 이번에 처음 접해봤습니다.

- **심사원** : OO대학교는 사립대학교로 알고 있습니다. 현재 재학생 수는 어느 정도인가요?

- **담당자** : 재학생 수는 약 3만 2천 명 정도입니다.

- **심사원** : 처장님께서는 정보보호 및 개인정보보호 분야 경력이 얼마나 되시나요?

- **담당자** : 정보보호 관련 경력은 10년 이상 보유하고 있으나, 개인정보보호 분야에 대한 별도의 경력은 없습니다.

- **심사원** : 개인정보보호 관련 자격증, 예를 들면 CPPG와 같은 자격은 보유하고 계신가요?

- **담당자** : 아니요, 보유하고 있지 않습니다. 약 6개월 전부터 개인정보보호 업무를 함께 수행하면서 자격증 취득을 검토해 보았으나, 개인적으로는 난이도가 높아 아직 취득하지 못한 상태입니다.

- **심사원** : 네 이제 인터뷰 진행하시죠. 원서 접수 절차에 대해 설명 부탁드립니다.

- **담당자** : 학생들이 학교 홈페이지의 원서 접수 메뉴에서 직접 접수합니다.

- **심사원** : 오프라인 접수 방식은 없나요?

- **담당자** : 접수는 온라인 방식으로만 가능하고 증빙서류 제출은 우편으로 수령합니다.

- **심사원** : 합격자가 결정된 후에는 어떤 절차가 진행되나요?

- **담당자** : OO은행으로 합격자 정보를 제공하면 OO은행에서 합격자별로 가상계좌와 등록안내 문자를 발송합니다.

- **심사원** : 은행에 합격자 정보를 제공하는 절차에 대해서 설명 부탁 드립니다.

- **담당자** : 여기 보이는 학사행정시스템에서 합격자 정보를 조회하여 엑셀로 다운로드 받은 후 은행 담당자에게 엑셀파일을 첨부하여 이메일로 발송하고 있습니다.

■ **심사원** : 엑셀 파일 첨부하실 때 암호화해서 제공하시나요?

○ **담당자** : 네 엑셀의 암호 설정 기능을 이용해서 암호화하여 전송하고 있습니다.

■ **심사원** : 별도의 문서암호화 솔루션을 사용하지는 않으시네요. 그리고 지금 학사행정시스템에 접속하실 때 2차 인증없이 접속하신 것 같은데요?

○ **담당자** : 네. 내부망에서 PC에 로그인할 때 OTP를 통해서 로그인을 수행하고 있기 때문에 내부 망에서의 학사행정시스템 접속은 2차인증 없이 접속합니다. 외부에서 접속하는 경우에는 VPN 접속하는 경우에는 OTP를 통해 2차인증 수행하고 학사행정시스템에 ID/PASSWORD를 통해 접속합니다.

[정보화지원 과장 인터뷰]

■ **심사원** : DB에 저장되는 개인정보에 대해 설명 부탁 드립니다.

○ **담당자** : 지원자들의 정보는 학사행정시스템 DB의 '지원자 테이블'에 우선 저장됩니다. 이후 합 격자가 선별되면 합격자 정보는 '재학생 테이블'로 옮겨 저장하고 불합격자 정보는 백업 DB로 이관하여 보관합니다.

■ **심사원** : 그렇군요. DB에 암호화 조치는 어떻게 하시나요?

○ **담당자** : 여기 보시는 내부 규정에 따라 주민등록번호와 비밀번호에 대해서 암호화 조치를 하 고 있습니다.

■ **심사원** : 계좌번호는 암호화 안하시나요?

○ **담당자** : 네 주민등록번호와 비밀번호만 암호화 대상이라서요.

■ **심사원** : 요즘 외국인분들도 입학하는 경우가 많던데 외국인 학생들은 없나요?

○ **담당자** : 국내에 학생 수가 줄어들어서 외국인도 입학하는 경우가 많아졌습니다.

■ **심사원** : 외국인번호도 암호화 안하시고 계시겠네요?

○ **담당자** : 네 그렇습니다.

■ **심사원** : 주민등록번호는 AES256 알고리즘을 사용중이며 비밀번호는 MD5를 사용하고 계시 네요.

○ **담당자** : 비밀번호는 일방향 암호화 솔루션을 사용해야하는데 MD5가 속도가 빠른 것 같아서 MD5를 사용중입니다. 대신 salt를 적용하여 안전성을 높혔습니다.

■ **심사원** : 아 그렇군요. 그리고 은행에 합격자 정보를 제공하고 있던데 은행에서 등록금 수납을 위탁하여 처리하고 있는거 아닌가요? 개인정보처리방침에 내용이 안보이는데 다른 방식으로 정보주체에게 내용을 알리고 있나요?

○ **담당자** : 금융기관에서 등록금 납부 받는 것이 개인정보처리 위탁에 해당하지 않다고 판단해서 별도로 알리고 있지 않습니다.

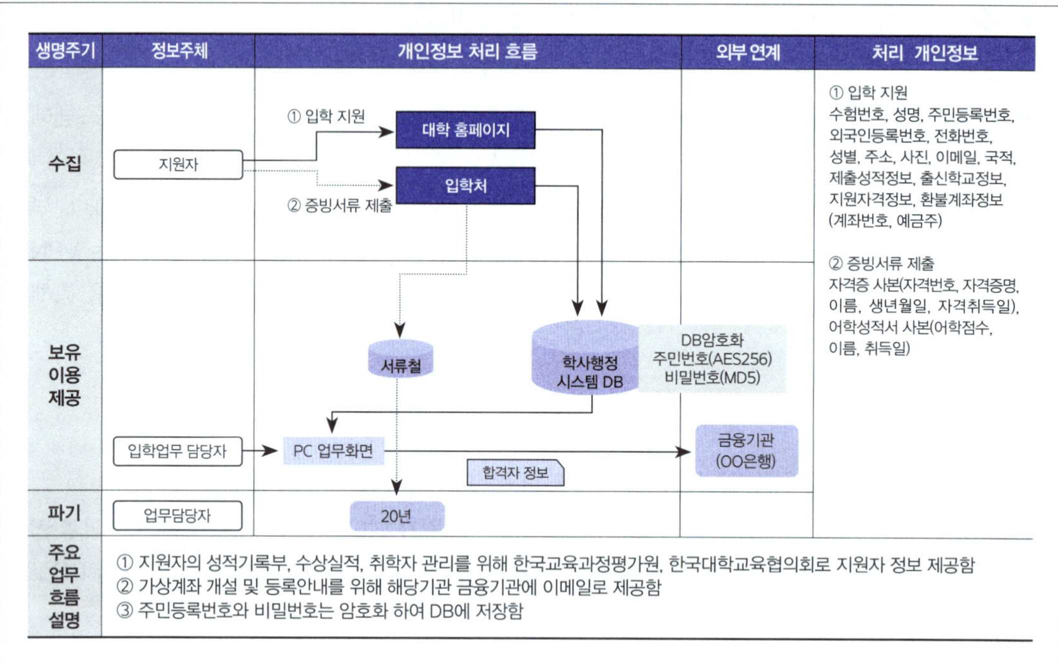

생명주기
정보주체
개인정보 처리 흐름
외부 연계
처리 개인정보
수집
지원자
① 입학 지원
대학 홈페이지
② 증빙서류 제출
입학처
① 입학 지원
수험번호, 성명, 주민등록번호, 외국인등록번호, 전화번호, 성별, 주소, 사진, 이메일, 국적, 제출성적정보, 출신학교정보, 지원자격정보, 환불계좌정보 (계좌번호, 예금주)
② 증빙서류 제출
자격증 사본(자격번호, 자격증명, 이름, 생년월일, 자격취득일), 어학성적서 사본(어학점수, 이름, 취득일)
보유
이용
제공
입학업무 담당자
서류철
학사행정 시스템 DB
PC 업무화면
합격자 정보
DB암호화
주민번호(AES256)
비밀번호(MD5)
금융기관 (OO은행)
파기
업무담당자
20년
주요 업무 흐름 설명
① 지원자의 성적기록부, 수상실적, 취학자 관리를 위해 한국교육과정평가원, 한국대학교육협의회로 지원자 정보 제공함
② 가상계좌 개설 및 등록안내를 위해 해당기관 금융기관에 이메일로 제공함
③ 주민등록번호와 비밀번호는 암호화 하여 DB에 저장함

[개인정보 수집·이용 동의서]

안녕하세요. OO대학입니다.

개인정보 수집·이용 동의서입니다.

OO대학은 귀하의 개인정보 보호를 매우 중요시하며 [개인정보보호법]을 준수하고 있습니다. 적법한 절차와 법적 기준에 의거하여 학생의 개인정보를 수집하고 있으며, 입학 등록 및 행정처리를 위한 최소한의 정보만을 수집하고 있습니다.

수집이용 목적	수집항목 (필수)	수집항목 (선택)	보유 및 이용기간	동의 여부
입학지원	수험번호, 성명, 주민등록번호, 외국인등록번호, 전화번호, 성별, 주소, 사진, 이메일, 국적, 제출성적정보, 출신학력정보, 지원자격정보	환불계좌정보 (계좌번호, 예금주)	10년	☐ 예 ☐ 아니오
증빙서류 제출	자격증 사본(자격번호,자격증명,이름, 생년월일,자격취득일),어학성적서 사본 (어학점수,이름,취득일)		20년	☐ 예 ☐ 아니오
수능성적 확인	이름, 주민등록번호		10년	☐ 예 ☐ 아니오
위반자 확인	이름, 주민등록번호, 휴대전화번호		10년	☐ 예 ☐ 아니오
(생략)				

귀하는 개인정보 제공 동의를 거부할 권리가 있으며, 동의 거부 시 입학에 제한이 있을 수 있습니다.
[개인정보 보호법] 등 관련 법규에 의거 상기 본인은 위와 같이 개인정보 수집 및 활용에 동의합니다.

2025년 1월 17일

신청자 김 민 수

31 디지털처장과의 인터뷰를 바탕으로 심사원이 판단한 사항 중 잘못된 것을 모두 고르시오. (2개)

① 심사원은 OO대학의 행정총괄 담당자는 개인정보보호 책임자 자격요건에 부적합하다고 판단했다.

② 심사원은 정보보호 최고책임자와 개인정보보호 책임자 역할을 겸직하는 것은 1.1.2 최고책임자 지정 결함에 해당한다고 판단했다.

③ 심사원은 개인정보보호책임자를 공식 지정하지 않아 1.1.2 최고책임자 지정 결함으로 판단했다.

④ 심사원은 문서암호화 솔루션이 아닌 엑셀 자체 기능으로 암호화하여 발송하는 것은 2.7.1 암호정책 적용 결함에 해당한다고 판단했다.

⑤ 심사원은 종합관리시스템 관리자 웹페이지 접속시 2차 인증 절차가 없는 것을 확인하고 2.5.3 사용자인증 결함으로 판단하였다.

32 정보화지원과장과의 인터뷰를 바탕으로 심사원이 판단한 사항 중 옳은 것을 모두 고르시오. (2개)

① 심사원은 내부규정에 암호화 대상이 일부 누락된 것은 2.1.1 정책유지관리 결함에 해당한다고 판단하였다.

② 심사원은 계좌번호와 외국인등록번호가 암호화 대상에 누락된 것은 2.7.1 암호정책 적용 결함에 해당한다고 판단하였다.

③ 심사원은 비밀번호에 대한 암호화 알고리즘을 MD5로 사용하는 것은 2.7.1 암호정책 적용 결함에 해당한다고 판단하였다.

④ 심사원은 지원자정보를 10년간 보관하는 것은 3.4.1 개인정보 파기 결함에 해당한다고 판단하였다.

⑤ 심사원은 위탁하는 업무의 내용과 수탁사를 개인정보처리방침에 공개하지 않아 3.3.2 개인정보 처리 업무 위탁 결함으로 판단하였다.

33 담당자와의 인터뷰를 바탕으로 개인정보 흐름도와 개인정보 수집·이용동의서를 봤을 때 결함으로 가장 적절한 것을 고르시오.

① 1.2.2 현황 및 흐름분석   ② 3.1.1 개인정보 수집·이용

③ 3.1.2 개인정보 수집 제한   ④ 3.1.3 주민등록번호 처리 제한

⑤ 3.4.1 개인정보 파기

34 3.3.2 개인정보 처리 업무 위탁의 주요 확인사항 및 결함으로 올바르지 않은 내용은 총 몇 개인지 고르시오.

(가) 개인정보 처리업무를 제3자에게 위탁(재위탁 포함)하는 경우 인터넷 홈페이지 등에 위탁하는 업무의 내용과 수탁자를 현행화하여 공개하고 있는가?

(나) 재화 또는 서비스를 홍보하거나 판매를 권유하는 업무를 위탁하면서, 위탁하는 업무의 내용과 수탁자를 서면등의 방법으로 정보주체에게 알리지 않고 개인정보 처리방침에 공개하는 것으로 갈음한 경우

(다) 관리체계 범위 내에서 발생하고 있는 업무 위탁 및 외부 시설·서비스의 이용 현황을 식별하고 있는가?

(라) 업무 위탁 및 외부 시설·서비스의 이용에 따른 법적 요구사항과 위험을 파악하고 적절한 보호대책을 마련하고 있는가?

(마) 내부 규정에 따라 외부 위탁 및 외부 시설·서비스 현황을 목록으로 관리하고 있으나, 몇 개월 전에 변경된 위탁업체가 목록에 반영되어 있지 않은 등 현행화 관리가 미흡한 경우

(바) 중요정보 및 개인정보 처리와 관련된 외부 서비스 및 위탁 업체를 선정하는 경우 정보보호 및 개인정보 보호 역량을 고려하도록 절차를 마련하고 있는가?

(사) 외부 서비스 이용 및 업무 위탁에 따른 정보보호 및 개인정보보호 요구사항을 식별하고 이를 계약서 또는 협정서에 명시하고 있는가?

(아) 개인정보 처리업무를 위탁받은 수탁자가 관련 업무를 제3자에게 재위탁하는 경우 위탁자의 동의를 받도록 하고 있는가?

(자) 재화 또는 서비스를 홍보하거나 판매를 권유하는 업무를 위탁하는 경우에는 서면, 전자우편, 문자전송 등의 방법으로 위탁하는 업무의 내용과 수탁자를 정보주체에게 알리고 있는가?

(차) 홈페이지 개인정보 처리방침에 개인정보 처리업무 위탁 사항을 공개하고 있으나, 일부 수탁자와 위탁하는 업무의 내용이 누락된 경우

(카) 기존 개인정보 처리업무 수탁자와의 계약 해지에 따라 개인정보 처리업무 수탁자가 변경되었으나, 이에 대하여 개인정보 처리방침에 지체 없이 반영하지 않은 경우

(타) 개인정보 처리업무를 위탁받은 자가 해당 업무를 제3자에게 재위탁을 하고 있지만, 재위탁에 관한 사항을 인터넷 홈페이지 등에 공개하고 있지 않은 경우

---

① 2개　　　　② 3개　　　　③ 4개　　　　④ 5개　　　　⑤ 6개

35 다음 사례 중 ISMS-P 인증기준 1. 관리체계 수립 및 운영 영역의 결함에 해당하지 않는 것을 모두 고르시오. (2개)

① A사는 관리체계 수립 초기 단계에서 개인정보가 포함된 주요 시스템과 업무를 중심으로 자산 목록을 작성하였으며, 해당 목록을 기반으로 관리체계 범위를 설정하였다. 이후 범위 확정 후 자산 목록을 보완·정비하였다.

② B사는 정보보호 및 개인정보보호 정책 초안을 실무 부서에서 작성하였고, 최고경영자 승인 이전 단계에서 해당 초안을 내부 기준으로 활용하여 일부 보호대책을 우선 적용하였다.

③ C사는 개인정보 처리 업무를 외부 전문업체에 위탁하고 있으나, 위탁 업무는 외부에서 수행된다는 이유로 관리체계 범위 설정 시 포함하지 않았으며, 위탁업체에 대한 관리·감독은 개별 계약에 따라 수행하고 있다.

④ D사는 개인정보 처리 시스템의 운영·백업·복구 구조를 파악하기 위해 흐름도를 작성하였으나, 해당 흐름도는 운영 시스템 중심으로 작성되었고 백업 데이터는 장애 대응용 자료로 판단하여 제외하였다.

⑤ 정보주체 E사는 관리체계 범위를 전사로 설정하였으며, 범위 내 모든 부서와 시스템을 대상으로 개인정보 처리 현황서를 작성하고, 이를 위험분석의 입력 자료로 활용하고 있다.

36 다음은 BCD 기업의 ISMS-P 인증심사 과정에서 확인된 인터뷰 내용이다. 이를 종합할 때, 결함으로 판단하는 것이 가장 적절한 인증기준을 고르시오.

[담당자와의 인터뷰 내용]

- **심사원** : 정보보호 및 개인정보보호 관리체계 점검은 어떤 방식으로 수행하고 있습니까?

- **담당자** : 연 1회 내부 점검 계획을 수립하여 관리체계 전반을 점검하고 있습니다.

- **심사원** : 점검 결과는 어떻게 관리하고 있나요?

- **담당자** : 점검 결과보고서를 작성하여 관련 부서와 공유하고 있습니다.

- **심사원** : 최근 점검 결과에서 주요 지적사항은 무엇이었을까요?

- **담당자** : 접근기록 점검이 형식적으로 이루어지고 있다는 점과 일부 보호대책이 위험분석 결과와 충분히 연계되지 않은 점이 확인되었습니다.

- **심사원** : 해당 지적사항에 대해서는 조치는 하셨나요?

- **담당자** : 관련 부서에서 자체적으로 보완하도록 안내하였고, 이후 개선이 이루어진 것으로 보고받았습니다.

- **심사원** : 개선 여부는 어떤 기준으로 판단하나요?

- **담당자** : 담당 부서의 보고 내용을 참고하고 있습니다.

- **심사원** : 해당 조치 결과가 관리체계 문서나 보호대책에 반영되었습니까?

- **담당자** : 운영상 참고는 하고 있으나, 공식 문서 개정까지는 진행하지 않았습니다.

- **심사원** : 이전 점검에서도 유사한 지적사항이 있었나요?

- **담당자** : 접근기록 점검과 관련해서는 이전 점검에서도 유사한 의견이 있었던 것으로 알고 있습니다.

---

① 1.3.1 보호대책 구현

② 1.3.2 보호대책 공유

③ 1.4.2 관리체계 점검

④ 1.4.3 관리체계 개선

⑤ 2.1.1 정책의 유지관리

37 다음은 외주개발자를 활용하여 시험환경을 운영 중인 조직에 대한 심사 과정 일부이다.
다음 중 제시된 심사원의 판단에 대한 평가로 가장 적절한 것을 고르시오.

[상황]

* 외주개발자를 활용하여 개발 산출물 검증 및 시험 수행
* 개발 / 시험 / 운영 환경은 논리적으로 분리됨
* 시험환경에는 실제 개인정보를 사용하지 않음
* 외주개발자는 시험환경에만 접근 가능

[담당자와의 인터뷰 내용]

■ **심사원** : 외주개발자가 시험환경에 접근하고 있다고 하셨는데, 접근 통제는 어떻게 하십니까?

○ **담당자** : 시험 기간 동안만 접근할 수 있도록 계정을 발급하고, 작업 종료 후 즉시 삭제합니다.

■ **심사원** : 네, 기간 제한은 하고 계시는군요. 접근 권한 부여 전에 별도 승인은 있습니까?

○ **담당자** : 사전에 내부 책임자 승인을 받고 있으며, 접근 권한 범위도 시험환경으로 제한하고 있습니다.

■ **심사원** : 네, 승인 절차도 있군요. 시험환경에서 사용하는 데이터는 어떻게 준비하셨나요?

○ **담당자** : 실제 개인정보는 사용하지 않고, 테스트 전용으로 생성한 가상 데이터를 사용하고 있습니다.

■ **심사원** : 네, 데이터는 잘 분리하셨네요. 외주개발자의 작업 내역은 어떻게 확인하고 계십니까?

○ **담당자** : 접속 로그와 주요 변경 이력은 수집하고 있으며, 이상 징후 발생 시 점검하고 있습니다.

■ **심사원** : 네, 기본적인 관리 체계는 갖추신 것 같습니다.

[심사원 판단]

외주개발자가 시험환경에 접근하는 것 자체가 위험 요소이므로, 외주개발자의 시험환경 접근은 원칙적으로 제한되어야 하며, 해당 운영 방식은 부적절하다고 판단한다.

① 심사원의 판단은 외주개발자의 시험환경 접근 자체가 위험하므로 타당하다.

② 심사원의 판단은 외주 인력은 내부 인력보다 통제가 어렵다는 점에서 타당하다.

③ 심사원의 판단은 시험환경이 운영환경과 분리되어 있으므로 타당하지 않다.

④ 심사원의 판단은 접근 기간 제한, 승인 절차, 로그 관리가 존재함에도 이를 고려하지 않아 타당하지 않다.

⑤ 심사원의 판단은 외주개발자 활용 자체를 부정하고 있어 타당하지 않다.

38 심사원은 OO기업의 개인정보 보호 관리체계에 대해 ISMS-P 인증심사를 수행하고 있다. 다음은 개인정보 위탁·제3자 제공과 관련된 인터뷰 및 심사원 판단이다. 다음 중 심사원의 판단으로 옳은 내용은 총 몇 개인지 고르시오.

[개인정보 처리 환경]

* OO기업은 모바일 기반 커머스 서비스를 운영 중임
* 회원 가입, 주문·결제, 배송, 고객 상담, 마케팅 분석 업무 수행
* 일부 업무는 외부 전문업체를 활용하여 처리

[담당자와의 인터뷰 내용]

■ **심사원** : 외부 업체를 활용하는 개인정보 처리 업무가 꽤 많아 보이네요.

○ **담당자** : 네, 내부 인력만으로는 한계가 있어 일부는 외주를 주고 있습니다.

■ **심사원** : 요즘 기업들 대부분 비슷한 구조죠. 먼저 고객 상담 업무부터 여쭤보겠습니다.

○ **담당자** : 콜센터 전문업체에 위탁해서 고객 문의 대응을 하고 있습니다.

■ **심사원** : 네, 상담 시 고객의 어떤 개인정보를 활용하나요?

○ **담당자** : 주문 내역, 배송 정보, 회원 연락처 정도를 활용합니다.

■ **심사원** : 네, 상담에 필요한 범위로 보이네요. 계약서에는 어떤 내용이 포함되어 있습니까?

○ **담당자** : 업무 범위와 보안 의무, 재위탁 제한 조항을 명시했습니다.

■ **심사원** : 네, 알겠습니다. 다음은 마케팅 분석 부분을 보겠습니다.

○ **담당자** : 고객 구매 이력과 앱 이용 로그를 외부 데이터 분석 업체에 전달하여 분석을 맡기고 있습니다.

■ **심사원** : 분석 결과는 어떻게 활용하십니까?

○ **담당자** : 저희가 내부 마케팅 전략 수립에 참고하고, 분석업체가 추천한 고객 세그먼트를 외부 광고 플랫폼에 연계하여 광고를 집행합니다.

■ **심사원** : 음… 분석과 광고가 분리되어 있군요. 외부 분석업체는 해당 데이터를 다른 용도로 활용할 수 있나요?

○ **담당자** : 계약상 제한은 두고 있지만, 분석 방법이나 기준은 업체가 자율적으로 정합니다.

■ **심사원** : 네, 그 부분이 중요합니다. 외부 광고 플랫폼에 대해서도 여쭤볼게요.

○ **담당자** : 고객을 특정하여 맞춤형 광고를 노출하고 있습니다.

■ **심사원** : 해당 플랫폼은 귀사의 지시에 따라 광고만 집행하나요?

○ **담당자** : 광고 노출 알고리즘은 플랫폼 자체 기준을 따릅니다.

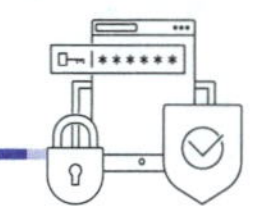

■ **심사원** : 알겠습니다. 개인정보 처리방침에는 이 내용이 어떻게 반영되어 있습니까?

○ **담당자** : 외부 업체 활용 사항은 전부 개인정보 처리업무 위탁으로 정리해 기재했습니다.

■ **심사원** : 네, 그렇게 정리한 이유가 있으셨겠죠. 고객 동의는 어떤 방식으로 받고 계신가요?

○ **담당자** : 회원가입 시 개인정보 수집·이용 동의만 받고 있으며, 마케팅 관련 동의는 선택 동의로 받고 있습니다.

■ **심사원** : 제3자 제공에 대한 별도 동의는요?

○ **담당자** : 별도로는 받지 않고 있습니다.

[심사원의 판단]

(가) 고객 상담을 위한 콜센터 운영은 개인정보 처리 목적 범위 내 업무를 대신 수행하는 위탁에 해당한다.

(나) 외부 분석업체에 고객 데이터를 전달하여 분석을 수행하는 행위는 개인정보 처리 위탁에 해당한다.

(다) 외부 분석업체가 자체 분석 기준과 방법을 정하는 구조이므로, 해당 행위는 제3자 제공에 해당한다.

(라) 외부 광고 플랫폼을 통해 고객을 특정하여 맞춤형 광고를 집행하는 행위는 제3자 제공에 해당한다.

(마) 마케팅 분석 및 광고 집행을 모두 위탁으로 정리하여 처리방침에 기재한 것은 적절하다.

(바) 수집·이용 동의 및 마케팅 선택 동의만으로 제3자 제공에 대한 법적 근거가 충족되었다고 보기 어렵다.

(사) 외부 분석업체 및 광고 플랫폼에 대한 개인정보 제공 사실은 처리방침에 제공 항목으로 구분하여 공개되어야 한다.

① 2개 ② 3개 ③ 4개 ④ 5개 ⑤ 6개

39 다음은 OO기업에 대한 ISMS-P 인증심사 과정에서 이루어진 심사 인터뷰 및 심사원의 판단 내용이다. 다음 중 심사원의 판단으로 보아 적절하지 않은 것은 총 몇 개인지 고르시오.

[개인정보 처리 환경]

* OO기업은 모바일 기반 생활편의 서비스를 운영 중임

* 회원 가입, 위치 기반 추천, 마케팅 분석 기능 제공

* 일부 개인정보 처리 업무는 외부 사업자와 연계하여 수행

[담당자와의 인터뷰 내용]

■ **심사원** : 회원 가입 시 어떤 개인정보를 수집하고 있습니까?

○ **담당자** : 필수 항목으로 회원 식별 정보와 서비스 이용을 위한 기본 정보를 수집하고 있습니다.

■ **심사원** : 네, 위치 기반 추천 기능이 있다고 하셨는데, 해당 기능은 어떻게 운영되고 있나요?

○ **담당자** : 사용자가 앱을 실행한 상태에서 주변 매장 정보를 제공하기 위해 위치정보를 활용합니다.

■ **심사원** : 실시간 위치를 활용하는 구조군요. 위치정보는 서버에 저장되나요?

○ **담당자** : 별도로 장기 저장하지는 않고, 추천 처리 후 바로 파기하고 있습니다.

■ **심사원** : 즉시 파기라면 부담은 줄어들겠네요. 마케팅 분석은 어떻게 수행하십니까?

○ **담당자** : 고객의 이용 패턴과 구매 이력을 외부 데이터 분석 업체에 전달하여 분석을 수행하고 있습니다.

■ **심사원** : 분석 결과는 어디에 활용되나요?

○ **담당자** : 내부 마케팅 전략 수립과 함께, 외부 광고 플랫폼을 통해 맞춤형 광고 집행에 활용합니다.

■ **심사원** : 분석과 광고가 연계되는 구조군요.

■ **심사원** : 외부 분석 업체나 광고 플랫폼이 데이터를 자체적으로 활용할 수 있나요?

○ **담당자** : 분석 방법이나 광고 노출 방식은 각 업체의 기준에 따르지만, 계약상 목적 외 이용은 제한하고 있습니다.

■ **심사원** : 네, 계약 통제는 이해했습니다. 개인정보 처리방침에는 이러한 외부 활용 사항이 어떻게 반영되어 있습니까?

○ **담당자** : 외부 업체 활용 사항을 개인정보 처리업무 위탁으로 정리하여 기재하고 있습니다.

■ **심사원** : 알겠습니다. 전체 흐름은 파악했습니다.

[심사원의 판단]

(가) 위치정보를 실시간으로만 활용하고 즉시 파기하는 구조라면, 위치정보 관련 법령상 신고 대상에 해당하지 않을 수 있다.

(나) 외부 데이터 분석 업체에 고객 데이터를 전달하여 분석을 수행하는 행위는 개인정보 처리위탁에 해당한다.

(다) 외부 광고 플랫폼을 통해 고객을 특정하여 맞춤형 광고를 집행하는 행위는 제3자 제공에 해당한다.

(라) 외부 업체가 자체 기준에 따라 분석 및 광고를 수행하더라도, 계약으로 목적 외 이용을 제한했다면 위탁으로 볼 수 있다.

(마) 외부 업체 활용 사항을 모두 위탁으로 정리하여 개인정보 처리방침에 기재한 것은 적절하다.

(바) 수집·이용 동의만으로는 외부 분석 업체 및 광고 플랫폼에 대한 개인정보 제공의 법적 근거로 보기 어렵다.

(사) 제3자 제공에 해당하는 경우, 제공받는 자와 제공 목적 등은 개인정보 처리방침에 구분하여 공개되어야 한다.

① 2개   ② 3개   ③ 4개   ④ 5개   ⑤ 6개

40 다음은 정보통신부문 연매출 1000억 및 일평균방문회원 120만명 이상인 다배달(주)의 ISMS-P 인증 심사에 따른 외부 위탁 콜센터 현장 점검 중 심사원과 담당자가 나눈 인터뷰 내용이다. 대화 흐름상 도출할 수 있는 가장 근본적인 인증기준 결함을 고르시오.

> - **심사원** : 오늘 위탁업체 콜센터의 전반적인 개인정보 보호 실태를 점검하겠습니다. 상담사분들이 고객 응대 시 사용하는 시스템은 무엇인가요?
> - **담당자** : 본사에서 제공하는 CRM 시스템이 주된 도구입니다. 모든 상담 이력은 여기서 관리되죠.
> - **심사원** : (상담사 PC를 가리키며) 저기 CRM 화면 옆에 별도로 띄워진 웹 브라우저 창은 무엇입니까? 실시간으로 고객과 대화가 오가고 있네요.
> - **담당자** : 아, 저건 이번 달부터 도입한 'AI 상담 어시스턴트'라는 챗봇 서비스입니다. 외부 SaaS 솔루션을 활용하고 있습니다.
> - **심사원** : 내용을 좀 봐도 될까요? (확인 후) 여기 상담창에 고객의 실명과 전화번호, 심지어 주소까지 입력되고 있군요. 이 챗봇 서비스는 이번 인증 자산 목록에 있습니까?
> - **담당자** : 아니요, 목록에는 없습니다. 이건 아직 파일럿 테스트 중인 단계거든요. 일부 숙련된 상담사들만 효율성 측정차 사용 중입니다.
> - **심사원** : 파일럿이라 하더라도 실제 고객의 데이터가 실시간으로 처리되고 있다면 인증 범위에 포함되어야 하지 않나요?
> - **담당자** : 저희는 그렇게 생각하지 않았습니다. 이건 저희 내부 서버에 설치된 게 아니라 외부 클라우드 업체의 소프트웨어를 빌려 쓰는 방식이니까요.
> - **심사원** : 우리 내부 자산이 아니라 '외부 솔루션'이라서 제외했다는 말씀인가요?
> - **담당자** : 네, 계약상 위탁 관계는 맺었지만 기술적인 관리 주체는 외부 업체라 저희 관리 체계 범위 밖이라고 판단했습니다.
> - **심사원** : 그렇다면 이 서비스에 대한 '개인정보 흐름도'는 작성되어 있습니까?
> - **담당자** : 내부 시스템 간의 흐름이 아니라고 생각해서 흐름도에는 반영하지 않았습니다.
> - **심사원** : 작년에 실시하신 '내부 점검' 보고서를 보겠습니다. 이 챗봇 서비스의 취약점이나 개인정보 노출 위험에 대해 점검한 기록이 있나요?
> - **담당자** : 아까 말씀드린 대로 범위에서 제외된 서비스라 점검 대상에서도 빠져 있었습니다.
> - **심사원** : 흐름 분석도 안 되고, 점검도 안 되었군요. 혹시 이 솔루션에 고객 정보가 저장되는 위치나 파기 절차는 확인하셨나요?
> - **담당자** : 음... 파일럿 기간이 끝나고 정식 도입할 때 검토하려고 준비 중이었습니다.

① 1.1.4 범위 설정　　　　　② 1.2.1 정보자산 식별

③ 1.2.2 현황 및 흐름분석　　④ 1.4.2 관리체계 점검

⑤ 1.4.3 관리체계 개선

[41–42] 다음은 다플래닛(주)의 ISMS-P 인증심사 중 2026년 2월 10일 IDC 및 사무실 현장을 방문하여 점검한 인터뷰 내용이다.

[IDC 출입 및 현장 인터뷰 내용]

사전 절차: 심사원은 방문 24시간 전 사전 승인을 득하였으며, IDC 입구에서 신분증 실물 대조 및 휴대폰 카메라 보안 스티커 부착 후 출입 카드를 발급받아 입차하였다.

(ㄱ)

■ **심사원 :** 서버실 입구에 통제구역임을 알리는 표지판이나 등급 표시가 전혀 보이지 않네요?

○ **담당자 :** IDC 전체가 통제구역이라 별도로 부착하지 않았습니다.

(ㄴ)

■ **심사원 :** 서버 RACK 하단을 보니 배선들이 심하게 꼬여 있어 화재 및 장애 위험이 있어 보입니다.

○ **담당자 :** 다음 정기 점검 때 정리할 예정이라 현재는 태그로만 식별 중입니다.

(ㄷ)

■ **심사원 :** 3번 서버 뒷면에 반입 승인된 패치용 USB 메모리(EXT-009)가 작업 종료 후에도 꽂혀 있네요?

○ **담당자 :** 업체 직원이 깜빡했나 봅니다. 지금 즉시 회수하겠습니다.

(ㄹ)

■ **심사원 :** UPS실의 2번 장비가 'Off' 상태인데, 노후 장비라 전원을 차단하고 방치 중이신가요?

○ **담당자 :** 네, 1번 장비로 운영 가능하여 예방 차원에서 꺼두었으며 교체를 기다리는 중입니다.

(ㅁ)

■ **심사원 :** (사무실 이동) 책상 위 태블릿이 사내 와이파이로 웹서핑이 가능하군요?

○ **담당자 :** 주요 정보시스템 모니터링 업무용 단말기로 뉴스 확인 등은 자유롭게 허용하고 있습니다.

(ㅂ)

■ **심사원 :** 어, 여기 상담원 좌석 모니터 옆에 포스트잇으로 시스템 접속 패스워드가 적혀 있네요?

○ **담당자 :** 아, 외울 게 너무 많아서 임시로 붙여둔 것 같습니다. 바로 제거하겠습니다.

41 위 인터뷰 답변과 현장 발견 사항만을 근거로 했을 때, ISMS-P 인증기준 '2.4 물리 보안' 영역의 통제 항목 위반으로 판단될 수 있는 결함 후보군(결함 가능성이 있는 항목)을 모두 고르시오.

① 2개 　　② 3개 　　③ 4개 　　④ 5개 　　⑤ 6개

42 심사원이 제시된 인터뷰 내용과 함께 추가 증적 자료를 종합적으로 검토하였다. 최종 인증기준 결함이 아닌 것을 모두 고르시오. (2개)

다플래닛(주) 물리보안 운영지침 (일부 발췌)

개정 2025.12.21

제1장 보호구역 관리

———————————— 중간 생략 ————————————

제5조(보호구역 표시) ① 모든 보호구역은 보안 등급을 식별할 수 있는 표지판을 부착하여야 한다.② 단, 서버실 및 데이터센터와 같이 외부 노출 시 표적 공격의 위험이 있는 구역은 CISO의 승인을 득하여 표지판 부착을 생략할 수 있다. 이 경우 출입통제 시스템 화면에 구역 성격을 명시하는 등 대체 통제 수단을 마련해야 한다.

제2장 정보시스템 보호

———————————— 중간 생략 ————————————

제12조(랙 및 배선 관리)① 정보시스템이 설치된 랙(Rack) 내부는 공기 흐름을 방해하지 않도록 정돈되어야 하며, 배선은 식별이 용이하도록 라벨링 및 케이블 타이 등을 이용하여 정리하여야 한다.② 전원 케이블과 통신 케이블은 상호 간섭이 없도록 분리 배치하며, 물리적 손상이나 꼬임으로 인한 화재 위험이 없도록 상시 점검하여야 한다.

제3장 보호구역 내 작업 및 매체 통제

———————————— 중간 생략 ————————————

제18조(작업 종료 및 사후 점검)① 보호구역 내 유지보수 및 패치 작업이 완료된 경우, 작업자는 즉시 투입된 장비 및 도구를 정리하여야 한다.② 보안담당자는 작업 종료 확인 시 반입된 보조저장매체(USB, 외장하드 등)가 시스템에 방치되어 있지 않은지 반드시 전수 점검 후 반출 승인을 하여야 한다.

제4장 업무환경 보안

──────────── 중간 생략 ────────────

제22조(이동형 단말기 보안)① 공용 태블릿 등 이동형 단말기는 사용하지 않을 경우 잠금장치가 있는 보관함에 보관하여야 한다.② 업무용 단말기를 통한 인터넷 접속은 사내 보안 정책(인터넷 접속 통제)에 따라 인가된 사이트만 접근 가능하도록 기술적 조치를 적용하여야 한다.

──────────── 중간 생략 ────────────

제25조(클린데스크 정책)① 모든 임직원은 퇴근 시 또는 자리를 비울 때 개인정보가 포함된 문서 및 저장매체를 책상 위에 방치해서는 안 된다.② (ㅂ 관련) 시스템 접속을 위한 비밀번호를 포스트잇 등 기록물 형태로 모니터나 책상 주변에 부착하는 행위를 엄격히 금지하며, 발견 시 보안 사고에 준하여 조치한다.

──────────── 이하 생략 ────────────

보조저장매체 및 기기 반출입 대장 (일부 발췌)

일자	소속	성명	기기/매체명	관리번호	반입목적	반입승인 (보안팀)	반출일시	회수일시	회수/점검확인 (담당자)
2026.02.09	네트워크팀	김철수	USB	USB-024	스위치 설정 백업	승인	2026.02.09 18:00	2026.02.09 20:00	회수 완료
2026.02.09	(주)파트너스	박공사	USB	EXT-009	운영서버 패치	승인	2026.02.09 18:00	2026.02.10 08:00	회수 완료
2026.02.10	서비스운영	이영희	외장하드	HDD-001	로그 데이터 추출	승인	2026.02.10 10:00	-	작업 중

UPS 장비 구매 및 설치 계약서 (일부 발췌)

계약명: 데이터센터 노후 UPS(100kW) 교체 및 설치의 건

- **계약일**: 2026. 01. 25
- **계약상대자**: (주)에너지솔루션
- **계약 금액**: ₩55,000,000 (VAT 별도)

[주요 계약 내용]

1. **납품 규격**: 산업용 UPS 100kW (이중 변환 온라인 방식) 1대
2. **설치 장소**: 다플래닛(주) 제1데이터센터 UPS실 (2호기 교체)
3. **이행 기간**:
- 장비 반입: 2026. 02. 16 (월)
- 설치 및 시운전: 2026. 02. 17 (화) ～ 02. 18 (수)

하자보수: 검수 완료일로부터 2년

① 2.4.1 보호구역 지정

② 2.4.3 정보시스템 보호

③ 2.4.6 반출입 기기 통제

④ 2.4.4 보호설비 운영

⑤ 2.4.7 업무환경 보안

43 다음은 ㈜클라우드CRM에서 발생한 개인정보 유출 사고 상황과 이에 대한 사후 대응 회의 내용이다. 〈사고 상황〉 비추어 볼 때, 발언 내용 중 결함(잘못된 설명)이 포함된 상황으로 알맞게 짝지어 진 것을 고르시오.

[사고 상황]

사고 발생: 2026년 3월 10일 09:30 (외부 해킹에 의한 DB 탈취)

사고 확인: 2026년 3월 11일 10:00 (담당자가 배치 모니터링 중 사고 인지)

유출 규모: 고객 52,000명의 이름, 연락처, 이메일 주소

유출 성격: 외부로부터의 불법적인 접근에 의한 유출 확인

[회의 중 발언 상황]

(ㄱ)

○○ 대리 : "유출된 정보가 주민등록번호와 같은 고유식별정보나 민감정보가 아니므로, 5만 명이라는 규모와 관계없이 72시간 이내에 위원회에 신고할 의무는 없습니다."

(ㄴ)

○○ 과장 : "사고를 처음 알게 된 시각이 11일 오전 10시이므로, 법적 신고 기한은 사고 발생 시점(10일)과 관계없이 3월 14일 오전 10시까지입니다."

(ㄷ)

○○ 차장 : "현재 해킹 경로와 정확한 유출 시점(제1호, 제2호 사항)을 아직 조사 중입니다. 법령에 따라 조사가 모두 완료되어 구체적인 내용을 확정한 후에 한 번에 정식 신고를 진행해야 합니다."

(ㄹ)

○○ 팀장 : "비록 외부 해킹에 의한 유출이지만, 다행히 보안팀에서 즉시 유출 경로를 차단하고 유출된 파일을 일부 회수·삭제하여 정보주체의 권익 침해 가능성이 현저히 낮아졌으므로 별도의 신고를 하지 않아도 됩니다."

(ㅁ)

○○ 본부장 : "신고는 서면 등의 방법으로 개인정보보호위원회나 한국인터넷진흥원(KISA) 중 한 곳에 선택하여 진행하면 됩니다."

① ㄱ, ㄴ　　　② ㄱ, ㄷ　　　③ ㄴ, ㄹ　　　④ ㄱ, ㄷ, ㄹ　　　⑤ ㄷ, ㄹ, ㅁ

44 다음은 다캐쉬(주)의 ISMS-P 인증심사 중 백업 관리 실태를 점검하기 위해 심사원과 백업 및 보안 담당자가 나눈 인터뷰 내용이다. 심사원이 인터뷰를 통해 확인한 〈점검 상황〉 중 결함에 해당하는 항목이 모두 몇 개인지 고르시오.

백업 및 복구 관리 지침(v2.1)

개정 2026.01.19

──────── 중간 생략 ────────

제3장. 백업 및 복구 관리

제10조 (복구 테스트 및 정합성 검증)

① 백업 담당자는 백업 데이터의 가동성 확보를 위하여 반기 1회 이상 실제 복구 테스트를 실시해야 한다.

② 복구 테스트 결과는 서면으로 작성하여 정보보호 최고책임자(CISO)에게 보고하여야 한다.

③ 단, 시스템 부하 또는 테스트 환경 미비 등 운영상의 사유가 있을 경우 백업 로그 확인(성공 여부 확인)으로 복구 테스트를 대체할 수 있다.

제4장. 백업 시스템 보안 관리

제15조 (계정 및 권한 관리)

① 백업 서버 및 백업 관리 콘솔 접속 시에는 등록된 인가자만 접근할 수 있도록 통제해야 한다.

② 긴급 장애 대응 및 운영 효율성을 위하여 백업 운영팀 내에서 공용 관리자 계정(Admin_Shared)을 운영할 수 있으며, 해당 계정의 패스워드는 팀 내에서 안전하게 공유하여 관리한다.

■ **심사원** : 백업 및 복구 관리 지침서상에 명시된 '반기 1회 복구 테스트' 이행 현황을 확인하고 싶습니다. 최근 결과 보고서가 있나요?

○ **담당자** : 사실 운영 데이터가 너무 커서 별도의 복구 테스트 환경을 만들지 못했습니다. 대신 백업 파일의 용량이 매일 정상적으로 생성되는지만 체크하고 있습니다.

■ **심사원** : 데이터 정합성 확인이 안 되고 있군요. 그럼 작년 내부 감사 때는 이 부분이 지적되지 않았나요?

○ **담당자** : 당시 제가 백업 장비 교체 업무로 너무 바빠서, 내부 감사팀에 상황을 설명하고 점검 항목에서 백업 복구 테스트 부분은 제외해 달라고 요청했습니다. 감사팀에서도 이를 수용하여 별도 지적 없이 '적정'으로 처리해 주었습니다.

■ **심사원** : 백업 서버 접속 기록에 'Admin_Shared'라는 계정이 다수의 IP에서 접속한 것으로 나오는데, 이건 누가 사용하는 계정인가요?

○ **담당자** : 저를 포함한 운영팀원 5명이 공유해서 사용하는 계정입니다. 긴급 장애 발생 시 누구든 즉시 접속해야 하는데, 개별 계정 승인 절차를 거치면 대응이 늦어질 수 있어 편의상 공용으로 쓰고 있습니다.

■ **심사원** : 지침과 실무가 다른 상황이 반복되고 있는데, 이에 대해 경영진에게 보고하거나 지침을 현실적으로 개정한 적이 있습니까?

○ **담당자** : 실무적인 어려움이 있다는 것은 보안 부서 내부적으로만 공유되었고, 공식적으로 이슈화하여 경영진 보고서에 담거나 지침을 변경하는 등의 후속 조치는 따로 없었습니다.

[심사원의 점검 상황 기록]

ㄱ. 실제 운영 데이터를 활용한 정기적인 복구 테스트를 실시하지 않음 (용량 확인으로 대체).

ㄴ. 백업 테이프 등 소급 매체를 본사와 떨어진 원격지 안전 금고에 보관하고 있음.

ㄷ. 내부 점검 시 실무자의 요청에 따라 핵심 점검 항목을 임의로 제외하고 결과를 왜곡함.

ㄹ. 백업 성공 여부를 담당자에게 이메일로 자동 알림 설정하여 매일 모니터링함.

ㅁ. 중요 시스템인 백업 서버에 대하여 책임 추적성 확보가 불가능한 공용 계정을 사용함.

ㅂ. 지침 미준수 사항에 대해 원인 분석을 통한 경영진 보고 및 지침 개정 등 개선 활동이 부재함.

① 2개 　　　② 3개 　　　③ 4개 　　　④ 5개 　　　⑤ 6개

45 심사원은 OO쇼핑몰에 관한 ISMS-P 인증심사를 수행하고 있다. 다음의 증적 자료와 인터뷰를 보고 인증심사원이 판단한 내용 중 가장 적절한 것을 고르시오.

정보시스템 관리 지침 (일부 발췌)

제8조(계정 생성 및 권한 부여)

모든 계정은 인사 명령을 근거로 본인이 신청하고 승인권자의 승인을 득한 후 생성한다.

제12조(계정 해지 및 변경)

① 퇴직, 계약종료 등 사무 분장의 소멸 시, 시스템 관리자는 사유 발생일 당일까지 계정을 삭제하거나 정지하여야 한다.

② 부서 이동 등 직무 변경 시, 기존 직무에 따라 부여된 접근권한은 즉시 회수하고 새로운 직무에 필요한 권한을 재부여한다.

③ 특별한 사유(인수인계 등)로 권한 유지가 필요한 경우, 최대 2주 이내로 기간을 정하여 정보보호책임자(CISO)의 승인을 받아야 한다.

사용자 계정 현황 목록표 (일부 발췌)

순번	성명	변동구분	변동일자	시스템명	실제 계정상태	조치일자	지연일수
1	박OO	퇴직	2025-07-15	재무관리	활성(Active)	–	75일+
2	최OO	퇴직	2025-08-30	그룹웨어	삭제(Delete)	2025-08-30	0일
3	이OO	전보	2025-08-10	광고관리	활성(Write)	–	50일+
4	김OO	전보	2025-09-01	전산망	권한변경	2025-09-02	1일

2025년 3분기 정보시스템 접근권한 정기 검토 결과 보고 (일부 발췌)

1. 검토 일시 : 2025. 09. 25 ~ 09. 27
2. 검토 대상 : 전사 정보시스템 15종 사용자 계정
3. 검토 결과 요약

구분	수량	비고 (상세 검토 내역)
총 계정 수	450개	–
적정 계정 수	448개	–
예외 유지	2개	**(재무관리) 박OO 과장** 퇴직시 법인인증서 반납으로 접속 불가함에 따라 계정유지**(삭제 불필요 판단)** **(광고관리) 이OO 대리** 재무팀 이동 후 인수인계 위해 기존 권한 유지 필요**(기간 미정)**

〈이하 생략〉

- **심사원** : 인사팀에서 받은 7~8월 퇴직자 및 부서 이동자 명단을 확인했습니다. 그런데 7월 15일에 퇴직한 재무팀 박OO 과장의 재무관리 시스템 계정이 10월 현재까지 '사용 가능' 상태로 활성화되어 있군요. 지침에는 퇴직 시 즉시 삭제하게 되어 있는데 왜 조치되지 않았습니까?

- **담당자** : 아, 그 부분은 재무관리 시스템의 특성 때문입니다. 해당 시스템은 사내 법인 인증서가 있어야만 접속이 가능한데, 박OO 과장은 퇴직 시 인증서를 이미 반납했습니다. 즉, 시스템에 계정은 남아있지만 실질적으로 접속할 수 있는 수단이 없기 때문에 보안상 문제가 없다고 판단하여 삭제를 서두르지 않았습니다.

- **심사원** : 인증서 반납 여부와 상관없이, 시스템상에 활성 계정이 남아있다는 것 자체가 관리 체계의 결함입니다. 인증 방식의 변경이나 시스템 우회 접속 가능성을 고려할 때, 논리적 계정은 반드시 지체 없이 삭제되어야 합니다. 또한, 8월에 마케팅팀에서 재무팀으로 이동한 이OO 대리의 경우도 마케팅 시스템의 '광고 관리 권한'이 여전히 남아있네요?

- **담당자** : 이OO 대리는 부서 이동 후에도 인수인계를 위해 마케팅 시스템 접속이 한시적으로 필요하다고 요청했습니다. 그래서 제가 9월 정기 검토 보고서 비고란에 '인수인계 종료 시까지 권한 유지 필요'라고 기재해 두었고, 보안팀장님 결재까지 받았습니다.

- **심사원** : 비고란에 기재는 되어 있으나, 인수인계가 언제 종료되는지 '회수 예정일'이 명시되지 않았고, 이를 허가하는 공식적인 권한 변경 신청서나 승인 기록도 보이지 않습니다. 결국 퇴직자나 직무 변경자가 발생해도 즉시 조치하지 않고 정기 검토 때까지 방치하시는 건가요?

- **담당자** : 네, 사실 매번 발생하는 인사 변동마다 수동으로 계정을 삭제하다 보면 누락될 위험이 큽니다. 그래서 차라리 분기별로 인사팀 리스트를 받아 한꺼번에 전수 대조하는 것이 누락을 방지하는 데 더 확실한 방법이라고 판단하여 운영하고 있습니다.

① 2.2.1 주요 직무자 지정 및 관리
② 2.5.1 사용자 계정 관리
③ 2.5.5 특수 계정 및 권한 관리
④ 2.5.6 접근권한 검토
⑤ 2.6.3 응용 프로그램 접근

46 심사원은 OO쇼핑몰에 관한 ISMS-P 인증심사를 수행하고 있다. 다음의 증적 자료와 인터뷰를 보고 인증심사원이 판단한 내용 중 가장 적절한 것을 고르시오. (2개)

☰ [신청기관 현황]

[신청기관 현황]

- 신정기관명 : OO쇼핑몰(정보통신서비스 제공자)
- 인증범위 : OO쇼핑몰 운영
- 회원 수 : 1,300 만 명
- 개인정보 취급자수 : 413 명
- 주요 개인정보저리시스템 : 홈페이지(쇼핑몰), 모바일앱 고객관리시스템, CRM, DW, SCM 등
- 심사 기간 : 2025.10.16 ~ 10.20 (5일간)
- 심사유형 : ISMS-P (최초)
- 심사원 : 심사팀장 외 5 명

개인정보 수집출처 통지문	이용내역 통지문 (이메일)
안녕하세요, [OO쇼핑몰]입니다. 당사는 최근 진행된 'A카드사 제휴 이벤트'와 관련하여, 카드사로부터 고객님의 개인정보를 제공받아 아래와 같이 처리하고 있음을 안내드립니다. 1. 개인정보의 수집 출처 : A카드사 (제3자 제공 동의 기반) 2. 개인정보의 처리 목적 : 제휴 이벤트 경품 발송 및 마케팅 안내 3. 처리하는 개인정보 항목 : 성명, 휴대전화번호 4. 고객님은 본 안내 이후 정보 처리에 대한 정지를 요구하거나 동의를 철회할 권리가 있으며, 고객센터(080-1234-5678)를 통해 신청 가능합니다.	**[OO쇼핑몰] 고객님의 개인정보 이용내역 안내** 안녕하세요, 고객님. 언제나 저희 서비스를 이용해 주셔서 감사합니다. 당사는 개인정보보호법에 따라 고객님의 소중한 개인정보 이용내역을 연 1회 안내해 드리고 있습니다.

이용내역 통지문 표:

수집 항목	수집 및 이용 목적	보유 및 이용 기간
성명, 아이디, 연락처	서비스 회원 관리 및 본인 확인	회원 탈퇴 시까지
이메일, 주소	공지사항 전달 및 상품 배송	회원 탈퇴 시까지

- **■ 심사원 :** 최근에 진행하신 'A 카드사 제휴 이벤트' 프로세스를 보니, 카드사로부터 이벤트 응모자의 성명과 연락처를 전달받아 마케팅 문자를 발송하셨더군요. 이 정보는 고객으로부터 직접 받은 게 아니니 간접수집에 해당하죠?"

- **○ 담당자 :** 네, 맞습니다. 카드사가 자사 앱에서 고객들에게 제3자 제공 동의를 다 받았다고 확인해 주었기 때문에, 저희는 그 명단을 받아 활용했습니다.

- **심사원** : 그렇다면, 정보를 전달받은 후에 정보주체(고객)들에게 '우리가 고객의 정보를 이런 목적으로 전달받았다'는 사실을 고지하셨나요? 간접수집 시 고지 의무가 발생할 텐데요.

- **담당자** : 음... 카드사 동의 화면에 저희 회사명이 기재되어 있었고, 고객이 직접 동의를 한 거라 별도의 추가 고지는 필요 없다고 판단했습니다. 굳이 문자를 한 번 더 보내면 고객들이 스팸으로 오해할 수도 있어서요.

- **심사원** : 그건 오해입니다. 제3자 제공 동의를 받았더라도, 일정 규모 이상의 기업이 간접 수집한 정보를 처리할 때는 정보주체의 요구가 없더라도 수집 출처와 목적 등을 반드시 통지해야 합니다. 자, 다음으로 작년 하반기에 시행하신 '개인정보 이용내역 통지' 결과 보고서를 보여주세요.

- **담당자** : (자신 있게 서류를 내밀며) 이건 철저히 했습니다. 전 국민이 다 아는 대형 포털처럼 저희도 연 1회 이메일로 발송 완료했습니다. 여기 발송 로그와 메일 본문 캡처본입니다.

- **심사원** : (본문을 훑어보며) 내용이... '회원님의 소중한 정보가 안전하게 관리되고 있습니다.' 라는 인사말과 수집 항목, 이용 목적이 적혀 있군요. 그런데 '개인정보를 제공받은 자(제3자 제공 현황)'에 대한 내용은 왜 빠져 있나요?

- **담당자** : 이용내역 통지는 우리가 수집한 항목에 대해서만 알려주는 것 아닌가요? 제3자 제공 현황은 홈페이지에 별도 공지사항으로 이미 상시 안내하고 있어서 메일 본문에는 넣지 않았습니다.

- **심사원** : 홈페이지에 별도 게시판에 공개와 이용내역 통지는 별개입니다. 이용내역 통지 시에는 수집/이용 목적뿐만 아니라, 제3자 제공 현황도 포함하는 것이 원칙입니다. 개인정보처리방침을 보니 C카드사와 D카드사에 성명, 연락처의 개인정보를 제공하는 것으로 확인했습니다.

① 카드사로부터 정보를 받았음에도 정보주체에게 수집 출처 등을 알리지 않았으므로 3.1.5 개인정보 간접수집 결함으로 판단하였다.

② 카드사가 동의를 받았으므로, 간접수집 시점에서 별도의 동의를 다시 받지 않은 것에 대해 3.1.1 개인정보 수집·이용 결함으로 판단하였다.

③ 정보주체에게 이용내역 통지시 제3자 제공 현황을 누락하여 3.5.3 정보주체에 대한 통지 결함으로 판단하였다.

④ 이용내역 통지를 이메일로만 발송하고 문자나 전화로 병행하지 않아 3.5.3 정보주체에 대한 통지 결함으로 판단하였다.

⑤ 간접수집 통지 및 이용제공 내역 통지를 한번에 보내지 않아 3.1.5 개인정보 간접수집 및 3.5.3 정보주체에 대한 통지 결함으로 판단하였다.

47 2025년 10월 개정 및 시행된 「개인정보의 안전성 확보조치 기준」에 따라 개인정보처리자가 준수해야 할 사항으로 가장 적절하지 않은 것을 고르시오.

① 개인정보취급자가 개인정보처리시스템에 접속 시도 시, 비밀번호를 일정 횟수 이상 잘못 입력한 경우 접속을 차단하는 기술적 조치를 취해야 하며, 외부망을 통해 접속할 때는 비밀번호 외에 SMS 인증이나 일회용 비밀번호(OTP) 등 별도의 2차 인증 수단을 반드시 병행하여 적용해야 한다.

② 5만 명 이상의 정보주체에 관한 개인정보를 처리하거나 민감정보 또는 고유식별정보를 처리하는 개인정보처리시스템의 경우, 접속기록이 위/변조, 도난, 분실되지 않도록 해당 기록을 2년 이상 보관해야 하며, 개인정보취급자의 개인정보처리시스템에 대한 접속기록 및 개인정보 다운로드 상황을 확인하고 점검하는 주기, 방법, 사후조치절차 등을 내부 관리계획으로 정하고 이행하여야 한다.

③ 원칙적으로 개인정보취급자의 컴퓨터는 인터넷망과 분리되어야 하나, 개인정보처리자가 별도의 위험 분석을 수행하여 보안 위험이 낮다고 판단하거나 적절한 안전 조치를 취한 경우에는 예외적으로 인터넷 접속을 허용할 수 있으며, 이 경우에도 접근 권한 설정 및 데이터 파기 권한을 가진 중요 기기는 망분리 의무가 유지된다.

④ 개인정보의 파기 시 전자적 파일 형태인 경우에는 복구 소프트웨어를 사용하더라도 데이터를 재생성할 수 없도록 초기화(Format) 또는 덮어쓰기(Overwriting) 등의 기술적 방법을 적용해야 하며, 종이에 출력된 개인정보는 마스킹 처리나 파쇄 또는 소각을 통해 완전히 파기하여야 한다.

⑤ 내부 관리계획 수립 시 접근권한의 부여·변경·말소에 관한 기준은 '개인정보취급자'로 한정하여 수립해야 하며, 업무상 개인정보를 직접 취급하지는 않지만 시스템 관리를 위해 접속하는 '유지보수 인력'이나 '단순 업무수행자'는 권한 관리 및 내부 관리계획의 적용 대상에서 제외할 수 있다.

[48-49] 심사원은 ㈜A업체의 전산 데이터센터(보호구역) 출입 통제 현황을 점검하기 위해 데이터센터 상주 물리 보안 담당자와 인터뷰를 진행하고 있다.

- ■ **심사원** : 데이터센터 입구의 출입 통제 방식이 상당히 정교해 보입니다. 이 이중문 구조의 작동 원리에 대해 구체적으로 설명해 주시겠습니까?

- ○ **담당자** : 네, 저희 센터는 보안 등급이 가장 높은 보호구역으로 지정되어 있어, 첫 번째 문이 완전히 닫히고 잠긴 상태에서만 두 번째 문이 열리도록 설계된 (가) 시스템을 운영하고 있습니다. 물리적으로 두 문이 동시에 열리는 것을 방지하여 인가되지 않은 인원이 침입하는 것을 원천 차단하고 있죠.

- ■ **심사원** : 만약 내부 직원이 카드를 태깅하고 들어갈 때, 뒤에 있던 미인가자가 문이 닫히기 전에 바짝 붙어 함께 진입하는 (나)위험에 대해서는 어떤 방지책이 있나요?

- ○ **담당자** : 출입구 상단의 센서가 인원수를 감지하여 경보를 울리기도 하지만, 시스템적으로는 (다)기능을 상시 활성화해 두었습니다. 입실 기록이 없는 카드로 퇴실하려 할 경우 게이트가 열리지 않도록 설정되어 있어, 한 개의 카드로 여러 명이 이동하는 부정 사용을 막고 있습니다.

- ■ **심사원** : 외부 협력사인 '◇◇파트너스' 소속의 박 차장님이 상시 출입 권한자로 등록되어 있군요. 외부 인력에게 상시 출입 카드를 발급한 사유가 무엇인가요?

- ○ **담당자** : 박 차장님은 우리 플랫폼의 핵심 인프라 유지보수를 전담하며 거의 매일 상주하고 계십니다. 야간이나 주말 긴급 장애 시 빠른 조치를 위해 업무 편의상 내부 직원과 동일한 상시 출입 권한을 부여했습니다. 이미 1년 넘게 함께 일하며 충분히 신뢰가 쌓인 분입니다.

- ■ **심사원** : 오늘 오전 출입 로그를 보니 박 차장님이 보안 요원이나 내부 직원 동행 없이 혼자 입실하신 기록이 있습니다. 평소에도 단독 출입이 허용되나요?

- ○ **담당자** : 원칙적으로는 동행이 맞지만, 박 차장님처럼 신원이 확실한 핵심 파트너사 인력은 매번 보안 요원이 따라다니기 어려워 예외적으로 자율 출입을 허용하고 있습니다. 대신 구역 내 CCTV로 모든 동선을 상시 모니터링하고 있으니 안전합니다.

- ■ **심사원** : 상시 출입 권한자들에 대한 권한 회수나 적정성 검토는 어떻게 수행하고 계신가요?

- ○ **담당자** : 별도로 정해진 정기 검토 주기는 없습니다. 다만, 상주 인력이 교체되거나 계약이 종료되는 등 명확한 변동 사항이 발생할 때마다 비정기적으로 리스트를 업데이트하여 관리하고 있습니다.

48 위 인터뷰 대화 중 (가), (나), (다)에 들어갈 용어와 설명으로 바르게 짝지어진 것을 고르시오.

① (가) 테일게이팅(Tailgating) – 두 개의 문을 연동하여 동시 개방을 물리적으로 차단하는 시스템

② (나) 인터락(Interlock) – 인가된 사용자의 뒤를 바짝 붙어 무단으로 진입하는 보안 위협 행위

③ (다) 안티패스백(Anti-Passback) – 입실 시 태깅 기록이 없는 카드가 퇴실 시 사용되는 것을 차단하는 제어 방식

④ (나) 안티패스백(Anti-Passback) – 인가자의 동의 하에 함께 들어가는 무단 침입 보안 사고

⑤ (가) 맨트랩(Mantrap) – 보안 구역 내에서 인가되지 않은 인원의 체류 시간을 감지하여 관리자에게 통보하는 기술

49 심사원은 위 인터뷰 내용과 함께 다음의 증적 자료를 추가로 확인하였다. 이를 종합하여 판단할 때 인증기준 2.4.2 출입통제에 따른 결함 사항에 관한 설명으로 가장 적절한 것을 고르시오.

[상시 출입 권한자 명단 및 로그]

파일명: DC_Access_Report_202511.xlsx

추출일시: 2025-11-10 18:00

시스템명: S-Security Access Manager v4.0

[상시 출입 권한자 Master List] (Filter: Active Only)

ID	성명	소속(구분)	직급	권한부여일	최종검토일	비고
S001	김보안	보안팀	팀장	2023-01-10	2024-11-10	상주 총괄
S002	이물리	물리보안팀	대리	2024-05-20	2024-11-10	상주 운영
S003	박외주	◇◇파트너스	차장	2024-02-15	2024-02-15	유지보수

[Access Event Log] (Date: 2025-11-10)

Event ID	Time	Name	Status	Type	Companion (동행자)	Location
89421	09:00	김보안	IN	Card	–	2F 서버실
89505	10:15	박외주	IN	Card	–	2F 서버실
89612	14:00	최방문	IN	Visitor	김보안	2F 서버실
89755	16:50	박외주	OUT	Card	–	2F 서버실

~ 중략 ~

---

① 외부 방문객인 최방문이 입실할 때 보안 요원이 동행한 행위는 과도한 통제 절차에 해당하므로 업무 효율성을 위해 방문객의 자율 출입을 허용하여야 한다.

② 데이터센터와 같은 중요 보호구역에 외부 인력(박외주 차장)이 임직원 동행 없이 단독으로 출입하도록 방치하고 상시 출입 권한을 부여한 것은 출입통제(2.4.2) 기준 위반이다.

③ 상시 출입 권한자에 대해 정기적인 검토(연 1회 이상 등)를 수행하지 않고 비정기적으로 관리하는 것은 출입 권한의 적정성 검토 미흡 결함에 해당한다.

④ 박외주 차장에게 내부 직원과 동일한 상시 카드를 발급한 행위 자체가 기술적으로 금지된 사항이므로 즉시 폐기하고 일회성 방문증으로 교체하여야 한다.

⑤ 위 상황에서는 ②번과 ③번 모두 인증기준 위반 사항에 해당하며, 특히 외부인 단독 출입 허용은 중대한 관리적 보안 결함으로 판단된다.

50 대한민국과 유럽연합(EU) 간의 개인정보보호 '동등성 인정'이 2025년 9월 16일부로 상호 발효되었다. 이로써 양측 간 개인정보가 안전하고 자유롭게 오갈 수 있는 포괄적인 체계가 확립되었으며, 적용 범위는 민간과 공공 부문 모두 해당한다. 동등성 인정이 됨에 따라 개인정보처리자가 조치하여야 할 사항으로 적절하지 않은 것은 모두 몇 개인지 고르시오.

> (가) EU로 국외 이전된 개인정보는 개인정보 보호법과 GDPR 규정을 준수하는 한도에서는 다시 제3국으로 국외 이전(이하 "재이전")할 수 있다.
>
> (나) 국내 소재 기업이 EU에 소재한 다른 기업 등에 직원, 고객 등의 개인정보를 처리위탁하거나 EU 서버 및 클라우드에 보관하는 등 다양한 상황에서 별도의 동의 등 추가 조치 없이 이전이 가능하다
>
> (다) EU로 개인정보가 이전된 한국 정보주체가 EU 내에서 이전된 개인정보에 관한 개인정보 침해를 겪는 경우 해당 정보주체는 개인정보보호위원회를 통해 구제를 요청하고 그 결과를 받을 수 있다.
>
> (라) EU에 동등성 인정은 주민등록번호 및 개인신용정보를 포함하며, 동등성 인정을 근거로 국외 이전이 가능하다.
>
> (마) 국내 소재 기업이 EU에 소재한 다른 기업 등에 개인정보를 국외 이전 시 개인정보 처리방침에는 해당 국가명만 기입하면 된다.

① 1개
② 2개
③ 3개
④ 4개
⑤ 모두 잘못됨

부록

실전모의고사
정답 및 해설

1	②	2	③	3	③	4	③, ⑤	5	②	6	①	7	②	8	⑤	9	④	10	②
11	③, ⑤	12	④	13	④	14	②	15	③, ⑤	16	②, ⑤	17	③	18	⑤	19	⑤	20	①
21	②, ⑤	22	⑤	23	①	24	①, ⑤	25	①, ②	26	③, ④	27	③	28	①, ②	29	③, ④	30	④
31	②	32	⑤	33	②, ③	34	①	35	④, ⑤	36	①, ③	37	③	38	②, ④	39	④	40	②
41	②	42	⑤	43	①	44	⑤	45	③	46	③, ④	47	④	48	①	49	②	50	④

1번 정답　　②

해설

(가) 정보통신부문 전년도 매출액이 300억 원 이상이더라도 중소기업법에 따른 소기업이면 특례 규정(간편인증)대상이 된다. (X)

→ 「중소기업기본법」 제2조 제2항에 따른 소기업의 기준으로는 업종별 평균매출액 기준(정보통신업 50억 원 이하)을 충족해야 한다. 즉, 매출액이 300억 원 이상이면 소기업이 아닌 중기업이다.

(나) 정보통신서비스 부문 매출액이 300억 원 이상이더라도 클라우드 서비스를 이용하고 별도 서버로 AWS의 EC2 등의 서버를 사용하고 있을 경우 특례 규정(간편인증)대상이 된다. (X)

→ 정보통신서비스 부문 매출액이 300억 원 이상이더라도 자체 서비스 제공을 위한 주요 정보통신설비를 보유하지 않은 중기업의 경우 인증의 특례 대상에 해당한다.

▶ 다른 법인이 제공하는 웹호스팅 서비스 또는 클라우드 서비스를 이용함에 따라 별도 서버(VM, EC2 등 가상서버를 포함)가 없거나, 서버 운영체제(Windows, Linux 등), 데이터베이스시스템(Oracle, MS-SQL 등)에 대한 관리 책임이 없는 경우*를 의미한다.

*시스템 default 계정(root/administrator) 접근권한, 취약점 및 패치관리 등

(다) 정보통신부문 전년도 매출액이 300억 원 미만이고 중기업의 경우 특례 규정(간편인증) 대상이 된다. (O)

(라) ISP, IDC, 상급종합병원, 대학교, 금융회사, 가상자산사업자의 경우 특례 규정(간편인증)에 해당되지 않는다. (O)

(마) 특례 대상에 해당되는 기업의 간편인증 세부점검 항목은 동일한 세부항목을 적용한다. (X)

→ 소기업, 정보통신부문 매출액 300억 원 이하의 중기업

1. 관리체계 수립 및 운영(8개)/세부항목(19개)
2. 보호대책 요구사항(33개)/세부항목(122개)
3. 개인정보 처리단계별 요구사항(21개)/세부항목(91개)

→ 정보통신부문 매출액 300억 원 이상의 중기업

1. 관리체계 수립 및 운영(11개)/세부항목(25개)
2. 보호대책 요구사항(33개)/세부항목(106개)
3. 개인정보 처리단계별 요구사항(21개)/세부항목(91개)

해설

③ ㄹ과 ㅁ이 심사원이 올바르게 판단한 결함사례이다.

㉠ 시스템 운영이나 개인 식별을 위해 해당 정보를 활용해야 하는 경우 생년월일 및 성별을 포함한 앞 7자리를 제외하고 뒷자리 6개 번호만 암호화하여 사용하여도 결함이 되지는 않는다.

(출처 : 개인정보의 암호화 조치 안내서(2020.12월) 66p)

㉡ 이용 권한이 있는 특정 개인임을 확인하기 위하여 이용자가 입력한 생체정보를 기기 등에 저장된 정보와 대조하여 본인 여부 확인하는 것은 생체정보이며 특징점을 추출하는 등의 일정한 기술적 수단을 통해 생성되는 '생체인식 특징정보'와는 다르다. 따라서, 단순 저장된 지문정보와 대조하는 방법은 생체정보를 처리하는 것으로 암호화 대상은 아니다.

(출처 : 생체정보_보호_가이드라인(2021.9월) 3p)

㉢ 암호화하여야 하는 생체인식정보는 식별 및 인증 등의 업무절차상 수집이 명확한 경우로 한정되며, 이와 무관하게 수집되는 이미지, 녹취 정보 등은 암호화 대상에서 제외된다. 예를 들어, 콜센터 등에서 업무절차상 주민등록번호 수집이 명확한 경우의 음성기록은 암호화해야 하나, 단순 상담 시 저장되는 음성기록 등은 **암호화 대상에서 제외**될 수 있다.

(출처 : 개인정보의 암호화 조치 안내서(2020.12월) 67p)

㉣ 업무용 PC에 저장된 개인정보의 경우 상용프로그램(한글, 엑셀 등)에서 제공하는 비밀번호 설정기능을 사용하여 암호화를 적용하거나, 안전한 암호화 알고리즘을 이용하는 소프트웨어를 사용하여 암호화할 수 있다.

(출처 : 개인정보의 암호화 조치 안내서(2020.12월) 68p)

㉤ 개인정보의 암호화를 위한 안전성 확보조치는 원칙적으로 "개인정보처리자" 및 "정보통신서비스 제공자 등"의 의무이다. 따라서 개인정보처리시스템을 위탁하거나 ASP를 이용하는 경우에도 암호화 조치사항에 대한 이행 여부에 대한 책임은 위탁기관인 A사가 지게 된다. 다만, A사는 암호화에 대한 요구사항을 A사의 위탁을 받은 수탁기관(ASP, 클라우드 서비스 제공자 등)과의 계약서 등에 명시하여 수탁기관으로 하여금 암호화를 처리하게 요구할 수 있다.

(출처 : 개인정보의 암호화 조치 안내서(2020.12월) 68p)

해설

(가) 심사원의 자격 취소 적합여부를 심의·의결하기 위하여 인터넷진흥원의 장은 인증위원회 위원 3인 이상을 포함하여 구성한 자격심의위원회를 개최하여야 한다. **(O)**

> 〈「정보보호 및 개인정보보호 관리체계 인증 등에 관한 고시」 제16조 제2항〉
>
> **제16조(인증심사원 자격 취소)**
>
> ② 인터넷진흥원의 장은 제1항에 따른 자격 취소의 적합여부를 심의·의결하기 위하여 자격심의위원회를 개최하여야 하며, 자격심의위원회는 제29조의 인증위원회 위원 3인 이상을 포함하여 구성한다.

(나) **ISMS-P 인증심사 일부 생략 신청**을 하는 경우 수수료 20% 감면이 가능하다. **(O)**

〈「정보보호 및 개인정보보호 관리체계 인증 등에 관한 고시」 제20조, 제21조〉

제20조(인증심사의 일부 생략 신청 등)

① **제18조 제1항 각 호의 어느 하나에 해당하는 인증을 신청한 자**가 다음 각 호의 어느 하나에 해당하는 인증을 받거나 정보보호 조치를 취한 경우 별표 5의 인증심사 일부 생략의 범위 내에서 인증심사의 일부를 생략할 수 있다.

제18조(인증 신청 등) ① 신청인은 다음 각 호의 인증을 선택하여 신청할 수 있다.

　　1. 정보보호 및 개인정보보호 관리체계 인증

　　2. 정보보호 관리체계 인증

제21조(수수료의 산정) ① 인증 수수료는 별표 6의 인증 수수료 산정 및 심사원 보수 기준을 적용하여 산정한다.

② 심사수행기관은 제1항에 따라 산정된 인증 수수료를 공지하여야 한다.

③ 심사수행기관은 신청인이 다음 각 호의 어느 하나에 해당하는 경우 수수료를 감면 또는 조정할 수 있다.

　　1. 「중소기업기본법」 제2조 제2항에 따른 소기업

　　2. **제20조에 따른 인증심사 일부 생략 신청을 하는 경우**

　　3. 「정보보호산업의 진흥에 관한 법률」 제13조에 따라 정보보호 현황을 공시한 자

　　4. 「정보통신망법」 제47조의7 제1항 각 호의 어느 하나에 해당하는 자로서 제23조제3항 및 제4항에 따른 인증심사 기준을 적용받는 경우

　　5. 그 밖에 신청인과 협의하여 수수료 조정이 필요하다고 판단되는 경우

〈「정보보호 및 개인정보보호 관리체계 인증수수료 산정내역서v1.9」〉

수수료 할인대상 ③ **심사 일부생략(20%)**

수수료 할인		
할인대상		※ ① 소기업(30%), ② 정보보호공시(30%), ③ 심사 일부생략(20%), ④ 인증의 특례(ISMS:50%, ISMS-P:40%) 중 선택

① 소기업 : 「중소기업기본법」 제2조에 따른 소기업
② 정보보호공시 : 「정보보호산업의 진흥에 관한 법률」 제13조에 따라 정보보호 현황을 공시한 경우
③ 심사 일부생략 : 고시 제20조에 따라 'ISO/IEC 27001', '주요정보통신기반시설의 취약점 점검'을 한 경우
④ 인증의 특례 : 「정보통신망법」 제47조의7에 따라 '인증의 특례'를 신청한 경우
※ 수수료 할인은 중복 적용 불가

(다) 심사원은 보수교육을 받아야 하고, 자격 유효기간은 3년이다. (O)

〈「정보보호 및 개인정보보호 관리체계 인증 등에 관한 고시」 제15조〉

제15조(인증심사원 자격 유지 및 갱신)

① 인증심사원의 자격 유효기간은 자격을 부여 받은 날부터 3년으로 한다.

② 인증심사원은 자격유지를 위해 자격 유효기간 만료 전까지 인터넷진흥원이 인정하는 보수교육을 수료하여야 한다.

(라) 신청인이 개인정보 처리업무를 위탁받아 처리하는 수탁자가 인증 받은 경우 인증범위의 현장심사와 서면심사는 생략이 가능하다. (X)

　　– **현장심사 생략 가능, 서면심사는 생략 불가**

<「정보보호 및 개인정보보호 관리체계 인증 등에 관한 고시」 제20조 제6항>

제20조(인증심사의 일부 생략 신청 등)

⑥ 심사수행기관은 신청인의 인증범위 내에서 업무를 위탁받아 처리하는 자가 제18조제1항 각 호의 인증을 받은 범위의 **현장심사를 생략할 수 있다.**

(마) ISMS 인증 특례 대상에 ISP, IDC, 상급종합병원, 대학교, 금융회사, 가상자산사업자는 대상에 해당하지 않는다. **(O)**

– 「ISMS-P 인증제도 안내서(2024.07)」 P.31 그림7

<「정보통신망법」 시행령 제49조의2(정보보호 관리체계 인증의 특례 대상자의 범위) 제2항>

제49조의2(정보보호 관리체계 인증의 특례 대상자의 범위)

② 제1항에도 불구하고 다음 각 호의 어느 하나에 해당하는 자는 법 제47조의7 제1항 제2호에 따른 정보보호 관리체계 인증의 특례 대상에서 제외한다.

1. 법 제47조 제2항 제1호 또는 제2호에 해당하는 자
2. 제49조 제2항 제1호 또는 제3호에 해당하는 자
3. 「특정 금융거래정보의 보고 및 이용 등에 관한 법률」 제2조 제1호 하목에 따른 가상자산사업자
4. 「전자금융거래법」 제2조 제3호에 따른 금융회사

(바) 인증기관과 심사기관은 정당한 사유 없이 인증절차, 인증기준 등의 일부를 생략하는 행위가 발생되지 않도록 노력하여 인증심사의 공정성 및 독립성 확보를 하여야 한다. **(O)**

<「정보보호 및 개인정보보호 관리체계 인증 등에 관한 고시」 제10조>

제10조(공정성 및 독립성 확보) 인증기관 및 심사기관은 **인증심사의 공정성 및 독립성 확보를 위해 다음 각 호의 행위가 발생되지 않도록 노력**하여야 한다.

1. 정보보호 및 개인정보보호 관리체계 구축과 관련된 컨설팅 업무를 수행하는 행위
2. **정당한 사유 없이 인증절차, 인증기준 등의 일부를 생략하는 행위**
3. 조직의 이익 등을 위해 인증심사 결과에 영향을 주는 행위
4. 그 밖에 인증심사의 공정성 및 독립성을 훼손할 수 있는 행위

4번 정답 ③, ⑤

해설

「개인정보보호법」 제37조의2(자동화된 결정에 대한 정보주체의 권리 등) 제1항에서 "자동화된 결정이 제15조 제1항 제1호·제2호 및 제4호에 따라 이루어지는 경우에는 그러하지 아니하다."로 정의하고 있다.

개인정보 보호법 제15조(개인정보의 수집·이용) 제1항

1. 정보주체의 동의를 받은 경우
2. 법률에 특별한 규정이 있거나 법령상 의무를 준수하기 위하여 불가피한 경우
4. 정보주체와 체결한 계약을 이행하거나 계약을 체결하는 과정에서 정보주체의 요청에 따른 조치를 이행하기 위하여 필요한 경우

해설

(가) X 직전연도 12월 31일 기준 재학생 수가 1만 명 미만으로 인증의무 대상자 아니다.

(나) X ISMS 인증 의무 대상자는 ISMS, ISMS-P 인증 중 선택 가능하다.

(다) X 사이버대학교는 고등교육법 제2조에 따른 학교이다.

(라) X 새마을금고(은행 포함)는 전자금융거래법에 따른 금융회사이므로 ISMS 인증의무 대상자가 아니다.

(마) O 매출액 1,500억 원 이상인 상급종합병원은 ISMS 인증 의무 대상 기관이다.

(바) X 정보통신서비스 부분 전년도 매출액이 100억 원 이상인 쇼핑몰은 ISMS 인증 의무 대상이다.

정보통신망 이용 촉진 및 정보보호 등에 관한 법률 시행령 제49조(정보보호 관리체계 인증대상자의 범위)

1. 전년도 매출액 또는 세입이 1,500억 원 이상인 자로서 다음 각 목의 어느 하나에 해당하는 자

   가. 「의료법」 제3조의4에 따른 상급종합병원

   나. 직전연도 12월 31일 기준으로 재학생 수가 1만명 이상인 「고등교육법」 제2조에 따른 학교

2. 정보통신서비스 부문 전년도(법인인 경우에는 전 사업연도를 말한다) 매출액이 100억 원 이상인 자. 다만, 「전자금융거래법」 제2조 제3호에 따른 금융회사는 제외한다.

3. 전년도 일일평균 이용자 수가 100만 명 이상인 자. 다만, 「전자금융거래법」 제2조 제3호에 따른 금융회사는 제외한다.

전자금융거래법 제2조(정의)

3. "금융회사"란 다음 각 목의 어느 하나에 해당하는 기관이나 단체 또는 사업자를 말한다.

   가. 「금융위원회의 설치 등에 관한 법률」 제38조 제1호부터 제5호까지, 제7호 및 제8호에 해당하는 기관

   나. 「여신전문금융업법」에 따른 여신전문금융회사

   다. 「우체국예금·보험에 관한 법률」에 따른 체신관서

   라. 「새마을금고법」에 따른 새마을금고 및 새마을금고중앙회

   마. 그 밖에 법률 규정에 따라 금융업 및 금융 관련 업무를 행하는 기관이나 단체 또는 사업자로서 대통령령이 정하는 자

해설

(ㄷ) 서버존 내 서버 간 접근제어가 이루어지지 않아 권한이 없는 서버로의 경유 접근이 가능한 경우는 2.6.2 정보시스템 접근의 결함이다.

참고

ISMS-P 인증기준 안내서

2.6.1 네트워크 접근 결함 사례

사례2 : 내부망에 위치한 데이터베이스 서버 등 일부 중요 서버의 IP주소가 내부 규정과 달리 공인 IP로 설정되어 있고, 네트워크 접근 차단이 적용되지 않은 경우

사례3 : 서버팜이 구성되어 있으나, 네트워크 접근제어 설정 미흡으로 내부망에서 서버팜으로의 접근이 과도하게 허용되어 있는 경우

사례4 : 외부자(외부 개발자, 방문자 등)에게 제공되는 네트워크를 별도의 통제 없이 내부 업무 네트워크와 분리하지 않은 경우

사례5 : 내부 규정과는 달리 MAC 주소 인증, 필수 보안 소프트웨어 설치 등의 보호대책을 적용하지 않은 상태로 네트워크 케이블 연결만으로 사내 네트워크에 접근 및 이용할 수 있는 경우

2.6.2 정보시스템 접근

사례2 : 서버 간 접속이 적절히 제한되지 않아 특정 사용자가 본인에게 인가된 서버에 접속한 후 해당 서버를 경유하여 다른 인가받지 않은 서버에도 접속할 수 있는 경우

7번 정답 ② ②

해설

① 보안업데이트 적용이 어려운 정당한 사유가 있고 별도의 보완대책을 마련하여 이행하고 있다면 결함으로 볼 수 없다.

② 결함

③ 결함 아님. 1.1.6 자원할당 결함으로 보기 어렵다.

④ 해당 취약점을 확인하고 보호대책을 선정하여 구현하고 있는 상태로 결함으로 보기 어렵다.

⑤ 타당한 사유로 지연되고 있고 후속조치를 하고 있어 결함으로 보기 어렵다.

8번 정답 ⑤

해설

번호	SG 이름	방향	IP 프로토콜	포트 범위	SIP	DIP	CIDR
7	G-DEV	수신	TCP	22 (SSH)	100.2.2.27/32 (CIDR)	100.2.2.27/32	32
12	SERVER1	송신	TCP	3306 (MY SQL)	192.168.78.0/24 (CIDR)	192.168.78.0/24	24
16	SERVER2-WEB	수신	TCP	443 (HTTPS)	0.0.0.0/0 (CIDR)	0.0.0.0/0	0
23	HOMEPAGE-DB	수신	TCP	22 (SSH)	0.0.0.0/0	0.0.0.0/0	32

- 담당자는 SSH(22) 포트는 특정 IP에서만 접근할 수 있도록 제한하였다고 하였으나, 제한하지 않고 모든 IP가 HOMEPAGE-DB의 22번 포트에 접속할 수 있는 환경이다.

- 클라우드의 SECURITY GROUP 설정 변경 시 승인 절차가 없다.

- SERVER1은 송신하는 대역대가 열려 있고, SERVER2-WEB은 수신하는 대역대가 열려 있다.

- 가장 적절한 답을 고르는 것이므로 IAM 계정관리, 네트워크접근, 승인받지 않은 환경설정 모두 미비하여 2.10.2 클라우드 보안 결함이다.

해설

셀러사이트를 사용하는 **협력사 또한 이용자로서 협력사의 비밀번호도 암호화 조치 대상에 포함**된다. 가까운 시일 내 조치할 계획이 있다고 해도 비밀번호 암호화 조치는 법적 요구사항이라 결함이 된다.

그 외 클라우드의 AdminFullAccess 권한을 겸직 중인 직책자가 보유하고 있는 상황만으로는 결함 판단이 어렵다.

2.7.1 암호정책 적용

개인정보 및 주요정보 보호를 위하여 법적 요구사항을 반영한 암호화 대상, 암호 강도, 암호 사용 정책을 수립하고 개인정보 및 주요정보의 저장·전송·전달 시 암호화를 적용하여야 한다.

해설

(나) **1.1.5 정책 수립** : MVNO서비스 이용 및 이용자 인증 등을 안전하게 제공, 관리하기 위한 보안요구사항이 정책, 매뉴얼, 지침 등에 포함되어 있는가?

(다) **1.1.3 조직 구성** : 위원회에서 MVNO서비스의 안전성 확보 및 이용자의 보호에 관한 사항을 심의·의결하고 있는가?

(라) **1.2.1 정보자산 식별** : 이용자 본인 확인을 위한 신분증 및 구비서류를 수취하기 위해 운영하는 시스템을 식별하여 그 목록을 최신으로 관리하고 있는가?

　※ 자산 유형별 항목(예시)

　• 정보시스템 : 신분증 스캐너, 평판스캐너, 웹팩스, 웹사이트, 웹하드, 앱

　• 정보 : 문서적 정보와 전자적 정보 모두를 포함(신분증 사본, 가족관계증명서 등)

　– MVNO사업자가 개통 등의 업무를 위하여 MNO사업자가 관리하는 사이트를 이용할 경우 해당 사이트도 자산으로 식별 필요

(사) **2.2.1 주요 직무자 지정 및 관리** : MVNO 서비스 처리 또는 관련 시스템의 주요 직무자 및 개인정보 취급자 지정을 최소화 하고 관리방안을 수립 및 이행하고 있는가?

　※ 주요 직무자 관리를 위해 포함되어야 하는 사항(예시)

　• 주요 직무자에 대한 전문화된 교육 방안(명의도용을 위한 사회공학 등)

　• 주요 직무자의 지정 및 변경, 해제 시 자산반납, 개인정보 및 중요정보의 처리, 감사로그 기록관리 등

(아) **2.4.2 출입통제** : 전산실이 위치한 건물 출입구는 전산실 출입문을 한곳으로 지정하여 운영하고 있으며, 주요 설비시설에 대해 출입통제하고 있는가?

　– 전산실에 상시 출입문은 한곳으로 정하며 상시 출입은 업무와 직접 관련이 있는 사전 등록자에 한해 허용, 그 밖의 출입자에 대해 책임자의 승인을 받아 출입하도록 하며 출입자 관리기록부를 기록·보관

11번 정답 ③, ⑤

해설

③ 데이팅 앱 서비스 社가 본인 서비스의 행태정보를 간편로그인 社에 보내는 것을 원한 것이 아닌 상황에서 간편로그인 제공 社는 별도 계약이나 고지 없이 무단으로 간편로그인 시 행태정보를 수집한 것이므로 이는 데이팅 앱 서비스 社가 아닌 간편로그인 제공 社의 [3.1.5 개인정보 간접수집] 결함이다.

⑤ 필수항목으로 수집이 필요한 것은 이용자의 전화번호 정보이며, 이용자의 휴대폰 내 주소록에 있는 모든 연락처 정보가 아니다. 이러한 상황에서 모든 연락처 정보가 있는 주소록 권한은 반드시 필요한 권한이 아닌데 필수적 권한으로 적용하고 있어 [3.2.3 이용자 단말기 접근 보호] 결함이다.

① 데이팅 앱 서비스 社가 공개된 SNS나 제3의 인터넷 영역에서 수집하는 행위가 아니므로 3.1.5 개인정보 간접수집은 검토대상이 아니다.

② 데이팅앱 서비스 社의 의도 하에 본인 앱의 행태정보를 간편로그인 기능 제공 社에 전달하는 것이 아니기 때문에 데이팅앱 서비스 社의 [3.3.1 개인정보 제3자제공] 결함은 아니다.

④ 과도하게 접근권한을 설정하는 것은 [3.2.3 이용자 단말기 접근 보호] 결함이다.

12번 정답 ④

해설

④ [3.5.1 개인정보 처리방침 공개]가 아닌 [3.1.4 민감정보 및 고유식별정보의 처리 제한] 인증기준 결함에 해당한다.

① 행태정보의 수집·이용·제공 및 거부 등에 관해 해당이 있을 경우 개인정보처리방침에 고지 해야 한다.

② 결혼정보 회사와 제휴업체인 관계이므로 제3자제공 계약을 통해 제공되는 것이 맞다.

③ 재화 또는 서비스를 제공하는 과정에서 공개되는 정보에 정보주체의 민감정보가 포함됨으로써 사생활 침해의 위험성이 있다고 판단하는 때에는 재화 또는 서비스의 제공 전에 민감정보의 공개 가능성 및 비공개를 선택하는 방법을 정보주체가 알아보기 쉽게 알려야 하며, 이를 준수하지 않았을 경우 [3.1.4 민감정보 및 고유식별정보의 처리 제한] 결함이다.

⑤ 민감정보가 들어있는 채팅 대화를 수집하는 행위 자체에 대해서는 민감정보를 수집한 것이 아니다.

참고

개인정보위 '이루다' 개발사 ㈜스캐터랩에 과징금 과태료 등 제재 처분('21.4.28 보도자료)
– 주요 쟁점에 대한 Q&A

Q. 카카오톡 대화가 민감정보에 해당하는지?

A. 이용자가 자신의 성생활에 관한 정보 등을 언급한 경우에도 이용자가 자유롭게 작성하는 내용에 따라 민감한 성격을 가질 수 있는 것에 불과하여 카카오톡 대화 내용 전체가 민감정보에 해당한다고 보기 어려움(서울중앙지법 2013고합577 참조). 따라서 **위원회는 ㈜스캐터랩이 카카오톡 대화를 수집한 행위 자체에 대하여는 민감정보를 수집한 것이 아니라고 판단함. 다만, 성적 취향을 알 수 있는 심리테스트 설문 응답 결과를 이용자 별로 저장해 놓은 것은 별도 동의 없이 민감정보를 수집한 것이라고 판단함.**

해설

(가) SSID 브로드캐스트는 기본적으로 활성화되어 있지만, 보안을 위해 **비활성화하는 것**이 좋다.

(다) 디폴트로 발급되는 SSID는 **예측이 어려운 SSID로 변경**하고, 내부 구성을 파악할 만한 SSID는 사용은 지양하는 것이 좋다.

(라) WPA 또는 WPA2-PSK 인증보다는 RADIUS 서버를 이용하는 **WPA2-EAP 인증방식**이 안전하다.

(마) 일반 AP를 WIPS 센서로 활용하는 구조는 **하이브리드형 구조**이다.

> **무선랜 보안**
>
> - 보안에 취약한 WEP 방식은 사용을 금지하고 WPA 또는 WPA 2 PSK 인증보다는 RADIUS 서버를 이용하는 WPA 2 EAP 인증 이용
> - 관리자페이지에 대한 접근제어 시행 고정 IP, MAC 주소 필터링 등
> - 기본 SSID를 변경하고 내부 구성을 파악할 만한 SSID는 사용 금지
> - 기본 SSID를 예측이 어려운 SSID로 변경
> - SSID 브로드캐스트 비활성화
> - 무선 네트워크 영역과 유선 네트워크 영역을 분리
> - 무선 구간과 내부 네트워크 연결 구간에 정보보호시스템 안티바이러스 NAC, MAC 필터링 방화벽 침입탐지 시스템 등을 설치하여 내부 네트워크 보호
> - WIPS를 이용하여 복잡한 무선 네트워크 위협에 대응
> - 비인가 장비 탐지를 위한 무선네트워크 모니터링 환경 구축(WIPS 센서 활용)
> - 비인가 AP/브릿지 라우터 탐지 기술 적용

해설

① 복구 테스트 절차에 미흡한 내용이 발견되지 않았다.

② 2.9.1 변경관리 결함(변경 작업 절차가 일부 누락되었다.)

③ 작업 절차서에 롤백 절차를 누락하였으나 다음 작업 절차서에 보완하여 결함으로 보기 어렵다.

④ 확인된 내용만으로 결함으로 보기 어렵다.

⑤ 보완대책을 적절히 적용하고 있어 결함으로 보기 어렵다.

해설

① EOS 자산에 대해 해당 위험을 식별하고 있는지, 조치 계획을 수립하고 있는지, 예산 확보가 되어 있는지 등의 추가 확인이 필요하다.

② 미사용 자산에 대해 폐기 절차가 있는지, 관리를 하고 있는지 등 추가 확인이 필요하다.

③ 위험 평가 관리 지침에는 자산 중요도 지수의 분류 기준이 7~9, 4~6, 1~3으로 규정되어 있고, 정보 자산 관리 지침에는 8~9, 6~7, 3~5로 규정되어 있어 분류 기준이 일치하지 않는다. 자산 중요도 등급 또한 자산 중요도 지수 범위에 해당하는 자산 중요도 등급 또한 지침간 일치하지 않는다.

④ 위험 평가 결과를 단기, 중기, 장기로 조치 계획을 수립하여 조치 수행하고 있다. 식별된 모든 위험에 대해 심사 전까지 조치를 하지 않았다고 결함으로 판단할 수 없다.

⑤ 자산 관리 대장 내에는 클라우드 자산을 식별하여 관리하고 있으나, 위험 평가 관리 지침 내 자산 분류 기준에는 클라우드 자산이 포함되어 있지 않다.

16번 정답　②, ⑤

해설

① 1개월 이상 장기 미접속자가 존재하여 2.5.6 접근권한 검토 결함이다. (X)

「시스템 운영 보안 지침」 제10조 제1호에 따라 **장기 미접속자에 대한 계정잠금처리 또는 삭제 미처리는 2.5.1 사용자 계정관리 결함으로 판단할 수 있으나,** 접근권한에 대한 검토 내용은 확인할 수 없으므로 2.5.6 접근권한 검토결함으로 판단하기 어렵다.

② **유지보수용 계정을 공유하여 사용하고 있어 2.5.2 사용자 식별 결함이다. (O)**

유지보수용 계정을 별도의 승인절차 없이 공유하여 사용하고 있으므로 결함으로 판단할 수 있다.

ISMS-P 인증기준 안내서('23.11) P.90

2.5.2 사용자 식별 결함사례

외부직원이 유지보수하고 있는 정보시스템의 운영계정을 별도의 승인 절차 없이 개인 계정처럼 사용하고 있는 경우

③ 직원 A에게 DB 접근권한을 부여하지 않고 직원 B에게는 DB접근권한을 부여하여 2.5.1 사용자 계정 관리 결함이다. (X)

직원 A는 영업부서 인원명부에는 있으나 DB 접근 가능 계정에는 없고 직원 D는 DB 접근 가능 계정에는 있으나 영업부서 인원명부에는 없는데, 직무 확인 등 추가 확인이 필요하여 결함으로 판단하기 어렵다.

④ DBMS super관리자 권한을 DBA담당자 포함 20명에게 부여한 것은 2.5.5 특수계정 및 권한 관리 결함이다. (X)

DBMS super관리자 권한을 DBA 담당자 포함 20명에게 부여한 사유 및 업무분장 등의 추가 확인이 필요하므로 아직 결함으로 판단하기 어렵다.

⑤ **비밀번호를 3개월 이상 변경하지 않은 계정이 있어 2.5.4 비밀번호 관리 결함이다. (O)**

「시스템 운영 보안 지침」 제7조 제4호에 따라 비밀번호는 최대 3개월 이내에 한 번 이상 변경하여야 하므로 2.5.4 비밀번호 관리 결함으로 판단할 수 있다.

17번 정답　③

해설

③ admin, root 및 admin1 계정을 공용으로 사용하고 있지만 접근 IP가 동일하여 책임추적성 확보가 되지 않아 2.5.2 사용자 식별 결함이다.

① 공용 계정 사용 시 타당성 검토 및 책임자의 승인이 없다는 내용은 2.5.2 사용자 식별 통제항목의 결함이다.

② 서버의 계정을 변경할 수 있으나 admin, root와 같이 변경하지 않고 사용한다는 내용은 2.5.2 사용자 식별 통제항목의 결함이다.

④ 정보시스템의 서버에 접근이 허용되는 사용자 및 접근 가능 위치를 네트워크 대역으로 구분하고 있다는 내용은 2.6.2 정보시스템 접근 통제항목의 결함이다.

⑤ 정보시스템 계정 및 권한에 대해 주기적으로 검토하고 있으나 장기 미사용 계정이 활성화되어 있다는 내용은 2.5.6 접근권한 검토 통제항목의 결함이다.

참고

ISMS-P 인증기준 안내서

2.5.2 사용자 식별

결함사례2 : 개발자가 개인정보처리시스템 계정을 공용으로 사용하고 있으나, 타당성 검토 또는 책임자의 승인 등이 없이 사용하고 있는 경우

2.5.6 접근권한 검토

내부 정책, 지침 등에 장기 미사용자 계정에 대한 잠금(비활성화) 또는 삭제 조치하도록 되어있으나, 6개월 이상 미접속한 사용자의 계정이 활성화되어 있는 경우(접근권한 검토가 충실히 수행되지 않아 해당 계정이 식별되지 않은 경우)

18번 정답  ⑤

해설

소스 코드1 – 중요한 자원에 대한 잘못된 권한 설정

- setExecutable(p1, p2) : 첫 번째 파라미터의 true/false 값에 따라 실행가능 여부를 결정한다. 두 번째 파라미터가 true일 경우 소유자만 실행 권한을 가지며, false일 경우 모든 사용자가 실행 권한을 갖는다.
- setReadable(p1, p2) : 첫 번째 파라미터의 true/false 값에 따라 읽기가능 여부를 결정한다. 두 번째 파라미터가 true일 경우 소유자만 읽기 권한을 가지며, false일 경우 모든 사용자가 읽기 권한을 갖는다.
- setWritable(p1, p2) : 첫 번째 파라미터의 true/false 값에 따라 쓰기가능 여부를 결정한다. 두 번째 파라미터가 true일 경우 소유자만 쓰기 권한을 가지며, false일 경우 모든 사용자가 쓰기 권한을 갖는다.

```
file file = new File("/home/setup/system.ini");
file.setExecutable(true, false); // 모든 사용자에게 실행 권한을 허용
file.setReadable(true, false); // 모든 사용자에게 읽기 권한을 허용
file.setWritable(true, false) // 모든 사용자에게 쓰기 권한을 허용
```

소스 코드2 – 하드코드된 중요 정보

- 데이터베이스 연결을 위한 패스워드를 소스코드 내부에 상수 형태로 하드코딩 하는 경우, 접속 정보가 노출될 수 있어 위험하다.

```
public class MemberDAO {
private static final String DRIVER = "oracle.jdbc.driver.OracleDriver";
private static final String URL = "jdbc:oracle:thin:@192.168.0.3:1521:ORCL";
private static final String USER = "SCOTT"; // DB ID;
private static final String PASS = "SCOTT"; // DB PW;
// DB 패스워드가 소스코드에 평문으로 저장
......
public Connection getConn() {
    Connection con = null;
    try {
        Class.forName(DRIVER);
        con = DriverManager.getConnection(URL, USER, PASS)
```

참고

소프트웨어 개발보안 가이드 제2절 보안기능

19번 정답  ⑤

해설

⑤ 한 당사자가 다른 당사자에게 비밀 자체에 대한 정보를 공개하지 않고 비밀을 소유하고 있음을 증명할 때 사용하는 것은 맞지만 하드웨어 기반 TEE를 실행하기 위한 보안 메커니즘은 기밀 컴퓨팅을 설명하고 있다.

	주요 기술	개인정보보호 강화 기술 (PET, Privacy Enhancing Technology) 정의 및 특징
데이터변환	재현 데이터 (Synthetic Data)	• (개념) 실제 데이터로부터의 엄격한 샘플링, 의미적 접근, 시뮬레이션 시나리오 등 다양한 방법론을 통해 인공적으로 생성된 데이터를 의미 • (특징) 모델 학습에 필요한 데이터 확보의 어려움 개선, 개인 민감정보를 제거함으로써 데이터 활용성 제고에 기여 • (한계) 특정 데이터 편향을 추가할 위험, 자연적 이상치 누락, 기존 데이터 이외의 새로운 정보 미제공, 역설계를 통한 민감한 세부정보가 드러날 우려 상존
	동형 암호 (Homomorphic encryption)	• (개념) 기존 암호화 방식과 달리 암호화 상태에서 데이터를 결합하고 연산·분석 등이 가능한 차세대 수학 기법으로, 다양한 계산이 가능하고 양자 내성 암호 안정성 확보 • (특징) 데이터를 명확하게 보지 않고도 정확한 분석이 가능하며, 공동 작업 시 데이터를 노출하지 않고 분석 가능, 특히 사용 중인 데이터 보호 요구에 대한 수요 충족 • (한계) 다양한 형태의 동형 암호 기술로 복잡성, 느린 처리 속도, 전문 인력 필요, 일부 연산 제약, 고사양의 분석 장비 및 대용량 저장 매체 필요
	차분 프라이버시 (Differential privacy)	• (개념) 데이터셋의 개인 정보에 대한 특정 정보를 유보 및 왜곡하여 제공하는 시스템으로 노이즈 및 매개변수를 추가하는 정확한 수학적 알고리즘을 사용 • (특징) 개인 데이터의 프라이버시를 보장하면서 집계 데이터의 의미 있는 분석 지원, 원본 데이터를 변경하지 않고 데이터를 즉시 변환, 높은 수준의 정밀도가 필요한 고성능 환경이나 금융 및 의료와 같은 규제가 높은 분야 활용 • (한계) 복잡한 분석의 어려움, 분석 결과값의 정확도 손실, 숙련 전문가 필요
소프트웨어	다자간 컴퓨팅 알고리즘 (Secure Multi-Party Computation)	• (개념) 데이터 및 암호화 키를 보호된 상태로 유지하면서, 개인·조직·단말에서 데이터 작업이 가능하도록 하는 분산 컴퓨팅 및 암호화 방법 • (특징) 데이터 기밀을 유지하면서 다자간 통찰력 공유 가능, 사용 중인 데이터 보호가 가능해지면서 기계학습 훈련에 실시간 사용, 동형암호화 대비 빠른 속도 • (한계) 알고리즘이 대기시간에 민감하여 성능 저하 문제 발생, 하드웨어 기반 및 저장된 키 기반 암호화 대비 FIPS(Federal Information Processing Standards) 인증 등 잠재적 이슈 존재
	영지식증명 (Zero-knowledge proof)	• (개념) 기본 정보를 전송하거나 공유할 필요 없이 정보가 정확함을 증명할 수 있도록 하는 프라이버시 보호 메시지 프로토콜 • (특징) 민감한 데이터를 전송할 필요 없이 정보 유효성을 증명, 대량으로 디코딩/인코딩할 필요가 없어 네트워크 효율성 제고 • (한계) 다양한 작업 그룹 간의 공통 프레임워크를 통한 솔루션 실용화 필요
	연합 학습 (Federated Learning)	• (개념) 데이터 샘플을 교환하지 않고 로컬 노드에 있는 다중 데이터셋으로 기계학습 알고리즘을 훈련할 수 있게 하는 기술 • (특징) 분산 환경 기계 학습 알고리즘 훈련이 가능함으로써 데이터 전송 병목 현상을 해결하고, 데이터를 로컬에 유지하면서 중앙 수준에서 로컬 모델 개선 사항을 공유함으로써 협업 ML가능, 계산 병렬화를 통한 연산속도 향상* • (한계) 시스템 및 데이터 이질성 해결을 위한 표준화 필요, DataOps, ModelOps, 배포 및 지속적인 추적/재훈련 전반에 걸쳐서 기능을 통합하는 인프라 스택 필요, 이종데이터 결합분석 불가능*, 모델학습에만 사용 가능*
하드웨어	기밀 컴퓨팅 (Enclave)	• (개념) 하드웨어 기반 TEE(Trusted-Execution Environment)를 실행하기 위한 보안 메커니즘으로 호스트 시스템으로부터 코드와 데이터를 격리 및 보호하여 코드 무결성 및 증명을 제공 • (특징) 칩 수준 TEE와 기존 키 관리 및 암호화 프로토콜과 결합하여 데이터 및 IP공유 없이 협력 가능, 퍼블릭 클라우드 컴퓨팅 환경에서 신뢰 확보 • (한계) 기술적 복잡성과 훈련된 직원 필요, 비용 및 실행 속도에 영향

해설

① HIGHT 암호 알고리즘 HIGHT(HIGh security and light weigHT)는 RFID, USN 등과 같이 저전력·경량화를 요구하는 컴퓨팅 환경에서 기밀성을 제공하기 위해 2005년 KISA, ETRI 부설연구소 및 고려대가 공동으로 개발한 64비트 블록암호 알고리즘이다. 128비트의 마스터키를 가지고 있어 현재까지 사용가능한 암호화 알고리즘이다(암호 알고리즘 및 키 길이 이용 안내서_2018).

②, ③ 개인정보처리자는 비밀번호, 생체인식정보 등 인증정보를 정보통신망을 통하여 송수신하는 경우에는 이를 안전한 암호 알고리즘으로 암호화하여야 한다.

- '정보통신망'은 내부망과 외부망(인터넷망 등)을 포함한 모든 통신망을 의미하므로, 내부망에서 인증정보를 송수신하는 경우에도 이를 안전한 암호 알고리즘으로 암호화하여야 한다.
- 송수신 시 암호화 방법으로는 통신구간 암호화 프로토콜(SSL/TLS 등), 응용프로그램을 통한 암호화 전송 등의 방법을 사용할 수 있다(개인정보의 안전성 확보조치 기준 안내서_2024).
- 외부구간에 SSL/TLS를 적용하고 내부구간에 자체 암호화를 안전한 암호 알고리즘으로 수행하고 있다면 결함으로 판단할 수 없다.

④ 제공된 인터뷰 내용 만으로는 결함을 판단할 수 없다.

⑤ HAS-160의 경우 결함이 맞다. 메시지인증/키유도/난수생성용으로 해당 알고리즘을 사용 가능하지만 비밀번호를 해시하여 사용할 경우에는 단순해시/전자서명용 해시함수 분류표에 있는 알고리즘을 적용하여야 한다.

- HAS-160 : 단순해시/전자서명용으로 만족해야 하는 안전성(충돌저항성)이 112비트 보안강도를 제공하지 못하므로 사용 불가능하지만, 메시지/키유도/난수생성용으로는 사용 가능하다(암호 알고리즘 및 키 길이 이용 안내서(2018.12)).

해설

② [2.11.3 이상행위 분석 및 모니터링]은 내·외부에 의한 침해시도, 개인정보유출 시도, 부정행위 등 이상행위를 탐지할 수 있도록 주요 정보시스템, 응용프로그램, 네트워크, 보안시스템 등에서 발생한 네트워크 트래픽, 데이터 흐름, 이벤트 로그 등을 수집하여 분석 및 모니터링 하는 체계를 뜻하는 것으로 데이터 전처리의 보안기능의 적절한 구현을 확인하기 위해 검토하는 인증기준으로는 적절하지 않다. **관련 인증기준으로는 [2.8.1 보안요구사항 정의] 또는 [2.8.2 보안요구사항 검토 및 시험]기준이 좀 더 가깝다.**

⑤ FIDO 구현된 생체인증기능에서 생체인식정보를 모바일 디바이스 저장 시에는 서비스 앱 내 SW영역이 아닌 **안전한 하드웨어 영역이나 운영체제에서 제공하는 보안영역에 저장**하여야 한다.

참고

금융권 생체정보 인증·관리 안내서(5. 생체인증 단계별 보안 고려사항/(3) 저장)

나. 모바일 디바이스 저장 시(FIDO 방식)

모바일 디바이스에 생체인식정보를 저장할 경우 안전한 하드웨어 영역이나 운영체제에서 제공하는 보안영역(예: 안드로이드 키스토어, iOS 키체인)에 저장하여야 한다.

22번 정답 ⑤

해설

① 인터뷰 내용만으로 위험 평가의 결함을 판단할만한 정보가 부족하다. 또한 해당 위험에 대한 보호대책을 적용하고 경영층에 보고 및 차년도 개선계획에 대한 예산도 배정받음에 따라 1.2.3 위험 평가 결함이라고 판단하기에는 무리가 있다.

② 인터뷰 내용만으로 여러 사용자가 동일 계정을 공유하여 사용하고 있다는 명확한 증적이 없어서 2.5.2 사용자 식별 결함이라고 판단할 수 없다.

③ OKTA를 사용하여 안전한 인증방식을 적용하고 있으며, 동시접속 발생 시 경고 알림을 하고 있어서 2.5.3 사용자 인증 결함이라고 판단하기 어렵다.

④ 관리자 권한 등 특수계정의 신청/승인 절차의 문제점을 찾을 수 없고 동시접속에 대한 보완 대책을 적용하고 있어서 2.5.5 특수 계정 및 권한관리 결함이라고 판단하기 어렵다.

⑤ 동시접속 현상 자체만으로 2.6.3 응용프로그램 접근 결함이라고 판단할 수도 있겠으나, 아래와 같은 상황을 고려하면 결함이라고 판단하기 어렵다.

   – 동시접속 가능한 상황에 대해 이미 인지하고 있음(위험식별)
   – 두 번째 접속한 기기의 MAC/IP 정보를 기록하고 있음(추적성 확보)
   – 동시접속 발생 시 기존 접속중인 기기 사용자에게 동시접속 발생 알림(경고)
   – 동시접속 가능성을 경영층 보고, 개선계획수립, 차년도 예산반영(DOA, 보호대책수립)

23번 정답 ①

해설

① 직원의 퇴사에 대해 SSL VPN 운영 부서 담당자에게 공유가 되지 않아 해당 직원의 퇴사 이후에도 SSL VPN 계정이 삭제 처리되지 않고 남아있으므로 "2.2.5 퇴직 및 직무변경 관리" 결함으로 판단할 수 있다.

② 사용자 계정 관리 결함과 관련된 내용은 확인할 수 없다.

③ 개인별로 1인 1 계정으로 사용하고 있고, 관리자 또한 1명이 1 계정을 사용하고 있다. (유일하게 구분되는 식별자 할당) 원격 접속 솔루션의 경우, 기본 관리자 계정(admin)을 변경 가능한지 추가 확인이 필요하다. 제조사 특성상 변경이 불가능한 경우 "2.5.2 사용자 식별" 결함으로 판단하기 어렵다.

④ OTP 추가 인증을 적용하고 있고, 그 외 사용자 인증 결함과 관련된 내용은 확인할 수 없다.

24번 정답 ①, ⑤

해설

① **출고정보는 배송 업무를 위해 반드시 필요한 정보이므로 출력 최소화 조치를 하지 않을 수 있다.**

② 운송장의 비식별조치 항목은 '개인정보위와 택배사–쇼핑몰 관계자들의 운송장 개인정보 간담회'에서 운송장의 '이름'과 '전화번호' 대상으로 비식별 조치하기로 협의된 바 있다(개인정보보호위원회 보도자료 「추석 택배 운송장 개인정보 유출 주의」, 2023.09.26.).

③ 물류창고 출고파트 인원에게 해당 접근권한을 모두 부여했다는 것만으로 결함으로 판단하기 어렵다. 인원수와 업무 연관성 등을 추가로 확인해봐야 한다.

④ 수탁자의 정보가 최신화되어 공개되어 있지 않으면 3.3.2 개인정보 처리 업무 위탁 결함이다.

⑤ **위탁 계약서는 반드시 계약서 형태만 가능한 것이 아니고 협정서, 협약서의 형태도 가능하다.**

2.3.2 외부자 계약 시 보안

외부 서비스를 이용하거나 외부자에게 업무를 위탁하는 경우 이에 따른 정보보호 및 개인정보보호 요구사항을 식별하고, 관련 내용을 계약서 또는 협정서 등에 명시하여야 한다.

3.3.2 개인정보 처리 업무 위탁

개인정보 처리업무를 제3자에게 위탁하는 경우 위탁하는 업무의 내용과 수탁자 등 관련사항을 공개하여야 한다. 또한 재화 또는 서비스를 홍보하거나 판매를 권유하는 업무를 위탁하는 경우 위탁하는 업무의 내용과 수탁자를 정보주체에게 알려야 한다.

사례 3 : 기존 개인정보 처리업무 수탁자와의 계약 해지에 따라 개인정보 처리업무 수탁자가 변경되었으나, 이에 대하여 개인정보 처리방침에 지체 없이 반영하지 않은 경우

25번 정답 ①, ②

해설

③ 사용자 등록 시, 신청자의 업무를 가지고 담당자의 자의적 판단으로 사용자에게 권한을 부여하는 것은 권한에 대한 부여 절차와 적절성 검토가 미흡하므로 2.5.1 사용자 계정 관리 결함이다.

④ 장애 발생 시 사용하는 개인 PC는 회사 정책에 따르지 않아 내부망에 접근하기 위한 지정된 장비에 접근하더라도 보안에 취약한 개인 PC를 사용한 내부망 접근은 침해사고 예방을 위한 보호대책이 미흡하다고 판단되어야 한다.

⑤ 보안 통제가 미흡한 개인 PC를 사용하여 원격으로의 내부망 접근에 대한 보호대책이 미흡하므로 "2.6.6 원격접근 통제" 결함으로 판단하여야 한다.

26번 정답 ③, ④

해설

① PC 통합보안 솔루션을 운영하는 시스템의 표준시각은 동기화되어 있으나 이를 접근하는 PC의 시간이 표준시각과 동기화가 되어있지 않다면, 문제 발생 시, 시스템 간 시간 불일치로 인한 정확한 타임라인을 구성하기 어렵고, 백업, 업데이트, 스캔 등과 같은 스케줄 기반 작업 시 예정된 시간에 실행하지 못하는 등의 문제를 야기시킬 수 있으므로, 관리용 PC의 시간도 표준시각과 동기화가 이루어져야 한다.

② 관리자 페이지를 불가피하게 외부 공개가 필요한 경우 안전한 인증수단(OTP 등) 또는 안전한 접속수단(VPN 등)을 적용하여야 하나, PC 통합보안 솔루션의 관리자 페이지가 내부망에서 접속하고 있는 상황으로 안전한 인증수단 적용하지 않은 것은 안전한 인증수단 적용의 미흡으로 볼 수 없다.

⑤ 운영 중인 응용프로그램(PC 통합보안 솔루션)의 기능 개선(개인정보보호기능 추가)에 따른 정보시스템 자산 변경이 필요한 경우 변경을 위한 공식적인 절차 수립 및 이행해야 하며 변경 수행 전 성능 및 보안에 미치는 영향을 분석하여야 한다. 하지만, 해당 인터뷰 내용에서는 변경에 따른 공식적인 절차 수립이나 영향에 대한 분석 등에 대해 미흡함을 판단하기엔 근거가 부족하다.

27번 정답 ③

해설

③ 내부 지침에 정보보호 교육 실시 후, 교육 내용에 대한 이해도를 측정할 수 있는 평가를 실시하도록 되어 있다. 실제 정보보호 교육 수행 결과를 확인한 결과, 교육에 대한 만족도는 설문을 통해 평가받고 있으나 교육 참석자를 대상으로 교육 내용에 대한 이해도 평가는 따로 수행하고 있지 않으므로 "2.2.4 인식제고 및 교육훈련" 결함으로 판단할 수 있다.

28번 정답 ①, ②

해설

① 3.3.4 개인정보 국외이전 결함에 해당하지 않음

제28조의8(개인정보의 국외 이전)

① 개인정보처리자는 개인정보를 국외로 제공(조회되는 경우를 포함한다)·처리위탁·보관하여서는 아니 된다. 다만, 다음 각 호의 어느 하나에 해당하는 경우에는 개인정보를 국외로 이전할 수 있다.
  1. 정보주체로부터 국외 이전에 관한 별도의 동의를 받은 경우
  2. 법률, 대한민국을 당사자로 하는 조약 또는 그 밖의 국제협정에 개인정보의 국외 이전에 관한 특별한 규정이 있는 경우
  3. 정보주체와의 계약의 체결 및 이행을 위하여 개인정보의 처리위탁·보관이 필요한 경우로서 다음 각 목의 어느 하나에 해당하는 경우
    가. 제2항 각 호의 사항을 제30조에 따른 개인정보 처리방침에 공개한 경우
    나. 전자우편 등 대통령령으로 정하는 방법에 따라 제2항 각 호의 사항을 정보주체에게 알린 경우
  4. 개인정보를 이전받는 자가 제32조의2에 따른 개인정보 보호 인증 등 보호위원회가 정하여 고시하는 인증을 받은 경우로서 다음 각 목의 조치를 모두 한 경우
    가. 개인정보 보호에 필요한 안전조치 및 정보주체 권리보장에 필요한 조치
    나. 인증받은 사항을 개인정보가 이전되는 국가에서 이행하기 위하여 필요한 조치
  5. 개인정보가 이전되는 국가 또는 국제기구의 개인정보 보호체계, 정보주체 권리보장 범위, 피해구제 절차 등이 이 법에 따른 개인정보 보호 수준과 실질적으로 동등한 수준을 갖추었다고 보호위원회가 인정하는 경우

② 개인정보처리자는 제1항 제1호에 따른 동의를 받을 때에는 미리 다음 각 호의 사항을 정보주체에게 알려야 한다.
  1. 이전되는 개인정보 항목
  2. 개인정보가 이전되는 국가, 시기 및 방법
  3. 개인정보를 이전받는 자의 성명(법인인 경우에는 그 명칭과 연락처를 말한다)
  4. 개인정보를 이전받는 자의 개인정보 이용목적 및 보유·이용 기간
  5. 개인정보의 이전을 거부하는 방법, 절차 및 거부의 효과

③ 개인정보처리자는 제2항 각 호의 어느 하나에 해당하는 사항을 변경하는 경우에는 정보주체에게 알리고 동의를 받아야 한다.

④ 개인정보처리자는 제1항 각 호 외의 부분 단서에 따라 개인정보를 국외로 이전하는 경우 국외 이전과 관련한 이 법의 다른 규정, 제17조부터 제19조까지의 규정 및 제5장의 규정을 준수하여야 하고, 대통령령으로 정하는 보호조치를 하여야 한다.

⑤ 개인정보처리자는 이 법을 위반하는 사항을 내용으로 하는 개인정보의 국외 이전에 관한 계약을 체결하여서는 아니 된다.

⑥ 제1항부터 제5항까지에서 규정한 사항 외에 개인정보 국외 이전의 기준 및 절차 등에 필요한 사항은 대통령령으로 정한다.

---

② 결함 여부를 확인하기 위해서는 마스킹 정책 확인 등의 추가 확인이 필요함

③ 3.1.1 개인정보 수집이용 결함. 14세 미만 아동용 개인정보 수집·이용 동의서에 법정대리인 동의를 받고 있지 않음

④ 2.4.4 보호설비 운영 결함이 더 적절함 (주요 확인사항 : 외부 집적정보통신시설(IDC)에 위탁 운영하는 경우 물리적 보호에 필요한 요구사항을 계약서에 반영하고 운영상태를 주기적으로 검토하고 있는가?)

⑤ 3.4.1 개인정보의 파기 결함. 개인정보의 처리목적이 달성되거나 보유기간이 경과한 경우 지체없이(5일이내) 개인정보를 파기하여야 한다.

29번 정답　⬇　③, ④

해설

① 2.1.1 정책유지 관리 : 인터뷰4

　- 안전성 확보조치로 통합되었으나 현행이 아닌 기술적·관리적 보호조치를 따르고 있으며 안확보에서 요구하는 사항이 내부 정책에 반영되어 있지 않음

② 2.5.3 사용자 인증 : 인터뷰4

③ 2.6.7 인터넷 접속 통제 : 인터넷 망 차단조치 의무 대상에 해당하지 않는다.

　- 인터넷 망 차단조치 의무 대상자 : 전년도 말 기준 직전 3개월간 그 개인정보가 저장·관리되고 있는 이용자 수가 일일평균 100만 명 이상인 개인정보처리자

④ 2.9.4 로그 및 접속기록 관리 : 결함에 해당하지 않는다.

⑤ 3.4.1 개인정보의 파기 : 인터뷰3(보존기간 3년이 도래되는 시점에 지체없이 파기하여야 한다.)

30번 정답　⬇　④

해설

① 신청기관은 겸직 금지 대상이 아니다.
　- CISO 겸직 제한 대상
　1. 자산총액이 5조 원 이상
　2. 자산총액이 5천억 원 이상인 ISMS 인증 의무대상자

② 겸직 금지 대상기업이 아닌 경우 정보보호 최고책임자의 일반 자격요건 중 하나는 "정보보호 또는 정보기술 분야의 국내 또는 외국의 석사학위 이상 학위를 취득한 사람" 이기 때문에 정보기술 분야 국내 석사학위 취득자이면 정보보호 최고책임자 요건을 만족한다.

③, ⑤ 2024년 9월 15일부터 시행되는 개인정보보호법 시행령에서는 정보주체가 명확히 그 내용을 알고 자유로운 의사에 따라 동의 여부를 결정할 수 있도록 동의받는 방법에 관한 원칙을 명확히 규정하였다. 개인정보처리자는 서비스 이용 등 계약과 관련하여 필요한 개인정보는 정보주체에게 동의를 요구할 필요가 없으며, 이때 동의 없이 처리할 수 있는 필수적 개인정보라는 입증 책임은 개인정보처리자가 부담하게 된다. (참조 : 20240912_(석간)개인정보 필수동의 관행 개선한다.)

④ 알러지 정보 등 건강정보는 민감정보로서 계약 이행이나 서비스 제공 특성상 정보주체의 민감정보나 고유식별정보의 처리가 불가피하게 필요한 경우에는 **정보주체에게 동의내용을 충분히 알린 후 별도로 필수동의를 받아 처리하여야 한다.** 다만, 법령에 규정이 있는 경우에는 동의 없이 처리할 수 있다. (참조 : 20240912_(석간)개인정보 필수동의 관행 개선한다.)

해설

② 나, 사, 아, 자 내용이 취약하다고 볼 수 있다.

가. Key Pair(PEM)는 퍼블릭/프라이빗 키를 통한 암호화 기법으로 2048비트 SSH-2 RSA키로 생성된다. EC2 인스턴스에 일반 패스워드가 아닌 Key Pair(PEM)로 접근할 경우 안전하다고 판단할 수 있으며, 키의 보관 및 관리 상태를 확인하는 것이 중요하다.

나. Admin Console(/) 디렉토리에 Key Pair(PEM) 파일이 보관되어 있을 경우 타 사용자가 확인이 가능한 위치에 보관되어 계정 관리가 취약하다고 볼 수 있다.

다. Admin Console 관리자 계정을 서비스 용도로 사용하는 경우 취약하다고 볼 수 있다. 최고 권한을 보유하고 있는 관리자 계정이 아닌 권한을 조정한 계정을 사용하는 것이 권장된다.

라. Admin Console 계정의 Access Key는 전체 리소스에 대한 권한을 가지고 있으므로, 유출의 위험성 등을 고려하여 삭제가 권장되고, IAM 사용자 계정에 대한 Access Key도 60일 이내의 짧은 관리 주기가 권장된다.

마. 계정 및 IAM 사용자 계정 로그인 시 MFA와 같은 2차 인증 등 안전한 인증수단이 필요하며, SSO 인증 로그인에 대한 강화된 인증 적용 등의 보호 대책이 마련되었다고 볼 수 있다.

바. 네트워크 구성 시 Public, Private, DB 서브넷으로 3계층 네트워크를 구성하였을 경우 일반적인 서비스에 대한 구성이라고 볼 수 있다.

사. 보안 그룹(Security Group)에서 인바운드와 아웃바운드 포트가 Any로 허용되어 있는 정책 규칙이 존재하는 경우 취약하다고 판단할 수 있다.

아. 데이터베이스인 RDS가 Public Access로 허용되어 있는 경우 취약하다고 볼 수 있다.

자. 서브넷 그룹 내 불필요 가용영역이 존재한다면 취약하다고 볼 수 있다.

차. RDS 암호화된 DB 인스턴스는 AES-256 암호화 알고리즘을 사용하여 암호화가 된다. 특정 담당자가 알고리즘을 모른다고 해서 결함으로 보기는 어렵다.

카. Vault, AWS Secret Manager와 같은 외부 암호 저장소로 쿠버네티스 시크릿에서 지원되지 않는 암호 자동 교체 등을 설정하여 주기적인 시크릿 교체를 관리할 수 있다.

해설

⑤ 국외이전에 공개하여야 할 사항 중 **'이전 거부 절차 및 효과'가 누락**되어 있다.

② 본인인증의 경우 최소한의 개인정보 수집이라는 입증책임은 개인정보처리자가 부담하기 때문에 추가 확인을 통해 수집 사유에 대한 확인이 필요하다.

④ DD사가 사용하는 AWS의 경우 리전의 위치 여부에 따라 위탁인지 국외위탁인지 판단이 가능하기 때문에 아직 결함으로 판단할 수 없다.

제28조의8(개인정보의 국외 이전)

① 개인정보처리자는 개인정보를 국외로 제공(조회되는 경우를 포함한다)·처리위탁·보관(이하 이 절에서 "이전"이라 한다)하여서는 아니 된다. 다만, 다음 각 호의 어느 하나에 해당하는 경우에는 개인정보를 국외로 이전할 수 있다.

  1. 정보주체로부터 국외 이전에 관한 별도의 동의를 받은 경우
  2. 법률, 대한민국을 당사자로 하는 조약 또는 그 밖의 국제협정에 개인정보의 국외 이전에 관한 특별한 규정이 있는 경우
  3. 정보주체와의 계약의 체결 및 이행을 위하여 개인정보의 처리위탁·보관이 필요한 경우로서 다음 각 목의 어느 하나에 해당하는 경우
     가. 제2항 각 호의 사항을 제30조에 따른 개인정보 처리방침에 공개한 경우
     나. 전자우편 등 대통령령으로 정하는 방법에 따라 제2항 각 호의 사항을 정보주체에게 알린 경우

··· 중략 ···

② 개인정보처리자는 제1항제1호에 따른 동의를 받을 때에는 미리 다음 각 호의 사항을 정보주체에게 알려야 한다.

  1. 이전되는 개인정보 항목
  2. 개인정보가 이전되는 국가, 시기 및 방법
  3. 개인정보를 이전받는 자의 성명(법인인 경우에는 그 명칭과 연락처를 말한다)
  4. 개인정보를 이전받는 자의 개인정보 이용목적 및 보유·이용 기간
  5. 개인정보의 이전을 거부하는 방법, 절차 및 거부의 효과

3.3.4 개인정보 국외이전

주요 확인사항 : 정보주체와의 계약의 체결 및 이행을 위한 개인정보의 국외 처리위탁·보관에 대해 정보주체에게 알리는 경우 필요한 사항을 모두 포함하여 적절한 방법으로 알리고 있는가?

33번 정답 ②, ③

해설

② 내부 지침인 응용프로그램 보안지침에서 일정 시간의 세션타임아웃 설정을 하도록 명시하고 있으며, **시간이 과도하게 설정되지 않은 선에서 관리자페이지의 성격에 맞게 시간이 설정되어 있다면 결함으로 도출하기 어렵다.**

③ 관리자페이지에서 LIKE 검색이 가능하다라는 이유만으로 결함으로 보기 힘들고, **업무상 객관적인 사유에 따라 LIKE 검색을 허용하고 이를 승인 등 관리하고 있다면 결함으로 도출하기 어렵다.**

① 고객의 개인정보를 처리하는 관리자페이지를 외부에서 접근 시 반드시 안전한 인증수단이 적용되어야 하나 적용되지 않아 2.5.3 사용자 인증 결함으로 적절하다.

④ 웹브라우저 소스보기를 통해 개인정보가 마스킹되지 않은 채로 조회가 된다면 2.6.3 응용프로그램 접근 결함으로 적절하다.

⑤ 관리자페이지마다 마스킹 적용 기준이 상이하다면 2.6.3 응용프로그램 결함으로 적절하다.

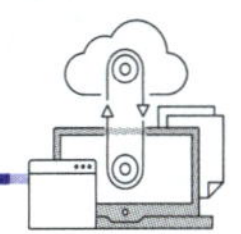

ISMS-P 인증기준 안내서

2.5.3 사용자 인증

인터넷 등 정보통신망을 통해 외부에서 개인정보처리시스템에 접속하려는 경우에는 법적 요구사항에 따라 **안전한 인증수단을 적용**하여야 하며, 다만 이용자 아닌 정보주체의 개인정보를 처리하는 개인정보처리시스템의 경우 가상사설망 등 안전한 접속수단 또는 안전한 인증수단을 적용할 수 있다.

2.6.3 응용프로그램 접근

사례6 : 개인정보 표시제한 조치 기준이 마련되어 있지 않거나 이를 준수하지 않는 등의 사유로 동일한 개인정보 항목에 대하여 개인정보처리시스템 화면별로 서로 다른 마스킹 기준이 적용된 경우

사례7 : 개인정보처리시스템의 화면상에는 개인정보가 마스킹되어 표시되어 있으나, 웹브라우저 소스보기를 통하여 마스킹되지 않은 전체 개인정보가 노출되는 경우

34번 정답  ①

해설

① 개인정보 흐름도를 작성하였으나, 실제 개인정보의 흐름과 상이한 부분이 다수 존재하거나 중요한 개인정보 흐름이 누락되어 있는 경우 1.2.2 현황 및 흐름 분석 결함이다. 개인정보 흐름도를 작성하였으나, 합격자 정보 업로드 부분을 누락하였으므로 답은 ①이다.

② 심사원은 지원시스템에서 다운로드 사유가 기록된 것을 확인한 후 2.9.4 로그 및 접속기록 관리 결함으로 판단하였다.
   – 다운로드 사유가 기록된 것을 확인하였으나 로그 및 접속기록 관리에 대한 인터뷰 및 증적확인 내용은 없으므로 2.9.4 로그 및 접속기록 관리 결함으로 도출할 수 없다.

③ 심사원은 흐름도에서 지원시스템을 표기하지 않은 이유를 들어 1.2.3 위험평가 결함으로 판단하였다.
   – 흐름도에서 정보서비스 현황을 누락한 경우 1.2.2 현황 및 흐름 분석 결함이다.

④ 심사원은 본인확인 절차를 인터넷발급 증명 흐름도에서 누락한 부분을 확인하여, 3.2.2 개인정보 품질보장 결함으로 판단하였다.
   – 흐름도에서 개인정보의 흐름을 누락한 경우 1.2.2 현황 및 흐름 분석 결함이다.

⑤ 심사원은 증명서 발급업체가 꼬끼오챗에 개인정보 제3자 제공 미동의로 생각하여 3.3.1 개인정보 제3자제공 결함으로 판단하였다.
   – 인터뷰 및 증적자료에서 개인정보 제3자 제공 동의를 받고 있음을 확인할 수 있다.

참고

ISMS-P 인증기준 안내서(2023.11.23)

1.2.2 현황 및 흐름 분석

관리체계 전 영역에 대한 정보서비스 및 개인정보 처리 현황을 분석하고 업무 절차와 흐름을 파악하여 문서화하며, 이를 주기적으로 검토하여 최신성을 유지하여야 한다.

• 관리체계 전 영역에 대한 정보서비스 현황을 식별하고 업무 절차와 흐름을 파악하여 문서화하고 있는가?

• 관리체계 범위 내 개인정보 처리 현황을 식별하고 개인정보의 흐름을 파악하여 개인정보 흐름도 등으로 문서화하고 있는가?

• 서비스 및 업무, 정보자산 등의 변화에 따른 업무절차 및 개인정보 흐름을 주기적으로 검토하여 흐름도 등 관련 문서의 최신성을 유지하고 있는가?

해설

- 위수탁관계 : 학생정보(학교) → 제증명서 발급업체 (주)OO인증
- 제3자제공 동의 : 증명서 발급업체 (주)OO인증 → (주)꼬끼오챗

① (주)꼬끼오챗은 학교에서 정보확인을 하지 않고 증명서 발급업체인 (주)OO인증을 통하여 학생 정보를 확인하여 3.2.2 개인정보 품질보장 결함으로 판단하였다. (×)

- 개인정보의 정확성·완전성·최신성 보장에 대한 내용이 아니므로 3.2.2 개인정보 품질보장 내용과 거리가 멀다.

② 증명서 발급업체 (주)OO인증은 개인정보 제3자 제공 동의를 받고 있으나 제공 항목을 명확하게 표시하지 않아, 3.1.1 개인정보 수집·이용 결함으로 판단하였다.

- 제공받는자, 목적, 보유기간을 명확하게 표시하고 있어 3.1.1 개인정보 수집·이용 결함이 아니다.

③ 개인정보처리 수탁사가 위탁자로부터 제증명서 발급을 위한 유지보수 업무를 목적으로 위탁받은 개인정보를 정보주체의 동의없이 제3자 제공하여, 3.3.1 개인정보 제3자 제공 결함으로 판단하였다.

- 위탁자(학교)로부터 수탁자(제증명발급업체)에 개인정보를 제공하지 않았으므로 3.3.1 개인정보 제3자 제공 결함이 아니다.

④ 개인정보처리방침에 증명서 발급업무의 위수탁 내용을 기재하지 않아 3.3.2 개인정보 처리 업무 위탁 결함으로 판단하였다.

- **인터뷰 마지막 부분에 위수탁 관계를 맺고 있음에도 개인정보처리방침에 위수탁 내용을 기재하지 않았으므로 3.3.2 개인정보처리 업무 위탁 결함이다.**

⑤ 증명서 발급업체 (주)OO인증은 학교로부터 증명서 발급을 위한 유지 보수 업무를 위탁받았으므로, 증명서 발급업체는 수탁사가 된다.

- **증명서 발급업체는 학교와 위수탁 계약을 맺었으므로 증명서 발급업체는 수탁사가 된다.**

▶ '제3자'란 정보주체와 정보주체에 관한 개인정보를 수집·보유하고 있는 개인정보 처리자를 제외한 모든 자를 의미하며, 정보주체의 대리인(명백히 대리의 범위 내에 있는 것에 한한다)과 제26조 제2항에 따른 수탁자는 제외한다(개인정보 처리 통합 안내서(안)(2024.12) p49).

36번 정답   ①, ③

해설

① 3.1.1 개인정보 수집·이용

개인정보 수집 및 활용 동의서에 보유 및 이용 기간을 명확히 표시하지 않았으므로 3.1.1 개인정보 수집·이용 결함이다.

3.1.1 개인정보 수집·이용

개인정보는 적법하고 정당하게 수집·이용하여야 하며, 정보주체의 동의를 근거로 수집하는 경우에는 적법한 방법으로 정보주체의 동의를 받아야 한다. 또한 만 14세 미만 아동의 개인정보를 수집하는 경우에는 그 법정대리인의 동의를 받아야 하며 법정대리인이 동의하였는지를 확인하여야 한다.

- 정보주체에게 개인정보 수집 동의를 받는 경우에는 법정 고지사항에 대해 명확하게 고지하고 동의를 받아야 하며, 법령에서 정한 중요 내용에 대해 명확히 표시하여 정보주체가 이를 알아보기 쉽게 하여야 한다.
- 「개인정보 보호법」 제22조(동의를 받는 방법) 제2항에 따라 개인정보 처리에 대한 동의를 서면(전자문서 및 전자거래기본법 제2조 제1호에 따른 전자문서를 포함)으로 받을 때에는 다음과 같이 중요한 내용을 명확히 표시하여 알아보기 쉽게 하여야 함
- 명확히 표시하여야 하는 중요한 내용(「개인정보 보호법 시행령」 제17조 제3항)
  - 개인정보의 수집·이용 목적 중 재화나 서비스의 홍보 또는 판매 권유 등을 위하여 해당 개인정보를 이용하여 정보주체에게 연락할 수 있다는 사실
  - 처리하려는 개인정보 항목 중 민감정보, 여권번호, 운전면허번호, 외국인등록번호
  - 개인정보의 보유 및 이용 기간(제공 시에는 제공받는 자의 보유 및 이용 기간)
  - 개인정보를 제공받는 자 및 개인정보를 제공받는 자의 개인정보 이용 목적
- 중요한 내용의 표시 방법(「개인정보 처리 방법에 관한 고시」 제4조)
  - 글씨의 크기, 색깔, 굵기 또는 밑줄 등을 통하여 그 내용이 명확히 표시되도록 할 것
  - 동의 사항이 많아 중요한 내용이 명확히 구분되기 어려운 경우에는 중요한 내용이 쉽게 확인될 수 있도록 그 밖의 내용과 별도로 구분하여 표시할 것
- 종이 인쇄물, 컴퓨터 표시화면 등 서면 동의를 요구하는 매체의 특성과 정보주체의 이용환경 등을 고려하여 정보주체가 쉽게 알아볼 수 있도록 표시
- 상세한 내용은 '개인정보 처리 동의 안내서(개인정보 보호위원회)' 참고

③ 3.1.3 주민등록번호 처리 제한

개인정보 수집 및 활용 동의서에 필수항목으로 채용 지원자 대상으로 주민등록번호를 수집하고 있으며 주민등록번호 수집이용에 대한 법적 근거를 제시하지 않고 있으므로 3.1.3 주민등록번호 처리 제한 결함이다.

3.1.3 주민등록번호 처리 제한

주민등록번호는 법적 근거가 있는 경우를 제외하고는 수집·이용 등 처리할 수 없으며, 주민등록번호의 처리가 허용된 경우라 하더라도 인터넷 홈페이지 등에서 대체수단을 제공하여야 한다.

37번 정답  ③

해설

① 네트워크 운영 지침의 별표 4에 사설 IP대역이 구분되어 있으며, 명시된 대역은 모두 사설IP 대역으로 구성되어 있다.

② 네트워크 운영 지침에 이중화 서버의 대표IP(VIP) 지정 필요를 요구하고 있으나, 방화벽 정책도 대표IP에 대해서만 생성·부여할 필요는 없다.

③ 지침에 따라 admin 등 관리자로 유추할 수 있는 계정은 사용하지 않아야 하며, 이에 따라 일반적인 구성상 전체 방화벽의 관리자 계정 리스트 확인을 요청하는 것은 가능하다.

④ 보안장비 정책의 정기적인 점검은 지침에 따라 매 분기(90일)에 시행이 되어야 하므로, 최대 62일 동안 HitCount가 없는 정책이 존재하고 있다는 상황만으로는 정기적 정책의 타당성 점검의 효과성이 미흡하다고 보기는 어렵다.

⑤ 장비에 네트워크를 연결하였다는 상황만으로 현재 운용 상태로 보기는 어려우며, 지침에 따라 장비 운용 전 취약점 점검 및 조치가 이루어져야 하므로 현재 취약점 점검이 실시되지 않았다 하더라도 관리체계의 문제로 보긴 어렵다. 다만, 최근에 도입되어 운용 중인 장비들에 대해서 자산관리 및 취약점 점검 등의 사항들을 추가로 확인하는 것이 적절할 수 있다.

해설

① 1번 정책에서 허용된 22번 포트는 SSH 접속을 위한 포트로 관리를 위해 알려진 서비스 포트로 볼 수 있으므로, 네트워크 운영 지침 제3조 제6항에 위배된다.

② 3번 정책의 출발지 IP인 10.1.100.15는 내부 사용자 대역에서 서버망으로 접근하는 통신에 대한 허용정책으로, 허용된 서비스 포트 및 사용 기간이 적절하다고 볼 수 있다.

③ 4번 정책의 출발지 IP인 10.1.200.16은 사용자 대역으로 C클래스가 100 이하가 아니므로 자회사 및 용역사 등이 이용하는 자산이라고 볼 수 있다. 네트워크 운영 지침에 따라 용역사 직원 등 제3자가 이용하는 정책은 최대 3개월을 초과할 수 없으므로, 심사일인 2025년 3월 3일부터 3개월 이상 기간이 남은 정책은 네트워크 운영 지침 제3조 제4항에 위배된다고 볼 수 있다.

④ 5번과 6번 정책은 DMZ망의 서버 두 대가 내부망 특정 서버의 8089번 포트로 기간 제한 없이 통신이 허용된 정책으로, 해당 기관의 관리 체계상 문제될 사항은 발견되지 않다고 볼 수 있다.

⑤ 7번 정책의 경우 서버망에 위치한 방화벽에서 사용자망과 DMZ망간의 통신 정책이 포함되어 있으며, 해당 정책은 3개월 이전에 생성된 정책으로 분기별 적합성 검토에 따라 비활성화 되어 있어야 한다.

해설

5개 (가) (다) (마) (자) (차)

(가) 위험관리계획에 따라 정보보호 및 개인정보보호 관리체계 범위 전 영역에 대한 위험평가를 베이스라인 접근법만을 적용하여 위험평가를 실시한 바 1.2.3 위험 평가 결함으로 판단하였다. (✕)
 – 위험평가방법은 신청기관에서 정하여 실시할 수 있으므로 **결함 아님**

(나) 외부 집적정보 통신시설(IDC)에 위탁 운영하는 경우 물리적 보호에 필요한 요구사항(정보보호 관련 법규 준수, 화재, 전력 이상 등 재해·재난 대비, 출입통제, 자산 반출입 통제, 영상감시 등 물리적 보안통제 적용 및 사고 발생 시 손해 배상에 관한 사항 등)을 계약서에 반영하지 않아 2.4.4 보호설비 운영 결함으로 판단 (O)

(다) ISMS 인증 의무대상자이면서 전년도 말 기준 자산총액이 5천억 원을 초과한 정보통신서비스 제공자이고 지주회사로서 자회사의 경영관리업무와 그에 부수하는 업무 외에 영리를 목적으로 하는 다른 업무를 영위하지 않는 자로서 정보보호 최고책임자가 CIO를 겸직하고 있어 1.1.2 최고책임자의 지정 결함으로 판단하였다. (✕)
 – ISMS 인증 의무대상에서 지주회사로서 자회사의 경영관리업무와 그에 부수하는 업무 외에 영리를 목적으로 하는 다른 업무를 영위하지 않는 자는 겸직제외 가능으로 **결함 아님**

> **「정보통신망법」 제45조의3(정보보호 최고책임자의 지정 등)**
>
> ③ 제1항 본문에 따라 지정 및 신고된 정보보호 최고책임자(**자산총액, 매출액 등 대통령령으로 정하는 기준에 해당하는 정보통신서비스 제공자**의 경우로 한정한다)는 제4항의 **업무 외의 다른 업무를 겸직할 수 없다.**
>
> **「정보통신망법 시행령」 제36조의7(정보보호 최고책임자의 지정 및 겸직금지 등)**
>
> ① 법 제45조의3 제1항 본문에서 "대통령령으로 정하는 기준에 해당하는 임직원"이란 다음 각 호의 구분에 따른 사람을 말한다.
>
> 2. **다음 각 목의 어느 하나에 해당하는 정보통신서비스 제공자** : 이사(「상법」 제401조의2 제1항 제3호에 따른 자와 같은 법 제408조의2에 따른 집행임원을 포함한다)

    가. 직전 사업연도 말 기준 **자산총액이 5조원 이상인 자**

    나. 법 제47조 제2항에 따라 정보보호 관리체계 인증을 받아야 하는 자 중 직전 사업연도 말 기준 **자산총액이 5천억 원 이상인 자**

⑤ 법 제45조의3 제3항에서 **"자산총액, 매출액 등 대통령령으로 정하는 기준에 해당하는 정보통신서비스 제공자"**란 정보통신서비스 제공자로서 **제1항 제2호 각 목의 어느 하나에 해당하는 자**를 말한다. 다만, 제1항 제2호가목에 해당하는 자 중 「독점규제 및 공정거래에 관한 법률」 제2조제7호에 따른 **지주회사로서 자회사의 경영관리업무와 그에 부수하는 업무 외에 영리를 목적으로 하는 다른 업무를 영위하지 않는 자는 제외**한다.

(라) 침해사고 발생 또는 비밀번호의 노출 징후가 의심되었으나 지체 없이 비밀번호 변경하지 않아 2.5.4 비밀번호 관리 결함으로 판단 (O)

(마) 클라우드컴퓨팅 서비스 중 **SaaS를 제공하는 사업자**로서 정보보호 공시를 이행하지 않아 1.4.1 법적 요구사항 준수 검토 결함으로 판단하였다. (✕)

    – 공시의무대상은 「클라우드컴퓨팅 발전 및 이용자 보호에 관한 법률 시행령」 제3조 제1호의 클라우드컴퓨팅서비스를 제공하는 자. 즉, 서버, 저장장치, 네트워크 등을 제공하는 서비스(IaaS) 제공 업자만 대상이므로 **결함 아님**

(바) 업무망의 경우 업무의 특성, 중요도에 따라 네트워크 대역 분리기준을 수립하여 운영하지 않아 2.6.1 네트워크 접근 결함으로 판단 (O)

(사) 운영환경에는 승인되지 않은 개발도구(편집기 등), 소스 프로그램 및 백업본, 업무 문서 등 서비스 실행에 불필요한 파일이 존재하지 않도록 관리하여야 하나 승인되지 않은 엑셀이 설치되어 있어 2.8.6 운영환경 이관 결함으로 판단 (O)

(아) 전자거래 및 핀테크 보호대책 수립 시 전자금융거래법, 전자상거래 등에서의 소비자 보호에 관한 법률 등을 고려하지 않고 수립하여 2.10.4 전자거래 및 핀테크 보안 결함으로 판단 (O)

(자) 개인정보 및 중요정보 표시제한 마스킹 적용이 화면별로 상이하나 이를 결합하여도 특정인이 식별이 되지 않도록 수준을 정하여 운영되고 있어 2.6.3 응용프로그램 접근 결함으로 판단 (✕)

    – 식별되지 않도록 조치된다면 화면별로 상이하게 마스킹 적용 할 수 있으므로 **결함 아님**

(차) 업무용 모바일 기기 분실·도난 대책으로 비밀번호만을 사용하여 화면 잠금 설정하여 2.10.6 업무용단말기기 보안 결함으로 판단 (✕)

    – 비밀번호 설정도 대책이므로 **결함 아님**

해설

ㄹ 보존기간 관련 질의 D가 잘못된 설명이라고 할 수 있다.

민간의료기관의 경우에도 공공의료기관에 준하는 절차로 예를 들어, 의무기록심의회와 같은 내부 심의를 거쳐, 진료정보의 보존기간 연장여부를 결정할 수 있음. 다만, 소규모 의료기관이 의무기록심의회 등의 구성이 곤란한 경우에는 진료정보의 보존기간 연장에 관한 내부 결재를 득하여야 함. 또한, 연장하여 보존하기로 결정한 경우, 연장 보존에 관한 사항을 개인정보 처리방침의 공개 처럼 의료기관의 인터넷 홈페이지 또는 의료기관 내의 보기 쉬운 장소에 게시하는 것을 권고함

기록물평가심의회의 설치·구성
- 기록물평가심의회는 공공의료기관의 장이 소관 기록물 평가 및 파기를 위하여 구성함
- 기록물평가심의회는 기록물의 보존 가치 평가에 적합하다고 인정되는 5명 이내의 민간 전문가 및 소속 공무원으로 구성하되, 2명 이상의 민간 전문가를 포함하여야 함 ※「공공기록물 관리에 관한 법률」제27조, 제27조의2, 같은 법 시행령 제43조, 같은 법 시행규칙 제35조

(출처 : 의료기관_개인정보보호_가이드라인(2020.12월) 58p)

41번 정답 ②

해설

② 만 14세 미만 아동으로부터 개인정보 수집 후 법정대리인의 동의를 철회하거나 확인되지 않는 경우 지체 없이 파기해야 하는데 일부 동의가 확인되지 않은 법정대리인의 개인정보를 장기간 보관하고 있어서 결함이다.

① 법정대리인의 동의를 받는 방법이 휴대폰 및 아이핀 인증 2개만 제공한다고 해서 결함이 되지 않는다.
③ 법정대리인의 연락처를 수집할 때는 수집하고자 하는 이유 등을 알리고, 수집한 법정대리인의 개인정보는 동의를 얻기 위한 용도로만 활용할 경우 문제되지 않는다.
④ 아동 및 법정대리인에게 동의를 받은 동의 기록의 보존기간은 회원탈퇴 등으로 인해 해당 개인정보를 파기할 때까지로 결함이 아니다.
⑤ 법정 대리인의 생년월일을 진위 여부 확인만을 위해 활용하고, 반드시 생년월일을 수집하여 저장하지 않는다고 하여 결함이 되지 않는다.

참고

ISMS-P 인증기준 안내서 3.1.1 개인정보 수집·이용

42번 정답   ⑤

해설

차분 프라이버시 기법에 해당한다.

① 표본추출(Sampling) : 데이터 주체별로 전체 모집단이 아닌 표본에 대해 무작위 레코드 추출 등의 기법을 통해 모집단의 일부를 분석하여 전체에 대한 분석을 대신하는 기법

② 해부화(Anatomization) : 기존 하나의 데이터셋(테이블)을 식별성이 있는 정보집합물과 식별성이 없는 정보집합물로 구성된 2개의 데이터셋으로 분리하는 기술

③ 재현데이터(Synthetic data) : 원본과 최대한 유사한 통계적 성질을 보이는 가상의 데이터를 생성하기 위해 개인정보의 특성을 분석하여 새로운 데이터를 생성하는 기법

④ 동형비밀분산(Homomorphic secret sharing) : 식별정보 또는 기타 식별가능정보를 메시지 공유 알고리즘에 의해 생성된 두 개 이상의 쉐어(기밀사항을 재구성하는데 사용할 수 있는 하위 집합)로 대체

⑤ 차분 프라이버시(Differential privacy) : 특정 개인에 대한 사전지식이 있는 상태에서 데이터베이스 질의(Query)에 대한 응답 값으로 개인을 알 수 없도록 응답 값에 임의의 숫자 잡음(Noise)을 추가하여 특정 개인의 존재 여부를 알 수 없도록 하는 기법

참고

가명정보 처리 가이드라인(개인정보보호위원회, 2024. 2.), 글로벌 기업의 차등 프라이버시 기술 적용 오픈 소스 지원 현황(KISA, 2020. 11.)

43번 정답   ①

해설

① —anonymous-auth=false, **—service-account-lookup=true**로 설정하여야 한다. service-account-lookup=false로 설정할 경우 kube-apiserver는 토큰의 형식만 확인하고 실제 존재 여부는 확인하지 않는다.

—anonymous-auth=true로 설정할 경우 익명 사용자의 실제 접근 권한은 RBAC(Role-Based Access Control) 정책에 따라 결정되어 **기본적으로 제한된 권한만 부여**되지만, **잘못 구성된 RBAC 정책은 추가적인 보안 위험을 초래**할 수 있다.

② authorization-mode 인자 값을 AlwaysAllow가 아닌 값으로 수정하여야 한다.

③ API Server의 서비스 API가 외부에서 접근 가능할 경우, Kubernetes 시스템의 모든 요소에 영향을 줄 수 있으므로 클러스터의 공격을 최소화하기 위해 로컬호스트 인터페이스에만 바인딩 설정을 해야 한다. —bind-address=127.0.0.1

④ API서버는 SSL/TLS 통신 적용을 통해 네트워크 스니핑과 같은 공격으로 주요 정보가 노출되지 않도록 안전한 통신을 해야 하며, API server에 접근하는 대상에 대해 검증할 수 있도록 설정해야 한다. 또한 SSL/TLS 통신 적용시에는 주기적으로 인증서를 변경하고 안전한 버전의 암호화 방식을 사용하는 방법을 통해 위험을 최소화할 수 있는 정책 설정이 필요하다.

⑤ —token-auth-file 파라미터가 존재할 경우, 해당 파라미터를 삭제하여야 한다.

출처 : 클라우드 취약점 점검가이드(2024.6.)

해설

(가)는 개인정보 보호책임자로 지정 요건 중 하나에 해당함

[공공기관 개인정보 보호수준 평가]

1. 관련법령

가. 「개인정보보호법」 제11조의2(개인정보 보호수준 평가)

나. 「개인정보보호법 시행령」 제13조의2

2. 평가대상

가. 중앙행정기관및 그 소속기관 : 필수(별도 선정없이 매년 평가대상임)

나. 지방자치단체 : 필수(별도 선정없이 매년 평가대상임)

다. 그 밖에 대통령령으로정하는 기관

– 공공기관, 지방공사/지방공단 : 필수(별도 선정없이 매년 평가대상임)

– 그 밖에 보호위원회 고시기준에 해당하는 기관

> ② 영 제13조의2 제1항 제3호에 따른 평가대상은 특별법에 의하여 설립된 특수법인과 「고등교육법」 제2조**에 따른 학교 중에 다음 각 호의 사항을 종합적으로 고려하여 보호수준 평가가 필요한 기관에 대해 보호위원회가 정할 수 있다.
>
> 1. 5만 명 이상의 정보주체에 관한 법 제23조에 따른 민감정보 또는 법 제24조 제1항에 따른 고유식별 정보를 처리하는 경우
> 2. 100만 명 이상의 정보주체에 관한 개인정보를 처리하는 경우
> 3. 최근 3년간 개인정보 유출 등 개인정보 침해사고가 2회 이상 발생하였거나, 보호위원회로부터 과징금 또는 과태료 처분 등을 1회 이상 받은 경우
> 4. 그 밖에 개인정보 처리 및 관리에 있어서 개인정보 침해 우려가 크다고 판단되는 경우
>
> **대학, 산업대학, 교육대학, 전문대학, 방송대학·통신대학·방송통신대학 및 사이버대학, 기술대학, 각종학교

출처 : 개인정보_보호법_및_시행령_2차_개정사항_안내서(24.3.15.시행).pdf, P.1～ ,개보위

해설

③ 24년 9월 15일 「개인정보보호법 시행령」 개정·시행내용을 살펴보면 정보주체가 명확히 그 내용을 알고 자유로운 의사에 따라 동의 여부를 결정할 수 있도록 동의받는 방법에 관한 원칙을 명확히 규정하며, 서비스 이용계약 관련 개인정보는 동의 없이 수집·이용이 가능하도록 하였고, 필수적 개인정보라는 입증 책임은 개인정보처리자가 부담하도록 하였다.

① 하단의 동의서는 민감정보 수집에 대한 동의서이기 때문에 별도로 동의 받아야 한다. 그래서 두 개의 체크 항목이 아닌 세 개의 체크 항목으로 구성해야 한다.

② 상단 "유치원 학습 상담 관리" 목적의 수집 이용 동의서에서 "보유 및 이용기간"에 대한 명확한 표시가 이뤄지지 않았다.

④ 보유 및 이용 기간이 명확하게 표시되지 않았고, 수집 근거법을 기재하지 않았다.

⑤ 올바르게 구성되지 않은 이유는 보유 및 이용 기간의 명확한 표시, 수집 근거법을 미기재 두 가지 사유이다.

동의서 작성 예시

구분	동의서 내용
예시1 (작성예시)	1. 수집·이용 목적 : 유치원 학습 상담 관리 2. 수집 항목 : [필수] 성명, 전화번호, 보호자성명 및 전화번호 [선택] 관심분야 3. 보유 및 이용 기간 : **1년** 4. 개인정보 수집·이용에 대한 동의를 거부할 수 있습니다. 동의를 거부할 경우 원생 신상파악이 미흡하여 학습 지도에 어려움이 있을 수 있습니다. [필수] 　 개인정보 수집·이용에 　 □ 동의합니다. 　 □ 동의하지 않습니다. [선택] 　 개인정보 수집·이용에 　 □ 동의합니다. 　 □ 동의하지 않습니다. 1. 수집·이용 목적 : 원생 생활 관리 2. 수집 항목 : **건강정보** 3. 보유 및 이용 기간 : **1년** 4. 개인정보 수집·이용에 대한 동의를 거부할 수 있습니다. 동의를 거부할 경우 원생생활 관리에 제한을 받을 수 있습니다. 민감정보 수집·이용에 　 □ 동의합니다. 　 □ 동의하지 않습니다.
예시2 (작성예시)	1. 수집·이용 목적 : 결함상품 리콜의무 이행 2. 수집 항목 : 성명, ID, 비밀번호, 이메일 주소 3. 보유 및 이용 기간 : **3년(소비자기본법 제48조)** 4. 수집·이용 근거 : 「소비자기본법」 제48조, 「개인정보보호법」 제15조 제1하 제2호 법령을 근거로 상기 개인정보를 수집합니다. 개인정보 수집·이용에 　 □ 동의합니다. 　 □ 동의하지 않습니다.

46번 정답  ③, ④

해설

③ 「개인정보보호법」 제15조에 따른 수집·이용 중이고, 시행령 제14조의2에 의한 고려사항에 부합하고 조치 사항을 충족하는 경우라 하더라도, 민감정보의 경우 특별히 보호가 필요한 개인정보로서 **별도 동의를 받아 수집·이용하여야 한다.** (제15조가 아닌 제22조의2 적용)

특별한 보호가 필요한 개인정보(§18)		
구분	아동의 개인정보(§22의2)	민감정보(§22의2)	고유식별정보(§24)
대상	• 14세 미만 아동	• 사상·신념, 노동조합·정당의 가입·탈퇴, 정치적 견해, 건강, 성생활 등 정보 • 유전정보, 범죄경력자료, 생체인식정보, 인종·민족 정보	• 주민등록번호 • 여권번호 • 운전면허번호 • 외국인등록번호
처리 요건	• 법정대리인 동의 • 알기 쉬운 문구 사용 등	• 별도 동의 • 법령 근거	• 별도 동의 • 법령 근거

④ 목적 외 이용·제공 개인정보처리자와 공공기관에 적용 가능한 조건이 다르다.

목적 외 이용·제공 (§18)

(전제조건) "정보주체 또는 제3자의 이익을 부당하게 침해할 우려가 없을 것"

모든 개인정보 처리자	공공기관
① 별도 동의 ② 다른 법률 ③ 생명·신체·재산의 이익 ④ 공공의 안전 등	① 보호위원회 심의·의결 ② 조약 등 이행 ③ 범죄 수사와 공소제기·유지 ④ 법원의 재판업무 수행 ⑤ 형 및 감호, 보호처분 집행

출처 : 개인정보 처리 통합 안내서(안)(2025.7.7).pdf, P.5, 개인정보보호위원회

해설

민·관 합동조사단이 발생한 침해사고의 원인 분석이 끝났을 때는 이미 늦었다고 볼 수 있다. 민·관 합동조사단의 원인 분석 결과는 침해사고의 재발 방지 및 피해 최소화를 위한 목적으로 활용될 수 있으므로, 조사가 완료된 후 결과를 공지하는 것은 바람직하나 이는 해당 이용자의 권리와 이익을 보호하기 위한 목적의 우선 통지와는 다른 성격의 것이다.

「클라우드컴퓨팅 발전 및 이용자 보호에 관한 법률」[시행 2023. 1. 12.]

제25조(침해사고 등의 통지 등) ① 클라우드컴퓨팅서비스 제공자는 다음 각 호의 어느 하나에 해당하는 경우에는 지체 없이 그 사실을 해당 이용자에게 알려야 한다.

    1. 「정보통신망 이용촉진 및 정보보호 등에 관한 법률」 제2조제7호에 따른 침해사고(이하 "침해사고"라 한다)가 발생한 때
    2. 이용자 정보가 유출된 때
    3. 사전예고 없이 대통령령으로 정하는 기간(당사자 간 계약으로 기간을 정하였을 경우에는 그 기간을 말한다) 이상 서비스 중단이 발생한 때

② 클라우드컴퓨팅서비스 제공자는 제1항 제2호에 해당하는 경우에는 즉시 그 사실을 과학기술정보통신부장관에게 알려야 한다. 〈개정 2017. 7. 26.〉

③ 과학기술정보통신부장관은 제2항에 따른 통지를 받거나 해당 사실을 알게 되면 피해 확산 및 재발의 방지와 복구 등을 위하여 필요한 조치를 할 수 있다. 〈개정 2017. 7. 26.〉

④ 제1항부터 제3항까지의 규정에 따른 통지 및 조치에 필요한 사항은 대통령령으로 정한다.

「클라우드컴퓨팅 발전 및 이용자 보호에 관한 법률 시행령」[시행 2023. 1. 12.]

제16조(통지가 필요한 클라우드컴퓨팅서비스의 중단 기간) 법 제25조 제1항 제3호에서 "대통령령으로 정하는 기간"이란 다음 각 호의 어느 하나에 해당하는 경우를 말한다.

    1. 클라우드컴퓨팅서비스의 중단 기간이 연속해서 10분 이상인 경우
    2. 클라우드컴퓨팅서비스의 중단 사고가 발생한 때부터 24시간 이내에 클라우드컴퓨팅서비스가 2회 이상 중단된 경우로서 그 중단된 기간을 합하여 15분 이상인 경우

해설

① 「개인정보보호법」 제3조 제7항(익명·가명처리의 원칙), 제28조의2(가명정보의 처리 등)에 따라 AI 개발 및 서비스가 **과학적 연구 등**에 해당한다면 정보주체의 동의 없이 가명정보를 처리할 수 있다. 다만 이때도 **개인정보 보호원칙에 따라 익명처리가 가능한 경우에는 익명에 의하여, 익명처리로 목적을 달성할 수 없는 경우에는 가명에 의하여 처리**될 수 있도록 하여야 한다(「인공지능(AI) 개발·서비스를 위한 공개된 개인정보 처리 안내서」 2024. 7).

② 해외에서 한국인의 공개된 개인정보를 수집하는 경우에는 개인정보처리자에 의한 '이전' 행위가 있다고 볼 수 없으므로 **국외 이전에 해당하지 않으며**, 개인정보 보호법 제15조(개인정보의 수집·이용) 등이 적용된다(「인공지능(AI) 개발·서비스를 위한 공개된 개인정보 처리 안내서」 2024. 7).

③ **개인정보보호법 제30조의2**(개인정보 처리방침의 평가 및 개선권고) ① 보호위원회는 개인정보 처리방침에 관하여 다음 각 호의 사항을 평가하고, 평가 결과 개선이 필요하다고 인정하는 경우에는 개인정보처리자에게 제61조제2항에 따라 개선을 권고할 수 있다.

④ 경찰이나 검찰에서 수사목적으로 CCTV 자료를 요청하는 경우에도 그 범위는 **필요 최소한으로 제한되므로** 고정형영상정보처리기기운영자가 관련 영상을 먼저 확인한 후 해당 부분에 대해서만 열람 또는 제공시켜주는 것이 바람직하다(「민간분야 고정형 영상정보처리기기 설치·운영 가이드라인」 2024.1).

⑤ 법 제17조·제18조에 따른 제3자 제공 동의와 제28조의8 제1항 제1호의 국외 이전에 관한 동의는 **별도로 구분하여 받아야 한다**(「개인정보 보호법 개정 안내서 최종(공개)」 2023.12).

해설

② 이러한 CCTV영상·사진도 머리 스타일, 흉터, 문신 등 특이한 신체적 특징 때문에 식별위험이 있을 수 있다. 흉부 CT 촬영사진도 그 자체로는 식별위험이 높지 않지만 3차원 재건기술 악용, 특이한 흉터 등은 개인을 식별할 수 있는 위험요소가 될 수 있다.

참고 정형데이터와 비정형데이터의 차이점	
▶ 정형데이터	▶ 비정형데이터
(정의) 정해진 규칙에 맞게 구조화된 형식으로 존재하는 데이터 ※ 예) DB에 열과 행으로 저장된 테이블형식의 자료 등	(정의) 일정한 규격이나 정해진 형태가 없이 구조화되지 않은 데이터 ※ 예) 사진·이미지, 비디오, 통화음성, 대화기록, 논문·보고서, 블로그 등
(특징) 데이터 연산, 분석 등 데이터 처리 방식, 가명처리 기술·방법이 비교적 단순	(특징) 연구목적·환경에 따라 데이터 처리방식 및 가명처리 기술·방법이 복잡·다양

이미지 내 개인식별 위험성이 있는 메타데이터를 삭제하고 활용

〈CT사진 내 환자관련정보〉	개인식별 위험성 검토	– 이미지 내 표시된 환자관련정보*는 타 정보와 결합되어 분석될 경우 개인식별 위험성이 있음 *DICOM 헤더정보(환자번호, 생년월일, 성별) 표시 – 해당 정보는 연구에 필요하지 않은 정보임	〈블랙마스킹 처리〉
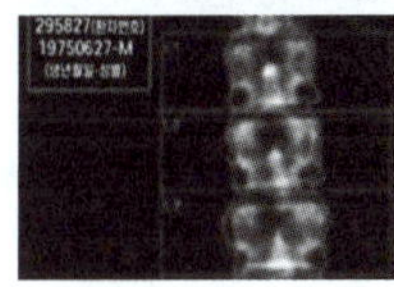	데이터 처리 방안	→ **블랙마스킹 기법**을 통해 환자관련정보 삭제	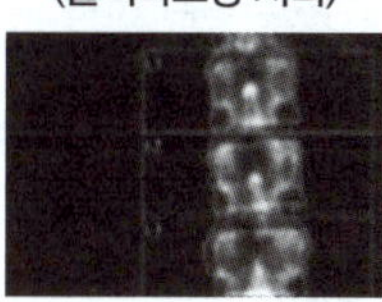

개인식별 위험이 발생하지 않도록 처리환경을 안전하게 통제하고 복원 SW 반입
제한 조치 등을 통해 별도의 가명처리 없이 CT 사진을 그대로 활용

〈흉부 CT사진〉	개인식별 위험성 검토	– 흉부 CT사진만으로는 개인식별 위험성 거의 없음 – 개인당 200장씩 촬영된 CT사진이 활용되는 연구로서 3차원 재건 기술 등을 통해 신체형상의 입체적 복원이 가능하고, 복원 시 특이한 외형·흉터 등이 있는 극히 일부 환자의 경우 낮은 확률로 개인식별 위험성 존재 – 클라우드 기반 폐쇄연구분석환경*을 이용하고 인가되지 않은 데이터·프로그램 반입을 철저히 통제하고 있어 3차원 재건기술 적용 불가 *클라우드 서버에 데이터를 저장하고 타 외부망에서는 클라우드 서버 접속이 제한되는 분석실에서 인가받은 인원만 데이터 접근 가능	〈그대로 활용〉
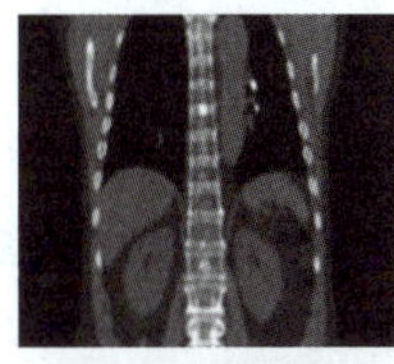 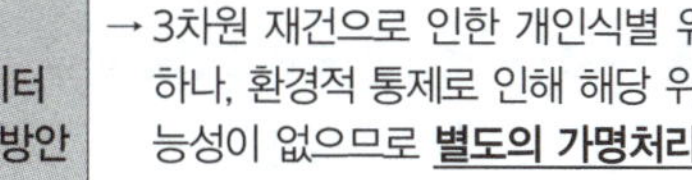	데이터 처리 방안	→ 3차원 재건으로 인한 개인식별 위험성이 존재하나, 환경적 통제로 인해 해당 위험의 발생 가능성이 없으므로 **별도의 가명처리 없이 그대로 활용 가능**	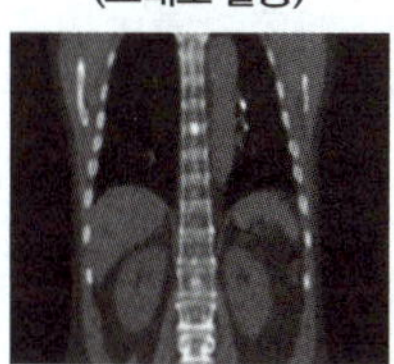 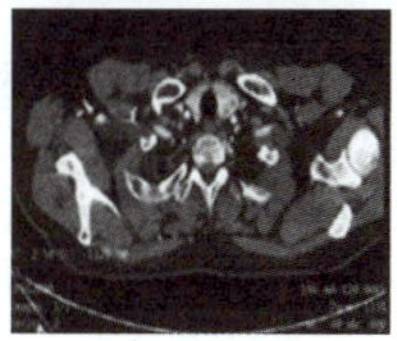

출처 : 개인정보보호위원회 가명정보 처리 가이드라인(2024.2. 개정) / 240205 (조간) 인공지능 시대 이미지·영상·음성·텍스트에 대한 가명처리 기준나왔다(데이터안전정책과).pdf

해설

(가) (마) (자)

(가) 정보통신망을 통한 불법적인 접근 및 침해사고 방지를 위해 개인정보처리시스템에 대한 접속권한을 IP주소 등으로 제한하였으나 접속한 IP주소등을 분석하여 개인정보 유출 시도 탐지 및 대응 조치를 하지않아 2.11.3 이상행위 분석 및 모니터링 결함으로 판단하였다. (O)

제6조(접근 통제)

① 개인정보처리자는 정보통신망을 통한 불법적인 접근 및 침해사고 방지를 위해 다음 각 호의 안전조치를 하여야 한다.

  1. 개인정보처리시스템에 대한 접속 권한을 인터넷 프로토콜(IP) 주소 등으로 제한하여 인가받지 않은 접근을 제한

  2. 개인정보처리시스템에 접속한 인터넷 프로토콜(IP) 주소 등을 분석하여 개인정보 유출 시도 탐지 및 대응

(나) 민감정보 및 고유식별정보는 보유하지 않고, 5만명 미만의 정보주체에 관한 개인정보를 처리하는데 개인정보처리시스템의 개인정보취급자의 접속 시 식별자, 접속일시, 접속지 정보, 처리한 정보주체 정보, 수행업무를 전자적으로 기록하고 1년 이상 보관하고 있어 2.9.4 로그 및 접속기록 관리 결함으로 판단하였다. (X)

  – 1년 이상 보관 맞으므로 결함이 아님

제2조(정의)

3. "접속기록"이란 개인정보처리시스템에 접속하는 자가 개인정보처리시스템에 접속하여 수행한 업무내역에 대하여 식별자, 접속일시, 접속지 정보, 처리한 정보주체 정보, 수행업무 등을 전자적으로 기록한 것을 말한다. 이 경우 "접속"이란 개인정보처리시스템과 연결되어 데이터 송신 또는 수신이 가능한 상태를 말한다.

제8조(접속기록의 보관 및 점검)

① 개인정보처리자는 개인정보취급자의 개인정보처리시스템에 대한 접속기록을 1년 이상 보관·관리하여야 한다. 다만, 다음 각 호의 어느 하나에 해당하는 경우에는 2년 이상 보관·관리하여야 한다.

  1. 5만 명 이상의 정보주체에 관한 개인정보를 처리하는 개인정보처리시스템에 해당하는 경우

  2. 고유식별정보 또는 민감정보를 처리하는 개인정보처리시스템에 해당하는 경우

  3. 개인정보처리자로서 「전기통신사업법」 제6조 제1항에 따라 등록을 하거나 같은 항 단서에 따라 신고한 기간통신사업자에 해당하는 경우

(다) 이용자가 아닌 정보주체의 개인정보처리하는 개인정보처리시스템인데 개인정보취급자가 외부에서 가상사설망(VPN)을 통해 ID와 PW로 접속하면서 안전한 인증수단을 적용하지 않아 2.5.3 사용자 인증 결함으로 판단하였다. (X)

  – 안전한 인증수단 적용 또는 안전한 접속수단 적용하면 되므로 결함 아님

제6조(접근 통제) ② 개인정보처리자는 개인정보취급자가 정보통신망을 통해 외부에서 개인정보처리시스템에 접속하려는 경우 인증서, 보안토큰, 일회용 비밀번호 등 안전한 인증수단을 적용하여야 한다. 다만, **이용자가 아닌 정보주체의 개인정보를 처리하는 개인정보처리시스템의 경우 가상사설망 등 안전한 접속수단** 또는 안전한 인증수단을 **적용할 수 있다.**

(라) 이용자 수가 일평균 100만 명 이상인 개인정보처리자인데 개인정보처리시스템에서 고객정보를 조회하여 업무를 수행하고 있는 고객센터의 직원 업무용 컴퓨터의 인터넷망 차단 조치를 하지 않아 2.6.7 인터넷 접속 통제 결함으로 판단하였다. (X)

- **인터넷망차단 조치는 다운로드, 파기, 개인정보처리시스템에 대한 접근 권한 설정이 가능한 개인정보취급자의 컴퓨터 등이 대상이므로 결함 아님**

제6조(접근 통제) ⑥ 전년도 말 기준 직전 3개월간 그 개인정보가 저장·관리되고 있는 이용자 수가 일일평균 100만 명 이상인 개인정보처리자는 개인정보처리시스템에서 개인정보를 다운로드 또는 파기할 수 있거나 개인정보처리시스템에 대한 접근 권한을 설정할 수 있는 개인정보취급자의 컴퓨터 등에 대한 인터넷망 차단 조치를 하여야 한다. 다만, 「클라우드컴퓨팅 발전 및 이용자 보호에 관한 법률」 제2조 제3호에 따른 클라우드컴퓨팅서비스를 이용하여 개인정보처리시스템을 구성·운영하는 경우에는 해당 서비스에 대한 접속 외에는 인터넷을 차단하는 조치를 하여야 한다.

(마) 중요시스템의 OS에 대한 보안패치를 정당한 사유가 없이 15일 이상 업데이트를 실시하지 않아 2.10.8 패치 관리 결함으로 판단하였다. (O)

제9조(악성프로그램 등 방지) ② 개인정보처리자는 악성프로그램 관련 경보가 발령된 경우 또는 사용 중인 응용 프로그램이나 운영체제 소프트웨어의 제작업체에서 보안 업데이트 공지가 있는 경우 정당한 사유가 없는 한 즉시 이에 따른 업데이트 등을 실시하여야 한다.

(바) 10만 명 이상의 정보주체에 관한 개인정보 처리하는 중소기업인데 화재, 홍수, 단전 등의 재해·재난 발생 시 개인정보처리시스템 보호를 위한 백업 및 복구를 위한 계획이 마련되어있지 않아 2.9.3 백업 및 복구 관리 결함으로 판단하였다. (X)

- **10만 명 이상의 정보주체에 관한 개인정보 처리하는 대기업.중견기업.공공기관이 의무대상이므로 중소기업은 개인정보를 100만 명 이상 처리 시 해당되므로 결함 아님**

제11조(재해·재난 대비 안전조치) 10만 명 이상의 정보주체에 관하여 개인정보를 처리하는 대기업·중견기업·공공기관 또는 100만 명 이상의 정보주체에 관하여 개인정보를 처리하는 중소기업·단체에 해당하는 개인정보처리자는 화재, 홍수, 단전 등의 재해·재난 발생 시 개인정보처리시스템 보호를 위한 다음 각 호의 조치를 하여야 한다.
1. 위기대응 매뉴얼 등 대응절차를 마련하고 정기적으로 점검
2. 개인정보처리시스템 백업 및 복구를 위한 계획을 마련

(사) 개인정보처리시스템을 구축하여 운영하지 않고 업무용 컴퓨터와 모바일기기를 이용하여 개인정보를 처리하는 개인정보처리자인데 보조저장매체의 반출입 통제 보안대책 마련되어 있지 않아 2.10.7 보조저장매체 관리 결함으로 판단하였다. (X)

- **시스템 운영하지 않고 업무용 컴퓨터 또는 모바일기기 이용하여 개인정보 처리하는 경우 보안대책 마련 예외**

제10조(물리적 안전조치) ③ 개인정보처리자는 개인정보가 포함된 보조저장매체의 반출·입 통제를 위한 보안대책을 마련하여야 한다. 다만, **별도의 개인정보처리시스템을 운영하지 아니하고 업무용 컴퓨터 또는 모바일 기기를 이용하여 개인정보를 처리하는 경우에는 이를 적용하지 아니할 수 있다.**

(아) 1만 명 미만의 정보주체에 관하여 개인정보를 처리하는 단체인데 내부 관리계획을 수립하지 않아 1.1.5 정책 수립 결함으로 판단하였다. (X)

- **1만 명 미만의 정보주체에 관하여 개인정보를 처리하는 소상공인·개인·단체의 경우 생략 가능**

제4조(내부 관리계획의 수립·시행 및 점검) ① 개인정보처리자는 개인정보의 분실·도난·유출·위조·변조 또는 훼손되지 아니하도록 내부 의사결정 절차를 통하여 다음 각 호의 사항을 포함하는 내부 관리계획을 수립·시행하여야 한다. **다만, 1만 명 미만의 정보주체에 관하여 개인정보를 처리하는 소상공인·개인·단체의 경우에는 생략할 수 있다.**

(자) 개인정보취급자 로그인 인증 실패 횟수 제한 조치를 하고 있으나, 정보주체 로그인 인증 실패 시 별도의 제한 조치가 없어 2.5.3 사용자 인증 결함으로 판단하였다. (O)

제5조(접근 권한의 관리) ⑥ 개인정보처리자는 정당한 권한을 가진 **개인정보취급자 또는 정보주체만이** 개인정보처리시스템에 **접근할 수 있도록 일정 횟수 이상 인증에 실패한 경우 개인정보처리시스템에 대한 접근을 제한**하는 등 필요한 **조치를 하여야 한다.**

2회 모의고사 정답표

1	①	**2**	③	**3**	①, ③	**4**	①, ⑤	**5**	④	**6**	②, ⑤	**7**	④	**8**	②, ④	**9**	①, ②	**10**	③
11	①, ②	**12**	④	**13**	④	**14**	③	**15**	③	**16**	①	**17**	①, ④	**18**	④	**19**	⑤	**20**	④
21	①	**22**	②	**23**	①	**24**	⑤	**25**	①, ④	**26**	①, ③	**27**	①	**28**	⑤	**29**	⑤	**30**	②
31	①, ⑤	**32**	④	**33**	③	**34**	④, ⑤	**35**	①	**36**	①, ④	**37**	②, ④	**38**	③	**39**	①, ⑤	**40**	③
41	③	**42**	④	**43**	④	**44**	①, ②	**45**	③	**46**	①, ③	**47**	②	**48**	⑤	**49**	②	**50**	②, ⑤

1번 정답 ①

해설

① 심사원이 잘못 판단한 것이다. 웹방화벽은 OSI L7의 응용층 관련 공격을 방어하는 장비로 APP 영역의 보호대책이다.

② IDS, IPS를 같이 구성되어 있는 경우가 있다. 예로 여러 개 온라인 서비스 채널을 갖고 있는 기관이 있다고 할 때 서비스 중 장애에 민감한 서비스에 대해서는 인라인(inline)으로 구성되어 오탐으로 발견된 패킷을 차단하는 IPS를 설치하여 만에 하나 비즈니스에 큰 영향을 끼칠 위험이 있을 경우 IDS를 설치하고 다른 보호대책을 결합하는 방식으로 구성하고, 나머지 서비스에는 IPS를 거치도록 하는 구성이 있을 수 있다.

③ DRM, TDE와 같은 암호화 대책과 DLP와 같은 외부로의 정보 반출을 통제하는 솔루션이 있어 기본적인 보호대책이 갖춰져 있을 것으로 판단할 수 있다.

④ Anti-DDoS 장비(분산서비스 공격), PMS(패치관리) 장비가 보이지 않아 그렇게 판단할 수 있다.

⑤ MDM 장비가 있어 보안대책이 적용되어 있을 것으로 판단할 수 있다.

2번 정답 ③

해설

ISMS-P 간편인증 제도란 영세, 중소기업의 ISMS-P 인증 편입을 촉진하고 경량화된 기준, 저렴한 인증수수료 및 단축된 인증기간 등 기업 부담을 완화한 간이 인증 제도이다. 문제의 기업은 소기업 및 정보통신서비스 부문 매출액 300억 원 미만의 중기업 기준에 해당하며 간편 인증 제도의 경우 기존 "인증 및 권한관리" 통제항목의 (ㄱ)사용자 계정 관리, (ㄴ)사용자 식별, (ㄷ)사용자 인증, (ㄹ)비밀번호 관리 항목은 유지되었지만, **(ㅁ)특수 계정 및 권한 관리 및 (ㅂ)접근권한 검토는 삭제되었기 때문에 결함으로 도출되는 것은 적절하지 않다.**

참고

간편인증 제도 설명회 발표자료, ISMS-P 간편인증 세부점검항목(7의2)

※「정보통신망법」제47조의7(정보보호 관리체계 인증의 특례)

① 과학기술정보통신부 장관은 제47조 제1항 및 제2항에 따른 인증을 받으려는 자 중 다음 각 호의 어느 하나에 해당하는 자에 대하여 제47조에 따른 인증기준 및 절차 등을 완화하여 적용할 수 있다.

1. 「중소기업기본법」 제2조 제2항에 따른 소기업

2. 그 밖에 정보통신서비스의 규모 및 특성 등에 따라 대통령령으로 정하는 기준에 해당하는 자

(이하 생략)

※ 「정보통신방법 시행령」 제49조의2(정보보호 관리체계 인증의 특례 대상자의 범위)

① 법 제47조의7 제1항 제2호에 따른 정보보호 관리체계 인증의 특례 대상은 「중소기업기본법」 제2조 제2항에 따른 중기업으로서 다음 각호의 어느 하나에 해당하는 자로 한다.

1. 정보통신서비스 부문 전년도 매출액이 300억 원 미만인 자

2. 정보통신서비스 부문 전년도 매출액이 300억 원 이상인 자 중 주요 정보통신설비를 직접 설치·운영하지 않는 자로서 다음 각 목의 어느 하나에 해당하는 서비스

　가. 호스팅서비스(인터넷 홈페이지 구축 및 웹서버 관리 등을 해주는 서비스를 말한다)

　나. 「클라우드컴퓨팅 발전 및 이용자 보호에 관한 법률 시행령」 제3조 제2호 및 제3호에 따른 클라우드컴퓨팅 서비스

※ (소기업, 300억 원 미만 중기업) ISMS-P 간편인증 세부 항목

1) 완화된 항목(5개)

　– 관리체계 수립 및 운영 : 1.1.3 조직 구성, 1.1.5 정책 수립

　– 보호대책 요구사항 2.4.1 보호구역 지정, 2.6.6 원격접근 통제, 2.11.1 사고예방 및 대응체계 구축

2) 병합된 항목(5개)

　– 관리체계 수립 및 운영 : 1.4.2 관리체계 점검(1.4.3 관리체계 개선)

　– 보호대책 요구사항 : 2.4.6 반출입 기기 통제(2.4.5 보호구역 내 작업), 2.6.1 네트워크 접근(2.6.5 무선 네트워크 접근), 2.7.1 암호정책 적용(2.7.2 암호키 관리), 2.9.4 로그 및 접속기록 관리(2.9.5 로그 및 접속기록 점검)

3) **삭제된 항목(39개)**

　– 관리체계 수립 및 운영 : 1.1.6 자원 할당, 12.2 현황 및 흐름분석, 1.2.3 위험평가, 1.2.4 보호대책 선정, 1.3.1 보호대책 구현, 1.3.2 보호대책 공유, 14.1 법적 요구사항 준수 검토, 1.4.3 관리체계 개선

　– 보호대책 요구사항 : 2.1.1 정책의 유지관리, 2.1.2 조직의 유지관리, 2.1.3 정보자산 관리, 2.2.1 주요 직무자 지정 및 관리, 2.2.2 직무 분리, 2.2.5 퇴직 및 직무변경 관리, 2.2.6 보안 위반 시 조치, 2.3.1 외부자 현황 관리, 2.3.3 외부자 보안 이행 관리, 2.3.4 외부자 계약 변경 및 만료 시 보안, 2.4.2 출입통제, 2.4.4 보호설비 운영, 2.4.5 보호구역 내 작업, **2.5.5 특수 계정 및 권한 관리, 2.5.6 접근권한 검토**, 2.6.3 응용프로그램 접근, 2.6.4 데이터베이스 접근, 2.6.5 무선네트워크 접근, 2.7.2 암호키 관리, 2.8.2 보안 요구사항 검토 및 시험, 2.8.6 운영환경 이관, 2.9.2 성능 및 장애관리, 2.9.5 로그 및 접속기록 점검, 2.9.6 시간 동기화, 2.9.7 정보자산의 재사용 및 폐기, 2.10.4 전자거래 및 핀테크 보안, 2.10.5 정보전송 보안, 2.11.3 이상행위 분석 및 모니터링, 2.11.4 사고 대응 훈련 및 개선, 2.12.1 재해·재난 대비 안전조치, 2.12.2 재해 복구 시험 및 개선

3번 정답　⬇　①, ③

해설

① 인증기관은 인증위원회 운영, 인증심사원 양성 및 자격관리, 인증제도 및 기준 개선 등 ISMS-P 인증제도 전반에 걸친 업무를 수행한다.

　– 해당업무는 법정 인증기관인 **한국인터넷진흥원에서 수행하는 업무**에 관한 설명이다.

〈「ISMS-P 인증제도 안내서(2024.07)」 P.7〉

② 심사수행기관은 인증위원회 심의결과에 따라 인증위원회 종료 다음날부터 30일 이내에 신청인에게 추가 보완 조치를 요구할 수 있다.

〈「정보보호 및 개인정보보호 관리체계 인증 등에 관한 고시」 제25조 제5항〉

③ 신청기관은 인증심사 계약이 완료되면 계약에 따라 확정된 심사수수료를 인증심사 **시작일 이전까지(계약 후 1 개월 이내)** 납부하여야 한다.

〈「정보보호 및 개인정보보호 관리체계 인증 등에 관한 고시」 제22조〉 및 〈「ISMS-P 인증제도 안내서 (2024.07)」 P.45〉

④ 인증 협의회는 인증제도 연구 및 개선, 정책 결정, 인증기관 및 심사기관 지정 등의 업무를 수행한다.

〈「정보보호 및 개인정보보호 관리체계 인증 등에 관한 고시」 제4조, 제5조〉

⑤ 인증위원회는 인증심사 결과가 인증기준에 적합한지 여부 등을 심의·의결하기 위하여 설치·운영하는 기구이다.

〈「정보보호 및 개인정보보호 관리체계 인증 등에 관한 고시」 제2조(용어의 정의)〉

4번 정답 ①, ⑤

해설

㉠, ㉣은 위반사례에 해당

㉠ ISMS필수 인증 대상 시 자산총액 5천억 원 이상은 CISO겸직에 해당되므로 지위기준과 겸직금지 운영기준에 만족해야 한다. 또한, 실질적 정보보호 집행권한이 있다고 판단하기 어려운 경우 위반에 해당한다.

㉡ 상법에 따른 이사에 대한 해석은 전무·상무(보)·이사·본부장 처장·임원 등 대내외적으로 인정될 만한 이사급 호칭을 사용하고, 다른 임원과의 대등성 및 지휘 관계, 직급 체계, 대우 등을 종합적으로 고려한다면 가능하다. 다만, 부장(팀장) 직급은 임원급으로 보기 어렵다.

㉢ 정보보호 최고책임자로 지정된 임원(예: 상무이사) 상위에 다른 임원(예: 전무이사)이 있다 하더라도, 정보보호 최고책임자가 정보보호에 관한 회사의 업무를 집행할 수 있는 독자적인 권한과 책임을 갖는 경우 지정요건을 충족하고 있다고 판단된다.

㉣ 정보보호 최고책임자(CISO) 겸직금지 대상기업 중 자회사의 지배·관리 업무만 수행하는 '순수지주회사'의 경우 겸직운영 예외로 규정하여 겸직금지 의무를 완화하고 있으므로 충족된다.

㉤ 정보보호산업의 진흥에 관한 법률 제13조에 따른 정보보호 공시에 관한 업무를 겸업하는 것은 관계가 없으나 '대표이사', '경영기획·운영', '디지털(데이터) 전략기획', 'ICT기획·운영', '비상계획', '진료업무' 등을 겸직을 하는 것은 업무에 대한 겸직업무에 해당되므로 위반에 해당한다.

■ **모범사례**

- (이사급 호칭) 전무·상무(보)·이사·본부장·처장·임원 등 대내외적으로 인정될 만한 이사급 호칭을 사용

- (실질적 의사결정) 다른 임원과 직무상 독립하여 권한과 책임을 가진 자를 지정하여야 한다는 점을 고려하여 CEO 직속 또는 다른 C-레벨과 동등한 위치를 가지는 정보보호 조직도, 위임전결규정 등을 종합적으로 확인

- (겸직가능 업무) ①정보보호 공시에 관한 업무, ②정보통신기반 보호법에 따른 정보보호책임자 업무, ③전자금융 거래법에 따른 정보보호최고책임자 업무, ④개인정보 보호법에 따른 개인정보 보호책임자 업무, ⑤ 그 밖에 이 법 또는 관계 법령상 업무로써 정보보호 최고책임자의 업무와 유사한 업무

■ 위반사례

- 팀장·파트장·부장·차장·책임 등 임원이 아닌 일반 직원에게 부여되는 호칭을 사용하고 있음
- 조직구성에 따른 직급체계와는 달리 특수한 호칭(센터장·실장·국장 등)을 부여하고 있으나, 실질적 정보보호 집행권한이 있다고 판단하기 어려운 경우
  ex) CEO 직속이 아닌 2차 하위조직으로 운영 or CEO 직속이지만 팀 단위(전체 조직도와 비교)로 판단되는 경우
- 겸직금지에 해당될 때에 '대표이사', '경영기획·운영', '디지털(데이터) 전략기획', 'ICT기획·운영', '비상계획', '진료업무' 등을 겸직하는 경우

(출처: 정보보호 최고책임자(CISO) 지정신고제도 안내서(202409) 10~15페이지)

5번 정답 ④

해설

① 일반 사용자에서 Super User로 사용되는 기록을 남기기 위해서 su 사용 로그를 남기도록 하는 보안 설정이 필요하다. su 사용 로그는 /var/log/sulog, /var/log/secure 파일로 확인할 수 있으며, 기록이 남고 있지 않은 경우, 취약하다고 할 수 있다. 이 경우 syslong.conf 파일에서 "authpriv.* /var/log/secure"와 같은 설정으로 적용하여 조치할 수 있다.

④ wtmp는 성공한 로그인/로그아웃 정보를 담고 있는 로그파일로 last 명령어를 사용하여 확인할 수 있다.

⑤ utmp는 w, who, finger 명령어를 사용하여 확인할 수 있다.

6번 정답 ②, ⑤

해설

② 자회사라고 할지라도 개별 개인정보처리자이기 때문에 이용자의 별도 동의를 받은 후 동의받은 고객의 정보에 대해서만 조회권한을 부여할 수 있다.

⑤ 반드시 인터넷망 차단조치가 적용되어야 하는 것은 아니다. GA가 개인정보 보호법에 따른 인터넷망 차단 조치 적용대상이 아니면 보험사의 규정이나 시스템 이용 제약 등이 아닌 이상 반드시 인터넷망 차단조치가 적용되는 것은 아니다.

① 개인정보처리 업무 위수탁 관계가 맞다. 개인고객에게 보험상품의 판매에 대한 위수탁 관계이다.

③ 각각 다른 개인정보처리자이기 때문에 각각 CPO를 지정해야 한다.

④ 위탁자로서 수탁자인 GA에 대해 개인정보보호에 대한 점검을 할 수 있다.

7번 정답 ④

해설

③ 해킹 건에 대해서는 24시간 이내에 신고가 필요하며 인터넷 게시는 30일 이상이 요구된다.

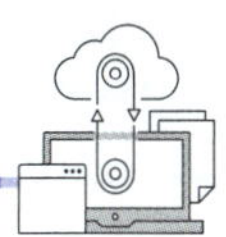

「개인정보보호법 시행령」

제39조(개인정보 유출 등의 통지) ① 개인정보처리자는 개인정보가 분실·도난·유출(이하 이 조 및 제40조에서 "유출등"이라 한다)되었음을 알게 되었을 때에는 서면등의 방법으로 **72시간 이내에 법 제34조 제1항 각 호의 사항을 정보주체에게 알려야 한다.** 다만, 다음 각 호의 어느 하나에 해당하는 경우에는 해당 사유가 해소된 후 지체 없이 정보주체에게 알릴 수 있다.

1. 유출등이 된 개인정보의 확산 및 추가 유출등을 방지하기 위하여 접속경로의 차단, 취약점 점검·보완, 유출등이 된 개인정보의 회수·삭제 등 긴급한 조치가 필요한 경우

2. 천재지변이나 그 밖에 부득이한 사유로 인하여 72시간 이내에 통지하기 곤란한 경우

② 제1항에도 불구하고 개인정보처리자는 같은 항에 따른 통지를 하려는 경우로서 법 제34조 제1항 제1호 또는 제2호의 사항에 관한 구체적인 내용을 확인하지 못한 경우에는 개인정보가 유출된 사실, 그때까지 확인된 내용 및 같은 항 제3호부터 제5호까지의 사항을 서면등의 방법으로 우선 통지해야 하며, 추가로 확인되는 내용에 대해서는 확인되는 즉시 통지해야 한다.

③ 제1항 및 제2항에도 불구하고 개인정보처리자는 정보주체의 연락처를 알 수 없는 경우 등 정당한 사유가 있는 경우에는 법 제34조 제1항 각 호 외의 부분 단서에 따라 같은 항 각 호의 사항을 정보주체가 쉽게 알 수 있도록 자신의 **인터넷 홈페이지에 30일 이상 게시**하는 것으로 제1항 및 제2항의 통지를 갈음할 수 있다. 다만, 인터넷 홈페이지를 운영하지 아니하는 개인정보처리자의 경우에는 사업장등의 보기 쉬운 장소에 법 제34조 제1항 각 호의 사항을 30일 이상 게시하는 것으로 제1항 및 제2항의 통지를 갈음할 수 있다.

「정보통신망 이용촉진 및 정보보호 등에 관한 법률 시행령(약칭 : 정보통신망법 시행령)」

제58조의2(침해사고 신고의 시기, 방법 및 절차) ① 정보통신서비스 제공자는 법 제48조의3 제1항 전단에 따라 **침해사고를 신고하려는 경우에는** 침해사고의 발생을 알게 된 때부터 24시간 이내에 다음 각 호의 사항을 과학기술정보통신부장관 또는 한국인터넷진흥원에 신고해야 한다.

1. 침해사고의 발생 일시, 원인 및 피해내용

2. 침해사고에 대한 조치사항 등 대응 현황

3. 침해사고 대응업무를 담당하는 부서 및 연락처

② 정보통신서비스 제공자는 제1항에 따라 신고한 후 침해사고에 관하여 추가로 확인되는 사실이 있는 경우에는 확인한 때부터 **24시간 이내에 신고**해야 한다.

③ 제1항 및 제2항에 따른 신고는 서면, 전자우편, 전화, 인터넷 홈페이지 입력 등의 방법으로 할 수 있다. [본조신설 2024. 8. 13.]

④ 결함을 판단하기 위해서 추가 정보 확인이 필요하다. 취약점 점검에서 일부 취약점을 발견해내지 못했다는 사유로 결함을 주기는 어렵다.

⑤ 결함에 해당한다.

해설

① 전사적 정보보호 및 개인정보보호 활동을 위하여 정보보호 및 개인정보보호 관련 담당자 및 부서별 담당자로 구성된 실무 협의체를 구성하여 운영하지 않는 경우 **1.1.3 조직 구성** 결함이다.

② 정보보호 및 개인정보보호 위원회를 구성하였으나, 위원회 개최 이력을 확인할 수 없는 경우 1.1.3 조직 구성 결함이다.

③ 클라우드 운영자산 목록에 클라우드 NAS와 Object storage가 누락되어 있고, 운영 DB 목록에 홈페이지 DB가 누락되어 있는 경우 **1.2.1 정보자산 식별** 결함이다.

④ 지난 ISMS 인증 심사 시 발견하여 조치한 결함이 내부 점검을 통해 동일하게 반복되어 발생하여 1.4.3 관리체계 개선 결함이다. 관리체계 점검 시 발견된 문제점에 대하여 조치계획을 수립하지 않았거나 조치 완료 여부를 확인하지 않은 경우에 해당한다.

⑤ 응용프로그램의 관리자 페이지가 외부 인터넷에 오픈되어 있으면서 안전한 인증수단이 적용되어 있지 않은 경우는 2.6.3 응용프로그램 접근 결함이다.

해설

① 결함. 응용프로그램 보안지침과 다르게 성명에 마스킹 정책이 적용되어 있지 않다.

② 결함. 접속일시에 대해 초 단위까지 기록하지 않고 분 단위까지만 기록하고 있다.

③ 해당되는 결함 사항이 없다.

④ 결함이 아니다. 배송지 주소는 선택 정보로 수집하여 이용할 수 있다.

⑤ 해당되는 결함 사항이 없다.

해설

③ 기업은 반드시 리소스에 대한 접근에 대해 일관되고 중앙 집중적인 정책 관리 및 접근제어 결정, 실행 조치가 필요하다. 만약, 접근 정책을 관리하는 지점이 흩어져 있다면, 일관된 정책을 수립하기가 어려우며 새로운 접근 주체 및 리소스를 추가할 때에 대한 정책을 적용하기가 매우 어려울 것이다.

6가지 제로트러스트 기본 원리

1. 기본 원칙 : 모든 종류의 접근에 대해 신뢰하지 않을 것(명시적인 신뢰 확인 후 리소스 접근 허용)

2. 일관되고 중앙 집중적인 정책 관리 및 접근제어 결정, 실행 필요

3. 사용자, 기기에 대한 관리 및 강력한 인증

4. 리소스 분류 및 관리를 통한 세밀한 접근제어(최소 권한 부여)

5. 논리 경계 생성 및 세션 단위 접근 허용, 통신 보호 기술 적용

6. 모든 상태에 대한 모니터링, 로그 및 이를 통한 신뢰성 지속적 검증, 제어

출처 : 제로트러스트 가이드라인 1.0(2023.6.)

11번 정답   ①, ②

해설

① 정보보호 지침 제22조(인터넷 통제) 제6항에 따라 개발/운영을 위한 API 제공 사이트 접속이 가능하므로 내부 규정에 따라 승인 후 사용하고 있다면 결함이라고 판단하기 곤란하다.

② 개인정보취급자의 PC에 대해 인터넷 접속차단 조치가 필요하다고 하더라도, Cloud Console 접속은 가능하다.

> 다만, 이 기준에 따른 인터넷망 차단 조치를 해야 하는 개인정보처리자가 「클라우드컴퓨팅발전 및 이용자 보호에 관한 법률」제2조 제3호에 따른 클라우드컴퓨팅서비스를 이용하여 개인정보처리시스템을 구성·운영하는 경우에는 해당 **클라우드컴퓨팅서비스에 대한 접속 외에 다른 인터넷의 접속을 차단하는 경우 이 기준에서 정하는 인터넷망 차단 조치를 이행한 것으로 본다.**
>
> 출처 : 개인정보의 안전성 확보조치 기준 안내서(2024.10).pdf, P.83, 개인정보보호위원회

③ 생성형 AI 도입 시 별도의 위험평가를 수행하지 않았고, 생성형 AI 질의를 위한 API 활용여부 및 정보유출 방지를 위한 기업용 Telnet 사용에 대해 담당자가 정확히 인지하고 있지 않아 추가적인 확인이 필요하기는 하나 개인정보 유출 가능성이 존재한다고 판단할 수 있음.

④ 차단조치 대상이 될 수 있다.

> 클라우드컴퓨팅서비스 이용 시 인터넷망 차단 조치 예시
>
> 클라우드컴퓨팅서비스를 개인정보처리시스템으로 이용하는 경우 해당 시스템에 대한 **접근 권한을 관리 콘솔에서 부여 또는 변경할 수 있거나 관리 콘솔에서 다운로드할 수 있다면, 관리 콘솔 및 관리 콘솔에 접근하는 컴퓨터 등도 인터넷망 차단 조치의 대상이 될 수 있다.**

12번 정답   ④

해설

④ 보기의 내용은 Insecure Communication(안전하지 않은 통신) 취약점에 대한 설명이다.

※ Security Misconfiguration(잘못된 보안 구성) : 모바일 앱의 잘못된 보안 구성은 무단 액세스의 취약점을 발생시킬 수 있는 부적절한 구성을 말한다. 이 취약점의 경우 공격자에 의해 민감한 데이터에 무단으로 접근하거나 악의적인 작업을 수행할 수 있는 위협을 가진다.

참고

owasp.org

13번 정답   ④

해설

④ 테스트 데이터 이관 요청서를 작성 후 정보보호 최고책임자의 승인을 받고 운영계 데이터를 개발계 데이터로 이관하였으나, 테스트 기간 만료 이후에도 개발 DB에 있는 운영 데이터를 삭제하지 않고 있기 때문에 "2.8.4 시험 데이터 보안" 결함으로 판단할 수 있다.

| **14번 정답** ⬇ | ③ |

해설

③ 내부 지침에 운영 시스템 환경에는 컴파일러를 설치하지 않도록 규정하고 있으나, 실제 운영 서버에 자바 컴파일러가 설치되어 있음을 확인하였기 때문에 "2.8.6 운영환경 이관" 결함으로 판단할 수 있다.

| **15번 정답** ⬇ | ③ |

해설

③ 시스템 내 관리자가 새로 생성하는 파일에 대한 접근 권한 설정이다. UMASK* 값에 따라 접근 권한이 정해지며 적절하지 않은 관리자 UMASK 값은 잘못된 권한의 파일을 생성시킨다. 제시된 지침 내에서는 파일에 대한 접근 권한 설정 내용은 포함하고 있지 않으며, umask 600 설정 또한 적절하지 않은 설정이다.

*UMASK : 파일 및 디렉터리 생성 시 기본 퍼미션을 지정해주는 명령어
– 양호 : UMASK 022
– 취약 : UMASK 022

① root 계정에 대한 SSH 직접 접속 제한 설정이다. 해당 설정을 주석 처리하거나 No 설정으로 조치할 수 있다.
② TCP Wrapper 접근 제어 설정이다. hosts.deny에 시스템 접근을 제한할 IP와 서비스를 설정하고, hosts.allow에 시스템 접근을 허용할 IP와 서비스를 설정한다.
④ 패스워드 복잡도 설정이다. (–1 값을 주면 반드시 해당 문자 또는 숫자를 1개 이상 포함)
  lcredit : 소문자 포함 수, ucredit : 대문자 포함 수, dcredit : 숫자 포함 수
  ocredit : 특수문자 포함 수, minlen : 패스워드 최소 길이
⑤ 패스워드 사용 기간 설정이다.
  chage –m 1 (계정명) : 패스워드 최소 사용 기간 설정
  chage –M 90 (계정명) : 패스워드 최대 사용 기간 설정

| **16번 정답** ⬇ | ① |

해설

DLP 시스템을 소프트웨어 업그레이드 하면서 OS도 CentOS 6.3에서 Rocky 9로 변경하고 IP 정보 또한 변경되었으나, 자산 관리 대장에 현행화가 이루어지지 않았으므로 "1.2.1 정보자산 식별" 결함으로 판단할 수 있다. 인터뷰 내용만으로는 로그 및 접속기록 관리, 보조저장매체 관리, 패치관리에 대한 결함 근거를 확인할 수 없다.

| **17번 정답** ⬇ | ①, ④ |

해설

① 1.2.2 현황 및 흐름분석 통제항목에서는 정보서비스 흐름도 및 개인정보 흐름도의 작성 및 관리를 요구하고 있으며 네트워크 구성도에 대해서는 관련이 없다.
④ 2.1.2 조직의 유지관리 통제항목에서는 정보보호 및 개인정보보호 관련 인력의 역할 및 책임, 활동 평가 및 의사소통 체계 등을 요구하고 있으며 개발 및 운영부서 등 일반 IT 부서의 인력과 관련하여 관련성이 없다. 또한, 현재 인력을 충원하고 있는 중으로 결함으로 판단하기 어렵다.

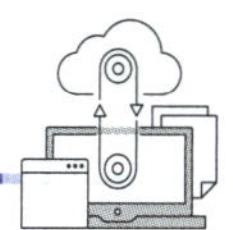

18번 정답 ④

해설

① 주어진 정보자산목록에 쇼핑몰 업무에 대한 서버, DB가 있고 인터뷰에서 누락없이 작성된 것으로 확인되었다고 하였으므로 1.1.4 범위 설정 결함으로 판단하기 어렵다.

② 각 부서별로 정보자산을 식별하여 점검을 매월 수행하고 있으므로 1.2.1 정보자산 식별 결함으로 판단하기 어렵다.

③ 정보자산목록을 매월 최신화하고 있으므로 2.1.3 정보자산 관리 결함으로 판단하기 어렵다.

④ **백업서버가 있는 DB센터는 통제구역으로 지정되어야 하므로 2.4.1 보호구역 지정 결함이다.**

⑤ 원칙적으로 인가된 자가 출입이 가능하도록 지침에 명시되어 있으나 외부인 출입 시 담당자가 입회 하에 출입을 통제하고 있으므로 2.4.2 출입통제 결함으로 판단하기 어렵다.

19번 정답 ⑤

해설

ⓔ 2.11.1 사고 예방 및 대응체계 구축 170p

침해사고에 대비한 침해사고 대응 조직 및 대응 절차를 명확히 정의하고 있지 않은 경우에 결함을 줄 수는 있으나, 본 경우처럼 단순히 악성코드 메일 훈련만 했다고 해서 침해사고 대응훈련계획에 따른 훈련이 아니라고 판단하고 결함을 주기는 어렵다.

ⓐ 2.6.2 정보시스템 접근 결함 103p

– 인증기준 : 서버, 네트워크시스템 등 정보시스템에 접근을 허용하는 사용자, 접근제한 방식, 안전한 접근수단 등을 정의하여 통제하여야 한다.

해당 관리자 계정이 반드시 필요하다면 월 1회 정기점검기간에만 사용하고 아닌 경우에는 disable시켜두는것이 좋다. 서버, 네트워크시스템, 보안시스템 등 정보시스템별 운영체제(OS)에 접근이 허용되는 사용자, 접근 가능 위치, 접근 수단 등을 정의하여 통제하여야 한다. 사용자별로 개별 계정 부여 및 공용 계정 사용 제한이 필요하다.

ⓒ **2.6.1 네트워크 접근 결함 102p**

- 사례 1 : 네트워크 구성도와 인터뷰를 통하여 확인한 결과, 외부 지점에서 사용하는 정보시스템 및 개인정보 처리시스템과 IDC에 위치한 서버 간 연결 시 일반 인터넷 회선을 통하여 데이터 송수신을 처리하고 있어 내부 규정에 명시된 VPN이나 전용망 등을 이용한 통신이 이루어지고 있지 않은 경우

ⓒ **2.6.2 정보시스템 접근 104p**

- 사례 3 : 타당한 사유 또는 보완 대책 없이 안전하지 않은 접속 프로토콜(telnet, ftp 등)을 사용하여 접근하고 있으며, 불필요한 서비스 및 포트를 오픈하고 있는 경우

ⓔ **2.6.3 응용프로그램 접근 결함 105p**

개인정보 및 중요정보의 불필요한 노출(조회, 화면표시, 인쇄, 다운로드 등)을 최소화할 수 있도록 응용프로그램을 구현하여 운영하여야 한다.

- 사례 5 : 응용프로그램의 개인정보 조회화면에서 like 검색을 과도하게 허용하고 있어, 모든 사용자가 본인의 업무 범위를 초과하여 성씨만으로도 전체 고객 정보를 조회할 수 있는 경우

(출처: ISMS-P 인증기준 안내서(2023.11.23))

20번 정답   ④

해설

① 정책 관점에서 보면 사내 설치된 모든 방화벽은 최소권한 정책, 기본 정책을 화이트리스트 정책으로 운영하라고 명시되어 있으므로 정책상에 문제로 보기에는 어렵다.

② 외부 인터넷 백신업데이트 포트는 최신 업데이트를 위해 필수사항으로 볼 수 있으므로 결함으로 판단하기 어렵다.

③ 실제 서버방화벽에 대한 실사가 필요한 부분이므로 현재 인터뷰 상으로는 결함으로 판단할 수 없다(인터뷰상 서버방화벽으로 통제되고 서버접근제어솔루션을 경유하는 것으로 제공되어 있음).

④ 보안시스템 운영지침의 방화벽 운영지침을 보면 모든 방화벽은 최소권한 정책을 준수하고 기본 정책을 화이트리스트 정책을 사용하여 필요한 트래픽만 명시적으로 허용하게 되어있다. #3 Firewall이 신규 도입되었으나 보안O/S에서 설정된 서버 방화벽과, #1, #2 방화벽을 우회하는 트래픽이 발생할 경우, 내부망이 노출될 위험이 있다.
- 보안정책의 일관성 부족
- 관리의 복잡성 증가
- 가시성 부족
- 보안 허점 발생
결국 신청기관에서는 새로 도입된 #3 Firewall의 역할에 대해서 명확히 정의하여 운영지침에 맞게 방화벽 정책을 설정하고 운영하여야 한다.

⑤ 우회경로가 존재할 경우 확인하려면 F/W에서 통제하지 못하는 부분 즉, 네트워크 구성도상의 내부망 사용자, 개발자 영역 간에 설치된 Switch에 대해서 ACL설정 등을 확인하여야 하므로 제공된 증적으로는 결함으로 판단할 수 없다.

21번 정답　①

해설

① 신용정보제공·이용자인 금융기관은 신용정보법 제20조의2(개인신용정보의 보유기간 등)에 따라 금융거래 등 상거래관계가 종료된 날부터 3개월 이내 선택적 개인신용정보(대화에서는 비중요 개인신용정보로 표기)를 파기하고, 필수적인 개인신용정보에 대해서는 접근통제 등 안전하게 보호되도록 관리함에 따라 3월에 거래종료가 된 고객의 정보에 대해 5월에 파기 및 접근통제를 적용하는 것은 결함 사항이 아니다.

② 대외채널 현황 중 '오픈뱅킹'이 누락됨에 따라 관련 정보자산의 식별이 안 되어있을 수 있기 때문에 추가 1.2.1 정보자산 식별 인증기준 결함 여부를 관련 추가 조사해보는 것은 바람직하다.

③ 전자금융거래 제공을 위하여 외부 시스템과 연계하는 경우 송·수신되는 관련 정보의 보호를 위한 대책을 수립·이행하고 안전성을 점검하여야 하기 때문에 2.10.4 전자거래 및 핀테크 보안 결함으로 판단될 수 있다.

④ 임시코드가 비활성화 처리 되어있고, 해당 테이블 내 컬럼의 현황관리가 안 되어있다고 보기는 어려워 [2.6.4 데이터베이스 접근]결함으로 판단하기 어려울 수 있다.

⑤ 은행의 계약종료가 된 고객의 중요정보 접근통제가 적용되지 않은 것은 [3.4.1 개인정보 파기] 결함사항이 맞다. 적용하는 것은 결함 사항이 아니다.

참고

"금융기관 ISMS 인증기준 3.4.1 개인정보 파기" 일부 내용

신용정보제공·이용자는 금융거래 등 상거래관계(고용관계는 제외)가 종료된 날부터 3개월 이내 금융거래 등 상거래관계의 설정 및 유지 등에 필수적인 개인신용정보(필수적 개인신용정보)와 필수적이지 않은 개인신용정보로(선택적 개인신용정보)로 구분하여 신용정보주체의 개인신용정보가 안전하게 보호될 수 있도록 관리하여야 한다.

22번 정답　②

해설

ⓒ은 SQL 인젝션 공격을 예방하기 위한 C# – 문자열 치환 예시이다.

파일 업로드 취약점을 위한 일부 확장자만 업로드를 허용하고, 업로드 파일 저장 시 파일명과 확장자를 추측할 수 없도록 치환하여 저장하게 하는 예시는 다음과 같다.

[JAVA – 허용되지 않은 확장자 업로드 제한 예시]

```
<%@ page import="com.oreilly.servlet.MultipartRequest" %>
<%@ page import="com.oreilly.servlet.multipart.DefaultFileRenamePolicy" %>
......
<%
......
MultipartRequest multi
 = new MultipartRequest(request,savePath,sizeLimit,"euc-kr",new DefaultFileRenamePolicy());
......
String fileName = multi.getFilesystemName("filename");
if (fileName != null) {
String fileExt = fileName.substring(fileName.lastIndexOf(".")+1).toLowerCase();
if (!"gif".equals(fileExt) && !"jpg".equals(fileExt) && !"png".equals(fileExt)) {
alertMessage("업로드 불가능한 파일입니다.");
return;
}
}
......
sql = " INSERT INTO board(email,r_num,w_date,pwd,content,re_step,re_num,file-
name) "
+ " values ( ?, 0, sysdate(), ?, ?, ?, ?, ? ) ";
PreparedStatement pstmt = con.prepareStatement(sql);
......
Thumbnail.create(savePath+"/"+fileName, savePath+"/"+"s_"+fileName, 150);
......
```

(출처: KISA_웹서버_보안_강화_안내서(2018.6) 13페이지)

해설

금융회사는 클라우드서비스 이용 시 전자금융감독규정 제14조의2(클라우드서비스 이용 절차)를 준수하고 적절한 보안 수준을 확보하여야 한다. 클라우드서비스 이용 절차는 다음과 같다.

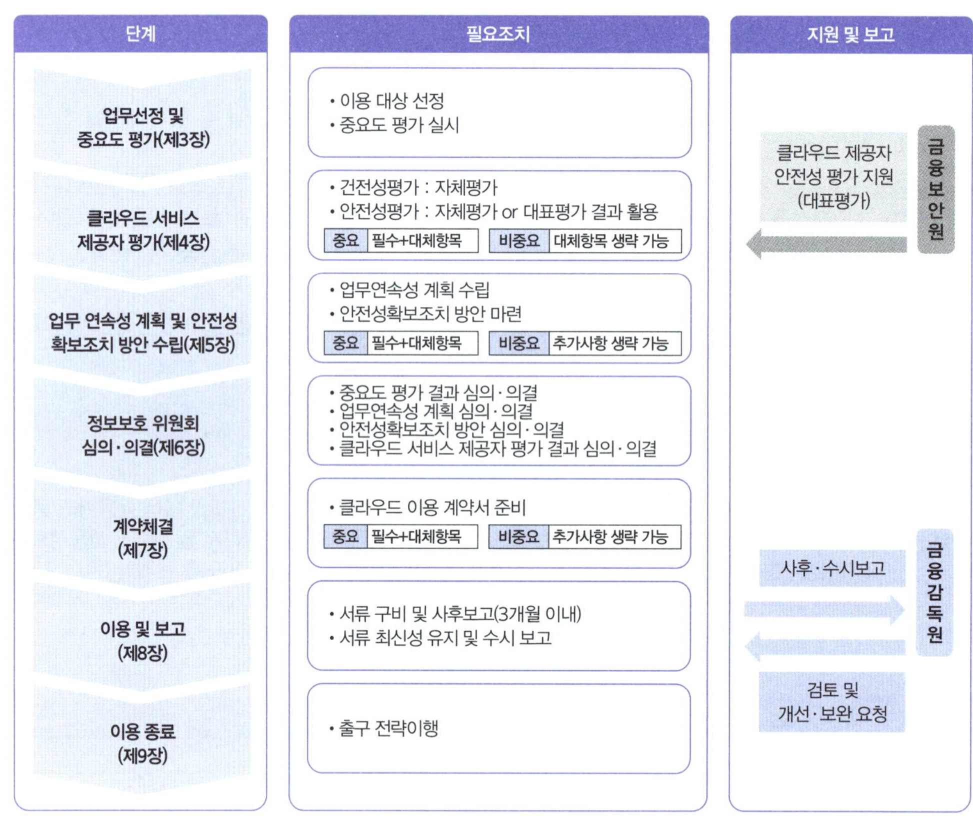

〈금융분야 클라우드컴퓨팅서비스 이용 가이드(금융보안원, 2023.02)〉

ㄴ. 금융회사는 클라우드서비스를 이용하고자 하는 경우 전자금융감독규정 14조의2 제1항 중요도 평가 기준에 따라 클라우드 이용 업무 중요도 평가를 진행해야 하며, 관련 중요도 평가 기준, 평가 방법 및 배점 등의 세부 내용은 각 금융회사가 내부 업무 사정에 따라 수립하여 적용하여야 한다. 중요업무와 비중요업무의 구분 기준이 60점은 아니다.

ㄷ. 건전성 평가의 경우, 금융회사 또는 전자금융업자에서 자체적으로 수행하고, 안전성 평가의 경우, 침해사고대응기관의 대표평가 결과를 공유받는 경우 활용 가능하다.

ㄹ. 전자금융감독규정 제37조의4(침해사고대응기관 지정 및 업무범위 등)에 따라 침해사고대응기관은 금융보안원이다.

ㅁ. 클라우드서비스제공자의 안전성 평가 항목은 필수 항목과 대체 항목이 있으며, 비중요업무인 경우 '대체 항목' 생략이 가능하고, 중요업무인 경우 국내외 클라우드 보안인증 등을 취득·유지하고 있는 클라우드서비스 제공자에 대해 대체 항목을 생략할 수 있다.

ㅂ. 금융회사는 클라우드서비스에 대해 예상치 못한 재해 또는 사고 발생 시 업무 연속성에 미칠 수 있는 영향을 파악하고, 데이터 백업, 재해복구 및 침해사고대응 훈련계획, 출구 전략 등을 포함한 업무 연속성 계획을 수립하고, 보안사고의 예방을 위한 안전성 확보조치 방안을 수립·이행하여야 한다.

ㅇ. 클라우드서비스 이용 계약을 신규로 체결하는 경우, 3개월 이내에 금융감독원장에게 보고하여야 한다.

24번 정답 ⑤

해설

① 결함을 확인하고 구현 중인 상태라서 1.3.1 보호대책 구현 결함으로 보기 어렵다.

② 결함을 확인하고 구현 중인 상태라서 1.4.1 법적 요구사항 준수 검토 결함으로 보기 어렵다.

〈개인정보의 안전성 확보조치 기준 안내서〉

제16조(공공시스템운영기관의 접근 권한의 관리) ① 공공시스템운영기관은 공공시스템에 대한 접근 권한을 부여, 변경 또는 말소하려는 때에는 인사정보와 연계하여야 한다.

② 공공시스템운영기관은 인사정보에 등록되지 않은 자에게 제5조 제4항에 따른 계정을 발급해서는 안 된다. 다만, 긴급상황 등 불가피한 사유가 있는 경우에는 그러하지 아니하며, 그 사유를 제5조 제3항에 따른 내역에 포함하여야 한다.

③ 공공시스템운영기관은 제5조 제4항에 따른 계정을 발급할 때에는 개인정보 보호 교육을 실시하고, 보안 서약을 받아야 한다.

④ 공공시스템운영기관은 정당한 권한을 가진 개인정보취급자에게만 접근 권한이 부여·관리되고 있는지 확인하기 위하여 제5조 제3항에 따른 접근 권한 부여, 변경 또는 말소 내역 등을 **반기별 1회 이상 점검**하여야 한다.

⑤ 공공시스템에 접속하여 개인정보를 처리하는 기관(이하 "공공시스템이용기관"이라 한다)은 소관 개인정보취급자의 계정 발급 등 접근 권한의 부여·관리를 직접하는 경우 제2항부터 제4항까지의 조치를 하여야 한다.

제17조(공공시스템운영기관의 접속기록의 보관 및 점검)

① 공공시스템 접속기록 등을 자동화된 방식으로 분석하여 불법적인 개인정보 유출 및 오용·남용 **시도를 탐지하고 그 사유를 소명하도록 하는 등 필요한 조치를 하여야 한다.**

② 공공시스템운영기관은 공공시스템이용기관이 소관 개인정보취급자의 접속기록을 직접 점검할 수 있는 기능을 제공하여야 한다.

---

③ 이용자가 아닌 정보주체 정보를 보유하고 있기 때문에 인터넷망 차단 조치 의무대상이 아니다.

④ 공공시스템 접근 권한 관리 점검은 반기별 1회 이상 점검하여야 한다.

⑤ 결함. 서비스 이용에 필수 항목이라고 하여도 민감 정보인 경우에는 수집 동의를 받아야 한다.

25번 정답 ①, ④

해설

① 문화행사를 참석하는 참석자 정보에 1명 이상을 기입하게 되어있으므로 선택 정보가 아닌 필수 정보여야 하므로 개인정보 수집·이용 동의서에 참석자 정보가 [선택정보]로 잘못 안내되어 있으므로 3.1.1 개인정보 수집·이용 결함이 맞다.

② Whirlpool 알고리즘은 512bit의 해시값을 생성하는 안전한 해시 알고리즘으로 비밀번호 보호에 사용하기에 적합하다. 또한 생년월일과 성별 정보에서 생년월일은 주민번호를 이용한 숫자열로 보기 어려우며, 개인정보를 내부망에 저장하는 경우 암호화 대상이 아니므로 개인정보의 저장·관리 현황이 적절하다.

> **Q9 주민번호 앞자리(생년월일)는 사용 가능한가?**
> - 주민번호 앞자리의 생년월일은 주민번호의 체계에 따라 생성되는 것이 아니라, 출생신고 시 국민이 공공기관에 신고한 날짜를 토대로 정의되는 숫자 열임
> - 따라서, 생년월일은 주민번호를 이용한 숫자열이라 보기 어려우며, 이용자의 동의를 받아 수집·이용 가능
>
> **Q10 주민번호 뒷자리만 사용하는 것은 괜찮은가?**
> - 주민번호의 뒷자리를 수집·이용하여 회원의 유일성과 식별성을 확보하는 것은 주민번호의 체계를 활용하여 주민번호의 고유한 특성을 이용하는 것이므로 주민번호를 수집·이용하는 경우에 해당한다고 볼 수 있음
> - 따라서, 법령상 주민번호를 수집할 수 있는 구체적 근거가 없다면 주민번호의 뒷자리를 수집·이용할 수 없음
>
> 출저 : 주민등록번호 수집 금지 제도 가이드라인

③ 신청양식은 14세 미만 아동의 참가자인 학부모가 신청하는 것이므로 추가적인 법정대리인의 동의는 필요하지 않다.

④ 촬영하는 영상과 사진이 개인정보로 보기에는 어렵기 때문에 개인정보 흐름도에 작성하지 않아도 된다.

⑤ 문화행사를 위해 수집된 개인정보의 파기일이 개인정보 흐름도와 수집 양식에서의 내용이 다르므로 해당 사항은 현장심사나 인터뷰를 통해 흐름도의 작성이 잘못된 것인지 수집 양식에서 잘못 기입된 것인지 추가적으로 확인한 후 결함에 해당하는 인증기준을 결정할 수 있다.

26번 정답 ⬇ ①, ③

해설

① 문화행사가 회원을 대상으로 하는 행사라면 회원가입을 요구하는 것은 도서관 운영 정책에 따른 것이므로 문제가 없다.

② 현장에서 문화행사 신청 시 수집하는 정보가 온라인 신청 내용과 동일하더라도 수집 경로가 다르므로 개인정보 흐름도에 작성해야 한다.

③ 문화행사 촬영 영상에 대해서는 사진이나 영상이 개인을 식별하기 위한 용도가 아닌 현장 보고 목적을 위해 촬영한 것이라 개인정보로 보기는 어려우므로 암호화 조치나 파기 대상으로 관리되지 않을 수 있다. 하지만, 내부 관리 지침을 통해 보유기간을 정하고 기간이 지나면 파기하는 것이 좋다.

④ 파기해야 하는 개인정보를 파쇄기를 이용하는 등의 안전한 방법으로 파기하지 않았으므로 3.4.1 개인정보 파기 결함이 더 적합하다.

⑤ 심사원이 보안 체계의 미흡한 점을 찾기 위해 신청기관의 사전 승인 없이 하는 행위는 부적절하다.

27번 정답 ⬇ ①

해설

① 정보서비스 흐름도를 작성하여 관리하고 있으나, 인터넷 사용 VDI 연결 구간 표시 누락, 자료전송 연결 구간 표시 오기, 서버 접근제어와 DB 접근제어의 표시 누락과 같이 실제 정보서비스 흐름과 상이하고 미흡한 부분이 다수 존재하고 있으므로 "1.2.2 현황 및 흐름분석" 결함으로 판단할 수 있다.

⑤ VDI와 업무 PC간의 자료 전송이 어떻게 이루어지는지 추가 확인이 필요하다(VDI와 업무 PC간의 자료 전송 솔루션을 구축 운영 중인지, VDI로 자료 이동은 아예 차단인지, 자료 전송에 대한 통제 방안이 있는지 등). 해당 증적과 인터뷰 내용으로 판단하였을 때에는 "2.6.7 인터넷 접속 통제" 결함으로 판단하기 어렵다.

28번 정답 ⑤

해설

① 결함에 해당하지 않는다. 개인정보처리시스템에 접속하기 위해서 VPN에서 2차 인증을 수행하도록 하고 있다.

② 결함에 해당하지 않는다. 운영 데이터를 시험 데이터로 사용하면서 책임자 승인, 유출 모니터링, 시험 후 데이터 삭제 등의 통제 절차를 잘 수행하고 있다.

③ 결함에 해당하지 않는다.

④ 결함에 해당하지 않는다. VPN 장비는 개인정보처리시스템에 해당하지 않는다.

⑤ 결함(통지 예외 사항에 해당하지 않으며 수집 출처에 알린 기록은 개인정보 파기시까지 보관해야 한다.)

> **[간접수집 출처 통지 예외]**
>
> 1. 통지를 요구하는 대상이 되는 개인정보가 제32조 제2항 각 호의 어느 하나에 해당하는 개인 정보파일에 포함되어 있는 경우
> 2. 통지로 인하여 다른 사람의 생명·신체를 해할 우려가 있거나 다른 사람의 재산과 그 밖의 이익을 부당하게 침해할 우려가 있는 경우
> ※ 다만, 이 법에 따른 정보주체의 권리보다 명백히 우선하는 경우에 한함
>
> **[개인정보 이용·제공 내역 통지 예외]**
>
> 1. 통지에 대한 거부의사를 표시한 정보주체
> 2. 개인정보처리자가 업무수행을 위해 그에 소속된 임직원의 개인정보를 처리한 경우 해당 정보주체
> 3. 개인정보처리자가 업무수행을 위해 다른 공공기관, 법인, 단체의 임직원 또는 개인의 연락처 등의 개인정보를 처리한 경우 해당 정보주체
> 4. 법률에 특별한 규정이 있거나 법령 상 의무를 준수하기 위하여 이용·제공한 개인정보의 정보주체
> 5. 공공기관이 법령 등에서 정하는 소관 업무의 수행을 위하여 이용·제공한 개인정보의 정보주체
> ※ 연락처 등 정보주체에게 통지할 수 있는 개인정보를 수집·보유하지 아니한 경우

29번 정답 ⑤

해설

① 확인된 내용만으로 결함으로 보기 어렵다.

② 확인된 내용만으로 결함으로 보기 어렵다.

③ 추가 확인이 필요하다.

④ 시스템 변경 작업 절차 중 삭제 절차를 미이행하여 2.9.1 변경관리 결함으로 볼 수 있다.

⑤ 2.9.1 변경관리 결함으로 판단하기 위해서는 추가 정보가 필요하다. 2.9 7 정보자산의 재사용 및 폐기 결함이 적절하다.

해설

② 정보자산 관리 시 자산을 관리하는 담당자와 책임을 질 수 있는 책임자를 지정하도록 요구하고 있으나, **담당자와 관리자를 동일하게 지정하여 관리하고 있으므로 2.1.3 정보자산 관리 결함**이다.

① 모든 서버는 보안 취약점 점검이 완료된 AMI를 복사하여 사용하고 있으며, 운영되는 서버의 보안 설정 변경 이력을 별도로 점검하고 있기 때문에 취약점 진단 결과에 AMI만 점검하고 있다고 해서 결함이 아니다.

③ 자산관리대장 내 자산 평가에 대한 결과가 있지 않지만 별도 문서로 관리하고 있기 때문에 결함이 아니다.

④ 자산관리대장 내 식별된 직원 중 퇴직자가 존재하나 현행화되지 않은 결함은 2.1.3 정보자산 관리 통제항목이다.

⑤ 보안등급에 따른 취급절차가 존재하지 않은 결함은 2.1.3 정보자산 관리 통제항목이다.

참고

ISMS-P 인증기준 안내서

2.1.3 정보자산 관리

사례1 : 내부 지침에 따라 문서에 보안등급을 표기하도록 되어 있으나, 이를 표시하지 않은 경우

사례2 : 정보자산별 담당자 및 책임자를 식별하지 않았거나, 자산목록 현행화가 미흡하여 퇴직, 전보 등 인사이동이 발생하여 주요 정보자산의 담당자 및 책임자가 변경되었음에도 이를 식별하지 않은 경우

사례3 : 식별된 정보자산에 대한 중요도 평가를 실시하여 보안등급을 부여하고 정보 자산 목록에 기록하고 있으나, 보안등급에 따른 취급절차를 정의하지 않은 경우

해설

① 결함. 수집하는 개인정보 항목을 구체적으로 명시하지 않고 '∼ 등'과 같이 포괄적으로 안내하고 있다.

⑤ 결함. 동의를 거부할 권리가 있다는 사실 및 동의 거부에 따른 불이익이 있는 경우 그 불이익의 내용을 고지하지 않고 누락함, 제공받는 자를 특정하지 않고 '전달받아야 하는 모든 주체'로 모호하게 표시하여 동의를 받고 있다.

해설

① ○○여행사는 만 14세 미만 아동에 대한 개인정보를 수집·이용하기 위해서는 법정대리인의 동의를 받아야 한다. (O)

법 제22조의2(아동의 개인정보 보호)

① 개인정보처리자는 만 14세 미만 아동의 개인정보를 처리하기 위하여 이 법에 따른 동의를 받아야 할 때에는 그 법정대리인의 동의를 받아야 하며, 법정대리인이 동의하였는지를 확인하여야 한다.

② 이벤트 관련한 개인정보 수집·이용 동의서에 목적을 '이벤트 경품 응모를 위한 경품 추첨 및 발송 등'으로 동의 내용을 불명확하게 기재하여서는 안 된다. (O)

시행령 제17조(동의를 받는 방법)

① 개인정보처리자는 법 제22조에 따라 개인정보의 처리에 대하여 정보주체의 동의를 받을 때에는 다음 각 호의 조건을 모두 충족해야 한다.

1. 정보주체가 자유로운 의사에 따라 동의 여부를 결정할 수 있을 것

2. 동의를 받으려는 내용이 **구체적이고 명확**할 것

3. 그 내용을 쉽게 읽고 이해할 수 있는 문구를 사용할 것

4. 동의 여부를 명확하게 표시할 수 있는 방법을 정보주체에게 제공할 것

③ ○○여행사는 상품의 판매 권유 또는 홍보를 목적으로 개인정보 처리에 대한 동의를 받을 때는 정보주체에게 판매 권유 또는 홍보에 이용된다는 사실을 다른 동의와 구분하여 정보주체가 이를 명확히 인지할 수 있게 알린 후 동의를 받아야 한다. (O)

법 제22조(동의를 받는 방법)

① 개인정보처리자는 이 법에 따른 개인정보의 처리에 대하여 정보주체(제22조의2 제1항에 따른 법정대리인을 포함한다. 이하 이 조에서 같다)의 동의를 받을 때에는 각각의 동의 사항을 구분하여 정보주체가 이를 명확하게 인지할 수 있도록 알리고 동의를 받아야 한다. 이 경우 다음 각 호의 경우에는 동의 사항을 구분하여 각각 동의를 받아야 한다.

7. 재화나 서비스를 홍보하거나 판매를 권유하기 위하여 개인정보의 처리에 대한 동의를 받으려는 경우

④ ○○여행사는 동의 받을 때에는 개인정보의 수집 항목 및 기간은 중요한 내용으로 알아보기 쉽게 명확히 표시하여야 한다. (X)

– **수집 항목은 중요 표시해야 하는 내용이 아니며,** 목적과 기간을 알아보기 쉽게 표시하고 있다.

법 제22조(동의를 받는 방법)

② 개인정보처리자는 제1항의 동의를 서면(「전자문서 및 전자거래 기본법」 제2조제1호에 따른 전자문서를 포함한다)으로 받을 때에는 개인정보의 수집·이용 목적, 수집·이용하려는 개인정보의 항목 등 대통령령으로 정하는 중요한 내용을 **보호위원회가 고시로 정하는 방법에 따라 명확히 표시하여 알아보기 쉽게 하여야 한다.**

영 제17조(동의를 받는 방법) ③ 법 제22조 제2항에서 "대통령령으로 정하는 중요한 내용"이란 다음 각 호의 사항을 말한다.

1. 개인정보의 **수집·이용 목적 중 재화나 서비스의 홍보 또는 판매 권유 등을 위하여** 해당 개인정보를 이용하여 정보주체에게 **연락할 수 있다는 사실**

2. 처리하려는 개인정보의 항목 중 다음 각 목의 사항

    가. 민감정보

    나. 제19조 제2호부터 제4호까지의 규정에 따른 여권번호, 운전면허의 면허번호 및 외국인등록번호

3. **개인정보의 보유 및 이용 기간**(제공 시에는 제공받는 자의 보유 및 이용 기간을 말한다)

4. 개인정보를 제공받는 자 및 개인정보를 제공받는 자의 개인정보 이용 목적

개인정보 처리 방법에 관한 고시 제4조(서면 동의 시 중요한 내용의 표시 방법) 법 제22조 제2항에서 "보호위원회가 고시로 정하는 방법"이란 다음 각 호의 방법을 통해 종이 인쇄물, 컴퓨터 표시화면 등 서면 동의를 요구하는 매체의 특성과 정보주체의 이용환경 등을 고려하여 정보주체가 쉽게 알아볼 수 있도록 표시하는 방법을 말한다.

1. 글씨의 크기, 색깔, 굵기 또는 밑줄 등을 통하여 그 내용이 명확히 표시되도록 할 것

2. 동의 사항이 많아 중요한 내용이 명확히 구분되기 어려운 경우에는 중요한 내용이 쉽게 확인될 수 있도록 그 밖의 내용과 별도로 구분하여 표시할 것

⑤ ○○여행사는 동의 내용을 게재한 인터넷 사이트에 법정대리인이 동의 여부를 표시하도록 하고 법정대리인의 신용카드·직불카드 등의 카드정보를 제공받아 법정대리인이 동의했는지 확인 할 수 있다. (O)

영 제17조의2(아동의 개인정보 보호)

① 개인정보처리자는 법 제22조의2 제1항에 따라 **법정대리인이 동의했는지를 확인하는 경우에는 다음 각 호의 어느 하나에 해당하는 방법으로 해야 한다.**

1. 동의 내용을 게재한 인터넷 사이트에 법정대리인이 동의 여부를 표시하도록 하고 개인정보처리자가 그 동의 표시를 확인했음을 법정대리인의 휴대전화 문자메시지로 알리는 방법

2. **동의 내용을 게재한 인터넷 사이트에 법정대리인이 동의 여부를 표시하도록 하고 법정대리인의 신용카드·직불카드 등의 카드정보를 제공받는 방법**

3. 동의 내용을 게재한 인터넷 사이트에 법정대리인이 동의 여부를 표시하도록 하고 법정대리인의 휴대전화 본인인증 등을 통하여 본인 여부를 확인하는 방법

4. 동의 내용이 적힌 서면을 법정대리인에게 직접 발급하거나 우편 또는 팩스를 통하여 전달하고, 법정대리인이 동의 내용에 대하여 서명날인 후 제출하도록 하는 방법

5. 동의 내용이 적힌 전자우편을 발송하고 법정대리인으로부터 동의의 의사표시가 적힌 전자우편을 전송받는 방법

6. 전화를 통하여 동의 내용을 법정대리인에게 알리고 동의를 받거나 인터넷주소 등 동의 내용을 확인할 수 있는 방법을 안내하고 재차 전화 통화를 통하여 동의를 받는 방법

7. 그 밖에 제1호부터 제6호까지의 규정에 준하는 방법으로서 법정대리인에게 동의 내용을 알리고 동의의 의사표시를 확인하는 방법

33번 정답 ③

해설

③ 2.6.1 네트워크 접근 통제는 주로 네트워크 구성, 서비스, 포트 등에 대한 접근 통제를 다루고 있다. 이는 주로 외부에서 내부 네트워크로의 접근을 제어하는 데 초점을 맞추고 있다.

– 인증기준 : 네트워크에 대한 비인가 접근을 통제하기 위하여 IP관리, 단말인증 등 관리절차를 수립·이행하고, 업무목적 및 중요도에 따라 네트워크 분리(DMZ, 서버팜, DB존, 개발존 등)와 접근통제를 적용하여야 한다.

2.6.2 정보시스템 접근 통제는 개별 정보시스템에 대한 접근 권한 관리, 인증, 식별 등을 다룬다. NAS는 정보를 저장하는 시스템으로, 이에 대한 접근 통제는 2.6.2 정보시스템 접근에 더 부합한다. 문제에서 언급된 "내부망의 모든 사용자가 접근 가능한 상태"는 NAS라는 특정 정보시스템에 대한 접근 권한 설정의 문제를 나타내고 있다. 이는 네트워크 레벨의 접근 통제보다는 정보시스템 레벨의 접근 통제 문제에 해당한다.

– 인증기준 : 서버, 네트워크시스템 등 정보시스템에 접근을 허용하는 사용자, 접근제한 방식, 안전한 접근수단 등을 정의하여 통제하여야 한다.

34번 정답 ④, ⑤

해설

① 개인정보 보호책임자가 고정형 영상정보처리기기 관리책임자의 업무를 수행하고 있어 결함이다. (X)

「표준 개인정보 보호지침」 제37조(관리책임자의 지정)

① 고정형영상정보처리기기운영자는 개인영상정보의 처리에 관한 업무를 총괄해서 책임질 관리책임자를 지정하여야 한다.

③ 법 제31조에 따른 **개인정보 보호책임자는 관리책임자의 업무를 수행할 수 있다.**

② 고정형 영상정보처리기기 운영·관리 방침에 고정형 영상정보처리기기 설치 및 관리 등의 위탁에 관한 사항이 명시되어 있지 않아 결함이다. (X)

「개인정보보호법 시행령」 제25조(고정형 영상정보처리기기 운영·관리 방침)

① 고정형영상정보처리기기운영자는 법 제25조 제7항에 따라 다음 각 호의 사항이 포함된 고정형 영상정보처리기기 운영·관리 방침을 마련해야 한다.

  1. 고정형 영상정보처리기기의 설치 근거 및 설치 목적

  2. 고정형 영상정보처리기기의 설치 대수, 설치 위치 및 촬영 범위

  3. 관리책임자, 담당 부서 및 영상정보에 대한 접근 권한이 있는 사람

  4. 영상정보의 촬영시간, 보관기간, 보관장소 및 처리방법

  5. 고정형영상정보처리기기운영자의 영상정보 확인 방법 및 장소

  6. 정보주체의 영상정보 열람 등 요구에 대한 조치

  7. 영상정보 보호를 위한 기술적·관리적 및 물리적 조치

  8. 그 밖에 고정형 영상정보처리기기의 설치·운영 및 관리에 필요한 사항

「공공기관 고정형 영상정보처리기기 설치·운영 가이드라인」 P.36 예시에서 위탁한 경우에는 운영·관리 방침에 포함할 수 있으므로 결함 아님

③ 표준 개인정보 보호지침에 영상정보 30일 보관하도록 되어있는데 90일 보관하는 것은 결함이다. (X)

「표준 개인정보 보호지침」 제41조(보관 및 파기)

② 고정형영상정보처리기기운영자가 그 사정에 따라 보유 목적의 달성을 위한 **최소한의 기간을 산정하기 곤란한 때**에는 보관 기간을 **개인영상정보 수집 후 30일 이내로 한다.**

「공공기관 고정형 영상정보처리기기 설치·운영 가이드라인」 P.25

> Q. 영상정보의 보관기간은 반드시 30일 이내로 정해야 하는지?
>
> A. 반드시 30일 이내로 하여야 하는 것은 아니다. CCTV 설치 목적 등 해당 기관의 특성에 따라 보관 목적 달성을 위해 필요한 최소한의 기간이 30일을 초과하는 경우에는 이를 CCTV 운영·관리 방침에 반영하고 그 기간동안 보관할 수 있다. 다만, 다른 법령에 보관기간이 정해져 있는 경우에는 그에 따라야 한다.

④ **영상정보처리기기에 한시적으로 녹음 기능을 부여하여 운영하는 것은 결함이다. (O)**

「개인정보보호법」 제25조(고정형 영상정보처리기기의 설치·운영 제한)

⑤ 고정형영상정보처리기기운영자는 고정형 영상정보처리기기의 설치 목적과 다른 목적으로 고정형 영상정보처리기기를 임의로 조작하거나 다른 곳을 비춰서는 아니 되며, 녹음기능은 사용할 수 없다.

개인정보보호위원회,【2023「개인정보 보호법」 표준 해석례('23.7) P.21】

> **(문의)** 영상정보처리기기에 한시적으로 음성 녹음을 하여도 되는지?
>
> **(답변)** 공개된 장소에서 영상정보처리기기를 통하여 녹음하는 행위는 한시적이라 하더라도 보호법 제25조에 위반됨

⑤ **고정형 영상정보처리기기 운영·관리에 관한 사항을 개인정보처리방침에 포함하지 않고 운영·관리 방침을 별도로 마련한 것은 결함이 아니다. (O)**

「개인정보보호법」 제25조(고정형 영상정보처리기기 운영·관리 방침)

⑦ 고정형영상정보처리기기운영자는 대통령령으로 정하는 바에 따라 **고정형 영상정보처리기기 운영·관리 방침**을 마련하여야 한다. 다만, 제30조에 따른 **개인정보 처리방침을 정할 때 고정형 영상정보처리기기 운영·관리에 관한 사항을 포함시킨 경우에는 고정형 영상정보처리기기 운영·관리 방침을 마련하지 아니할 수 있다.**

해설

① 2.5.1. 사용자 계정 관리

인터뷰 1, 2, 3에서 도출된 문제점의 근본 원인으로 사용자 계정관리가 적절하지 않다.

– 인터뷰 1 : 30일 이상 미접속하였음에도 비활성화되지 않은 육아휴직자 계정이 발견되었다.

– 인터뷰 2 : 서브관리자 계정이 1년 이상 사용되지 않았으나 비활성화되지 않은 문제점이 발견되었다.

– 인터뷰 3 : 홈페이지 관리자의 계정 24개가 동일한 권한을 갖고 있는 문제점이 발견되었다.

종합적으로 사용자 계정관리가 적절하게 이루어지지 않아 발생한 문제점이다.

해설

① 심사원은 동의서에 명확히 표시하여 알아보기 쉽게 고지하여야 할 사항이 명확하게 표시되지 않아 3.1.1 개인정보 수집·이용 결함이라고 판단하였다.

– 보유·이용기간은 명확하게 표시하여야 함

– 개인정보의 수집·이용 목적 중 재화나 서비스의 홍보 또는 판매 권유 등을 위하여 해당 개인정보를 이용하여 정보주체에게 연락할 수 있다는 사실도 명확하게 표시하여야 함

② 심사원은 개인정보 수집·이용 동의 시 필수 동의와 선택 동의를 구분하지 않고 동의 받도록 되어 있어 3.1.1 개인정보수집·이용 결함이라고 판단하였다.

– 필수 동의와 선택 동의는 구분하였음

③ 심사원은 개인정보 수집·이용 동의 시 거부할 권리가 있다는 사실 및 동의 거부에 따른 불이익의 내용을 알리고 있으나, 동의 여부를 선택할 수 없어 3.1.1 개인정보 수집·이용 결함이라고 판단하였다.

– 동의 거부권을 고지하였고 동의 여부를 선택할 수 있음

④ 심사원은 개인정보 수집·이용 동의 시 필수 동의와 선택 동의를 구분하였으나 배송지 정보(수령인, 휴대폰 번호, 주소)에 대한 동의 여부를 체크할 수 없어 3.1.1 개인정보 수집·이용 결함이라고 판단하였다.

– 약관에 의한 동의를 받고 있음

⑤ 심사원은 개인정보 수집·이용 동의 시 마케팅 활용에 대해 다른 목적으로 수집하는 정보와 구분하지 않고 포괄 동의를 받고 있어서 3.1.2 개인정보 수집 제한 결함이라고 판단하였다.

– 마케팅 활용에 대해 구분하여 동의를 받고 있음

3.1.1 개인정보 수집·이용

개인정보는 적법하고 정당하게 수집·이용하여야 하며, 정보주체의 동의를 근거로 수집하는 경우에는 적법한 방법으로 정보주체의 동의를 받아야 한다. 또한 만 14세 미만 아동의 개인정보를 수집하는 경우에는 그 법정대리인의 동의를 받아야 하며 법정대리인이 동의하였는지를 확인하여야 한다.

3.1.2 개인정보 수집제한

개인정보를 수집하는 경우 처리 목적에 필요한 최소한의 개인정보만을 수집하여야 하며, 정보주체가 선택적으로 동의할 수 있는 사항 등에 동의하지 아니한다는 이유로 정보주체에게 재화 또는 서비스의 제공을 거부하지 않아야 한다.

개인정보 보호법 제22조(동의를 받는 방법) ① 개인정보처리자는 이 법에 따른 개인정보의 처리에 대하여 정보주체(제22조의2 제1항에 따른 법정대리인을 포함한다. 이하 이 조에서 같다)의 동의를 받을 때에는 각각의 동의 사항을 구분하여 정보주체가 이를 명확하게 인지할 수 있도록 알리고 동의를 받아야 한다. 이 경우 다음 각 호의 경우에는 동의 사항을 구분하여 **각각 동의**를 받아야 한다.

1. 제15조 제1항 제1호에 따라 동의를 받는 경우 (수집이용)

2. 제17조 제1항 제1호에 따라 동의를 받는 경우 (개인정보의 제공)

3. 제18조 제2항 제1호에 따라 동의를 받는 경우 (개인정보 목적외이용,제3자제공)

4. 제19조 제1호에 따라 동의를 받는 경우 (제공받은자의 제공이용)

5. 제23조 제1항 제1호에 따라 동의를 받는 경우 (민감정보처리제한)

6. 제24조 제1항 제1호에 따라 동의를 받는 경우 (고유식별정보처리제한)

7. **재화나 서비스를 홍보하거나 판매를 권유하기 위하여 개인정보의 처리에 대한 동의를 받으려는 경우**

8. 그 밖에 정보주체를 보호하기 위하여 동의 사항을 구분하여 동의를 받아야 할 필요가 있는 경우로서 대통령령으로 정하는 경우

② 개인정보처리자는 제1항의 동의를 서면(「전자문서 및 전자거래 기본법」 제2조 제1호에 따른 전자문서를 포함한다)으로 받을 때에는 개인정보의 수집·이용 목적, 수집·이용하려는 개인정보의 항목 등 대통령령으로 정하는 중요한 내용을 보호위원회가 고시로 정하는 방법에 따라 **명확히 표시하여 알아보기 쉽게** 하여야 한다.

대통령령으로 정하는 중요한 내용

1. 재화나 서비스의 홍보 또는 판매 권유 등을 위하여 해당 개인정보를 이용하여 정보주체에게 연락할 수 있다는 사실

2. 민감정보

3. 여권번호, 운전면허의 면허번호 및 외국인등록번호

4. 개인정보의 보유 및 이용 기간(제공 시에는 제공받는 자의 보유 및 이용 기간을 말한다)

5. 개인정보를 제공받는 자 및 개인정보를 제공받는 자의 개인정보 이용 목적

명확히 표시하여 알아보기 쉽게 하는 방법 (개인정보 처리 방법에 관한 고시 제4조)

1. **글씨의 크기, 색깔, 굵기 또는 밑줄** 등을 통하여 그 내용이 명확히 표시되도록 할 것

2. 동의 사항이 많아 중요한 내용이 명확히 구분되기 어려운 경우에는 중요한 내용이 쉽게 확인될 수 있도록 그 밖의 **내용과 별도로 구분**하여 표시할 것

개인정보 질의응답 모음집 p72

개인정보를 수집하는 경우 목적과 항목 등을 구체적으로 밝히고, 약관과는 별도로 설명하여 자발적인 의사에 따라 동의 여부를 결정하도록 하여야 함

해설

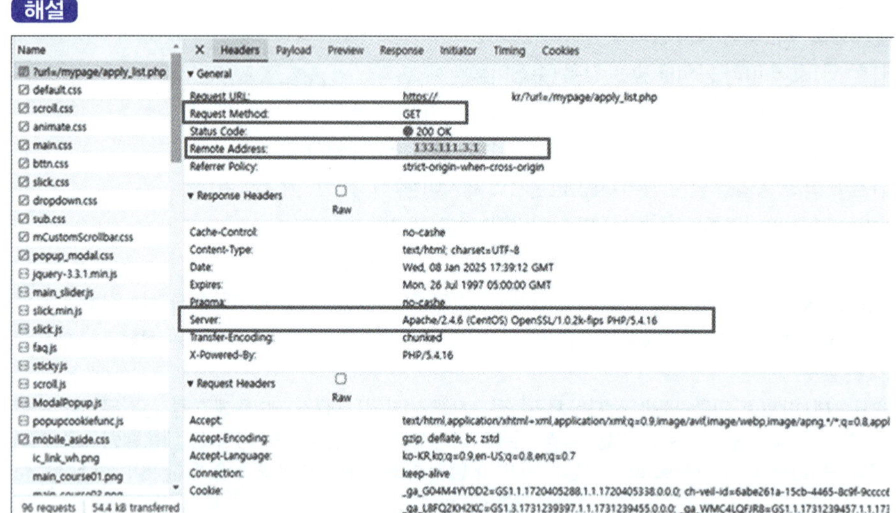

인터넷으로 회원가입을 받고 있는 누리집(=홈페이지)의 회원가입 신청 화면이다.

① 수집하는 개인정보 항목과 동의서의 개인정보 항목이 상이하여 3.1.1 개인정보 수집·이용 결함으로 판단하였다.

② **수집하는 개인정보 항목과 동의서의 개인정보 항목이 상이하여 3.1.2 개인정보 수집 제한 결함으로 판단하였다.**

    → **수집하는 개인정보 항목과 동의서의 개인정보 항목이 상이한 결함은 3.1.1 개인정보 수집·이용 결함이다.**

③ 수집하는 개인정보 항목의 필수, 선택이 구분되어 있지 않아 3.1.2 개인정보 수집 제한 결함으로 판단하였다.

④ **소스보기 화면에서 REMOTE ADDRESS가 노출되어 있어 2.6.6 원격접근통제 결함으로 판단하였다.**

    → **서버 정보 노출은 2.10.3 공개서버보안 결함이다.**

⑤ 소스보기 화면에서 서버정보가 노출되어 있어 2.10.3 공개서버보안 결함으로 판단하였다.

2.10.3 공개서버 보안

외부 네트워크에 공개되는 서버의 경우 내부 네트워크와 분리하고 취약점 점검, 접근통제, 인증, 정보 수집·저장·공개 절차 등 강화된 보호대책을 수립·이행하여야 한다.

- 웹 서버 등 공개서버를 운영하는 경우 이에 대한 보호대책을 수립·이행하여야 한다.

- 공개서버는 내부 네트워크와 분리된 DMZ영역에 설치하고 침입차단시스템 등 보안시스템을 통하여 보호하여야 한다.

- 공개서버에 개인정보 및 중요정보를 게시하거나 저장하여야 할 경우 책임자 승인 등 허가 및 게시절차를 수립·이행하여야 한다.

해설

③ DRM에 대한 설명이다. 스테가노그래피는 악성 데이터를 이미지 파일에 숨긴 후 실행 시 이미지 연산을 통해 악성코드를 활성화하는 방식이다.

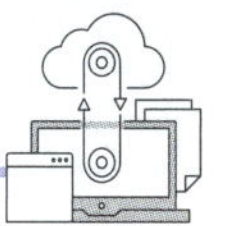

39번 정답  ①, ⑤

해설

① 2.8.4 시험 데이터 보안

[ISMS-P 인증기준 안내서(2023.11)]

2.8.4 시험 데이터 보안

사례 4 : 실 운영데이터를 테스트 용도로 사용한 후 테스트가 완료되었음에도 실 운영데이터를 테스트 데이터베이스에서 삭제하지 않은 경우

3.4.1 개인정보 파기

사례 1 : 회원 탈퇴 등 목적이 달성되거나 보유기간이 경과된 경우 회원 데이터베이스에서는 해당 개인정보를 파기하였으나, CRM·DW 등 연계된 개인정보처리시스템에 복제되어 저장되어 있는 개인정보를 파기하지 않은 경우

사례 3 : 콜센터에서 수집되는 민원처리 관련 개인정보(상담이력, 녹취 등)를 전자상거래법을 근거로 3년간 보존하고 있으나, 3년이 경과한 후에도 파기하지 않고 보관하고 있는 경우

사례 4 : 블록체인 등 기술적 특성으로 인하여 목적이 달성된 개인정보의 완전 파기가 어려워 완전파기 대신 익명처리를 하였으나, 익명처리가 적절하게 수행되지 않아 일부 개인정보의 재식별 등 복원이 가능한 경우

⑤ 3.4.2 처리목적 달성 후 보유 시 조치

[ISMS-P 인증 결함 조치 사례(2024.01) P.135]

3.4.2 처리목적 달성 후 보유 시 조치

CASE 1 : 중견기업 A사 전자상거래법에 따른 소비자 불만 및 분쟁처리에 관한 기록에 대해 3년이 아닌 5년간 보존하고 있는 경우

40번 정답  ③

해설

② 국외에서 국내 정보주체의 개인정보를 직접 수집하여 처리하는 경우에는 국외이전 국가명만 고지하면 된다.

구분	국외에서 국내 정보주체의 개인정보를 직접 수집하여 처리하는 경우	개인정보를 국외로 이전하는 경우
영 제31조 제1항 제2호		• 국외 이전 법적 근거 • 이전되는 개인정보 항목 • 개인정보가 이전되는 국가, 시기, 방법 • 개인정보를 이전받는 자의 성명 • 개인정보를 이전받는 자의 개인정보 이용 목적 및 보유·이용기간 • 개인정보의 이전을 거부하는 방법, 절차 및 거부의 효과
영 제31조 제1항 제4호	• 개인정보를 처리하는 **국가명**	

출처 : 개인정보_보호법_및_시행령_2차_개정사항_안내서(24.3.15.시행).pdf (P.43)

③ 추가적으로 이용 또는 제공하는 것이 지속적으로 발생하는 경우에는, 관련 내용(제공받는 자, 개인정보 항목, 이용·제공 목적, 제공받는 자의 보유 및 이용기간 등)을 시행령 제14조의2 제1항 각 호에 따른 추가적인 이용 및 **제공하기 위한 고려사항에 따른 판단기준과 함께 구체적으로 기재하여야 함**

[작성 예시]

추가적인 이용·제공 판단기준

① 〈개인정보처리자명〉은(는) 「개인정보 보호법」 제15조 제3항 또는 제17조 제4항에 따라 「개인정보 보호법」 시행령 제14조의2에 따른 사항을 고려하여 정보주체의 동의 없이 개인정보를 추가적으로 이용·제공할 수 있습니다.

제공받는 자	제공항목	이용 목적	보유 및 이용기간
중개 서비스에 가입한 택시 사업자	택시 중개서비스 제공	연락처, 위치정보	택시 서비스 이용 종료 시까지

② 이에 따라 〈개인정보처리자명〉은(는) 정보주체의 동의 없이 추가적인 이용·제공을 하기 위해서 다음과 같은 사항을 고려하였습니다.

▶ 제공하는 개인정보의 당초 수집 목적인 '택시 중개 서비스 제공' 목적을 위한 것으로 수집 목적과 관련성이 있습니다.

▶ 정보주체는 서비스 계약 과정에서 중개 서비스 특성 상 개인정보의 제공이 있을 수 있음을 예측 가능합니다.

※ 위 작성 예시는 단순 예시에 불과하며, 개인정보 처리자가 운영하는 서비스의 특성, 실제 처리 현황 등에 따라 작성 내용이 다를 수 있으므로, 각자의 상황에 맞게 개인정보 처리방침을 수립하여야 함

출처 : 0430-개인정보처리방침 작성지침('24.4).pdf, P.47, 개인정보보호위원회

41번 정답 ③

해설

③ 영업·판매 등 사업성이 없고, 정보통신망법 제45조의3 제4항 각 호의 계열사 업무를 수행하는 경우 정보보호 최고책임자의 업무에 포함되는 것으로 판단한다.

정보보호 최고책임자의 직무 관련 질의·답변

질의	답변
• 인프라(서버, 네트워크) 운영·관리업무가 정보보호 업무에 포함되는지?	• 정보보안의 차원에서 운영·관리하는 서버·네트워크 관련 업무는 정보보호 업무에 해당
• 프로그램 개발업무가 정보보호 업무에 포함되는지?	• 자체 보안 프로그램 개발 업무 등은 정보보호 업무에 해당되나, 일반 프로그램 개발업무는 정보보호 업무에 미해당
• **보안서비스 사업**이 정보보호 업무에 포함되는지?	• **기업 내부의 정보보호 서비스는 정보보호 업무에 해당되나, 다른 기업에 대한 보안서비스 사업은 정보보호 업무에 미해당**
• **계열사에 대한 정보보호 지원 업무**가 정보보호 업무에 포함되는지?	• **영업·판매 등 사업성이 없고,** 「**정보통신망법**」 **제45조의3 제4항 각 호의 업무를 수행하는 경우,** 다른 회사에 대한 정보보호 지원 업무는 **정보보호 업무에 포함되는 것으로 판단됨**

출처 : 정보보호 최고책임자_지정신고제도_안내서.pdf (P.21), KISA, 2021.12

42번 정답 ④

해설

중요 정보보호 활동 (위험평가, 위험수용수준 결정, 정보보호대책 및 이행계획 검토, 정보보호 대책 이행결과 검토, 보안감사 등)을 수행하면서 관련 활동 보고, 승인 등 의사결정에 경영진 또는 경영진의 권한을 위임받은 자가 참여하지 않았거나 관련 증거자료가 확인되지 않은 경우 결함 사항에 해당한다. CIO, CISO 등 실질적인 의사결정을 할 수 있는 책임자가 주도할 수 있도록 비상대책반에 CIO, CISO 등이 포함되어야 한다.

43번 정답 ④

해설

(라) 정보활용 동의등급은 「신용정보의 이용 및 보호에 관한 법률」 제34조의3(정보활용 동의등급)에 따른 신용정보제공·이용자에 해당하는 것으로 일반 개인정보처리자는 의무사항이 아니며, 눈속임 설계(다크패턴)에 해당하지 않는다.

대 취약 분야 개인정보 처리 실태점검 결과 (개인정보보호위원회, 2024. 1. 11.)

[단계별 프라이버시 다크패턴 유형(종합)]

가입 단계	포괄 동의 또는 동의 간주	이용약관·처리방침 등을 통해 수집·이용 관련 일괄 동의 또는 회원 가입 시 별도 절차 없이 동의 간주
	부적절한 기본설정	개인정보 공유·맞춤형 광고 허용 등을 기본값으로 미리 설정(미인지로 수정 못하면 그대로 확정)
	오해 유도 문구 사용	가입 등의 문구 대신 즐기러 가기·계속하기·다음 등 불명확하거나 일회성 이용처럼 보이는 문구를 사용해 개인정보 수집·이용 동의 확보
	현저히 균형감을 잃은 표현 및 가독성 저해	선택 동의 사항임에도 과도하게 강조하거나 가독성을 낮게 해 부지불식간에 동의 유도
	정보 숨김(감추기)	처리 관련 정보를 제공하지 않거나, 화면상 보여지는 동의 외 숨겨진 동의가 있는 경우(아래로 스크롤해야 확인 가능 등)
이용 단계	개인정보 사후관리 불가 (개인정보 확인·수정 곤란)	대시보드 등을 통해 이용자 본인이 제공·공유키로 한 개인정보를 확인하거나 수정할 수 있는 기능 부재
	선택 동의 추가 강요 (일부 사실상 강제)	가입 완료 이후 추가적 정보 수집·이용에 동의 강요(미동의 시 앱(서비스) 이용 제한)
	지속·반복적 동의 요구	동의 거부 시 앱(서비스) 이용 단계에서도 지속·반복적으로 수집·이용 동의 요청 알림
	맞춤형 광고를 위한 쿠키 강요	웹(서비스) 이용 중 쿠키 수집에 대한 선택지로 '수락'만 있고 '거부'나 '부분 허용' 등은 없는 경우
탈퇴 단계	탈퇴 방해(해지 방어)	앱(서비스) 이용 해지나 회원 탈퇴를 어렵게 하거나 해당 기능 자체를 미제공
	감정에 호소	이용자의 자율적 선택권을 제약하는 감정적 이모티콘·표현 등 사용

44번 정답 ⬇ ①, ②

해설

① 개인정보 국외 이전 시 개인정보 처리방침에 **"근거"**와 **"고지사항"**만 기재하면 됨

[국외이전 법적근거]
- 정보주체의 별도 동의 받은 경우
- 법률, 조약 등에 특별한 규정이 있는 경우
- 정보주체와의 계약 체결/이행을 위한 경우
- 이전받는 자가 개인정보 보호 인증을 받은 경우
- 이전받는 국가가 개인정보 보호법과 동일한 개인정보 보호 수준을 갖춘 경우

[고지사항]
- 이전되는 개인정보 항목
- 개인정보가 이전되는 국가, 시기, 방법
- 개인정보를 이전받는 자의 개인정보 이용 목적 및 보유·이용기간
- 개인정보의 이전을 거부하는 방법, 절치 및 거부의 효과

② 주어진 세 가지 이외에 **아래 두 가지 근거가 신설**되었음

  – 이전받는 자가 개인정보 보호 인증을 받은 경우

  – 이전받는 국가가 개인정보 보호법과 동일한 개인정보 보호 수준을 갖춘 경우

  출처 : 개인정보 보호법 시행령 제31조

⑤ 영업양도 등을 통하여 개인정보가 국외 이전 되는 경우 제27조만이 적용되는 것인지 또는 제28조의8 또한 적용되는 것인지?

> 입법취지·목적을 고려하면 법 제27조가 법 제28조의8의 특례라고 볼 사정이 없어, 국외 이전이 수반되는 양도·합병의 경우 제28조의8이 배제되지 않아 **법 제27조, 법 제28조의8 모두 적용됨.** 따라서, 양도 시점에 양도자가 국외 양수자에게 직접 개인정보를 이전하는 경우에는 양도자가 국외의 제3자에게 제공하는 형태로 국외 이전에 해당할 수 있음

출처 : 개인정보 처리 통합 안내서(안)(2024.12).pdf, P.142, 개인정보보호위원회

 **45번 정답** ③

해설

③ 신용정보제공·이용자가 다른 신용정보제공·이용자 또는 개인신용평가회사, 개인사업자 신용평가회사, 기업신용조회회사와 서로 신용정보를 제공하는 경우 신용정보 보안관리대책을 포함한 계약을 체결하여야 한다. 해당 약정서에는 "전담 관리자 지정"에 관한 사항이 누락되어 있다. 예시 조항내용으로 **"'을'은 '갑'으로부터 제공받은 고객 개인(신용)정보에 대한 전담관리책임자를 지정하여 '갑'에게 통보하여야 한다."** 이런 형식의 내용이 들어가는 것이 옳다.

① 개인(신용)정보보호 처리에 관한 업무를 총괄하여 책임질 최고책임자를 공식적으로 지정여부를 확인하는 기준으로 본 약정서의 결함으로 판단되는 인증기준은 아니다.

② 관리체계 범위 내에서 발생하고 있는 업무 위탁 및 외부 시설·서비스의 이용 현황을 식별하고 있는지를 확인하는 기준으로 본 약정서의 결함으로 판단되기에는 약간 거리가 있다.

④ 개인(신용)정보를 제3자에게 제공 시 동의, 보호대책 수립·이행 여부 등을 전반적인 것을 확인하는 인증기준이다. 관련성이 약간 존재하는 인증기준이긴 하나 문제에서는 약정서의 내용이 적절하게 구성되어 있는지를 묻는 것으로써 가장 결함으로 적절한 인증기준은 2.3.2 외부자 계약 시 보안이다.

⑤ 개인(신용)정보 제3자 제공에 관한 사항이므로 본 약정서의 결함으로 판단되는 인증기준은 아니다.

참고

신용정보업감독규정 [별표 4] , 금융권에 적합한 정보보호및 개인정보보호 관리체계 인증기준 점검항목(2023.12)
2.3.2 외부자 계약 시 보안

■ **신용정보제공·이용자 간 신용정보를 제공하는 경우**

가. 제공되는 신용정보의 범위 및 제공·이용 목적

나. 제공된 신용정보의 업무목적 외 사용 및 제3자 앞 제공 금지에 관한 사항

다. 제공된 신용정보의 이용자 제한 및 전담 관리자 지정에 관한 사항

라. 신용정보제공·이용자간 신용정보 송·수신시 정보유출 방지에 관한 사항

마. 신용정보의 사용·보관 기간 및 동 기간 경과 후 신용정보의 폐기·반납에 관한 사항

바. 가목부터 마목까지 위반한 경우의 책임소재 및 제재에 관한 사항

해설

개인정보의 안전성 확보조치 기준 안내서 (2024.10)

① 공공시스템운영기관의 내부관리계획 수립(적절한 판단임)

공공시스템운영기관은 공공시스템의 운영 및 안전성 확보에 필요한 영 제30조 제1항 제1호에 따른 사항(이하 '안전조치 방안')을 **공공시스템별로 내부 관리계획을 수립·시행하여야 한다.**

– 공공시스템별로 내부 관리계획을 수립하여야 하므로, 영 30조에 따른 기관 내부 관리계획과 별도로 구분하여 공공시스템 각각 내부 관리계획을 수립할 수 있고, **기관 내부관리계획 내 별지 형식으로 '안전조치 방안'을 수립할 수 있다.**

– 또한, 하나의 기관이 여러 개의 공공시스템을 운영하는 경우 시스템을 비슷한 유형으로 묶어 '유형별 안전조치 방안'을 수립할 수 있다.

② 공공시스템운영기관의 관리책임자 지정(결함이 아니다. 적절하지 않은 판단임)

공공시스템운영기관은 영 제30조의2 제4항에 따른 관리책임자를 공공시스템 각각에 대하여 지정하여야 하며, 이 기준 제15조 제1호에 따른 관리책임자는 해당 공공시스템을 총괄하여 관리하는 부서의 장으로 지정하여야 한다.

– 다만, **해당 공공시스템을 총괄하여 관리하는 부서가 없을 때에는 개인정보 안전조치 업무와의 관련성 및 수행 능력 등을 고려하여 해당 공공시스템운영기관의 관련 부서의 장 중에서 관리책임자를 지정**하여야 한다.

③ 공공시스템운영협의체 설치 및 운영(결함이 맞다. 적절한 판단)

(영 제30조의2 제5항) 공공시스템운영기관은 공공시스템의 안전성 확보 조치 이행상황 점검 및 개선에 관한 사항을 협의하기 위하여 다음 각 호의 기관으로 구성되는 **공공시스템운영협의회를 공공시스템별로 설치·운영**해야 한다. 다만, 하나의 공공기관이 2개 이상의 공공시스템을 운영하는 경우에는 공공시스템운영협의회를 통합하여 설치·운영할 수 있다.

1. 공공시스템운영기관
2. 공공시스템의 운영을 위탁하는 경우 해당 수탁자
3. 공공시스템운영기관이 필요하다고 인정하는 공공시스템이용기관

※ 협의회 구성 예시

시스템 유형	주관기관	협의회 참여기관
단일접속	주관부처	기관 CPO, 시스템별 관리책임자, 주요 수탁기관 및 이용부서 등
표준배포	개발·배포부처	17개 시·도(교육청) CPO, 시스템별 관리책임자로 구성 (시·도는 산하 기관에 협의회 논의 결과 전파 및 지도·감독)
개별	주관부처	**기관 CPO, 시스템별 관리책임자, 주요 수탁기관 및 이용부서 등**

공공시스템운영기관에서 운영하여야 하는 공공시스템운영협의회의 설치와 관련하여서는 인증기준 "1.1.3 조직구성"의 주요 확인사항으로 정보보호 최고책임자 및 개인정보 보호책임자의 업무를 지원하고 조직의 정보보호 및 개인정보보호 활동을 체계적으로 이행하기 위하여 전문성을 갖춘 실무조직을 구성하여 운영하고 있는가? 내용과 연계하여 고려해 봤을 때 OO공사의 개인정보보호 활동 중 하나인 공공시스템운영을 내부관리계획에 따라 체계적으로 이행하기 위한 전문성을 갖춘 실무조직(관리책임자, 주요 수탁기관 등)을 구성하여 공공시스템운영협의회를 구성하였다고 보기 어려우므로 1.1.3 조직구성 결함으로 판단할 수 있다.

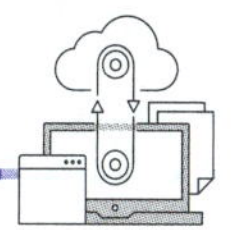

④ 접근권한 검토 주기(결함이 아니다. 적절하지 않은 판단임)

제16조(공공시스템운영기관의 접근 권한의 관리) ④ 공공시스템운영기관은 정당한 권한을 가진 개인정보취급자에게만 접근 권한이 부여·관리되고 있는지 확인하기 위하여 제5조제3항에 따른 접근 권한 부여, 변경 또는 말소 내역 등을 **반기별 1회 이상 점검**하여야 한다.

⑤ 개인정보 보호책임자 자격 (결함이 아니다. 적절하지 않은 판단임)

제32조(개인정보 보호책임자의 업무 및 지정요건 등) ④ 다음 각 호의 어느 하나에 해당하는 개인정보처리자(공공기관의 경우에는 제2조제2호부터 제5호까지에 해당하는 경우로 한정한다)는 제3항 각 호의 구분에 따른 사람 중 **별표 1에서 정하는 요건을 갖춘 사람을 개인정보 보호책임자로 지정해야 한다.**

1. 연간 매출액등이 1,500억 원 이상인 자로서 다음 각 목의 어느 하나에 해당하는 자(제2조 제5호에 따른 각급 학교 및 「의료법」 제3조에 따른 의료기관은 제외한다)

    가. 5만 명 이상의 정보주체에 관하여 민감정보 또는 고유식별정보를 처리하는 자

    나. 100만 명 이상의 정보주체에 관하여 개인정보를 처리하는 자

2. 직전 연도 12월 31일 기준으로 재학생 수(대학원 재학생 수를 포함한다)가 2만명 이상인 「고등교육법」 제2조에 따른 학교

3. 「의료법」 제3조의4에 따른 상급종합병원

4. 공공시스템운영기관

(개인정보 보호법 시행령 [별표 1]) 개인정보 보호책임자로 지정되는 사람은 **개인정보보호 경력, 정보보호 경력, 정보기술 경력을 합하여 총 4년 이상** 보유하고, 그 중 **개인정보보호 경력을 최소 2년 이상 보유**해야 한다.

해설

가. 직전 사업연도 말 기준 자산 총액이 5조원 이상이거나, 정보보호 관리체계(ISMS) 인증의무 대상자 중 직전 사업연도 말 기준 자산총액이 5천억 원 이상인 정보통신서비스 제공자는 정보보호 최고책임자 겸직 금지 대상이다. A 게임사는 직전 사업연도 말 기준 자산 총액이 5백억 원이므로 겸직 금지 대상이 아니다.

나. 자본금이 1억 원 이하인 정보통신서비스 제공자는 사업주 또는 대표자를 정보보호 최고책임자로 지정하여야 하며, 신고 의무 대상이 아니다. B 업체 대표가 본인을 CISO로 지정하고 신고를 하였다고 해서 문제가 되지 않는다.

다. 시도 및 시도 교육청이 개인정보 보호책임자를 지정하는 경우 3급 이상 공무원 또는 그에 상당하는 공무원으로 지정하여야 한다. 경기도 교육청의 공무원 C는 4급 공무원이므로 개인정보 보호책임자 지정 기준에 맞지 않는다.

라. 정보보호 최고책임자는 정보보호 공시에 관한 업무, 정보통신기반 보호법에 따른 정보보호책임자의 업무, 전자금융거래법에 따른 정보보호최고책임자의 업무, 개인정보 보호법에 따른 개인정보 보호책임자의 업무 등을 겸직할 수 있다. 개인정보 보호 계획의 수립, 개인정보 처리 실태 점검, 정보보호 교육 계획 수립 및 시행 업무는 개인정보보호법에 따른 개인정보보호책임자의 수행 업무이므로 금융회사 D의 정보보호 최고책임자의 업무 수행은 문제가 되지 않는다.

해설

① 개인정보가 유출된 사실을 알게 된 경우에는 **72시간 이내**에 해당 정보주체에게 개인정보 유출**통지**를 이행하여야 한다.

② 단 1명의 개인정보라 할지라도 유출되는 경우에는 통지하여야 한다.

③ 해커 검거를 통해 유출된 개인정보를 회수하기 위해 경찰청으로부터 필요한 최소한의 기간동안 유출 통지 보류를 요청받은 경우에는 개인정보보호위원회에 유출 신고 후 협의하여야 하고 사유를 소명하여야 한다.

④ 유추 통지를 진행할 경우, 연락처가 없는 경우에는 홈페이지를 통해 **30일 이상 게시**하여야 한다.

⑤ 유출 등을 신고하여야 하는 사항 중, 구체적인 내용이 확인되지 않은 경우에는 그 때까지 확인된 내용을 중심으로 우선 신고하고, 추가로 확인되는 내용은 확인되는 즉시 신고하여야 한다.

해설

구분	A기관	B기관
(가) 정보보호 공시 의무 대상	**대상아님**	**대상아님**
(나) 개인신용정보의 관리 및 보호 실태 상시평가 대상	**대상아님**	**대상아님**
(다) 개인정보의 보호수준 평가 의무 대상	공공기관	공공기관
(라) ISMS인증 의무 대상	일평균 100만 명 이상	**대상아님**
(마) 개인정보영향평가 의무 대상	100만 명 이상의 정보주체에 관한 개인정보파일	**대상아님**
(바) 개인정보처리방침 평가 대상	매출액이 1,500억 원 이상이면서 정보주체의 수가 100만 명 이상	**대상아님**

(가) 공공기관인 A, B기관은 둘다 의무대상 아님

▶ 정보보호 공시(「정보보호산업의 진흥에 관한 법률」 제13조, 영 제8조)
　　☐ 공시 의무 대상

사업 분야	회선설비 보유 기간통신사업자(ISP) – 전기통신사업법 제6조제1항
	집적정보통신시설 사업자(IDC) – 정보통신망법 제46조
	상급종합병원
	클라우드컴퓨팅 서비스 제공자(IaaS) – 클라우드컴퓨팅법 시행령 제3조제1호
매출액	CISO 지정·신고해야하는 유가증권 및 코스닥시장 상장법인 중 직전 사업연도의 매출액 3,000억 원 이상
이용자수	정보통신서비스 일일평균 이용자 수 100만 명 이상(전년도말 직전 3개월 간)

☐ 공시 예외 대상

공공기관	공기업 및 준정부기관 등
소기업	평균매출액 120억 원 이하 기업 – 업종별 매출액 기준 상이. 정보통신업은 50억 이하
금융회사	은행, 보험, 카드 등 금융회사
일부 전자금융업자	정보통신업 or 도·소매업을 주된 사업으로 하지 않는 전자금융업자

(나) 신용정보의 이용 및 보호에 관한 법률 제45조의5 제1항에서 "대통령령으로 정하는 신용정보회사등"이 대상이
  므로 **A기관, B기관은 둘다 의무대상 아님**

(다) **공공기관인 A기관, B기관 모두 보호수준 평가 의무 대상임**

▶ 개인정보의 보호수준 평가 의무 대상(개인정보보호법 제33조제1항, § 영 제35조)

법 제11조의2(개인정보 보호수준 평가)

① 보호위원회는 공공기관 중 중앙행정기관 및 그 소속기관, 지방자치단체, 그 밖에 **대통령령으로 정하는 기관**
  을 대상으로 매년 개인정보 보호 정책·업무의 수행 및 이 법에 따른 의무의 준수 여부 등을 평가(이하 "개인
  정보 보호수준 평가")하여야 한다.

영 제13조의2(개인정보의 보호수준 평가의 대상 · 기준 · 방법 · 절차 등)

① 법 제11조의2 제1항의 "그 밖에 대통령령으로 정하는 기관"이란 다음 각 호의 기관을 말한다.

  1. **「공공기관의 운영에 관한 법률」 제4조에 따른 공공기관**
  2. 「지방공기업법」에 따른 지방공사와 지방공단
  3. 그 밖에 제2조 제4호 및 제5호에 따른 공공기관 중 공공기관의 개인정보 처리 업무의 특성 등을 고려하
     여 보호위원회가 고시하는 기준에 해당하는 기관

(라) **A기관은 일평균 이용자 수 100만 명 이상으로 대상이나, B기관은 대상 아님**

▶ ISMS 인증 의무 대상 (정보통신망법 제47조, 영 제49조)

ISP	주요 정보통신서비스 제공자
IDC	집적정보통신시설 사업자
매출 또는 세입액	전년도 매출액 또는 세입이 1,500억 원 이상인 자로서 대통령령으로 정하는 기준에 해당하는 자 다음 각 목의 어느 하나에 해당하는 자 가. 「의료법」 제3조의4에 따른 상급종합병원 나. 직전연도 12월 31일 기준으로 재학생 수가 1만 명 이상인 「고등교육법」 제2조에 따른 학교
정보통신서비스 매출액	정보통신서비스 부문 전년도(법인인 경우에는 전 사업연도를 말한다) 매출액이 100억 원 이상인 자. 다만, 「전자금융거래법」 제2조 제3호에 따른 금융회사는 제외
이용자수	전년도 말 기준 직전 3개월간의 일일평균 이용자 수가 100만 명 이상인 자. 다만, 「전자금융거래법」 제2조 제3호에 따른 금융회사는 제외

(마) **공공기관인 A기관은 100만 명 이상의 정보주체에 관한 개인정보파일 처리로 대상이나, B기관은 대상이 아님**

▶ 개인정보 영향평가 대상(법 제33조제1항, 영 제35조)

법 제33조(개인정보 영향평가)

① 공공기관의 장은 대통령령으로 정하는 기준에 해당하는 개인정보파일의 운용으로 인하여 정보주체의 개인정보침해가 우려되는 경우에는 그 위험요인의 분석과 개선 사항 도출을 위한 평가(이하 "영향평가")를 하고 그 결과를 보호위원회에 제출하여야 한다.

영 제35조(개인정보 영향평가의 대상) 법 제33조 제1항에서 "대통령령으로 정하는 기준에 해당하는 개인정보파일"이란 개인정보를 전자적으로 처리할 수 있는 개인정보파일로서 다음 각 호의 어느 하나에 해당하는 개인정보파일을 말한다.

1. 구축·운용 또는 변경하려는 개인정보파일로서 5만 명 이상의 정보주체에 관한 민감정보 또는 고유식별정보의 처리가 수반되는 개인정보파일

2. 구축·운용하고 있는 개인정보파일을 해당 공공기관 내부 또는 외부에서 구축·운용하고 있는 다른 개인정보파일과 연계하려는 경우로서 연계 결과 50만 명 이상의 정보주체에 관한 개인정보가 포함되는 개인정보파일

3. 구축·운용 또는 변경하려는 개인정보파일로서 100만 명 이상의 정보주체에 관한 개인정보파일

4. 법 제33조 제1항에 따른 개인정보 영향평가를 받은 후에 개인정보 검색체계 등 개인정보파일의 운용체계를 변경하려는 경우 그 개인정보파일. 이 경우 영향평가 대상은 변경된 부분으로 한정한다.

(바) **공공기관인 A기관은 매출액이 1,500억 원 이상이면서 정보주체의 수가 100만명 이상으로 대상이나, B기관은 대상이 아님**

▶ 개인정보처리방침 평가 대상

법 제30조의2(개인정보 처리방침의 평가 및 개선권고)

② 개인정보 처리방침의 평가 대상, 기준 및 절차 등에 필요한 사항은 대통령령으로 정한다.

영 제31조의2(개인정보 처리방침의 평가 대상 및 절차)

⑤ 제1항부터 제4항 외에 개인정보 처리방침 평가를 위한 세부적인 대상 선정 기준과 절차는 보호위원회가 정하여 고시한다.

개인정보 처리방침 평가에 관한 고시 (제2024-3호, 2024. 2. 20일 시행)

제4조(평가 대상) ① 영 제31조의2 제1항에 따른 개인정보 처리방침의 평가 대상은 다음 각 호의 사항을 종합적으로 고려하여 처리방침 평가가 필요하다고 보호위원회가 심의·의결한 자로 한다.

1. **전년도**(법인의 경우에는 전 사업연도를 말하며, 이하 이 조에서 같다)**의 매출액이 1,500억 원 이상이면서** 전년도 말 기준 직전 3개월간 그 개인정보가 저장·관리되고 있는 **정보주체의 수가 일일평균 100만 명 이상**일 것

2. 전년도 말 기준 직전 3개월간 민감정보 또는 고유식별정보가 저장·관리되고 있는 정보주체의 수가 일일평균 5만 명(업무수행을 위해 처리되는 그에 소속된 임직원의 민감정보나 고유식별정보는 제외한다) 이상일 것

3. 개인정보 처리방침에 법 제22조 제3항에 따라 정보주체의 동의 없이 처리할 수 있는 개인정보의 항목과 처리의 법적 근거를 정보주체의 동의를 받아 처리하는 개인정보와 구분하고 있지 않을 것

4. 법 제37조의2에 따라 완전히 자동화된 시스템(인공지능 기술을 적용한 시스템을 포함)으로 개인정보를 처리하거나, 그 밖에 새로운 기술을 이용한 개인정보 처리 방식으로 인하여 개인정보 침해 발생 우려가 있을 것

5. 최근 3년 간 다음 각 목의 어느 하나에 해당할 것

    가. 2회 이상 법 제34조에 따른 개인정보 유출 등이 되었을 것
    나. 법 제62조의2에 따른 과징금을 부과 받았을 것
    다. 법 제75조에 따른 과태료를 부과 받았을 것

6. 19세 미만 아동 또는 청소년을 주된 이용자로 하는 「정보통신망 이용촉진 및 정보보호 등에 관한 법률」 제2조 제2호에 따른 정보통신서비스를 운영할 것

50번 정답 ⬇ ②, ⑤

> **해설**
>
> ① 유출된 정보확인을 위해 본인인증을 활용할 수 있다. 다만 본인을 확인하고 전송구간 암호화 미조치로 인하여 추가적으로 개인정보 유출이 발생할 위험성이 존재하므로 주민등록번호 등 유출된 정보를 재활용하지 않도록 하고 전송구간 암호화 조치(보안서버 구축 등)를 반드시 이행하여야 한다.
>
> ② **고유식별정보(여권번호)와 민감정보 유출 시에는 단 한 건이라도 신고**하여야 한다.
>
> ④ 해커 검거를 통해 유출된 개인정보를 회수하기 위해 경찰청으로부터 필요한 최소한의 기간 동안 유출 통지 보류를 요청받은 경우에도 개인정보보호위원회에 유출 신고 후 협의하여야 하고 사유를 소명하여야 한다.
>
> ⑤ **신용정보법 대상의 경우에도 개인신용정보가 아닌 개인정보의 유출 등에는 개인정보 보호법의 적용**을 받기 때문에 신용정보회사도 1천 건 이상의 개인정보 유출 등은 신고해야 한다.

1	③	2	①	3	①	4	④	5	②	6	③	7	②	8	④	9	④	10	④
11	④	12	②	13	③	14	③	15	④	16	④, ⑤	17	②	18	②	19	③	20	②
21	①, ②	22	④	23	⑤	24	④	25	②	26	③	27	⑤	28	⑤	29	③	30	④
31	⑤	32	③, ⑤	33	③	34	②, ⑤	35	⑤	36	①	37	③	38	①, ⑤	39	③	40	②, ③
41	①, ④	42	②, ⑤	43	③	44	②	45	③	46	①, ④	47	③	48	③	49	④	50	⑤

1번 정답 ③

해설

가상자산사업자가 받는 ISMS 인증은 「특정금융정보법」에 따른 신고 요건을 충족하기 위한 것이다. 따라서 인증 범위는 **가상자산 사업을 영위하기 위한 서비스 및 관련 시스템으로 특정하여 설정**할 수 있으며, 반드시 신청 기관의 모든 서비스를 포함하여 전사적으로 범위를 설정해야 하는 것은 아니다.

① 특금법 제7조에 따른 올바른 신고 및 수리 거부 요건이다.

② 고시 제18조의2에 따른 예비인증의 정의와 대상(시험 운영 환경)에 대한 설명이다.

④ 예비인증 취득 후 준수해야 할 사후 조건(3개월 내 신고, 신고 수리 후 6개월 내 본인증)에 대한 설명이다.

⑤ 특금법 제5조의2(금융회사 등의 고객 확인 의무)에 따른 설명이다.

제5조의2(금융회사등의 고객 확인의무)

　　3. 고객이 가상자산사업자인 경우: 다음 각 목의 사항을 확인

　　　마. 다음 1) 또는 2)에 해당하는 사항의 이행에 관한 사항

　　　　2) 「정보통신망 이용촉진 및 정보보호 등에 관한 법률」 제47조 또는 「개인정보 보호법」 제32조의2에 따른 정보보호 관리체계 인증(이하 "정보보호 관리체계 인증"이라 한다)의 획득

2번 정답 ①

해설

① React2Shell 취약점은 근본 해결로 패치를 하는 것이 가장 우선적으로 요구되나, 취약점 대응을 위해 패치 계획에 따라 패치 적용이 즉시 가능하지 않은 시스템에 대해서는 임시 완화 조치를 하는 것은 가능하다. React2Shell에 대한 임시 대응 조치로 취약 기능(React Server Functions)을 비활성화 하고, WAF 규칙을 적용하여 취약점 공격 패턴을 차단하는 것은 공격 표면을 줄이는 방법으로 유효한 방법이다. 하지만, 해당 방법은 임시 대응 방법으로 빠른 시일내에 패치할 수 있도록 하고 있는지 패치 계획을 점검한 것은 올바른 판단이다.

② CVSS 10.0의 치명적 취약점이라 하더라도 변경관리 절차와 테스트 단계를 생략하는 것은 패치 적용 과정에서 발생할 수 있는 서비스 장애, 호환성 문제 등을 사전에 검증하지 않으면 오히려 가용성 침해라는 또 다른 보안 사고를 초래할 수 있다. "보안이 운영보다 항상 우선"이라는 이분법적 접근은 적절하지 않으며, 위험 기반의 균형 잡힌 의사결정이 필요하다. 긴급한 상황에서도 긴급 변경 절차를 통해 최소한의 검증 단계를 거쳐야 한다.

③ 취약점 관리는 개발팀에 단독으로 위임할 수 있는 업무가 아니다. 취약점에 대한 조치 결과는 책임자(CISO 또는 정보보호최고책임자)에게 보고하도록 해야하며, 보안팀은 취약점의 심각도 평가, 조치 우선순위 결정, 보완대책 검토 등에 적극적으로 관여해야 한다. 특히 CVE-2025-55182와 같은 CVSS 10.0의 치명적 취약점은 조직 차원의 긴급 대응이 필요하며, 보안팀과 개발팀의 협업이 필수적이다. 또한, CVE-2025-55182 취약점은 React Server Components를 사용하는 애플리케이션 뿐만 아니라 Next.js의 앱 라우터를 사용하는 애플리케이션도 영향을 받는다.

④ 공격 시도가 보고된 상황에서 침해 여부를 확인하는 절차를 수행하는 것은 적절하다. 그러나 침해 흔적이 발견되지 않았다고 해서 취약점 패치가 불필요한 것은 아니며, CVE-2025-55182는 CVSS10.0 으로 평가된 위험도가 높은 취약점으로 패치 정기 일정이 아닌 빠른 시일 내에 패치를 진행할 수 있도록 계획하는 것이 올바른 대응책이다. 또한, 보고된 공격자 IP로 부터의 침해 여부 확인 절차는 React2Shell 취약점에 대한 올바른 침해 여부 확인 절차로 볼 수 없다.

⑤ WAF 규칙은 취약점 패치가 완료될 때까지의 임시 완화 조치이지, 영구적인 해결책이 아니다. WAF 규칙은 알려진 공격 패턴을 차단하지만, 공격자가 새로운 우회 기법을 개발하면 무력화될 수 있다. 모든 주요 보안 벤더들은 WAF 규칙 적용과 함께 근본적인 패치 적용을 최우선으로 권고하고 있다. WAF를 영구적 보완 통제로 활용하고 패치를 정기 유지보수 일정 시기로 미루는 것은 위험 수용 수준을 초과하는 부적절한 대응방법이다.

※ React2Shell 취약점

2025년 11월 React Server Component (RSC)를 지원하는 Flight 프로토콜에서 발견된 치명적인 원격 코드 실행 (Remote Code Execution, RCE) 취약점으로 CVSS 10.0 만점의 치명적 위험도로 평가되었다.

해당 취약점은 Flight 프로토콜 페이로드를 서버 측에서 역직렬화시 안전하지 않은 검증으로 인해 발생한다. 즉, 클라이언트에서 서버로 보낸 Flight 프로토콜 페이로드에 대한 검증이 완전하지 않아 발생한 문제이다.

가장 심각한 점은 공격자가 별도의 인증 절차 없이 특수하게 조작된 HTTP 요청 한 번만으로 서버에서 임의의 코드를 실행할 수 있다는 것이다. 이 문제는 React Server Components를 사용하는 모든 프레임워크에 영향을 미치며, 특히 Next.js의 앱 라우터를 사용하는 애플리케이션은 기본 설정만으로도 이 공격에 직접적으로 노출된다.

• 취약점에 영향받는 패키지 버전

React Server Component	Next.js
19.0.0 19.1.0, 19.1.1 19.2.0	14.3.0-canary.77 이상 15.0.0~15.0.4 15.1.0~15.1.8 15.2.0~15.2.5 15.3.0~15.3.5 15.4.0~15.4.7 15.5.0~15.5.6 16.5.0~16.0.6

• 취약점 완화 방안

취약점 해결을 위해서는 의존성 패키지 업그레이드가 가장 중요하다. 근본적인 해결책은 취약점이 해결된 버전으로 관련 패키지를 즉시 업데이트 후 재배포하는 것이다. 당장 패키지를 업그레이드하고 재배포할 수 없다면 요청 본문에 __proto__ 또는 constructor와 같은 키워드가 포함된 Flight 프로토콜 페이로드를 탐지하고 차단하는 규칙을 적용하는 방법도 있다. 이는 완벽한 해결책은 아니지만, 알려진 공격패턴을 막는데 도움이 될 수 있다.

업데이트 및 재배포, 차단 규칙 적용 외에도 위험을 최소화하기 위해, 비즈니스에 필수적이지 않은 서버 액션 기능은 일시적으로 비활성화하는 방법도 고려할 수 있다. 또는 모든 서버 액션 엔드포인트에 대해 강력한 사용자 인증 및 권한 검증 로직을 추가하여 익명의 공격자가 접근하지 못하도록 막아야 한다.

3번 정답   ①

결함 개수 – 2개 – (ㄷ), (ㅂ)

해설

(ㄱ) 일부 직원의 조직의 관리체계와 정책, 법적 책임 등에 대한 내용을 위반한 것이 해당 기관의 인식제고 및 교육 훈련 계획의 수립과 운영이 미흡하다고 제시된 내용으로는 판단하기 어렵기 때문에 「2.2.4 인식제고 및 교육 훈련」 결함이 아니다.

(ㄴ) 「2.10.6 업무용 단말기기 보안」은 업무용 PC에 대한 접근통제에 대한 인증기준으로 해당 시나리오에서는 정당한 정당한 사용자가 본인의 업무용 PC를 이용하여 가맹점 정보에 접근하였으므로 해당 인증기준과는 관련이 없다.

(ㄷ), (ㄹ) 3년간 내부 직원의 부정행위를 통해 대량의 개인정보가 조회 및 유출되었음에도 이를 탐지하지 못한 것은 개인정보의 과도 조회 등에 대한 점검 기준이 적절하지 않았거나 처리 활동에 대한 기록 및 점검이 형식적으로 이루어져 이상징후가 발견되지 않은 것으로 「2.9.5 로그 및 접속기록 점검」 결함에 해당한다.

(ㅁ), (ㅂ), (ㅅ) 마케팅 활용에 동의하지 않은 가맹점 정보를 외부 카드 모집인에게 전달하여 마케팅에 활용한 것은 내부 직원이 수집 목적(가맹점 관리)과 다른 목적(카드 모집 영업)으로 개인정보를 활용한 것으로, 개인정보보호법 제18조(목적 외 이용·제공 제한) 위반에 해당하여 「3.2.4 개인정보 목적 외 이용 및 제공」 결함에 해당한다.

4번 정답   ④

해설

④ 해당 항목내용은 ISMS 공통 세부항목에 포함되어 있는 것으로 MVNO만의 특화된 항목은 아니나 나머지 부분은 MVNO서비스 대상 주요 확인사항으로 별도로 구분하고 있다.

① 일반적인 정책 수립 외에 'MVNO 가이드라인' 준수 여부를 특정하고 있다.

② 공통 항목보다 점검 주기나 보고 절차를 구체적으로 강화한 MVNO 전용 요건이다.

③ 소규모 사업자가 많은 MVNO 특성상 물리적 보안 취약성을 보완하기 위한 강화으로 특화된 항목이다.

⑤ 알뜰폰 부정개통 방지의 핵심으로 스캔된 신분증 등 비정형 데이터 관리가 MVNO의 가장 큰 보안 홀이기 때문에 비정형 개인정보(신분증) 가림 처리가 중요한 사항이다.

참고로 MVNO특화항목으로는 총40개가 있으며, 관리분야 11(강화항목 5+사고예방6), 보호대책 분야 29(강화항목 17 + 사고예방 12)개가 존재하고 있다.

※ 참고 : (MVNO) ISMS 세부점검항목 표 (2024.9).xlsx

5번 정답   ②

해설

② 공급망 공격과 반대되는 성격의 공격 방식은 타겟을 직접적으로 노리는 직접 공격(Direct Attack)을 설명한 것이다.

참고

직접 공격(Direct Attack)은 공격자가 우회로를 찾지 않고, 타겟 시스템이나 네트워크의 취약점을 정면으로 공략하는 방식이다. 공급망 공격이 '신뢰 관계'를 이용해 몰래 침투한다면, 직접 공격은 '기술적·물리적 장벽'을 직접 돌파하는 데 집중하는 공격 방법이다.

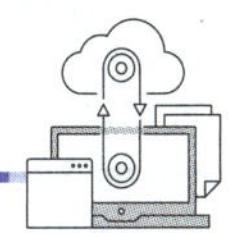

구분	공급망 공격 (Supply Chain)	직접 공격 (Direct Attack)
공격 경로	개발사, 업데이트 서버, 라이브러리	타겟의 네트워크, 서버, PC
신뢰 관계	사용자의 '신뢰'를 악용 (업데이트 등)	보안 장비를 강제로 돌파
효율성	한 번의 침투로 수많은 사용자 감염 가능	특정 타겟 한 곳에 집중
대응 방안	소프트웨어 자재명세서(SBOM) 관리, 신뢰할 수 있는 소스만 사용 등	기술적 방어(취약점 관리, 보안장비 구축/비정상접근 실시간 차단, 2Factor 적용 등

6번 정답  ③

해설

③ **시스템 구조와 데이터센터 환경이 완전히 변경되었음에도 불구하고, 실제 환경이 구축된 시점에 관리/물리/기술적 영역을 모두 포함하는 수시 위험평가를 수행하지 않았으므로 1.2.3 위험평가 결함이다.**

① 자산식별 시 타 부서 목록과 상호 참조하는 방식은 조직 규모에 따라 허용 가능한 운영 방식이며, 무형 자산의 분산 관리보다 더 시급한 문제는 환경 변화에 따른 위험평가를 수행하지 않은 것이 우선적인 결함이다.

② 시나리오상 장비의 물리적 수량 파악은 완료된 상태이기 때문에 1.2.1 정보자산 식별 결함으로 보기 어려우며, 폐기시 보안성(데이터 삭제) 증적 유무가 제시된 지문에서 확인되지 않기 때문에 해당 사항은 추가적인 검토가 필요하다. 만약 증적이 확인되지 않는다면 해당 사항은 2.9.7 정보자산의 재사용 및 폐기 결함이다.

④ 경영진 보고 여부라는 절차적 문제보다, 평가 범위와 항목 자체에서 관리/물리적 위험 분석이 통째로 누락된 것이 더 근본적인 결함 사유이다.

⑤ 자산 식별의 경우 유형에 따라 팀이 나뉘어 식별하였으나, 상호 참조가 가능하기 때문에 무형자산의 경우 누락되었다고 보기 어려우며, 이미 구축된 인프라 전체에 대해 변화 관리 차원의 '수시 위험평가 미실시'라는 행위 자체가 명백하고 중대한 결함이다.

7번 정답  ②

해설

가, 다, 마

(가) 물리 서버도 반드시 자산으로 식별하여야 하므로 1.2.1 정보자산 식별 결함

(다) 관리자 페이지(Console)는 내부 업무망에서도 접근을 통제하여야 한다. 2.6.3 응용프로그램 접근과 혼동될 수 있으나 인터뷰 내용은 VM Host서버에 대한 접근통제 내용이므로 2.6.2 정보시스템 접근 결함이다.

(마) 가상화 관리 콘솔로그는 VM생성, 삭제, 관리자 계정 접속등 중요 로그가 저장되는 로그이므로 중요 정보시스템 로그로 분류하여 관리되어야 하나 해당 로그 관리 절차가 수립되지 않고 단순히 1개월 로테이션으로만 저장되고 있으므로 2.9.4 로그 및 접속기록 관리 결함이다.

(나) 인터뷰상 인증범위에 이미 포함이 되었을 가능성이 높다. 다만, 해당 VM 하드웨어 자산식별이 누락되었으므로 1.2.1 정보자산 식별 결함으로 판단하여야 한다.

(라) 2.5.1 사용자 계정관리 결함이 아닌 2.5.2 사용자 식별 결함이 더 타당하다.

2.5.2 사용자 식별

• 정보시스템 및 개인정보처리시스템에서 사용자 및 개인정보취급자를 유일하게 구분할 수 있는 식별자를 할당하고 추측 가능한 식별자의 사용을 제한하고 있는가?

• 불가피한 사유로 동일한 식별자를 공유하여 사용하는 경우 그 사유와 타당성을 검토하고 보완대책을 마련하여 책임자의 승인을 받고 있는가?

해설

(정답)

ㄱ. 마이데이터사업자에게 전송요구하는 경우 표준 전송요구서를 변경하여 전송요구를 할 경우 고객에게 유리한 경우에 한하여 가능하며, 고객에게 유리한지 여부는 마이데이터사업자가 증명하여야 한다.

ㄴ. 표준 전송요구서를 변경하는 경우 '본인신용정보 통합조회 서비스의 이용' 목적 외 전송요구는 허용되지 않는다. (예. 마케팅 목적 전송요구)

ㄷ. 정보제공자는 고객이 전송요구한 내역을 수집하고 관리하기 위하여 별도의 수집·이용 동의를 받을 필요 없다.

ㄹ. 정보제공자가 전송요구에 따라 개인신용정보를 정보수신자에게 제공하는 경우 개인정보의 제3자 제공 동의는 필요하지 않다.

ㅁ. 전송요구에 따라 수집한 정보를 본인신용정보 통합조회 서비스의 이용 목적 외의 다른 목적으로 이용하고자 할 경우 고객으로부터 별도의 선택 동의를 받아야 한다.

(오답)

ㅂ. 정보주체에게 전송요구 내용을 충분히 인지하게 한다면 정보제공자별로 개별 양식으로 보여주거나 문서형태로 제공할 의무는 없다.

※ 참조. 금융분야 마이데이터 서비스 가이드라인 (25.01.21) (p.246~p249)

해설

가. X. 30일 이내가 아닌 60일 이내 등록 필요

나. O. 개인정보 안전성 확보조치 기준 개정 고시(2025.10.31.)를 통해 해당 항목이 제외됨

다. O. 접속기록 2년 이상 보존 대상 : 개인정보 5만 이상, 민감정보 또는 고유식별자 보유

라. X. 개인정보 이용·제공 내역 통지 의무 대상자

  – **5만명 이상**의 정보주체에 관하여 민감정보 또는 고유식별정보를 처리하는 자

  – 100만명 이상의 정보주체에 관하여 개인정보를 처리하는 자

마. X. 10일 이내

바. X. 10일 이내

사. X. 30일 이상

해설

① 가명정보는 통계작성, 과학적 연구, 공익적 기록보존 목적으로 처리·제공 가능하다.

② 동일 기관 내 결합인 경우 결합전문기관을 통하지 않고 결합이 가능하다.

③ 추가 정보 제공시 개인정보 식별이 가능하기 때문에 추가 정보는 제공하면 안되고 가명정보만 전달해야한다.

④ **목적 외 주민등록번호를 처리하는 것은 결함에 해당한다.**

   3.2.5 가명정보 처리, 3.1.3 주민등록번호 처리 제한 결함에 해당한다.

⑤ 가명정보 기록 요건을 충족한다.

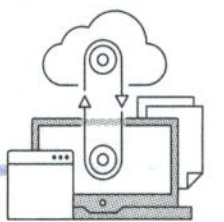

11번 정답 ④

해설

① 개정 승인 미이행 이전에, 기존 정책은 더 이상 유효하지 않고, 현재 유효한 공식 정책 자체가 승인되지 않았으므로 1.1.5 정책 수립 결함에 더 가깝다.

② 문서는 존재하지만 최고 경영자 승인 공식 정책으로의 공표 등의 절차가 부족하다.

③ 문서가 공식 정책으로 승인, 공표되지 않았으므로 개정 이력은 정식 정책이 운영되며 변경이 발생할 때 관리하는 부분이다.

④ **개정처럼 보이지만 기존 정책은 더 이상 유효하지 않고 현재 정책은 실무 부서가 작성한 초안 수준으로 최고 경영자의 승인 및 전사적 공표가 이루어지지 않았으므로 1.1.5 정책 수립 결함이 맞다.**

⑤ ISMS–P는 인지가 아니라 요건 이행 및 증적으로 판단해야 한다. 새 정책이 승인, 공표되지 않았는데 사실상 운영 기준으로 참고하고 있어 이는 준비 단계가 아니라 정책 수립 통제가 제대로 되지 않고 있다.

12번 정답 ②

해설

1.1.6 자원 할당의 핵심은 정보보호 활동을 원활히 수행할 수 있도록 '적정한 자원(사람, 예산)'을 제공하는 것이다.

결함 근거 1 (예산): 외부 채용 예산을 경영진이 반려함에 따라 인력의 전문성 확보가 불가능 하다.

결함 근거 2 (인력): 서류상(조직도상)으로는 전담인 것처럼 옮겨두었으나, 실질적으로는 개발 업무를 병행(겸직)하고 있어 보안에 투입되는 실질적 리소스가 부족하다.

따라서 조직도와 권한 현황, 인터뷰 답변을 종합할 때 1.1.6 자원 할당 위반에 해당 한다.

①번: 인터뷰 내용 어디에도 CISO가 개발팀장을 겸임한다는 언급은 없다. (내용과 불일치)

③번: 조직도상 정보보호실은 '실' 단위로 별도 존재하며, IT 운영 조직 산하에 있다는 구체적인 증거는 제시되지 않았다.

④번: 권한 미회수는 2.5.1 사용자 계정 관리 결함으로 볼 수 있으나 경영진의 겸임 승인이 확인되어 미회수에 따른 보완대책 등이 마련되어 있는 지 추가적인 검토에 따라 결함을 판단할 수 있다.

⑤번: 정보보호실 인원수는 작년과 올해 모두 3명으로 동일하다. (사실관계 오류)

13번 정답 ③

해설

③ **해당 결함을 2.3.3 외부자 보안 이행 관리로 판단할 수 있으나 root계정의 경우 관리자, DB설계자 등 시스템에 막대한 영향력을 행사할 수 있는 계정을 관리함에 있어 2.5.5 특수 계정 및 권한관리로 보는 것이 합당하다.**

나머지 ①번 보기는 2.6.6 원격접근 통제이며, ④ 2.6.3 응용프로그램 접근으로 볼 수 있고, ②번과 ⑤번의 경우 2.5.4 비밀번호 관리에 해당된다. 참고로 정책지침에서 비밀번호의 규칙을 확인 후 혹은 추가적인 점검 확인 후 결함으로 볼 수 있어 현재 상황만으로는 결함으로 판단하기에는 무리가 있다.

주어진 문제의 2.5.5 특수 계정 및 권한관리에 해당하는 결함을 찾는 것이 취지이며 그에 합당한 결함을 고르는 것이 본 문제의 핵심이다.

해설

ISMS-P 인증기준 '2.9.6 시간 동기화'에 따르면, 로그 및 접속기록의 정확성을 보장하고 신뢰성 있는 로그 분석을 수행하기 위해 관련 정보시스템의 시각을 표준시각으로 동기화하고 주기적으로 관리해야 한다. 인터뷰 내용을 보면 담당자는 최근 서버 장애로 인한 OS 재설치 작업 이후 NTP(Network Time Protocol) 서버와의 연결이 끊긴 상태로 방치하였으며, 이로 인해 웹 서버와 DB 서버 간에 약 1분의 시차가 발생하고 있다. 담당자는 1분 정도의 시차는 운영상 문제가 없다고 주장하더라도, 이는 로그의 신뢰성과 정확한 분석을 저해하므로 결함에 해당한다.

참고

ISMS-P 인증기준 안내서(2023.11.23) 의 2.9.6 시간 동기화 결함사례 2번을 보면 내부 NTP 서버와 시각을 동기화하도록 설정하고 있으나 일부 시스템의 시각이 동기화되지 않고 있고, 이에 대한 원인분석 및 대응이 이루어지고 있지 않은 경우"로 결함 사례를 명시하고 있다.

해설

인터뷰와 교육 결과서에서 식별된 주요 문제점들(신규 입사자 교육 시기 부적정, 직무별 보안교육 관리 미흡, 교육 효과성 평가 및 개선 결과 반영 미흡)은 모두 인증기준 '2.2.4 인식제고 및 교육훈련'에서 요구하는 항목들이다. 수탁자에 대하여 보안교육을 실시하라는 공문(또는 메일)만 발송하고 교육 수행 여부를 확인하지 않는 경우는 '2.3.3 외부자 보안 이행 관리' 기준에도 해당하지만, 전체적인 맥락이 교육 체계의 부실을 다루고 있으므로 '2.2.4 인식제고 및 교육훈련'이 가장 적절한 인증기준 결함으로 볼 수 있다.

*** 인증기준 '2.2.4 인식제고 및 교육훈련' 주요 확인사항**

- 정보보호 및 개인정보보호 교육의 시기, 기간, 대상, 내용, 방법 등의 내용이 포함된 연간 교육 계획을 수립하고 경영진의 승인을 받고 있는가?
- 관리체계 범위 내 모든 임직원과 외부자를 대상으로 연간 교육 계획에 따라 연 1회 이상 정기적으로 교육을 수행하고, 관련 법규 및 규정의 중대한 변경 시 이에 대한 추가교육을 수행하고 있는가?
- 임직원 채용 및 외부자 신규 계약 시 업무 시작 전에 정보보호 및 개인정보보호 교육을 시행하고 있는가?
- IT 및 정보보호, 개인정보보호 조직 내 임직원은 정보보호 및 개인정보보호와 관련하여 직무별 전문성 제고를 위한 별도의 교육을 받고 있는가?
- 교육시행에 대한 기록을 남기고 교육 효과와 적정성을 평가하여 다음 교육 계획에 반영하고 있는가?

16번 정답　④, ⑤

해설

① (결함): 내부 지침 제5조 2항에 따르면 신규 입사자 교육은 '채용 시' 또는 '업무 시작 전'에 실시해야 한다. 인터뷰 결과 10월 입사자들은 이미 11월부터 실무에 투입되었음에도 불구하고, 실무 투입 전 보안교육이 이행되지 않았으므로 결함에 해당한다.

② (결함): 내부 지침 제5조 3항 및 인증기준 주요 확인사항에 따라 IT·보안 등 주요 직무자에 대한 전문 교육은 전사 관리체계 내에서 이행 여부가 관리되어야 한다. 팀별 자율에 맡기고 별도로 관리하지 않는 것은 결함에 해당한다.

③ (결함): 내부 지침 제5조 4항 및 인증기준 주요 확인사항에 따라 수탁자에 대해 자료만 제공하는 것이 아니라 실제 시행 여부를 관리·감독해야 한다. 이메일로 자료만 발송했을 뿐, 실제 수탁자가 교육을 실시했는지 점검한 증적이 전혀 없어 관리감독 의무 미이행으로 결함에 해당한다.

④ (결함 부적절): 내부 지침 및 인증기준에 따르면 수탁자에 대해 교육 자료를 제공하거나 수탁 업체가 자체적으로 교육을 실시하도록 관리·감독할 것을 요구할 뿐, 반드시 위탁사의 사내 온라인 교육 시스템에 수탁자를 포함시켜야 한다고 규정하고 있지 않다. 따라서 시스템 포함 여부 자체만으로는 결함의 근거가 될 수 없다.

⑤ (결함 부적절): 인증기준에는 교육 시행 후 설문 또는 테스트(퀴즈 등)를 통하여 교육 내용의 적절성과 효과성을 평가하도록 가이드하고 있다. 온라인 퀴즈를 실시한 것은 결함의 근거가 될 수 없다.

참고

ISMS-P 인증기준 안내서(2023.11.23) 61p~63p

17번 정답　②

해설

(ㄱ) 틀림: 정보주체는 모든 자동화된 결정에 대해 거부권을 행사할 수 있는 것이 아니라, 해당 결정이 자신의 권리 또는 의무에 '중대한 영향'을 미치는 경우에 한하여 거부할 수 있다. / 개인정보 보호법 제37조의2 제1항

(ㄴ) 틀림: 개인정보 보호법 제15조제1항제1호(동의), 제2호(법률에 특별한 규정 등), 제4호(계약의 체결·이행)에 따라 이루어지는 경우에는 정보주체는 이를 거부할 수 없다.

(ㄷ) 틀림: 설명 및 검토 요구권은 자동화된 결정이 이루어진 경우라면 행사할 수 있다. / 개인정보 보호법 제37조의2 제2항

(ㄹ) 옳음: 개인정보처리자가 정보주체의 거부·설명등요구에 대하여 조치를 하는 경우, 요구를 받은 날부터 30일 이내에 그 결과를 알려야 한다. / 개인정보 보호법 시행령 제44조의3 제5항

(ㅁ) 옳음: 자동화된 결정이 성립하려면 '실질적이고 의미 있는 인적 개입'이 없어야 한다. 인사권자가 시스템이 산출한 점수만을 형식적으로 확인하여 결정을 확정했다면, 이는 실질적인 인적 개입이 없는 것으로 보아 자동화된 결정에 해당한다. / 개인정보 보호법 제37조의2 제1항 및 자동화된 결정에 대한 개인정보처리자의 조치 기준(고시) [별표] I-1

(ㅂ) 옳음: 「개인정보 보호법」은 「행정기본법」 제20조에 따른 행정청의 자동적 처분을 자동화된 결정의 범위에서 명시적으로 제외하고 있다.

참고

★자동화된 결정에 대한 정보주체의 권리 안내서(2024.9)

해설

① 인증기준 '2.6.1 네트워크 접근'은 네트워크 영역 분리, 접근경로 식별, IP주소 관리 등을 다룬다. K쇼핑몰은 AA 데이터센터 내에 운영망, DB망, DMZ망 등을 방화벽을 통해 물리적/논리적으로 분리하여 운영하고 있으며, 내부망에 사설 IP를 할당하여 관리 전용 PC 대역에서만 접근하도록 ACL을 설정하고 있다. 제시된 내용 만으로는 해당 결함으로 판단하기 어렵다.

② **인증기준 '2.6.2 정보시스템 접근'은 서버 등 정보시스템 운영체제(OS)에 접근할 때 안전한 접근수단을 정의하여 통제할 것을 요구한다. 인증기준에서는 Telnet, FTP와 같이 암호화되지 않은 서비스·프로토콜은 사용을 제한하고, SSH, SFTP와 같은 안전한 기술을 사용하도록 가이드하고 있다. 담당자A는 내부망 서버 접속 시 편의성을 이유로 Telnet을 사용하고 있는데, 이는 평문 통신으로 인해 내부 네트워크 스니핑 시 계정 정보가 유출될 위험이 크다. 또한, '타당한 사유나 보완 대책 없이 안전하지 않은 접속 프로토콜(Telnet 등)을 사용하는 경우'는 '2.6.2 정보시스템 접근'의 대표적인 결함 사례에 해당한다.**

③ 인증기준 '2.6.6 원격접근 통제'는 인터넷과 같은 외부 네트워크를 통해 사내 시스템에 접속하거나, 재택근무 등 보호구역 이외의 장소에서 원격으로 접근하는 경우의 보호대책을 다룬다. 원격접근에 대한 내용은 다루어지지 않았다.

④ 인증기준 '2.10.1 보안시스템 운영'은 방화벽, IPS 등 보안 시스템 자체의 운영 절차(관리자 지정, 최신 정책 업데이트, 룰셋 변경 등)를 관리할 것을 요구한다. 시나리오에서 담당자A는 이미 방화벽 ACL을 설정하여 운영 중이라고 답변하였다. 제시된 내용 만으로는 해당 결함으로 판단하기 어렵다.

⑤ '2.6.2 정보시스템 접근' 결함이다.

해설

① 인증기준 '2.6.1 네트워크 접근'은 네트워크 영역 분리 및 IP 주소 관리, 단말 인증 등의 절차를 다룬다. 제시된 내용 만으로는 해당 결함으로 판단하기 어렵다.

② 인증기준 '2.6.2 정보시스템 접근'은 서버, 네트워크 장비 등 정보시스템 운영체제(OS)에 접근할 때의 계정 관리와 안전한 접속 수단(SSH, SFTP 등)을 다룬다. 무선 단말기가 네트워크에 접속하는 단계에서의 암호화 방식(WEP)을 지적하고 있으므로, 제시된 내용 만으로는 해당 결함으로 판단하기 어렵다.

③ **인증기준 '2.6.5 무선 네트워크 접근'은 무선 네트워크 사용 시 사용자 인증, 송수신 데이터 암호화, AP 통제 등 보호대책 적용을 요구한다. 인증기준에서는 무선 AP 설정 시 WPA2 또는 WPA3와 같은 안전한 알고리즘을 사용해야 하며, 결함 사례로 '안전하지 않은 방식(예: WEP 등)으로 설정한 경우'를 명시하고 있다. 또한, 테스트 중인 장비라 하더라도 사내 망에 연결되어 있다면 인증 범위에 포함되므로 동일한 보안 수준을 유지해야 한다. SSID 숨김이나 단순 비밀번호 설정은 WEP의 기술적 취약점을 근본적으로 해결할 수 없다.**

④ 인증기준 '2.7.1 암호정책 적용'은 주로 데이터베이스 저장 시의 암호화나 웹 구간(SSL/TLS) 전송 암호화를 다룬다. 무선 구간에서 사용되는 전용 암호화 프로토콜 기술은 접근통제 분야인 '2.6.5 무선 네트워크 접근'에서 더 전문적이고 구체적으로 규정하고 있으므로 '2.6.5 무선 네트워크 접근'이 가장 적절한 기준이다.

⑤ '2.6.5 무선 네트워크 접근' 결함이다.

20번 정답 ②

해설

(가), (나), (라)는 ISMS 인증범위 설정에 대한 내용으로 정보통신서비스를 기준으로 관련된 정보시스템, 장소, 조직 및 인력을 포함하고 ISMS-P 인증범위는 이에 더하여 해당 서비스에서 처리되는 개인정보의 흐름에 따라 해당 개인정보를 처리하는 정보시스템, 조직 및 인력, 물리적 장소 등을 모두 포함하여야 한다. (다) 인증 의무대상인 인청기관이 다수의 정보통신서비스를 운영하는 경우, 개별 정보통신서비스가 인증 의무대상에 포함되지 않아도 모두 인증범위에 포함하여야 한다. (마)는 복제 등의 방법으로 데이터베이스를 구성한 후 이를 분석, 마케팅 등의 용도로 사용하는 정보시스템의 경우 인증범위 내 개인정보를 처리하므로 인증범위에 포함 하여아 한다.

참고

정보보호 및 개인정보보호 관리체계 인증제도 안내서(2024.7) (P. 28~29)

인증 의무대상자인 경우, 인증범위는 신청기관의 정보통신서비스를 모두 포함하여 설정해야 한다.
▶ 정보통신서비스란 전기통신사업자의 전기통신역무를 이용하여 정보를 제공하거나 정보의 제공을 매개하는 서비스를 말한다.
▶ 인증범위는 신청기관이 제공하는 정보통신서비스를 기준으로, 해당 서비스에 포함되거나 관련 있는 자산(시스템, 설비, 시설 등), 조직 등을 모두 포함한다.
▶ 해당 서비스의 직접적인 운영 및 관리를 위한 백오피스 시스템은 인증범위에 포함되며, 해당 서비스와 관련이 없더라도 그 서비스의 핵심정보자산에 접근 가능하다면 포함한다.
▶ ISMS 의무인증범위 내에 있는 서비스, 자산, 조직(인력)을 보호하기 위한 보안시스템은 인증범위에 모두 포함한다.
▶ 정보통신서비스와 직접적인 관련성이 낮은 전사적자원관리시스템(ERP), 분석용데이터베이스(DW), 그룹웨어 등 기업 내부 시스템, 영업/마케팅 조직은 일반적으로 인증범위에서 제외한다.

21번 정답 ①, ②

해설

① IaaS 환경에서 신청기관이 직접 설치 및 운영하는 OS, 미들웨어, DBMS, 응용프로그램은 신청기관이 지배권과 관리 책임을 보유한 영역이므로 인증범위에 반드시 포함해야 한다.
② PaaS 환경에서라도 접근 계정·권한·비밀번호를 자사가 직접 관리하는 경우 해당 영역은 통제 범위 내이므로 인증범위 포함이 필요하다.
③ SaaS 환경이라 하더라도 계정 관리, 접근통제 설정 등 신청기관이 실질적으로 관리하는 기능이 존재한다면, 해당 항목은 인증범위에 포함해야 한다.
④ IaaS에서 제공 이미지를 사용하는 경우라도 OS 설정, 패치, 접근제어 설정 등은 신청기관의 관리책임 영역이다.
⑤ PaaS 환경에서 자체 개발한 애플리케이션은 기본적으로 전체가 인증범위 대상입니다. 배포 및 런타임도 통제 가능성이 있는 경우 포함해야 한다.

참고

SMS-P 인증제도 안내서(2024.07) 보안인증 기준 예시(P. 31)

구분	대상 서비스 및 자산
IaaS (infrastructure as a Service)	– 신청기관이 직접 관리하는 서버OS(Guest OS), 미들웨어(WAS 등), 응용프로그램, DBMS
PaaS (Platform as a Service)	– 신청기관이 직접 관리하는 응용프로그램 – 단, 클라우드서비스 제공자로부터 계정 및 권한을 할당받아 사용하는 영역은 인증범위에 포함(미들웨어 계정, 권한 및 비밀번호 등)
SaaS (Software as a Service)	– 응용프로그램 관련하여 신청기관이 관리 가능한 영역에 한해 심사 수행(응용프로그램 계정, 권한 관리 및 비밀번호 등)

해설

ㄱ. 지문은 인증범위가 부적절하다거나, 조직/장소/시스템/인력의 누락이 있었다는 사실을 제시하지 않는다.

ㄴ. 자산 목록의 누락 여부에 대한 내용보다는, 절차/흐름 문서 최신화 및 변경 시 보안활동 미수행에 초점이 있으므로 1.2.1 정보자산 식별 결함으로 연결하기 어렵다.

ㄷ. 민원 창구 통합/온라인 채널 확대 등으로 서비스 흐름, 수집 항목, 내부 처리 절차가 대폭 변경되었는데도, 「개인정보 처리 현황 및 흐름도」를 최초 작성본을 그대로 유지하고 있고, 서비스, 업무, 정보자산 등 환경 변화에 따라 변화된 흐름을 흐름도에 반영하지 않아 1.2.2 현황 및 흐름분석 결함이다.

ㄹ. 민원 창구 통합/온라인 채널 확대 등으로 서비스, 화면, 내부 처리 절차가 대폭 변경되었음에도 신규/변경 기능에 대한 내부 지침 및 보안 요구사항을 시험하지 않고 최초 구축 당시에 대한 보안성 검토로 갈음하는것은 2.8.2 보안 요구사항 검토 및 시험 결함이다. ※ 정보시스템 도입, 개발, 변경 시 보안 요구사항이 효과적으로 적용되었는지를 확인하기 위한 검토기준과 절차를 수립하고 이에 따른 시험을 수행하여야 함

[관련 법령]

「개인정보 보호법」 제33조(개인정보 영향평가)

해설

① 지문에서 다른 시스템은 AD연동을 통해 자동 삭제됨을 명시하고, 계정관리 프로세스는 존재한다고 할 수 있다. 다만 퇴직후 MDM단말이 일관되게 적용되지 않은 것이 근본적인 결함이다.

② MDM을 적용하고 있고, 단말 보안 통제 자체는 도입하여 운영중이므로 통제정책은 수립하여 이행중인 것으로 볼 수 있다. 따라서 본 사안은 단말기 보안 통제의 부재가 아니라, 퇴직, 변경 시 등록 해제/회수 및 점검이 누락된 절차 통제 문제이다.

③ 퇴직자 단말이 MDM에 남아 있다는 사실만으로 OS/앱 최신 패치 미이행을 단정할 수 없다. 패치관리 결함으로 판단하려면 패치 현황, 업데이트 이력 등 추가 증적이 필요하므로 정답이 아니다.

④ 퇴직자가 원격접속 했다는 증적이 제시되지 않았으며 MDM 권한 회수가 미흡한 상황이다.

⑤ 퇴직 시 모든 관련 자산,계정,권한을 지체 없이 회수해야 하나, MDM(업무용 단말) 영역에서 이 절차가 적용되지 않아 퇴직자 접근이 가능한 상태로 가장 근본적인 결함에 해당한다.

참고

ISMS-P 인증기준 안내서(2023.11.23.) (p.65) 결함사례4 개인정보취급자 퇴직 시 개인정보처리시스템의 접근 권한은 지체 없이 회수되었지만, 출입통제시스템 및 VPN 등 일부 시스템의 접근 권한이 회수되지 않은 경우

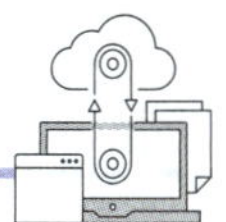

해설

(ㄱ) (적절) 「개인정보 보호법」 제35조의2 제1항 제1호 가목 내지 다목에 근거하여 동의, 계약 이행, 공익 목적 지정 정보가 전송 대상에 해당한다.

(ㄴ) (적절) 2025년 전 분야 마이데이터 확대의 우선 적용 분야는 보건의료, 통신, 에너지 분야이며, 전송 대상 수신자는 본인, 전문기관, 일반수신자로 규정되어 있다.

(ㄷ) (적절) 특수전문기관은 보건의료와 같이 정보의 민감도가 높거나 고도의 전문적 관리가 필요한 특정 분야를 전담하여 지원하는 기관을 의미한다.

(ㄹ) (적절) 일반수신자는 보호위원회가 정한 시설 및 기술 기준을 충족해야 하며, 특히 「개인정보 보호법」 제29조에 따른 안전조치의무 이행이 필수 등재 요건이다.

(ㅁ) (적절) 가공 정보(생성 정보)는 전송 대상에서 제외되며, 타인의 정당한 이익 침해 우려 시 전송을 거절할 수 있다.

(ㅂ) (부적절) 개인정보 전송의 대전제는 정보주체의 본인 확인이다. 본인 여부가 확인되지 않는 경우 처리자는 전송 요구를 거절하거나 중단해야 하며, 사후 확인을 전제로 선전송하는 것은 불가능하다.

출처 : 「개인정보 보호법」 제35조의2(개인정보의 전송 요구), 제35조의3(개인정보관리 전문기관의 지정 등)
(전 분야 마이데이터) 개인정보 전송요구권 제도 안내서 (2025. 04. 개인정보보호위원회)
개인정보관리 전문기관 지정 안내서_특수전문기관 편 (2025. 03. 개인정보보호위원회)

해설

① 행태정보는 필요 최소한의 기간만 보관하고 관리하도록 하며, 6개월 이내 보관을 권장하나, 활용 분야수집 목적에 따라서 그보다 긴 기간 설정이 가능하여 강제 단축 판단은 부적절하다.

② 행태정보가 개인 식별 정보(ID, 연락처 등)와 결합되어 특정 개인을 대상으로 맞춤형 마케팅을 수행하는 경우, 이는 개인정보의 이용에 해당하여 단순히 개인정보 처리방침에 기재하는 것만으로는 부족하며, 반드시 정보주체의 사전 동의를 받아야 한다.

③ ADID는 단독으로는 직접 식별정보가 아닐 수 있으나, 다른 정보와 결합되거나 특정 이용자에게 지속적으로 연결될 경우 개인정보에 해당할 수 있다. 따라서 외부 광고 플랫폼에 전송하면서 "직접수집이 아니다"는 이유로 고지·동의를 생략한 것은 적절하지 않다.

④ DB를 물리적·논리적으로 분리하는 것은 보안을 강화하는 조치일 뿐, 개인정보와 결합하여 처리하는 행위 자체에 대한 법적 의무(동의, 안전성 확보조치 등)를 면제해 주지는 않는다.

⑤ 행태정보는 이용자의 최신 선호도를 반영하는 것이 목적이므로 보관 기간을 최소화해야 합니다. 5년으로 연장하는 것은 최소한의 기간만 보관하는 원칙에 위배된 것으로 판단된다.

출처 : 맞춤형 광고에 활용되는 온라인 행태정보 보호를 위한 정책 방안 (개인정보보호위원회, 2024. 01)

해설

(ㄱ) (적절) 쿠키는 웹사이트 사업자와 광고 플랫폼 모두가 생성 및 활용할 수 있다.

(ㄴ) (적절) 광고식별자는 기기 고유값과 달리 이용자가 단말기 설정에서 수시로 재설정하거나 삭제가 가능하다.

(ㄷ) (적절) 식별 정보와 결합되지 않는 비식별 행태정보 활용 시에는 사전 동의 대신 거부 수단을 제공해야 한다.

(ㄹ) (적절) 행태정보의 보관은 최소한의 기간이 원칙이며, 맞춤형 광고에 활용되는 온라인 행태정보 보호를 위한 정책 방안에서는 권고 사항으로 6개월을 권고하고 있다.

(ㅁ) (적절) 웹·앱 사업자는 자신의 플랫폼 내에서 타사가 행태정보를 수집하도록 허용하는 경우, 이용자에게 고지하고 선택권을 보장할 '웹·앱 사업자의 역할과 책임'이 있다.

출처 : 맞춤형 광고에 활용되는 온라인 행태정보 보호를 위한 정책 방안 (개인정보보호위원회, 2024. 01)

27번 정답   ⑤

해설

① 모든 DB 접근은 접근제어 솔루션을 경유해야 하며, 상시적인 직접 접속 경로를 허용한 것은 2.6.4 데이터베이스 접근 위반이다.

② 서비스 계정(app_svc)에 임시 테이블 생성이라는 특정 업무 목적을 위해 DDL(Create) 권한을 부여하였으나, 해당 권한이 운영 테이블 구조 변경 등 업무 범위를 초과하는 권한까지 허용하므로 2.5.5 특수 계정 및 권한관리 위반이다.

③ Gateway 방식 접근통제 환경에서 우회 접속 경로는 통제 무력화 요인이므로 원천 차단이 원칙이다.

④ DB 접속 로그를 덮어쓰기 방식으로 운영하여 기록을 보존하지 못한 것은 2.9.4 로그 및 접속기록 관리 위반이다.

⑤ 서비스 계정은 최소 권한 원칙에 따라 업무에 필요한 최소 권한만 보유해야 하며, IP 제한이나 Gateway 경유 여부와 관계없이 불필요한 DDL 권한 부여는 2.5.5 특수 계정 및 권한관리 위반이다.

28번 정답   ③

해설

① 퇴사자 계정의 삭제·해지 및 재활성화 통제 절차가 존재하지 않으므로 생성·삭제 절차가 수립되었다고 보기 어렵다.

② 본 사례는 일반 사용자 계정 관리에 관한 사항으로 2.5.5 특수 계정 및 권한 관리 결함에 해당하지 않는다.

③ 퇴사자 계정을 비활성화 상태로만 관리하고 삭제 절차가 없으므로 2.2.5 퇴직 및 직무변경 관리 결함이다.

④ 인사팀 명단 전달은 계정 관리의 참고 정보일 뿐, 삭제·통제·이력 관리 절차 결함에 해당하지 않는다.

⑤ 퇴사자 계정이 비활성화 처리되어 있어 2.5.1 사용자 계정 관리 결함에 해당하지 않는다.

29번 정답 ③

해설

① 법령에 따라 보존 중인 개인정보의 관리 문제로, 3.4.1 개인정보 파기 결함에 해당하지 않는다.

② 분리보관 시 최소한의 정보만을 보존하고 관리해야 하므로 마케팅 테이블 활용을 위한 선택 정보는 삭제해야 하기 때문에 3.4.2 처리목적 달성 후 보유 시 조치 결함이다.

③ **법령상 보존의무가 없는 선택정보를 과도하게 보관하고 분리 데이터베이스 접근권한도 최소화하지 않아 3.4.2 처리목적 달성 후 보유 시 조치 인증기준을 충족하지 못한다.**

④ 탈퇴회원 정보라도 법령에 따른 최소 항목, 최소 기간, 접근통제 요건을 충족해야 한다.

⑤ 마케팅 활용 여부와 무관하게 선택 정보의 과도한 보관 및 최소한의 인력만이 접근 할수 있도록 검토하지 않았기 때문에 3.4.2 처리 목적 달성 후 보유 시 조치 결함에 해당한다.

[참고사항]

개인정보보호법 제21조(개인정보의 파기)

① 개인정보처리자는 보유기간의 경과, 개인정보의 처리 목적 달성, 가명정보의 처리 기간 경과 등 그 개인정보가 불필요하게 되었을 때에는 지체 없이 그 개인정보를 파기하여야 한다. (다만, 다른 법령에 따른 보존하여야 하는 경우에는 그러하지 아니하다.) 〈개정 2023. 3. 14.〉

② 개인정보처리자가 제1항에 따라 개인정보를 파기할 때에는 복구 또는 재생되지 아니하도록 조치하여야 한다.

③ 가명정보처리자가 제1항 단서에 따라 개인정보를 파기하지 아니하고 보존하여야 하는 경우에는 해당 개인정보 또는 개인정보파일을 다른 개인정보와 분리하여 저장·관리하여야 한다.

④ 개인정보의 파기방법 및 절차 등에 필요한 사항은 대통령령으로 정한다.

전자상거래 등에서의 소비자보호에 관한 법률 시행령 제6조(사업자가 보존하는 거래기록의 대상 등)

제6조(사업자가 보존하는 거래기록의 대상 등)

① 법 제6조제3항에 따라 사업자가 보존하여야 할 거래기록의 대상·범위 및 기간은 다음 각 호와 같다. 다만, 법 제20조제1항에 따른 통신판매중개자(이하 "통신판매중개자"라 한다)는 자신의 정보처리시스템을 통하여 처리한 기록의 범위에서 다음 각 호의 거래기록을 보존하여야 한다. 〈개정 2016. 9. 29.〉

　1. 표시·광고에 관한 기록: 6개월

　2. 계약 또는 청약철회 등에 관한 기록: 5년

　3. 대금결제 및 재화등의 공급에 관한 기록: 5년

　4. 소비자의 불만 또는 분쟁처리에 관한 기록: 3년

해설

① 신규 전자금융업무 수행 시 기능 개선 여부와 관계없이 자체 보안성심의 실시 대상이다.

② 결과보고서 제출 기산점은 "행위 수행일(제공 또는 시행일)"로 규정되어 있다.

③ 사고 미발생 요건 외에도 금융감독원장이 정한 기준을 충족해야 제출 면제가 가능하다.

④ 금융감독원장은 개선·보완 요구 권한은 있으나, 해당 행위의 중단을 명할 권한은 조문에 규정되어 있지 않다. 「전자금융감독규정」 제36조(자체 보안성심의) 3항

> ③ 금융감독원장은 제2항에 따라 제출받은 자체 보안성심의 결과보고서를 검토한 결과, 보안수준이 충분하지 않다고 인정되는 경우에는 금융회사 또는 전자금융업자에 대하여 개선·보안을 요구할 수 있다.

⑤ 공공기관은 제36조 제4항에 따라 결과보고서 제출 예외 대상이 될 수 있다.

> 제36조(자체 보안성심의) ③ 금융감독원장은 제2항에 따라 제출받은 자체 보안성심의 결과보고서를 검토한 결과, 보안수준이 충분하지 않다고 인정되는 경우에는 금융회사 또는 전자금융업자에 대하여 개선·보완을 요구할 수 있다.
>
> ④ 제2항 및 제3항에도 불구하고 다음 각 호의 기관은 제1항제1호에 따른 자체 보안성심의 결과보고서의 제출을 하지 아니할 수 있다.
> 1. 「우체국예금·보험에 관한 법률」에 의한 체신관서
> 2. 「새마을금고법」에 의한 새마을금고 및 새마을금고중앙회
> 3. 「공공기관의 운영에 관한 법률」제4조에 따른 공공기관〈종전의 제4호에서 이동, 2025. 2. 5.〉

해설

① 정기적인 정보보호 및 개인정보보호 위원회 개최는 이루어지지 않아서 1.1.3 조직 구성 결함에 해당한다.

② 기적인 정보보호 운영현황에 대한 문서화 및 경영진 보고가 이뤄지지 않아서 1.3.3 운영현황 관리 결함에 해당한다.

③ 정기 교육이 계획대로 수행되지 못한 부분은 2.2.4 인식제고 및 교육훈련에 해당한다.

④ 계정 관리에 대한 종합적으로 관리하는 체계가 마련되어 있지 않아서 2.5.1 사용자 계정 관리 결함에 해당한다.

⑤ **2.9.4 로그 및 접속기록 관리 결함을 판단 할 만한 상황은 없다.**

해설

① 2.10.4 전자거래 및 핀테크 보안 – 주요 확인사항(가상자산 사업자 대상)
'이용자가 취급업소의 로그인/출금/사용자 정보 변경 등의 서비스를 이용할 경우, 추가 인증수단 또는, 멀티시그를 적용하여야 한다.'

②,④ 1일차 인터뷰 상에는 5년간 보존한다고 되어있으나, 「가상자산이용자보호법」제9조(거래기록의 생성·보존 및 파기) ①항에서 요구하는 15년간 보존해야 한다는 법률적 사실을 내부 정책 등으로 반영하여 준수한다면 결함으로 판단할 수 없음

③ 가상자산거래기록 종류에 해당하는 전자적 장치의 종류가 누락되어 있음

※「가상자산이용자보호법 시행령」 제13조(가상자산거래기록의 종류)

제13조(가상자산거래기록의 종류) 법 제9조제1항에 따른 가상자산거래기록(이하 "가상자산거래기록"이라 한다)의 종류는 다음 각 호와 같다.

1. 가상자산의 종류에 관한 기록
2. 다음 각 목의 가상자산거래 내역에 관한 기록
    가. 가상자산거래를 하는 이용자
    나. 가상자산거래의 상대방
    다. 가상자산거래의 일시 · 종류 · 수량 및 금액
    라. 이용자의 주문정보
    마. 거래지시의 변경 등에 따른 가목부터 라목까지의 규정에 해당하는 사항의 변경 내역
3. 가상자산거래가 이루어진 가상자산주소에 관한 기록
4. 가상자산거래에 사용된 컴퓨터 등 전자적 장치의 종류
(그 장치를 식별할 수 있는 정보를 포함한다)에 관한 기록 및 그 접속기록
5. 법 제11조제2항에 따른 가상자산 입금 또는 출금의 차단 사실 및 그 사유에 관한 기록
6. 법 제12조제1항에 따른 이상거래의 상시 감시 및 조치 결과에 관한 기록
7. 법 제12조제2항에 따른 불공정거래행위 관련 사항의 통보, 신고 및 보고에 관한 기록
8. 가상자산사업자가 가상자산거래의 대가로 받은 수수료에 관한 기록

⑤ 위 ①번의 해설의 주요 확인사항의 내용처럼 입금에 대한 추가인증수단 의무는 없음

33번 정답  ③

해설

①, ④ 수신측 추가 인증 여부를 확인하여 미반영 되어있다면 2.7.2 암호키 관리 결함이다.

※ 2.7.2 암호키 관리 – 주요 확인사항(가상자산 사업자 대상)
'멀티시그를 지원하지 않는 코인, 토큰, 플랫폼의 경우에도, 취급업소내 가상자산의 송/수신시 2인 이상의 MFA(Multi-Factor Authentication) 인증, 자체 개발한 멀티시그 기능(2개 이상의 key가 있어야만 거래가 가능하도록 통제 적용) 등을 활용하여 보안이 강화된 안전장치를 적용하고 있는가?.'

② 2일차 인터뷰 확인결과 개인키만 물리적 소산하여 보관하고, 패스프레이즈는 논리적인 망분리는 통해 보관시 2.7.2 암호키 관리 결함이다.

※ 2.7.2 암호키 관리 – 주요 확인사항(가상자산 사업자 대상)
'핫/콜드 월렛에서 사용되는 키, 패스프레이즈는 물리적으로 안전한 장소에 소산하여 보관하고 있는가?.'

③ 1.1.5 정책 수립 결함

※ 1.1.5 정책 수립 – 주요 확인사항(가상자산 사업자 대상)
'핫/콜드월렛 관련 주요 작업 지침 및 절차는 비밀로 관리하고 업무상 열람이 필요한 인원으로 배포를 제한하고 있는가?'

⑤ 멀티시그를 지원하지 않는 가상자산에 대해서는 위험평가 수행 여부와 그 결과에 따른 보호대책 수립·적용 여부를 먼저 확인하여, 위험평가 결과 보호대책과 같은 안전장치가 미수립된 것이 확인된다면, 이는 1.2.4 보호대책 선정 단계의 결함으로 판단 가능함.
반면, 이를 1.3.1 보호대책 구현 결함으로 판단하는 것은 해당 인증기준 취지와 범위를 벗어남

※ 1.2.4 보호대책 선정 – 주요 확인사항(가상자산 사업자 대상)
'가상자산별 블록체인에서 멀티시그를 제공하지 않는 경우, MFA(Multi Factor Authentication), 키분할, 자체 구축한 멀티시그 방식 등 이를 대체하기 위한 안전장치가 보호대책에 포함되어 있는가?'

34번 정답　⬇　②, ⑤

해설

① (결함 아님)「맞춤형 광고에 활용되는 온라인 행태정보 보호를 위한 정책 방안」및 가이드라인에서는 보존 기간을 "6개월 이내 보관·관리를 권장하나, 활용 분야·수집 목적에 따라서 그보다 긴 기간 설정 가능"하다고 가이드 하고 있다. 기업이 '보험 상품 분석'이라는 뚜렷한 목적을 가지고 있고, 이를 처리방침에 명시했다면 36개월 보관은 법적 위반은 아니다.

② **(결함)** 정책상 3년으로 정해놓고도 2014년 데이터(10년 경과)를 삭제하지 않고 방치한 것은 3.4.1 개인정보 파기 결함이다.

③ (결함 아님) 법령상 의무 보존 기간이 아니더라도, ① '부정이용 방지' 목적을 처리방침에 미리 고지하고, ② 해당 정보를 다른 정보와 분리하여 별도로 저장·관리하는 경우에는 일정 기간 보관이 허용된다. 인터뷰에서 "논리적 분리 및 접근통제"를 하고 있다고 했으므로, 무조건 위법이라고 판단한 것은 심사원의 잘못된 판단이다.

④ (결함 아님)「연계정보 처리 및 안전조치 등에 관한 안내서」연계정보 저장 시 암호화 조치 의무는 예산 확보와 시스템 구축 기간을 고려하여 2027년 5월 1일부터 시행된다. 유예 기간이 남아있는 법적 의무 사항을 근거로 현재 시점에 '결함'을 주는 것은 잘못된 핀딘이다. (권고 사항으로 제시하는 깃은 가능)

⑤ **(결함)** 내부망(인터넷 차단망) PC가 외부 도메인을 질의(Resolving)할 수 있다는 것은, 내부 DNS 서버가 외부(Root Hint 또는 ISP DNS)로 쿼리를 보내고 응답을 받아온다는 뜻이다. 이는 DNS 터널링(DNS Tunneling) 기법을 통해 내부 데이터를 외부로 유출할 수 있는 보안 홀이 된다. 따라서 내부 DNS는 승인된 도메인만 처리하거나 외부 재귀 질의(Recursive Query)를 차단해야 한다.

　– 재귀 질의(Recursive Query) 통제: 내부 DNS 서버가 외부의 모든 도메인을 대신 물어봐주는(Resolve) 것이 아니라, 업무상 반드시 필요한 도메인(백신 업데이트, OS 패치 서버 등) 목록(Whitelist)만 외부 DNS에 물어보도록 설정하고, 그 외 임의의 도메인에 대한 질의는 차단해야 한다.

[참고] 개인정보 처리 통합 안내서

(3) 계약을 체결하는 과정에서 정보주체의 요청에 따른 조치를 이행하기 위하여 필요한 경우

부정가입 시도 방지 등 개인정보처리자의 정당한 이익을 위하여 필요한 경우(제6호)에는 합리적인 기간 내에서 보유한 후 파기할 수 있다.

서비스 이용자 개인정보의 이용 범위 판단기준

수집 목적 내 이용 : "당초 수집한 목적의 범위 안에 있는가?"

(정당한 이익) 개인정보처리자의 정당한 이익에 포섭될 수 있는 이익(부정행위 방지, 서비스의 안전성 보장 등)이 존재하고 정보주체의 권리 침해 가능성을 최소화한 경우

해설

해당 제시문은 AI 모델에 대한 특성을 고려하지 않고 AI 모델을 일반 소프트웨어와 동일한 방법의 위험평가를 수행함으로서 AI 모델의 구조, 파라미터, 입,출력 등의 AI 모델의 특징에 따른 보안 위협이 위험평가 과정에서 고려되지 않아 구버전 AI모델을 관리하면서 보관, 폐기, 인터페이스 관리 등 다양한 보안 대책 마련이 미흡한 상황이다. 따라서 AI 모델에 대한 「1.2.3 위험평가」 결함이 적절하다.

① AI 서비스에 대해 AI 모델 학습 서버, 추론 서버, 학습 데이터셋, 모델 파일을 정보자산으로 식별하여 자산 목록에 등록하고 있으므로, 자산식별 현환을 적절하며 AI 모델을 소프트웨어로 분류한 것은 문제가 없다.

② AI 모델 파일에 대한 이력관리를 위해 구버전 AI 모델 파일을을 개발 서버 내 백업 폴더에 별도의 접근통제 또는 보안 조치 없이 보관하고 있는 것은 AI 모델에 대한 관리가 미흡한 것으로 이는, AI 모델 파일 자산에 대한 관리 미흡으로 「2.1.3 정보자산 관리」 결함에 해당할 수 있다. 하지만, 해당 상황에는 근본적인 원인이 AI 시스템의 특성을 고려한 위험평가 방법의 미흡에 의한 것으로 「1.2.3 위험평가」 결함이 더 적합하다.

③ 해당 제시문에서는 기존 AI 모델에 대한 폐기 절차를 확인할 수 없으므로 「2.9.7 정보자산의 재사용 및 폐기」 결함으로 판단할 만한 근거가 없다.

④ 새 버전 AI 모델로 변경 시 구버전 AI 모델과 연결된 테스트용 API가 활성화 여부를 점검하지 않은 것은 AI시스템의 특성을 고려한 위험평가 방법의 미흡에 의한 것으로 「1.2.3 위험평가」 결함이 더 적합하다.

⑤ **AI 모델의 특수성에 대한 위험 식별 및 평가 방법을 적용하지 않고 기존 정보시스템 위험평가 방법론을 그대로 활용하는 것은 AI 모델에 대한 위험 평가방법이 미흡한 것으로 적절한 판단이다.**

※ AI시스템 보안위협 「국정원 (20251211) 국가·공공기관 AI보안 가이드북」
AI시스템은 정보통신시스템의 한 종류로 시스템 구성요소 및 네트워크 구성에 따른 취약요인 등 기존 정보통신 시스템에 대한 사이버보안 위협에 노출되어 있다.
이와 더불어, 전통적인 사이버보안 위협과 다르게 AI모델, 모델의 구조·파라미터, 입·출력데이터, 학습데이터까지 위협·보호대상에 포함된다는 특징을 가지고 있다. 이로 인해 AI모델 및 학습데이터의 보안성이 직접적으로 AI시스템 전반의 보안성에 연결되며, 변조·악성 행위가 전체 시스템 동작에 심각한 영향을 미칠 수 있다.

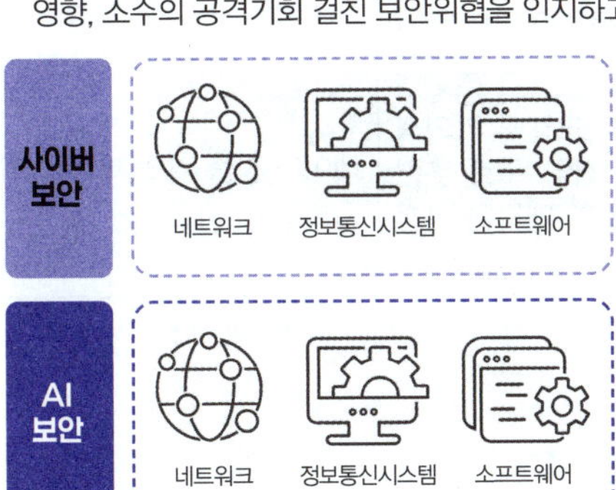

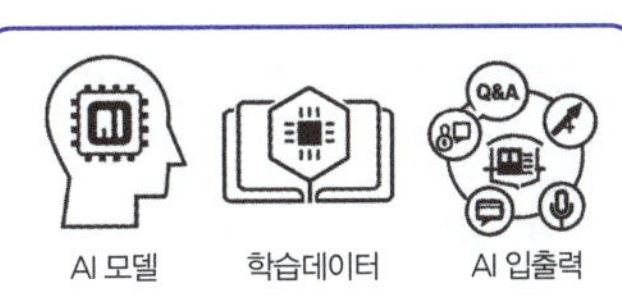

해설

① **올바른 설명이다.**

② 모델 추출 공격에 대한 설명이다.

③ 적대적 공격 유형으로 회피 공격에 대한 설명이다.

④ 프롬프트 인젝션 공격에 대한 설명이다.

⑤ 모델 오염 공격에 대한 설명이다.

※ AI 보안 위협과 대응 방법 『과기부 인공지능(AI) 보안 안내서 (20251211)』

위협 유형	설명	대응
데이터 중독 공격	인공지능 모델의 학습 데이터에 악의적인 데이터를 주입하는 행위를 말한다. 공격자는 데이터 중독을 통해 인공지능 시스템이 학습하지 말아야 할 내용을 학습하게 만들어 바람직하지 못한 결과를 출력하게 한다.	데이터 출처 검증, 이상치 탐지, 데이터 무결성 검증
모델 회피 공격	공격자가 기계학습 시스템에서 오류를 생성하기 위해 입력 데이터를 조작하는 것을 목표로 하는 공격이다. 데이터 중독과 달리 모델 회피 공격은 시스템의 동작을 변경하지 않지만, 모델의 맹점과 약점을 악용하여 공격 자가 원하는 오류를 생성하게 된다. 모델 회피는 기계학습 모델에 대한 가장 일반적 공격 중 하나이다.	다중 방어 전략을 통해 이루어져야 함. 적대적 훈련(Adversarial Training), 입력 전처리, 모델 앙상블과 같은 기술적 방어뿐만 아니라, 지속적 평가와 커뮤니티 협업을 통해 AI 모델의 강건성/안전성을 강화하는 것이 필수임
프롬프트 인젝션 공격	공격자가 정교하게 설계된 입력을 통해 AI의 동작이나 출력을 조작하여 의도하지 않은 결과를 유도함	입력 필터링, 출력 검증, 프롬프트 가드레일 적용, 권한 제어 및 최소 권한 접근 시행, 외부 콘텐츠 분리 및 식별
모델 추출 공격	기계학습 모델에 질의를 계속 입력하면서 결과값을 분석함으로써 모델을 추출하는 공격이다. 이 공격은 주로 서비스형 기계학습((MLaaS) Machine Learning as a Service)을 탈취하거나 전도 공격 (inversion attack)이나 회피 공격(evasion attack)과 같은 2차 공격에 활용한다.	API 호출 제한(Rate Limiting), 비정상 질의 패턴 탐지
모델 오염 공격	공격자가 훈련 데이터를 조작하여 AI 모델이 악의적인 방향으로 학습하도록 유도하는 공격임. 주로 훈련 데이터에 악성 데이터를 삽입해 모델이 왜곡된 학습을 하게 함	데이터 검증 및 정제, 데이터 필터링, 신뢰할 수 있는 데이터 소스 사용

37번 정답 ③

[해설]

③번이 틀린 이유 (인증기준 3.1.5 개인정보 간접수집)
서비스 제공과 직접 관련이 없는 타깃 마케팅 목적으로 쿠키에 포함된 개인정보를 수집하는 것은 정보주체의 동의가 필요한 사항이다. 단순히 처리방침에 명시하는 것만으로는 부족하며, 특히 이용자의 행태정보를 분석하여 맞춤형 광고 등을 제공할 때는 수집 항목, 목적, 거부 방법 등을 명확히 알리고 선택적 동의를 받는 등의 보호조치가 필요하다.

① 채용 지원 단계에서의 주민등록번호 수집은 법적 근거가 없는 한 금지되며, 채용 확정 후 서류 제출 단계에서 수집하는 것이 일관된 원칙이다.

② 민원 처리를 위한다는 명목이라 하더라도 민원인의 동의 없이 피민원인에게 정보를 제공하는 것은 당초 수집 목적 범위를 초과한 제3자 제공 위반 소지가 크다.

④ 「전자상거래법」 등 타 법령에 의해 보존하는 경우라도 보존 의무가 있는 '최소한의 정보'에 한정해야 하며, 보존 의무가 없는 선택 정보까지 파기하지 않고 보유하는 것은 결함 사례에 해당한다.

⑤ 외부 웹하드, 클라우드, 위탁 IT 서비스 등은 관리체계 범위 내에 있다면 반드시 자산 식별과 중요도 평가가 이루어져야 한다.

38번 정답 ①, ⑤

[해설]

①번이 잘못된 이유는 실무 협의체의 경우 전사적 정보보호 및 개인정보보호 활동을 위하여 정보보호 및 개인정보보호 관련 담당자 및 부서별 담당자로 구성된 실무 협의체를 구성하여 운영할 수 있으므로 반드시 경영진이 들어갈 필요가 없고 의사결정 및 경영진 지원이 필요한 경우에는 위원회에 상정하여 논의할 수 있으므로 협의체가 아닌 정보보호 및 개인정보보호 위원회에는 반드시 경영진의 의사결정이 필요하다. 해당 사항으로 경영진의 참여에 결함은 잘못되었다.

※참고 : ISMS-P 인증기준 안내서(2023.11.23.) 16page

⑤번이 잘못된 이유는 개인정보 보호법 제21조에 따라 개인정보의 처리 목적이 달성되어 파기해야 함에도 불구하고 '다른 법령'에 따라 보존해야 하는 경우에는 파기하지 않고 보존할 수 있다. 따라서, 이 경우 해당 개인정보를 다른 개인정보와 분리하여 저장·관리해야 하는데, 김보안 담당자는 이 절차를 적절히 이행하고 있으므로 심사원의 "무조건 삭제해야 한다"는 판단은 잘못되었다.

② 위험 평가는 관리적, 물리적, 기술적 영역을 모두 포함해야 하며, 단순히 기술적 취약점 점검 결과로 갈음하는 것은 인증 결함이다.

③ 클라우드 책임 공유 모델에서 IaaS 이용자는 가상머신 내부의 Guest OS, 애플리케이션 보안 패치에 대한 책임을 져야한 다.

④ CI/CD 배포 과정이면, 개발 결과물 자동 이관으로 보아야 하고 또한 배포에 따른 중요 설정정보 변경 시에 프로세스화 되어있지 않아 그에 대한 보호대책이 미흡한것으로 2.8.6 운영환경 이관 결함으로 판단된다.

해설

(가) 부적절: 웹사이트 운영자가 robots.txt나 CAPTCHA 등으로 명시적인 스크래핑 거부 의사를 표시한 경우, 이를 무시하고 수집하는 행위는 정보주체의 합리적인 예견 가능성을 벗어난 것으로 간주된다. 이는 '정당한 이익'을 인정받기 위한 요건 중 하나인 '이익형량' 판단에 부정적인 영향을 미치므로 적법근거를 인정받기 어렵다.

(나) 부적절: IaaS 모델에서 가상머신 내 게스트 운영체제(Guest OS), 미들웨어, 애플리케이션의 보안 패치 책임은 전적으로 이용자에게 있다. 클라우드 사업자(CSP)는 하드웨어와 하이퍼바이저 영역까지만 책임을 진다.

(다) 부적절: 시스템 내부 정보나 추적 메시지(Traceback)가 포함된 상세한 오류 메시지를 외부에 제공하는 것은 공격자에게 시스템 구조를 노출하는 보안약점이 되므로 웹서버 보안 강화 지침에 따라 오류 메시지는 최소한의 정보만 포함하거나 미리 정의된 에러 페이지를 보여주어야 한다.

(라) 부적절: 예외 상황 발생 시 자원이 명시적으로 해제되지 않으면 자원 고갈(Resource Exhaustion)로 인해 시스템 서비스 거부(DoS) 상태가 발생할 수 있다. 반드시 try-catch-finally 또는 try-with-resources 구문을 통해 자원을 안전하게 반환해야 한다.
　　※ 참고 : 소프트웨어_개발보안_가이드(2021.12.29.) 300page

(마) 적절: AI 모델은 학습데이터를 암기하여 역류시킬 위험(Regurgitation)이 있으므로, 입력값(프롬프트) 필터링과 더불어 출력물에 대한 실시간 필터링, 출력 필터(Output Filter)를 적용하는 것이 개인정보 보호 및 보안 강화 측면에서 권장사항이다.

(바) 적절: 클라우드 서비스 보안인증(CSAP) 및 관련 지침에 따라, 공공기관 클라우드 관리자 및 임직원이 접근하는 외부 인터페이스에는 다중 요소 인증(MFA)이 기본적으로 적용되어야 한다. 패스워드 복잡도와 상관없이 강화된 2단계 인증(MFA) 적용이 필수적이다.

해설

① 2.2.1 주요직무자 지정 및 관리 결함에 해당하지 않음. 개인정보취급자 전원에 대해서 주요 직무자 목록으로 관리하지 않는다고 결함에 해당하지 않는다. 개인정보취급자 전원에 대해서 주요 직무자 목록으로 관리하는 것보다 그중에서도 주요한 직무자를 선별하여 관리하도록 권장된다.

② **2.2.5 퇴직 및 직무변경 관리 결함에 해당한다. 직무변경 시 접근권한을 회수하지 않고 일괄적으로 추가 권한을 할당함. 직무변경 시 기존 권한은 회수하고 필요한 권한에 대해서만 할당해야 한다.**

③ **2.5.1 사용자 계정관리 결함에 해당한다. 업무 목적에 따른 접근권한을 최소한으로 부여해야한다.**

④ 계정을 공동으로 사용하더라도 개인 계정으로 로그인 후 특수 계정으로 전환하여 사용하고 있고 추적관리가 되고 있기 때문에 2.5.2 사용자식별 결함으로 보기 어렵다.

⑤ 인터뷰만으로 2.5.6 접근권한 검토 결함으로 보기 어렵다. 승인절차를 메일로 수행하고 있다고 하더라도 내부 규정을 확인하여 절차대로 수행하고 있는지, 접근 권한검토가 잘 관리되고 있지 않아서 절차 개선이 필요한지 등 추가 확인이 필요하다.

41번 정답  ①, ④

해설

① 정답. 2.11.5 사고대응 및 복구 결함에 해당한다. 개인정보 유출 신고 기한 변경 이후 개인신용정보에 대한 신고 기한도 5일 이내에서 72시간으로 변경되었다.

근거 법률		개인정보 보호법	신용정보법
		제34조 (개인정보 유출 등의 통지·신고)	제39조의4 (개인신용정보 누설통지 등)
법률간 관계		일반법	일반법
적용 대상		개인정보처리자	신용정보회사등에서의 상거래기업 및 법인인 한정
적용 범위		개인정보 유출 등	개인신용정보 누설
의무 사항		통지 및 신고	
유출통지	규모	1명 이상	
	시점	72시간 이내	72시간 이내
	방법	홈페이지, 서면 등의 방법으로 개별 통지	
	항목	유출 등이 된 개인정보 항목. 유출 등이 된 시점과 그 경위. 유출 등으로 인하여 발생할 수 있는 피해를 최소화하기 위하여 정보주체가 할 수 있는 방법 등에 관한 정보. 개인정보담당자 등의 연락처, 피해 신고·접수 부서 및 연락처 등	
유출신고	규모	1. 1천명 이상 2. 민감정보, 고유식별정보 유출 등 3. 외부로부터의 불법적인 접근에 의해 개인정보가 유출 등	1만명 이상
	시점	72시간 이내	72시간 이내
	기관	개인정보보호위원회 또는 한국인터넷진흥원(KISA)	

② 오답. 개인신용정보 유출신고 대상의 규모는 1만명 이상이다.

③ 오답. 개인정보 유출에 대한 신고 및 통지 대응에는 문제가 없다.

④ **정답. 법적 요구사항을 반영하여 개인신용정보 유출 신고 기한을 72시간 이내로 내부규정 변경 필요. 정상적으로 법적 요구사항을 준수하고 있으나 내부 규정 수정만 필요한 경우라면 2.1.1 정책의 유지관리 결함으로 볼 수 있으나 인터뷰 결과 법적 요구사항을 준수하지 않고 있고 내부규정에 대한 수정도 필요한 상황으로 1.4.1 법적 요구사항 준수 검토 결함에 해당한다.**

⑤ 오답. 정보주체의 연락처를 알수없는 경우 등 정당한 사유가 있는 경우에는 인터넷 홈페이지에 30일 이상 위의 5가지 통지 사항을 게시하는 것으로 통지 갈음이 가능하다. 또한, 업체는 이미 모든 통지를 하였기 때문에 인터넷 게시할 필요가 없다.

해설

① 외부자에 대한 보호대책 이행여부에 대한 관리감독에 문제가 있는지 추가 확인이 필요함

② 2.5.5 특수 계정 및 권한관리 결함에 해당한다. 개발팀장에게 과도한 권한이 허용된 관리자 계정을 허용함

③ HAS-160, SHA-1 알고리즘은 비밀번호 암호화를 위한 용도나 전자서명용으로 사용한다면 결함에 해당하지만, 메시지 인증/키유도/난수생성 용도로는 사용이 가능함 (참조. 암호 알고리즘 및 키 길이 이용 안내서 ('18.12) P.07)

※ 참조. NIST SP 800-131Ar3 (2024) 에 따르면 SHA1 알고리즘의 경우 인증/키유도/난수생성의 용도라 하더라도 2030년 이후에는 사용을 금지하고 있으므로 심사시 해당 사항이 발견되면 알고리즘 전환이 필요함을 안내

④ 시험과 운영환경이 분리되어 있지 않지만 분리 작업을 이행 중이므로 결함으로 볼 수 없음

⑤ 타당한 사유 및 책임자 승인 없이 실 운영데이터를 가공하지 않고 시험데이터로 사용한 경우로 2.8.4 시험 데이터 보안 결함에 해당함

해설

(가) 옳지 않은 내용이다. 안내서는 가명처리를 권장하고 있으나, 가명처리가 불가능하다는 이유만으로 반드시 학습 데이터에서 제외해야 한다고 규정하고 있지는 않다. 처리 목적, 필요성, 위험도 등을 종합적으로 고려하여 판단하여야 한다.

(나) 옳은 내용이다. 이용자 입력 데이터가 모델 학습이나 성능 개선에 활용되는 경우, 이는 개인정보 처리에 해당할 수 있으므로 이용자에 대한 명확한 고지 및 적법한 처리 근거 확보가 필요하다.

(다) 옳지 않은 내용이다. 공개된 정보라 하더라도 개인정보에 해당하는 경우에는 수집·이용에 대한 적법성 검토가 필요하며, 생성형 AI 학습을 이유로 무제한적 수집·이용은 허용되지 않는다.

(라) 옳지 않은 내용이다. 개인정보가 일시적으로 처리되더라도 수집·이용·분석 행위가 이루어진다면 개인정보 처리에 해당할 수 있으며, 단순히 저장되지 않는다는 이유로 법 적용 대상에서 제외되지는 않는다.

(마) 옳은 내용이다. 생성형 인공지능이 특정 개인을 재식별하거나 민감한 정보를 추론할 가능성이 있는 경우, 안내서는 이를 개인정보 침해 위험으로 보고 기술적·관리적 보호조치를 적용하도록 요구하고 있다.

해설

① 생성형 AI 서비스 활용 자체는 결함이 아니며, 보호조치가 전제될 경우 허용된다. AI 서비스 자체가 개인정보도 아니기 때문에 3.2.4 개인정보 목적 외 이용 및 제공 결함으로 볼 수 없다.

② 외부 SaaS 형태의 생성형 AI 서비스에 고객 문의 내용을 입력하고 있으며, 해당 데이터가 서비스 품질 개선 등의 목적으로 활용될 가능성이 있음에도 불구하고, 이를 개인정보 처리 위탁에 해당하는지 여부를 검토하지 않아 이에 대한 위험 파악과 적절한 보호대책이 마련되지 않았으므로 2.3.1 외부자 현황 관리 결함으로 볼 수 있다.

③ SaaS 형태 서비스 이용 여부는 보안 취약점 점검의 직접적인 근거가 되지 않는다.

④ 개인정보 처리방침 미반영은 개선 필요 사항일 수 있으나, 중대한 결함은 아니다.

⑤ 약관 동의 방식 자체는 결함으로 단정할 수 없으며, 개인정보 처리 위탁 여부, 처리 목적, 재위탁 제한, 보안조치 등 약관의 구체적 내용에 대한 검토가 선행되어야 판단 가능하다. 문제의 본질은 계약 형태가 아니라 위탁 관리 판단의 부재이다.

해설

① 개발자가 직접 등록/수정은 역할 분담 방식일 뿐, 그 자체가 접근통제 미흡의 증거는 아니다. Secret 값 열람 권한이 과도하다거나 등의 추가 인터뷰가 필요하다.

② 1.3.1 보호대책 구현은 정책/대책을 세워놨는데 기술적·관리적 구현 자체가 안 된 경우 또는 요구되는 보호대책이 아예 미구현인 경우에 더 적합하고 본 사례에서는 CI/CD Secret 기능(기술적 대책)을 사용하고 있고 유실 시 복구 불가라는 운영상 문제가 더 치명적이다.

③ **백업 대상 선정 + 복구 절차 + 복구 검증이 모두 결여된 상태로 CI/CD 파이프라인 설정과 Secret 정보는 운영에 필수적이라서 유실/변경/손상 시 서비스 중단·오배포·데이터 접근 불가로 이어질 수 있으므로 2.9.3 백업 및 복구 관리 결함이 가장 적합하다.**

④ 인터뷰에서 Secret 사용 이력과 변경 로그에 대한 정기적인 확인을 하지 않아 2.9.5 로그 및 접속기록 점검 결함으로 끌릴 수 있지만 본 사례에서는 그 보다 더 선행 문제인 백업·복구 체계 부재가 존재하고 이것이 서비스 중단으로 직결되므로 결함 후보가 될 수 있지만 최우선 결함은 아니다.

⑤ Secret은 암호화 키가 아니라 비밀정보이고, 이 문제는 비밀정보의 가용성·복구 문제로 보는 것이 알맞다. CI/CD Secret은 비밀정보 컨테이너로 API 토큰, 인증서, 데이터베이스 비밀번호 등 외부에서 노출되면 안 되는 정보를 안전하게 저장·관리하고 CI/CD 파이프라인에서 빌드·테스트·배포 단계별로 필요한 시점에 자동으로 해당 정보를 제공한다.

해설

① 외부 전송 구간은 암호화되어 있으나 내부 전송 구간(애플리케이션 서버 ↔ DB)에 개인정보 전송 존재한다. 정보전송 보안은 전송 경로 전체를 기준으로 판단해야 한다. 그러므로 정보전송 보안에 결함이 있다고 봐야 한다.

② 접근통제는 적용되었지만 내부 전송 구간 암호화 미적용으로 전송 보안은 부족하다.

③ 로그가 일부 존재하나, 개인정보 항목 및 수신자 정보가 포함되어 있지 않아 추적이 불가능할 수 있어 로그 및 접속기록 관리가 충분하다고 보기는 어렵다. 추가 점검으로 실제 로그 샘플을 확인하거나, 로그 필드 정의서를 추가 증적 요청하여 "로그는 있으나 추적이 불충분함"을 객관적으로 입증할 수 있다.

④ **클라우드 네트워크 변경은 전송 경로 변경, 접근 방식 변경, 개인정보 처리 흐름 변경 가능성이 존재한다. 따라서 정보보호 및 개인정보 관리체계 범위 내에서 변경사항에 대한 점검 및 개선 절차가 필요하다.**

⑤ 구현됨과 관리체계 적정성을 구분하여 문서화·기준·절차 미흡을 정확히 지적하였고, 결함으로 과도하게 단정 지은 것은 아니다.

해설

③ 정보보안 서약서
   – 신청기관에서 설정한 인증범위와 관련하여 정보자산이 적절하게 식별되었는지에 대한 인증 기준으로, 정보보안 서약서를 추가 확인할 필요는 없다.

① 인증심사 신청서
   – 인증심사 신청서 내에 인증 범위로 포함된 자산인지 여부 확인할 수 있다.

② 외주인력 조직 구성도
   – 현재 신청기관에 투입된 외주인력 현황과 정보자산을 매칭하여 미사용자산 등에 대한 식별이 가능하다

③ 사용자 계정관리 대장
   – 정보자산별로 할당된 사용자 계정 현황을 확인할 수 있다.

⑤ 위험평가서
   – 식별된 정보자산에 대한 위험평가 수행여부 확인할 수 있다.

해설

③ 2.9.3 백업 및 복구 관리
   – 백업/복구에 대한 지침서를 통해 기준을 수립하였으며 실제 백업이 지침에 맞게 잘 이루어 지고 있다. 다만, 연 1회 이상 시행키로한 모의훈련을 미실시하는 상황으로, 2.9.3 백업 및 복구 관리 인증기준에 가장 적합하지 않다고 판단된다.

① 1.1.5 정책 수립
   – 백업/복구에 대한 정책은 백업 및 복구 지침서에 명확하게 수립되어 있다.

② 1.4.2 관리체계 점검
   – 관리체계 자체에 대한 점검을 미실시하였다고 보기엔 과도한 해석으로 판단된다.

④ 2.11.4 사고 대응 훈련 및 개선
   – 사고 대응을 위한 훈련/개선이 안되었다기 보다는 백업/복구 자체 훈련 및 개선이 안되었 으므로 과도한 해석으로 판단된다.

⑤ 2.12.1 재해,재난 대비 안전조치
   – 재해,재난 대비 모의훈련이 아닌 백업 및 복구 관리에 대한 미흡이 가장 인증 기준에 가깝다.

49번 정답 ④

해설

④ C, D, A, B
  – C(5천만원) → D(3천만원) → A(2천만원) → B(1천만원) 순서로 최대 과태료 부과가 가능하다.

(C) 최대 부과 가능 과태료 : 5천만원
  – 고정형 영상정보처리기기(CCTV)를 법적으로 금지하는 화장실 내부에 설치/운영함.

(D) 최대 부과 가능 과태료 : 3천만원
  – 주민등록번호가 분실 · 도난 · 유출 · 위조 · 변조 또는 훼손되지 아니하도록 암호화 조치를 하지 않아서 안전하게 보관되고 있지 않음.

(A) 최대 부과 가능 과태료 : 2천만원
  – 수탁자가 위탁받은 개인정보를 제3자에게 재위탁했지만 위탁자의 동의를 받지 않음.

(B) 최대 부과 가능 과태료 : 1천만원
  – 개인정보 보호수준 평가 관련 자료를 거짓으로 보호위원회에 제출함.

※ 개인정보보호법 제75조(과태료)

① 다음 각 호의 어느 하나에 해당하는 자에게는 5천만원 이하의 과태료를 부과한다.
  1. 제25조제2항(제26조제8항에 따라 준용되는 경우를 포함한다)을 위반하여 고정형 영상정보 처리기기를 설치 · 운영한 자

② 다음 각 호의 어느 하나에 해당하는 자에게는 3천만원 이하의 과태료를 부과한다.
  8. 제24조의2제2항(제26조제8항에 따라 준용되는 경우를 포함한다)을 위반하여 암호화 조치를 하지 아니한 자

③ 다음 각 호의 어느 하나에 해당하는 자에게는 2천만원 이하의 과태료를 부과한다.
  1. 제26조제6항을 위반하여 위탁자의 동의를 받지 아니하고 제3자에게 다시 위탁한 자

④ 다음 각 호의 어느 하나에 해당하는 자에게는 1천만원 이하의 과태료를 부과한다.
  1. 제11조의2제2항을 위반하여 정당한 사유 없이 자료를 제출하지 아니하거나 거짓으로 제출한 자

50번 정답 ⑤

해설

⑤ 3.2.5 가명정보 처리
  – 제시된 '가명정보 식별 위험성 검토 결과보고서'와 인터뷰를 통해 현재 '구매 성향 분석용 가명정보 데이터셋'을 '상세 주소'와 '구매 물품 내역', '주문 일시' 정보를 결합하면 특정 고객 개인을 재식별할 수 있는 상황이다. 따라서 3.2.5 가명정보 처리 결함이 가장 적절하다.

① 3.1.1 개인정보 수집 · 이용
  – 개인정보 수집 · 이용 결함 여부에 대한 구체적인 판단 근거를 확인할 수 없으므로 결함으로 적절하지 않다.

② 3.1.2 개인정보 수집 제한
  – 최소한의 개인정보를 수집하였는지 등의 제한 사항을 제시된 상황에서 확인할 수 없으므로 결함으로 적절하지 않다.

③ 3.2.1 개인정보 현황 관리
  – 개인정보 현황관리가 잘 되고 있지 않다고 판단할 근거를 제시된 상황에서 찾을 수 없으므로 결함으로 적절하지 않다.

④ 3.2.2 개인정보 품질 보장
  – 수집된 개인정보가 처리 목적에 필요한 범위에서 정확성, 완전성, 최신성이 보장되지 않고 있는 내용을 확인할 수 없으므로 결함으로 적절하지 않다.

4회 모의고사 정답표

1	④	2	②	3	④	4	④	5	①	6	③	7	①	8	②,④	9	①,⑤	10	③
11	③	12	①,②	13	②,③	14	④	15	③	16	④	17	①	18	③	19	④	20	③
21	④	22	③	23	③	24	④	25	②	26	③	27	③	28	③,⑤	29	⑤	30	①
31	②,④	32	③,⑤	33	①	34	⑤	35	①,⑤	36	④	37	④	38	④	39	③	40	①
41	④	42	①,④	43	④	44	③	45	②	46	①,③	47	⑤	48	③	49	⑤	50	②

1번 정답 ④

해설

(ㄱ) '1.4.3 관리체계 개선' 항목의 MVNO서비스 대상 주요 확인 사항

(ㄴ) '2.3.3 외부자 보안 이행 관리' 항목의 MVNO서비스 대상 주요 확인 사항

(ㄷ) '2.5.4 비밀번호 관리' 항목의 MVNO서비스 대상 주요 확인 사항

(ㄹ) '2.6.6 원격접근 통제' 항목의 주요 확인사항으로, 공통 세부항목

(ㅁ) '2.8.6 운영환경 이관' 항목의 MVNO서비스 대상 주요 확인 사항

(ㅂ) '2.10.1 보안시스템 운영' 항목의 MVNO서비스 대상 주요 확인 사항

따라서 MVNO서비스에 특화된 세부점검항목은 (ㄱ),(ㄴ),(ㄷ),(ㅁ),(ㅂ) 총 5개

참고

(MVNO) ISMS 세부점검항목 안내서 (2024.9), (MVNO) ISMS 인증제도 설명회 (2024.7.29)

2번 정답 ②

해설

① 정보통신서비스 부문 매출은 자체 쇼핑몰을 통한 제품 판매 매출과 유료 서비스 매출을 포함하여야 한다.

② **[정보통신서비스 부문 100억원 이상 매출 산정] – 자체 온라인 쇼핑몰 상품 판매 매출: 88억 원 – 자체 쇼핑몰 유료 서비스 : 17억 원 합계 105억원으로 인증 대상에 해당한다.**

③ 중개 쇼핑몰을 이용한 제품 판매 매출은 정보통신서비스 부문 매출에 포함되지 않아서 오답이다.

④ "모든 온라인 매출"이라는 표현은 기준에 없음으로 오답이다.

⑤ 중개 쇼핑몰을 이용한 판매 매출을 정보통신서비스 부문 매출로 잘못 포함하였다.

참고

ISMS-P 인증제도 안내서(2024.07) P.21

해설

① 로그 수집 체계는 구축·운영 중이므로, 수집 자체의 결함으로 판단하기 어렵다.

② 아웃바운드 정책 미흡 여부는 보안시스템 설정 관점의 추가 확인 사항일 뿐, 사고를 사전에 인지하지 못한 직접적인 결함은 아니다.

③ 인터넷 접속 통제는 유출을 사전에 차단하기 위한 예방 통제로서 유출 경로 설명은 가능하나, 이상행위를 탐지하지 못한 본 사안의 핵심 결함과는 구분된다.

④ **로그는 수집되고 있었으나 이상행위를 사전에 탐지·분석하지 못해 사고를 내부에서 인지하지 못했으므로 보기 중에서는 가장 근본적인 결함에 해당한다.**

⑤ 사고 인지 이전 단계에서의 탐지 실패가 핵심이므로, 대응 체계 결함으로 보기에는 우선순위가 낮다.

해설

① 보안 예외 사항에 대한 공식적인 승인 절차와 사후 관리 이력이 누락된 것을 결함으로 볼 수 있다.

② 내부망에 접속하는 모든 단말(모바일 포함)은 악성코드 통제 대상이므로, 이에 대한 검사 수단이 없는 것은 결함으로 볼 수 있다.

③ 기술적 차단(격리)만으로는 부족하며, 사고의 근본 원인을 분석하고 재발 방지 대책을 세우지 않아 결함으로 볼 수 있다.

④ **망분리 환경의 제약을 고려하여, 내부 보안 지침에 따라 정기적으로 수동 업데이트를 수행하는 것은 적절한 통제 활동으로 볼 수 있다.**

⑤ 단말기 반입 시점의 일회성 점검에 그치지 않고, 내부망 사용 중에도 실시간 감시가 유지되는지 지속적으로 점검해야 하므로 결함으로 볼 수 있다.

해설

① **원격 접속은 VPN 및 MFA를 통해 인증은 수행되고 있으나, VPN 접속 이후 운영(PRD)·개발(DEV)·Data Lake 등 중요 정보 자산에 대한 접근 범위 Security Group을 통해 통제되나 VPN 터널 IP가 전체가 허용 되어 있는 상태로 2.6.6 원격접근 통제 결함이다.**

② PRD와 DEV 시스템이 동일 VPC 및 프라이빗 서브넷 내에 구성되어 있으나, Secyrity Group 에서 기본적으로 차단이 되어있는 대체통제가 마련되어 있다.

③ 문제의 주된 쟁점과는 다소 거리가 있다.

④ 문제의 주된 쟁점과는 다소 거리가 있다.

⑤ 방화벽, WAF, IPS, 악성코드 탐지, TI 연계 등 보안시스템은 정상 운영 중으로 확인되며, 보안시스템 미운영 또는 설정 누락에 해당하는 사항은 확인되지 않는다.

해설

① AI 학습데이터는 비정형 구조로 인해 특정 정보주체의 개인정보 항목을 개별적으로 식별·추출하는 데 기술적 한계가 있다.

② 토큰화·임베딩 등 전처리 과정으로 인해 특정 정보주체와 원데이터 간의 직접적인 식별 가능성이 낮아질 수 있다.

③ **언러닝 기술은 아직 연구·개발 단계로, AI 모델에서 특정 데이터의 영향을 완전히 제거하기는 현실적으로 어렵기 때문에 부적절한 설명이다.**

④ AI 모델은 학습 이후 구조적 특성상 개인정보의 즉각적인 삭제·정정 반영이 어려워 정보주체 권리 행사가 제한될 수 있다.

⑤ AI 모델에서 개별 데이터의 영향을 완전히 분리·제거하는 기술은 아직 성숙하지 않아 권리 침해 발생 시 대응에 제약이 있다.

참고

★인공지능(AI) 개발·서비스를 위한 공개된 개인정보 처리 안내서(2024.7) p38

해설

① **「개인정보 보호법」 제30조 제2항에 따라 인터넷 홈페이지를 운영하지 않는 개인정보처리자는 사업장 내 보기 쉬운 장소에 게시하거나 간행물, 소식지 등에 싣는 방법으로 공개해야 할 법적 의무가 있다.**

판단 근거: A사는 홈페이지가 없다. B사(해외본사)는 A사와 다른 법인이므로, B사 홈페이지에 올린 것은 A사의 적법한 공개로 인정되지 않는다.

② AWS 등 클라우드 사용이나 글로벌 시스템 위탁 운영을 위한 국외 이전은 '제3자 제공'이 아닌 '처리 위탁(보관)'에 해당한다. 이 경우 「개인정보 보호법」에 따라 정보주체의 별도 동의 없이 개인정보 처리방침에 해당 사실을 공개하는 것만으로도 적법한 이전이 가능하다. 이미 처리방침에 내용을 공개하였으므로, 동의를 받지 않았다는 사유로 결함을 지적한 것은 잘못된 판단이다.

③ 매치 온 카드(Match-on-Card) 방식은 생체정보를 중앙 서버에 저장하지 않고 개인 소유 카드에만 저장하여 보안성을 높이는 기술이다. 카드 분실 시에도 SE(Secure Element) 영역은 복호화가 매우 어렵다. 따라서 서버에 백업하지 않은 것은 결함이 아니다

④ 개인정보 처리방침에 내용을 공개했더라도, 영상정보처리기기가 설치된 장소에는 정보주체가 쉽게 인식할 수 있도록 안내판을 설치해야 할 별도의 법적 의무(개인정보 보호법 제25조)가 있다.(고정형 영상정보처리기기를 설치·운영하는 자(이하 "고정형영상정보처리기기운영자"라 한다)는 정보주체가 쉽게 인식할 수 있도록 다음 각 호의 사항이 포함된 안내판을 설치하는 등 필요한 조치를 하여야 한다.)

⑤ 시간 동기화(NTP)의 핵심은 '시간의 정확성'과 '시스템 간 일관성'이다. 글로벌 기업의 경우 로그 통합 분석을 위해 UTC(협정 세계시)를 표준으로 사용하는 경우가 많으며, 이것이 일관되게 적용되고 운영자가 시차를 인지하고 있다면 결함이 아니다. 반드시 한국 표준시(KST)를 써야 한다는 규정은 없다.

8번 정답 ②, ④

해설

「연계정보 처리 및 안전조치 등에 관한 안내서」 (2025.6.)

② ① 물리 서버 분리, ② 가상 서버(VM) 분리, ③ DB 인스턴스 분리, ④ DB 스키마 분리, ⑤ DB 테이블 분리를 모두 유효한 분리 방식으로 인정

〈표〉 연계정보 및 주민등록번호 분리 보관 방식 예시

No.	DB 분리 방식	설명
1	물리 서버 (하드웨어) 분리	– 하드웨어에서부터 OS, DBMS, 데이터 단계까지 분리됨 – 분리된 DB 간 상호 영향 최소화 가능 – 계정 및 접근권한 분리 용이
2	가상서버(VM*) 분리	– 하드웨어 가상화 엔진(하이퍼바이저 등)을 공유하지만 게스트 OS부터 DBMS, 데이터 단계까지 분리됨 – 게스트 OS, DBMS, 데이터 단계에 대해서는 계정 및 접근권한 분리, 상호 영향 최소화 등 독립 운영 가능 * VM : Virtual Machine
3	DB 인스턴스 분리	– 동일 서버의 DBMS에서 인스턴스를 분리하여 운영하는 방식 – DB 인스턴스 단위로 접근권한 관리 가능 – 하드웨어, OS, DBMS 엔진은 공유하므로 해당 영역에서의 취약점, 침해 등에는 동일하게 영향을 받음
4	DB 스키마 분리	– 동일한 DB 인스턴스 내에서 논리적인 스키마를 분리하는 방식 – 하드웨어, OS, DBMS 엔진, DB 인스턴스 공유하므로 해당 영역에서의 취약점 등에는 동일하게 영향을 받음
5	DB 테이블 분리	– 동일한 DB 인스턴스 및 스키마 내에서 테이블 단위로 분리하는 방식 – 하드웨어, OS, DBMS 엔진, DB 인스턴스 및 스키마를 공유하므로 해당 영역에서의 취약점, 침해 등에는 동일하게 영향을 받음 – 테이블 단위로 접근권한을 분리하고 접근제어 및 모니터링을 강화하는 등 엄격한 관리 필요

④ 일정 규모 이상의 연계정보 보유 기관은 연계정보를 안전한 알고리즘(AES, SEED 등)으로 암호화하여 저장"해야 할 의무가 있다.

– 10만 명 이상의 이용자 연계정보를 보유한 대기업·중견기업·법 제44조의5 제1항제1호에 해당하는 공공기관 등 또는 100만 명 이상의 이용자 연계정보를 보유한 중소기업·단체는 연계정보를 안전한 알고리즘으로 암호화하여 저장

〈표〉 연계정보 저장 시 암호화 의무 대상자

No.	이용자 연계정보 보유 수	암호화 의무 대상자
1		대기업
2	10만 명 이상의 이용자 연계정보 보유 시	중견기업
3		공공기관 등(국가기관, 지방자치단체, 「공공기관의 운영에 관한 법률」 제5조제3항에 따른 공기업·준정부기관 및 지방공기업에 따른 지방공사·지방공단)
4	100만 명 이상의 이용자 연계정보 보유 시	중소기업
5		단체

〈표〉 안전한 암호 알고리즘 예시(2018년 12월 기준)

구분	공공기관	민간부문
대칭키 암호 알고리즘	SEED, LEA, HIGHT, ARIA	SEED, HIGHT, ARIA-128/192/256, AES-128/192/256 등
공개키 암호 알고리즘 (메시지 암·복호화)	RSAES-OAEP	RSA, RSAES-OAEP 등
일방향 암호 알고리즘	SHA-224/256/384/512	SHA-224/256/384/512 등

※ 연계정보 저장 시 암호화 규정은 예산 확보, 준비 기간 등을 고려하여 2027년 5월 1일부터 시행됨

① (단일 키 사용)주민번호(최상위 등급)와 CI/일반정보(하위 등급)의 키를 분리하지 않아, 마케팅 서버 해킹 시 주민번호까지 털리는 결과를 초래했으므 결함이다.

③ (접근 통제)마케팅 업무에 불필요한 주민번호 복호화 권한(키)을 부여한 것은 '최소 권한의 원칙' 위배로 결함이다.

⑤ (키 저장 위치) 암호화 키를 웹 소스 디렉터리에 파일로 두는 것은 매우 위험한 취약점이다. 소스코드와 분리하여 안전한 경로에 두거나 KMS를 써야 하므로 결함이다.

참고

※ **연계정보 제공기관 및 제공 시기 등에 관한 자료의 기록·보관 규정, 연계정보 저장 시 암호화 규정**은 예산 확보, 준비 기간 등을 고려하여 **2027년 5월 1일부터 시행**

9번 정답 ①, ⑤

해설

① 「개인정보의 안전성 확보조치 기준」 제6조(접근통제) 개정으로 인해 외부에서 개인정보처리시스템에 접속하는 경우, 그 대상이 개인정보취급자(자사 직원)뿐만 아니라 '정당한 접근 권한을 가진 자(병원 직원 등)'로 확대되었다. SaaS 제공자(A사)는 법적 요구사항인 안전한 인증수단(MFA) 기능을 반드시 구현하고 강제 적용할 의무가 있다.(단, 부칙으로 인한 2025.10.31.기준 1년 후 시행으로 인한 1년 유예기간 있음)

⑤ 개인정보처리자는 개인정보의 오 · 남용, 분실 · 도난 · 유출 · 위조 · 변조 또는 훼손 등에 대응하기 위하여 개인정보취급자의 개인정보처리시스템에 대한 접속기록 및 개인정보 다운로드 상황을 확인하고 점검하는 주기 · 방법 · 사후조치절차 등을 내부 관리계획으로 정하고 이행하여야 한다. (단, 부칙으로 인한 2025.10.31.기준 1년 후 시행으로 인한 1년 유예기간 있음)
개인정보 다운로드 시 '사유 확인 및 기록'과 '다운로드 파일 암호화'는 필수적인 보안 기능으로 볼 수 있다 A사가 이러한 기능을 제공조차 하지 않은 것은 2.6.3 응용프로그램 접근 결함이다.

② A사는 개인별 계정 생성 기능을 제공하였다. 이를 무시하고 B병원이 편의상 공용으로 사용하는 것은 위탁자(병원)의 운영상 과실로 볼 수 있다.

③ 데이터의 소유권은 B병원에 있다. A사는 '관리 도구'를 제공함으로써 의무를 다했으며, 이를 이용해 실제 정리를 수행하지 않은 B병원 관리자의 책임이다.

④ 메모란 등 비정형 데이터는 기술적으로 암호화가 어려운 경우 입력 금지 팝업이라는 관리적 보완책을 적용했고, 위탁자(병원)에게 개인정보 입력 주의 가이드를 공식 배포했으며, 주기적인 마스킹 점검 및 변환 작업을 수행하는 등 위험을 최소화하기에 충분히 노력했다면 보완조치가 인정 될 수 있다.

10번 정답 ③

해설

K유통은 CPO(개인정보보호책임자)를 위원으로 명시했음에도 불구하고 기술적 의사결정 위주라는 이유로 회의 참여에서 제외했다. 특히 '암호화 장비 교체'와 같이 개인정보 보호 방식에 직접적인 영향을 주는 안건을 CPO의 의결 없이 처리한 점은 조직 구성 결함에 해당한다.

참고

ISMS-P 인증기준 안내서(2023.11.23) 의 '1.1.3 조직구성' 결함사례 4번을 보면 "정보보호 및 개인정보보호 관련 심의 · 의결을 위해 정보보호위원회를 구성하여 운영하고 있으나, 운영 및 IT보안 관련 조직만 참여하고 개인정보보호 관련 조직은 참여하지 않고 있어 개인정보보호에 관한 사항을 결정할 수 없는 경우"를 명시하고 있다.

해설

(ㄱ) 옳음 : 정보통신망법 제45조의3 제3항에 따르면 대통령령으로 정하는 일정 규모 이상의 정보통신서비스 제공자의 경우 지정된 CISO가 제45조의3 제4항의 업무 외에 다른 업무를 겸직할 수 없도록 규정하고 있다. 시행령 제36조의7 제5항과 제1항 제2호에 따라, 직전 사업연도 말 기준 자산총액이 5조 원 이상인 자는 이 겸직 제한 규정의 적용 대상에 해당한다

정보통신망법 제45조의3 제4항

④ 정보보호 최고책임자의 임무는 다음 각 호와 같다. 〈개정 2021. 6. 8.〉

1. 정보보호 최고책임자는 다음 각 목의 업무를 총괄한다.
   가. 정보보호 계획의 수립·시행 및 개선
   나. 정보보호 실태와 현황의 정기적인 감사 및 개선
   다. 정보보호 위험의 식별 평가 및 정보보호 대책 마련
   라. 정보보호 교육과 모의 훈련 계획의 수립 및 시행

2. 정보보호 최고책임자는 다음 각 목의 업무를 겸할 수 없다.
   가.「정보통신산업 진흥에 관한 법률」 제13조에 따른 정보보호 공시에 관한 업무
   나.「정보통신기반 보호법」 제15조제3항에 따른 정보보호최고책임자의 업무
   다.「전자금융거래법」 제21조의2제4항에 따른 정보보호최고책임자의 업무
   라.「개인정보 보호법」 제31조제2항에 따른 개인정보 보호책임자의 업무
   마. 그 밖에 이 법 또는 관계 법령에 따라 정보보호를 위하여 필요한 조치의 이행

(ㄴ) 틀림 : 최근 법 개정 및 제도의 정비로 인해 MVNO(알뜰폰) 사업자는 기업 규모나 자본금 규모와 상관없이 CISO 지정 및 신고 의무를 가진다. 또한 시행령 제36조의7 제2항 단서에서도 알뜰폰 사업자(이동통신서비스 재판매 사업자)는 신고 면제 대상에서 제외됨을 명시하고 있다.

(ㄷ) 틀림 : 정보통신망법 시행령 제36조의8에 따르면, 정보보호 최고책임자 지정 및 신고 의무가 있는 자는 신고 의무가 발생한 날부터 6개월 이내에 지정신고서를 제출해야 한다.

(ㄹ) 틀림 : 신고 의무가 면제되는 기준 중 하나는 자본금이 1억 원 이하인 자이다. 자본금 10억 원인 경우 이 면제 기준을 초과하므로 신고 의무 대상이 될 수 있다. 또한, 지정 자체는 면제되지 않으며 신고 의무가 면제되는 소규모 사업자의 경우 사업주 또는 대표자를 CISO로 지정한 것으로 간주한다.

(ㅁ) 옳음 : 정보통신망법 제76조 제1항 제6호의2에 명시된 바와 같이, 제45조의3 제1항을 위반하여 정보보호 최고책임자를 지정하지 아니하거나 그 지정을 신고하지 아니한 자에게는 3,000만원 이하의 과태료가 부과된다.

(ㅂ) 옳음 : 정보통신망법 제45조의3 제4항 제2호 라목에 따르면, 정보보호 최고책임자는 개인정보 보호법 제31조 제2항에 따른 개인정보 보호책임자(CPO)의 업무를 겸할 수 있다고 명시되어 있다.

따라서 옳은 내용은 (ㄱ), (ㅁ), (ㅂ)으로 모두 3개이다.

해설

① 부적절: 인터뷰 내용에 따르면 출입이 통제되는 사무실은 비공개 장소에 해당하며, 이 경우 법 제25조가 아닌 제15조(개인정보 수집·이용)가 적용된다. 담당자가 촬영 범위 내 임직원 전원의 동의를 받았으므로 적법한 절차를 거친 것이며, 비공개 장소에서 안내판 설치는 법적 의무 사항이 아니므로 이를 결함으로 판단하는 것은 부적절하다.

② 부적절: 인터뷰 내용에 따르면 K기업은 고정형 영상정보처리기기 운영·관리 사항을 개인정보 처리방침에 포함하여 공개하고 있다. 개인정보보호법 제25조 제7항에 따라 개인정보 처리방침에 해당 사항을 포함한 경우 별도의 운영·관리 방침을 마련하지 않을 수 있으므로, 결함이 아니다.

③ 적절: 영상정보처리기기 설치·운영 사무를 위탁하는 경우, 정보주체가 이를 쉽게 식별할 수 있도록 수탁자의 명칭 및 연락처를 안내판에 기재해야 한다. 인터뷰에서 위탁 운영 사실이 확인되었으나 안내판에는 해당 내용이 누락되었으므로 결함 사유이다.

④ 적절: 법 제25조제5항에 따라 공개된 장소에 설치된 고정형 영상정보처리기기는 녹음 기능을 사용할 수 없다. 이를 위반하여 녹음 기능을 활성화한 것은 명백한 법 위반이자 결함 사유이다.

⑤ 적절: 안내판에는 '설치 목적 및 장소'를 기재해야 한다. 제시된 로비 안내판에는 '설치목적'은 있으나 '설치장소' 항목이 누락되어 있다. 담당자가 인터뷰에서 설치장소를 기재하고 있다고 말했더라도, 실제 안내판(증적)에 누락되어 있다면 결함으로 판단하는 것이 적절하다.

해설

① 이동형 영상정보처리기기를 사용하여 사람의 영상을 촬영할 때는 정보주체가 촬영 사실을 명확히 인지할 수 있도록 조치해야 한다. 개인정보 보호법 제25조의2 제3항 및 동법 시행령 제27조의2에 따르면, 촬영 시 불빛, 소리, 안내판, 안내서면, 안내방송 또는 그 밖에 이에 준하는 수단이나 방법으로 촬영 사실을 표시하고 알리도록 규정하고 있다. 따라서 바디캠 착용 시 '촬영 중' 문구를 부착하거나 불빛, 소리 등을 활용하여 주변에 알리는 것은 법적 의무 사항을 준수하는 올바른 조치이다.

② 이동형 영상정보처리기기 운영·관리 방침을 반드시 별도의 독립된 문서로 분리하여 공개해야 하는 것은 아니다. 개인정보 보호법 제25조의2 및 관련 지침에 따르면, 이동형 영상정보처리기기 운영·관리 방침에 포함되어야 할 사항을 기존의 '개인정보 처리방침'에 통합하여 정한 경우에는 별도의 방침을 따로 마련하지 않을 수 있다. 따라서 '반드시 분리하여 독립된 문서로만 공개해야 한다'는 심사원의 답변은 올바르지 않다.

③ 이동형 영상정보처리기기를 통한 음성 녹음은 별도의 법적 근거 없이 상시 켜두는 것이 허용되지 않는다. 개인정보 보호법 제25조의2는 주로 영상 촬영에 관한 사항을 규율하며, 음성 녹음에 대해서는 법 제15조의 개인정보 수집·이용 일반 원칙이 적용된다. 따라서 녹음된 내용이 특정 개인을 알아볼 수 있는 개인정보에 해당한다면 정보주체의 동의 등 적법한 근거를 갖추어야 한다. 또한, 공개되지 않은 타인 간의 대화를 녹음할 경우 통신비밀보호법 위반에 해당할 소지가 있으므로 주의가 필요하다.

④ 개인정보 보호법 제25조의2 제2항은 화장실, 탈의실 등 사생활을 현저히 침해할 우려가 있는 장소의 '내부'를 볼 수 있는 곳에서의 촬영을 금지하고 있다. 그러나 시설 안전 및 관리라는 정당한 목적을 위해 내부가 촬영되지 않는 범위 내에서 화장실 입구 복도 등 주변 구역을 순찰하며 촬영하는 것은 법적으로 제한되지 않는 정당한 업무 수행에 해당한다.

⑤ 개인정보 보호법 제21조 제1항에 따르면, 개인정보처리자는 보유기간의 경과나 처리 목적 달성 등으로 개인정보가 불필요하게 되었을 때에는 지체 없이 이를 파기해야 한다. 관련 지침에서는 '지체 없이'의 기준을 정당한 사유가 없는 한 5일 이내로 명시하고 있으며, 다만 다른 법령에 따라 보존해야 하는 명확한 근거가 있는 경우에 한해서만 예외적으로 파기하지 않고 다른 개인정보와 분리하여 보관할 수 있다.

참고

이동형 영상정보처리기기를 위한 개인영상정보 보호·활용 안내서(2024.9.)

해설

① (가)에서 매년 1회 이상 전 임직원을 대상으로 정보보호 및 개인정보보호 통합 교육을 실시하고 있으며, 대표이사 승인 연간 교육계획을 수립, 보관하고 있어, 연간 교육 실시 및 계획 수립이라는 측면에서 적정하게 이루어지고 있다고 볼 수 있다.

② (다)에서 일반 직원, 개인정보취급자, 개발자, 시스템/보안 관리자에게 동일한 교육을 실시하고 있어, 2.2.4 인식제고 및 교육훈련에서 요구하는 직무별 특성(개인정보취급자, 시스템 관리자 등)을 고려한 교육이 부족하므로, 개인정보취급자 및 주요 시스템 관리자의 직무 특성을 반영한 교육 측면에서 미흡하다고 판단한 것은 타당하다.

③ (나), (라)에서 외부 전문가를 초빙하여 통합 교육을 실시하고 있으나, 이를 근거로 직무별 심화, 특화 교육을 전혀 수행하지 않고 연 1회의 통합 교육만으로 모든 직무 교육을 갈음하고 있어, 2.2.4 인식제고 및 교육훈련의 직무자별 교육 부분이 미흡하다고 판단한 것은 적정하다.

④ **2.2.4 인식제고 및 교육훈련에 따라 개인정보취급자 및 시스템 관리자를 포함한 직무자에 대해 별도의 직무별 전문성제고를 위한 교육을 실시해야 함에도 연 1회의 통합 교육으로 모든 직무 교육을 갈음하여 적정하다고 볼 수 없다.**

⑤ (마)에서 교육 출석부와 자료는 보관하고 있으나, 직무별 교육 필요성 검토나 교육 효과 분석 개선 활동이 이루어지지 않고 있는 점은 2.2.4 인식제고 및 교육훈련에서 요구하는 지속적인 교육 개선 측면에서 보완이 필요한 사항으로, 교육시행에 대한 기록을 남기고 교육 효과와 적정성을 평가하여 다음 교육 계획에 반영하여야 한다.

참고

ISMS-P 인증기준 2.2.4 인식제고 및 교육훈련 (P. 61)

직무별 전문성 제고를 위한 별도 교육 요구(IT/정보보호/개인정보보호 조직 등)
▶ 관련 직무자 : IT 직무자, 정보보호 최고책임자, 개인정보 보호책임자, 개인정보취급자, 정보보호 직무자 등
▶ 교육과정 : 정보보호 및 개인정보보호 관련 콘퍼런스·세미나·워크숍 참가, 교육 전문기관 위탁 교육, 외부 전문가 초빙을 통한 내부교육 등

해설

① 업무별 권한구분 및 결재 기반 신청 승인으로 접근권한 부여 및 통제가 이루어지고 있고, 예외통제 절차가 존재하므로 2.6.2 정보시스템 접근 결함이 아니다.

② 정기 백업 및 복구 테스트를 수행하고 있으며 별도의 중요정보는 소산하여 백업할 수 있으나 지침 및 인터뷰 상에 소산에 대한 내용이 없으므로 제시문 만으로 결함이라 볼 수 없다.

③ **위변조 방지대책으로 SHA-256을 사용한다고 하나, access.log.2601에서 SHA-256알고리즘 표준과 상이한 비정상적인 해시값이 확인되어 무결성 검증이 일관되게 수행되었다고 보기 어렵다. 따라서 접속기록의 보관 및 위변조 방지 조치가 적절하게 이루어졌다고 볼 수 없다.**

④ PDF는 복호화 없이 열람이 불가능하며 콘솔로 확인할 수 있는 것은 보안강도 기준이다. 이를 근거로 2.7.2 암호키 관리 결함으로 판단하는 것은 정답이 아니다.

⑤ SHA-256은 암호화가 아니라 해시(무결성 검증) 알고리즘이며, 본 사안의 핵심은 알고리즘 강도 문제가 아니라 산출·검증 절차의 일관성 및 증적성 부족이다. 따라서 ⑤와 같은 결함 사유 연결은 부적절하다.

[관련 법령] 「개인정보보호법 시행령」 제30조 제1항 제5호

5. 개인정보침해사고 발생에 대응하기 위한 접속기록의 보관 및 위조·변조 방지를 위한 다음 각 목의 조치
　가.개인정보처리시스템에 접속한 자의 접속일시, 처리내역 등 접속기록의 저장·점검 및 이의 확인·감독
　나.개인정보처리시스템에 대한 접속기록의 안전한 보관
　다. 그 밖에 접속기록 보관 및 위조·변조 방지를 위하여 필요한 조치

해설

① 자산관리대장에 EOS대상 서버 및 식별항목 등이 적절하게 작성되어 있어 1.2.1 정보자산 식별 결함이 아니다.

② EOS 서버에 해당하여 패치 미적용에 해당할 수 있으나 WEB은 연장 계약을 통해 조치하였고 별도 보호대책으로 식별하고 있으므로, 패치 미적용 자체의 결함보다는 위험수용의 부재인 1.2.4 보호대책 선정이 근본적인 결함이다.

③ EOS서버의 위험을 높게 산정한 것은 합리적이며 위험 처리 결정에 대한 근거 및 승인 부재를 문제로 하고 있다.

④ **OS 서버(server03, Windows 2012)를 위험수용으로 처리하면서도 위험수용의 근거, 수용 기간, 대책, 경영진 승인 증적이 없으므로 1.2.4 보호대책 선정 결함이다.**

⑤ 취약점 점검은 수행하였고 그 결과가 조치완료 된 것을 확인할 수있다. 다만 범위 및 대상 서버가 특정되지 않아 EOS서버에 대한 취약점 점검은 추가 증적이 필요하다.

참고

ISMS-P 인증기준 안내서(2023.11.23.) (P.35) 불가피한 사유가 있는 경우에는 위험수용 전략을 선택할 수 있으나 무조건적인 위험수용은 지양하여야하며, 불가피한 사유의 적정성, 보완대책 적용가능성 등을 충분히 검토한 후 명확하고 객관적인 근거에 기반하여 위험수용 전략 선택하여야 함

해설

① **개인정보 전송 시 안전한 암호화 방식 및 보안 강도에 대한 기준을 정하고, 그에 따라 적정한 암호 알고리즘을 적용하여야 하는데 대외연계 구간에서 3DES 기반 VPN을 사용하면서 보안성 검토를 수행하지 않았고 변경 계획도 없어 결함이다. (취약한 암호화 알고리즘 : DES, 3DES)**

② 비인가서비스를 통한 자료 주고받기를 근거로 인터넷 접속 통제 결함이라 보았으나, 이미 완전히 차단조치 하였으며 근본적인 원인이 아니다.

③ 자료전송서버 등 2년이상 및 모니터링하며 운영중으로 적절하다. 개인 메일은 공식적인 전송 수단이 아니므로 별도 통제수단을 운영하여야 한다.

④ 외부연계구간이 VPN 및 SFTP로 보호되고 있으나 장비도입만을 근거로 결함 없음이라 판단할 수 없다.

⑤ 계약서파일을 개인 웹하드에 올려 공유한 사례에 대한 내용의 징계하지 않은 내용만으로 2.2.6 보안 위반 시 조치 결함으로 보기 어려우며 추가 증적이 필요하다.

참고

ISMS-P 인증기준 안내서(2023.11.23.)(p.160) 사례 2. 중계과정에서의 암호 해제 구간 또는 취약한 암호화 알고리즘(DES, 3DES) 사용 등에 대한 보안성 검토, 보안표준 및 조치방안 수립 등에 대한 협의가 이행되고 있지 않은 경우

해설

① 지침에서는 분쟁 대응 및 법령 근거 보존을 전제로 하고 실제 법령에서도 분쟁 대비, 거래 내역 보관 의무가 있을 수 있으므로 정답이 아니다.

② 탈퇴회원이 일반 회원과 동일하게 조회되는 것은 2.6.3 응용프로그램 접근 결함 후보이다. 다만 처리 목적이 달성된 탈퇴회원 정보가 별도의 통제 없이 일반 업무 화면에서 조회될 수 있어, 접근권한 최소화 등 분리보관 통제가 미흡하므로 3.4.2가 더 근본적인 결함이다.

③ **지침상으로 분리보관 요건을 만들고 형식상 분리보관 했지만 상담원 화면에서 별도의 통제 및 권한 최소화 없이 조회되고 이는 분리보관 데이터가 일반 업무에 그대로 이용되는 것으로 3.4.2 처리목적 달성 후 보유 시 조치 결함이다.**

④ 분쟁 대응 및 법적 의무 이행을 위한 보관은 법령 근거에 의해 허용된다. 동의 없이 보관이 무조건적으로 위법이 아니며 법령에 따른 보존을 전제로 데이터의 사용 범위를 통제 여부 확인하는 것이 적절하므로 정답이 아니다.

⑤ 계정 자체는 정상적으로 관리되고 있고 계정으로 어떤 범위의 데이터를 볼 수 있게 설계했느냐에 대한 내용의 관리 미흡으로 보는 것이 적절하다.

[관련 법령]
「개인정보보호법」 제21조(개인정보의 파기) 보유기간 경과 또는 처리목적 달성 시 지체 없이 파기(단, 다른 법령에 따른 보존은 예외).

참고

ISMS-P 인증기준 (P.244) 3.4.2 처리목적 달성 후 보유 시 조치 사례3 분리 데이터베이스를 구성하였으나 접근권한을 별도로 설정하지 않아 업무상 접근이 불필요한 인원도 분리 데이터베이스에 자유롭게 접근이 가능한 경우

해설

① 제시된 인터뷰에서 이미 정보주체 및 수행업무 항목은 남지 않는다고 확인되어 정답이 아니다.

② 점검 주기 분기1회가 아니라 접속기록 필수항목이 제대로 관리되지 않는 것이 명백한 결함이다. 또한 점검주기는 개인정보의 안전성 확보조치 기준(2025.10.31.) 일부개정되며 자유롭게 정할 수 있도록 개정되어 월1회 점검이 길다고 하기 위해서는 추가 증적이 필요하다. [관련 법령] 개인정보의 안전성 확보조치 기준 바. 접속기록의 보관 및 점검(안 제8조 제1항, 제2항) '개인정보처리시스템에 접속한 자(다만, 정보주체는 제외한다)'의 접속기록을 남기도록 하였으며, 내부 관리계획을 통해 개인정보취급자의 개인정보처리시스템에 대한 접속기록 점검 주기, 방법, 사후조치절차 등을 자율적으로 정할 수 있도록 함

③ 전송구간 TLS 적용 여부는 갖추었다고 보는게 타당하며, 문제는 로그가 안전하게 저장되는지보다, 로그가 접근이력을 구성하는 필수 항목을 갖추지 못한 것이 근본원인이다.

④ **개인정보처리시스템 접속기록은 접속자, 일시, 출발지IP 뿐만 아니라 누가, 언제, 어디서, 정보주체를, 어떤 행위로 처리하였는지 관리할 것을 요구한다. 지문은 접속자/시간/IP만 있으며, 어떤 고객의 정보를 어떻게 처리했는지가 없으므로 2.9.4 로그 및 접속기록 관리 결함이다.**

⑤ 2.8.1 보안 요구사항 정의의 가능성은 있으나 요구사항 정의 산출물, 검토 및 시험 등 추가 증적이 확인이 필요하며 이미 운영중인 시스템에서 필수 로그를 관리하지 못하는 직접적인 결함이 명확하므로 2.9.4 로그 및 접속기록 관리가 근본적인 결함이다.

[관련 법령]

개인정보의 안전성 확보조치 기준 제2조(정의) 3. . "접속기록"이란 개인정보처리시스템에 접속하는 자가 개인정보처리시스템에 접속하여 수행한 업무내역에 대하여 식별자, 접속일시, 접속지 정보, 처리한 정보주체 정보, 수행업무 등을 전자적으로 기록한 것을 말한다.

참고

ISMS-P 인증기준 (P.140) 2.9.4 로그 및 접속기록 관리 사례4. 개인정보처리시스템에 접속한 기록을 확인한 결과 접속자의 계정, 접속 일시, 접속자 IP주소 정보는 남기고 있으나, 처리한 정보주체 정보 및 수행업무(조회, 변경, 삭제, 다운로드 등)와 관련된 정보를 남기고 있지 않은 경우

20번 정답  ③

해설

① A사는 API 인증 토큰을 발행할 수 있는 서명용 키에 대한 생성, 이용, 보관, 배포, 파기에 관한 관리 절차를 수립하고, 담당자 변경 시 수립된 절차에 따라 암호키를 갱신하거나 폐기해야 한다. 또한 암호키에 대한 접근은 최소한의 인원으로 제한하고 유효기간을 설정하여 주기적으로 갱신해야 한다. 하지만, A사는 API 토큰의 서명키에 대한 안전한 관리절차의 수립이 미흡하여 서명키를 장기간 유효한 상태로 방치하였다. 이는 암호키에 대한 관리 절차 수립 및 이행이 미흡한 것으로 「2.7.2 암호키 관리」 결함이다.

② 정상 고객 엑세스 토큰을 위조·생성하였기 때문에 정보시스템에서는 비정상 사용자로 판단하는 것은 어렵다. 다만, 동일하게 많은 이용자 계정에서 해외 IP를 통해 지속적으로 개인정보에 접근하는 것에 대한 이상행위를 탐지 하는데 미흡하였으므로 「2.11.3 이상행위 분석 및 모니터링」 결함이다. 「2.5.6 접근권한 검토」는 정보시스템과 개인정보 및 중요정보에 접근하는 사용자 계정과 접근권한에 대한 이력의 적정성을 검토하는 인증기준으로 관련이 없다.

③ 내·외부에 의한 침해시도, 개인정보유출 시도, 부정행위 등 신속하게 탐지·대응할 수 있도록 네트워크 및 데이터 흐름 등을 수집·분석하는 모니터링 체계를 갖추어야 하나 약 5개월 간 해외 서버를 경유하여 3천건 이상의 개인정보가 유출된 것은 모니터링 체계가 미흡한 것으로 판단할 수 있으므로 「2.11.3 이상행위 분석 및 모니터링」 결함이 맞다.

④ A사는 전자상거래법상의 이유로 탈퇴한 이용자의 개인정보를 5년 간 보유하였으나 보유 목적 이외의 개인정보를 보유하고 있을 뿐만 아니라 활성화된 개인정보와 분리하여 보관하지 않은 것은 「3.4.2 처리목적 달성 후 보유 시 조치」 결함이다.

⑤ '노출'은 개인정보가 공개·방치된 상태에 놓인 것이고, '유출'은 개인정보가 관리·통제권을 벗어나 권한 없는 자에게 전달된 것으로 법적 정의가 다르다. 또한 정보주체가 피해를 예방하고 권리를 행사할 수 있도록 유출된 개인정보 항목을 빠짐없이 통지해야 하는데, 일부 항목을 누락한 것은 개인정보 유출 발생을 인지한 때에 법적 통지의무를 이행하는데 미흡하였으므로 「2.11.5 사고 대응 및 복구」 결함이다.

해설

· **/etc/ssh/sshd_config 내용 설명**

```
# 공개키 인증 활성화 (PEM 키 로그인에 필요)
PubkeyAuthentication yes

# PAM 이용 (Keycloack 사용)
ChallengeResponseAuthentication yes
UsePAM yes

# 패스워드 인증 비활성화
PasswordAuthentication no

# 일반 사용자 인증 방식 (PAM 사용)
AuthenticationMethods keyboard-interactive

# Root 사용자는 PAM 및 공개키(PEM) 인증 사용
Match User root
      AuthenticationMethods publickey, keyboard-interactive

# 접속 허용 사용자 계정 정보 (root는 IP 제한)
AllowUsers root@10.0.0.5 user1 user2 user 3
```

- **PEM 파일**

> "PEM"(원래 "Privacy Enhanced Mail"의 약어)은 Apache 및 기타 웹 서버 플랫폼에서 사용되는 디지털 인증서 및 키에 대한 매우 일반적인 컨테이너 형식입니다. X.509 인증서의 PEM 파일은 인증서 텍스트의 Base64 인코딩과 인증서의 시작과 끝을 표시하는 일반 텍스트 머리글 및 바닥 글을 포함하는 텍스트 파일입니다.
>
> ## 인증서 PEM 파일 예
> ```
> -----BEGIN CERTIFICATE-----
> MIIGbzCCBFegAwIBAgIICZftEJ0fB/wwDQYJKoZIhvcNAQELBQAwfDELMAkGA1UE
> BhMCVVMxDjAMBgNVBAgMBVRleGFzMRAwDgYDVQQHDAdIb3VzdG9uMRgwFgYDVQQK
> DA9TU0wgQ29ycG9yYXRpb24xMTAvBgNVBAMMKFNTTC5jb20gUm9vdCBDZXJ0aWZp
> ...
> Nztr2Isaaz4LpMEo4mGCiGxec5mKr1w8AE9n6D91CvxR5/zL1VU1JCVC7sAtkdki
> vnN1/6jEKFJvlUr5/FX04JXeomljXTl8ciruZ6HlkbtJup1n9Zxvmr9JQcFTsP2c
> bRbjaT7JD6MBidAWRCJWCIR/5etTZwWwWrRCrzvlHC7WO6rCzwu69a+H7ofCKIWs
> y702dmPTKEdEfwhgLx0LxJr/Aw==
> -----END CERTIFICATE-----
> ```
>
> ## 암호화된 개인키 PEM 파일 예
> ```
> -----BEGIN ENCRYPTED PRIVATE KEY-----
> MIIFLTBXBgkqhkiG9w0BBQ0wSjApBgkqhkiG9w0BBQwwHAQIctpVWPVO0Y4CAggA
> MAwGCCqGSIb3DQIJBQAwHQYJYIZIAWUDBAECBBBXdJMtZpcRwf5vCafwx6jJBIIE
> ...
> wl8jDSk5EM2E96ZKXAN7ymNeqXWNIRkCs7ulggnJWdEzDz8H3p/rEhRACT0xY0b1
> VOzwkQSmUwyGrFfRqtSnvUwJ1vPvkm3oRbW/tcbprnzOHxD8qB+wUalCyDsJJkdI
> kyKIC/FqordfBdu+9wlWoWDfAQweZXNQKjnk5U9yVnz31IKIBTImyY0ec0l6renf
> RUhsp//qO25e+rVjrWuzJf0Xcilnha3+nWgtDayS44ii
> -----END ENCRYPTED PRIVATE KEY-----
> ```

① PasswordAuthentication no 설정 시 SSH는 로컬 /etc/shadow 파일을 인증에 사용하지 않는다. Keycloak을 통한 인증은 Keycloak 자체의 패스워드 정책(만료, 복잡도 등)이 적용된다. 따라서 로컬 패스워드 만료일 설정(99999)이 SSH 접속 보안에 직접적 영향을 미치지 않는다.

② Root 권한의 원격 접근에 대한 보완 통제가 적절한 것이 맞다. (MFA 적용 및 IP 제한)

③ 개인키 유출에 따른 위험도를 고려하였을 때 개인키의 암호화, 접근제한 등의 안전한 관리 방안이 수립 및 시행되고 있어야 하는 것이 맞다.

④ **관리자 권한의 SSH 개인키는 특수 계정에 대한 인증키로서 암호화되어 보관되더라도 유출 시 위험도를 고려하였을 때 교체 주기 수립과 엄격한 관리가 요구되어야 한다.**

⑤ 외부 IdP 연동 시 PAM 모듈을 통한 인증 위임이 표준적인 방식으로 ChallengeResponseAuthentication yes는 PAM의 Keyboard-Interactive 인증을 활성화하는 필수 설정이다. 이를 통해 Keycloak의 MFA(ID/PW + OTP) 인증는 SSH 세션에서 처리가 가능하다.

해설

참석자(다)의 발언은 암호 알고리즘 전환과 전자서명의 법적 유효성에 대한 오해를 포함하고 있다. PQC로의 전환은 향후 생성되는 전자서명에 새로운 알고리즘을 적용하는 것이지, 기존에 생성된 전자서명의 유효성을 소급하여 무효화하는 것이 아니다.

전자서명의 법적 유효성은 해당 서명이 생성된 시점의 기술 기준과 법적 요건 충족 여부에 따라 판단된다. 과거 RSA-2048로 적법하게 서명된 진료기록은 서명 생성 당시의 기준으로 유효성이 인정되며, 새로운 암호체계 도입이 과거 서명에 대한 재서명 의무를 발생시키지 않는다.

다만, 장기 보존이 필요한 문서의 경우 장기검증(Long-Term Validation, LTV) 체계를 적용하여 서명 시점의 인증서 유효성 정보와 타임스탬프를 함께 보존함으로써, 향후 알고리즘 취약점이 발견되더라도 서명 당시의 유효성을 입증할 수 있도록 하는 것이 바람직하다.

※ PQC 암호체계 전환

'25년 9월에 발표한 「범국가양자내성암호체계 전환 종합 추진계획」에서 양자컴퓨팅 개발의 발전에 따라 2035년까지는 기존 암호체계를 PQC 암호체계로 전환하는 것을 목표로 하고 있다.

HDNL(Harvest Now, Decrypt Later) 공격은 현재 시점에서 전송 또는 저장되어있는 암호화된 데이터를 탈취하여 저장해 두었다가, 향후 양자컴퓨터가 실용화되면 복호화하는 공격 방식이다. 의료정보는 환자의 유전정보, 정신 건강기록, HIV 감염 여부 등은 10년, 30년이 지나도 민감성이 유지되기 때문에 HNDL 공격에 특히 취약하기 때문에 양자전환의 우선 대상이다.

· 의료기록 보존기간 (의료법 시행규칙 제15조)

> 1. 환자 명부 : 5년
> 2. 진료기록부 : 10년
> 3. 처방전 : 2년
> 4. 수술기록 : 10년
> 5. 검사내용 및 검사소견기록 : 5년
> 6. 방사선 사진(영상물을 포함한다) 및 그 소견서 : 5년
> 7. 간호기록부 : 5년
> 8. 조산기록부: 5년
> 9. 진단서 등의 부본(진단서 · 사망진단서 및 시체검안서 등을 따로 구분하여 보존할 것) : 3년

양자컴퓨터가 실용화되었을 때 **비대칭키 알고리즘은 무력화**되어 RSA, ECC 알고리즘은 우선 전환 대상이 된다. 이러한 비대칭키 알고리즘 전자서명과 키교환 과정에서 사용되며, 현재 PQC 알고리즘으로 NIST PQC 알고리즘과 국내 K-PQC 알고리즘 4종씩 선정되어있는 상황이다. **ML-KEM과 ML-DSA는 격자기반의 PQC알고리즘으로 기존 RSA, ECC 알고리즘에 비해 공개키, 개인키의 크기와 암호문, 서명의 크기가 수십배 증가하기 때문에 알고리즘 전환 시 성능 시험이 요구**된다.

대칭키 알고리즘인 **AES-256은 양자컴퓨터에도 128비트(256에서 128로 보안강도가 낮아짐)의 요구하는 보안강도를 유지**하기 때문에 전환 대상 알고리즘이 아니다. 다만 양자컴퓨터에 의해 대칭키 알고리즘과 해시 알고리즘의 보안강도가 줄어들기 때문에 보안강도가 낮은 알고리즘을 사용하고 있는 경우 키 길이와 출력 길이가 늘리는 것을 대응 방안으로 요구하고 있다.

PQC 알고리즘의 전환은 현재 법적 의무는 아니지만 서비스의 중요도, 자산의 보안 유지기간 등을 고려하고, **비대칭키 알고리즘의 무력화에 따른 정보의 무결성, 기밀성 훼손의 위험도를 평가 하여** PQC로의 암호체계전환 계획을 수립하고 진행하는 것이 타당하다.

해설

A 사는 전년도 정보통신서비스부문 매출액 100억 이상인 ISMS 인증심사 의무 대상자로서 개인정보보호 관리체계를 포함한 ISMS-P 인증심사를 신청하였다.

A사의 자산 및 조직 현황에서 인증 범위 포함 여부는 다음과 같다.

자산 및 조직 현황	포함여부	해설
(ㄱ) 온라인 쇼핑몰 웹서버, WAS서버, DB서버	O	인증 대상 서비스 운영을 위한 서버로 반드시 포함
(ㄴ) AWS 클라우드 데이터센터의 물리적 보안 시설	X	IaaS 이용 시 CSP의 물리적 보안은 CSP 책임 영역으로 신청기관 인증범위에서 제외
(ㄷ) A사가 관리하는 AWS EC2 인스턴스의 Guest OS 및 응용프로그램	O	IaaS 이용 시 신청기관이 직접 관리하는 Guest OS, 응용프로그램, DBMS는 포함
(ㄹ) 쇼핑몰 서비스와 관련 없는 A사 내부 그룹웨어 시스템	X	인증 대상 서비스와 직접적 관련 없고 개인정보 처리가 없는 내부 업무 시스템은 제외 가능
(ㅁ) 고객센터 수탁사 B사의 상담시스템 및 상담원 PC	O	ISMS-P의 경우 개인정보 처리 업무를 위탁한 수탁사는 인증범위에 포함
(ㅂ) 쇼핑몰 회원 개인정보가 저장된 데이터베이스	O	인증범위 내 개인정보처리시스템 및 데이터베이스는 반드시 포함
(ㅅ) 쇼핑몰 서비스 개발을 위한 개발서버 및 테스트서버	O	인증범위에 포함된 서비스의 개발 환경(개발서버, 테스트서버 등)은 포함
(ㅇ) 마케팅 분석을 위해 회원 구매이력을 복제하여 구축한 DW 시스템	O	ISMS-P의 경우 개인정보를 복제하여 분석 용도로 사용하는 DW, CRM 등도 포함
(ㅈ) 쇼핑몰 운영팀, 개발팀, 정보보안팀 인력	O	서비스 운영, 개발, 보안 관리를 위한 조직 및 인력은 포함
(ㅊ) A사 영업팀이 사용하는 업무용 PC (쇼핑몰 개인정보 미취급)	X	인증범위 내 개인정보를 취급하지 않는 일반 직원의 업무용 PC는 제외 가능

해설

④번은 전자금융업자가 ISMS 인증을 받을 때 금융회사 또는 전자금융업자는 정보기술부문 인력은 총 임직원수의 100분의 5 이상, 정보보호 인력은 정보기술부문 인력의 100분의 5 이상 확보하도록 노력해야 된다는 부분에 해당된다. 다만, 2011년부터 금융사는 총 임직원의 5% 이상을 IT 인력으로, 전체 IT 인력 중 5% 이상을 보안 인력으로, 전체 IT 예산의 7% 이상을 보안 예산으로 편성해야 하는 의무가 있었으나, 2020년 1월부로 이 기준이 사실상 폐지되고 권고수준으로 있다.

※ 참고 : 금융보안원 – 금융권에 적합한 ISMS-P 인증기준 점검항목 안내서(2023.12.) 17page

① 심사원이 직접 검증하면 안되고 담당자를 통해 확인해야 되므로 해당 내용은 올바른 사항인다.
②, ③, ⑤번은 소스에 명시된 '1.2.3 위험평가에 포함되어야 할 MVNO 특화 사항'의 구체적인 예시들이다.
특히 알뜰폰 서비스의 핵심 취약점인 본인인증 우회, 명의도용, SIM 카드 발급, 대외 연계 위험을 집중적으로 다루고 있다.

해설

②번이 부적절한 이유: 소스에 따르면, 원본 레코드를 단순히 변형하거나 잡음을 추가(noise addition)하는 방식은 적절한 합성데이터 생성 방법이 아니다. 올바른 합성데이터 생성은 원본 데이터의 통계적 분포와 패턴을 학습하여 완전히 가상의 새로운 데이터를 만들어내는 비가역적 알고리즘(GMM, GAN 등)을 사용하는 것이어야 한다.

〈비정형 데이터〉

원본데이터	합성데이터(A)	합성데이터(B)

- 다음과 같이 인물 사진 데이터에서 합성데이터(A)나 합성데이터(B)처럼 원본데이터를 이미지 단위로 변형하는 방법은 적절한 생성 방법이 아님
- 합성데이터(A)는 원본데이터를 흑백으로 처리하였고, 합성데이터(B)는 뒤집기, 회전, 잡음(noise) 추 가를 통해 이미지 한 장 단위(sample)로 변형한 예시임. 이처럼 잡음 추가(noise addition)*, 크기조정, 자르기, 색상 조정 등은 합성데이터 생성이라고 할 수 없음

  * 잡음의 크기가 큰 경우 안전성이 보장될 수도 있으나, 안전성이 보장되는 수준에서는 유용성이 보장되지 않을 수 있음

① 원본 데이터 전처리 단계에서 불필요한 식별자를 삭제하고 특이정보를 일반화하는 것은 합성데이터의 안전성과 유용성을 동시에 높이는 권장 절차이다.

③ 안내서는 정형 합성데이터의 안전성 검증 지표로 구별, 연결, 추론 위험도를 제시하며, 특히 연결 위험도 측정을 위해 CAP 지표를 활용할 것을 명시하고 있다.

④ 합성데이터를 익명정보로 인정받아 대외에 공개하려는 경우, 객관성 확보를 위해 외부 전문가가 과반수 포함된 심의위원회를 운영하는 것이 권고된다.

⑤ 익명화된 합성데이터라 하더라도 특정 대상이 원본 데이터에 포함되었는지 확인하려는 '멤버십 추론 공격'이나 모델 정보를 통한 '모델 반전 공격' 등의 잔여 위험이 존재하므로 사후 모니터링이 필요하다.

26번 정답 ③

해설

가 (결함): 외부에서 클라우드 관리 콘솔이나 개인정보처리시스템에 접속할 경우, ID/패스워드 외에 OTP나 보안토큰 등 다중 인증(MFA) 수단을 반드시 적용해야 한다. 또한 접속 IP 주소 등을 제한하여 비인가 접근을 차단해야 하므로, IP 제한을 두지 않은 것은 결함이다.

나 (결함): 이용자의 비밀번호 및 본인인증 정보(CI) 저장 시 안전한 알고리즘인 SHA-256을 사용한 것은 적절하나, TLS 1.1 이하는 보안상 취약점이 발견된 버전이므로 이를 허용하는 것은 인증 결함 사례에 해당하며, TLS 1.2 이상의 안전한 프로토콜 사용을 권고하고 있다.

다 (적정): 소프트웨어 공급망 공격에 대비하여 SBOM을 활용해 컴포넌트를 관리하고 지속적으로 취약점을 점검하는 것은 최신 가이드라인에서 강조하는 매우 적절한 보안 조치이다.

라 (결함): AI 모델에 대한 공격 방어 검토는 적절하나, 에러 메시지에 시스템 내부 구조나 디버깅 정보가 포함되어 외부로 노출되는 것은 공격자에게 침투 경로를 제공하는 심각한 보안 약점(CWE-209 관련)이 있어 결함이다.

마 (적정): 특수 계정(root 등)은 최소한의 인원에게 부여하고 사용 기간을 제한하며, 필요 시에만 승인을 얻어 활성화하는 '최소 권한의 원칙'과 '책임추적성'을 잘 준수한 사례이다.

27번 정답 ③

해설

③ 자바스크립트 시큐어 코딩 가이드에 따르면, eval(), exec()와 같이 동적 코드를 실행하는 함수는 공격자가 악성 라이브러리를 로드하거나 시스템 명령어를 실행할 수 있는 '코드 삽입' 공격에 매우 취약하다. 비록 검증 로직을 설계했더라도 성능 등을 이유로 운영 환경에서 이를 비활성화하거나 누락하는 것은 인증기준 2.8.2 보안 요구사항 검토 및 시험 위반 사례에 해당한다.

※ 참고 : Javascript_시큐어코딩_가이드(2023년_개정본) 16page

① 파이썬 DB-API 및 시큐어 코딩 가이드에서 권고하는 SQL 삽입 방지를 위한 가장 안전하고 표준적인 방법이다.

② 소프트웨어 공급망 보안 가이드라인과 AI 개발 안내서에서 강조하는 SBOM 활용 및 오픈소스 안정성 확인 절차를 적절히 이행하고 있다.

④ 자바스크립트 및 파이썬 가이드 모두 크로스 사이트 스크립트(XSS) 예방을 위해 위험한 특수문자를 HTML 엔티티로 치환(Escape)하는 조치를 필수로 규정하고 있다.

⑤ 에러 처리 시 민감 정보 노출 방지(CWE-209)와 로그 기록의 안전한 보존은 ISMS-P 보호대책 요구사항의 핵심이며, 시큐어 코딩의 에러 처리 원칙을 잘 따르고 있다.

28번 정답 ③, ⑤

해설

① 2.3.3 외부자 보안 이행관리 결함 사유가 없다.

② 2.4.1 보호구역 지정에 대한 결함 사유가 없다.

③ **2.4.2 출입통제 결함에 해당한다. 내부규정에 따르면 출입이력을 매월 1회 수행하도록 되어 있으나 6개월 동안 수행하지 않음**

④ 케이블이 정리되지 않고 뒤영켜있어 장애 발생이 우려되는 경우에는 2.4.3 정보시스템 보호 결함을 줄 수 있으나 해당 인터뷰만으로는 판단하기 어려움

⑤ **2.4.5 보호구역 내 작업 결함에 해당한다. 내부 규정에서 규정한 작업이력 항목 중 작업목적 항목이 누락됨**

해설

① 2.8.5 소스프로그램 관리 결함 사유가 없다.

② 2.8.6 운영환경 이관 결함 사유가 없다.

③ 2.10.1 보안시스템 운영 결함 사유가 없다.

④ 2.10.9 악성코드 통제 결함 사유가 없다.

⑤ **2.11.2 취약점 점검 및 조치 결함에 해당한다. 시스템 변경사항이 없더라도 이미 반입된 오픈소스 라이브러리에서 새로운 취약점이 발견될 수 있음에도 불구하고 추가 반입된 오픈소스가 없다는 사유로 취약점 점검을 수행하지 않아 결함에 해당함.**

해설

가. 클라우드 접속 시 인터넷 접근이 차단된다면 문제가 없다.

나. 개인정보의 안전성 확보조치 기준에서 "별도의 물리적인 저장장치에 보관하여야 한다"는 문구가 개인정보의 안전성 확보조치(2023.9.15.)에서 "안전하게 보관하기 위한 조치를 하여야 한다."는 문구로 변경되었다.

> **[개인정보의 안전성 확보조치]**
> 제8조(접속기록의 보관 및 점검)
> ① 개인정보처리자는 개인정보처리시스템에 접속한 자에 대한 접속기록을 생성하고 3개월 이상 보관·관리하여야 한다.
> ② 제1항에도 불구하고 개인정보처리자는 개인정보취급자의 접속기록은 1년 이상 보관·관리하여야 한다. 다만, 다음 각 호의 어느 하나에 해당하는 경우에는 2년 이상 보관·관리하여야 한다.
> 1. 5만명 이상의 정보주체에 관한 개인정보를 처리하는 개인정보처리시스템에 해당하는 경우
> 2. 고유식별정보 또는 민감정보를 처리하는 개인정보처리시스템에 해당하는 경우
> 3. 개인정보처리자로서 「전기통신사업법」제6조제1항에 따라 등록을 하거나 같은 항 단서에 따라 신고한 기간통신사업자에 해당하는 경우
> ③ 제1항 및 제2항에 따른 접속기록은 식별자, 접속일시, 접속지 정보, 처리한 정보주체 정보, 수행업무를 포함하여야 한다.
> ④ 개인정보처리자는 개인정보의 오·남용, 분실·도난·유출·위조·변조 또는 훼손 등에 대응하기 위하여 개인정보처리시스템의 접속기록 등을 월 1회 이상 점검하여야 한다. 특히 개인정보의 다운로드가 확인된 경우에는 내부관리계획 등으로 정하는 바에 따라 그 사유를 반드시 확인하여야 한다.
> ⑤ 개인정보처리자는 제1항 및 제2항에 따른 접속기록이 위·변조 및 도난, 분실되지 않도록 해당 **접속기록을 안전하게 보관하기 위한 조치를 하여야 한다.**

다. 14일 이내에 통지하면 된다.

라. 「개인정보보호법 제28조의8 제2항」에 따르면 국외이전 사실을 전자우편, 문자전송으로 알리는 방식은 문제가 없으나 "개인정보의 이전을 거부하는 방법, 절차 및 거부의 효과" 항목이 누락되었다.

정보주체와의 계약의 체결 및 이행을 위한 개인정보의 국외 처리위탁·보관에 대해 정보주체에게 알리는 필요한 사항을 모두 포함하여 적절한 방법으로 알려야 한다.
1. 정보 주체에게 알리는 방법
    1) 개인정보 처리방침에 공개
    2) 서면등의 방법(서면, 전자우편, 팩스, 전화, 문자전송 또는 이에 상당하는 방법)
2. 정보주체에게 알려야 할 사항
    1) 이전되는 개인정보 항목
    2) 개인정보가 이전되는 국가, 시기 및 방법
    3) 개인정보를 이전받는 자의 성명
    4) 개인정보를 이전받는 자의 이용목적 및 보유·이용 기간
    5) 개인정보의 이전을 거부하는 방법, 절차 및 거부의 효과

마. 회사 내부에서 보유한 가명정보 사이에 결합은 별도의 결합전문기관 또는 데이터전문기관을 통하지 않고 수행 가능하다.

바. PaaS 환경에서 운영 중인 미들웨어 보안 패치는 클라우드 서비스 제공자가 수행한다

31번 정답  ②, ④

해설

① 해당 대학교는 재학생이 3.2만 명으로 개인정보보호 책임자 지정 의무 조건에 해당한다. 디지털처장은 개인정보보호 관련 학위가 없으며 개인정보보호 관련 실무 경력이 6개월에 불과하여 법정 자격요건 (2년 이상)을 충족하지 못한다. 따라서 1.1.2 최고책임자 지정 결함에 해당한다.

[개인정보보호법 시행령]

제32조(개인정보 보호책임자의 업무 및 지정요건 등)
④ 다음 각 호의 어느 하나에 해당하는 개인정보처리자(공공기관의 경우에는 제2조 제2호부터   제5호까지에 해당하는 경우로 한정한다)는 제3항 각 호의 구분에 따른 사람 중 별표 1에서   정하는 요건을 갖춘 사람을 개인정보 보호책임자로 지정해야 한다. 〈개정 2024. 3. 12.〉
    1. 연간 매출액등이 1,500억원 이상인 자로서 다음 각 목의 어느 하나에 해당하는 자(제2조   제5호에 따른 각급 학교 및 「의료법」 제3조에 따른 의료기관은 제외한다)
        가. 5만명 이상의 정보주체에 관하여 민감정보 또는 고유식별정보를 처리하는 자
        나. 100만명 이상의 정보주체에 관하여 개인정보를 처리하는 자
    2. 직전 연도 12월 31일 기준으로 재학생 수(대학원 재학생 수를 포함한다)가 2만명 이상인 「고등교육법」 제2조에 따른 학교
    3. 「의료법」 제3조의4에 따른 상급종합병원
    4. 공공시스템운영기관

[개인정보 보호법 시행령 [별표1] 〈신설 2024. 3.12.〉] (제32조 제4항 관련)

1. 제32조제4항에 따라 개인정보 보호책임자로 지정되는 사람은 개인정보보호 경력, 정보보호 경력, 정보기술 경력을 합하여 총 4년 이상 보유하고, 그 중 개인정보보호 경력을 최소 2년 이상 보유해야 한다.

2. 제1호에서 "개인정보보호 경력"이란 공공기관, 기업체, 교육기관 및 연구기관 등에서 개인정보보호 관련 정책 및 제도 · 개인정보 영향평가 · 개인정보 보호 인증심사 등 개인정보보호 업무를 수행한 경력, 개인정보보호 관련 컨설팅 또는 법률자문 경력을 말한다.

3. 제1호에서 "정보보호 경력"이란 공공기관, 기업체, 교육기관 및 연구기관 등에서 정보보호를 위한 공통 기반기술, 시스템 · 네트워크 보호, 응용서비스 보호, 계획 · 분석 · 설계 · 개발 · 운영 · 유지보수 · 컨설팅 · 감리 또는 연구개발 등 정보보호 업무를 수행한 경력, 정보보호 관련 컨설팅 또는 법률자문 경력을 말한다.

4. 제1호에서 "정보기술 경력"이란 공공기관, 기업체, 교육기관 및 연구기관 등에서 정보통신서비스, 정보통신기기, 소프트웨어 및 컴퓨터 관련 서비스 분야의 계획 · 분석 · 설계 · 개발 · 운영 · 유지보수 · 컨설팅 · 감리 또는 연구개발 등 정보기술 업무를 수행한 경력, 정보기술 관련 컨설팅 또는 법률자문 경력을 말한다.

〈비고〉

가. 동일 기간에 두 가지 이상 업무가 중복되는 경우에는 하나의 경력만 인정한다.

나. 개인정보보호, 정보보호, 정보기술 관련 학위를 취득한 경우에는 아래의 표에 따라 경력으로 인정한다. 다만, 여러 학위를 취득한 경우에는 개인정보 보호책임자를 지정하려는 개인정보처리자가 정하는 하나의 학위만 경력으로 인정한다.

학 위	경력 인정기간
개인정보보호 관련 박사	개인정보보호 경력 2년
개인정보보호 관련 석사	개인정보보호 경력 1년
개인정보보호 관련 학사	개인정보보호 경력 6개월
정보보호 관련 박사	정보보호 경력 2년
정보보호 관련 석사	정보보호 경력 1년
정보보호 관련 학사	정보보호 경력 6개월
정보기술 관련 박사	정보기술 경력 2년
정보기술 관련 석사	정보기술 경력 1년
정보기술 관련 학사	정보기술 경력 6개월

다. 그 밖에 보호위원회가 정하여 고시하는 자격을 취득하거나 교육을 이수한 경우 등의 해당 취득자격이나 이수교육 등에 대해서는 보호위원회가 정하여 고시하는 바에 따라 개인정보보호 경력, 정보보호 경력 또는 정보기술 경력으로 인정한다.

② **정보보호 최고책임자와 개인정보보호 책임자 겸직은 가능하다.**

③ 해당 대학교는 개인정보보호 책임자 지정 의무 대상에 해당한다.

④ 결함 아님. 프로그램 자체 기능으로 암호화 하는 것은 암호적책 결함에 해당하지 않는다.

⑤ OTP 이차 인증을 수행하고 있기 때문에 결함으로 보기 어렵다.

해설

구분		개인정보 보호법에 따른 암호화 대상 개인정보	
		이용자가 아닌 정보주체의 개인정보	이용자의 개인정보
정보통신망을 통한 송·수신 시	정보통신망	인증정보(비밀번호, 생체인식정보 등)	
	인터넷망	개인정보 ※ 단, 종전의 개인정보의 안전성 확보조치 기준 적용대상일 경우 2024.9.15 시행	
저장 시	저장 위치 무관	인증정보(비밀번호, 생체인식정보 등) ※ 단, 비밀번호는 일방향 암호화	
		주민등록번호 ※ 법 제24조의2 제2항에 따라 암호화	
	인터넷구간, DMZ	고유식별정보	주민등록번호, 여권번호, 운전면허번호, 외국인등록번호, 신용카드번호, 계좌번호, 생체인식정보 ※ 저장 위치 무관
	내부망	고유식별정보 ※ 단, 주민등록번호 외의 고유식별정보는 내부망에 저장하는 경우에는 개인정보 영향평가 결과 또는 위험도 분석에 따른 결과에 따라 암호화의 적용 여부 및 적용범위를 정하여 시행 가능	주민등록번호, 여권번호, 운전면허번호, 외국인등록번호, 신용카드번호, 계좌번호, 생체인식정보 ※ 저장 위치 무관
개인정보처리자 컴퓨터, 모바일기기, 보조저장매체 등에 저장 시		고유식별정보, 생체인식정보	개인정보

① 2.7.1 암호정책 적용 결함에 해당함. 개인정보 및 주요정보 보호를 위하여 법적 요구사항을 반영한 암호화 대상, 암호 강도, 암호 정책을 수립하고 개인정보 및 주요정보의 장·전송·전달 시 암호화를 적용하여야 한다.

② 이용자가 아닌 정보주체의 개인정보에 대해서는 계좌정보는 필수 암호화 적용 대상이 아니다.

③ **비밀번호에 사용하는 암호화 알고리즘은 SHA−256/384/512 등 안전한 일방향 암호 알고리즘을 사용해야한다. 비밀번호를 저장하면서 안전하지 않은 일방향 암호 알고리즘인 MD5를 사용하는 것은 결함에 해당한다.**

④ 공공기록물법 시행령 제26조(보존기간)에 의해 개인정보 파기 대상이라도 공공기록물로서 보존이 필요한 경우 분리보관 가능하다.

⑤ **개인정보처리 수탁자에 해당하는 은행에 위탁하는 업무의 내용과 수탁자 정보를 정보주체에게 알려야 한다.**

해설

① 백업DB로 정보를 백업 DB로 이관하여 보관하는 내용과 파기에 대한 내용이 흐름도에 누락되어 있음. 지원자의 생활기록부, 수능성적, 위반자 관리를 위해 한국교육과정 평가원, 한국대학교육협의회와 연계되는 내용이 흐름도에 누락되었다.

② 3.1.1 개인정보 수집·이용에 해당하는 결함을 찾을 수 없다.

③ 3.1.2 개인정보 수집제한에 해당하는 결함을 찾을 수 없다.

④ 고등교육법시행령 제73조(고유식별정보의 처리)를 근거로 주민등록번호 수집이 가능하다.

> **제73조(고유식별정보의 처리)**
>
> ① 교육부장관(제4조의10에 따라 교육부장관의 업무를 위탁받은 자를 포함한다), 대학의 장 및 학교협의체는 다음 각 호의 사무를 수행하기 위하여 불가피한 경우 「개인정보 보호법 시행령」 제19조제1호에 따른 주민등록번호 또는 같은 조 제4호에 따른 외국인등록번호가 포함된 자료를 처리할 수 있다. 〈2024.2.20.〉
> 1. 법 제11조의3제1항에 따른 교육통계조사에 관한 사무
> 2. 법 제34조제1항에 따른 학생 선발에 관한 사무
> 3. 법 제34조제3항에 따른 시험에 관한 사무
> 3의2. 법 제34조의2제3항에 따른 입학사정관의 학생 선발 업무 배제에 관한 사무
> 4. 제42조의2에 따른 입학지원방법 위반자의 처리에 관한 사무
> ② 학교의 장은 「교육기본법」 제16조제2항에 따른 학적부 작성·관리 등 교육의 과정 기록에 관한 사무를 수행하기 위하여 불가피한 경우 「개인정보 보호법 시행령」 제19조제1호에 따른 주민등록번호가 포함된 자료를 처리할 수 있다.

⑤ 공공기록물법 시행령 제26조(보존기간)는 기록물 보존기간을 최소기간 개념으로 정의하고, 업무·권리·책임·역사적 가치를 기준으로 영구~1년까지 체계적으로 정하도록 한 조항이다.

> **제26조(보존기간)**
>
> ① 기록물의 보존기간은 영구, 준영구, 30년, 10년, 5년, 3년, 1년으로 구분하며, 보존기간별 책정 기준은 별표 1과 같다. 다만, 수사·재판·정보·보안 관련 기록물은 소관 중앙행정기관의 장이 중앙기록물관리기관의 장과 협의하여 보존기간의 구분 및 그 책정기준을 달리 정할 수 있다. 〈2022. 3. 29.〉
> ② 기록물의 보존기간은 단위과제별로 책정한다. 다만, 영구기록물관리기관의 장은 특별히 보존기간을 달리 정할 필요가 있다고 인정되는 단위과제에 대하여는 보존기간을 직접 정할 수 있다. 〈개정 2010. 5. 4.〉
> ③ 보존기간의 기산일은 단위과제별로 기록물의 처리가 완결된 날이 속하는 다음 연도의 1월 1일로 한다. 다만, 여러 해에 걸쳐서 진행되는 단위과제의 경우에는 해당 과제가 종결된 날이 속하는 다음 연도의 1월 1일부터 보존기간을 기산한다. 〈개정 2010. 5. 4.〉

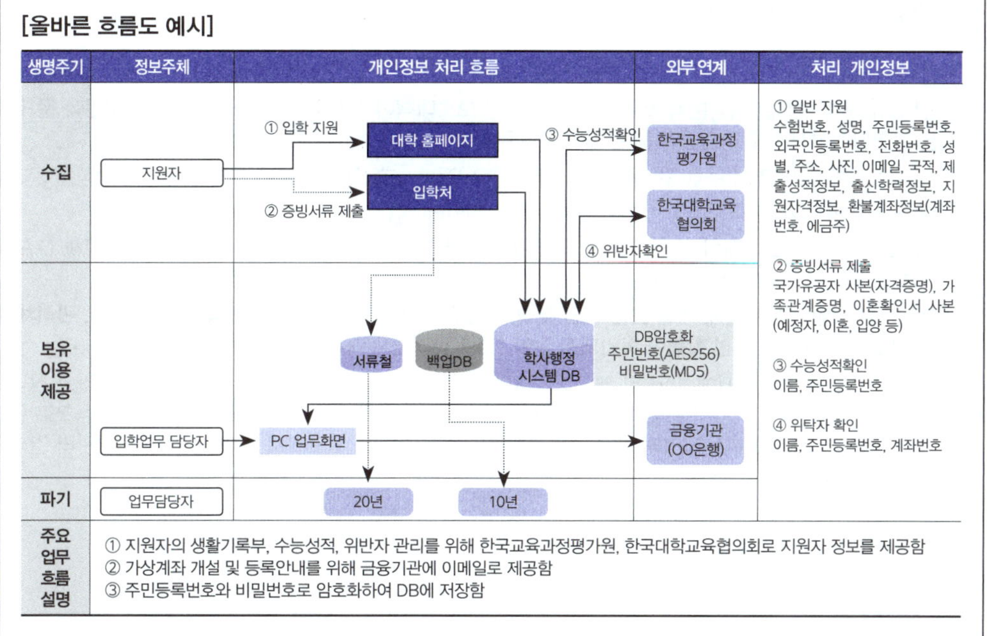

34번 정답 ⑤

해설

(다)~(마) 2.3.1 외부자 현황 관리에 해당한다.

(바)~(사) 2.3.2 외부자 계약 시 보안에 해당한다.

(아)　 2.3.3 외부자 보안 이행 관리에 해당한다.

35번 정답 ①, ⑤

해설

① 자산 식별을 범위 설정의 기초 자료로 활용하고, 범위 확정 후 자산 목록을 정비한 것은 관리체계 수립의 반복·보완 과정으로 허용되는 방식이다. 범위 설정에 앞서 자산 식별이 이루어졌다는 사정만으로 결함으로 오인될 소지는 있으나, 결함 여부는 범위 이탈 여부를 기준으로 판단하여야 하며 작업 순서만으로 결함으로 판단할 수는 없다.

② 정책 초안이 최고경영자 승인 이전 단계에서 내부 기준으로 활용되고 있으나, 공식 정책으로 선포·확정되었다고 보기 어려워 1.1.5 정책 수립 결함에 해당한다.

③ 개인정보 처리 업무를 위탁하고 있음에도 이를 관리체계 범위에서 제외한 것은 1.1.4 범위 설정 결함이다. 계약에 따른 관리·감독 수행 여부와 무관하게 범위 제외는 허용되지 않는다.

④ 개인정보가 포함된 백업 데이터를 흐름분석 대상에서 제외한 것은 1.2.2 현황 및 흐름분석 결함에 해당한다. 2.9.3 백업 및 복구관리 결함 문제처럼 보이지만 백업 및 복구에 관해서는 추가 인터뷰 및 증적이 필요하고 이 문제의 포인트는 1.2.2 현황 및 흐름분석이다.

⑤ 관리체계 범위를 전사로 설정하고, 범위 내 현황을 체계적으로 파악하여 위험분석의 입력 자료로 활용하고 있으므로 결함이 아니다.

해설

① 1.3.1 보호대책 구현은 위험분석 결과에 따라 선정된 보호대책이 실제로 구현되었는가 묻는 것인데 문제의 핵심은 구현된 보호대책을 점검을 통해 운영이 확인된 상태이다.

② 1.3.2 보호대책 공유 역시 보호대책을 관련자에게 공유·전파·교육했는가 묻는 것인데 문제의 핵심은 관리체계 점검 후 개선이 되었는지를 관리·검증하지 않았다는 점이다.

③ 연1회 관리체계 점검을 계획·수행하고 있으며 점검 결과 또한 문서화되어 공유되고 있어 관리체계 점검의 수행 자체는 이루어지고 있다고 볼 수 있다.

④ **반복적으로 식별된 문제점에 대해 근본 원인 분석, 재발방지 대책 수립, 개선 이행 및 효과성 확인, 관리체계 문서 반영 등의 체계적인 개선 활동이 확인되지 않아 1.4.3 관리체계 개선 결함이 맞다.**

⑤ 조치 결과가 관리체계 문서에 반영 및 개정이 되지 않았다고 해서 2.1.1 정책의 유지관리 결함이라고 착각하기 쉬우나 2.1.1 정책의 유지관리는 정책, 지침, 규정의 정기 검토, 승인 이력 관리, 배포 여부 등을 중심으로 판단하는 항목이다. 본 사례에서는 정책에 따라 관리체계 점검을 수행하고 있으므로 2.1.1 정책의 유지관리 결함으로 판단하기는 어렵다.

해설

① 외주 접근 자체가 위험하므로 타당하다"는 논리는 위험 기반 심사의 핵심인 통제의 적정성을 무시한다. 위험은 통제로 관리할 수 있으며, 지문에는 이미 다수의 통제가 존재한다.

② 외주는 통제가 어렵다"는 일반론은 맞을 수 있으나, 일반론만으로 해당 사례의 부적절을 단정할 수 없다. 심사는 '추정'이 아니라 '사실(통제 현황)'에 기반해야 한다.

③ 시험환경 분리는 중요하지만, 지문은 이미 분리 외에도 승인·로그·가상데이터 등 복합 통제가 존재한다. ③은 논점(통제의 종합 고려 부족)을 충분히 담지 못해 ④보다 약하다.

④ **외주 접근은 위험 요소가 될 수 있으나, 본 사례는 기간 제한·사전 승인·접근 범위 제한·가상 데이터 사용·로그 수집 등 위험 완화 통제가 존재하므로, 이를 고려하지 않고 부적절하다고 단정한 심사원 판단은 과도하게 보수적이며 ④의 평가가 가장 적절하다.**

⑤ "외주개발자 활용 자체를 부정"한다고 평가하는데, 이는 심사원 발언을 '의도 추정'으로 확대 해석한 측면이 있다. 심사원은 "외주 활용 금지"를 명시한 것이 아니라 "외주 접근은 원칙적으로 제한"이라고 말했을 뿐이다. 따라서 ⑤는 방향은 비슷해도, ④처럼 지문 근거(통제 조치)를 들어 심사 판단의 오류를 직접 지적한 보기보다 정확성이 떨어진다.

38번 정답   ④

해설

(가) 옳음

콜센터는 OO기업의 고객응대 목적(민원·문의 처리) 범위 내에서 기업을 대신해 개인정보를 처리(조회·정정·안내 등) 하는 형태다. 처리 목적을 OO기업이 정하고, 콜센터는 그 목적에 따라 업무를 수행하므로 처리위탁의 전형이다. 계약서에 보안의무, 재위탁 제한 등 통제 요소를 넣은 점도 "위탁 운영"이라는 전제를 강화한다.

(나) 틀림

인터뷰에서 분석업체는 분석 방법·기준을 자율적으로 정한다고 되어 있다. 즉, 단순히 OO기업의 지시대로 처리하는 '대행자'가 아니라, 실질적으로 독립된 처리자로 기능할 여지가 크다. 또한 분석업체가 추천한 세그먼트를 광고 플랫폼에 연계하는 등, 데이터의 활용 과정이 OO기업의 단순 위탁 범위를 넘어 제3자 제공 구조로 이어진다.

(다) 옳음

분석업체가 자체 분석 기준과 방법을 자율적으로 정한다는 사실은 개인정보 처리의 수단(방법) 결정 권한이 외부에 있다는 의미다. 이 경우 OO기업이 목적·수단을 전부 통제하는 '위탁'이라고 보기 어렵고, 외부 분석업체는 독립된 처리자(제3자)로서 개인정보를 처리하는 구조에 가깝다.

(라) 옳음

맞춤형 광고 집행은 광고 플랫폼이 자체 알고리즘·기준으로 광고 노출을 수행하는 독립된 처리가 포함된다. 특히 인터뷰에서 "노출 알고리즘은 플랫폼 자체 기준"이라고 명시되어 있어 플랫폼이 OO기업의 단순 지시만 수행하는 위탁자로 보기 어렵다. 고객을 특정해 광고를 집행한다는 것은 개인정보(또는 광고식별자 등)를 광고 플랫폼에 전달하여 해당 플랫폼이 목적(광고) 달성을 위해 처리하는 구조로, 제3자 제공 성격이 강하다.

(마) 틀림

위탁과 제공은 법적 성격과 요구사항이 다르다. * 위탁: 수탁자, 위탁 업무 내용, 관리·감독, 재위탁 통제 등(제26조) * 제공: 제공받는 자, 제공 목적, 제공 항목, 보유·이용기간, 동의 등(제17조) 제공을 위탁으로 "퉁쳐서" 기재하면 정보주체에게 실제 제공 사실을 숨기거나 축소하는 결과가 될 수 있고, 동의 체계 및 공개 항목이 맞지 않게 된다. 따라서 제공과 위탁은 구분하여 처리방침 및 내부 관리 문서에 반영되어야 한다.

(바) 옳음

수집·이용 동의는 자사 내부 이용에 대한 근거일 뿐, 외부 사업자에게 넘기는 제3자 제공의 근거를 자동으로 포함하지 않는다. 또한 "마케팅 선택 동의"가 있다고 해도, 그 내용이 제공받는 자(분석업체/광고플랫폼) 제공 목적(분석/맞춤형 광고) 제공 항목 보유·이용기간 등을 명시적으로 포함하지 않았다면 제3자 제공의 적법 근거로 보기 어렵다. 즉, 제3자 제공이 존재한다면 제공 동의 요건을 충족해야 한다.

(사) 옳음

제3자 제공이 있는 경우, 정보주체가 누구에게 제공되는지, 왜 제공되는지, 무엇이 제공되는지, 얼마나 보유하는지를 확인할 수 있어야 하며, 이는 처리방침 공개의 핵심 요소다. 제공을 위탁으로 오기재하면 정보주체가 제공 구조를 오인하고, 동의·열람·정정·동의철회 등 권리 행사 판단도 왜곡될 수 있다.

해설

(가) 틀림

위치정보법상 위치기반서비스사업 해당 여부는 개인위치정보의 저장 여부가 아니라 개인위치정보를 수집·이용하여 서비스를 제공하는지 여부로 판단한다. 따라서 위치정보를 일시적으로만 활용하고 즉시 파기하더라도, 서비스 제공 과정에서 개인위치정보를 이용하는 경우 위치기반서비스사업 신고 대상에 해당할 수 있다.

(나) 틀림

외부 분석업체가 분석 기준·방법을 자율적으로 정하는 등 독립성이 인정되는 구조에서는 단순 처리위탁으로 단정하기 어렵고, 제공(제3자 제공) 측면의 검토가 필요하다.

(다) 옳음

외부 광고 플랫폼이 독립된 처리 주체로서 맞춤형 광고를 수행하는 구조에서, 고객 식별 정보(또는 이에 준하는 식별자)를 플랫폼에 전달하여 광고를 집행하는 행위는 제3자 제공에 해당할 수 있다.

(라) 틀림

목적 외 이용 제한은 위탁 시 계약에 포함되는 기본 통제 조항(제26조)일 뿐이며, 위탁 여부는 처리 목적·수단에 대한 실질 통제권의 소재로 판단해야 한다.

(마) 틀림

제공과 위탁은 적용 조항(제17조/제26조) 및 요구사항이 상이하므로, 제공에 해당하는 사항을 위탁으로 포괄 기재하는 것은 적절하지 않다.

(바) 옳음

제3자 제공은 개인정보 보호법 제17조의 요건에 따라 별도의 제공 근거가 필요하며, 일반적인 수집·이용 동의만으로 제공의 적법 근거가 충족되었다고 단정하기 어렵다.

(사) 옳음

개인정보 보호법 제30조는 제3자 제공에 관한 사항을 개인정보 처리방침에 포함하여 공개하도록 규정하고 있으며, ISMS-P 인증기준 또한 개인정보 제공과 위탁을 구분하여 관리할 것을 요구하고 있다. 따라서 제3자 제공에 해당하는 경우, 제공받는 자와 제공 목적 등을 위탁 항목과 구분하여 개인정보 처리방침에 공개해야 한다는 판단은 타당하다.

40번 정답 ①

해설

인터뷰 내용을 보면 자산 식별 미흡(②), 흐름 분석 누락(③), 내부 점검 부재(④) 등 수많은 결함이 연쇄적으로 발견된다.

하지만 담당자의 모든 변명은 우리 내부 시스템이 아니고 외부 SaaS라 범위에서 제외했다는 논리에 근거하고 있다.

1.1.4 범위 설정 조직의 핵심 서비스와 개인정보 처리 현황 등을 고려하여 관리체계 범위를 설정하고, 관련된서비스를 비롯하여 개인정보 처리 업무와 조직, 자산, 물리적 위치 등을 문서화하여야 한다.

정보보호 및 개인정보보호 관리체계 범위를 명확히 확인할 수 있도록 관련된 내용(주요 서비스 및 업무현황, 정보시스템 목록, 문서 목록 등)이 포함된 문서를 작성하여 관리하여야 한다.

▶ 주요 서비스 및 업무 현황(개인정보 처리 업무 현황 포함)

▶ 서비스 제공과 관련된 조직 현황(조직도 등)

▶ 정보보호 및 개인정보보호 조직 현황

▶ 주요 설비 목록

▶ 정보시스템 목록 및 네트워크 구성도

▶ 정보자산, 개인정보 관련 자산식별 기준 및 자산현황18정보보호 및 개인정보보호 관리체계 인증제도 안내서

▶ 정보보호 및 개인정보보호 시스템 목록

▶ 서비스(시스템) 구성도 및 개인정보(수집, 이용, 제공, 저장, 관리, 파기) 처리 흐름

▶ 문서 목록(예 : 정책, 지침, 매뉴얼, 운영명세서 등)

▶ 정보보호 및 개인정보보호 관리체계 수립 방법 및 절차, 관련 법적 준거성 검토, 내부감사

▶ 고객센터, IDC, IT 개발 및 운영 등 외주(위탁)업체 현황 등

(정보보호 및 개인정보보호 관리체계(ISMS-P) 인증기준 안내서(2023.11. 개정))

② 1.2.1 정보자산 식별　　　범위에 포함됐다면 당연히 식별됐어야 할 문제
③ 1.2.2 현황 및 흐름분석　　범위 제외로 인해 분석 자체를 안 함
④ 1.4.2 관리체계 점검　　　점검 대상에서 빠진 이유가 범위 오류
⑤ 1.4.3 관리체계 개선　　　개선 이전에 기본 범위부터 잘못됨

41번 정답 ④

해설

ㄱ (2.4.1 보호구역 지정): 보호구역 식별 및 경고 표시 누락. (결함 후보)

ㄴ (2.4.3 정보시스템 보호): 전력 및 통신 배선의 안전한 배치 및 관리 미흡. (결함 후보)

ㄷ (2.4.6 반출입 기기 통제): 반입된 보조기억매체의 회수 및 사후 통제 실패. (결함 후보)

ㄹ (2.4.4 보호설비 운영): UPS 등 주요 보호설비의 상시 가동성 유지관리 미흡. (결함 후보)

ㅂ (2.4.7 업무환경 보안): 패스워드 노출 방지 등 클린데스크 및 업무환경 보안 수칙 위반(결함 후보)

ㅁ (제외 사유):

2.6.7 인터넷 접속 통제: 업무용 단말기를 통해 외부 인터넷망에 무분별하게 접속할 수 있도록 방치한 것은 네트워크 기술적 보안 영역인 2.6 영역의 결함이다.

해설

① **2.4.1 보호구역 지정 : 내부 지침에 따른 예외 인정 항목으로 결함 제외.**

④ **2.4.4 보호설비 운영 : 개선 조치(계약서)가 구체적으로 진행 중으로 확인되어 결함 제외.**

② 2.4.3 정보시스템 보호 : 내부 지침 불이행 및 (ㄴ) 인터뷰 시 현장 확인된 사항으로 결함.

③ 2.4.6 반출입 기기 통제 : 보조저장매체 및 기기 반출입 대장에 '회수 료완'로 기록되어 관리 절차가 형식적으로 운영되고 있어 (ㄷ)   인터뷰 시 현장 확인된 사항을 종합하여 결함.

⑤ 2.4.7 업무환경 보안 : 내부 지침 불이행 및 (ㅂ) 인터뷰 시 현장 확인된 사항으로 결함.

해설

ㄱ (결함): 시행령 제40조 제1항 제1호에 따라 1천 명 이상의 개인정보가 유출된 경우와 제3호에 따라 외부로부터의 불법적인 접근에 의해 유출된 경우 모두 신고 대상으로 . 고유식별정보가 아니라고 해서 신고 의무가 없어지는 것이 아니다.

ㄴ (적정): 신고 기한은 '유출등이 되었음을 알게 되었을 때'로부터 72시간 이내로 11일 10시(인지 시점) 기준 72시간인 14일 10시는 올바른 계산이다.

ㄷ (결함): 시행령 제40조 제2항에 따라 구체적인 내용을 확인하지 못한 경우에는 그때까지 확인된 내용을 우선 신고해야 하며, 추가 확인되는 내용은 확인 즉시 보완 신고해야 하며. 조사가 끝날 때까지 기다리는 것은 위반이다.

ㄹ (결함): 시행령 제40조 제1항 단서 조항에 따라 개인정보 유출등의 경로가 확인되어 해당 개인정보를 회수 · 삭제하는 등의 조치를 통해 정보주체의 권익 침해 가능성이 현저히 낮아진 경우에는 신고하지 않을 수 있지만 일부 회수 · 삭제는 해당되지 않는다.

ㅁ (적정): 시행령 제40조 제1항 및 제3항에 따라 보호위원회 또는 전문기관(한국인터넷진흥원)에 신고할 수 있다.

개인정보 보호법 시행령
[시행 2025. 10. 2.] [대통령령 제35780호, 2025. 9. 23., 일부개정]

제40조(개인정보 유출 등의 신고) ① 개인정보처리자는 다음 각 호의 어느 하나에 해당하는 경우로서 개인정보가 유출등이 되었음을 알게 되었을 때에는 72시간 이내에 법 제34조제1항 각 호의 사항을 서면등의 방법으로 보호위원회 또는 같은 조 제3항 전단에 따른 전문기관에 신고해야 한다. 다만, 천재지변이나 그 밖에 부득이한 사유로 인하여 72시간 이내에 신고하기 곤란한 경우에는 해당 사유가 해소된 후 지체 없이 신고할 수 있으며, 개인정보 유출등의 경로가 확인되어 해당 개인정보를 회수 · 삭제하는 등의 조치를 통해 정보주체의 권익 침해 가능성이 현저히 낮아진 경우에는 신고하지 않을 수 있다.

1. 1천명 이상의 정보주체에 관한 개인정보가 유출등이 된 경우

2. 민감정보 또는 고유식별정보가 유출등이 된 경우

3. 개인정보처리시스템 또는 개인정보취급자가 개인정보 처리에 이용하는 정보기기에 대한 외부로부터의 불법적인 접근에 의해 개인정보가 유출등이 된 경우

② 제1항에도 불구하고 개인정보처리자는 제1항에 따른 신고를 하려는 경우로서 법 제34조제1항제1호 또는 제2호의 사항에 관한 구체적인 내용을 확인하지 못한 경우에는 개인정보가 유출등이 된 사실, 그때까지 확인된 내용 및 같은 항 제3호부터 제5호까지의 사항을 서면등의 방법으로 우선 신고해야 하며, 추가로 확인되는 내용에 대해서는 확인되는 즉시 신고해야 한다.

③ 법 제34조제3항 전단 및 후단에서 "대통령령으로 정하는 전문기관"이란 각각 한국인터넷진흥원을 말한다.

44번 정답 ③

해설

ㄱ (결함 – 2.9.3 백업 및 복구관리): 정보시스템의 가용성과 데이터 무결성을 유지하기 위하여 백업 대상, 주기, 방법, 보관장소, 보관기간, 소산 등의 절차를 수립·이행하여야 한다. 아울러 사고 발생 시 적시에 복구할 수있도록 관리하여야 한다.

ㄴ (적정): 원격지 보관은 재난/재해 대비를 위한 우수 사례이다.

ㄷ (결함 – 1.4.2 관리체계 점검): 관리체계 점검은 객관적이어야 하며 특정 항목을 임의 제외해선 안된다.

ㄹ (적정): 백업 모니터링 체계 구축은 운영 보안의 기본 요건이다.

ㅁ (결함 – 2.5.2 사용자 식별): 중요 시스템에 대한 공용 계정 사용 할 경우 책임 추적성 확보 등 보완대책을 수립 이행해야 한다.

ㅂ (결함 – 1.4.3 관리체계 개선): 발견된 미준수 사항을 관리하고 개선하는 과정이 누락 되었다. .

45번 정답 ②

해설

② 내부 지침 제12조에 따르면 퇴직 시 사유 발생일 당일까지 계정을 삭제해야 하며, 인수인계 등 특별한 사유로 권한 유지가 필요할 경우 CISO 승인 하에 최대 2주 이내 로만 가능하다.
  – 박○○ 과장 : 2025년 7월 15일 퇴직했으나 10월 심사 시점까지 계정이 '활성(Active)' 상태
  – 이○○ 대리 : 부서 이동 후 인수인계를 위해 권한 유지 중이나, 기간 미지정 및 CISO 미승인

① 제시된 증적자료나 인터뷰 상으로는 2.2.1 주요 직무자 지정 및 관리로 판단하기 어려우며, 관련된 증적자료 확인 및 추가 인터뷰가 필요하다.

③ 2.5.5 특수 계정 및 권한 관리는 관리자(root, admin), DB관리자 등 특수 계정 및 권한이 필요한 인원에게 공식적인 신청 및 승인 절차, 별도 목록으로 관리하는 통제 절차와 관련된 인증기준이므로 정답으로 판단하기 어렵다.

④ 문제의 시나리오에서 정기 검토(9/25~9/27)를 수행하였고, 그 과정에서 오류(삭제 불필요 판단 등)가 발견되었으므로 2.5.6 접근권한 검토 인증기준과 관련은 있지만, 문제의 근본 원인은 퇴직 시점에 즉시 이루어져야 할 '계정 삭제'와 부서 이동으로 인한 계정 유지를 위한 CISO 승인과 관련된 절차가 이행되지 않았으므로, 2.5.1 사용자 계정 관리가 가장 적합하다.

⑤ 2.6.3 응용 프로그램 접근은 사용자가 응용 프로그램 내에서 허용된 기능에만 접근할 수 있고 차등 부여하고 있는지에 대한 인증기준이므로 정답으로 판단하기 어렵다.

해설

① 정보주체 이외로부터 개인정보를 수집하여 처리하는 경우, 일정 규모 이상의 개인정보 처리자(5만명 이상의 정보주체의 고유식별정보 또는 민감정보를 처리하거나 100만명 이상의 정보주체의 개인정보를 처리)는 정보주체의 요구가 없더라도 개인정보의 수집 출처, 처리 목적, 처리 정지 요구나 동의를 철회할 권리가 있다는 사실을 정보주체에게 알려야 한다.

③ 전년도 말 기준 직전 3개월간 저장·관리되는 개인정보가 100만 명 이상 인 자 등은 연 1회 이상 이용내역을 정보주체에게 통지해야 하며, 통지 방법은 이메일, 서면, 전화, 문자메시지 등 정보주체가 통지 내용을 쉽게 확인할 수 있는 방법을 제공하거나 재화 및 서비스를 제공하는 과정에서 정보주체가 쉽게 알 수 있도록 알림창을 통해 알리는 방법(개인정보의 이용 및 제공 내역을 확인할 수 있는 정보시스템에 접속하는 방법을 통지하는 경우로 한정)으로 정보주체에게 알려야 한다. 단순히 홈페이지에 별도 공지사항으로 안내하는 것으로 갈음한다면 3.5.3 정보주체에 대한 통지 결함이다.

② 간접수집 시점에서는 정보주체에게 별도 동의를 받지 않아도 되며, 일정 규모 이상의 개인정보처리자인 경우에는 정보주체의 요구가 없더라도 정보주체에게 알려야 한다.

④ 이메일은 법적으로 허용되는 유효한 통지 수단 중 하나이다.

⑤ 간접수집 통지와 이용제공 내역은 반드시 한번에 보내지 않아도 된다. 간접수집은 정보주체의 거부와 상관없이 반드시 정보주체에게 통지해야 되며, 이용제공 내역 통지는 정보주체의 거부시 통지를 하지 않아도 된다.

해설

⑤ 개정된 기준에서는 접근권한 차등 부여 및 관리의 대상을 기존의 '개인정보취급자'에서 '업무수행자 전체'로 확대하였다. 따라서 개인정보를 직접 다루지 않더라도 시스템에 접근하는 유지보수 인력이나 단순 업무수행자 역시 권한 관리와 내부 관리계획의 통제 범위에 포함되어야 한다. (보안 사각지대 해소가 개정의 핵심 취지임)

① 접속 실패 제한 및 외부 접속 시 2차 인증 의무화는 강화된 인증 보안 요건을 정확히 설명하고 있다.

② 5만명 이상 정보주체에 관한 개인정보를 처리하거나 고유식별정보 또는 민감정보를 처리하는 개인정보처리시스템에 해당하는 경우에는 2년 이상 보관하여야 하며, 이때, 개정안의 핵심사항으로 개인정보의 오·남용, 분실·도난·유출·위조·변조 또는 훼손 등에 대응하기 위하여 개인정보취급자의 개인정보처리시스템에 대한 접속기록 및 개인정보 다운로드 상황을 확인하고 점검하는 주기·방법·사후조치절차 등을 내부 관리계획으로 정하고 이행하는 부분이 변경되었다.

③ 위험 분석 기반의 망분리 예외 허용과 중요 기기(권한 설정, 파기 등)에 대한 예외 불가는 개정된 망분리 완화 정책의 세부 지침이다.

④ 전자적/비전자적 형태별 구체적인 파기 방법은 개정안에 명시된 안전성 확보 조치이다.

48번 정답  ③

해설

(가) 두 문을 연동하여 하나가 열리면 다른 하나가 열리지 않게 하는 인터락(Interlock) 방식이다.

(나) 인가자 뒤에 바짝 붙어 들어오는 테일게이팅(Tailgating) 또는 피기배킹이다.

(다) 입/퇴실 기록의 짝을 맞추어 부정 사용을 막는 안티패스백(Anti-Passback) 기능이다.

인터락 기능을 통해 두 개의 문을 연동하여 동시 개방을 물리적으로 차단하고 부정 출입시에 앞뒤 문을 모두 잠가 해당 공간에 가둬 버리는 것을 맨트랩(Mantrap)이라고 한다.

49번 정답  ⑤

해설

결함 1 (2.4.2 출입통제 위반): 인증기준에 따라 중요 보호구역에 출입하는 외부인은 반드시 책임 있는 임직원이 동행해야 합니다. 증적 Access Event Log에서 박외주 차장의 'Companion' 항목이 'None'인 것은 명백한 위반이다.

결함 2 (2.4.2 출입통제 위반): 출입 권한 부여의 적정성은 주기적으로 검토되어야 합니다. 증적 상시 출입 권한자 Master List에서 박외주 차장의 최종검토일이 2024년 2월 15일로 1년이 경과했으며, 인터뷰에서도 비정기적으로 관리한다고 시인했으므로 결함에 해당한다.

따라서 두 결함을 모두를 결함으로 판단한 ⑤이 답이다.

50번 정답  ②

해설

(라) 개인정보위원회의 동등성 인정 공고(개인정보보호위원회 공고 제2025-68호)에 따르면, EU에 대한 동등성 인정은 주민등록번호 및 개인신용정보에 대해서는 영향을 미치지 아니함, 따라서 주민등록번호 및 개인신용정보에 대해서는 동등성 인정을 근거로 국외 이전이 불가

(마) 「개인정보 보호법 시행령」제31조(개인정보 처리방침의 내용 및 공개방법 등) 1항 2호를 보면 제28조의8(개인정보 국외이전) 1항 각호에 따라 개인정보를 국외로 이전하는 경우 국외 이전의 근거와 같은 조 제2항 각호의 사항을 개인정보처리방침에 공개하도록 하고 있음. 그러므로 법에 따라 제28조8(개인정보의 국외 이전) 1항의 근거와 2항의 1~5호까지의 내용을 개인정보 처리방침에 기재하여야 함

(가), (나), (다)는 동등성 인정이 됨에 따른 사항

제 __ 회 ISMS-P 실전 모의고사

확인

ISMS-P 검정 대비 답안지

성명

문제 유형

수험번호

__형

① A형
② B형

번호	답란	번호	답란	번호	답란	번호	답란
1	① ② ③ ④ ⑤	16	① ② ③ ④ ⑤	31	① ② ③ ④ ⑤	46	① ② ③ ④ ⑤
2	① ② ③ ④ ⑤	17	① ② ③ ④ ⑤	32	① ② ③ ④ ⑤	47	① ② ③ ④ ⑤
3	① ② ③ ④ ⑤	18	① ② ③ ④ ⑤	33	① ② ③ ④ ⑤	48	① ② ③ ④ ⑤
4	① ② ③ ④ ⑤	19	① ② ③ ④ ⑤	34	① ② ③ ④ ⑤	49	① ② ③ ④ ⑤
5	① ② ③ ④ ⑤	20	① ② ③ ④ ⑤	35	① ② ③ ④ ⑤	50	① ② ③ ④ ⑤
6	① ② ③ ④ ⑤	21	① ② ③ ④ ⑤	36	① ② ③ ④ ⑤		
7	① ② ③ ④ ⑤	22	① ② ③ ④ ⑤	37	① ② ③ ④ ⑤		
8	① ② ③ ④ ⑤	23	① ② ③ ④ ⑤	38	① ② ③ ④ ⑤		
9	① ② ③ ④ ⑤	24	① ② ③ ④ ⑤	39	① ② ③ ④ ⑤		
10	① ② ③ ④ ⑤	25	① ② ③ ④ ⑤	40	① ② ③ ④ ⑤		
11	① ② ③ ④ ⑤	26	① ② ③ ④ ⑤	41	① ② ③ ④ ⑤		
12	① ② ③ ④ ⑤	27	① ② ③ ④ ⑤	42	① ② ③ ④ ⑤		
13	① ② ③ ④ ⑤	28	① ② ③ ④ ⑤	43	① ② ③ ④ ⑤		
14	① ② ③ ④ ⑤	29	① ② ③ ④ ⑤	44	① ② ③ ④ ⑤		
15	① ② ③ ④ ⑤	30	① ② ③ ④ ⑤	45	① ② ③ ④ ⑤		

수험번호 (마킹란): ⓪ ① ② ③ ④ ⑤ ⑥ ⑦ ⑧ ⑨

필적 확인란

본인은 ISMS-P 인증심사원 자격검정 시험에 응시함에 있어 일체의 부정행위를 하지 않을 것을 서약합니다.

— — — (서명)

제 __ 회 ISMS-P 실전 모의고사

확
인

ISMS-P 검정 대비 답안지

성명

문제
유형

___형

① A형
② B형

수험번호

◎	◎	◎	◎
①	①	①	①
②	②	②	②
③	③	③	③
④	④	④	④
⑤	⑤	⑤	⑤
⑥	⑥	⑥	⑥
⑦	⑦	⑦	⑦
⑧	⑧	⑧	⑧
⑨	⑨	⑨	⑨

번호	답란	번호	답란	번호	답란	번호	답란
1	① ② ③ ④ ⑤	16	① ② ③ ④ ⑤	31	① ② ③ ④ ⑤	46	① ② ③ ④ ⑤
2	① ② ③ ④ ⑤	17	① ② ③ ④ ⑤	32	① ② ③ ④ ⑤	47	① ② ③ ④ ⑤
3	① ② ③ ④ ⑤	18	① ② ③ ④ ⑤	33	① ② ③ ④ ⑤	48	① ② ③ ④ ⑤
4	① ② ③ ④ ⑤	19	① ② ③ ④ ⑤	34	① ② ③ ④ ⑤	49	① ② ③ ④ ⑤
5	① ② ③ ④ ⑤	20	① ② ③ ④ ⑤	35	① ② ③ ④ ⑤	50	① ② ③ ④ ⑤
6	① ② ③ ④ ⑤	21	① ② ③ ④ ⑤	36	① ② ③ ④ ⑤		
7	① ② ③ ④ ⑤	22	① ② ③ ④ ⑤	37	① ② ③ ④ ⑤		
8	① ② ③ ④ ⑤	23	① ② ③ ④ ⑤	38	① ② ③ ④ ⑤		
9	① ② ③ ④ ⑤	24	① ② ③ ④ ⑤	39	① ② ③ ④ ⑤		
10	① ② ③ ④ ⑤	25	① ② ③ ④ ⑤	40	① ② ③ ④ ⑤		
11	① ② ③ ④ ⑤	26	① ② ③ ④ ⑤	41	① ② ③ ④ ⑤		
12	① ② ③ ④ ⑤	27	① ② ③ ④ ⑤	42	① ② ③ ④ ⑤		
13	① ② ③ ④ ⑤	28	① ② ③ ④ ⑤	43	① ② ③ ④ ⑤		
14	① ② ③ ④ ⑤	29	① ② ③ ④ ⑤	44	① ② ③ ④ ⑤		
15	① ② ③ ④ ⑤	30	① ② ③ ④ ⑤	45	① ② ③ ④ ⑤		

필적 확인란

본인은 ISMS-P 인증심사원
자격검정 시험에 응시함에
있어 일체의 부정행위를 하
지 않을 것을 서약합니다.

_ _ _ (서명)

제 __ 회 ISMS-P 실전 모의고사

확인

ISMS-P 검정 대비 답안지

성명

문제 유형

① A형
② B형

___형

수험번호

번호	답	번호	답	번호	답	번호	답
1	① ② ③ ④ ⑤	16	① ② ③ ④ ⑤	31	① ② ③ ④ ⑤	46	① ② ③ ④ ⑤
2	① ② ③ ④ ⑤	17	① ② ③ ④ ⑤	32	① ② ③ ④ ⑤	47	① ② ③ ④ ⑤
3	① ② ③ ④ ⑤	18	① ② ③ ④ ⑤	33	① ② ③ ④ ⑤	48	① ② ③ ④ ⑤
4	① ② ③ ④ ⑤	19	① ② ③ ④ ⑤	34	① ② ③ ④ ⑤	49	① ② ③ ④ ⑤
5	① ② ③ ④ ⑤	20	① ② ③ ④ ⑤	35	① ② ③ ④ ⑤	50	① ② ③ ④ ⑤
6	① ② ③ ④ ⑤	21	① ② ③ ④ ⑤	36	① ② ③ ④ ⑤		
7	① ② ③ ④ ⑤	22	① ② ③ ④ ⑤	37	① ② ③ ④ ⑤		
8	① ② ③ ④ ⑤	23	① ② ③ ④ ⑤	38	① ② ③ ④ ⑤		
9	① ② ③ ④ ⑤	24	① ② ③ ④ ⑤	39	① ② ③ ④ ⑤		
10	① ② ③ ④ ⑤	25	① ② ③ ④ ⑤	40	① ② ③ ④ ⑤		
11	① ② ③ ④ ⑤	26	① ② ③ ④ ⑤	41	① ② ③ ④ ⑤		
12	① ② ③ ④ ⑤	27	① ② ③ ④ ⑤	42	① ② ③ ④ ⑤		
13	① ② ③ ④ ⑤	28	① ② ③ ④ ⑤	43	① ② ③ ④ ⑤		
14	① ② ③ ④ ⑤	29	① ② ③ ④ ⑤	44	① ② ③ ④ ⑤		
15	① ② ③ ④ ⑤	30	① ② ③ ④ ⑤	45	① ② ③ ④ ⑤		

필적 확인란

본인은 ISMS-P 인증심사원 자격검정 시험에 응시함에 있어 일체의 부정행위를 하지 않을 것을 서약합니다.

_ _ _ (서명)

제 __ 회 ISMS-P 실전 모의고사

확인

ISMS-P 검정 대비 답안지

성명

문제 유형

__ 형

① A형
② B형

수험번호

1	① ② ③ ④ ⑤	16	① ② ③ ④ ⑤	31	① ② ③ ④ ⑤	46	① ② ③ ④ ⑤
2	① ② ③ ④ ⑤	17	① ② ③ ④ ⑤	32	① ② ③ ④ ⑤	47	① ② ③ ④ ⑤
3	① ② ③ ④ ⑤	18	① ② ③ ④ ⑤	33	① ② ③ ④ ⑤	48	① ② ③ ④ ⑤
4	① ② ③ ④ ⑤	19	① ② ③ ④ ⑤	34	① ② ③ ④ ⑤	49	① ② ③ ④ ⑤
5	① ② ③ ④ ⑤	20	① ② ③ ④ ⑤	35	① ② ③ ④ ⑤	50	① ② ③ ④ ⑤
6	① ② ③ ④ ⑤	21	① ② ③ ④ ⑤	36	① ② ③ ④ ⑤		
7	① ② ③ ④ ⑤	22	① ② ③ ④ ⑤	37	① ② ③ ④ ⑤		
8	① ② ③ ④ ⑤	23	① ② ③ ④ ⑤	38	① ② ③ ④ ⑤		
9	① ② ③ ④ ⑤	24	① ② ③ ④ ⑤	39	① ② ③ ④ ⑤		
10	① ② ③ ④ ⑤	25	① ② ③ ④ ⑤	40	① ② ③ ④ ⑤		
11	① ② ③ ④ ⑤	26	① ② ③ ④ ⑤	41	① ② ③ ④ ⑤		
12	① ② ③ ④ ⑤	27	① ② ③ ④ ⑤	42	① ② ③ ④ ⑤		
13	① ② ③ ④ ⑤	28	① ② ③ ④ ⑤	43	① ② ③ ④ ⑤		
14	① ② ③ ④ ⑤	29	① ② ③ ④ ⑤	44	① ② ③ ④ ⑤		
15	① ② ③ ④ ⑤	30	① ② ③ ④ ⑤	45	① ② ③ ④ ⑤		

수험번호 자리 (마킹란): ⓪ ① ② ③ ④ ⑤ ⑥ ⑦ ⑧ ⑨

필적 확인란

본인은 ISMS-P 인증심사원 자격검정 시험에 응시함에 있어 일체의 부정행위를 하지 않을 것을 서약합니다.

_ _ _ (서명)

제 __ 회 ISMS-P 실전 모의고사

확인

ISMS-P 검정 대비 답안지

성명

문제 유형

수험번호

__형

① A형
② B형

수험번호			
◎	◎	◎	◎
①	①	①	①
②	②	②	②
③	③	③	③
④	④	④	④
⑤	⑤	⑤	⑤
⑥	⑥	⑥	⑥
⑦	⑦	⑦	⑦
⑧	⑧	⑧	⑧
⑨	⑨	⑨	⑨

번호	답	번호	답	번호	답	번호	답
1	① ② ③ ④ ⑤	16	① ② ③ ④ ⑤	31	① ② ③ ④ ⑤	46	① ② ③ ④ ⑤
2	① ② ③ ④ ⑤	17	① ② ③ ④ ⑤	32	① ② ③ ④ ⑤	47	① ② ③ ④ ⑤
3	① ② ③ ④ ⑤	18	① ② ③ ④ ⑤	33	① ② ③ ④ ⑤	48	① ② ③ ④ ⑤
4	① ② ③ ④ ⑤	19	① ② ③ ④ ⑤	34	① ② ③ ④ ⑤	49	① ② ③ ④ ⑤
5	① ② ③ ④ ⑤	20	① ② ③ ④ ⑤	35	① ② ③ ④ ⑤	50	① ② ③ ④ ⑤
6	① ② ③ ④ ⑤	21	① ② ③ ④ ⑤	36	① ② ③ ④ ⑤		
7	① ② ③ ④ ⑤	22	① ② ③ ④ ⑤	37	① ② ③ ④ ⑤		
8	① ② ③ ④ ⑤	23	① ② ③ ④ ⑤	38	① ② ③ ④ ⑤		
9	① ② ③ ④ ⑤	24	① ② ③ ④ ⑤	39	① ② ③ ④ ⑤		
10	① ② ③ ④ ⑤	25	① ② ③ ④ ⑤	40	① ② ③ ④ ⑤		
11	① ② ③ ④ ⑤	26	① ② ③ ④ ⑤	41	① ② ③ ④ ⑤		
12	① ② ③ ④ ⑤	27	① ② ③ ④ ⑤	42	① ② ③ ④ ⑤		
13	① ② ③ ④ ⑤	28	① ② ③ ④ ⑤	43	① ② ③ ④ ⑤		
14	① ② ③ ④ ⑤	29	① ② ③ ④ ⑤	44	① ② ③ ④ ⑤		
15	① ② ③ ④ ⑤	30	① ② ③ ④ ⑤	45	① ② ③ ④ ⑤		

필적 확인란

본인은 ISMS-P 인증심사원 자격검정 시험에 응시함에 있어 일체의 부정행위를 하지 않을 것을 서약합니다.

_ _ _ (서명)

제 __ 회 ISMS-P 실전 모의고사

	확인

ISMS-P 검정 대비 답안지

성명	

문제 유형	수험번호			
	⓪	⓪	⓪	⓪
__형	①	①	①	①
	②	②	②	②
	③	③	③	③
① A형	④	④	④	④
② B형	⑤	⑤	⑤	⑤
	⑥	⑥	⑥	⑥
	⑦	⑦	⑦	⑦
	⑧	⑧	⑧	⑧
	⑨	⑨	⑨	⑨

No.	①	②	③	④	⑤
1	①	②	③	④	⑤
2	①	②	③	④	⑤
3	①	②	③	④	⑤
4	①	②	③	④	⑤
5	①	②	③	④	⑤
6	①	②	③	④	⑤
7	①	②	③	④	⑤
8	①	②	③	④	⑤
9	①	②	③	④	⑤
10	①	②	③	④	⑤
11	①	②	③	④	⑤
12	①	②	③	④	⑤
13	①	②	③	④	⑤
14	①	②	③	④	⑤
15	①	②	③	④	⑤
16	①	②	③	④	⑤
17	①	②	③	④	⑤
18	①	②	③	④	⑤
19	①	②	③	④	⑤
20	①	②	③	④	⑤
21	①	②	③	④	⑤
22	①	②	③	④	⑤
23	①	②	③	④	⑤
24	①	②	③	④	⑤
25	①	②	③	④	⑤
26	①	②	③	④	⑤
27	①	②	③	④	⑤
28	①	②	③	④	⑤
29	①	②	③	④	⑤
30	①	②	③	④	⑤
31	①	②	③	④	⑤
32	①	②	③	④	⑤
33	①	②	③	④	⑤
34	①	②	③	④	⑤
35	①	②	③	④	⑤
36	①	②	③	④	⑤
37	①	②	③	④	⑤
38	①	②	③	④	⑤
39	①	②	③	④	⑤
40	①	②	③	④	⑤
41	①	②	③	④	⑤
42	①	②	③	④	⑤
43	①	②	③	④	⑤
44	①	②	③	④	⑤
45	①	②	③	④	⑤
46	①	②	③	④	⑤
47	①	②	③	④	⑤
48	①	②	③	④	⑤
49	①	②	③	④	⑤
50	①	②	③	④	⑤

필적 확인란

본인은 ISMS-P 인증심사원 자격검정 시험에 응시함에 있어 일체의 부정행위를 하지 않을 것을 서약합니다.

_ _ _ _ (서명)

제 __ 회 ISMS-P 실전 모의고사

확인

ISMS-P 검정 대비 답안지

성명

수험번호

문제 유형

___형

① A형
② B형

1	① ② ③ ④ ⑤	16	① ② ③ ④ ⑤	31	① ② ③ ④ ⑤	46	① ② ③ ④ ⑤
2	① ② ③ ④ ⑤	17	① ② ③ ④ ⑤	32	① ② ③ ④ ⑤	47	① ② ③ ④ ⑤
3	① ② ③ ④ ⑤	18	① ② ③ ④ ⑤	33	① ② ③ ④ ⑤	48	① ② ③ ④ ⑤
4	① ② ③ ④ ⑤	19	① ② ③ ④ ⑤	34	① ② ③ ④ ⑤	49	① ② ③ ④ ⑤
5	① ② ③ ④ ⑤	20	① ② ③ ④ ⑤	35	① ② ③ ④ ⑤	50	① ② ③ ④ ⑤
6	① ② ③ ④ ⑤	21	① ② ③ ④ ⑤	36	① ② ③ ④ ⑤		
7	① ② ③ ④ ⑤	22	① ② ③ ④ ⑤	37	① ② ③ ④ ⑤		
8	① ② ③ ④ ⑤	23	① ② ③ ④ ⑤	38	① ② ③ ④ ⑤		
9	① ② ③ ④ ⑤	24	① ② ③ ④ ⑤	39	① ② ③ ④ ⑤		
10	① ② ③ ④ ⑤	25	① ② ③ ④ ⑤	40	① ② ③ ④ ⑤		
11	① ② ③ ④ ⑤	26	① ② ③ ④ ⑤	41	① ② ③ ④ ⑤		
12	① ② ③ ④ ⑤	27	① ② ③ ④ ⑤	42	① ② ③ ④ ⑤		
13	① ② ③ ④ ⑤	28	① ② ③ ④ ⑤	43	① ② ③ ④ ⑤		
14	① ② ③ ④ ⑤	29	① ② ③ ④ ⑤	44	① ② ③ ④ ⑤		
15	① ② ③ ④ ⑤	30	① ② ③ ④ ⑤	45	① ② ③ ④ ⑤		

필적 확인란

본인은 ISMS-P 인증심사원 자격검정 시험에 응시함에 있어 일체의 부정행위를 하지 않을 것을 서약합니다.

_ _ _ _ (서명)